L'INDE

DU MÊME AUTEUR

Aux Éditions Gallimard

Une maison pour Monsieur Biswas, 1964 (réédition « L'imaginaire », 1985).
Miguel Street, 1967.
Un drapeau sur l'île, 1971.

Aux Éditions Albin Michel

Guérilleros, 1981.
Crépuscule sur l'Islam : voyage au pays des voyants, 1981.
A la courbe du fleuve, 1982 (réédition Le Livre de Poche, n° 5879).
Dis-moi qui tuer, 1983.
Sacrifices, 1984.
Mr. Stones, 1985.

Chez Christian Bourgois Éditeur

Une virée dans le Sud, 1989.
L'Enigme de l'arrivée, 1991.
Les Hommes de paille, 1991.

Dans la collection 10/18

Le retour d'Eva Peron, n° 2005.
L'Illusion des ténèbres, n° 2006.
L'Inde brisée, n° 2014.

V. S. NAIPAUL

L'INDE

Un million de révoltes

Traduit de l'anglais
par Béatrice Vierne

PLON
12, avenue d'Italie
Paris

Titre original

INDIA
A Million Mutinies Now

Photo de couverture : Emeutes de Ahyodhya.
Photo Bartholomew — liayson.
© Gama.

ISBN édition originale : William Heinemann Limited, Londres, 0 434 51027 0
ISBN Plon, Paris : 2-259-02504-8

1

LE THÉÂTRE DE BOMBAY

Bombay est une foule. Mais ce matin-là, arrivant de l'aéroport et ayant déjà couvert une certaine distance en ville, je commençai à me dire que la foule sur les trottoirs et la chaussée était innombrable et qu'il devait se passer quelque chose d'inhabituel.

A cause de cette cohue, le flot de voitures circulant vers la ville avançait au ralenti. Lorsqu'il était immobilisé, à certains croisements, par des feux ou des policiers ou les deux à la fois, les trottoirs n'en grouillaient que davantage et un tel torrent humain déferlait à travers la rue, dans une écume bondissante de vêtements pâles et légers, qu'il semblait qu'une vanne invisible avait été ouverte et que, si elle n'était pas refermée, le flot des piétons traversant la chaussée s'étendrait partout et les autobus rouges et les taxis jaune et noir délabrés seraient complètement encalminés, chacun au centre d'un tourbillon humain.

Avec moi, dans le taxi, il y avait les gaz d'échappement, la chaleur et le vacarme. Le soleil brûlait ; il n'y avait presque pas d'air ; la crasse de l'échappement des bus me collait à la peau. Ce devait être pire pour les gens sur la chaussée et les trottoirs. Pourtant beaucoup d'entre eux paraissaient baignés de frais, avec au front de récentes marques de *puja* ; beaucoup aussi semblaient porter leurs vêtements du dimanche : des habitants de Bombay qui célébraient une fête importante, peut-être.

Je demandai au chauffeur si c'était un jour férié. Il ne comprit ma question et je n'insistai pas.

Bombay continuait à se définir : des appartements de part et d'autre de la route, des immeubles en béton, moisis aux étages supérieurs par le climat de Bombay, l'excès de soleil, de pluie, de chaleur ; noirâtres aux étages inférieurs, comme salis par la foule au niveau du trottoir, la crasse humaine paraissant gagner vers le haut et laisser ses marques successives, comme la marée, en montant à la rencontre du moisi.

Les boutiques, même petites, même douteuses, étaient ornées de grandes enseignes voyantes, multicolores, inventives, bien léchées, réalisées par des hommes ayant le sens de la graphie romaine et sanscrite (ou devanagari). Souvent, devant ces boutiques et sous ces enseignes, il n'y avait que de la terre ; de loin en loin, on pouvait voir des gens à l'air déprimé et à la peau sombre assis sur cette terre, en train de manger, indifférents à tout sauf à leur nourriture.

Il y avait de grandes affiches de film sur des panneaux, de plus petites accrochées aux réverbères. Il était difficile, dès mon arrivée, de faire la relation entre le romantisme promis par les affiches et les gens assis par terre. Plus encore de situer les réclames en anglais pour les banques, les lignes aériennes et le cent cinquantième anniversaire du *Times of India* (« Good Times, Sad Times, Changing Times » — « Bon Temps, Triste Temps, le Temps change ») : pour l'étranger qui arrivait tout juste après un vol de nuit, la ville qu'évoquaient ces réclames ressemblait à une distillation presque inimaginable — une liqueur spéciale et riche — de l'humanité qu'on pouvait y voir.

La foule continuait. Je vis alors qu'une bonne partie de cette foule formait une longue queue ou file d'attente, sur trois ou quatre rangs, sur le trottoir d'en face. La file s'allongeait constamment ; et si par endroits elle paraissait immobile, elle avançait très lentement. Je me rendis compte que je la longeais depuis un certain temps ; peut-être faisait-elle plus d'un kilomètre de long. Elle s'interrompait aux croisements, où des policiers en uniforme kaki veillaient à garder dégagées les rues transversales.

Qu'attendaient donc ces gens ? Quelles chances avaient-ils de l'obtenir ? Ils paraissaient paisibles et satisfaits, même sous le soleil et dans les fumées brunâtres des pots d'échappement. Ils étaient bien habillés, simplement, à l'indienne. Les gens qui se joignaient à la queue arrivaient presque au trot et s'armaient de patience ; ils semblaient prêts à attendre longtemps. J'avais raté le début de la file et ne savais pas ce qui s'y trouvait. Un cirque ? Il me semblait avoir vu des affiches de cirque un peu plus tôt sur la route. L'apparition en public de vedettes de cinéma ? Mais, non, les gens de la file n'avaient pas ce genre d'impatience. Ils étaient petits, noirs de peau, patients, sérieux, endimanchés ; et la vision de drapeaux et d'emblèmes là-bas, dans la file déjà dépassée, m'est revenue tout à coup.

On m'assura, quand j'arrivai à mon hôtel au centre de Bombay, que ce n'était pas un jour férié. Et même si la foule m'avait paru nombreuse, et la file d'attente tout à fait remarquable, quelque chose dont les journaux auraient pu parler, les gens de l'hôtel à qui je m'adressai ne surent me dire ce que ces gens pouvaient bien attendre. Ce qui, quelque part dans les faubourgs de Bombay, était un grand événement pour des milliers de gens, n'avait causé, ici, aucun remous.

Je téléphonai à un écrivain de ma connaissance. Il n'en savait pas plus que les gens de l'hôtel. Il n'était pas sorti ce matin-là, il était resté chez lui, occupé à écrire un article pour le *Debonair*. Plus tard, une fois son article terminé, il me rappela et m'expliqua qu'il avait deux théories. La première, c'était que les gens que j'avais vus faisaient peut-être la queue pour avoir des annuaires téléphoniques. Il y avait eu des problèmes dans la distribution des nouveaux annuaires — Bombay était toujours Bombay. Sa seconde théorie, il la devait à sa domestique qui, arrivée après mon coup de téléphone, lui avait annoncé qu'aujourd'hui c'était l'anniversaire du Dr Ambedkar et qu'on célébrait l'événement dans le faubourg que j'avais traversé en venant de l'aéroport.

Le Dr Ambedkar avait été le grand leader de ceux qu'on désignait jadis en Inde sous le nom d'intouchables. Il avait eu pour eux plus d'importance que le Mahatma Gandhi. En son temps, il avait connu les honneurs et la puissance ; il avait été ministre de la Justice dans le premier gouvernement de l'Inde indépendante et il avait rédigé la constitution du pays ; mais il était resté jusqu'à la fin plein d'amertume. C'était le Dr Ambedkar qui avait encouragé les intouchables — les *harijans*, les enfants de Dieu, comme les appelait Gandhi, à présent les Dalits, comme ils disaient eux-mêmes — à abandonner l'hindouisme, qui avait fait d'eux des esclaves, pour revenir au bouddhisme. Il était mort, en 1956, avant que sa pensée ait pu se transformer ou se développer.

Aucun autre dirigeant jouissant d'une autorité comparable ou d'une aussi grande estime n'était sorti des castes au nom desquelles le Dr Ambedkar avait parlé. Il était resté leur chef, l'homme qu'elles honoraient plus que tout autre ; il était presque leur dieu. Dans chaque foyer dalit, m'avait-on dit, il y avait une photographie du Dr Ambedkar. C'était un cliché que j'avais vu bien des fois, et il était étrange qu'on n'en ait pas choisi un meilleur. L'icône

Ambedkar ressemblait à une photo d'identité grisâtre, reproduite selon un procédé de photogravure déjà ancien : le grand homme y était réduit à un ensemble de petits points noirs et blancs, figé dans une image des années 1940 ou 1950, un homme replet dont les traits n'avaient rien de mémorable, le nez chaussé de lunettes d'étudiant, arborant la respectabilité semi-coloniale d'un veston et d'une cravate, lesquels donnaient une image pieuse improbable en Inde, mais bien adaptée néanmoins en ce qu'elle prenait le contre-pied des étoffes tissées à la main et du pagne du mahatma.

La thèse du Dr Ambedkar paraissait plus vraisemblable que celle des annuaires téléphoniques. Il y avait, en effet, un calme religieux chez les gens qui faisaient la queue. Ils avaient l'air de ceux qui acquièrent du mérite en accomplissant leur devoir. La thèse du Dr Ambedkar donnait aussi un sens aux drapeaux et aux emblèmes dont j'avais gardé le souvenir. Les gens que j'avais vus venaient honorer leur chef, leur saint, leur dieu ; et ce faisant, c'était aussi eux-mêmes qu'ils honoraient.

Plus tard, ce jour-là, je m'entretins avec un des directeurs de l'hôtel. Il me demanda mes impressions sur Bombay. Quand je lui parlai de la foule pour Ambedkar, il parut momentanément interdit. Il ne savait pas quoi dire. Puis, laissant l'irritation et la contrariété percer sous la courtoisie de l'employé d'hôtel, il déclara : « Le pays va de mal en pis. »

C'était une nouvelle version de ce que j'avais bien souvent entendu dire de l'Inde. L'Inde avait changé ; elle n'était plus le pays vertueux et stable de jadis. Au temps du mouvement en faveur de l'indépendance, les militants politiques avaient porté, en l'honneur de Gandhi, des étoffes tissées à la main, emblème de sacrifice et de service, symbole d'unité avec les pauvres. A présent, ces mêmes étoffes représentaient le pouvoir. Avec l'industrialisation et la croissance économique, on avait oublié les révérences d'antan. On n'honorait plus que l'argent. Le grand investissement consenti au développement au cours de trois ou quatre décennies n'avait mené qu'à une chose : à la « corruption », la « criminalisation » de la politique. En cherchant à s'élever, l'Inde s'était défaite. On ne pouvait plus être sûr de rien ; tout était fluctuant. Policier, voleur, politicien : les rôles étaient devenus interchangeables. Et avec l'argent — cet argent dont parlaient les affreuses tours surpeuplées de Bombay — de nombreuses particularités enfouies depuis longtemps avaient été libérées. Ces loyautés secondaires qui, poussant à la désunion — envers la région, la caste et le clan —, agissaient à présent à la surface de la vie indienne.

Les Dalits, par exemple. S'ils n'avaient encore été que les *harijans* du mahatma, les enfants de Dieu et rien d'autre, des gens à qui on pouvait faire du bien, des objets de sentimentalité et de piété transitoire, un événement tel que l'anniversaire d'Ambedkar ce matin-là n'aurait inspiré à personne la pensée d'un univers sur le point de sombrer. Mais ceux qu'on appelait jadis les *harijans* avaient acquis une certaine quantité d'argent, une certaine instruction, avec lesquelles leur étaient venus aussi un sens du groupe et une conscience politique. Ils avaient cessé d'être des abstractions. Ils avaient commencé à se défendre tout seuls. Ils s'étaient transformés en hommes qui mettaient en avant leur propre particularité, exactement comme le faisaient en Inde des groupes plus privilégiés.

Et la particularité des Dalits n'était peut-être pas la plus importante de toutes dans la ville de Bombay. Juste à côté de l'hôtel se trouvait la Porte de l'Inde. C'était un monument britannique : un arc élevé, magnifique, commémorant l'arrivée en Inde, en 1911, du roi-empereur George V. Les références impériales du monument étaient désormais absorbées dans l'idée poétique de cette porte ; et le terre-plein pavé qui l'entourait était un lieu de promenade très prisé l'après-midi. De part et d'autre du monument impérial, des écriteaux simples et de petite taille avaient été dressés, portant un seul mot en devanagari, noir sur blanc — ils indiquaient que la ville s'appelait *Mumbai* et non « Bombay ».

Ces panneaux *Mumbai* annonçaient une lutte intérieure. Bombay est une ville cosmopolite. Il en avait été ainsi dès l'origine et c'est ainsi qu'elle avait évolué et attiré des gens de l'ensemble du sous-continent. Mais, dans l'Inde indépendante, Bombay s'était retrouvée dans l'État du Maharashtra ; et, vers le milieu des années 1960, on avait lancé un mouvement régional maharashtrien Ce mouvement avait pour mot d'ordre : le Maharashtra aux Maharashtriens. Au début, l'hostilité du mouvement était principalement dirigée contre les émigrants pauvres venus d'Inde méridionale ; mais d'autres s'étaient bientôt sentis menacés. Le mouvement était connu sous le nom de Shiv Sena, l'armée de Shiva, et tenait son nom de Shivaji, le guerrier du XVIIe siècle qui avait pris la tête du peuple marathe. La presse, très critique, avait traité le Sena de « fasciste ». Mais le mouvement n'avait pas cessé de croître. Deux ans plus tôt, il avait pris le contrôle du conseil municipal de Bombay.

Le conseil siégeait dans un bâtiment construit dans le style gothique victorien, imbu de lui-même, du Bombay britannique. Un escalier large et solide, avec du métal ouvragé victorien sous une rampe en bois poli, menait à la salle du conseil, dont les murs étaient lambrissés jusqu'à mi-hauteur d'un superbe bois brun-rouge, avec des tables et des chaises disposées en arcs de cercle et demi-cercles autour du fauteuil du maire. Les sièges des conseillers étaient tapissés de vert, mais celui du maire était couvert d'un tissu safran. Le jaune safran est une couleur hindoue, et ici c'était celle du Shiv Sena. L'arche gothique sous le balcon qui courait le long d'un des murs de la salle était tendue de satin safran. Un buste de Shivaji couleur bronze se détachait sur ce fond jaune ; au-dessus du buste, un bouclier rond et des épées croisées, eux aussi couleur bronze, étaient accrochés au satin.

Très haut sur le mur, derrière le fauteuil du maire et au-dessus des arches gothiques (qui jaillissaient de colonnes en marbre gris), se trouvaient les portraits de maires indiens célèbres de Bombay, remontant à l'époque coloniale. Les hommes représentés étaient pleins de dignité ; ils portaient des perruques ou des calottes parsies ou encore des turbans hindous ou musulmans. La dignité de ces hommes et l'orgueil nationaliste qu'aurait jadis encouragé cette dignité étaient désormais dépassés.

La salle du conseil était à sa façon si parfaite, si sûre d'elle, ses détails architecturaux si soigneusement considérés qu'il était difficile d'imaginer que tout cela avait été annulé par le simple safran du Sena. Elle me faisait penser à la cathédrale chrétienne de Nicosie à Chypre, passée aux mains des musulmans, dépouillée d'une grande partie de son mobilier et ornée de bannières coraniques. Elle me rappelait aussi les Marathes du XVIIe siècle, dans le vide laissé entre les Mogols et les Britanniques, poursuivant leurs raids loin vers le nord, jusqu'à Delhi, loin à l'est jusqu'au Bengale, et plaçant des souverains marathes sur le trône du Tanjore, loin vers le sud.

Peut-être le visiteur qui gagne Bombay depuis l'aéroport ne verrait-il que de petits hommes au teint sombre dans une foule uniforme, que de la poussière et des gaz d'échappement ; il ne verrait peut-être entre le béton des pâtés de maison qu'un fouillis de cabanes improvisées et les abris parasites nés de ces masures, une sorte de dépendance menant à une autre encore plus pauvre ; il ne verrait peut-être que ce qui apparaissait comme l'interminable petitesse des hommes. Mais ici, dans la salle du conseil municipal, sous le safran et les épées entrecroisées du Sena, on pouvait voir les emblèmes de la guerre et de la conquête.

Cela donnait à la lutte pour l'indépendance des allures d'intérim. L'indépendance avait saisi l'Inde comme une espèce de révolution ; à présent, il y avait de nombreuses révolutions au sein de cette révolution. Ce qui était vrai pour Bombay l'était aussi pour bien d'autres parties de l'Inde : pour les États d'Andhra, du Tamil Nadu, d'Assam, du Pendjab. Dans l'Inde entière, des dizaines de particularités figées par le joug étranger ou par la pauvreté ou par l'absence de possibilités ou par l'abjection avaient recommencé à couler. Et il était facile de comprendre pourquoi un homme comme mon directeur d'hôtel, qui avait grandi avec une autre idée de l'Inde et de son développement, éprouvait un sentiment d'aliénation et d'insécurité.

Une aliénation très semblable à celle que j'avais moi-même éprouvée en 1962 lors de ma première visite en Inde. Ce voyage était pour moi très spécial : je l'avais entrepris en tant que descendant d'émigrants indiens sous contrat du XIXe siècle. Ceux-ci avaient été recrutés à partir des années 1860, principalement dans l'est de la plaine indo-gangétique, puis réunis dans des dépôts à Calcutta d'où ils partaient remplir des contrats de cinq ans dans les plantations de diverses parties de l'Empire britannique, et même ailleurs. Des gens comme mes ancêtres avaient été acheminés vers les îles Fidji, dans le Pacifique ; vers l'île Maurice dans l'océan Indien ; vers l'Afrique du Sud ; et vers certains territoires des Antilles, surtout la Guyane (britannique et hollandaise) et Trinidad. C'était à Trinidad qu'étaient venus mes grands-parents, aux alentours de 1880, selon mes calculs.

Ces groupes d'Indiens transplantés outre-mer étaient mélangés. Ils recréaient des Indes en miniature, avec des hindous et des musulmans, des gens de castes différentes. Ils étaient désavantagés, sans représentation parlementaire ni tradition politique ; isolés par leur langue et leur culture des gens au milieu desquels ils vivaient ; isolés aussi de l'Inde elle-même (à plusieurs semaines de distance des deux Guyanes et de Trinidad, en bateau à vapeur). Dans ces circonstances très particulières, ils acquirent au fil des ans quelque chose qu'ils n'auraient jamais connu en Inde : le sentiment d'appartenir à une communauté indienne. Ce sentiment communautaire pouvait l'emporter sur celui de la religion et de la caste.

Ce fut cette idée d'une communauté indienne que découvrit, vers la fin du siècle, Gandhi, âgé d'une trentaine d'années — et n'ayant à cette époque presque aucune notion politique, historique ni littéraire — lorsqu'il se rendit en Afrique du Sud et commença à y travailler parmi les immigrants indiens. Et ce fut au cours de ces quinze ans que Gandhi eut la prémonition d'une mission politico-religieuse pan-indienne.

Je suis né en 1932, quinze ans avant l'indépendance de l'Inde. J'ai grandi avec deux idées de l'Inde. La première — que je n'avais pas envie d'examiner de trop près — avait trait au genre de pays d'où mes ancêtres étaient originaires. Nous étions un peuple d'agriculteurs. La plupart d'entre nous, à Trinidad, travaillaient encore dans les plantations de sucre coloniales et presque tous menaient une vie de pauvreté ; nombre d'entre nous vivaient dans des cabanes en terre à toit de chaume. L'émigration vers le Nouveau Monde, en nous arrachant aux immémoriales habitudes de passivité de l'Inde paysanne, nous avait rendus ambitieux ; mais dans la Trinidad agricole et coloniale de l'époque de la Dépression, il n'y avait guère d'occasions de s'élever. Avec cette misère autour de nous, et le sentiment que le monde était une sorte de prison (partout des barrières élevées contre nous), l'Inde d'où mes ancêtres avaient émigré pour améliorer leur condition devint dans mon imagination un endroit épouvantable. Cette Inde était personnelle et privée, au-delà de l'Inde dont j'entendais parler dans la presse et les livres. Cette Inde, ou plutôt cette angoisse concernant l'endroit d'où nous venions, était comme une névrose.

Il y avait une deuxième Inde, qui faisait contrepoids à la première. C'était l'Inde du mouvement d'indépendance, l'Inde des grands noms. C'était aussi l'Inde de la grande civilisation et du grand passé classique. C'était l'Inde par laquelle nous nous sentions soutenus, au milieu de toutes les difficultés de notre situation. C'était un aspect de notre identité, de l'identité communautaire que nous avions acquise et qui, dans cette Trinidad aux multiples races, était devenue plutôt une sorte d'identité raciale.

C'était l'identité que j'avais emportée en Inde à mon premier voyage. Et, une fois arrivé, j'avais compris que, sur place, elle ne voulait rien dire. L'idée d'une communauté indienne — qui était, en fait, une idée continentale de notre identité indienne — n'avait de sens que quand la communauté était très petite, minoritaire, isolée. Dans le torrent de l'Inde, avec ses centaines de millions d'hommes, où la menace était celle du chaos et du vide, cette idée continentale n'était d'aucun réconfort. Les gens avaient besoin de se cramponner à des idées plus modestes quant à leur identité ; ils trouvaient une stabilité dans les groupements plus réduits de la région, du clan, de la caste, de la famille.

C'étaient des groupements que j'avais peine à comprendre. A Trinidad, ils ne m'auraient apporté aucun soulagement, ils n'auraient pas pu contrebalancer cette autre Inde que je portais en moi comme une maladie mentale, cette Inde de misère et d'abjection trop atroces à imaginer. Or, c'était justement cette Inde-là que j'avais trouvée, en 1962 ; et, cramponné à mon idée d'une identité indienne, je n'avais pas pu m'y résigner. La pauvreté des rues et de la campagne indiennes était un affront et une menace qui venaient exacerber ma vieille névrose. Deux générations me séparaient de cette sorte de pauvreté, mais je m'en sentais pourtant plus proche que la plupart des Indiens que je rencontrais.

En 1962, en dépit des plans quinquennaux et du suffrage universel, des discours sur le socialisme et l'homme de la rue, je m'aperçus que pour une majorité d'Indiens la pauvreté indienne était encore un concept poétique, une incitation à la piété et à une douce mélancolie, partie intégrante de ce qui rendait l'Inde unique, de son absence gandhienne de matérialisme.

A Bombay, un jour où nous parlions des intouchables, le directeur d'un hebdomadaire économique, homme intègre et passionné qui devint un ami, me demanda : « Avez-vous remarqué la beauté de certains de nos intouchables ? » L'Inde était la cause à laquelle il avait consacré toute sa vie ; l'élévation des intouchables faisait partie de cette cause ; et il s'exprimait avec la plus grande générosité.

Le paradoxe était flagrant. A cause de l'idée continentale que je me faisais d'une identité indienne, à cause des nerfs qu'elle mettait continuellement à vif, j'aurais eu beaucoup de mal à effectuer du bon travail en Inde. La stabilité de caste ou de groupe que possédaient les Indiens, leur vision plus concentrée leur permettaient, tout en conservant leur propre intégrité, de travailler — de façon modeste, fructueuse, plutôt que révolutionnaire — dans des conditions que d'autres auraient pu trouver désespérantes — comme je pus le constater durant de nombreuses semaines passées à la campagne, où je fus l'hôte, avec de jeunes fonctionnaires, de l'Administration indienne.

Plusieurs milliers de personnes avaient travaillé ainsi au fil des ans, sans éprouver le moindre sentiment de drame personnel, plusieurs millions de gens ; au cours des quarante années écoulées depuis l'indépendance, tout cela s'était additionné pour constituer un immense effort national. On pouvait à présent noter les résultats de cet effort. Ce qui apparaissait soudain était préparé de longue date. L'accroissement des richesses était évident ; de même que la nouvelle confiance des anciens pauvres. Un des aspects de cette confiance était la libération de particularités nouvelles, d'identités nouvelles aussi dérangeantes pour les Indiens que les identités de caste, de région, de clan avaient pu l'être pour moi en 1962, lorsque je m'étais rendu aux Indes uniquement en tant qu'« Indien ».

Les gens jadis appelés intouchables faisaient la queue sur près de deux kilomètres, le long d'une voie à grande circulation, pour honorer leur saint, mort depuis longtemps, le Dr Ambedkar, qui sur son icône portait un veston et une cravate à l'européenne. Cette proclamation de leur orgueil était nouvelle. C'était quelque chose à quoi avaient travaillé Gandhi et d'autres, aurait-on pu dire ; une justification du mouvement en faveur de l'indépendance. Et pourtant, cela pouvait aussi être perçu comme une menace envers la stabilité que de nombreux Indiens avaient tenue pour acquise ; et un homme des classes moyennes pouvait, dans un réflexe d'angoisse, avoir le sentiment que le pays allait de mal en pis.

La Bourse de Bombay était en plein essor. Papu, agent de change de vingt-neuf ans, avait gagné plus d'argent au cours des cinq dernières années que son père dans toute sa vie active. Le père de Papu avait émigré en Birmanie durant la domination britannique, à l'époque où ce pays faisait partie de l'Empire. Lorsque la Birmanie avait acquis son indépendance et s'était retirée du Commonwealth, le père de Papu, comme tous les autres Indiens, avait été expulsé. Revenu en Inde, il s'était lancé dans les opérations boursières pour son propre compte. Il lisait attentivement les pages financières des journaux et gagnait modestement sa vie. « A la Bourse, disait Papu, si on réussit son coup sept fois sur dix, on se débrouille bien. » Son père, qui n'avait pas fait d'études supérieures, avait réussi dans la mesure de ses modestes moyens.

Papu, plus instruit et agissant dans le cadre d'une économie beaucoup plus vaste, s'en était très bien sorti, même selon ses propres critères. Les cinq dernières années, me confia-t-il, avaient été exceptionnellement bonnes ; et il avait le sentiment que les dix prochaines ne seraient pas mauvaises non plus.

Pourtant, Papu était rongé par l'anxiété. Il ne savait pas où allait mener la nouvelle agressivité des hommes d'affaires indiens et il ne voyait pas trop, étant donné ses fortes convictions religieuses, jusqu'où il parviendrait à s'intégrer au nouvel ordre des choses. Il en était aussi venu à redouter une éventualité à laquelle son père n'avait jamais pensé : Papu, à vingt-neuf ans, vivait dans la terreur de la révolution et de l'anarchie. Cette hantise était en partie une peur de ce qu'il aurait à perdre personnellement, mais c'était aussi une extension de ses préoccupations religieuses.

Papu était issu d'une famille jaïne. Les Jaïns constituent une ramification ancienne, prébouddhiste, de l'hindouisme et visent à ce qu'ils conçoivent comme la pureté absolue. Ils ne mangent ni viande ni œufs et ils évitent d'enlever la vie. Tous les matins, un Jaïn doit se baigner, se draper dans un vêtement sans couture et se rendre nu-pieds à son temple pour prier. Ce qui n'empêche pas les membres de la secte d'être réputés, en Inde, pour leur sens des affaires.

Le bureau de Papu se trouvait dans le quartier boursier de Bombay. Au niveau de la rue, il n'était pas facile pour le visiteur de distinguer celui-ci des autres zones du centre-ville. Le hall d'entrée du grand édifice où était situé le bureau de Papu possédait une qualité typiquement indienne : on avait l'impression que chaque jour, au nom de la propreté, quelqu'un venait frotter l'endroit entier avec un chiffon légèrement crasseux et — de la même façon que l'on ajoute chaque jour à une image pieuse une marque de pâte de santal — venait remettre une petite touche de cambouis aux grilles métalliques pliantes des ascenseurs. De petites planchettes grossièrement peintes annonçaient le numéro de chaque ascenseur et il y avait devant chacun une petite file d'attente qui zigzaguait, de sorte que les gens créaient dans le hall un motif floral.

A l'étage supérieur où nous déposa l'ascenseur, les murs évoquaient toujours le chiffon crasseux, mais dans ce nouveau hall, beaucoup plus calme, les gens n'étaient visiblement pas, comme au rez-de-chaussée, tenaillés par l'inquiétude d'être vus ou de déplaire, et ils avaient craché d'épais jets rougeâtres de bétel, parfois dans un coin, parfois droit devant eux, en grandes giclées courbes, sur les murs.

Une fois franchi ce cap, on arrivait dans un lieu de travail : des bureaux, des employés, des machines. Aux murs, des reproductions en couleur encadrées de dieux indiens, certaines ornées de guirlandes. Le bureau de Papu était une petite pièce intérieure. Des écrans d'ordinateurs faisaient clignoter des lueurs vertes. Sur un mur, trois images de dieux, côte à côte. A droite, la déesse Durga, juchée sur son tigre ; une guirlande de soucis pendait sur le verre.

Je questionnai Papu au sujet de Durga. Il ne répondit pas directement. Il se mit à me parler de sa foi jaïne et de la façon dont elle s'appliquait à ses activités.

« Fondamentalement, nous sommes dépourvus de l'instinct de tueur que devraient posséder tous les hommes d'affaires.

— Mais vous réussissez si bien, avais-je objecté.

— Nous sommes des commerçants. » A ses yeux la distinction était importante. « L'instinct de tueur est nécessaire dans l'industrie, pas dans le commerce. C'est pourquoi la communauté jaïne reste en dehors de l'industrie. Si je suis occupé à faire des opérations boursières et que je ne parvienne pas à me faire payer par un client, je ne vais pas engager un type de la mafia pour l'y obliger. Or, c'est ce qui se passe ici dans l'industrie du bâtiment, par exemple — si je suis dans le bâtiment, il me faut des relations dans la mafia.

— Depuis combien de temps est-ce que ça dure ?

— C'est en train de gagner dans les villes. Après 1975 — la date de l'état d'urgence de Mme Gandhi — tous les parrains de la mafia ont lâché la contrebande pour se lancer dans le bâtiment. Ils vont, par exemple, "encourager" des gens à libérer des terrains qu'on pourra ensuite utiliser pour bâtir. »

C'était ce dont parlaient beaucoup de gens. Cela faisait partie de la « criminalisation » des affaires et de la politique en Inde.

« C'est un problème, dit Papu. Je ne sais pas combien de temps tout ceci — il indiqua son propre bureau avec les ordinateurs, et l'autre bureau — va continuer. Pour le moment, ça va bien. Nous sommes végétariens, mais je ne sais pas combien de temps nous pourrons tenir sans être obligés de sortir pour nous battre. »

C'était étrange, cette façon d'insister sur le végétarisme dans ce contexte. Mais c'était un des fondements de la foi de Papu. Dans le gâchis, le flux, l'incertitude de la vie, le végétarisme, le refus d'être impur, était un îlot auquel on pouvait s'amarrer. C'était un moyen d'exercer sa volonté qui vous sauvait d'autres genres d'excès, y compris celui qui consistait à « sortir pour se battre ».

Papu était de taille moyenne. Ses habitudes végétariennes et sportives — il pratiquait, chose inattendue, le basket-ball — lui avaient donné un beau physique élancé. Il était fort, sans avoir une musculature saillante ; il ressemblait curieusement à une de ces figures en marbre poli de la sculpture jaïne. Son regard était serein ; son visage carré, avec des traits bien dessinés, sa peau lisse, sans aucune marque.

Il pensait que si la nature du commerce devait changer, si

l'instinct de tueur y faisait son entrée, les Jaïns seraient obligés de se battre ou de renoncer. D'après lui, il semblait que pour le moment ils avaient toujours préféré renoncer. Ainsi avaient-ils quitté l'industrie du bâtiment. A Bombay, comme à Delhi, ils avaient renoncé aux commerces qui nécessitaient le transport d'argent ou d'objets de valeur.

Il se remit à me parler de sa foi et quand il évoqua — choisissant de revenir à l'une de mes premières questions — la déesse Durga, il n'en parla pas comme d'une déité douée d'attributs spéciaux, mais tout simplement comme de Dieu.

« Je dois penser à Dieu quand certaines choses arrivent. J'ai perdu mon père au début de cette année. Il est mort d'une crise cardiaque. A des moments pareils, j'ai le sentiment qu'il y a un facteur externe vis-à-vis duquel je suis totalement impuissant.

« A présent, je me sers d'ordinateurs, comme on le fait dans les pays développés. Il y a des moments où j'ai au-dedans de moi l'impression que si je parviens à dominer le marché, c'est parce que je suis capable d'assimiler cette évolution. Mais alors — quand il se passe quelque chose de ce genre : mon père, sa mort — j'ai le sentiment que mon intelligence ou mon agressivité ne valent rien. Me voilà agent de change. Je prévois les mouvements des cours, des prix. C'est un travail qui peut devenir une obsession, vous le savez. Et puis tout à coup surgit ce sentiment — que je suis incapable de prévoir ma vie. C'est à ces moments-là que je sens qu'il existe quelque chose comme Dieu et que je souhaite avoir la foi.

« L'an dernier, j'ai éprouvé ce sentiment toutes les fois où j'ai été excité ou très triste. Avant, si j'avais été excité, j'aurais laissé libre cours à mes émotions. Vous auriez pu vous en apercevoir. Mais maintenant, je sais qu'à la fin de la journée, après l'euphorie, il peut arriver quelque chose de triste. Alors pourquoi s'énerver ?

— Je pourrais comprendre que des hommes plus âgés nourrissent de telles pensées, mais vous n'êtes pas vieux.

— Nous avons une formule à la Bourse de Bombay : "Combien de *Diwalis* as-tu vus ?" » Le Diwali, c'est la fête hindoue des lumières. « Ce qui revient à dire : "Quel âge as-tu ?" L'ami à qui appartient cette firme n'a que trente ans et il a très bien réussi au cours des cinq dernières années. Il a connu deux contrôles fiscaux et pas mal de hauts et de bas. Des choses qui pour mon père auraient été l'expérience d'une vie entière, il les a connues en l'espace de cinq ans. Alors nous disons que ce qui compte, ce n'est pas le nombre de Diwalis qu'on a vus, c'est le nombre de pétards qu'on a fait claquer. Pour moi, c'est la même chose, pas seulement dans les affaires, mais dans la vie. Je vais au temple tous les matins. Au fond, je prie pour pouvoir contrôler certaines émotions.

— Le chagrin ? » Je pensais à son père.

Ayant mal entendu, il crut que je parlais de « gains » et répondit : « L'appât du gain et la peur. Les deux sentiments associés à mes affaires. J'entre dans le temple, je joins les mains et j'attends cinq minutes.

— A qui vous adressez-vous quand vous êtes ainsi ?

— A quelque chose que je considère comme contrôlant le monde.

— Vous ne pensez pas à une déité particulière ?

— Si vous êtes en période d'affaires, l'image que vous aurez sera celle de la déesse Lakshmi. En d'autres occasions, ce sera Saraswati. Lakshmi est la déesse de l'Opulence, Saraswati celle de la Sagesse. Et quand je pense aux enfants dans les bidonvilles, je dois penser à Dieu. C'est à ces moments-là que je pense qu'il existe des entrailles particulières dont je suis sorti — que c'est pour cette raison que je suis aujourd'hui ici et non là-bas. Or, pourquoi suis-je ici et non là-bas, dans les bidonvilles ? Nulle part, dans l'instruction organisée qu'on m'a donnée à l'école et à l'université, je ne trouve de réponse à cette question. La réponse, c'est : Dieu. Deux fois par jour, je m'abandonne à ces pensées.

— Votre père aussi pensait ainsi ?

— Mon père s'est fait à la force du poignet. Il n'avait que son baccalauréat. Il était obligé de se consacrer davantage à son travail. Au fond, l'homme pense à ces autres choses une fois qu'il s'est occupé de trouver à manger et un abri. Mon père devait sûrement avoir les mêmes pensées, mais il lui fallait songer à ses devoirs envers sa famille. Je suis un peu plus à l'aise qu'il l'était à mon âge. C'est une des raisons pour lesquelles ces questions se posent.

— Peut-on réussir dans les affaires sans une certaine dose d'agressivité ?

— L'agressivité crée un cercle vicieux. Laissez-moi vous donner un exemple. Nous avons ici un dénommé Ambani. D'ici un an ou deux, il va devenir le plus gros industriel de l'Inde. Cet homme vous donnerait vraiment l'image fidèle de la façon dont fonctionne la réussite en Inde. C'est un bon administrateur et un bon manipulateur. Les deux mots ne sont pas synonymes. Un administrateur organise son affaire, un manipulateur organise le monde extérieur. Ambani est un homme prévoyant et, au fond, c'est un homme agressif. Comparé à d'anciens industriels comme Tata et Birla, il a une génération d'avance. Birla avait des licences. Il a fondé des industries, il fabrique des marchandises. Cet Ambani, lui, va encore plus loin. Il fait et défait les politiques pour son propre compte. Supposons qu'il voie une demande pour le polyester. Ça brille et ça dure, encore et toujours. C'est donc parfait pour l'Inde où les gens ne peuvent pas se permettre d'acheter beaucoup de vêtements. Alors, il se lance dans le polyester et il veille à ce que personne d'autre n'y touche. Après quoi, il passe à l'étape suivante — la fabrication de la matière première pour le polyester. Ensuite, il veut que d'autres se lancent dans la fabrication du polyester pour lui acheter sa matière première. Cette intégration rétroactive le mènera à contrôler toute l'industrie textile en Inde. Le polyester sera le plus grand marché.

« Si je veux me lancer dans les affaires en Inde, quelles qu'elles soient, voilà ce que je dois faire. Quelque chose comme ça.

« Mais il y a un autre aspect des choses. Il existe une firme du nom de Bajaj. Ce sont les deuxièmes fabricants de scooters au monde. Il y a trois ans, quand les Japonais sont arrivés en Inde, tout le monde s'est dit que Bajaj n'allait pas tarder à disparaître. Or, non seulement il est parvenu à se maintenir, mais il a connu une croissance beaucoup plus forte que tous les autres. Il est diplômé de Harvard, mais c'est quand même une famille conventionnelle, avec toute la culture et les traditions des Indiens. Ils ont dû payer 97 % d'impôts sur le revenu et jusqu'à 80 % de droits de succession, et pourtant, aujourd'hui encore, ils possèdent une énorme affaire. Grâce à eux, je me dis que ça peut encore marcher. »

Par « ça », il voulait parler de la méthode indienne traditionnelle, la méthode adaptée à « toute la culture et [aux] traditions des Indiens ».

« L'important, c'est que vous me demandez comment réussir sans agressivité. La clef, c'est la discipline. Je m'aperçois que mes amis non végétariens n'ont pas la volonté, la discipline, le caractère qu'ont les végétariens. Quand nous avons commencé à devenir végétariens, nous n'avons absolument pas pensé à ces choses, mais à présent, rétrospectivement, nous constatons que les non-végétariens ont un problème. »

Papu avait une espèce de projet d'avenir. Il voulait travailler pendant encore dix ans, exercer le talent pour les affaires qu'il avait reçu en partage. Au cours de ces dix années, il voulait amasser suffisamment d'argent pour avoir de quoi vivre pendant le restant de ses jours. Et alors, il se consacrerait à des œuvres sociales. Mais il avait des doutes concernant ce projet, concernant surtout la sagesse ou l'efficacité qu'il y aurait à renoncer ainsi à son travail. S'il descendait lui-même sur le terrain pour se lancer dans les œuvres sociales, ne risquait-il pas de gaspiller ses dons naturels ? Ne servirait-il pas mieux la cause sociale en restant dans les affaires et en consacrant ses bénéfices — qui iraient croissant — à ses œuvres sociales ?

Toutes ces idées le préoccupaient. Il n'était pas sûr de ses motivations profondes, et cela le tracassait davantage encore. Il avait le sentiment qu'avec le genre de vie qu'il menait son souci d'aider les pauvres n'était pour le moment qu'une manifestation « hypocrite ».

« Si je dis que je devrais me consacrer à des œuvres sociales, pourquoi suis-je assis ici dans un bureau climatisé ? Si mon sentiment est sincère, je devrais être là-bas dans le bidonville, en train de m'activer. Mais jusqu'à l'âge de quarante ans, je serai peut-être obligé de continuer à vivre en hypocrite. Et puis ensuite, je ferai comme je veux. Aujourd'hui, je récolte des bénéfices disproportionnés par rapport à mon investissement. Cela me donne le sentiment que je devrais travailler plus dur. Que je n'ai pas droit à tout ce luxe.

« L'ancienne génération de Jaïns, quand elle se mêlait de bonnes œuvres, avait l'habitude de construire des temples. Nous pensons que ce n'est pas très juste, peut-être parce qu'il y a déjà tant de temples. Nous envisageons plutôt des orphelinats et des hôpitaux. Notre génération se préoccupe davantage d'œuvres sociales que de religion.

— Redoutez-vous vraiment la pauvreté autant que vous le dites ?

— Je suis sûr qu'il va y avoir une révolution. Dans une génération ou deux. Ça ne peut pas durer, cette inégalité dans les revenus. Je frémis rien que d'y penser. Je suis absolument convaincu que l'esprit indien est religieux, fataliste. Malgré toute l'instruction que j'aie pu le recevoir, je me dis encore que le destin m'emportera — que j'irai où je dois aller, quoi que je fasse. C'est pour cela que nous n'avons pas eu de révolution. A présent, avec les frustrations croissantes, les gens ont beau être religieux, il y aura quand même une révolution. On tire trop sur la corde de leur tolérance.

— Cette révolution, quelle forme prendra-t-elle à votre avis ?

— Elle n'aura *aucune* forme. Ce sera le chaos total. »

Pour certains, pour le Shiv Sena par exemple, la révolution avait déjà commencé. Nikhil, un jeune journaliste travaillant pour un magazine, dont j'avais fait la connaissance, m'emmena un dimanche matin voir un « chef de zone » du Sena dans la banlieue industrielle de Thane. Le Sena possédait à Thane même quarante unités — quarante dans une seule banlieue — dont chacune était dotée d'un chef comme M. Patil, l'homme que nous allions voir.

Thane était à une heure de train du centre de Bombay, vers le nord. Les wagons étaient larges, spacieux, rudimentaires, bâtis pour les dures conditions des trajets de banlieue à Bombay, des engins sans fioritures composés d'éléments métalliques nus, de taquets et de boulons. Dans chaque wagon, une plaque de métal placée en évidence précisait le nom des constructeurs : Jessop and Co., Calcutta, jadis britanniques, aujourd'hui indiens.

Nous passâmes devant des immeubles moisis et crasseux ; des marécages et des égouts ; des parcelles de champs brunâtres ; de la poussière et des enfants ; et, toujours, devant les cahutes et les abris attenants, aux toits de chiffon, qu'elles suscitaient, la cahute, l'appentis ou l'abri existants fournissant un mur tout fait à ceux qui venaient se greffer dessus, aux vagues successives d'êtres humains qui arrivaient sans cesse à Bombay, réduisant parfois à néant, en une seule nuit, plusieurs années d'efforts dans le domaine de la rénovation. Le Shiv Sena, aux premiers temps de son existence, avait milité pour le Maharashtra aux Maharashtriens ; il avait fait campagne contre l'immigration à Bombay de gens venant d'autres États. Ce qu'on pouvait voir du train suffisait à expliquer pourquoi.

Même à Thane, à une heure de trajet, on avait cette impression que l'espace vital était encore infiniment précieux. Dans l'allée d'un quartier ouvrier proche de la gare — dès qu'on avait dépassé les éventaires colorés, les uns de fruits, d'autres de montres bon marché ou de colifichets du dimanche matin ou de pacotille de foire étincelante — un appartement tout simple pouvait coûter deux lakhs et demi de roupies, soit deux cent cinquante mille roupies, environ dix mille livres.

L'entrée de la maison de M. Patil donnait dans cette allée, par un passage entre deux maisons d'un seul étage. M. Patil occupait le premier étage de la maison de droite, une bâtisse ancienne ; la maison de gauche, qui était encore en construction et possédait un style architectural inattendu, allait être d'une taille considérable. La cour située au bout du passage ressemblait aux vieilles cours de derrière à Port of Spain, avec une vie extérieure très active, même si les appentis en brique effritée, contre le mur du fond, révélaient l'entassement régnant à Bombay et la présence de gens qui s'accommodaient d'un minimum d'espace.

Dans le terrain ou la cour qui se trouvait de l'autre côté du mur du fond, relativement près de ce dernier, se dressait l'ossature en béton patiné d'un bâtiment en construction assez important qui donnait l'impression d'avoir été abandonné. S'il avait été édifié, il aurait partiellement privé de lumière la cour de M. Patil, où on se serait sans doute senti cerné par les constructions voisines. En l'occurrence, grâce à cette grande ouverture dans le fond, il n'y avait, curieusement, aucune sensation d'oppression malgré la foule et le tapage ambiant — une infinité de bruits dispersés, d'événements divers, s'amalgamant en un grondement qui n'était pas sans rappeler celui de la mer.

L'escalier en bois qui menait à l'étage de M. Patil était raide (pour économiser de la place) et incitait à la prudence. La construction en était intéressante, chacune des grosses planches étant assemblée à mortaise avec les planches latérales. Sur l'espèce de galerie ou de balcon du premier étage, il y avait des chaussures et des mules devant les portes, mais on ne nous demanda pas d'enlever les nôtres.

Un visiteur nous avait devancés dans la pièce intérieure. C'était un inspecteur de police, en uniforme kaki ; il avait pris place dans un fauteuil à côté de M. Patil. Lui non plus n'avait pas enlevé ses bottillons. Ils étaient tout à fait superbes et devaient lui appartenir en propre, ne pas faire partie de l'uniforme réglementaire. En cuir souple, couleur sang-de-bœuf, ils lui prenaient la cheville et étaient ornés d'élégantes découpes et incrustations.

L'inspecteur frisait la quarantaine. Il se montrait grave et respectueux, mais aussi conscient de sa propre valeur. M. Patil fronçait les sourcils, et on pouvait y voir une expression de son autorité. Il était petit et commençait à s'arrondir. Il était jeune, approchant la trentaine, et la façon dont il était assis faisait ressortir sa petite bedaine. Celle-ci paraissait récente, une rondeur à laquelle il n'était pas encore tout à fait habitué, de même que celle de ses cuisses, qui tendait de façon voyante le tissu de son pantalon. Il était pieds nus dans son salon. C'était la coutume, mais c'était aussi une marque de privilège : il était le dignitaire local qui recevait chez lui.

L'inspecteur de police était venu, ce dimanche matin, demander l'aide du Sena pour régler un problème local de « chasse à l'Ève ». Le harcèlement sexuel des femmes dans les lieux publics, tantôt sournois, tantôt pratiqué tout à fait ouvertement, était un problème dans l'Inde entière. L'incident particulier qui préoccupait l'inspecteur avait incité deux groupes du quartier à s'affronter. Au milieu d'une telle foule, dans cette promiscuité, il ne fallait pas grand-chose pour mettre les nerfs à vif ; les ennuis arrivaient facilement.

Le salon était peint en rose avec un sol en granito. Abstraction faite des détails d'époque, il ressemblait, par son mobilier et sa décoration, aux pièces que j'avais connues à Trinidad dans mon enfance, des pièces habitées par des gens qui commençaient à avoir l'impression de réussir et qui avaient acquis un certain respect d'eux-mêmes. Il y avait un téléviseur Sony avec un magnétoscope. Une nappe en dentelle, avec une poupée par-dessus, couvrait le Sony. Sur les murs roses se détachaient des rameaux d'hibiscus en plastique, accrochés à des morceaux de treillis en plastique eux aussi. Un des coins de la pièce était occupé par un lit à deux places ; deux traversins d'un rose délavé étaient arrangés de façon symétrique, perpendiculairement ; et quelques vêtements appartenant à M. Patil pendaient à une espèce de crochet.

La mère de M. Patil était assise dans l'embrasure d'une porte ouverte sur la gauche, à même le sol de granito. L'autre pièce devait être la cuisine. Il me sembla qu'il en venait une odeur de poisson en train de frire, mais peut-être me trompais-je. Peut-être que les Patil ne mangeaient pas de poisson ; en Inde, ces détails avaient leur importance et pouvaient être de graves affaires de caste. Il y avait en tout cas une odeur de cuisine et ce devait être elle qui — tandis que l'inspecteur de police et M. Patil s'entretenaient — avait attiré un petit chat roux rayé qui traversa le salon jusqu'à la porte devant laquelle était assise la mère de M. Patil. Ce chat était une surprise ; je croyais que les Indiens ne les aimaient guère. C'était un chat indien, le cou et les membres grêles, le ventre seul arrondi, plus maigrichon et affamé que les chats replets d'Angleterre.

La mère de M. Patil portait un sari imprimé rouge ou rose, noué d'une façon qui permettait d'envelopper chaque jambe séparément. Elle était très petite, avec des chairs abondantes et flasques, usées, et portait des lunettes aux verres très épais. Elle s'était assise dans son embrasure de porte pour profiter des visiteurs du dimanche matin, mais sa façon de se tenir indiquait clairement qu'elle ne voulait pas faire intrusion dans les affaires sérieuses que son fils pouvait avoir à traiter.

L'inspecteur de police, grave, intimidant, finit par se lever. Il était content, dit-il, que M. Patil se soit montré aussi compréhensif.

Les deux groupes, dans cette affaire de « chasse à l'Ève », avaient assez de partisans pour déclencher de véritables émeutes dans le quartier et, dans ces cas-là, la police avait pour règle de tenter de réconcilier les adversaires. Puis il partit et nous l'entendîmes descendre légèrement cet escalier si raide avec ses bottillons.

Le froncement de sourcils de M. Patil s'accentua, il pinça les lèvres et attendit de savoir ce que j'avais à dire. Il ne parlait pas anglais, uniquement marathi. Nikhil me servait d'interprète. J'annonçai que je voulais tout d'abord être renseigné sur le quartier et sur la famille de M. Patil.

Il me dit que les membres de sa famille avaient passé toute leur vie ici même, dans ce quartier. Son père avait travaillé dans l'atelier d'outillage d'une usine du centre de Bombay pendant quarante ans. Que fabriquait l'usine ? Ni M. Patil ni sa mère n'en savaient rien. Elle avait fermé ses portes, à présent, c'était terminé. Mais l'important, c'était que son père avait eu un emploi régulier. Grâce à quoi ses enfants n'avaient pas souffert dans leur jeunesse. En tant que famille, ils n'avaient connu la misère qu'à la mort du père, en 1975. En Inde, les retraites n'existaient pas.

M. Patil avait un visage très brun, carré. Il portait une moustache. Ses cheveux commençaient à se clairsemer.

Après la mort de son père, il s'était mis à travailler. Il avait trouvé un emploi au service des emballages d'une firme qui fabriquait des transistors. Une cousine lui avait signalé que la place était libre. Elle aussi travaillait dans cette usine ; d'ailleurs, elle y était toujours employée. Il ne gagnait pas grand-chose au service des emballages, trois cents roupies par mois, pour huit heures par jour. Il n'aimait pas son travail, mais au moins il en avait un. Il s'était fait à l'usine beaucoup d'amis qu'il avait continué à voir par la suite.

A ses yeux, sa famille et lui n'étaient pas des pauvres. Jamais il ne s'était demandé s'il était riche ou pauvre. Il avait toujours eu le sentiment d'appartenir à la classe moyenne — expression à laquelle il donnait le sens que lui donnent les Indiens. Et ses propos répercutaient un écho de ce qu'avait dit Papu, l'agent de change jaïn : un homme doit se préoccuper d'avoir à manger et un abri avant de pouvoir s'intéresser au reste. Or, tout comme la réussite de Papu avait fait naître en lui des préoccupations sociales que son père, serré de plus près par le besoin, n'avait pas connues, bien que le Shiv Sena parlât des privations qu'enduraient les Maharashtriens, cette idée ne pouvait venir aux gens qu'une fois qu'ils avaient cessé d'être, en réalité, totalement déshérités.

Comment M. Patil avait-il pu avoir de l'ambition, en grandissant dans un tel quartier ? Avait-il été un enfant ambitieux ? En effet. Il voulait être célèbre. Mais pas célèbre pour une raison particulière ; il voulait simplement être célèbre. A une époque, il s'était dit qu'il aimerait bien être un célèbre joueur de cricket. Mais à présent, il ne nourrissait plus de telles ambitions ; il les avait réduites. Il voulait simplement accomplir ce que le chef suprême du parti attendait de lui.

Il avait dix ans, la première fois où il avait vu le chef. Il l'avait vu ici même, dans le quartier. Ça devait être en 1969 ou 1970. Un jour, il avait remarqué une affiche annonçant le passage du chef. A l'époque, il n'avait jamais entendu parler de lui : le Sena n'avait encore que trois ans d'âge et le chef n'était pas aussi célèbre qu'il l'était devenu par la suite. Mais M. Patil avait néanmoins remarqué l'affiche annonçant la venue du chef. C'était pendant la fête de Ganpati. Et soudain, dans les propos de M. Patil, la religion et la politique du Sena commencèrent à se mêler.

Ganpati ou Ganesh, le dieu indien à forme d'éléphant, avec sa longue trompe amicale, ses yeux brillants et son gros ventre satisfait, était adoré au Maharashtra. Il avait beaucoup d'importance pour les Patil : la famille conservait chez elle une image de Ganpati. Chaque année, il y avait une fête en l'honneur du dieu. Elle durait neuf jours dont chacun était marqué par un grand événement. Quand il était petit, M. Patil assistait au grand événement de chacun des neuf jours que durait la fête, et il avait conservé cette habitude.

Il dit, dans la traduction que me fournit Nikhil de ses propos tenus en marathi, tandis que sa mère (dont le teint était beaucoup plus clair que le sien) hochait la tête en l'écoutant : « Tout ce qui m'est arrivé de bon, je le dois à la grâce de Ganpati. Tous les mois, un jour est consacré à la vénération de Ganpati. Je parcours alors cent dix kilomètres pour aller l'adorer dans l'immense sanctuaire de Ganpati à Pali. »

Au mur, derrière le téléviseur Sony, se trouvait une photographie ou une reproduction en couleur de cette image sainte de Pali : le gros ventre du dieu était d'un rouge violent, saisissant, qui n'était pas purement bienveillant.

Je voulus savoir si cette idée de Ganpati dispensateur de la chance avait toujours existé dans sa famille. Il me répondit que oui. Quelle avait été la première occasion de sa vie où il avait associé Ganpati à quelque chose de bon ?

Il gratta sa chevelure clairsemée. Le chat ou chaton roux

tigré était maintenant assis sous le fauteuil naguère occupé par l'inspecteur de police, et regardait délicatement autour de lui. La mère de M. Patil, assise sur le sol en granito dans l'embrasure de la porte, endroit qui lui semblait réservé, leva la tête, comme si elle réfléchissait elle aussi à la première fois où son fils avait reçu un bienfait du dieu ; les verres épais de ses lunettes faisaient des flaques de lumière devant ses yeux.

Sur le mur, au-dessus du lit aux traversins symétriques, il y avait un tube fluorescent ; tubes utilisés en Inde parce qu'ils sont peu coûteux. Le mur était percé de deux petites fenêtres. Dans l'une, les barreaux de fer étaient disposés verticalement ; dans l'autre — pour la diversité et le style — ils étaient horizontaux. Aux deux fenêtres, les mêmes rideaux, chacun relevé à deux endroits par une embrasse.

La petite pièce aux murs roses était, à vrai dire, remplie d'objets à regarder : beaucoup de réflexion, beaucoup de fierté. Il y avait une penderie, et aussi une vitrine en bois noir d'environ un mètre de haut. Sur cette vitrine, une grosse bougie multicolore, pour faire pendant à la poupée sur le Sony. Parmi les objets disposés sur les étagères, on remarquait un ensemble de gobelets en acier inoxydable et huit tasses en porcelaine à motif fleuri. La vitrine et son contenu — en dehors des gobelets d'aluminium — ressemblaient aux objets que j'avais connus dans mon enfance. Ils conservaient encore ici une espèce d'intégrité : j'éprouvai envers eux un brusque élan d'affection.

« Je n'allais jamais à l'école, dit enfin M. Patil. Je ne faisais que traîner dans le coin, jouer au cricket. On a fini par me dire que j'allais être renvoyé de l'école. Alors j'ai prié Ganpati. J'avais dans les quinze ou seize ans à l'époque. J'ai dit à Ganpati que si je n'étais pas expulsé, je ferais le pèlerinage jusqu'à Pali. Et je n'ai pas été renvoyé. La directrice a tout à coup changé d'avis. Quand elle m'a convoqué dans son bureau, elle m'a dit que, pour cette fois, elle se contentait de m'avertir. »

S'étant souvenu de cela, il évoqua d'autres exemples de la grâce de Ganpati. « Il y a trois ou quatre ans, ma mère est tombée malade. Elle faisait de l'hypertension. Elle a été hospitalisée. Il lui fallait de l'oxygène. Elle ne pouvait plus parler. Je suis allé à Pali, au sanctuaire de Ganpati, et j'ai offert une guirlande et une noix de coco. Quand je suis revenu, ma mère allait beaucoup mieux. »

Et sa mère — assise dans son embrasure de porte, non pas à même le sol comme je l'avais cru, mais sur une mince plaque de bois, de deux bons centimètres peut-être — pressa ses paumes l'une contre l'autre pendant que son fils parlait, et me précisa, par l'entremise de Nikhil, qu'elle joignait les mains en signe de gratitude envers Ganpati.

Déjà, à la naissance de M. Patil, il s'était produit une manifestation de grâce et de bienveillance. C'était en 1959. Il y avait de terribles émeutes dans le quartier. Les gens lançaient des pierres. Les taxis n'étaient pas faciles à trouver, mais le père de M. Patil était parvenu à découvrir un chauffeur qui avait accepté de conduire — si la chose était faisable — sa femme à l'hôpital. Le taxi avait dû parcourir cinq kilomètres au milieu des émeutes, mais il était arrivé sain et sauf et, dès l'entrée de sa mère à l'hôpital, M. Patil était venu au monde.

La mère et le fils se relayèrent pour nous narrer l'histoire et la mère, assise par terre, pressa encore une fois ses paumes l'une contre l'autre et déclara que Ganpati avait eu pitié d'eux.

Et puis, à peu près deux ans plus tôt, M. Patil avait traversé une crise grave. Elle concernait sa vie politique et elle avait duré neuf jours. C'est très long, neuf jours, quand on est sur des charbons ardents. Il avait fait le pèlerinage à Pali et juré à Ganpati que, s'il sortait indemne de cette crise, il lui offrirait cent une noix de coco.

Cela ne revenait-il pas à essayer d'acheter la faveur du dieu ?

« Ma foi a ses racines dans la réalité. Je n'ai pas l'habitude d'offrir cent une noix de coco en demandant à être nommé Premier ministre de l'Inde. »

Sa foi en Ganpati était-elle quelque chose de profondément enfoui en lui, toujours présent ? Ou bien cherchait-il, quand il avait prié, un signe quelconque de la part du dieu ?

Nikhil me traduisit : « Même quand les choses se présentent mal, j'entends une voix à l'intérieur. Je suppose qu'on pourrait appeler ça de la confiance en soi. » Nikhil précisa le mot marathe qu'il avait rendu par « confiance en soi » : *atma-vishwas*. C'était le plus grand don de Ganpati.

« Comment avez-vous fait pour emporter cent une noix de coco jusqu'au sanctuaire ? demandai-je.

— On peut les acheter sur place. »

Il me parla plus longuement de la fête de Ganpati. Chaque année, il fallait se procurer une nouvelle image chez le fabricant. On la gardait chez soi aussi longtemps qu'on voulait, mais quand la fête prenait fin il fallait la jeter ou l'immerger. Dans sa famille, la tradition voulait qu'on conserve l'image un jour et demi ; après quoi, on l'emportait jusqu'à un lac non loin de là et on l'immergeait. Toute sa vie, sa mère avait eu l'ambition de rapporter l'image de Ganpati de chez le fabricant, accompagnée par un petit orchestre. Récemment, ce vœu avait enfin été exaucé. Son autre fils avait une très belle situation et la famille avait engagé un orchestre pour rapporter l'image jusqu'à la maison ; et ils avaient fait revenir l'orchestre quand ils avaient emporté l'image hors de chez eux pour aller l'immerger dans le lac.

A travers ces histoires de Ganpati, de sanctuaires, de pèlerinages, de vœux et d'offrandes, je commençais à me faire une idée des mystères que recelait la terre pour des gens comme les Patil, de la gloire qui effleurait parfois leurs journées, des merveilles au milieu desquelles ils cheminaient. Leur monde était plus riche qu'il n'en avait l'air. Thane était une banlieue industrielle, mais la terre elle-même était très ancienne ; elle avait son caractère sacré ; et les mêmes personnes pouvaient vivre tout naturellement et ressentir les événements de nombreuses façons différentes.

C'était durant cette bienheureuse fête de Ganpati — ici même, dans ce quartier, dans les allées que j'avais parcourues en ne voyant que la surface des choses — que M. Patil, âgé de dix ans, avait vu l'affiche annonçant la venue du chef du Shiv Sena. Il s'était rendu à la réunion pour voir le chef. Ce dernier, à l'époque, dirigeait son propre hebdomadaire et il était mieux connu comme dessinateur humoristique. Le petit Patil n'avait pas trouvé le personnage impressionnant sur le plan physique. Il avait vu un homme maigre, portant lunettes, vêtu d'un long manteau boutonné. Mais dès que le chef prit la parole, le sang du petit garçon avait commencé à « bouillir ». Le discours du chef avait duré trente ou trente-cinq minutes et à la fin des gens comme le jeune Patil, dont le sang avait bouilli à l'idée de toutes les injustices que devaient endurer les vrais habitants du Maharashtra, s'étaient mis à hurler des acclamations.

« N'étiez-vous pas trop jeune pour comprendre ces histoires de discrimination à l'encontre des Maharashtriens ?

— Non. J'entendais souvent parler de la façon dont les musulmans et les autres étrangers faisaient du tort aux Maharashtriens. Il en était question chez moi et dans la rue. Mon frère aîné m'en parlait.

— Et votre père ?

— Ça ne l'intéressait pas du tout. »

Le père n'avait pas le sentiment de sécurité de ses fils. C'était comme le père de Papu.

Et, même si ensuite le petit garçon de dix ans était resté

longtemps sans entendre d'autre discours important du Shiv Sena, il avait commencé à donner un coup de main quand le parti avait besoin de gens pour poser ses affiches ou ses calicots. Plus tard, quand son père était mort et qu'il avait dû travailler à la fabrique de transistors, il s'était mis à militer pour le parti, le soir, et il avait poursuivi ses activités politiques après avoir trouvé un nouvel emploi. Celui-ci avait trait à l'envoi de main-d'œuvre à Dubaï et au Moyen-Orient. Il touchait neuf cent cinquante roupies par mois, contre trois cents dans la compagnie de transistors. Il recevait les gens pour des entrevues.

N'avait-il pas envie de partir lui-même au Moyen-Orient, pour gagner de l'argent ?

« Je n'ai pas eu mon baccalauréat. Alors, si j'y étais allé, j'aurais été affecté aux travaux subalternes.

— Vous ne pensiez pas que c'était une erreur d'envoyer des gens d'ici dans un pays musulman ?

— Les musulmans ne sont pas tous des ennemis. »

A l'époque, son travail pour le parti consistait à assurer la permanence dans le bureau du Sena, le soir, et à écouter les gens qui venaient se plaindre. Le Sena a toujours cru au côté social des choses. Il y avait beaucoup à faire dans ce domaine. Les gens avaient besoin d'aide. Certains n'avaient de l'eau que pendant quatre heures par jour. Dans de nombreux immeubles, l'eau ne montait pas au-dessus du premier étage. Bien qu'il ait été nommé chef de zone du Sena — trois ans plus tôt — M. Patil n'en continuait pas moins à remplir ce genre de fonctions sociales. Ainsi, quand nous étions arrivés, il y avait une dame avec sa mère, dans la cuisine. Elle était venue se plaindre d'un raccordement d'eau. Elle avait versé mille roupies à quelqu'un pour ce raccordement et, pour le moment, il n'y avait ni raccordement ni eau. Le chef de zone devait s'intéresser aux problèmes des gens ; politiquement, c'était bon pour le parti.

Son sang bouillait-il toujours ? Ou bien s'était-il calmé, avec le succès du Sena et sa propre accession au rang de chef de zone ?

Son sang bouillait toujours. « Il y a un endroit qui s'appelle Bhiwandi, à environ vingt-cinq kilomètres d'ici. Quand l'Inde perdait un match de cricket contre le Pakistan, les musulmans de Bhiwandi avaient l'habitude de faire éclater des pétards sur la place du marché. Quand j'étais petit, je ne pouvais rien y faire. Mais à présent, je ne le supporte plus. Il y avait même des groupes de musulmans qui venaient de Bhiwandi jusqu'ici, à Thane. Les habitants du coin étaient si pleins de ressentiment envers ces musulmans qu'il y a eu des heurts en 1982 ; on a forcé les boutiques des musulmans et on a vendu leurs marchandises aux gens. On a vendu des serviettes de bain pour deux roupies. Les boutiques musulmanes ont rouvert, mais ces gens-là vivent dans la peur. Le Shiv Sena est très puissant. Voulez-vous que je vous dise ? Les musulmans eux-mêmes font des dons au Shiv Sena. »

Nikhil intervint : « Mais c'est de l'extorsion de fonds, non ? »

M. Patil n'était pas de cet avis.

Je voulus savoir — en me rappelant son adoration pour Ganpati — ce qui avait le plus d'importance pour lui : la religion ou la politique ? Traduit en marathi par Nikhil, cela donnait : *dharma* ou *rajnithi* ?

« Dharma », répondit M. Patil. La religion. Mais il ne s'agissait pas de sa foi personnelle en Ganpati, dont il m'avait parlé. Avec le succès et la croissance du Sena, les idées du mouvement avaient pris de l'ampleur : la religion dont voulait parler M. Patil, c'était l'hindouisme lui-même. « Il existe une conjuration pour anéantir l'hindouisme. » C'était un complot musulman, et c'était pour cette raison qu'il était crucial de maintenir l'hindouisme en vie.

Deux autres maigres chats ou chatons indiens étaient entrés dans le salon — un tigré et un autre roux — et ils parcouraient la pièce avec curiosité. Divers amis et parents des Patil étaient entrés aussi, pour écouter ce que M. Patil avait à dire à ses visiteurs.

Je demandai s'il serait possible de maintenir l'hindouisme en vie, à supposer que les affaires et l'industrie indiennes continuent à croître comme elles le faisaient.

M. Patil ne voyait là aucune contradiction. « Si on veut survivre, il faut gagner de l'argent.

— Ce n'est pas l'attitude gandhienne.

— Je n'ai que du mépris pour Gandhi. Il croyait qu'il fallait tendre l'autre joue. Moi, je crois que si quelqu'un vous gifle, il faut avoir la force de lui demander pourquoi il l'a fait, ou il faut lui rendre son coup. Je hais l'idée de la non-violence. »

C'était conforme à son orgueil de guerrier marathe. Je me demandais ce qu'il savait de l'histoire marathe. Quelles notions de l'histoire existaient donc dans ce quartier, dans ces ruelles étroites ? M. Patil connaissait-il les dates de la naissance et de la mort de Shivaji ?

Il les connaissait. « 1630 à 1680. Je sais tout ça. Shivaji a sauvé les Maharashtriens des atrocités. Mais ensuite les Anglais sont arrivés et ils ont commis des atrocités contre tous les autres. »

Je pouvais comprendre l'état d'esprit communautaire plus vaste qui prévalait ici, le conflit entre hindous et musulmans. Mais je me demandais quelle signification la caste pouvait avoir dans une zone industrielle comme celle-ci, où les gens vivaient si près les uns des autres. Quelles étaient les relations entre Sena et Dalits ? A en juger par le peu que j'avais vu, les Dalits avaient commencé à acquérir un peu de cette confiance en soi, de cet *atma-vishwas* que Ganpati avait donné à M. Patil. Cela n'éveillait-il aucun écho chez lui ? Sa préoccupation envers l'hindouisme ne faisait-elle pas naître un sentiment de solidarité envers eux ?

Il était rigide. « Nous n'avons pas de querelles avec eux. Ils ne se considèrent pas comme maharashtriens ou hindous. Ils sont bouddhistes. »

N'avaient-ils pas été détournés de l'hindouisme par les préjugés de caste ? N'y avait-il aucune compassion envers eux ? Quand il était petit, son sang avait bouilli en entendant le chef parler de la discrimination à l'encontre des Maharashtriens. Ne pensait-il pas que les Dalits, eux aussi, avaient de bonnes raisons d'éprouver de tels sentiments ?

Non, il ne le pensait pas. La colère des Dalits était une chose que les chefs dalits et des gens appelés les Panthères dalits — pour imiter les Panthères noires des États-Unis — entretenaient pour des raisons politiques. « Ils n'ont aucune raison d'être en colère. Ils n'ont pas souffert autant qu'ils veulent bien le dire. Et les actuelles organisations dalits sont liées à des groupes musulmans. »

Je demandai à Nikhil si c'était vrai. Il dit que oui. « Ces deux sections de la population, Dalits et musulmans, éprouvent un sentiment d'aliénation. Et quelqu'un s'est dit que ce serait une bonne idée de les réunir. »

L'aliénation : c'était le thème commun. M. Patil triomphait à présent, mais son sang bouillait toujours. Encore maintenant, il avait le sentiment que son groupe pouvait s'effondrer et que d'autres n'attendaient que l'occasion de le piétiner. On aurait dit que, dans ces petits espaces surpeuplés, personne ne se sentait vraiment chez soi. Tout le monde avait l'impression que le voisin, l'autre groupe, se moquait de lui ; tout le monde vivait en état de siège.

Le moment était venu à présent d'accompagner M. Patil jusqu'au bureau du Sena. Nous prîmes congé de sa mère, laquelle, toujours assise, leva la tête, les yeux perdus derrière les cercles concentriques de ses épaisses lunettes, et une fois de plus elle joignit les paumes. Escortés par quelques-unes des personnes qui étaient venues écouter

M. Patil, nous quittâmes les pièces aux murs roses pour la galerie, passant devant les chaussures et les mules abandonnées à la porte.

Nous gagnâmes d'abord le bout de la galerie pour regarder la vue à l'arrière du bâtiment : les cahutes en brique contre le mur de derrière, la construction abandonnée juste à côté, avec des tiges de renforcement, en fer rouillé, qui sortaient du béton. L'un des hommes qui se trouvaient avec nous dit en anglais : « Pas de permis. » Ainsi, en dépit de l'apparente anarchie qui nous environnait, il y avait quand même des règlements municipaux.

Nous descendîmes l'escalier si raide jusqu'au passage entre les deux maisons et nous sortîmes sous le soleil dans l'allée pavée. A quelques pas vers la droite se trouvait le bureau local du Sena, domaine de M. Patil. Du point de vue de la structure, c'était une boîte en béton, une cabane d'une seule pièce, mais décorée à l'extérieur de façon à ressembler à un fort, avec en haut une sorte d'effet de créneaux, régulier et d'une extrême simplicité, tandis que le mur de béton était peint de façon à suggérer des blocs de pierre grise avec des joints blancs. L'ensemble était très surprenant dans la poussière, la saleté, les éboulis de l'allée, et n'était pas sans évoquer un décor de théâtre ou une baraque de fête foraine. Mais c'était un rappel du passé guerrier des Marathes. Ce passé était réel ; le pouvoir actuel et l'organisation du Sena étaient réels.

Personne ne nous avait demandé de retirer nos chaussures avant d'entrer dans le salon de M. Patil, mais nous dûmes les ôter avant de quitter l'allée pour pénétrer dans le bureau du Sena : cet endroit, bien qu'il fût plus poussiéreux que son salon, était le véritable sanctuaire de M. Patil. Les murs intérieurs étaient peints en bleu. Le sol était pavé de dalles en pierre — les habitants du Maharashtra construisaient naturellement et fort bien en pierre.

Il y avait un bureau contre le mur du fond, avec un siège à haut dossier, aux allures de trône. Dès que nous fûmes entrés, M. Patil alla s'y asseoir, comme si cela faisait partie des traditions de l'endroit. Devant le bureau se trouvaient neuf chaises pliantes en métal ; elles étaient destinées aux visiteurs et peintes du même bleu que les murs. Sur le mur du fond, au-dessus du fauteuil de M. Patil, était accrochée l'image d'un tigre : le tigre était l'emblème du Sena. Sur le bureau, il y avait un buste couleur de bronze de Shivaji et un autre buste, analogue, sur un piédestal placé de biais dans le coin le plus éloigné du bureau. Ces bustes étaient en plâtre et chacun portait au front une marque toute fraîche de pâte au santal, une marque sainte ou sacrée. Il y avait une grande armoire vert foncé près de la porte, et la pièce était éclairée par un tube fluorescent. Au mur, une pendule à coucou — qui rappelait le salon de M. Patil — était le seul élément décoratif de la petite pièce.

Le bureau du Sena était une place forte, et il y en avait quarante à Thane. D'une certaine façon, il s'agissait d'une sorte de trompe-l'œil martial ; d'une autre, tout cela n'était que trop réel. Il y avait constamment des combats de rues dans la localité. Certains mettaient aux prises le Sena et les Dalits, surtout ceux qui se faisaient appeler les Panthères dalits ; et il y avait aussi des bagarres entre le Sena et certains groupes de partisans du Congrès. Les heurts étaient graves, parfois même mortels, avec pour armes des épées et des ampoules d'acide. Le Sena se battait aussi pour protéger ses membres contre les criminels et les voyous. Certains de ses membres possédaient des éventaires, comme ceux que nous avions vus en venant de la gare, et il y avait toujours des gens pour essayer de leur extorquer de l'argent.

Pendant que nous parlions dans le bureau, M. Patil renversé dans son fauteuil à haut dossier, Nikhil et moi penchés en avant sur nos chaises en métal bleu (sur les bords, la peinture éraflée laissait passer la rouille), il y eut un bruit de piétinement dans l'allée. On aurait presque dit l'approche d'un petit incident, d'un petit événement. Et nous vîmes passer dans le soleil, devant la porte, un certain nombre de jeunes gens, menottes aux mains, attachés ensemble par une corde qui semblait neuve, reliés les uns aux autres par cette corde enroulée autour de leurs biceps. Ils avançaient sur deux files et ils étaient escortés ou conduits, sans cris, sans hâte, sans brutalité, par une escouade de policiers en uniforme kaki.

« Mais c'est anticonstitutionnel, dit Nikhil. On ne peut pas passer les menottes aux gens comme ça. La Cour suprême a statué à ce sujet. »

Les hommes qu'on emmenait ainsi semblaient avoir revêtu leurs habits du dimanche. Leurs chemises étaient propres et élégantes ; l'une d'elles avait de larges rayures noires et argent. C'étaient de très jeunes hommes, tous minces, quelques-uns maigres.

En secouant la tête, signe affirmatif chez les Indiens, l'homme qui avait dit : « Sans permis », à propos de la construction en béton inachevée derrière la maison des Patil, expliqua d'un seul mot ce que nous venions de voir : « Sans. »

Sans quoi ?

Sans billets de train — tout le monde autour de moi le savait, tout le monde était prêt à éclairer ma lanterne.

Que pensait M. Patil de ce défilé ?

L'épisode ne le tracassait guère. « Ça arrive tous les jours. On les emmène en prison, où ils resteront trois ou quatre jours. Certains sont pauvres, mais d'autres font ça pour le sport. »

Nous sortîmes dans l'allée. Les policiers et leurs prisonniers étaient déjà presque hors de vue. Le petit incident était terminé ; la vie de l'allée se refermait sur lui.

Dans un canal (ou pis encore) qui donnait dans l'allée, je vis un animal fendre le brun foncé et verdâtre de l'eau. Un chien ? Une vache, appartenant à une de ces espèces bovines indiennes de petite taille ? Un veau ? On distinguait mal la créature sombre contre cette eau glauque. Tout à coup un groin arrondi s'éleva, rose et plat, au-dessus de la surface : un cochon. Et, mes yeux désormais habitués, j'aperçus aussi, avançant juste devant, leurs taches blanches irrégulières faisant croire de loin qu'il s'agissait de taches de lumière ou d'écume contre l'obscurité du canal, une portée de porcelets noir et blanc, qui barbotaient et s'ébattaient dans l'eau trouble.

L'homme qui avait dit « Pas de permis » et « Sans » annonça cette fois : « Porcs dalits. »

Que voulait-il dire par là ? De nombreux Indiens, tant hindous que musulmans, considéraient le cochon comme un animal impur ; certains supportaient même à peine de les voir. Y avait-il quelque volonté de provocation chez les Dalits, avec ces porcs (que peu de gens osaient toucher) lâchés en liberté dans une zone surpeuplée ?

Il n'en était rien.

L'homme qui avait dit : « Porcs dalits » continua : « Les Dalits les mangent le dimanche. » Ainsi, ces bêtes n'étaient pas seulement un élément de la position à part qu'occupaient les Dalits ; il y avait aussi tout un rituel concernant la façon de les manger. L'homme ajouta : « Ils vendent aussi les porcs. »

Un tout petit peu plus haut dans l'allée — là où étaient passés les policiers — une bande de petits garçons jouaient au cricket avec une vieille balle de tennis, lisse et grise. La forteresse du Sena ; les jeunes gens minces dans leurs belles chemises, menottes aux mains, encordés ; le cricket, cet élégant sport de *gentlemen* venu du bout du monde — ici tout se passait à découvert. Et tant d'autres choses étaient innocemment exposées aux regards : juste au-dessous de la surface, il y avait une débauche d'émotions et de besoins humains, d'idées de mystère et de gloire.

Sur un mur blanc, quelque part dans les environs de Mohammed

Ali Road, dans le centre de Bombay, j'avais vu un slogan peint en grandes lettres noires : LIBÉREZ L'HUMANITÉ PAR L'ISLAM.

Mohammed Ali Road avait sa réputation. C'était la principale artère du quartier musulman du centre-ville. On parlait de l'endroit comme d'un « ghetto » et il figurait si souvent dans les actualités que les gens avaient tendance à emprunter, pour le décrire, le langage de la presse. Le quartier était « chaud », c'était une poudrière ; un de ces lieux où les émeutes communautaires pouvaient éclater et ensuite se répandre comme un incendie.

L'endroit était affreusement surpeuplé, avec toutes sortes d'odeurs et de bruits. La fumée noirâtre des voitures, dont le carburant était coupé de kérosène, faisait, sous le soleil, l'effet d'un brouillard surchauffé. Elle brûlait la peau et mettait les poumons à vif. Cela s'ajoutait au sentiment global d'oppression et, vu à travers cette fumée, le slogan à la gloire de l'Islam avait l'effet d'un cri. Il était écrit en lettres aussi hautes que le mur, et écrit en anglais. Il n'était pas destiné aux gens du ghetto, mais à ceux de l'extérieur, par exemple aux membres du Shiv Sena qui auraient eu envie de fomenter des troubles.

Nikhil connaissait un jeune homme qui habitait le quartier de Mohammed Ali Road. Il s'agissait d'un dénommé Anwar. Un jour, en début de soirée, après son travail, ce dernier nous emmena voir l'endroit où il vivait. Anwar était tout petit et tout frêle, laissant deviner quelque débilité héréditaire, mais il était animé par une passion compensatrice pour sa foi musulmane ; c'était un lutteur.

En ce début de soirée, la circulation avançait très lentement dans Mohammed Ali Road. Les boutiques et les trottoirs étaient aussi encombrés que la chaussée. Les lumières électriques créaient un effet de plafond ou de dais et semblaient peser sur la scène, ajoutant, avec la fumée brûlante, au sentiment de cohue et d'usure, à l'impression d'une vie vécue à toute extrémité. Il y avait trop de bruit pour bavarder dans le taxi.

A un moment donné, nous descendîmes du taxi et suivîmes Anwar loin des lumières et de la fumée, jusqu'à une zone où tout devenait brusquement petit. D'étroites allées donnaient dans d'autres plus étroites encore, toutes bordées de petites maisons basses. Au loin, Mohammed Ali Road brillait et rugissait, mais ici les lumières étaient faibles, les allées pleines d'ombre, et les bruits les plus proches étaient des bruits ménagers et assourdis. Nous n'étions pas dans un de ces bidonvilles anarchiques. Les allées étaient droites et pavées et — même si l'échelle était très réduite

— il y avait dans la disposition et la construction une certaine régularité qui laissait supposer un projet de logement officiel. Anwar nous le confirma ; nous étions dans un ensemble municipal.

Sa maison était une étroite portion d'une construction en béton et en grillage métallique. Sur un petit mètre, à partir du sol, les murs de la pièce de devant étaient en béton ; au-dessus ils étaient en grillage. Un drap blanc tendu contre le grillage isolait l'habitation d'Anwar de celle de son voisin, l'écran se trouvant chez le voisin. Le logement d'Anwar, sa partie de l'édifice, ne mesurait sans doute pas plus de trois mètres de large. Grillage et béton étaient peints en bleu. La pièce de devant devait faire deux mètres de profondeur. D'un côté, il y avait un passage, avec des chaussures et des mules sur des étagères ménagées dans le mur de béton. Ce passage menait à la pièce principale, celle du milieu. Derrière, nous expliqua Anwar, c'était la cuisine.

Quelque part dans le haut de la pièce du milieu, il y avait une soupente où l'on pouvait dormir. Cette soupente jouait un rôle important. Sans elle, les maisons comme celle-ci ne pouvaient pas fonctionner, n'étaient pas en mesure de fournir assez d'espace à toute une famille. C'était la première fois que j'entendais parler des soupentes de Bombay. J'en entendis beaucoup parler les jours suivants, et je commençai à comprendre comment des familles nombreuses — pas forcément des habitants de bidonvilles ou des gens habitués à dormir sur les trottoirs — parvenaient à vivre dans une seule petite pièce. La nuit, dans tout Bombay, les salles de séjour changeaient de fonction ; les diverses parties d'un logement comme celui d'Anwar (surtout la pièce principale du milieu) n'étaient plus que des endroits où dormir. Une soupente permettait d'utiliser au maximum l'espace d'une pièce et son volume.

Nous bavardions dehors, dans l'allée où donnait la maison d'Anwar. Nous n'étions pas encore entrés chez lui. Nos voix encouragèrent un jeune homme de la maison ou section voisine à sortir nous regarder. Il était de taille moyenne, bien bâti, et habillé de frais d'un tricot de corps et d'un short kaki, comme pour une période de détente. Je fus momentanément surpris de constater qu'un homme de taille normale, si convenablement vêtu, pouvait sortir d'un espace aussi restreint. Nous nous tûmes en le voyant paraître et s'immobiliser sans rien dire dans la pénombre de l'allée, sur son petit coin de territoire ; et, comme si nous avions le sentiment d'avoir été indiscrets ou grossiers en parlant à la cantonade des logements de cet ensemble, nous entrâmes aussitôt dans la pièce de devant de la maison d'Anwar, presque comme des gens soucieux de rester entre eux. Le jeune voisin regagna la pièce de devant de sa maison et y resta quelque temps. Dans la faible lumière ambiante, nous pouvions le voir, lui ou son ombre pâle qui changeait de taille, se détachant contre la séparation en drap blanc — ce drap fixé au grillage de son côté à lui — comme un personnage dans un spectacle de marionnettes.

Un membre de la famille d'Anwar avait fait quelques préparatifs pour notre visite. Un drap propre avait été étendu sur le lit de camp de la pièce de devant, par courtoisie pour Nikhil et moi. Anwar nous invita à y prendre place. Le père d'Anwar arriva alors de la pièce du milieu. A présent, c'était lui qui nous recevait et il envoya son fils nous acheter de la limonade froide.

Le père d'Anwar, un homme de petite taille, même s'il n'était pas aussi petit que son fils, paraissait frêle et maladif, et je me dis que la débilité apparente du jeune homme devait lui venir en partie de son père. Il avait la peau très noire, avec une opulente barbe argentée. Cette barbe était pour ainsi dire la seule coquetterie physique du vieil homme : elle était expertement taillée et peignée, et tombait en une brillante cascade. Il ne s'agissait d'ailleurs pas uniquement d'une coquetterie : en Inde, les différents groupes portent différents styles de barbes, et celle-ci, taillée en pointe, était une barbe de musulman. Tel était le message sans détour de cet ornement.

Il nous déclara qu'il avait soixante-quatre ans. Et avant que Nikhil ou moi ayons pu dire un mot, il ajouta qu'il savait qu'il paraissait beaucoup plus âgé — c'était vrai : je lui avais donné près de quatre-vingts ans. Les Européens n'avaient pas l'air aussi vieux que les Indiens, poursuivit-il. Il le savait ; il avait travaillé jadis pour une firme italienne et il avait vu des Européens de soixante-dix ans qui avaient l'air en pleine santé et travaillaient dur. Les Indiens vieillissaient ainsi à cause de leurs conditions de vie. Ici, par exemple, ils ne souffraient pas seulement des fumées des voitures ; il y avait aussi la fumée d'une usine, une fabrique de tissu. En tout cas, il avait soixante-quatre ans. C'était déjà quelque chose ; son père était mort à quarante ans.

Anwar rapporta quelques bouteilles de limonade bien fraîche. Elle nous fut offerte cérémonieusement, une bouteille après l'autre. Nous en bûmes un peu — le breuvage était très sucré et semblait plein de colorants chimiques — et nous tentâmes d'engager une conversation générale, même si nous étions vraiment trop nombreux pour cet espace restreint et si des voix et des bruits nous parvenaient de toutes parts ; l'écran de drap blanc (fixé de l'autre côté de la cloison grillagée) commença même à me paraître ambigu dans ses intentions, pas entièrement amical.

Je demandai au vieil homme s'il y avait des voleurs dans leur ensemble. Je m'étais dit en effet que, du fait même que la vie se passait au vu et au su de tous et qu'elle était si communale (comme dans une authentique commune), les gens jouissaient peut-être d'une espèce de protection dans ce domaine.

Il me répondit qu'il y avait des vols tous les jours. Et des querelles aussi, lesquelles étaient pires. Elles étaient en grande partie dues aux enfants. Des gens frappaient les enfants des voisins et les parents se fâchaient.

Il avait vécu sous toutes les pressions possibles. Anwar aussi. Peut-être — si, dans de telles conditions de vie, on pouvait établir une échelle des souffrances — la chose avait-elle été pire pour Anwar qui était plus sensible, plus instruit et qui, à l'extérieur, devait se battre plus durement dans le domaine technique qu'il avait choisi.

Sirotant ma limonade du bout des lèvres et considérant les marques de courtoisie surannées du père et du fils dans un tel décor, l'humanité qui leur restait, le calme avec lequel le vieil homme reconnaissait que d'autres étaient en meilleure santé et plus forts, jouissaient de meilleures conditions de vie, je commençai à éprouver de l'affection envers ces deux hommes. J'avais l'impression que, si j'avais été à leur place, claquemuré ainsi dans Bombay, dans ce quartier, dans cet édifice, j'aurais été moi aussi un fervent musulman. Ayant grandi à Trinidad, où j'étais membre de la communauté indienne, c'est-à-dire d'une minorité, j'étais bien placé pour savoir que dès qu'on avait conscience d'appartenir à une petite communauté, on ne pouvait jamais s'en détacher ; plus la situation devenait pénible, plus on insistait pour demeurer ce qu'on était.

Dans l'enclos grillagé qui formait la pièce de devant de la maison, le vieil homme était notre hôte et Anwar n'était que le fils de son père, si bien que notre conversation resterait forcément guindée. Je ne me sentais pas en mesure de poser avec insistance des questions difficiles. Pour que notre entretien puisse aller au-delà du travail à mi-temps que le vieil homme avait eu la chance de trouver, pour qu'Anwar puisse parler plus librement et sans se préoccuper d'être entendu par d'autres, il fallait aller ailleurs.

Donc, doucement, en évitant les accidents, nous déposâmes nos bouteilles de limonade sur le mur de béton bleu, contre le grillage ; et le vieil homme, qui devenait lui aussi un peu impatient, nous compris à demi-mot. Il cessa de parler, ménageant ainsi un silence, et nous prîmes congé.

Nous ressortîmes dans les étroites allées où de vagues lumières projetaient des ombres allongées. Au coin de l'allée, il y avait un enfant en train de déféquer dans une flaque de clarté. Dans la pièce de devant d'une habitation, des lueurs et des éclairs émanaient d'un grand téléviseur couleur posé sur un meuble bas ; personne ne regardait. Anwar nous dit que sa famille n'avait pas la télévision. Son père prétendait que c'était contraire à l'Islam.

Nous arrivâmes au bout de cet ensemble d'habitations basses et Bombay proprement dit reprit. Au-delà d'un sentier ou d'une route qui servait de démarcation se dressait un grand immeuble. L'ennemi s'y trouvait. C'était un bâtiment du Shiv Sena, nous dit Anwar. Quand il y avait des troubles, les habitants de ces logements jetaient des bouteilles sur les gens qui vivaient en dessous.

Une fois passé cet immeuble, nous retrouvâmes le rugissement de la rue principale et nous entrâmes dans un petit milk-bar que connaissait Anwar : tubes fluorescents, carreaux de faïence, marbre gris, un évier, de grands gobelets en verre et en acier inoxydable.

« Alors vous vivez constamment sur les nerfs ? » demandai-je à Anwar.

Nikhil interpréta la réponse : « Tout ça lui détraque complètement les nerfs. »

Aussi usé que son père, avec son visage sombre, maigre et craintif, Anwar but à petites gorgées le lait qu'il avait commandé.

Il parla, et Nikhil traduisit directement : « Ces enfants. Il y a des bagarres entre les enfants, qui se transforment en effusions de sang parmi les adultes, et je n'ai pas l'impression de pouvoir y remédier. Il y a tout le temps des heurts entre voisins. Quand il y a des hindous et des musulmans — les hindous sont en minorité par ici — ça tourne à l'émeute communautaire. Pendant les matchs de cricket, ça devient épouvantable. Quand il y a eu la coupe du monde l'année dernière — avec ces matchs qui ne durent qu'un seul jour — les gens ont commencé à avoir très peur des matchs Inde-Pakistan. Mais finalement ni l'Inde ni le Pakistan n'ont atteint la finale. Quand le Pakistan a perdu la première demi-finale face à l'Australie, les hindous sont devenus comme fous ; ils ont envoyé des pierres et ils ont crevé les toits d'amiante des cabanes. »

Qu'elles le perturbaient donc, ces bagarres ! Aussi bien son père que lui-même avaient parlé avec une terreur spéciale des heurts entre voisins, et je me demandai s'ils avaient parlé de leurs propres expériences. J'essayai de le découvrir. Je le questionnai sur les effusions de sang — sa famille avait-elle été touchée d'une façon quelconque ?

Sa réponse fut inattendue : « Mes frères ont la réputation d'être des *goondas*, des truands. Ce ne sont pas des gars bien. A cause de cette réputation, les voisins y regardent à deux fois avant de déclencher quoi que ce soit. »

Ses frères étaient des durs — ils devaient, pour une raison quelconque, être physiquement tout à fait différents d'Anwar et de son père. Des durs, pas des gars bien — et pourtant ils permettaient à Anwar de tenir un langage de dur. Vivaient-ils tous entassés dans la petite maison ?

« Cet homme qui habite à côté, l'homme qui est sorti pour nous regarder — quels sont vos rapports avec lui ? ai-je demandé à Anwar.

— Il est étudiant dans une université en dehors de Bombay. Vous pouvez vous imaginer quelle sorte de gens sont mes frères — j'ai six frères, et mon père est encore obligé de travailler. »

Il y avait une cassure familiale là-dessous. Peut-être que les frères dont parlait Anwar, les durs, n'étaient pas de la même mère.

Il continua : « Je ne pense pas à eux comme à des frères. » Mais il adoucit aussitôt cette déclaration : « C'est l'environnement qui a fait d'eux ce qu'ils sont. Ils ont dû devenir des truands pour survivre. Je vais vous raconter une histoire sur la témérité imbécile de mes frères. Vous avez dû lire récemment dans les journaux des articles sur le parrain qui est devenu le nouveau roi de la pègre à Bombay. Il y a quelque temps, un jour où ce parrain avait accepté de descendre un type du quartier, il est venu faire une reconnaissance dans le coin. Eh bien, croyez-le si vous voulez, mais un de mes frères lui a cherché noise.

— Quel genre de type devait-il descendre, votre parrain ?

— C'était un type dont le boulot était d'envoyer des gars au Moyen-Orient — exportation de main-d'œuvre — et il avait dû rouler quelqu'un. Mais mes frères n'ont vu dans ce parrain qu'un concurrent qui cherchait à piétiner leurs plates-bandes. Il y a eu échange d'insultes et de jurons entre mes frères et le parrain et chaque camp a dit qu'il allait tenir l'autre à l'œil. Mon frère s'est procuré une voiture, une Ambassador, et ils l'ont bourrée d'armes. Ils avaient l'intention d'attaquer le territoire du parrain, mais quelqu'un a tuyauté la police et mes frères se sont fait prendre.

On les a relâchés au bout de deux jours. Quelqu'un d'ici a payé leur caution.

— Vos frères ont de l'argent, alors ?

— Ils en gagnent et puis ils se mettent à jouer.

— Diriez-vous qu'eux aussi vivent sur les nerfs ?

— Ils n'ont pas la même mentalité que moi. Si l'occasion se présente, ils sacrifieront leur vie sans même y penser. C'est l'environnement. »

Dans ses paroles sur ses malfrats de frères, prêts à sacrifier leur vie, il y avait à présent une sorte d'orgueil à rebours, comme quand il avait mentionné la peur qu'ils inspiraient aux voisins.

Je le questionnai sur les émeutes de 1984. On en parlait à Bombay comme d'un événement épouvantable, historique, qui faisait date.

Il fit semblant de souffler sur son lait pour le refroidir, alors que le lait n'était pas chaud. Ces lèvres constamment écartées, cette apparente expiration du souffle n'étaient qu'un tic des muscles de son maigre visage, cela faisait partie de l'aspect craintif de sa figure.

« C'est à cette époque que m'est venue la volonté de me battre. C'était l'année où je passais mon bac. Il y a un cimetière musulman près de Marine Drive et, à l'approche du ramadan, on doit se rendre dans ce cimetière un jour donné. Un groupe de notre quartier y est donc allé. A deux heures du matin, nous sommes rentrés chez nous à pied. Certains d'entre nous portaient des calottes, des calottes musulmanes. Nous sommes passés devant une des places fortes du Shiv Sena et ils nous ont bombardés à coup de pierres. Nous nous sommes plaints à des policiers, mais ils n'ont rien voulu entendre. Ils nous ont même suivis pendant trois kilomètres. Ils ont cru que c'étaient nous, les fauteurs de troubles. C'était le premier signe que nous avons eu de l'émeute. En réalité, les vraies bagarres étaient très loin, à environ vingt-cinq kilomètres d'ici. »

Il devenait très difficile, dans le milk-bar, d'entendre ce que disait Anwar. Par-dessus le bruit de la circulation, dans la rue, s'élevaient à présent des voix querelleuses dans la salle elle-même, des voix indiennes, tout spécialement affûtées pour trancher sur la plupart des sons humains et mécaniques — et par-dessus tout, la stridulation des klaxons, qui s'enflait et retombait.

« Nous avons regagné notre quartier vers trois heures du matin. Certains d'entre nous saignaient à cause des pierres et on nous a demandé ce qui s'était passé. Je dois vous dire que, toute cette nuit-là, la nuit de *shab-e-baraat*, les musulmans restent éveillés.

« Le lendemain, j'avais oublié l'incident, mais en me rendant avec un ami dans une maison près d'ici, je l'ai trouvée bourrée d'armes. C'était l'œuvre d'un des grands parrains. Ses hommes avaient stocké les armes, pour pouvoir se répondre. Peu après, les coups de feu ont commencé dans les environs. Il y a eu couvre-feu toute la journée et puis on a interdit les rassemblements de plus de cinq personnes. Dans la colonie proprement dite » — c'est-à-dire le quartier qu'il habitait — « la police s'est infiltrée pour vérifier si les gens avaient des armes.

— Est-ce que la présence des policiers a calmé les esprits ?

— Je n'ai aucune confiance dans la police. Laissez-moi vous dire quelque chose. Ici, on ne peut pas tuer les vaches en public — il y a un abattoir où l'on doit emmener ses vaches ; mais si on soudoie un policier, on peut tuer une vache en public. Quand il faut sacrifier des chèvres pour la fête de l'Id, la plupart des musulmans emmènent leurs chèvres à l'abattoir pour les faire abattre, mais il y a quelques voyous locaux qui tiennent absolument à tuer leurs chèvres en public. C'est un geste machiste, pour défier la police. Quand les flics arrivent, les voyous leur disent : "Si vous vous en mêlez, vous ne sortez pas d'ici vivants". »

Il s'était écarté du sujet des émeutes de 1984, pour en revenir à celui des truands.

« Ces bagarres avec la police vous excitent ?

— C'est excitant, dit-il non sans une certaine solennité. J'aime ça. Ces choses arrivent parce que la police harcèle les musulmans et que les musulmans méprisent la police.

— Mais quel est l'intérêt de ce petit jeu ? »

Il ne répondit pas directement. « Il y a très peu de gens raisonnables parmi les musulmans. » Il épela le mot ourdou auquel il songeait pour « raisonnable » : *samajdar*. « Il n'y a guère de musulmans instruits par ici. Les gens instruits ne se laisseront jamais entraîner dans ce genre de bagarre. » Il avait, semblait-il, légèrement modifié son attitude vis-à-vis des batailleurs.

« Alors, ça va tout simplement continuer ? »

Il ajouta, avec son curieux mélange de mélancolie et d'acceptation : « Je n'en vois pas la fin. Je ne vois pas comment ça pourrait se terminer.

— Comment les émeutes ont-elles pris fin, cette fois-là ?

— Mme Gandhi est venue et a demandé aux gens d'essayer de

régler l'affaire. Mais les affaires se règlent et puis, après, ça explose de nouveau. »

Je songeai aux étroites allées et aux habitations basses en grillage, avec leurs soupentes pour dormir, sous les fragiles toits d'amiante. « Comment vivait-on pendant les émeutes ? Les gens arrivaient à dormir ?

— Quand il y a des émeutes, on ne sait plus ce que c'est que de dormir. On ne peut pas dormir. C'est un péché très grave si un membre de votre foi est attaqué et que vous ne faites rien pour lui.

— Vous ne croyez pas qu'un homme comme vous devrait essayer de vivre ailleurs ?

— Je ne peux pas faire une chose pareille. » Je m'attendais bien à l'entendre parler ainsi. « Il y a tant de liens familiaux. Le musulman est absolument tenu de respecter ces liens. » La famille, la foi, la communauté : elles formaient un tout.

« Quel conseil donneriez-vous à un frère cadet ou à quelqu'un qui arriverait ici ? »

Son conseil n'était ni de partir ni de s'enfuir. Il était plus immédiat. Il s'agissait de survivre ici même. « Je lui dirais qu'il ne faut songer aux représailles et à la lutte que si la personne qu'on affronte a commis une faute.

— Une faute ?

— Si quelqu'un vous insulte, par exemple. »

Insultes, querelles, bagarres au-dedans et au-dehors : tel était le monde dans lequel il vivait et pour lequel il était si mal nanti.

Je mentionnai le slogan que j'avais vu : LIBÉREZ L'HUMANITÉ PAR L'ISLAM.

« Je suis entièrement d'accord, dit-il.

— Qu'avez-vous appris sur l'Islam ? » Comment, étant donné l'endroit qu'il habitait, aurait-il trouvé le temps, l'isolement, le calme nécessaires ?

« Mes parents m'ont appris. Et puis j'ai lu le Coran.

— Il y a tant de gens à Bombay qui croient connaître le moyen de libérer l'humanité. »

Il parut changer de point de vue. « C'est la nature du monde. Quand les gens se réunissent en groupes, chacun dira que le sien est meilleur que les autres. »

Repensant à la famille qui possédait le gros téléviseur couleur près de chez lui, je le questionnai à ce sujet.

« Ils ont une affaire, une affaire de prêt-à-porter. Ils gagnent un peu d'argent. »

Des gens dans les affaires, qui gagnaient de l'argent et qui pourtant vivaient là : c'était une nouvelle preuve de ce qu'on disait, du fait que la seule chose qu'il fallait trouver à Bombay, c'était un logement. Une fois qu'on avait un coin où dormir, n'importe où, sur un trottoir, dans une cabane, dans un coin de pièce, on pouvait trouver un emploi et gagner de l'argent. Mais ces gens, les propriétaires du téléviseur, n'étaient-ils pas un peu m'as-tu-vu ?

Les gens du téléviseur et du prêt-à-porter n'étaient pas m'as-tu-vu, dit Anwar. Mais ma question avait touché un point sensible. Il continua : « Ils savent que la télévision est interdite par leur religion. » Aussitôt, comme souvent, il se radoucit : « Mais ils ne veulent pas que leurs enfants aillent regarder la télé chez les autres et se fassent rembarrer. Ça peut causer des troubles.

— Pourquoi pensez-vous qu'un si grand nombre des parrains de Bombay sont des musulmans ?

— Je vous l'ai dit. Il n'y a pas beaucoup de gens instruits parmi les musulmans. Ils sortent du droit chemin quand ils sont encore tout jeunes.

— Ils sont pieux, ces parrains ?

— Ce sont de loyaux adeptes de l'Islam.

— Des défenseurs de la foi ?

— Il est inévitable qu'ils se battent pour l'Islam. C'est un rôle contradictoire. Ils poursuivront leurs activités criminelles mais, en même temps, ils liront le Coran et feront leurs *namaaz* cinq fois par jour. La communauté n'admire pas ces types, mais les gens sont néanmoins ravis de la façon dont les parrains se conduisent vis-à-vis du commun des musulmans.

— Ce sont les guerriers de la communauté ?

— Ils dirigent notre organisation clandestine. *Tanzeen-Allah-ho-akbar*, c'est comme ça qu'on l'appelle. Elle est dirigée par un parrain. Elle a été créée après les émeutes. Nous avons des réunions et nous mettons au point une stratégie. Nous nous réunissons tous les mois, même s'il n'y a pas d'ennuis.

— A votre avis, que va-t-il arriver aux enfants de votre colonie ?

— Pour eux, l'avenir est affreux. Tous ces enfants sont témoins de meurtres, d'agressions.

— Vous avez vu des meurtres, vous ?

— *Yeh, yeh.* » C'était une affirmation indienne, plutôt qu'anglaise ou américaine, et elle s'accompagnait d'un mouvement de tête de droite à gauche, à l'indienne.

Le propriétaire du bar avait commencé à parler fort, à la

cantonade, de ces gens dans le fond — c'était nous — qui occupaient leur table depuis trop longtemps. J'avais l'intention de lui laisser un bon pourboire, mais il ne pouvait évidemment pas le deviner. Je lui tournai le dos, convaincu que je ne devais surtout pas me retourner pour le regarder ; il me semblait que si nos regards se croisaient, sa rage ne ferait qu'empirer. Nikhil, qui lui faisait face depuis le début et qui lâchait un commentaire occasionnel sur son humeur, commanda du *gulab jamun* pour tout le monde ; et Anwar, qui était déjà venu à bout de deux grands verres de lait, se mit — en donnant toujours cette impression de souffler dessus — à manger une portion de cette riche friandise au lait, imprégnée de sirop.

« J'ai vu mon premier meurtre quand j'avais dix ans, dit-il. On jouait au badminton dans la colonie. Il y avait une cabane toute proche et deux hommes ont commencé à se quereller. Ces deux types avaient l'habitude de dormir sur la même voiture à bras, la nuit. Ils avaient tous les deux une trentaine d'années. Ils se sont disputés et puis, tout à coup, j'en ai vu un qui s'enfuyait. Nous sommes allés voir ce qui s'était passé et nous avons trouvé l'autre homme sur la voiture à bras avec la tête presque tranchée. Il n'était pas mort. Il agonisait.

— Comment était-il habillé ?

— En sous-vêtements. Short et tricot de corps. Et les soubresauts de l'agonie ont fait basculer la voiture.

— Des gens sont venus ?

— Rien que des enfants. Nous étions six ou sept. Et en tombant sur le sol, le cadavre nous a aspergés de sang. J'avais très peur. » Il éclata de rire, tout en mangeant sa sucrerie, suçant l'épais sirop dans sa cuiller d'aluminium. C'était la première fois que je l'entendais rire. « Nous étions encore des enfants. Il ne nous est même pas venu à l'idée que l'affaire était du ressort de la police. Notre premier réflexe a été d'aller laver nos chemises pour faire partir le sang.

— Combien de meurtres avez-vous vus depuis ?

— Dix ou douze.

— Pourquoi riez-vous ?

— Pour nous autres, ici, ça fait partie de la vie de tous les jours. Les motifs de ces meurtres sont insignifiants. Tenez, un jour deux hommes qui tenaient des parapluies se sont tamponnés. L'un d'eux a voulu frapper l'autre qui est entré en courant dans une maison. J'étais en train de parler à un ami juste à cet endroit et j'ai tout vu. L'homme qui poursuivait l'autre a tiré un couteau et il l'a tué, comme je vous le dis. Quatre-vingts pour cent des gens du quartier portent des armes. »

Le propriétaire du bar n'avait pas été apaisé par notre commande spéciale de *gulab jamun* ; il avait continué à se plaindre. Donc, quand Anwar eut fini sa portion, nous nous sommes préparâmes à partir. Je repensai aux propriétaires du gros téléviseur couleur.

« Les gens qui ont la télé, ils sont très pieux ?

— Ce sont des gens dévots. Par certains côtés, ils sont plus religieux et, par d'autres, moins.

— Par quels côtés sont-ils plus religieux ?

— Ils font leur *namaaz* cinq fois par jour. Moi je ne le fais qu'une seule fois. »

Les prières solennelles cinq fois par jour — et pourtant, aux yeux d'Anwar et de son père, leur foi, malgré ce côté obsessionnel, était imparfaite.

« Pouvez-vous imaginer de vivre sans l'Islam ?

— Non.

— Qu'est-ce qu'il vous apporte ?

— La fraternité. La fraternité en tout. L'Islam n'enseigne pas la discrimination. Il incite les gens à s'entraider. Si un aveugle traverse la route, le musulman ne s'arrête pas pour lui demander de quelle confession il est. Il se contente de l'aider.

— Que va devenir votre colonie, à votre avis ?

— Je ne vois aucune solution.

— Tout va continuer exactement comme aujourd'hui ? Vous pensez vraiment que ce sera toujours pareil quand vous aurez l'âge de votre père ?

— Oui.

— Vous ne songez jamais à partir ?

— Pour le moment, je n'en ai aucune intention.

— Êtes-vous sunnite ? »

Il parut étonné. Il ne pensait pas que je savais qu'il existait des sunnites. Pour lui, sa foi était quelque chose de secret, quelque chose que les gens du dehors ne pouvaient pas vraiment connaître.

Je voulais savoir s'il y avait d'autres groupes ou sectes musulmans dans sa colonie. Je lui demandai s'il y avait parmi eux des ismaéliens ou des membres de la secte Ahmadiyya. Il répondit qu'il n'avait jamais entendu parler de ces groupes. Y avait-il des chiites ?

« Il n'y a pas de chiites dans notre communauté.

— C'est étrange, non ?

— Je ne trouve pas. »

Sa foi orthodoxe était la seule chose pure à quoi il pouvait se raccrocher. Il ne pouvait imaginer la vie sans elle. C'était une foi très sévère. Elle bannissait la télévision ; elle ne faisait aucune place aux hérétiques. Les innombrables règles, célébrations et interdits faisaient partie intégrante de l'existence d'Anwar. Qu'on supprimât une seule pratique et tout l'ensemble était menacé, tout risquait de se désagréger. Ainsi, par exemple, il était correct pour un musulman d'uriner accroupi ; et j'entendis dire plus tard, par quelqu'un qui travaillait avec Anwar, que ce dernier tenait absolument à adopter cette posture dans les urinoirs modernes de son lieu de travail, alors que cela lui posait des problèmes.

Une grande partie des gens que l'on voyait dans les rues ou dans les bureaux vivaient dans des espaces restreints. C'était de là qu'ils sortaient, tous les matins, frais, propres, alertes. Des familles entières, qui ne vivaient ni dans les bidonvilles ni sur les trottoirs, se partageaient une pièce ; et il leur arrivait de vivre dans la même pièce pendant une génération.

M. Raote avait grandi dans une famille de ce genre. Il était un des membres d'origine du Shiv Sena ; il avait fait partie des dix-huit personnes, pas une de plus, qui avaient assisté à la toute première réunion du mouvement, en 1966. A présent, après la victoire du Sena aux élections municipales, c'était un homme de poids, président du comité permanent du conseil municipal de Bombay. Il avait son propre petit bureau au siège gothique victorien du Conseil, avec salle d'attente, secrétaire et chaises à dossier droit pour les visiteurs qui venaient présenter leurs pétitions ou exposer leurs besoins. Mais pendant les vingt-huit premières années de sa vie, il avait vécu dans la pièce où il était né, dans le faubourg de Dadar, à la périphérie de Bombay.

A Dadar, M. Raote habitait à présent un appartement au dernier étage d'un grand immeuble qu'il avait fait bâtir lui-même, après être devenu promoteur immobilier à trente ans passés. Mais le logement d'une seule pièce, qui avait été son foyer pendant plus de la moitié de sa vie, n'était qu'à quelques minutes à pied, et un matin il m'y emmena.

Nous prîmes l'ascenseur pour descendre au rez-de-chaussée de son immeuble, sortîmes dans la cour de devant sablée, passâmes à l'arrière du bâtiment par une allée intérieure, entre des boutiques ornées d'élégantes enseignes ; et de l'arrière du bâtiment, nous gagnâmes à pied la prochaine grande artère. M. Raote était un homme très connu ; son passage causait un certain remue-ménage ;

on lui témoignait du respect. Il ne devait guère y avoir d'hommes dont le passé (et un retour triomphal vers ce passé) était aussi accessible, à quelques minutes de marche.

Très vite, nous quittâmes le trottoir de la grand-rue pour entrer dans une cour sur laquelle donnait un vieux bâtiment à un seul étage. Nous le contournâmes pour prendre l'escalier situé sur le côté de l'édifice, jusqu'à une sorte de galerie ou de balcon tout en haut. Ce balcon, comme celui de l'étage inférieur, suivait toute la longueur du bâtiment et il était pavé, selon l'habitude maharashtrienne, de grandes dalles de pierre. Des pièces séparées donnaient sur ce balcon. Celle du bout était celle où avait vécu la famille de M. Raote.

En regardant par la porte ouverte nous vîmes de récents travaux de menuiserie et de peinture, dans un style et des couleurs contemporains. « La pièce a été refaite », dit M. Raote. La pièce voisine était plus sombre, plus simple ; elle ressemblait davantage à la pièce qu'avait connue M. Raote. Elle mesurait environ cinq mètres sur un peu plus de trois, avec une cuisine à l'arrière et une soupente pour dormir et entreposer des affaires. Toutes les pièces de l'étage partageaient la salle de bains et les toilettes.

Avant notre arrivée, M. Raote m'avait dit : « Mon père nous obligeait à étudier. Vous comprendrez la difficulté quand vous verrez l'endroit. »

Et maintenant, debout sur le balcon où il avait marché et couru des milliers de fois, les yeux baissés vers la cour qu'il avait dû partager avec tous les habitants de toutes les pièces de l'immeuble, je me demandais quel genre de vie on menait dans ce petit espace et comment cinq frères, deux sœurs, le père et la mère s'en étaient arrangés. Comment les enfants faisaient-ils pour dormir, jouer, se préparer pour l'école ?

M. Raote m'expliqua que son père et sa mère réveillaient leurs enfants à quatre heures du matin. De quatre à sept, on faisait sa culture physique — courses et pompes — et on étudiait. Tout devait être fini avant sept heures. Pourquoi était-ce difficile après ? La foule dans l'immeuble et dans la cour, le bruit ? « L'atmosphère », dit M. Raote.

En tant que dirigeant du Shiv Sena, M. Raote avait une réputation de rudesse. Il s'était d'ailleurs montré assez brusque envers moi quand on m'avait amené dans son bureau pour me présenter à lui. Quand il eut compris que je n'étais pas en quête d'informations pour un nouvel article de dénigrement, que je m'intéressais davantage à son arrière-plan familial et à son évolution, il avait changé d'attitude. Sa propre histoire l'intéressait ; il se faisait de lui-même l'image d'un homme qui avait dû lutter.

Il était à présent président du comité permanent du conseil municipal, mais son premier poste au Conseil, en 1965, à l'âge de vingt et un ans, avait été celui d'employé de bureau, pour un salaire mensuel de deux cent dix-huit roupies, soit seize livres. Dès que nous eûmes commencé à parler sérieusement, il me soumit ce fait de but en blanc. Puis il m'en proposa un autre : quand il était petit, il aidait son père à fabriquer des cercueils.

Ce détail me plut. Il plaisait aussi à M. Raote. Il voulut me narrer le reste de l'histoire, me demanda de venir le voir chez lui, à Dadar, et un jour, de bon matin, il m'envoya une voiture. Les vitres du véhicule (une Ambassador) étaient fumées, comme c'était la mode à Bombay ; il y avait deux petits ventilateurs en plastique qui rafraîchissaient confortablement l'atmosphère ; et sur le tableau de bord une petite image d'Hanuman, la déité qui incarne la force.

Quand on m'introduisit dans l'appartement, M. Raote était encore en train de faire son *puja*, ses dévotions. En l'attendant, je passai sur la terrasse et contemplai la vue au nord et au sud, toute l'immensité de Bombay, d'une verdeur inattendue vue d'aussi haut. Quand M. Raote eut terminé son *puja*, je regagnai le salon et il se mit à parler.

« Quand je suis né, mon père travaillait comme ouvrier-mécanicien pour All-India Radio, AIR. Il touchait trois cents roupies par mois. Cela suffisait. J'ai grandi en ayant le sentiment d'appartenir à la petite bourgeoisie. Nous n'avions aucun luxe, mais nous avions de quoi manger. Le matin, nous mangions une espèce de céréale faite de blé trempé, la *satva*. C'est un aliment qui rend très fort. Il prend deux heures à préparer.

« J'ai fait mes études jusqu'en terminale, en marathi. Et puis je suis entré à l'université. Vers cette époque, mon père a quitté l'AIR pour partir à la retraite et il est devenu une espèce d'homme à tout faire. Il gagnait beaucoup moins d'argent. Il touchait de soixante-quinze à quatre-vingt-dix roupies par mois comme menuisier pour le studio de cinéma, avec de longues heures de présence.

« Il lui arrivait aussi de préparer des cercueils. Et moi je l'accompagnais quelquefois. C'est très spécialisé, la fabrication des cercueils. Ce n'est pas facile d'obtenir cette courbe à l'endroit des épaules. La planche doit être entière ; il ne faut pas la couper. Et il faut un fond d'excellente qualité pour un cercueil, parce que le poids du corps tout entier repose dessus. On nous donnait quatre annas, un quart de roupie, pour un cercueil de petit enfant. Douze annas pour un cercueil de taille moyenne. Pour un cercueil plus volumineux, d'un mètre quatre-vingts ou quatre-vingt-dix, c'était une roupie et quart. Ça, c'était juste pour la main-d'œuvre. En une journée, nous parvenions à fabriquer cinq ou six cercueils. Normalement, personne ne se propose pour fabriquer des cercueils. C'est un métier hors caste — qui ne convient pas aux membres d'une caste. Mais nous le faisions pour l'argent.

« Mon père voulait voir un de ses enfants au moins devenir médecin. Ma sœur a été admise à la faculté des sciences. Moi-même j'ai terminé mes études inter-scientifiques. Après ça, j'ai d'abord voulu être militaire. Je voulais être officier, mais je n'avais personne pour me conseiller. En 1962, je me suis inscrit pour devenir élève officier dans la Marine indienne et j'ai passé les examens et tout, mais j'avais dépassé d'un mois la limite d'âge, alors il a fallu que je revienne ici. Ensuite, j'ai essayé de devenir ingénieur. C'était très difficile d'être admis dans une grande école de Bombay. J'ai fini par être admis à l'école polytechnique de Sholapur — très loin d'ici. Mon père m'a dit que ça coûtait trop cher pour lui et c'était vrai. Mes études à Sholapur auraient coûté deux cents roupies par mois. Alors, là aussi j'ai dû renoncer. C'était en 1964. L'année suivante, je me suis inscrit à l'agence pour l'emploi de notre État. Nous habitions toujours cette seule et unique pièce. J'ai suivi les cours du soir de l'Institut technique Saint-Xavier.

« Donc, il y avait déjà dans ma vie ces deux ou trois échecs — je n'avais pas pu devenir militaire, j'étais trop vieux pour suivre la formation navale et je n'avais pas pu faire d'école polytechnique pour être ingénieur. A cet âge-là, c'est une vraie frustration. C'est l'âge où les garçons peuvent concevoir des ambitions. S'ils n'en conçoivent pas, ils commencent à se laisser aller.

« Ma mère et mon père m'ont encouragé et je n'ai jamais perdu ma volonté de faire quelque chose dans la vie. J'avais confiance en moi. »

Je me remémorai ce qu'avait dit M. Patil, le chef de quartier du Shiv Sena à Thane, au sujet de la confiance en soi, *atma-vishwas* ; c'était Ganpati qui la lui avait donnée. Je demandai à M. Raote s'il pensait avoir reçu sa confiance en lui de Ganpati.

Il me répondit qu'il l'avait reçue de la religion au sens large, plutôt que de Ganpati en particulier. « Ce n'est pas un dieu spécial. En Inde, tout commence par Ganpati ou Ganesh. Pas un seul *puja* hindou ne commence sans lui. Notre religion remonte à notre enfance. Elle fait partie intégrante de notre vie. Aucune famille indienne ne renoncera au *puja* matinal. Nous avons un vêtement spécial pour le *puja*. La religion nous a indéniablement donné confiance en nous. Elle nous a forgé le caractère.

« Nous arrivons à présent à l'aspect le plus important de ma vie. Je vous ai parlé de mes échecs et de mes frustrations, expliqué comment j'avais renoncé et m'étais inscrit à l'agence pour l'emploi. En 1965, je suis devenu employé du conseil municipal de Bombay. Je touchais deux cent dix-huit roupies. Était-ce un bon salaire ? Pour l'homme qui ne gagne rien du tout, n'importe quel salaire est bon à prendre. Et ma grande ambition, à cette époque, était d'aider ma sœur à devenir médecin, comme le souhaitait mon père. Nous lui avons assuré l'inscription à la faculté de médecine. Et elle a eu trois offres de bourses — une du British Council, une de Tata et encore une autre. Nous avons choisi celle de Tata. Elle payait intégralement les études. D'autres personnes nous ont procuré les livres. »

A plusieurs reprises, Mme Raote était entrée au salon, mais de façon très discrète. A présent, le sourire aux lèvres, elle s'approcha de nous avec un album de photographies grand ouvert. Elle nous avait entendu parler de religion et les clichés qu'elle voulait montrer concernaient une cérémonie religieuse : celle de la remise du cordon sacré à l'un de ses fils. Cela donna à M. Raote l'idée d'aller chercher le grand morceau de coton sans couture — mauve, avec une bande d'une autre couleur — dans lequel il se drapait pour faire son *puja*. Mme Raote était une belle femme au teint clair ; et, comme c'était si souvent le cas parmi les Indiens, l'amour tout simple et apparemment tout naturel de la femme pour son mari ne manquait pas de faire impression.

Mme Raote se retira. L'album resta ouvert sur le canapé. Et M. Raote continua son histoire.

« Au point où nous en sommes, je devrais vous préciser quelque chose. En 1962, trois ans avant de prendre cet emploi au conseil municipal, au début de mes échecs et de mes frustrations, j'étais tombé sur un magazine appelé *Marmik*. C'était un hebdomadaire de bandes dessinées, le premier jamais publié en marathi. Il était dirigé par Bal Thackeray. Son frère, son père et lui faisaient le magazine entier à eux trois. Il y avait toujours un grand dessin en couverture. C'était ça qui m'avait attiré l'œil. A l'époque le magazine tirait à environ trente-cinq ou quarante mille exemplaires.

« Et à présent, en 1965, avec ma sœur à la faculté de médecine et moi au conseil municipal, comme employé de bureau, avec aussi mon père qui travaillait comme menuisier au studio de cinéma,

Marmik commençait vraiment à me trotter dans la tête. Toutes les semaines, il y était question des injustices commises à Bombay et au Maharashtra envers les enfants du pays. Et je me suis aperçu que j'étais terriblement attiré par la personnalité émotionnelle de Bal Thackeray et de son père, telle qu'elle s'exprimait dans le magazine. J'ai même essayé de rencontrer Bal Thackeray. Il vivait à Shivaji Park. »

M. Raote agita la main vers l'ouest, vers une zone verdoyante : de cette hauteur, Bombay s'étalait clairement sous nos yeux, depuis le quartier de la Porte de l'Inde et du Fort, au sud, jusqu'aux collines et aux banlieues du nord ; la grande cité, dont la saleté était, d'aussi haut, entièrement perdue sous le vert des arbres, appartenait vraiment à M. Raote.

« En mai 1966, il y a eu une annonce dans *Marmik* concernant une organisation de jeunes qui allait être fondée. Elle devait s'appeler le Shiv Sena. J'ai commencé à me rendre chez Bal Thackeray. D'ailleurs, la noix de coco a été brisée le 19 juin 1966, dans sa maison. » Pour les hindous, briser une noix de coco au début d'une importante entreprise est une sorte de *puja* ou d'acte religieux. « Il y avait dix-huit personnes présentes. A huit heures vingt du matin.

— L'heure avait été choisie par un pandit ?

— Non. Ça s'est trouvé comme ça. J'étais une des dix-huit personnes présentes. Quatre d'entre nous faisaient partie de la maison : Bal Sahib lui-même, son père et ses deux frères. La première réunion a duré environ une demi-heure. Dans la pièce principale de leur petite maison. Le père, qui était vieux, occupait cette pièce. Il écrivait tout sur une machine à écrire à clavier marathe. Elle est toujours dans la maison, en souvenir de lui. C'est le père de Bal Thackeray qui a trouvé ce nom de Shiv Sena. » L'armée de Shiva. « Il nous semblait naturel et juste. Et nous avons fait le serment, à cette réunion, de combattre les injustices commises envers les enfants du pays.

« C'est comme ça que le Sena a commencé. Bal Sahib organisait de petites réunions de temps en temps. Quatre mois après la fondation du Sena, il a annoncé une réunion publique traitant de l'injustice. Elle devait avoir lieu le 30 octobre 1966. Elle a suscité une réaction incroyable. Quatre à cinq lakhs de gens. » C'est-à-dire entre quatre cent mille et cinq cent mille personnes. « Et un certain nombre de gymnases de la ville ont commencé à s'intéresser à nous. »

Qu'étaient donc ces gymnases ? Je n'en avais jamais entendu parler.

« Le gymnase est une institution maharashtrienne. Mon père était trop pauvre pour nous y envoyer. Mais, comme je vous l'ai dit, il nous faisait courir et faire de la culture physique le matin. L'institution du gymnase date de l'époque de notre grand saint, Ramdas Swami. C'était le gourou de Shivaji. » Shivaji, le guerrier, chef des Marathes au XVIIe siècle et père de la gloire militaire marathe. « Ramdas était un gourou doué d'un grand sens pratique. Une partie de son message enjoignait de faire de la culture physique pour avoir un corps bien entraîné. L'une de ses plus célèbres maximes dit : "Ne parle pas. Agis." »

De nouveau, Mme Raote vint nous retrouver, cette fois avec un épais volume en marathi. C'était un recueil de vers écrits par Ramdas, une édition moderne très bien imprimée, protégée par une jaquette. Voyant cela, M. Raote s'en fut chercher d'autres gros livres en marathi : les vers d'autres maîtres marathes de l'époque classique, Dineshwari, Tukaram, Eknath. Ces noms ne m'étaient pas vraiment connus. Les livres paraissaient tous neufs et ils étaient bien imprimés et fabriqués ; mais ils étaient trop volumineux pour être maniés aisément, et j'eus l'impression qu'on les considérait plutôt comme des objets sacrés que comme des livres à lire. M. Raote me les passa un par un et je les tins dans mes mains un instant avant de les lui rendre. Il les posa alors sur le canapé, à côté de l'album de photographies ouvert à la page des clichés de M. Raote drapé dans son vêtement de *puja*, à la cérémonie du cordon sacré de son fils.

Je voulus savoir comment, dans les conditions existant à Bombay, les conditions dans lesquelles M. Raote avait grandi, les gens étaient restés en contact avec leurs textes sacrés.

Il n'y avait eu aucun problème, me dit-il. « Dans un foyer maharashtrien traditionnel, les anciens récitent, matin et soir, les *slokas* ou vers tirés des écrits des gourous fameux, si bien qu'un enfant, qu'il ait ou non lu les textes, a connaissance de ces vers. De nos jours, on fait ça avec des cassettes. »

Il y avait dans le salon une petite étagère contenant des cassettes de ce genre, dans un coin qui, à en juger par les objets qui s'y trouvaient disposés, devait être une espèce de coin sacré.

« Le Maharashtra est une contrée de saints », dit-il. Il me fit écouter un petit bout de cassette, une sorte de psalmodie ou de chant des vers de Ramdas — et les rythmes me ramenèrent quarante ans et plus en arrière, aux chants du *Ramayana* que j'avais entendus dans mon enfance. Les vers de Ramdas avaient duré, dit M. Raote, grâce à leur rythme. « Les *slokas* de Ramdas possèdent un rythme spécial, simple, répétitif. » Ce n'était pas de la musique pour le plaisir. « Ils s'adressent à l'esprit. Tous les Maharashtriens, quels qu'ils soient, même s'ils vivent dans des bidonvilles, ont une culture. »

Il arrêta la cassette et reprit l'histoire des premiers temps du Shiv Sena. Le Sena, l'armée de la contrée des saints, avait démarré très vite. Mais, à mesure même qu'il prenait de l'ampleur, la vie personnelle de M. Raote avait décliné. Entre la fondation du Sena, en juin 1966, et le grand meeting public à Bombay quatre mois plus tard, qui en avait fait une véritable puissance dans la ville, le père de M. Raote était mort.

« A présent toute la famille dépendait de moi et je devais garder mon emploi au conseil municipal. Je vous ai dit que, par goût personnel, j'aurais choisi une carrière militaire et, à cette époque, je me suis inscrit au test d'aptitude afin de devenir pilote d'avion. J'ai passé l'épreuve préliminaire à Bombay. Sur les quinze cents candidats de mon centre, douze seulement ont été retenus pour une entrevue ultérieure à Bangalore. J'étais un de ces douze. Je suis allé à Bangalore et j'ai réussi tous les tests d'aptitude à l'Aviation. Tous sauf un, le plus délicat, le test mécanique. Dans cette épreuve, il fallait répondre à cent questions en cinq minutes. La rapidité des questions m'a désorienté. Je n'avais pas du tout été conseillé dans cette affaire. Il faut s'entraîner, pour répondre à cent questions en cinq minutes. Il existe des écoles aujourd'hui qui forment les gens pour ce genre d'examen. Mais à l'époque, non. Et cet échec est venu s'ajouter à la frustration que j'éprouvais de devoir travailler au conseil municipal alors que le service ne m'avait jamais intéressé. »

J'avais déjà remarqué chez d'autres personnes cette utilisation indienne du mot « service ». D'une certaine façon, elle était associée à l'idée de « service public », mais d'une autre, elle l'était aussi à l'ancien usage anglais du mot « service », pour désigner le service domestique. En Inde, la signification du mot se trouvait quelque part entre les deux. En Inde, « service » voulait dire emploi ; mais cela voulait dire aussi qu'on travaillait pour quelqu'un d'autre, qu'on était salarié, dépendant. (M. Patil, de Thane, par exemple, en me parlant de son père qui avait travaillé quarante ans dans l'atelier d'outillage d'une usine, m'avait dit qu'il était « dans le service ».)

« Mais j'étais obligé de garder mon poste au conseil municipal jusqu'à ce que ma sœur ait obtenu son diplôme de la faculté de médecine. Et en 1968, je me suis marié. Mes beaux-parents ont tenu à ce que je me marie. Je suivais les cours du soir à l'Institut technique Saint-Xavier et j'aurais préféré me marier seulement après avoir terminé mes études. C'était un mariage d'amour. »

Il avait utilisé l'expression anglaise, *love-match*, télescopant les deux mots et supprimant le v de *love* dans sa prononciation, si bien qu'on aurait cru entendre un mot marathe.

« Nous appartenions à des castes différentes. A l'époque, je donnais des cours. Elle était une de mes élèves. C'est comme ça que tout a commencé. » C'était inattendu d'apprendre qu'il donnait des cours, de découvrir cet autre aspect de l'employé du conseil municipal. « Elle habitait là-bas, dans cette maison. »

Du haut de l'immeuble où nous nous trouvions, il montra de la main une zone de verdure et de toits assez proche. Bombay, d'ici, était une ville immense, mais les espaces où il avait évolué étaient toujours restreints, à l'échelle d'un village.

« Des deux côtés, on s'est opposé à notre union. Les castes étaient différentes, mais pas si différentes que ça. Ce n'était pas pour des histoires de caste qu'il y avait tant d'opposition. Dans notre famille, on ne voulait pas de mariage d'amour. Notre tradition à nous, c'est le mariage proposé. » En d'autres termes, le mariage arrangé. « De son côté, c'était pareil. Alors mes beaux-parents, ou plutôt les gens qui sont devenus mes beaux-parents, m'ont obligé à me marier. Et ce mariage est devenu un fardeau supplémentaire.

« Pour alléger ce fardeau, j'ai demandé à ma femme d'abandonner ses études et d'entrer dans le service. Elle l'a fait et elle est devenue standardiste. C'était un travail administratif, au secrétariat de l'État. Elle touchait entre cent soixante et onze et cent quatre-vingts roupies par mois, soit environ neuf livres, après la dévaluation de la roupie. C'était en 1969. Nous avons eu un enfant en 1970, mais, avec ma femme dans le service, ça ne m'inquiétait pas trop.

« Et puis enfin, en 1972, ma sœur a décroché son diplôme. Un jour, à midi, elle m'a informé par téléphone de son succès. Et le jour même j'ai démissionné du conseil municipal. Pendant huit ans, j'étais resté dans le service — le temps que ma sœur devienne médecin, comme l'avait voulu mon père. Le jour où elle est devenue médecin, j'ai démissionné. Je n'avais pas d'autre emploi en vue, mais ça ne faisait rien. Nous n'avions en tout et pour tout que le salaire de ma femme. Son emploi, au secrétariat de l'État, était temporaire, mais heureusement elle a obtenu un poste de standardiste au conseil municipal. C'est tout à fait par hasard qu'elle est entrée au Conseil au moment même où j'en partais. »

Durant ses dernières années dans le service, M. Raote avait mené des activités parallèles pour le Sena. Celui-ci avait grandi, avait commencé à aller de l'avant, à être craint. En 1968, le Shiv Sena avait gagné plus d'un tiers des sièges au conseil municipal. Il avait lancé un mouvement d'agitation concernant les limites du Maharashtra ; il avait décrété une grève qui avait immobilisé Bombay pendant quatre jours. Les immigrants du sud de l'Inde avaient appris tout spécialement à le redouter. Et Dadar, le faubourg où nous nous trouvions — avec vue sur Shivaji Park, à côté duquel se trouvait la maison de Bal Thackeray, et vue sur le bâtiment à deux étages où M. Raote et sa famille vivaient encore à l'époque dans une seule pièce — Dadar était, comme le disait M. Raote, « l'épicentre » du tremblement de terre du Shiv Sena.

J'avais moi aussi un souvenir de ces débuts du Sena, vus de l'autre côté. C'était en 1967, un an après la fondation du mouvement. J'avais rendu visite à un Parsi de ma connaissance, un *boxwallah*, comme on disait à l'époque. Un *boxwallah*, c'était un cadre d'une grande firme, ayant d'ordinaire partie liée avec des intérêts étrangers ; et à l'époque, avant le boom de l'industrie indienne, être *boxwallah*, c'était posséder la sécurité, voire occuper une situation élevée. L'homme que je connaissais avait épousé une hindoue issue d'une famille connue ; et j'avais été surpris d'apprendre — de la part de gens qui auraient dû se situer bien au-dessus des tensions quotidiennes de la vie indienne — que ce mariage « mixte » les avait exposés l'un et l'autre à des agressions physiques de la part du Sena dans leur quartier.

C'était le soir ; nous étions très haut dans le ciel ; il y avait des lumières au-dessous de nous, certaines, pâles et jaunes, dans les bidonvilles. Ma vision de Bombay commençait à changer : les « pauvres », les gens qui vivaient là, en bas, acquéraient une individualité et avaient commencé à faire valoir leurs propres prétentions sur la cité ; la piété (ou la rage envers leur condition, ou le dégoût) n'était plus désormais une réaction suffisante. Le Parsi que je connaissais — s'exprimant en 1967 avec un peu de la passion que je devais trouver cette fois-ci chez Papu, le jeune agent de change jaïn — m'avait dit, en me parlant des dangers d'agression : « J'essaie de ne pas me tracasser. Je me dis que, si je m'aperçois qu'il se passe quelque chose, je dois y penser comme au fait d'être victime d'un grave accident de la circulation. »

Pourtant, à l'époque, en 1967, et pendant encore bien des années, M. Raote, l'un des dix-huit membres d'origine du Sena, était employé au conseil municipal, avec un salaire mensuel qui en huit ans était passé de deux cent dix-huit à deux cent soixante-douze roupies et cinquante *paise* (cent *paise* font une roupie), faisant la navette, dans les trains de banlieue bondés, entre le bâtiment gothique victorien où il travaillait et le logement de Dadar où il était né et où il habitait toujours, dans la même pièce unique : il portait en lui le chagrin causé par la mort de son père, les grandes ambitions de sa sœur, ses propres frustrations de n'être pas devenu officier, puis ingénieur, puis membre de la Marine indienne, et ressentait chaque jour son statut d'employé du Conseil, son « service », comme une humiliation.

A l'extérieur, il était inconnu. Mais à mesure que le Sena avait pris de l'ampleur, il s'était élevé dans sa hiérarchie. Tout le temps libre en dehors de son travail, il le consacrait au mouvement. Selon ses calculs, à cette époque, entre le conseil municipal et le Sena, il travaillait vingt heures par jour. Il s'était retrouvé pour finir à la tête de vingt-deux quartiers du Sena, dans le centre de Bombay, il était devenu très proche des principaux dirigeants, et on lui avait confié l'organisation électorale du mouvement. Il commençait à devenir connu ; son nom était cité dans la presse.

Pourtant, quand il démissionna du conseil municipal en 1972, les Raote n'avaient pour vivre que le salaire de standardiste de sa femme. C'est alors qu'il parut avoir un coup de chance. Deux jours seulement après son départ du Conseil, il trouva un emploi de surveillant pour l'une des firmes industrielles les plus considérées des Indes. Son salaire devait être de sept cent cinquante roupies par mois, soit près du triple de ce qu'il avait gagné au Conseil. C'était une aubaine incroyable, mais qui n'avait pas duré. Sa réputation d'activiste du Sena avait causé sa perte.

Les ouvriers maharashtriens commencèrent à le traiter davantage en organisateur du Sena qu'en surveillant d'atelier. Ils lui demandèrent de mettre sur pied un syndicat. Impossible de dissimuler ce genre d'affaire à la direction. Un jour, le directeur de l'usine l'avait fait appeler — ce directeur était un ancien officier de l'armée : le genre d'homme que M. Raote avait rêvé d'être — et l'avait interrogé. Était-il venu en tant que travailleur ou en tant qu'activiste ?

M. Raote n'avait pas supporté cet interrogatoire. « J'ai un caractère très emporté. J'ai présenté ma démission le jour même.

Cela faisait un mois et vingt-deux jours que je travaillais pour la firme. »

Arrivé là, M. Raote fit une pause. Il en venait à présent à la partie de son histoire qu'il avait particulièrement envie de raconter ; c'était la période de sa vie qu'il avait voulu me faire connaître presque dès le moment où il avait décidé de s'entretenir sérieusement avec moi, dans son bureau du conseil municipal.

Donc, assis chez lui, après le *puja* matinal, avec l'album de photographies grand ouvert et les livres sacrés en marathi alignés sur le canapé, il fit une pause. Puis il dit : « C'est à ce moment-là que j'ai commencé à crever de faim. Pour moi, ça a été le moment le plus difficile. »

C'était pourtant aussi son moment de gloire dans les rangs du Shiv Sena.

« Je me suis mis à travailler à plein temps pour le Sena. Ma femme pourvoyait aux besoins de la famille avec ce que lui rapportait son travail. Mais alors — du fait que c'était un mariage d'amour — nous avons commencé à avoir des problèmes familiaux. Ma mère et ma femme ne parvenaient pas à s'entendre. »

Que cela soit le résultat d'un mariage d'amour ou d'un mariage arrangé, c'est l'éternel conflit de la vie de famille hindoue, un aspect ritualisé du sort des femmes, comme le mariage lui-même ou l'enfantement ou le veuvage. Être tourmentée par une belle-mère fait partie des épreuves auxquelles est soumise une jeune femme, fait presque partie de sa croissance. Dieu sait comment, la jeune épouse survit ; et puis un jour, elle devient belle-mère à son tour et, pour parachever son existence, pour équilibrer les peines et les joies, elle a sa propre bru à tourmenter.

« J'ai décidé de quitter l'endroit où j'habitais. » De quitter, enfin, la pièce unique au bout de ce long balcon au deuxième étage. « Je suis parti avec ma femme et mes enfants. Nous nous sommes installés chez ma belle-mère. »

Ce n'était pas bien loin. Comme le logement qu'il avait quitté, l'immeuble où il était allé habiter était visible de l'appartement où nous nous trouvions. Il me montrerait les deux endroits tout à l'heure, de la terrasse installée sur le toit : le théâtre des petits espaces et des courtes distances, les lieux proprement dits toujours accessibles après coup, jamais vraiment hors de vue, et peut-être, pour cette raison même, purifiés (comme des décors de théâtre) des émotions qu'ils avaient naguère hébergées.

« Si ma belle-mère me donnait à manger, je mangeais. Si on ne me donnait rien, je restais à jeun toute la journée. A cette époque, je n'avais pas un sou en poche, pas même de quoi acheter une cigarette. Mais, étant très fier, je ne me suis jamais mis à plat ventre devant personne pour quoi que ce soit. Je préfère crever de faim. Et à cette époque, j'ai littéralement crevé de faim. Depuis, vous savez, je ne fais plus qu'un repas par jour. Le repas du soir. Je ne mange jamais le matin. Je prends juste du café.

« Un de mes oncles maternels avait l'habitude de venir me voir à l'époque. Deux ou trois fois par semaine. Il était d'une pauvreté absolue, mais il m'emmenait dans un hôtel. » Ce dernier mot, tel que l'employait M. Raote en le prononçant *ho-tal*, était davantage un mot marathe ou hindi qu'un mot anglais, et il désignait un restaurant, souvent très simple. « Il m'offrait un repas. Un repas de pauvre. Plus une tasse de thé et une cigarette.

« Un jour, mon beau-père n'est pas rentré chez lui. Il n'est pas rentré le lendemain non plus. Nous nous sommes mis à sa recherche. Au bout de quatre jours, il est revenu de lui-même. Nous l'avons trouvé dans la rue. Il avait eu un accident de la circulation et on l'avait autorisé à quitter l'hôpital. A partir de ce moment, il est devenu "psychiatrique". Il s'en prenait à tout le monde. Alors, dans la journée, j'étais obligé de rester à l'écart de chez ma belle-mère. J'étais complètement à la rue. Je ne retournais chez elle que pour dormir.

« Et puis, un des amis de mon beau-père m'a proposé un logement à East Dadar. Nous y sommes allés et c'est là qu'est né mon deuxième fils. Pendant tous ces mois d'angoisse, ma femme était enceinte. A East Dadar, je me suis trouvé très bien installé. Je menais une vie paisible. Je rentrais chez nous à onze heures du soir, après mon travail pour le Sena. C'était en 1973-1974.

« Cette période de ma vie a duré quatre ans. Je faisais des kilomètres pour aller aux réunions du Sena. Mais je ne râlais jamais. Plus tard, quand j'ai été élu au conseil municipal et que j'ai commencé à m'exprimer en public, tout ce que j'ai déversé dans mes discours provenait de ces années dont je viens de vous parler. »

Qu'est-ce qui l'avait soutenu ? S'était-il senti « guidé » ?

Il s'était en effet senti guidé. Il avait un gourou. A l'endroit que j'avais baptisé *in petto* le coin sacré du salon, il y avait — non loin de la petite étagère de cassettes liturgiques — un grand portrait, peut-être plus grand que nature, d'un bel homme barbu, dont on voyait uniquement le visage. J'avais remarqué cette photographie en pénétrant dans la pièce, mais, ayant l'impression que ce coin du salon était sacré et privé, je ne l'avais pas examinée de plus près. Cet homme — dont les traits sur l'image étaient d'une régularité et d'une beauté presque factices — avait été le gourou de M. Raote.

C'était de religion à présent, en cette fin de matinée, que M. Raote souhaitait parler. Il me conduisit dans la salle du *puja*, donnant sur le salon. Le sanctuaire était une profonde alcôve creusée dans un mur à hauteur de poitrine. Les images étaient ornées de guirlandes fraîches ; il y avait une écorce de noix de coco avec une touffe de fibre (ou coir) au sommet. Tout à fait dans le fond de l'alcôve, et adaptée à ce fond, je vis une autre image du gourou, peut-être taillée pour tenir dans cet endroit, mais identique à l'image du salon : le fidèle et le sanctuaire se trouvaient donc sous le regard du gourou. Tous les jours, l'endroit était garni de fleurs fraîches ; tous les mois, on changeait la noix de coco. M. Raote passait chaque matin une heure et demie à faire son *puja*. Il s'asseyait sur une peau de daim, laquelle était ensuite roulée et placée sur une étagère située en hauteur.

Quelques jours plus tard, je retournai voir M. Raote chez lui pour entendre le reste de son histoire.

A la fin de ces quatre années de famine, la fortune lui avait souri de façon inattendue. Dans le garage d'un ami, ici même à Dadar, il s'était mis à fabriquer des meubles. C'était certes un nouveau départ pour lui, mais il n'était pas un complet néophyte. A l'école, il avait appris à travailler le bois et il avait spécialement étudié la menuiserie en travaux pratiques. A l'époque dont il me parlait à présent, dans le garage de son ami, il avait commencé à fabriquer des canapés, des tables et des chaises ; puis à vendre les meubles qu'il avait faits. Il découvrit qu'il avait du talent.

Il avait fabriqué une grande partie de son mobilier. Une table spéciale de son invention se trouvait contre un mur. Une de ces tables pourvues de deux abattants de part et d'autre d'une planche centrale, mais dans le modèle de M. Raote cette planche était très étroite, d'une vingtaine de centimètres de large, ce qui rendait le meuble idéal pour les petits espaces à fonctions multiples des logements de Bombay. Ce modèle avait plu ; il avait été adopté par tous les grands fabricants de meubles de la ville. M. Raote se spécialisa aussi dans les unités de travail qui se transformaient en cloisons. Les meubles étaient entièrement conçus par lui : les idées lui venaient comme ça. « Du moment où j'ai commencé à travailler dans le meuble, j'ai imaginé ces choses. » Il fabriquait aussi des portes. Il avait fait toutes celles de son appartement, et il avait dessiné et fabriqué tous les encadrements en teck mouluré. Pour lui, cet appartement était une espèce de triomphe, une preuve de son succès et la démonstration de son talent. Il contenait une foule de choses que je n'avais même pas remarquées et qu'à présent, avec son aide, je commençais à voir d'un œil nouveau.

Son succès avait grandi. Il s'était mis à fabriquer, en sous-traitance, des boiseries pour de grands immeubles ; après quoi, l'envie lui était venue de se lancer à son tour dans le bâtiment. Deux ans après avoir commencé à fabriquer des meubles, il avait fait construire son premier immeuble avec un associé. Bien que son périple lui ait paru long, il n'avait à l'époque que trente-trois ans. Depuis, il avait mené à bien quinze ou seize grands projets.

« Mais, dans toutes mes entreprises, je me suis efforcé, en tant que membre du Shiv Sena, de servir le Maharashtrien des classes moyennes. Si bien qu'au lieu de devenir multi-millionnaire, comme beaucoup d'entrepreneurs du bâtiment, je préfère suivre la voie de notre chef, me conformer aux principes qu'il a énoncés. »

Cette dévotion envers le Shiv Sena et son chef était comme un aspect de la religion de M. Raote. Il avait toujours montré du courage et de la confiance, le don de la religion, l'*atma-vishwas* dont m'avait parlé M. Patil, de Thane.

« Dans mon ascension et mes chutes, quels qu'aient été les problèmes, je les ai affrontés hardiment, que ce soit comme homme d'affaires ou travailleur social ou chef de famille. Jusqu'à l'époque de mes études universitaires, j'avais mon père pour me pousser. Et puis, en 1964, j'ai rencontré le grand saint qui avait établi son ashram à Alibagh. »

C'était le gourou dont le portrait se trouvait dans le coin du salon et dans le fond du sanctuaire, dans la salle du *puja*. M. Raote, à l'en croire, était entré en contact avec lui l'année où il avait subi une énorme déception en devant renoncer à s'inscrire à l'école polytechnique de Sholapur.

« J'allais le voir pour recevoir sa bénédiction. Jamais je ne lui demandais quoi que ce fût. Je n'y allais que pour sa bénédiction, pour le servir, parce que c'était un saint, et j'ai le sentiment qu'il a transformé ma vie entière. Il est mort en 1968, mais j'ai toujours l'impression qu'il me bénit chaque fois que j'en ai besoin. Bien qu'il ne soit pas physiquement présent, ma famille et moi bénéficions toujours de sa présence. Regardez, dit M. Raote en m'entraînant jusqu'à sa porte d'entrée en teck. Ma porte ne ferme pas à clef. Elle est toujours ouverte. »

J'étais venu trouver M. Raote juste à temps pour connaître la fin de son histoire. Il ne m'avait rien dit, quand nous avions pris rendez-vous, mais il se trouva que c'était le jour même de son départ pour l'ashram pour une retraite de neuf jours. Il partait seul, sans sa femme.

« J'y vais tous les ans, sans faute. Ces neuf jours de mon année, je ne peux les accorder à personne d'autre. »

Il avait accompli d'autres pèlerinages. Sa femme et lui étaient allés six fois à la grotte d'Amarnath au Cachemire, dans l'Himalaya, à 4 300 mètres d'altitude, où — et c'est en Inde un vieux miracle — tous les ans, l'été, se forme un phallus de glace, symbole de Shiva, qui croît et décroît avec la lune.

« J'adore ce coin de l'Himalaya », me dit-il.

Homme pratique qui voulait être officier et ingénieur, militant du Sena, pieux hindou : il y avait dans cet homme trois couches superposées qui constituaient une chaîne de croyances et d'actions.

Évoquant le Shiv Sena, l'une des nombreuses composantes de la menace qui pesait sur lui de toutes parts, Papu, le jeune agent de change jaïn, me dit : « Tous nos problèmes sont économiques. Si nous n'avions pas ce problème économique, nous n'aurions pas de problème du tout. »

Cet après-midi-là — après la fermeture de la Bourse — il m'emmena voir l'endroit où il logeait et surtout le bidonville qui l'environnait. Dharavi, comme on l'appelait, était un bidonville célèbre. Il y avait à Bombay des gens qui prétendaient, non sans une certaine fierté, que c'était le plus grand bidonville d'Asie.

Nous étions assis dans un taxi jaune et noir qui avançait au pas : le soleil, la foule, le vacarme des avertisseurs, les fumées brûlantes des autobus qui formaient de gros nuages noirs, la couche de crasse rugueuse qui se déposait sur la peau. Et puis, au beau milieu de tout cela, un éclair de pureté : un groupe de jeunes garçons maigres en pagnes blancs, qui marchaient très vite de l'autre côté de la route.

Ces garçons étaient des Jaïns, me dit Papu, des *munis*, des aspirants à la vie religieuse, et ils étaient sûrement les disciples d'un gourou. Les *munis* n'avaient pas de domicile fixe ; ils devaient se déplacer de lieu en lieu et vivre de la charité publique. Chaque temple avait des dépendances où ils pouvaient passer une nuit : ils mendiaient à la porte des habitations jaïnes de quoi manger.

Comment savaient-ils que c'étaient des habitations jaïnes ?

« Normalement, il y a un écriteau à l'entrée, ou un emblème quelconque, ou une espèce de tuile. De nos jours, on trouve même des autocollants. Mais d'habitude, les jeunes *munis* sont accompagnés d'un responsable. C'est lui qui les guide et leur montre les maisons. On dit que le but de cette discipline est d'apprendre à contrôler le moi. Dans le cadre du jaïnisme, le savoir est très important. Un brahmane est censé appartenir au plus haut niveau intellectuel ; c'est lui que tout le monde écoute. C'est pour devenir comme ça que les *munis* circulent ainsi, en mendiant leur nourriture. Pour acquérir le savoir, ils doivent d'abord être capables de maintenir leur moi sous contrôle. »

Mais les rites et les traditions étaient issus d'un passé plus rustique. Pouvait-on atteindre le même résultat en les suivant dans les rues de Bombay ?

Papu estimait que les rites devaient être constamment adaptés. Ainsi, les Jaïns étaient censés se baigner tous les matins et se rendre au temple nu-pieds, vêtus d'un vêtement sans couture. A Bombay, de nombreux Jaïns étaient encore en mesure de respecter cette coutume ; la mère de Papu le faisait, dans la banlieue où elle vivait avec son fils. Mais Papu, lui, ne pouvait pas. Il pouvait se rendre au temple à pied après son bain, mais pas nu-pieds, ni vêtu d'un vêtement sans couture, parce qu'à l'heure actuelle il s'arrêtait au temple sur le chemin de son travail.

Je lui parlai de ma visite dans la zone musulmane et de mon entretien avec Anwar.

« L'agressivité peut devenir un sentiment créatif, dit-il. Dans le temps, on jouait au basket contre une équipe musulmane du quartier. L'agressivité des jeunes musulmans en faisait de bons joueurs. Elle leur insufflait l'instinct du tueur. » Ce fameux instinct du tueur que Papu discernait chez l'industriel indien, mais que les commerçants comme lui ne possédaient pas encore. « Si je les frappais, ils ripostaient. Et ils jouaient pour gagner. Alors que moi, je rentrais à la maison satisfait d'avoir fait un bon match. S'ils me frappaient, je ne rendais pas les coups. Il aurait pu m'arriver de protester, je suppose, mais c'est tout. »

Il me reparla de son désir de prendre sa retraite à quarante ans pour se consacrer aux œuvres sociales. Je savais, par ce qu'il m'avait dit auparavant, qu'il n'était pas sûr que ce soit une bonne idée, qu'il redoutait surtout de gaspiller peut-être le talent qu'il tenait de Dieu et qui, convenablement utilisé, fournirait sans doute davantage de fonds pour ses bonnes œuvres. A présent — assis dans le taxi, au milieu de la poussière, sous le soleil aveuglant de l'après-midi, à la fin de sa journée de travail — le doute semblait s'être totalement emparé de lui et l'avoir affaibli. Il n'était même plus sûr de faire du bon travail le dimanche, parmi les gens qui habitaient le bidonville de son quartier.

« Le dimanche, nous sommes tout un groupe, composé surtout de Jaïns, qui nous occupons de nourrir les gens du bidonville. Nous en nourrissons environ cinq cents. Nous commençons vers dix heures et demie du matin.

« Pour beaucoup de ceux que nous secourons, ce sera sans doute le seul vrai repas de la semaine. Et c'est peut-être ça qui leur permettra de tenir. Moi, je le fais pour les aider — là-dessus, il n'y a aucun doute. Mais il y aussi en moi le sentiment que je soulage du même coup cette culpabilité qui ne me lâche pas. Quoi que je fasse pour eux, je sais qu'il y a des limites. Je ferais peut-être mieux de les aider à se prendre en charge. Mon père avait son idée à ce sujet : "Je voudrais leur apprendre à pêcher et non pas leur donner du poisson." Si je leur donne un solide repas, ça s'arrête là. Je crois que ce que j'aimerais — même si cela veut dire que je ne peux plus aider que cinq gosses au lieu de cinq cents — c'est que les cinq que j'aide deviennent capables de gagner leur vie. »

Il était obsédé par l'idée de la charité, de ce que lui, comblé de bienfaits, pouvait faire pour les autres. La charité était comme une expression de la vie religieuse, prudente, pure.

Nous arrivâmes enfin à Sion. C'était ainsi que s'appelait la banlieue où il vivait. Il demanda au chauffeur de contourner la zone des « quartiers ». Son moral, déjà fort bas durant le trajet, tomba à zéro. Il me parla de la prostitution et du désespoir dans les petites rues de derrière, mais il ne regardait rien de ce que nous traversions. Les « quartiers », cependant, n'étaient que des quartiers gouvernementaux, des grands ensembles réservés aux fonctionnaires. En tant qu'exemple d'urbanisme, ils étaient déprimants — l'architecture indienne dans ce qu'elle a de plus ignare et de plus inhumain, un bloc de béton après l'autre, posés sur un terrain accidenté et pelé qui ressemblait par endroits à une décharge municipale — mais ce n'était pas le bidonville auquel je m'étais préparé.

Celui-là, le bidonville fameux, se trouvait en réalité de l'autre côté de Sion. Papu avait toutefois cessé d'en parler. Et je commençais à avoir le sentiment que, même si c'était lui qui avait eu l'idée de me faire voir le bidonville, son humeur avait changé pendant le trajet et qu'il n'en avait plus le courage.

Nous nous rendîmes dans la rue où il vivait, dans la zone bourgeoise de Sion, à quelque distance des « quartiers », de l'autre côté d'une grande artère. La rue paraissait cossue et bien établie ; il y avait de grands arbres, des hommes et femmes bien vêtus, des employés de bureau, attendaient des autobus. L'appartement que Papu avait acheté dans cette rue avait coûté l'équivalent de cent mille livres sterling — nous étions pourtant à une heure du centre de Bombay et tout près d'un énorme bidonville. Cela donnait une idée de ce qui était arrivé ici aux prix de l'immobilier. Cela expliquait pourquoi le gros problème de la plupart des habitants de Bombay était de trouver de l'espace, un endroit où vivre, où dormir ; et pourquoi les cabanes, les taudis, les constructions en bouts de chiffon emplissaient les coins et les recoins de la ville.

La cour sablée de l'immeuble de Papu était balayée, propre et nue. Dans une autre ville, elle aurait pu sembler miteuse, mais ici elle était d'une propreté, d'une nudité qui sautaient aux yeux ; et on aurait dit que le fait d'être aussi vide était un des aspects de sa propreté.

« C'est un immeuble coopératif, me dit Papu. Cela veut dire que les gens sont végétariens. Les habitants de l'autre immeuble » — l'édifice voisin, dont l'architecture était analogue — « sont mélangés, végétariens et non-végétariens. Les prix sont plus élevés ici du fait que l'immeuble entier est végétarien. Si vous faites cuire du poisson, il se dégage une odeur. S'il y a un non-végétarien dans l'immeuble, il arrive parfois qu'on voie une chèvre attachée dans la cour pendant un jour ou deux, et puis un jour on ne la voit plus et on sait qu'elle a été tuée et mangée. Mais les choses changent, pour les jeunes de notre communauté. Quand ils sortent, ils ont l'impression que le reste du monde mange de la viande, et il leur arrive d'avoir le sentiment d'être des lavettes, d'être dépourvus de virilité. Tout le monde essaie de changer les choses pour son propre avantage. » Cela rejoignait ce que Papu pensait des rites : qu'ils subissaient une adaptation permanente.

Nous prîmes un ascenseur vieillot jusqu'à son appartement. Il me montra l'autocollant jaïn au-dessus de sa porte d'entrée et les marques hindoues sur les portes d'autres appartements. Son salon, qui donnait sur la rue et l'école de l'autre côté, était vaste et peu encombré. Il était tout à fait dans le style de la cour de l'immeuble : tout cet espace vide était comme un luxe. Les murs étaient impeccables, le sol en granito luisait de propreté.

Je demandai s'il fallait ôter mes chaussures. Papu me répondit que ce n'était pas nécessaire, mais par la suite il fit une remarque qui me laissa penser que j'aurais dû les retirer sans rien demander. Alors que nous parlions d'actes rituels, il me dit qu'un de ses amis panjabis estimait que le sol de ce salon était vraiment un sol où on pouvait marcher pieds nus. Ce que cet ami voulait dire, c'était que normalement le rite des souliers — se déchausser avant d'entrer dans un temple, par exemple — vous obligeait à marcher dans la saleté, à souiller vos pieds propres au nom d'une propreté rituelle.

« J'aime le concept de la pureté, dit Papu. Je l'aime en tant que mode de vie. »

Sa mère parut et il me la présenta : une dame grave et silencieuse, qui avait passé une partie de sa vie en Birmanie, jusqu'au jour où les Indiens en avaient été expulsés, après l'indépendance du pays. Elle posa ses paumes l'une contre l'autre, faisant le geste indien du salut — et je me rappelai qu'elle se rendait pieds nus au temple tous les matins.

« En Inde, la religion pénètre toutes les sphères d'activité », dit Papu. Il ouvrit un tiroir. « Voici des rapports financiers. » Il en sortit un. « C'est le rapport annuel d'une firme du sud de l'Inde. Ils ont noté la visite d'un saint homme au siège de la société et ont joint une photo le montrant au milieu du conseil d'administration, avec tous les dirigeants de la boîte torse nu en tenue de *puja*.

« C'est une des usines de ciment les plus efficaces du pays. Dans un petit coin de notre esprit, nous avons toujours cette idée que le fait de suivre la religion ou les rites ne peut nous faire aucun mal. Alors, pourquoi ne pas les suivre ? Prenez le beau-père d'un de mes amis. Il m'a dit une fois que, pour réussir une certaine chose, il fallait nourrir une vache tous les jours avec certains aliments. Disons, du blé. Donner tous les jours du blé à une vache. Eh bien, au stade actuel de mon existence, si je vise un objectif donné, je ne veux pas négliger la moindre possibilité. Et je sais qu'en faisant cela je ne peux pas me faire de tort. Alors, pourquoi ne pas le faire ?

« Il y a certains lieux de dévotion à Bombay — des temples, des mosquées et même des églises — où les gens se rendent certains jours. Le mardi, ils vont au temple de Siddhi Vinayak, consacré à Ganesh. Pourquoi le mardi ? Personne n'en sait rien, à vrai dire, mais tous ceux qui sont là y sont sans doute pour la même raison et selon le même principe. Pourquoi ne pas le faire ?

— Une attitude matérialiste, alors ?

— Certes. Quatre-vingt-dix-neuf pour cent d'entre nous font appel à Dieu quand ils ont besoin de quelque chose. Il y a une église où vont les hindous. C'est quelque chose à quoi ils croient, mais qui ne fait pas partie de leur religion. Si vous êtes hindou, comment pouvez-vous aller à l'église ? »

Sur l'étagère inclinée qui occupait le milieu du meuble adossé au mur, il y avait un magazine, *Fortune*, et un livre, *Elements of Investment*. Papu était conscient de ce que toutes ces choses avaient d'incongru : ces livres et magazines éminemment pratiques, sa propre foi jaïne, son besoin d'une pureté complète, le décor ambiant, les autres religions autour de lui.

On nous servit le thé, sur de petits plateaux en acier inoxydable. C'était un repas jaïn, végétarien, sans rien qui soit à base d'œuf. Il y avait un *puri* et diverses préparations frites où entraient farine et lentilles pilées.

Je pensais que Papu avait renoncé à la visite du grand bidonville de Dharavi, mais dans le salon de son appartement il avait repris du poil de la bête, et après le thé il m'emmena dans une des pièces de derrière pour me montrer la vue. Le bidonville était plus proche que je ne croyais. Il s'étendait juste au-delà de la voie ferrée qui bordait la rue située derrière l'immeuble de Papu. L'environnement bourgeois de Papu, qui paraissait si solidement établi quand on arrivait dans la rue, tenait sur une étroite bande de terrain entre la zone des « quartiers » et celle du grand bidonville.

Il dit, en le regardant : « Vous ne pourriez pas supporter la puanteur. »

Un peu plus tard, affichant cette espèce de détermination et de brusquerie avec lesquelles on sort quand il fait mauvais, il m'annonça qu'il fallait nous mettre en route.

Nous partîmes à pied. Le bidonville n'était qu'à quelques minutes. Nous commençâmes à traverser le pont encombré et poussiéreux qui enjambait la voie ferrée. La circulation de l'après-midi était démente. A peine avions-nous franchi la bosse du pont que Papu, perdant un peu de sa belle résolution, déclara qu'il valait mieux prendre un taxi.

Pour mieux souligner l'étendue du bidonville, il dit : « Regardez. Pas un seul grand immeuble d'ici à là. » C'était une très bonne façon de présenter la chose. Autrement, quand on avançait au niveau de la rue, on risquait de ne pas se rendre compte de l'étendue de cette zone plate et dépenaillée, bordée au loin par des tours.

Et puis, en un clin d'œil, nous arrivâmes en bordure du bidonville, si soudain, si évident, si écrasant qu'on avait l'impression qu'il s'agissait d'une mise en scène, d'un plateau de cinéma, et que les gens jouaient le rôle d'habitants des taudis : dos à dos et côte à côte, des cahutes et des abris, une impression générale d'obscurité, de grisaille et de boue, d'étroites allées cabossées que leurs méandres soustrayaient à notre vue ; ensuite un flanc de route dénudé par des excavations ; puis de la boue noire avec des hommes, des femmes et des enfants qui déféquaient au bord d'un lac noir, à la fois marécage et égout, dont l'iridescence huileuse semblait digne de l'enfer.

La puanteur était à la limite du supportable, mais il fallait bien la supporter. Le taxi se trouva immobilisé dans un embouteillage, causé par une longue file de camions lourdement chargés de l'autre côté de la route. Le bidonville de Dharavi était aussi une espèce de zone industrielle où existaient de nombreuses affaires illicites, notamment des tanneries et des usines de produits chimiques qui n'auraient jamais été autorisées dans une zone urbaine mieux réglementée.

Les vapeurs d'essence et de kérosène ajoutaient à l'odeur nauséabonde. De nombreuses personnes, les bras nus, étaient au travail, occupées à quelque chose que je n'avais jamais vu auparavant : à rassembler ou déballer des rebuts d'étoffe et de carton, évoluant dans une poussière d'un blanc sale qui s'amoncelait sur le sol comme de la neige et étouffait le bruit des mains et des pieds, s'activant sur le bas-côté même de la route ou dans de petites cabanes : des chiffonniers sur une grande échelle.

Papu me dit qu'il ne passait presque jamais par là. Assis dans le taxi, il se détourna du bidonville proprement dit pour faire face à l'autre côté de la route, où les camions chargés étaient garés, et où, au loin, se dressaient les immeubles résidentiels du quartier bourgeois de Bandra, au bord de la mer.

La circulation reprit. A un moment, Papu fit remarquer : « Ici, c'est la section musulmane. Les gens vous diront que les musulmans d'ici sont des fondamentalistes. Mais, franchement, vous ne croyez pas qu'on pourrait inciter ces gens à se battre pour tout ce qu'on voudrait ? »

La puanteur des peaux d'animaux, des excréments, du marécage, des produits chimiques et des émanations d'essence, la poussière des vieux chiffons, la brume ambrée qui émanait des pots d'échappement des camions et que le soleil de l'après-midi traversait à l'oblique — quel soulagement de laisser tout cela derrière soi et de ressortir dans l'autre Bombay, le Bombay qu'on connaissait, auquel on avait mis si longtemps à s'habituer, le Bombay des rues pavées, des autobus et des gens en costumes légers.

Il avait déjà été pénible de longer le bidonville en voiture. Comment imaginer ce que c'était que d'y vivre ? Et pourtant, des gens vivaient dans cette puanteur et cette atmosphère épouvantable, certains y menaient une carrière. Il y avait même des avocats qui habitaient là, me dit-on. L'odeur des excréments n'était-elle qu'à la périphérie, qu'aux alentours immédiats du lac noir iridescent ? Non, cette puanteur imprégnait la totalité de Dharavi. Je fus encore plus étonné de lire, dans un magazine de Bombay, un article sur la banlieue de Sion où vivait Papu et où le bidonville de Dharavi était décrit presque comme le quartier bohème de l'endroit, quelque chose qui ajoutait un peu de sel à la monotonie de la vie bourgeoise. De toute évidence, Bombay avait sa propre façon de vacciner ses résidents.

J'eus un autre aperçu de Dharavi quelque temps plus tard, alors que je me rendais en taxi à l'aéroport de Santa Cruz, réservé aux lignes intérieures. Le chauffeur du taxi — un musulman d'Hyderabad, débordant de respect de soi-même, que la vie à Bombay rendait nerveux, qui redoutait de sombrer, qui projetait de rentrer chez lui au plus vite et qui en attendant était d'une maniaquerie pleine de nervosité avec sa voiture et ses vêtements — ce chauffeur donc me signala les immeubles résidentiels d'un côté de la route qui menait à l'aéroport, où on avait relogé d'anciens habitants de cahutes. Dans l'autre direction, il me montra le marais où Dharavi avait poussé, et au loin, la ligne noire et basse du célèbre bidonville.

Vu de là, Dharavi paraissait artificiel, superflu, même pour Bombay : un endroit auquel on ne permettait d'exister, comme disaient les gens, que parce que c'était un véritable réservoir de voix électorales, un réservoir de haine, une entité où beaucoup de gens pouvaient puiser. Tous les courants opposés de Bombay y coulaient ; toutes les nouvelles particularités y étaient exacerbées. Et pourtant, des gens y vivaient, soumis à cette exploitation supplémentaire, parce qu'à Bombay, une fois qu'on avait un endroit où vivre, on pouvait gagner de l'argent.

Les gens peuvent être façonnés par les conditions dans lesquelles ils vivent. De même que les animaux peuvent l'être par celles dans lesquelles on les élève : ainsi (pour évoquer un souvenir de Trinidad vieux de quarante ans), les poulets élevés dans une petite cage étaient incapables de marcher quand on les relâchait ; ils avançaient moitié en sautillant, moitié en volant, comme ils l'avaient fait dans leur cage. De la même façon, les gens qui habitaient les espaces réduits des logements de Bombay s'y accoutumaient ; ils s'habituaient à la vie collective qui en découlait et pouvaient même trouver l'autre vie, la vie menée chacun chez soi, difficile à supporter sur le plan émotionnel.

M. Ghate était un dirigeant haut placé du Shiv Sena. Il avait grandi dans la zone industrielle, dans une seule pièce située dans un *chawl* (immeuble ouvrier) ; et il vivait toujours dans un *chawl*, alors même qu'il avait la possibilité, en sa qualité d'homme en place, d'emménager dans une habitation plus luxueuse, située dans un plus beau quartier. Il avait d'ailleurs fait une tentative dans ce sens, plusieurs années auparavant, mais elle s'était mal terminée. Sa femme avait souffert de l'isolement et du vide relatifs de l'appartement indépendant où ils s'étaient installés. Il ne s'agissait pas de simples sautes d'humeur ; elle avait souffert de troubles graves. M. Ghate était reparti vivre dans un *chawl*, dans les deux pièces qu'il occupait toujours ; il était retourné vers cette sensation de foule, vers le bruit des vies se déroulant tout autour de lui ; et il était à nouveau heureux.

Je me rendis dans le *chawl* de M. Ghate en compagnie de Charu, un jeune brahmane maharashtrien. Sans lui, M. Ghate ne m'aurait peut-être pas reçu. M. Ghate, disait Charu, était l'un des hommes « rudes » du Sena ; et « rude » était ici le mot brahmanique dont se servait Charu pour désigner quelqu'un de brutal et d'agressif.

M. Ghate habitait au dernier étage de son immeuble. Sans Charu, je ne crois pas que j'aurais seulement atteint l'escalier intérieur de l'endroit — tant j'étais démoralisé, suffoqué, mené au bord de la nausée par l'odeur de l'entrée, avec les détritus humides et écrasés que pillaient les chats et chatons errants dans une petite cour intérieure, puis, dans la brusque obscurité du couloir, par l'odeur épaisse et chaude des vidanges bouchées, qui me prenait à la gorge. C'est Charu le brahmane, avec son sens du devoir, sa conviction qu'il fallait respecter ses engagements (se retournant constamment pour me regarder et tendant même parfois la main, comme un père qui emmène pour la première fois son enfant du sable jusque dans la mer), qui m'entraîna, me fit gravir l'escalier du *chawl*, passer devant des portes ouvertes donnant des aperçus de l'espace vital des familles.

L'air chaud aurait dû monter, mais à l'étage supérieur l'atmosphère était plus pure. A l'extérieur d'une porte, un tigre, emblème du Shiv Sena, indiquait l'appartement de M. Ghate. Le logement donnait sur la rue principale. Les petites fenêtres, en verre dépoli dans un châssis peint en vert, étaient ouvertes derrière leur grillage en fer à l'épreuve des voleurs ; les émanations d'essence qu'elles laissaient entrer étaient paradoxalement revigorantes.

M. Ghate possédait deux petites pièces. L'une, masquée par un rideau, était la cuisine. L'autre, dans laquelle il nous reçut et où on devait dormir, faisait aussi, le jour, plus ou moins office de bureau du Sena. Elle était remplie de papiers, rangés dans un placard installé contre le mur latéral — note moderne inattendue. Entre autres décorations, il y avait au mur une affiche, publiée peut-être à l'origine par une compagnie pétrolière, avec la photographie en couleur d'un tigre et la légende suivante, en anglais : *You observe a lot — by watching* (On remarque beaucoup de choses — en observant).

Le père de M. Ghate avait été ouvrier d'usine. Il gagnait quatre cents roupies par mois, soit un peu plus de trente livres. C'était une famille nombreuse, cinq frères et deux sœurs. Il y avait eu quatre sœurs, mais deux d'entre elles étaient mortes. L'unique pièce dans laquelle ils vivaient était la pièce standard d'un *chawl* : trois mètres trente sur trois mètres trente ; et tout était très bien organisé quand ils étaient enfants. Le matin, ils ne prenaient que du thé pour le petit déjeuner, rien de cuit. De sept heures du matin à une heure de l'après-midi, les enfants allaient à l'école. Cela signifiait que le matin, pendant un mois de suite environ, le père de M. Ghate avait un peu de place pour lui. Son père travaillait en effet en roulement à l'usine ; tous les mois, il changeait d'horaire.

Je me rappelai ce qu'avait dit M. Raote quant à la culture que possédait tout Maharashtrien et je demandai à M. Ghate s'il avait fréquenté un gymnase dans son enfance. Il répondit que non ; mais la question avait un sens pour lui, car il ajouta aussitôt qu'ils avaient fait du sport. Je l'interrogeai sur la religion. Comment, grandissant comme il l'avait fait dans ce *chawl*, avait-il appris la religion et les enseignements des saints ? Il n'était pas personnellement pieux, me dit-il — donc il y avait eu en quelque sorte rupture avec le passé. Mais son père avait fait son *puja* chez lui ; et cela, bien que ni son père ni sa mère n'aient été instruits, et qu'avant qu'il n'entre à l'université la famille n'ait jamais possédé le moindre livre.

A l'entendre, cette existence paraissait rudimentaire, dure, mais tout le monde s'en était accommodé. Les choses avaient changé quand il s'était marié. Sa femme avait quitté le *chawl* où vivait sa famille pour celui de M. Ghate ; et ils avaient eu un enfant. Le moment était venu où dix personnes vivaient dans cette pièce de pas tout à fait onze mètres carrés. Il y avait des « différends » et de constantes prises de bec. Aussi M. Ghate avait-il emmené sa femme et son enfant dans le « quartier du personnel » — un appartement indépendant dans un immeuble résidentiel — dans une banlieue située à trente ou quarante minutes par le train.

Cela aurait dû marquer le début d'une nouvelle vie — la séparation d'avec la famille, la fin des disputes et l'espace : après onze mètres carrés pour dix personnes dans le *chawl*, ils avaient environ trente mètres carrés pour trois personnes dans le nouvel appartement. Mais cela les avait menés droit au désastre. La femme de M. Ghate avait passé sa vie entière dans un *chawl*. A présent, livrée à elle-même une grande partie de la journée dans ses trente mètres carrés indépendants, sans voir personne, sans personne à qui parler, elle avait été prise d'angoisses. Elle avait commencé à souffrir sérieusement de claustrophobie et elle avait été à deux doigts de la dépression nerveuse.

Alors, ils étaient revenus vivre dans la zone industrielle où ils avaient grandi, et M. Ghate avait eu la chance de trouver un logement dans un *chawl*. Les deux pièces ou appartements comme celui qu'il occupait portaient à Bombay le nom de « une pièce-cuisine ». La pièce principale était en réalité un peu plus vaste que les trois mètres trente sur trois mètres trente de la pièce standard d'un *chawl*. Ils y vivaient à cinq à présent et il n'y avait aucun problème de place.

Il avait acheté ces deux pièces en 1985, et la transaction s'était ainsi déroulée. Les *chawls*, dont beaucoup étaient vieux de plusieurs dizaines d'années, datant des premières années de la révolution industrielle indienne, étaient à l'origine rattachés aux usines et censés accueillir leurs ouvriers. Concrètement, les propriétaires des usines en étaient encore propriétaires ; mais (en raison des lois réglementant le contrôle des loyers) ils ne les entretenaient plus et les avaient virtuellement abandonnés, si bien que les locataires étaient désormais libres de vendre le bail de la pièce qu'ils occupaient. L'acheteur payait un pas de porte à l'occupant, après quoi il versait un loyer au propriétaire de l'usine. En 1985, M. Ghate avait payé un pas de porte de trente-cinq mille roupies pour ses deux pièces, soit environ mille quatre cents livres. Mais à présent, il ne versait plus qu'un loyer mensuel de douze roupies (cinquante pence) — ce qui expliquait sans aucun doute pourquoi les propriétaires avaient cessé d'entretenir les *chawls*.

M. Ghate était désormais un locataire protégé ; il pouvait, disait-il, occuper ses deux pièces *ad vitam æternam*. Et à l'entendre en parler, actuellement, après sa tentative d'évasion, il en avait la ferme intention. Tout le monde n'était pas comme lui. Nombre de personnes qui n'en avaient pas les moyens rêvaient de partir s'installer dans un appartement. Lui, il avait les moyens, il pouvait obtenir un prêt de la banque ; mais il était parfaitement heureux là où il était.

Ranimé par l'atmosphère plus pure qui régnait chez lui, je commençai à voir un peu la pièce avec les yeux de celui qui l'occupait. Je notai les aménagements. Il y avait un ventilateur au plafond ; une solide échelle de meunier pour grimper jusqu'à la soupente. Au-dessous de celle-ci se trouvait la zone utilitaire avec tout le confort : un placard à linge, un tabouret en bois, un séchoir à linge (à présent couvert de serviettes de toilette), un tuyau d'arrosage et une poubelle en matière plastique bleue avec un couvercle à pédale. Cette zone utilitaire se trouvait derrière M. Ghate, près de la fenêtre ouverte. Le devant de la pièce était plutôt le côté bureau et comportait la grande armoire. M. Ghate, comme pour s'excuser de cette extravagance, expliqua qu'il l'avait acquise l'année précédente, parce que le travail qu'il faisait pour le Sena l'obligeait à manier beaucoup de papiers.

Il y avait d'autres choses que des papiers derrière les portes vitrées de l'armoire. Sur l'étagère du haut, on voyait des gobelets et des assiettes en plastique et acier inoxydable. Sur d'autres étagères, des photographies et une plaque dorée avec le nouveau slogan du Sena en marathi, dont on m'avait parlé : « Dites-le avec orgueil : "Je suis hindou". » Le Sena, à mesure qu'il avait gagné en puissance, s'efforçait de sortir de son régionalisme. Il en appelait maintenant à un sentiment hindou plus général ; et certaines personnes trouvaient la chose aussi préoccupante que l'ancienne rengaine du mouvement : le Maharashtra aux Maharashtriens.

Je voulais en savoir un peu plus sur la vie dans les *chawls*. Charu et M. Ghate s'entretinrent quelque temps en marathi, et Charu me fit un résumé.

« Il aime vivre ici. Il a grandi dans cette atmosphère. Il n'a pas le sentiment que le fait d'habiter une pièce ou un appartement plus grand ferait la moindre différence. Il n'envie ni ne hait la richesse d'autrui. Pour lui, les gens n'ont de valeur que spirituelle.

— Qu'est-ce qui lui plaît dans cette vie ? »

S'adressant en marathi à Charu, M. Ghate parut se laisser emporter en décrivant les avantages de la vie dans un *chawl*.

Charu traduisit : « Dans un *chawl*, on sait toujours ce qui se passe partout. On sait ce qui se passe chez toutes les autres familles. On entend tout, on voit tout. De cette façon, les gens vivent leur vie ensemble et partagent leurs problèmes les uns avec les autres. Dans un appartement, il n'y a pas de *vie.* »

Il y en avait en revanche beaucoup dans ce *chawl*. Au seul étage supérieur, où nous nous trouvions, il y avait quarante pièces. Cinq toilettes les desservaient. On voyait sans arrêt des gens passer.

« Il n'a pas envie d'intimité ? »

La réponse de Charu fut pleine d'emphase : « *Il n'a pas envie d'intimité.* Il dit que ceux qui en ont envie peuvent toujours déménager pour aller vivre dans un immeuble. » La réponse était assez sèche, après ce qu'il avait dit un peu plus tôt sur les gens qui, sans en avoir les moyens, auraient voulu s'installer dans un appartement. « Si vous avez besoin de vous isoler un peu pour lire et écrire, vous pouvez toujours être tranquille ici après une heure du matin.

— Il lui arrive souvent de veiller ?

— Oui. Il lit souvent jusqu'à deux heures et demie ou trois heures du matin. Sinon, il n'y a pas moyen de lire et d'écrire.

— Ne pense-t-il pas qu'un peu plus de tranquillité favoriserait les études ?

— Ni votre intelligence ni vos lectures ne dépendent du fait que vous vivez dans un appartement ou dans un *chawl*. Elles tiennent plus à vos tendances — vos aptitudes, votre caractère. » Et il fit allusion à une affaire récente, celle d'un jeune garçon du quartier, sorti d'un bidonville, qui était arrivé premier à un concours pour tout l'État du Maharashtra.

« Ne devrait-il pas proposer une vie meilleure à ses partisans ? »

La réponse, selon la traduction littérale de Charu, était sévère : « Je ne veux aider personne à mener une vie de luxe. Nous sommes dans une zone industrielle.

— Il veut que les gens restent des ouvriers ? »

Ma question fut légèrement déformée par la traduction. Charu parut poser une question personnelle et il reçut une réponse personnelle.

« Lui-même travaille dans une banque. Un de ses frères travaille pour un organisme d'État. Un autre, plus jeune, travaille dans une usine. Mais ce frère-là n'est pas très instruit ; il n'avait pas les capacités intellectuelles. Ce frère-là touche à présent mille roupies par mois. Ce n'est pas un bon salaire. Pour vivre correctement à Bombay, il faut gagner au moins deux mille roupies. »

Je voulus revenir à ma question par la bande : « Quelles sont ses ambitions pour les habitants de ce *chawl* ? »

Encore raté. La question semblait porter sur l'avenir du *chawl* et M. Ghate y répondit littéralement.

« Ce *chawl* a quatre-vingt-dix ans. Il est solidement construit et durera encore une bonne cinquantaine d'années. Mais j'ai des doutes quant à son avenir. Les familles d'ici sont pauvres. Si ce *chawl* se détériore, elles ne sauront pas le reconstruire ni acheter leurs propres logements ailleurs. S'il arrive quoi que ce soit à leur *chawl*, il faudra qu'elles quittent Bombay. »

Sur le mur derrière son dos, juste au-dessous de la soupente, il y avait des images et des emblèmes du Shiv Sena. Outre l'affiche avec le tigre, on pouvait y voir une grande plaque couleur de bronze représentant Ganesh, sur fond safran, et aussi une image encadrée du couronnement de Shivaji : une idée de la puissance, de la gloire et de l'apparat, qui semblait sortir tout droit du cinéma indien.

Cette idée devait être lourde de sens pour M. Ghate. Je me demandai comment elle cadrait avec le travail qu'il effectuait actuellement pour le Sena et avec les conditions de vie dans le *chawl*. Quand il observait le *chawl*, que voyait-il effectivement ? Qui s'occupait de l'entretien du *chawl* à présent et du nettoyage des parties communes ?

M. Ghate répondit que c'étaient les locataires eux-mêmes qui nettoyaient le *chawl*. Je demandai pourquoi personne n'avait tenté de remédier aux canalisations bouchées et aux détritus qui pourrissaient à l'entrée.

« Bombay ne sera jamais une belle ville, dit-il. Il y a certains défauts inhérents. Les canalisations ont été nettoyées il n'y a pas si longtemps, mais elles se sont rebouchées. Il y a aussi des problèmes liés aux gens. *Absence de sens civique.* » Ces derniers mots étaient dits en anglais.

Le Sena, avec sa philosophie sociale bien particulière, ne devrait-il pas tenter d'y remédier ?

« C'est un problème persistant. Il faut commencer par éduquer les enfants. Ce n'est pas un problème économique. Ces gens jettent les ordures par la fenêtre. »

Je l'interrogeai sur son environnement familial. Sa famille était originaire d'un village à côté de Goa, m'expliqua-t-il. Il avait encore là-bas des parents qui venaient séjourner chez lui dix ou quinze jours, tous les ans. Ils étaient attirés par Bombay et auraient bien aimé y vivre. Mais ils savaient qu'il leur serait très difficile de mener une vie correcte en ville, alors ils finissaient toujours par rentrer chez eux.

On entendait des voix de femmes dans la cuisine, au-delà du rideau qui en masquait l'entrée. Mme Ghate, qui s'y tenait depuis notre arrivée, releva le rideau et annonça qu'il y avait eu un accident quelque part dans le *chawl.* Une vieille femme venait de lui transmettre la nouvelle et voulait savoir si M. Ghate acceptait de la voir.

Il répondit que oui. La vieille femme était dans tous ses états. Debout dans l'encadrement de la porte, elle raconta en pleurant que deux des enfants qui vivaient dans sa pièce s'étaient brûlés. Leur père était à l'usine et il n'y avait personne pour l'aider.

M. Ghate dit aussitôt qu'il allait envoyer les enfants à l'hôpital dans sa voiture. Il partit précipitamment s'en occuper, et Charu et moi restâmes seuls.

Charu m'en apprit un peu plus long sur la vie communale des habitants de Bombay. D'après lui, l'amour de la vie collective était issu de la vie de famille au sens large du terme, la vie dans une famille élargie : c'était une vie pleine, au milieu d'une foule constante, marquée par des rapports fluctuants et passionnés entre les divers groupes ou sections d'une grande famille. Charu me dit que sa propre épouse, qui poursuivait des études scientifiques supérieures sur le développement de l'enfant, ne parvenait pas à lire quand elle était seule ; elle préférait lire quand il y avait quelqu'un qui parlait près d'elle. Même aujourd'hui, sa femme aimait aller séjourner dans sa famille, dans leur ancien appartement, pour profiter de la compagnie, de la chaleur, du réconfort constant des voix humaines.

Depuis que Mme Ghate l'avait écarté, le rideau de la cuisine était resté tiré. Je pouvais apercevoir un coin à *puja* dans la cuisine, une installation tout à fait rudimentaire qui n'avait rien à voir avec le sanctuaire aménagé dans le mur par M. Raote. M. Ghate m'avait dit qu'il n'était pas religieux ; le coin à *puja* de la cuisine devait donc être à l'usage de Mme Ghate.

Quand il revint, M. Ghate paraissait perturbé. Il avait fait envoyer les enfants à l'hôpital, mais maintenant il s'inquiétait pour sa femme. Elle sombrait facilement dans la dépression. Elle connaissait la famille touchée par cet accident et le sort des deux enfants commençait déjà à produire sur elle un mauvais effet.

En tout cas, cette mésaventure montrait à quel point il était important que le Sena ait un représentant dans un endroit comme ce *chawl.* L'organisation était connue pour ses œuvres sociales et les gens savaient qu'ils pouvaient venir le trouver.

Je demandai si la vie collective du *chawl* et d'autres lieux surpeuplés facilitait l'organisation politique.

« Le *chawl* est comme une grande famille. Le quartier, c'est une énorme famille. »

Et pouvait-on aussi y organiser facilement d'autres groupes ?

Pas de réponse.

M. Ghate était un homme sévère, au teint sombre. Le souci que lui causait sa femme, dont il parlait si ouvertement, était en quelque sorte son unique faiblesse. Il s'était marié en 1970. Il avait alors vingt et un ans et sa femme dix-huit. L'histoire d'amour qu'il avait à raconter n'était pas sans rappeler celle de M. Raote, dans le quartier éloigné de Dadar. La jeune fille qui était devenue sa femme vivait dans un autre *chawl*, qu'il avait commencé à fréquenter parce qu'il donnait des cours à un ami dont les mathématiques n'étaient pas le fort. Il avait fait connaissance de la famille de la jeune fille, puis il s'était mis à donner aussi des cours à cette dernière et ces rapports avaient engendré un attachement mutuel.

Le père de sa future femme était enseignant. (Le père de M. Ghate, ouvrier d'usine, n'avait jamais possédé le moindre livre.) Il n'avait pas été ravi de voir M. Ghate quitter son école d'ingénieurs avant la fin de ses études. A cette époque, en outre, le Shiv Sena avait mauvaise réputation, une réputation de violence. La famille de la jeune fille prenait M. Ghate pour un bon à rien. C'était cette opposition de sa famille envers M. Ghate qui avait plongé sa femme dans sa première dépression.

« Elle est terriblement sensible », dit M. Ghate.

Un jour, M. Ghate et la jeune fille s'étaient retrouvés dans un hôtel. Il s'agissait d'un *ho-tal*, un simple restaurant. Les sœurs et le frère de la jeune fille les avaient vus. M. Ghate estima qu'après cela, il serait bien difficile pour elle de regagner la pièce où vivait sa famille. Il l'emmena donc chez un de ses oncles, qui vivait dans un appartement. Le lendemain, ils étaient mariés. Il n'en avait absolument pas eu l'intention lorsqu'il avait emmené la jeune fille chez son oncle, mais il avait compris que c'était la seule chose à faire ; c'était lui, et lui seul, qui avait décidé de l'épouser. Le mariage avait été célébré selon les rites védiques, plus simples que les rites traditionnels du mariage hindou.

Cette union avait donc été un mariage d'amour. Les autres membres de sa famille avaient-ils suivi son exemple ?

Il nous dit qu'une de ses sœurs avait fait un mariage d'amour environ un an auparavant.

« Avez-vous l'impression que cela arrive de plus en plus souvent ?

— Oui. » Mais aussitôt, en dépit du caractère romantique de son propre mariage, il se rembrunit. De toute évidence, le mariage de sa sœur lui déplaisait. « Les mariages d'amour ne durent pas, à moins qu'il n'y ait des affinités spirituelles. Un mariage ne résiste pas s'il est fondé sur l'attirance physique.

— Est-ce qu'on s'est opposé au mariage d'amour de votre sœur ? »

Sa réponse fut ambiguë. « Il n'y a pas eu d'opposition. Elle s'est mariée uniquement pour des raisons d'attirance physique.

— Que fait son mari ?

— Il est médecin ayurvédique. » L'*ayurveda* est une médecine hindoue traditionnelle.

« Fortuné ?

— Relativement, mais il n'est pas indépendant. C'est pour cela que je voulais que ma sœur prenne un travail. Ils habitent à Sion. Tout récemment, je lui ai trouvé un emploi. »

Sion était la banlieue de Papu. S'agissait-il d'un euphémisme pour désigner Dharavi ?

« Elle habite les "quartiers", à Sion ? demandai-je.

— Ils vivent dans un immeuble convenable. Mais je ne sais pas vraiment. Je n'ai plus rien à voir avec ma sœur. Je lui ai trouvé un travail et je ne veux plus entendre parler d'elle.

— Mais pourquoi donc ?

— Ce garçon ne tient pas sur ses jambes.

— Combien gagne-t-elle ? Avec le travail que vous lui avez trouvé ?

— Environ neuf cents roupies.

— Et vous ne voulez pas aller voir comment elle s'en sort ?

— Non, non. Je lui ai donné un travail. Ils ont un enfant. Mais non. Ma sœur n'est pas sur la même longueur d'onde et ça ne me plaît pas. Son mode de vie est mesquin. Elle a des ambitions minables. A ses yeux, je ne suis pas très instruit, mais je suis convaincu que ma façon de penser est supérieure à la sienne. Ce qu'elle pense, elle, c'est : "Il faut avoir son propre appartement. Il faut avoir beaucoup d'argent." Mais elle n'en est pas capable. »

C'était ainsi que Charu avait traduit, et je n'étais pas très sûr de ce qu'avait voulu dire M. Ghate. Il avait assuré un peu plus tôt que seule comptait pour lui la valeur spirituelle des gens, et peut-être cherchait-il à me dire à présent que les ambitions matérialistes de sa sœur dépassaient son degré d'instruction et la rendaient absurde.

« Et puis, elle est incapable de s'adapter aux gens, dit M. Ghate. Ma femme sait s'adapter, mais ma sœur n'arrive pas à s'entendre avec ma femme. » Peut-être le problème était-il là.

« Votre sœur est jolie ? C'est une belle femme ?

— *Pas complètement.* » Il prononça ces mots en anglais. Puis, secouant la tête de droite à gauche, ce qui pour un Indien marque l'affirmation, il ajouta toujours en anglais : « *Pas mal.* » Puis il réaffirma sa position : « Je n'attache guère d'importance aux liens du sang. Jamais ma famille ne m'a aidé. Seuls mes amis m'ont aidé. A présent que j'ai un nom, une position, les membres de ma famille sont nombreux à venir me trouver, mais je ne leur accorde guère d'attention.

— Pourquoi dites-vous que votre sœur a des ambitions minables ? »

Pas de réponse.

Je m'adressai directement à Charu : « Ne devrait-il pas, en tant que membre du Shiv Sena, encourager ses semblables à avoir de l'ambition ? »

Ils parlèrent un moment et Charu me transmit la réponse de M. Ghate : « Ce qui importe, c'est que chacun sache s'il est vraiment fait pour nourrir de telles ambitions. Les gens viennent constamment me trouver pour me demander de l'aide. Je ne crois pas qu'ils méritent mon aide d'office. Ils doivent s'en montrer dignes. »

Je le questionnai au sujet de l'affiche au mur, qui représentait un tigre. Il me répondit qu'un ami la lui avait donnée. Il me lut tout haut la légende en anglais : « *You observe a lot — by watching.* » Il la prononçait de façon malhabile et hachée, mais il semblait la charger d'un sens spécial, voire mystérieux. Je l'interrogeai aussi sur l'autre image, le couronnement ou *durbar* de Shivaji. En quelle année était-ce ? Il n'en savait rien.

Sa sœur avait essayé de prendre ses distances. Il ne lui avait pas pardonné, ni pour cela, ni pour ce mariage d'amour que, dans son propre cas, il considérait comme une source de force et de caractère. C'était un homme dur, façonné par la vie du *chawl*, dont il ne parviendrait désormais plus jamais à s'écarter. Peut-être, animé par cet orgueil du Shiv Sena qui lui servait d'ancre, estimait-il que les vieilles idées de l'honneur et de la correction avaient été — avec tout le reste — bafouées par sa sœur.

Peut-être la sœur s'en sortirait-elle ; peut-être serait-elle capable de tenir toute seule, sans les soutiens qu'étaient la famille, le clan et la caste. Mais c'était aussi pour cette raison, sans aucun doute, que certains habitants de Bombay s'enfonçaient, à travers les fissures, dans l'abîme et que quelques-uns — ceux qui avaient de la chance — revenaient à la surface dans des endroits comme Dharavi, non loin de là, où la jeune femme, avec cette ambition que son frère jugeait si absurde, occupait à présent un appartement dans « un immeuble convenable », presque à coup sûr un des bâtiments de ces « quartiers » dépourvus de caractère, qui avaient plongé Papu dans un tel cafard quelques jours auparavant.

A en croire les gens que je rencontrais, et les chroniqueurs des journaux, la société indienne était en passe d'être « criminalisée ». Ce qu'on voulait dire par là, c'était qu'à cause de toutes les frustrations propres à l'Inde, les partis politiques et les hommes d'affaires avaient recours aux gangsters pour faire leur travail ou accélérer les choses : pour dissuader les défections politiques, encourager les donations, obtenir le paiement des dettes, forcer l'adhésion à un contrat officieux d'« argent illicite ».

Le crime, à présent, payait fort bien. Les gangs se disputaient les territoires, comme les politiciens, et les guerres des gangs de Bombay faisaient l'actualité. Journaux et magazines publiaient sur ces luttes des articles qui ressemblaient aux comptes rendus des querelles politiques opaques dans de nombreux États de l'union indienne. Opaques, elles l'étaient pour la bonne raison que la politique l'était aussi : il n'y avait ni principes ni programme de parti, il n'y avait que des personnalités. On ne pouvait avoir que des ennemis ou des alliés, et les rapports, aussi bien entre gangsters qu'entre politiciens, changeaient constamment. De même que la politique, les assassinats dans les rues surpeuplées de Bombay avaient trait au pouvoir et à l'autorité. Et, à mesure que la poussière retombait, les journaux et les magazines commençaient à présenter un profil du parrain qui s'affirmait de plus en plus comme le roi de la pègre.

Ce parrain avait un autre point commun avec les politiciens : on parlait tellement de lui, on l'interviewait si souvent (bien que son quartier général se trouvât en dehors de l'Inde, à Dubaï, dans le golfe Persique) que tous les articles le concernant se ressemblaient. Comme de nombreuses personnalités publiques, cet homme était devenu son profil vu par la presse ; il n'avait rien de nouveau à dire.

J'estimai qu'il vaudrait mieux pour moi rencontrer quelqu'un d'un peu moins haut placé, pas un parrain ; quelqu'un qui ait accordé moins d'interviews, qui n'ait pas autant mis son expérience en forme et qui soit encore susceptible d'avoir quelque chose à dire. Je ne croyais pas vraiment qu'il soit possible d'organiser une telle rencontre — je n'étais qu'un visiteur qui traversait Bombay et n'avait rien à offrir — mais les truands de Bombay adoraient la publicité et ils s'intéressaient tout particulièrement à quiconque écrivait en anglais. Ils voulaient se faire connaître aussi à l'étranger.

Mon contact s'appelait Ajit. Un jour, tout à fait en fin d'après-midi, nous prîmes un taxi jusqu'à Dadar ; c'était un trajet que je commençais à bien connaître. Après avoir quitté le véhicule, nous fîmes quelques pas à pied, à travers la foule détendue de la fin de journée, pour gagner un magasin de bétel à côté d'un cinéma. Nous attendîmes un moment parmi les badauds qui tournaient autour du cinéma, jusqu'à ce qu'un homme vienne nous saluer ; et puis un autre s'approcha. Nous suivîmes le second, tournâmes dans plusieurs rues résidentielles d'aspect cossu, et pénétrâmes finalement dans une maison ombragée d'arbres par une porte latérale, laissant derrière nous le peu de jour qui restait.

C'était un immeuble neuf. L'appartement du rez-de-chaussée dans lequel nous venions d'entrer était bien meublé, dans le style d'un magasin de meubles indiens destinés à la bourgeoisie. Et il était étrange, dans cet endroit, au milieu de ce mobilier féminin et sous la lumière très atténuée du plafonnier, dans une atmosphère toujours empreinte du décorum indien (nous avions retiré nos chaussures pour les laisser juste à côté de la porte d'entrée, à l'intérieur), de contempler des visages indiens exprimant la bienvenue et la politesse et d'apprendre par des voix indiennes s'exprimant en anglais, et savourant ce moment théâtral, que je me trouvais parmi la pègre.

Il y avait environ six ou sept hommes dans le petit salon. Ils étaient jeunes, proches de la trentaine, et tous sans exception, à part leur chef, celui qui se mit à parler, avaient des visages qu'on aurait volontiers prêtés à des professeurs d'université ou à des employés de banque. Beaucoup d'entre eux étaient debout à notre entrée et le restèrent.

Le chef était assis tout seul, sur un canapé rebondi, excessivement rembourré. Tel un prince dispensant ses faveurs, il me pria de m'asseoir à ses côtés. Il avait le teint sombre, une bouche bien dessinée, dont la lèvre inférieure décrivait une courbe charnue, et des yeux globuleux aux paupières très marquées — des traits qui rappelaient ceux qu'avaient immortalisés les artistes de certaines cours des Rajputs.

Et voilà que je ne savais pas de quoi lui parler. Je m'étais attendu à me retrouver en face d'un homme seul, pas dans une pièce pleine de monde. J'étais déconcerté en outre par la brusque disparition de la lumière du jour, remplacée par cette ampoule faiblarde au plafond qui m'obligeait à regarder fixement les gens et les choses, et agissait un peu comme un irritant physique.

J'avais espéré, dans l'entretien que j'aurais, pouvoir prendre mon temps, aborder avec une certaine circonspection le sujet de la criminalité et des gangs, et tomber sur ce qui pouvait m'intéresser en cours de route. Mais il était évident, d'après les propos du chef, qu'il voulait sauter d'emblée *in medias res*. Il voulait me parler sans plus tarder des guerres de gangs qui se déroulaient et faire valoir les droits de son gang et de son groupe. Malheureusement, je ne connaissais presque rien aux gangs de Bombay. J'ignorais tout des personnalités, des rivalités, des batailles célèbres ; j'étais donc incapable de profiter de la brèche que le chef venait d'ouvrir pour moi.

Il parut enfin comprendre mes difficultés. Il devait certainement être déçu, mais il n'en montra rien. Il entreprit, au contraire, de m'aider à composer l'article de débutant que je devais, à son avis, être en train d'écrire. Il savait, dit-il, qu'il serait tué tôt ou tard par la balle d'un policier. J'eus le sentiment qu'il voulait que ces mots soient cités. Et puis, comme s'il présentait à un reporter néophyte le papier sensationnel qu'il souhaitait, il m'expliqua à quelles activités criminelles se livrait son groupe.

Ils faisaient d'abord un peu de protection ; dans ce domaine, ils « collaboraient » avec les propriétaires d'éventaires. Ils s'occupaient aussi de loteries clandestines. Et ils s'étaient récemment lancés dans une activité nouvelle pour eux : ils avaient organisé un rapt pour le compte d'un parti politique ; ils avaient enlevé et retenu prisonnier le chef du mouvement étudiant d'un autre parti au moment des élections au syndicat des étudiants. Un racket qui rapportait beaucoup et prenait de l'ampleur consistait à « encourager » les gens à renoncer à des baux contrôlés, ce qui permettait de libérer des terrains ou des immeubles pour un réaménagement. Ils faisaient aussi une certaine quantité de « biscuits » — c'est-à-dire qu'ils volaient des « biscuits » en or fondu, forme sous laquelle certaines personnes aimaient à conserver leur argent illicite. Le plus beau de l'affaire, c'était que les victimes ne pouvaient absolument pas se plaindre aux autorités. Le racket du biscuit était une sinécure ; on n'avait besoin que de renseignements et on pouvait en obtenir d'excellents de la police. A une certaine époque, quand ils étaient plus jeunes et qu'il n'y avait pas à

Bombay autant d'argent qu'à l'heure actuelle, ils s'occupaient aussi de billets de cinéma au marché noir. Une petite affaire impeccable, à vrai dire : on achetait toutes les places pour un film en vogue et on les faisait revendre plus cher par des gars. La seule chose à laquelle ils ne touchaient pas, c'était les assassinats sur commande ; ils étaient incapables de tuer un type qui ne leur avait rien fait.

Il avait pris le ton de la confidence. Il se penchait tout près de moi, sur le canapé trop rembourré, et parlait sans élever la voix. On aurait dit un homme d'affaires en train de proposer ses services, d'offrir un prospectus. Il ne bougeait guère, se montrait avare de gestes ; sa voix restait égale ; son énergie et son instabilité étaient concentrées dans son regard.

Les autres hommes qui se trouvaient dans la pièce ne demeuraient pas en place. Ils n'arrêtaient pas d'aller et de venir, de regarder par la fenêtre munie de barreaux : à présent, la lueur du réverbère éclairait les arbres qui se trouvaient juste devant la fenêtre. Quelqu'un siffla à deux ou trois reprises. Aussitôt — courtoisie indienne oblige — un homme entra dans la pièce avec des Coca-Cola bien frais pour les visiteurs.

Le chef, avec son visage sombre et parfait, me troublait de plus en plus. Il faisait son numéro, évidemment : l'immobilité physique, les manières calmes et confidentielles, l'absence de gestes, tout était voulu. Mais même quand ses paroles sonnaient de façon cocasse, il n'avait aucune intention de faire de l'humour ; il pensait ce qu'il disait ; il croyait au pouvoir et à l'autorité physique.

Et il y avait dans la pièce un autre homme qui commençait aussi à me troubler. Il était resté debout, sur le qui-vive, regardant de temps à autre par la fenêtre. Il avait une main bandée. Au début, j'avais discerné sur son visage de la classe, de la courtoisie indienne ; mais ensuite son visage m'avait semblé vide et j'avais eu plus de mal à le lire. C'était un brahmane, ou un homme d'une caste presque aussi élevée, qui avait mal tourné.

Cette main était bandée, me dit-on, parce qu'elle avait été tailladée par un type d'une autre bande, dans le cadre de l'actuelle guerre des gangs. Tandis que le chef me parlait de cet acte de violence, l'homme commença à défaire son pansement, pour nous montrer l'atroce blessure, les doigts tordus : malgré toute la volonté du monde, la chair n'était que de la chair.

« Il s'en sortira, dit le chef de sa voix unie. Vithal s'en sortira. Sa main peut toujours tenir un couteau. »

Et je ne devais surtout pas, une fois reparti, m'inquiéter de cette blessure : le coup était déjà vengé. C'était le chef en personne qui s'en était chargé. Il était assis dans un restaurant des environs — pas un *ho-tal*, mais un authentique restaurant, un établissement fameux fréquenté par la pègre — quand il avait vu l'agresseur dehors, dans une voiture. Il était sorti du restaurant en courant et — comme ça, sans même réfléchir aux conséquences de son geste — il avait tiré sur l'homme, dans la voiture. Ce dernier était alors tombé à genoux, il avait pleuré et étreint les pieds du chef, le suppliant de l'épargner. (C'est ainsi qu'il me raconta l'histoire : au début, l'agresseur était dans l'automobile et puis, sans transition, il était à l'extérieur.) Le chef, échangeant son pistolet contre un couteau (pour que l'histoire, telle qu'il me la racontait, se déroule avec un tantinet de logique), s'était mis à taillader les épaules de l'agresseur agenouillé, lui infligeant de nombreuses coupures superficielles, et lui avait dit : « Tu pleures. Je n'ai plus besoin de te tuer. Tu pleures et tu me serres les genoux. Pourquoi irais-je te tuer ? »

Le chef, en me rapportant l'incident, répéta ces mots deux ou trois fois. Jusque-là, il n'avait pas fait de gestes, mais là il me montra comment il avait tailladé à de multiples reprises les épaules de l'agresseur.

C'était un temps fort pour le gang, ce moment de la vengeance, où l'on voyait l'agresseur prosterné aux pieds du chef. Vithal et un autre confirmèrent les propos du chef et soulignèrent, ainsi que d'autres, la suite de l'histoire. Après cet épisode, l'agresseur avait cessé d'être un homme. Il était devenu ridicule ; plus personne n'avait peur de lui ; son gang avait dû se passer de ses services, et il n'était à présent plus rien à Bombay : un homme dont plus personne ne voulait.

« Vithal s'en sortira, répéta le chef. Sa main n'est pas fichue. Elle peut tenir un couteau. » Et puis, comme si nous étions deux collègues et qu'il me parlait à demi-mot d'un sujet que nous connaissions bien tous les deux (et aussi pour expliquer un trou dans son histoire), il ajouta : « J'aime les couteaux. C'est plus sûr. Avec un revolver, on n'est jamais sûr. On tire, on croit que le type est mort et puis la balle ricoche sur les côtes. »

Il me raconta l'histoire d'une attaque contre un gang rival une année, vers Noël, à l'occasion d'un enterrement. Ils étaient arrivés parmi leurs ennemis avec leurs couteaux. Ils les avaient pris par surprise, et ils avaient fait beaucoup de dégâts avant même que les autres personnes qui suivaient les obsèques n'aient compris ce qui se passait.

L'une des choses qui m'avaient décontenancé au début — outre l'éclairage et le nombre d'hommes dans la pièce — c'était ma conviction, acquise peut-être parce que j'avais mal compris certains propos tenus par Ajit, de me trouver au milieu de musulmans. Je m'étais adressé à ces hommes comme s'ils étaient musulmans et j'avais alors découvert qu'ils étaient hindous, avec leur type même de sentiment communautaire.

Jusque-là, c'était surtout le chef qui avait parlé. Mais lorsque je posai une question sur les musulmans de la pègre, Vithal déclara qu'il n'avait pas confiance dans les musulmans de son gang et qu'il préférait ne jamais travailler avec eux. Les gangsters musulmans venaient des quartiers pauvres. Alors qu'eux, les hommes présents dans la pièce, appartenaient aux « classes moyennes ». Ils sortaient de la banlieue bourgeoise de Dadar, comme les grands joueurs de cricket indiens, Gavaskar, Patil, Shastri. Vithal, tout en emmaillotant lentement sa main mutilée vers laquelle il baissait les yeux sans émotion apparente, dit, sur le ton de quelqu'un qui ressort une vieille plaisanterie : « C'est à cause de l'eau. »

Les musulmans se tournaient vers le crime, m'expliquèrent Vithal et d'autres, parce que leurs valeurs étaient inférieures. Les musulmans avaient plus d'une épouse et des familles très nombreuses. Et, dans un curieux accès d'orgueil à rebours, ces hommes précisèrent qu'alors que les gangsters musulmans étaient des héros pour leur communauté, les truands hindous, tels qu'eux-mêmes, étaient des proscrits.

Mais, quoique proscrits, ils étaient religieux. Ils se sentaient protégés par la déité d'un temple, Santoshi Mata. C'était un avatar de Durga ou Kali, la déesse du Pouvoir.

Le chef me dit avec le plus grand sérieux : « C'est la déesse de la victoire du bien sur le mal. »

Ils étaient religieux : ils voulaient qu'on le sache. Une de leurs grandes règles, par exemple, était de ne jamais harceler les pauvres. « Si vous le faites, précisa le chef, les pauvres vous maudiront. Et la malédiction d'un pauvre peut faire beaucoup de mal. »

Ils dormaient dans des lieux différents chaque nuit ; ils avaient leurs repaires sûrs, comme celui dans lequel nous étions. Personne ne savait où dormaient les autres. Ils se retrouvaient dans des endroits différents chaque jour. Ils avaient des moyens de communiquer. Tous les jours, quand ils se levaient, ils attendaient les nouvelles, celles de la guerre des gangs, de la façon dont certains boulots s'étaient passés. Et le chef indiqua qu'il venait de se marier. La jeune fille avait été éblouie par le prestige de son existence.

Avant notre départ, le chef demanda à Ajit quinze exemplaires d'un journal dont il précisa la date. Il y avait, dans le numéro qu'il voulait, un article sur lui, ou bien un article dans lequel son nom était cité.

Ce genre de publicité, de notoriété, lui était précieux ; c'était son lien avec le monde extérieur. En tant que hors-la-loi hindou, toujours profondément enraciné dans sa foi, avec sa communauté hindoue sur laquelle était encore concentrée une bonne partie de son orgueil, cet homme était un homme perdu. Lui-même, Vithal et plusieurs autres étaient dans une situation désespérée. Ils ne pouvaient s'arracher à leur existence ; ils ne pouvaient se cacher. Pour ce faire, il aurait fallu partir très loin, à l'autre bout de l'Inde, hors de portée des gangs. Chacun d'entre eux avait un crime à son actif. Ce que le chef avait prédit pour lui-même valait pour tous : ils tomberaient tous sous les balles de la police.

La soirée commençait lorsque Ajit et moi ressortîmes dans la rue. Les réverbères de la zone résidentielle diffusaient leur lumière jaune sur les arbres et projetaient des ombres multiples. Dans les artères principales, les boutiques pleines de marchandises étaient brillamment éclairées. D'après ce que nous avions appris, certains des éventaires bénéficiaient d'une protection ; cela donnait à la scène un caractère nouveau.

Les hommes auxquels nous venions de rendre visite se faisaient une idée presque cinématographique de leur rôle et avaient peut-être pris pour modèles des vedettes de l'écran. Il était bien difficile, en les écoutant parler et tant qu'on était en leur présence, de croire absolument à ce qu'ils disaient, tant cela ressemblait à un épisode tiré d'un film ou d'un livre sur les gangs, la criminalité, les assassinats. Ils s'étaient vantés, certes, mais, à en croire Ajit, une bonne partie de ce qu'ils avaient dit était vrai. Les hommes que j'avais vus dans cette pièce étaient responsables de huit meurtres. Vithal, avec sa main mutilée, était particulièrement dangereux.

Et pas un n'en réchapperait. Les chefs de la pègre, ceux que la presse avait baptisés les parrains, pouvaient être des personnalités célèbres, courtisées par les partis politiques et le monde du cinéma, mettre leur argent dans la production de films, s'immiscer dans la société huppée de Bombay. Mais les hommes au-dessous d'eux, les hommes du milieu, comme ceux que nous venions de voir, étaient condamnés.

Ils s'étaient laissé séduire dès l'enfance par la vie criminelle. Enfants, me dit Ajit, ils avaient dû être attirés par le prestige des malfaiteurs connus de leur quartier, qui pouvaient manger au restaurant sans payer, s'arrêter devant un étalage de fruits pour choisir ce qui leur plaisait et partir sans donner un sou : des gestes pour la galerie. Il s'agissait d'une certaine idée du panache, propre à Bombay, pour laquelle ces hommes avaient gâché leur vie : une idée du panache non dénuée d'éléments pathétiques, vue de l'extérieur, un panache qui ressemblait fort à une expression du stress et des tensions nerveuses de cette ville des petits espaces ; le panache, un besoin humain qu'éprouvait Anwar dans sa colonie et que la sœur de M. Ghate avait ressenti dans son *chawl.*

Les gangsters faisaient des offrandes au temple de Santoshi Mata La sœur de M. Ghate — quoique boudée par sa famille pour avoir enfreint les coutumes et fait un mariage d'amour — avait épousé un médecin ayurvédique, c'est-à-dire un homme pénétré du savoir traditionnel. Même s'ils devaient être modifiés en ville, les rites du passé collaient à la peau de nombreux habitants de Bombay, et on avait grand besoin d'hommes qui soient au courant de ces rites.

C'est pour cette raison que le *pujari*, l'exécutant professionnel de *pujas*, s'était rendu à Bombay. Il venait d'un État situé au sud du Maharashtra. Il appartenait au groupe sacerdotal des brahmanes Saraswat de Chitrapur, et plus particulièrement à l'une des sept familles de prêtres attachées au fameux temple où se trouvait une déité révérée depuis plus de trois cents ans.

On pouvait dire que le *pujari* avait grandi dans un ashram. Son père avait été lui aussi un *pujari*, et le père de son père avant lui — le *pujari* ne remontait pas plus haut dans l'histoire de sa famille. Il avait perdu son père à l'âge de dix ans, mais toute sa famille vivait ensemble et le petit orphelin avait été formé à la pratique des *pujas*, des rites et des textes, par les frères de son père.

Appartenir à une famille de prêtres, c'était occuper une place de choix dans la communauté, mais ce n'était pas avoir de l'argent pour autant. Les *pujaris* attachés au temple ne touchaient presque pas d'argent liquide, et le jeune garçon n'était jamais parti en vacances. Son enfance s'était passée presque entièrement dans le temple et il n'avait jamais étudié que des matières religieuses. Vers la fin de sa vie scolaire, une université moderne laïque avait ouvert ses portes en ville, mais le *pujari* ne l'avait fréquentée qu'une seule année. Il n'avait donc guère reçu d'instruction moderne ; et quand le moment était venu de commencer à gagner sa vie, il avait été incapable d'effectuer le moindre travail moderne.

Comme son père et son grand-père, il ne pouvait être qu'un *pujari*. Or c'était fort difficile. Les sept familles de prêtres — des familles nombreuses — avaient produit de nombreux *pujaris*, et il n'y avait tout simplement pas assez de travail pour eux tous sur place. La situation avait empiré du fait que de nombreux membres de la communauté locale de brahmanes Saraswat avaient émigré à Bombay.

Le jeune *pujari* avait décidé de les y suivre, pour voir ce qui lui arriverait à Bombay. C'était une ville rébarbative, mais il avait eu de la chance. Il avait une tante qui vivait à Bombay, chez qui il avait pu loger un an. On ne pouvait, cependant, considérer qu'il s'agissait d'un arrangement définitif, car la tante avait un fils qui approchait de l'âge du mariage ; dès qu'il aurait convolé, ce fils amènerait sa femme chez lui et le *pujari* devrait s'en aller ailleurs. Mais en attendant, c'était toujours un endroit où il pouvait vivre.

Et puis il avait aussi trouvé du travail. Le temple d'où il venait était célèbre dans toute la communauté et la famille du *pujari* était connue de gens qui avaient fait des pèlerinages au temple ; il y avait d'ailleurs à Bombay des gens qui avaient connu le *pujari* enfant ; donc, il n'était pas question pour lui — comme pour un jeune avocat, fraîchement inscrit au barreau, qui guette sa première affaire — d'être obligé d'attendre indéfiniment que les gens viennent lui demander d'accomplir les rites pour bénir un nouvel appartement ou le purifier de ses anciens esprits. Il avait commencé à faire de petits *pujas* pratiquement dès son arrivée en ville.

Il était à l'époque un jeune homme timide de vingt-quatre ans, ayant gardé ses façons de provincial élevé au temple. Aux premiers temps de son séjour à Bombay, lorsqu'il faisait les *pujas* pour ses clients et que ceux-ci lui demandaient combien il prenait, il balayait du geste toutes ces considérations financières et disait qu'il leur laissait le soin de le rémunérer à leur idée. Les gens en profitaient, mais au début il n'en savait rien. Lorsqu'il avait enfin compris ce qui se passait, il avait décidé de fixer des tarifs. Quand il demandait aux clients de lui verser ce qu'ils lui jugeaient dû, ils n'hésitaient pas à lui offrir trois cent cinquante malheureuses roupies pour un mariage — c'est-à-dire pour six heures de chants ininterrompus, accompagnés de rites compliqués. Dorénavant, pour un mariage, il demandait une somme forfaitaire de mille roupies et personne ne protestait.

Il s'était donc installé à Bombay, s'était fait une clientèle et, lorsque, au bout d'un an ou deux, le fils de sa tante s'était marié, le *pujari* était d'ores et déjà à même de se passer de leur hospitalité sans trop en souffrir. Il était devenu « hôte payant ». C'était une condition particulière à Bombay : cela voulait dire qu'il louait un espace où il pouvait dormir dans l'appartement de quelqu'un, dans une pièce ou une soupente. Cela lui suffisait.

Il avait découvert qu'en sa qualité de *pujari* professionnel à Bombay il jouissait de certains avantages. Il y avait en ville cinq *pujaris* de sa communauté. Deux étaient des hommes d'un certain âge ; un troisième avait appris le métier de son père à Bombay même. Le jeune *pujari*, frais émoulu de son temple, possédait de ce fait un certain attrait pour les gens vieux jeu ou conservateurs. Il n'y avait qu'un seul *pujari* plus jeune que lui.

Il y avait un sixième *pujari* à Bombay, mais il était si célèbre, si solidement établi, si grandiose, ses méthodes étaient si modernes, qu'il ne jouait pas vraiment dans la même catégorie. Ce *pujari*-là avait si bien adapté les anciens rites au rythme de la vie métropolitaine qu'il était capable de réciter tous les versets du mariage au grand complet — pour lesquels il fallait d'ordinaire six heures — en trois heures et demie. Il avait soixante-trois ans et, en raison de la vitesse à laquelle il débitait ses versets, on l'appelait « le *pujari* électrique ». Cet homme avait en outre enregistré sur bande certains *pujas* — enregistré les versets correspondant aux *pujas* — et les avait mis sur le marché à l'intention de la communauté partie pour l'étranger, principalement dans les divers États pétroliers du golfe Persique. On disait qu'il demandait mille roupies pour l'enregistrement d'une cérémonie de mariage et des sommes correspondantes pour les *pujas* plus courts. Il avait si bien réussi — à en croire la rumeur publique — que sa femme (qui était cadre dans une banque) et lui-même avaient pu partir en vacances prolongées à Londres et aux États-Unis ; d'ailleurs, durant ce voyage — l'argent appelant l'argent — le *pujari* électrique avait officié à trois mariages et trois cérémonies de remise du cordon. Il était désormais un personnage si important à Bombay qu'il était devenu un des chefs du Shiv Sena et avait en partie financé un film tourné en marathi.

Le jeune *pujari* me dit du *pujari* électrique : « C'est un type entreprenant. » Mais il ne souhaitait pas faire concurrence à ce vieux lion. Il ne voulait pas enregistrer de *pujas*. Il se contentait fort bien de faire les choses à l'ancienne, comme il les avait toujours faites. A son avis, il y avait des tas de gens qui appréciaient sa façon de faire. La circulation à Bombay étant ce qu'elle était

— il lui arrivait souvent de passer plusieurs heures par jour à se rendre simplement d'un endroit à un autre — il ne pouvait envisager de faire plus de trois *pujas* par jour, mais cela lui suffisait.

Il gagnait en moyenne mille roupies par mois (en moyenne, parce que des mariages, il n'en avait pas tous les mois) et il s'en contentait. Il y avait aussi les dons en nature : le riz, les noix de coco, les fruits, les légumes secs, tout ce dont on avait besoin comme offrandes consacrées pour un *puja* ; une portion des provisions fournies en abondance par le fidèle était utilisée pour le rite proprement dit, mais le *pujari* emportait le reste. Ainsi, en passant de maison en maison tous les jours (menant le genre de vie que menaient les *munis* jaïns, au milieu de la dense circulation de Bombay, mendiant leur pitance à la porte même des fidèles), le *pujari* devait avoir l'impression qu'à Bombay l'univers avait retrouvé sa plénitude, après les privations du temple lointain.

C'était un homme d'une trentaine d'années, petit et même délicat, qui mesurait à peine un mètre soixante. Il avait un visage doux, avec une petite moustache, et le teint pâle de sa communauté ; il était vêtu de blanc. Son dhoti était bordé de brun clair. Il portait un collier de grains de santal et un cabas en nylon blanc contenait ses affaires. Sa voix était aussi douce que son sourire et son regard. Il était l'image même du brahmane serein et bienveillant : il paraissait aussi satisfait et calme qu'il disait l'être.

A l'entendre parler ainsi de *pujas* et de dons en nature — et ce cabas ou filet en nylon était sûrement prévu pour emporter les offrandes — les souvenirs affluaient. Il y avait eu tant de *pujas* dans la famille de ma grand-mère à Trinidad, quand j'étais petit, tant de lectures rituelles tirées des Écritures et des épopées. Tout cela n'avait pas tant servi à nous donner l'idée de ce que nous étions que celle qu'à Trinidad nous étions des gens à part. Ces lectures — qui se prolongeaient parfois pendant des jours — avaient été faites dans une langue que je ne comprenais pas. Elles m'avaient laissé le souvenir de journées de vacances, ponctuées — à certains stades du rite, lorsqu'on alimentait le feu sacrificiel avec du beurre clarifié et de la cassonade — par des tintements de cloche, des bruits de conques, des coups de cymbales.

Ces cérémonies avaient fixé dans mon esprit l'idée du privilège des pandits. En ces occasions, ils étaient les vedettes et tout était fait pour les choyer. On étalait à terre les plus belles couvertures, les plus beaux draps pour qu'ils puissent s'y asseoir ; on leur gardait les meilleurs morceaux et on les leur servait en grande pompe à la fin du repas. Après quoi, quand la cérémonie religieuse avait pris fin, qu'elle était réduite en cendres, pour ainsi dire, et que les pandits n'étaient plus à strictement parler en représentation, il leur restait le privilège d'aller discrètement ramasser les pièces de monnaie qu'on avait jetées sur le feu sacré du sanctuaire décoré, ainsi que celles qu'on avait jetées dans l'assiette de laiton où brûlait du camphre — symbole du feu sacré — et qu'on avait fait circuler parmi l'assemblée assistant à la cérémonie : on jetait sa pièce dans l'assiette, on passait les doigts à travers la flamme camphrée et on les portait à son front.

Pour moi, ces souvenirs remontaient à de nombreuses années, presque à une autre vie. Et je les retrouvais ici, intacts, dans un décor inattendu. En effet, mon entrevue avec le *pujari* avait lieu chez Nandini, une journaliste qui travaillait pour un magazine publicitaire et qui appartenait à la communauté du *pujari*. Pour sa part, elle ne croyait pas aux rituels et n'en avait nul besoin, mais en certaines occasions, à ce qu'il semblait, sa famille faisait néanmoins appel au *pujari*. L'appartement de Nandini se trouvait non loin de Dadar. Il était situé dans un immeuble de quatre étages — dix appartements par étage — et nous étions à un des étages supérieurs ; c'était un respectable appartement bourgeois de Bombay : une galerie, une pièce de devant, une pièce de derrière.

N'ayant pas oublié mon excitation d'enfant à l'idée de cet argent qu'on retirait des cendres tièdes de l'autel et des pièces qu'on ramassait toutes chaudes dans l'assiette où brûlait le camphre, je demandai au *pujari* si les gens de sa communauté mettaient de l'argent dans l'assiette où brûlait le camphre. Cette coutume n'existait pas parmi les membres de sa communauté, me dit-il. Mais parfois, des gens étrangers à sa communauté plaçaient de l'argent sur l'assiette lorsqu'on faisait circuler le feu sacré et alors, pour ne pas être en reste, les membres de la communauté en faisaient autant — et tout cet argent lui revenait.

Il me parla de la déité du *math*, c'est-à-dire de l'ensemble temple-ashram, où il avait grandi. Il s'agissait du Seigneur Bhavani Shankar. Qui était-il ? Un ami du Seigneur Shiva. Quels étaient ses attributs ? Le *pujari* me répondit comme si j'essayais de le mettre à l'épreuve. Bhavani Shankar, dit-il, était une réincarnation de Yama, le Seigneur de la Mort.

« C'est lui qu'on prie pour que l'âme repose en paix.

— N'est-ce pas une idée chrétienne ? »

Ce n'était pas l'idée chrétienne ; il ne paraissait d'ailleurs pas connaître celle-ci. Il parlait de sa voix douce, avec son sourire et ses yeux brillants, et Nandini me servait d'interprète.

« Notre communauté croit en l'âme, l'*atma*, qui se fond dans le Seigneur. » Et presque aussitôt — car il était un *pujari* chargé d'accomplir les rites, plutôt qu'un gourou, un philosophe ou un théologien — il retraça, cette fois encore comme s'il avait l'impression d'être mis à l'épreuve, les grandes lignes du rite qu'il fallait accomplir après la mort. « Le quatorzième jour après le décès de quelqu'un, il y a une cérémonie pour laquelle il faut préparer toutes sortes de mets — certains plats en plus de ceux qu'aimait le défunt — et il y a un *puja* très compliqué. Après le *puja*, vous placez tous les plats sur une feuille de bananier et vous les laissez dehors. Il y a de fortes chances pour qu'un corbeau vienne manger ce qu'on aura disposé sur la feuille de bananier » — les corbeaux indiens sont rapaces, rapides et vigilants — « et on y voit le symbole de l'âme qui se fond dans l'infini. »

C'était ce genre de choses qu'il avait étudiées au temple. Le programme était énorme. Il y avait des rites pour la mort et d'autres rites pour la naissance.

« Il y a une cérémonie du berceau, pour laquelle il faut se référer au *Panchang*. C'est un texte ancien ; il est à présent imprimé dans diverses langues indiennes. On se réfère à ce texte pour tirer un horoscope et trouver un nom. C'est une pratique hindoue ordinaire. Elle n'est pas limitée à notre communauté. Il a fallu que j'apprenne cela et il a fallu que j'apprenne les détails de toutes les autres cérémonies. Supposons que vous emménagiez dans un nouvel appartement. Il faut exorciser les esprits qui s'y trouvent. Le nouvel appartement doit être pur. Pour y parvenir, il faut encore une fois en passer par un *puja* très compliqué. Quand un enfant a huit ans, il y a la cérémonie de la remise du cordon sacré. Et puis il y a la cérémonie du mariage, bien sûr — six heures, durant lesquelles le *pujari* n'arrête pas de psalmodier. »

Je voulus savoir si les détails des rites étaient absolument rigides ou bien s'il y avait des discussions entre *pujaris* — comme il y en avait, voici bien longtemps à Trinidad, entre les pandits, parfois au sujet de pures vétilles : par exemple la forme correcte du salut hindou.

« Ces derniers temps, dit-il, certains *pujaris* ont pris des raccourcis, surtout pour la cérémonie du mariage. Ils estiment qu'une cérémonie de six heures est trop longue. » Lui n'aimait pas les raccourcis. « Ça ne veut plus rien dire. A mon avis, dès le moment où on commence à prendre des raccourcis, tout part à vau-l'eau. »

C'était encore autre chose. Quelle proportion de cette théologie hindoue si compliquée — élaborée par couches successives pendant des millénaires — était d'ores et déjà partie à vau-l'eau à Bombay ? Pour moi — qui, à Trinidad, n'étais somme toute qu'à deux générations de l'Inde — même si les épopées hindoues étaient encore chargées de signification, des sections entières de la théologie hindoue avaient été perdues ; par la suite, certaines parties devaient être récupérées, mais uniquement sous forme d'histoire de l'art. Privée de son décor et de sa terre, la théologie hindoue semblait s'envoler, comme elle s'était volatilisée après des siècles dans les cultures de Java, du Cambodge et du Siam : les émotions et l'élaboration d'une croyance, qui avaient soutenu la construction d'Angkor, étaient désormais irrécupérables.

Le *pujari* me dit qu'il prenait toujours soin d'expliquer les versets qu'il chantait. Il achetait aussi certains livres publiés par l'Arya Samaj — le mouvement hindou réformateur, plus actif vers le début du siècle que de nos jours. Les livres de l'Arya Samaj expliquaient l'importance de certaines des cérémonies auxquelles il présidait et l'aidaient à les faire comprendre à son tour aux fidèles.

Lui arrivait-il parfois d'avoir certaines difficultés d'ordre théologique ?

« J'ai grandi avec la théologie. Elle fait partie de moi.

— Bhavani Shankar, l'ami de Shiva, la réincarnation de Yama : il s'agit d'idées intrinsèquement difficiles. Quand on les regroupe toutes ensemble, elles deviennent encore plus difficiles.

— On prie Bhavani Shankar pour que l'âme se fonde dans le Seigneur », répéta-t-il. Puis il ajouta, voulant parler des diverses déités : « Pour comprendre Dieu, chacun a sa propre manière. Dans notre *math*, nous lui avons donné cette identité, celle de Bhavani Shankar. Cela fait trois cents ans que le *math* existe et la déité s'y trouve depuis des siècles.

— La déité qui s'y trouve est-elle très différente de Ganpati à Pali ? » C'était la déité de M. Patil, celle qui portait chance, qui donnait confiance.

« A mes yeux, toutes les déités sont identiques. Ganpati est en fait celle que je préfère, car c'est le Seigneur du Savoir.

— Ah bon ? Ce n'est pas Saraswati ?

— L'autre nom de Ganpati est Vidia-Dhiraj. Le Seigneur de la Sagesse. Quand on en arrive à Dieu, le savoir est sans fin. On sonde toujours plus profondément et on obtient toujours plus. Une fois que vous êtes dans la profession, vous n'avez plus envie d'y renoncer. C'est la façon dont je gagne ma vie, mais en même temps, à travers elle, ma quête de connaissances se poursuit. Ma foi s'est tellement consolidée au fil des ans, elle est si forte que ce ne serait plus la même chose si je faisais un autre métier, si je travaillais dans une banque, par exemple. »

Le frère cadet du *pujari* travaillait dans une banque. Lui aussi avait reçu une formation de *pujari*, mais il avait également fréquenté l'université locale. C'était ce qui arrivait désormais aux jeunes gens de leur classe, dit le *pujari*. Ils se détournaient de leur activité traditionnelle. Ainsi, un homme, qui était un *pujari* ayant fait toutes ses études au temple, tenait les comptes d'un hôtel de Bombay, près de l'aéroport. La nouvelle génération ne voulait plus suivre la profession. Le *pujari* ne tenait pas rigueur à son frère de travailler dans une banque. Les gens n'avaient pas tous le même type de foi ; et d'ailleurs, si son frère avait décidé de venir à Bombay pour y être *pujari*, il aurait eu beaucoup de mal à trouver un logement.

« Combien votre frère gagne-t-il à la banque ?

— Mille deux cents roupies par mois.

— C'est à peu près ce que vous gagnez. » Et peut-être même nettement moins, si l'on tenait compte des dons quotidiens en nature, c'est-à-dire en denrées comestibles et parfois aussi en tissus.

Au début, il s'était désolé et inquiété de n'avoir pas eu l'occasion de faire des études dignes de ce nom à l'université moderne de sa ville natale. Il avait le sentiment qu'il aurait beaucoup de mal à gagner sa vie. Mais il ne se faisait plus de souci à l'idée de son manque d'instruction, surtout depuis qu'il gagnait presque autant que son frère cadet qui avait passé tout le temps voulu à l'université pour finir dans une banque. Parfois, des gens bien intentionnés lui disaient qu'il devrait songer à une activité annexe, plus moderne, simplement au cas où. Même s'il gagnait presque autant que son frère, ce n'était quand même pas beaucoup pour Bombay.

« Mais, dit le *pujari*, la première chose que vous demandent les gens quand on se présente pour un emploi, c'est : "Vous avez un diplôme universitaire ? Vous avez fait telles ou telles études ? Vous avez déjà une expérience professionnelle ?" Alors, ce que j'ai de mieux à faire, c'est encore de rester dans mon métier.

— Vous en parlez comme si vous aviez effectivement cherché à faire autre chose ?

— Non, pas du tout. Mais j'ai vu beaucoup de diplômés de l'université qui restaient assis chez eux parce qu'ils ne trouvaient pas de travail. »

Même s'il ne voulait pas songer à une profession de soutien, il avait dû se dire que les déplacements dans Bombay allaient empirer et qu'il lui faudrait de plus en plus de temps pour aller d'un *puja* au suivant. Ne devrait-il donc pas, compte tenu de cette éventualité, tenter quelque chose dans le genre de ce que faisait le *pujari* électrique, afin de préserver son avenir ?

Il répondit sur le ton de quelqu'un qui a réfléchi à la chose. « Je ne crois pas à tout ça. » C'est-à-dire à l'enregistrement de ses propres cassettes de *pujas.* « On passe tout son temps à aller en *marche avant accélérée* ou *marche arrière accélérée.* » Il employa les termes anglais. « Cela nuit à la concentration. Et alors, c'est la raison d'être tout entière du *puja* qui disparaît. »

Je fis remarquer que dans l'ashram d'un temple, un *pujari* pouvait être pauvre sans perdre sa dignité. Et aujourd'hui encore, on pouvait probablement se permettre d'être un pauvre *pujari* à Bombay. Mais cela durerait-il éternellement ? Bombay n'arrêtait pas de changer ; il y avait à présent beaucoup plus d'argent partout. Ne risquait-il pas, en tant que pauvre, de commencer à baisser dans l'estime des gens ?

« Que les autres s'accrochent à leurs richesses matérielles ! Moi, j'ai l'esprit en paix. » A vrai dire, ajouta-t-il en souriant, il ne se débrouillait pas si mal. A l'heure actuelle, il n'était plus hôte payant. Il venait justement de s'acheter son propre appartement, un « une pièce-cuisine », comme on disait à Bombay, un appartement pareil à celui où nous nous trouvions. Quarante-trois mètres carrés, soixante-quinze mille roupies.

Je fis un calcul très simple. Cela faisait six ans qu'il était à Bombay et il gagnait, disait-il, 1 000 roupies par mois. L'appartement lui avait donc coûté davantage que tout ce qu'il avait gagné en l'espace de ces six années. Avait-il pris une hypothèque ?

Il répondit, avec son délicieux sourire : « Non. Des économies. »

Des économies ! Alors il avait plus ou moins vécu des dons qu'on lui offrait en tant que *pujari,* et il n'avait presque rien dépensé de ce qu'il gagnait sous forme d'honoraires pour ses *pujas.*

« J'ai payé à tempérament, dit-il. Parce que je suis *pujari,* l'entrepreneur m'a fait un prix spécial. C'est un homme de ma communauté.

— C'est rare d'avoir autant de chance à Bombay.

— Je l'accepte comme une faveur divine », dit-il simplement.

Il apparut qu'il avait même commencé à songer au mariage. Ce ne serait pas facile pour la femme qu'il épouserait, car il serait dehors toute la journée, en route pour ses divers *pujas.* Alors il se disait que l'idéal, ce serait d'avoir une *working wife* — une épouse qui ait un métier, l'expression anglaise — sans compter qu'elle pourrait ainsi participer aux dépenses du ménage et à tout ce côté de la vie qui semblait tant me préoccuper.

Avait-il des plaisirs ?

La question était mal posée. Il n'y avait dans son esprit aucune séparation entre le travail et le plaisir. Il était *pujari* ; il servait Dieu, ce n'était pas une affaire de travail et d'heures de présence. Néanmoins, il réfléchit. Et son doux regard noir était brillant et souriant, tandis qu'il réfléchissait ainsi. Plaisir, plaisir — qu'est-ce qui pourrait bien passer pour un plaisir ?

« J'aime bien décorer l'autel », dit-il.

Il regardait toujours vers l'intérieur. Mais nous étions à Bombay, une ville aux multiples fois, aux multiples races, aux multiples conflits. Comment voyait-il la ville ? Qu'éprouvait-il, par exemple, quand il voyait les touristes autour de la Porte de l'Inde et de l'hôtel Taj Mahal ? Que ressentait-il envers les foules, les gens au milieu desquels il ne pouvait manquer de se détacher — avec son costume de *pujari* ?

« J'y suis indifférent. J'ai mon travail qui m'occupe énormément. Je n'ai pas le temps de visiter la ville. Je n'ai pas le temps de regarder autour de moi. »

Cela faisait six ans qu'il était à Bombay et il avait l'intention d'y rester, aussi loin qu'il envisageât l'avenir. Mais l'unique personne qu'il admirait et révérait encore était le chef de la communauté brahmane Saraswat de Chitrapur.

Il regardait vers l'intérieur et il était serein ; il faisait abstraction du reste du monde. Ou, pourrait-on dire, il laissait à autrui le soin de faire avancer le monde. Ce n'était pas une optique que partageaient ses camarades de la communauté (dont certains se trouvaient dans le golfe Persique, parmi les musulmans). Mais cela faisait de lui un bon *pujari*.

Subroto — qui était originaire du Bengale et travaillait à Bombay dans le service artistique d'une agence de publicité, mais qui s'était fait à l'idée de vivre en ville en tant qu'hôte payant, car l'achat ou la location d'un appartement était trop nettement au-dessus de ses moyens — Subroto, donc, m'emmena un après-midi voir un de ses amis, scénariste de films, qui traversait une mauvaise passe. Et une mauvaise passe à Bombay est vraiment très mauvaise. Pour ce scénariste, cela représentait une dégringolade qui le mettait presque au niveau de son public en puissance, des gens qui (comme il devait me le dire lui-même) remplissaient les cinémas délabrés, puant la transpiration, et contemplaient l'écran pour s'évader de leur existence.

Ce scénariste vivait dans un immeuble résidentiel de Mahim, à la périphérie de Bombay, près d'un marché aux légumes d'où émanaient de chaudes odeurs de pourriture. Dans cet immeuble, il y avait dix appartements par étage, comme dans celui de Nandini ; mais l'édifice n'était pas aussi bien entretenu. Tout en escaladant les marches de béton, Subroto et moi-même avions, par les portes ouvertes, des aperçus de petites pièces encombrées, parfois, de silhouettes allongées pour la sieste sur des lits ou à même le plancher ; et mon imagination était toute prête — dans l'atmosphère ambiante — à transformer ces silhouettes et ces postures en tableaux plus sinistres.

Nous atteignîmes l'étage indiqué et suivîmes une galerie ou balcon couvert, très lumineux sous le soleil de l'après-midi, jusqu'à l'endroit où il débouchait dans une pièce repeinte de frais et presque vide. Cette pièce, où la lumière du soleil et les ombres entraient à l'oblique, contenait deux lits contre des murs opposés, deux chaises pliantes et trois objets en osier tressé accrochés à un des murs en guise de décoration des plus dépouillées, afin de donner un petit côté habité ; peut-être s'agissait-il d'un souvenir du Bengale. Dans ce décor aux détails nets et tranchants, qui paraissaient presque ceux d'accessoires de théâtre improvisés, se tenait mon hôte l'écrivain, un homme de haute taille, d'une quarantaine d'années, en costume bengali blanc, bel homme, ironique, laissant tout juste percer une rage contenue, un homme que je pris d'emblée en sympathie.

Je me rendis compte, un peu plus tard, que la pièce, si dépouillée et si vide de désordre, avait dû être spécialement apprêtée pour notre visite. C'était l'unique pièce de l'appartement. Deux personnes y vivaient et y dormaient. Il y avait un coin cuisine attenant, au-delà d'un chambranle fermé par un rideau.

Le scénariste commença : « C'est à Calcutta que j'ai fait mes études. J'y retourne sans cesse. Mentalement, c'est ma ville natale. C'est là que je me sens bien. J'ai l'impression que c'est là que tout se passe et c'est là que j'ai acquis l'ambition de devenir scénariste. Un scénariste a beaucoup de mal à survivre — je le savais, et pendant onze ans j'ai été comptable. C'était l'époque où on s'efforçait de faire de l'Inde une grande nation industrielle. On construisait énormément aux quatre coins du pays et j'étais comptable dans l'industrie du bâtiment. On me déplaçait d'un endroit à un autre, si bien que j'ai parcouru toute l'Inde ; j'ai souvent séjourné dans des endroits sauvages et vides. Je suis devenu un nomade et je le suis toujours resté.

« Un beau jour, je me suis levé et j'ai quitté mon boulot, tout simplement. C'est arrivé ici, à Bombay. J'étais venu à Bombay pour le compte de ma firme. A l'époque, à la fin des années 1960, Bombay devenait une ville très industrielle. Et c'est ici que j'ai quitté mon emploi et que je me suis mêlé à des tas d'activités théâtrales. Du temps où je travaillais dans le bâtiment, je lisais beaucoup pendant mes heures de loisir ; dans certains des endroits où j'étais, il n'y avait rien d'autre à faire. Et quand je suis arrivé à Bombay, j'ai découvert que beaucoup des amis que j'avais ici, des gens que j'avais rencontrés ailleurs, étaient des gens de théâtre.

« Dans les années 1970, un grand nombre d'entre eux se sont lancés dans le cinéma. Il y a eu un conseil financier du cinéma, mis sur pied par le gouvernement. Plein d'argent à ramasser. Alors beaucoup de mes amis ont ramassé cet argent et se sont ralliés au mouvement et on a fait des tas de bons films. Mais ces bons films, personne n'a voulu les sortir. On les prenait pour les séminaires, pour les festivals, et on écrivait à leur sujet des articles interminables. Mais malheureusement, personne ne voyait jamais les films eux-mêmes, parce qu'ils n'étaient jamais distribués.

« Laissez-moi vous expliquer comment je me suis débrouillé quand j'ai quitté le bâtiment. Je vivais sur le toit d'un gratte-ciel avec deux copains, sous le réservoir d'eau. Nous avions soudoyé le gardien. Nous avons vécu comme ça pendant un an. La plus belle vue de la ville, et gratuitement. C'était en 1969. J'avais vingt-sept ans. La seule chose que nous avions les moyens de nous offrir, c'était de l'alcool régional. Voilà le marché que nous avions conclu avec le gardien : nous apportions une bouteille un soir et lui en apportait une le lendemain soir. Résultat, nous sommes devenus de véritables ivrognes, là-haut. Nous n'avions pas le choix. Le gardien refusait de nous laisser passer une soirée tranquilles dans notre coin — ça faisait partie du marché.

« Il était népalais, ce gardien, et il nous racontait des histoires effrayantes sur le Népal. Il nous a dit qu'il avait marché pendant vingt-sept jours pour aller de son village à la frontière indienne et que, pendant ces vingt-sept jours, il n'avait rien mangé. Il était venu ici pour trouver un boulot et quand il a touché sa première paye, il est entré dans un restaurant et il a tellement bâfré qu'il s'est retrouvé avec la dysenterie. Quand il était saoul, il disait : "Il faut fusiller tout le monde !" Et on était d'accord.

« On inventait des histoires, on essayait d'écrire des scénarios. Et puis un de nos amis a touché de l'argent. Et il a fait un film. Nous étions trois à avoir collaboré au scénario et quand le film est sorti, mon nom ne figurait pas au générique. Ce fut ma première leçon de cinéma d'art. Nous étions très émotifs et très cons. Au lieu de casser la gueule au metteur en scène, nous lui avons dit : "Je ne retravaillerai plus avec toi." Ce qui l'arrangeait à merveille.

« Et maintenant, que je vous dise comment je suis passé au cinéma commercial.

« A l'époque, des villages entiers du Pendjab émigraient. Beaucoup de ces gens passaient en Angleterre de façon illicite. Aucun d'eux ou presque n'avait de passeport ou je ne sais quoi valide. Or, il y avait un très célèbre acteur du cinéma commercial qui disait qu'il voulait faire un film sur ces émigrants indiens. Il était vraiment très célèbre. En fait, il était à son apogée.

« Moi, j'avais quitté le toit de mon gratte-ciel et le gardien népalais et je logeais désormais dans une pension. Nous partagions une chambre à deux. Nous n'avions jamais une chambre pour nous seuls à cette époque-là. Mon copain travaillait pour ce célèbre acteur, lequel cherchait un jeune homme brillant. Voilà encore une chose que vous apprendrez : ils recherchent *toujours* des jeunes gens brillants. A ce qu'il semblait, je faisais l'affaire. J'étais suffisamment jeune et l'homme célèbre pensait que j'étais suffisamment brillant.

« La seule autre possibilité que j'avais à l'époque, c'était de retourner dans le bâtiment. Le golfe Persique était en train de s'ouvrir et mon ancienne firme menaçait de m'y expédier. Car j'étais encore sous contrat avec elle, et j'avais été sous contrat quand j'étais parti pour jouir de la grande liberté d'être scénariste.

« Alors l'acteur en a entendu parler et il m'a envoyé chercher. Son bureau se trouvait à Santa Cruz, près de l'aéroport. Santa Cruz était moitié riche, moitié bidonville très moche. Le bureau de l'acteur était désormais englobé dans le bidonville. Au cours des trente années écoulées depuis qu'il y avait construit ses bureaux, les espaces verts avaient disparu et les bidonvilles étaient arrivés. Des masures tout autour et, au milieu, cet immeuble de bureaux plus ou moins croulant. Mais je me suis aperçu que l'intérieur de l'édifice n'avait rien de commun avec ce qu'on voyait au-dehors — il était cossu, moquette, climatisation. Rien à voir avec l'extérieur. Je venais d'entrer dans l'usine à rêves.

« Les locaux étaient vastes — gigantesques. J'ai dû traverser deux pièces pour gagner le bureau privé de l'acteur. Lequel était immense. Ce qui m'a frappé, ce sont les livres le long des murs. Des éditions des lauréats du prix Nobel en trente volumes. L'*Encyclopædia Britannica* de l'autre côté, de merveilleuses mappemondes, de coûteux livres de photos, sur les animaux et les fleurs. De l'autre côté, il y avait les scénarios de tous les prétendus grands classiques du cinéma occidental. Juste au-dessus de sa tête, en fait.

« Il s'est mis à me parler de ce film sur les émigrants indiens. Il m'a tracé les grandes lignes de l'intrigue. Moi, j'ai dit... »

Je l'interrompis : « C'était quoi l'intrigue ?

— Deux lignes. Pas plus. J'ai dit : "C'est une idée géniale." Il m'a dévisagé, les yeux brillants et il a répondu : "Voilà une remarque tout à fait intelligente."

« Laissez-moi vous parler un peu de cet acteur célèbre. Il était éternellement jeune. Il *est* éternellement jeune. Il avait la cinquantaine à l'époque, peut-être cinquante et un ou deux.

"Bon, a-t-il dit. Essayons un peu d'écrire cette histoire."

— Il vous a demandé ça d'emblée ?

— Il a voulu ça tout de suite. Ç'a été ma première leçon de ce nouvel apprentissage. Comment écrire un scénario pour le cinéma commercial.

« J'étais surexcité. En retrouvant mon chemin au milieu du bidonville, dehors, je me disais qu'il ne m'était jamais rien arrivé de pareil. J'ai regagné ma pension. Elle était en plein milieu d'un des plus affreux bidonvilles de Bombay, un des plus laids de ces prétendus villages de pêcheurs. Cette nuit-là, j'ai passé la proverbiale nuit blanche à gratter du papier. Par chance, le gars qui partageait la chambre avec moi était un Panjabi. Il connaissait bien ces émigrants et cela m'a permis de me faire une certaine idée de leurs personnalités. J'ai écrit une ou deux scènes.

« Le lendemain, je les ai apportées au bureau. L'acteur les a lues en ma présence — quatre scènes en sept pages — et il a applaudi et s'est exclamé : "C'est merveilleux ! Laissez-moi simplement le temps d'étudier ces pages. Je vais mettre au point quelques dialogues et nous en reparlerons demain."

« Je suis revenu le jour d'après et il m'a dit : "J'ai tout arrangé dans ma tête." Et pendant trois heures, il s'est mis à me raconter une histoire — celle du film auquel nous étions censés collaborer. L'expérience a été atroce. Ça n'avait rien à voir avec le village, ni avec les humiliations des émigrants. C'était comme n'importe quelle autre histoire commerciale — des espions, des fusillades, des gangs. C'était assez lamentable.

« Alors moi, je l'ai regardé. Et au même moment, une pensée m'a traversé l'esprit comme un éclair : "Si je lui dis que c'est formidable, je suis embauché." Alors, j'ai dit : "C'est formidable." Et il m'a payé séance tenante. Une avance. Un contrat a été préparé. Tout à mon avantage. Ce matin-là, il m'a donné cinq mille et une roupies. C'est une coutume indienne, cette roupie supplémentaire. Même si on vous paie un million de roupies, on vous en donne une en plus. Ça porte bonheur. Notez qu'en réalité, je soupçonne que cette roupie était mon salaire pour avoir dit que c'était formidable et que les cinq mille autres me tombaient du ciel parce que j'avais eu la chance de penser à le dire. Alors, je me suis dit : "Continue à dire que c'est formidable."

« Il a fallu deux ans pour faire ce film. Et moi, je n'ai rien écrit du tout. Pas une seule ligne. Je vous jure sur tout ce que vous voudrez que je n'ai pas écrit un mot. Je me suis contenté d'écouter ses âneries tous les deux jours et de répéter : "Merveilleux !"

« Je gagnais dix mille roupies par mois en lui disant oui. Du reste, tout le monde en faisait autant. Ce grand homme vivait dans un univers vraiment étrange. Quand on est une vedette, on vit dans un monde des plus bizarres. On se fabrique un univers où tout le monde dit oui à tout ce que vous dites. Le premier qui dit non se retrouve dehors. Et pour de bon. L'éjection ressemble à la vengeance de Jehovah. Ces gens-là vivent dans leur univers et ils perdent le contact avec la réalité, avec le public, avec les goûts du public. C'est pour ça que tant de films se cassent la figure. Et quand ils ne marchent pas, il y a toujours un bouc émissaire.

« Il m'appelait dans son bureau, ostensiblement pour travailler au scénario, et moi je l'écoutais parler des merveilleux films qu'il allait faire. Ces types-là, ils ont des têtes comme des bouilloires en ébullition. Je l'écoutais des deux, quatre, six, huit heures de suite quelquefois. Et ça, pendant deux ans.

« Le film est sorti. J'avais mon nom au générique, mais je n'avais rien écrit du tout. Je vous le jure. Pour la bonne raison qu'il n'y avait pas de scénario *écrit*. Voilà ce que j'ai appris : qu'on peut faire des films avec des petits bouts récupérés à droite et à gauche, des bribes de conversation. D'ailleurs, les scénaristes qui écrivaient, on les regardait de haut. Un scénariste, ça devait *parler* — raconter les scènes, plutôt que les écrire. De façon à ce que ces gens puissent *sentir* les différentes scènes sans avoir à lire.

Parce que dans le monde du cinéma, *personne* ne lit. Le scénariste est seul de son espèce.

« Ils *racontent* les histoires. Ils parlent des scènes. Et même si vous écrivez la scène, ils la tournent autrement. Ils la changent au montage, pendant le tournage. Chez nous, tous les acteurs se prennent pour des scénaristes. L'acteur arrive et, s'il a du poids, il peut changer les dialogues.

« C'était en 1972. J'avais trente ans et tout le monde me considérait comme un jeune homme brillant. Jusqu'à la sortie du film. Qui a fait un bide. Il n'a pas tenu l'affiche. Et j'ai appris une nouvelle leçon : quand un film ne marche pas, c'est inévitablement de la faute du scénariste.

— Combien avait-on dépensé pour ce film ?

— Pas loin de neuf millions de roupies. C'était extraordinaire. On avait construit d'énormes maisons pour les scènes au village. Des endroits qu'un maharajah lui-même ne voudrait pas habiter. Et ces maisons-là étaient censées représenter les chaumières d'un petit village. Le héros était un jeune villageois au chômage. Les vêtements qu'il portait dans le film avaient été faits main pour un lakh de roupies. Et il arrivait dans ses vêtements superbes et les employeurs lui disaient : "Vous ne faites pas l'affaire." Or, l'homme qui lançait ces mots — celui qui jouait l'employeur, le propriétaire d'usine — n'était qu'un figurant qui à l'époque gagnait trente roupies par jour. Et qui portait ses propres vêtements minables — parce que les figurants, on ne les habille pas.

« J'ai détesté chaque instant de ce tournage. Je me suis détesté d'avoir fait ce film.

— Mais vous saviez quand même à quoi ressemblaient les films hindis, lui dis-je.

— Oui et non. Je voyais des films hindis, mais je ne savais pas exactement comment ils étaient faits. Or, on les fait toujours comme ça. Comment pourrait-il en être autrement ? Aucun de ceux qui faisaient un film n'allait le voir dans un cinéma, en public. A cette époque, ils avaient leur propre salle pour les projections privées. Ils ne voyaient jamais le film avec le public et ses odeurs de transpiration. Les salles sont épouvantables. Les réclames disent qu'elles sont climatisées, mais le plus souvent la climatisation ne marche pas, alors, dans l'atmosphère chaude et humide de ces salles bondées, tout le monde transpire.

« Donc, j'ai servi de bouc émissaire et j'ai quitté Bombay. J'ai passé quelque temps à traîner sans faire grand-chose, principalement à Calcutta et au Bengale. Je ne voulais plus rien avoir à faire avec l'industrie cinématographique.

« Mais c'est un milieu difficile à laisser tomber. Un ami voulait faire un film à Bombay. Alors je suis revenu et j'ai repris le collier. A l'époque, j'avais la réputation d'être un très bon scénariste, sans avoir écrit un seul scénario. Beaucoup de projets auxquels j'avais collaboré étaient restés à l'état d'idées, et les idées peuvent être géniales. Et puis cet ami, qui avait quatre désastres à son actif, a voulu tourner un film vite fait, bon marché. Il voulait le faire uniquement pour survivre — un film que nous pourrions réaliser à toute vitesse.

« Il y avait une actrice connue, une amie de notre groupe. Nous nous sommes dit que nous pouvions miser sur son nom. Alors nous avons commencé à tourner sans même savoir d'où viendrait l'argent du lendemain. Au bout de huit jours, plus un sou, fin du tournage. Nous ne savions pas quoi faire. Et alors — vous n'allez pas me croire — un type est venu nous dire qu'il voulait financer le film. Il agissait au nom de quelqu'un et je crois sincèrement que nous avons eu ce soutien parce que la personne pour le compte de qui agissait ce type aimait notre histoire.

« C'était l'histoire de la liaison adultère d'un homme marié. Dans les films hindis, la façon habituelle de traiter ce genre d'histoire c'est qu'à la fin, après la liaison, le mari se met à pleurer et retourne chez sa femme, laquelle se met aussi à pleurer et reprend la vie commune. Dans notre film, quand le mari adultère revenait en pleurant chez sa femme, elle le mettait dehors. C'était toute l'histoire et, Dieu sait pourquoi, elle a plu à quelqu'un qui a voulu la financer.

« Ce film s'est fait. Il est sorti — à notre grande surprise et à celle de tout le monde. A la fin du film, quand la femme fichait son mari à la porte, les femmes de l'assistance se levaient et applaudissaient. Et pas seulement à Bombay, mais aussi dans des petites villes.

« Nous avons fait deux autres films. Tous les deux ont eu énormément de succès. Nous sommes devenus très célèbres à vrai dire. Et arrivé là, mon ami a voulu tirer profit de cette gloire — il a voulu faire des films à gros budget. Les offres se bousculaient.

« On était donc de retour à la case départ. Le cinéma commercial — dire oui aux distributeurs et aux vedettes. Et pourtant, à l'époque, nous avions assez de poids pour continuer à faire de bons films.

« Alors, j'ai laissé tomber et j'ai de nouveau quitté Bombay.

Mais il y a une chose que je dois vous dire. Un scénariste s'habitue à travailler avec un réalisateur. Il finit par connaître son style et le réalisateur, lui, connaît les manies du scénariste. Alors, pour un scénariste ce n'est pas facile, après avoir connu ce genre de rapports, de faire équipe avec un autre réalisateur.

« Donc, au bout de quatre ans je suis revenu — pour refaire équipe avec le même type qui entre-temps avait essuyé quatre nouveaux désastres. Des désastres beaucoup plus coûteux que les quatre qu'il avait eus quand nous nous étions rencontrés et que nous avions voulu faire un film en vitesse. Et maintenant, ça fait un an que je suis là.

« Comment me suis-je débrouillé pendant ces quatre années ? J'ai crevé de faim. J'ai fait des petits boulots. J'ai été nègre. J'ai participé à des projets qui n'ont pas abouti. Et me voilà de retour. Et pendant que je crevais de faim, je me suis marié — j'ai trouvé que c'était le moment idéal. »

Sa silencieuse épouse bengali, drapée dans un sari vert fraîchement lavé, sortit du coin cuisine, derrière le rideau — où elle avait passé la majeure partie du temps —, et servit le thé sur une petite table. Subroto était vautré sur un des lits — il n'y avait pas d'autre endroit pour lui dans la pièce.

Je demandai au scénariste de me décrire l'appartement où nous étions.

« Nous sommes dans un appartement de Mahim. C'est un appartement en location, dans un immeuble ordinaire de Bombay, de quatre étages. Nous avons une pièce de trois mètres trente sur trois mètres trente. C'est un une pièce-cuisine, comme on dit. »

Il se mit debout, leva les bras — il portait une tunique vague en coton — et regarda le plafond. Ce geste remplit toute la pièce.

« C'est ma pièce, dit-il. C'est ma seule pièce sous le soleil. »

La pièce donnait à l'ouest. Elle était baignée de lumière. Le balcon était même si aveuglant qu'à un moment Subroto songea à fermer la porte qui donnait dessus.

« En ce moment, je travaille sur trois films différents, dit l'écrivain. En Inde, il est très difficile de joindre les deux bouts avec un seul film. Cette fois, j'ai découvert que, même si les gens ne suivent pas le scénario, ils ont davantage de respect pour lui. Pourvu que ça dure !

— Vous pensez être meilleur scénariste à présent que vous ne l'étiez à vos débuts ?

— Quand je suis arrivé, j'avais de grandes idées sur ce que devait être un scénariste. J'avais tort. Je pensais qu'un scénario était très proche d'un roman ou d'une pièce de théâtre. Je croyais vraiment que c'était un roman travaillé sous forme de pièce. Ce dont je me suis rendu compte, c'est qu'un scénariste doit en savoir très long sur la technique cinématographique — par exemple, les limites de la technique, et les endroits où on peut complètement se dispenser de dialogues. Nous écrivons des œuvres visuelles — voilà ce qu'un scénariste est censé faire. Il fait en réalité la liaison entre tous les différents petits métiers du cinéma, et je range aussi les acteurs parmi les artisans. Une grande partie du scénario est en jargon technique — c'est beaucoup mieux si on l'écrit comme ça. Les techniciens comprennent ce jargon. Ils le comprennent sur le plan émotionnel. L'opérateur ne comprend pas seulement l'aspect visuel d'un gros plan, mais aussi sa valeur émotionnelle. Pour le profane, ce genre d'écriture risque d'être assommant — c'est comme de lire le plan d'un pont, mais ce plan un ingénieur le comprend sans peine. Un scénariste a intérêt à apprendre ce côté-là de la technique. Sans quoi, il perd son temps, et celui des autres. La contribution de l'écrivain, c'est en réalité de donner une vision conceptuelle du film tout entier — parce que les techniciens ne peuvent opérer qu'image par image. A vrai dire, c'est le tandem réalisateur-scénariste qui fait un film.

« Donc, ça fait un an que je suis de retour. Les six premiers mois ont été très durs. On me traitait par l'indifférence, parce que j'avais démissionné du club.

— A présent, quand vous repensez à votre première expérience, avec l'acteur, vous ne trouvez pas que l'idée de raconter un film — comme il le faisait — a du bon ? »

Mais le scénariste était intraitable. « Voilà l'ennemi. Cette attitude complaisante — voilà l'ennemi. » Sautant du coq à l'âne, il ajouta : « Je crois que je vais gagner de l'argent, cette fois. J'ai ce qu'il faut pour le mois prochain, grâce aux boulots que j'ai faits pour le cinéma. Pour le moment, je règle mes dettes.

— Qui sont les gens sympathiques dans le cinéma ?

— Tout le monde et personne. C'est un milieu axé uniquement sur le succès. Ils vénèrent le succès. Et le succès, voyez-vous, c'est très concret. Un film sort le vendredi, et le lundi, on sait quel va être son sort. On connaît le nombre d'entrées. Il n'y a rien d'abstrait dans ce domaine. Tout est là, couché froidement dans les chiffres. Et si le film tient l'affiche, les gens sont très gentils avec vous. »

Au début, il m'avait paru débordant de rage, avec une ironie qui menaçait parfois de tourner à l'amertume et à l'apitoiement sur soi-même. Mais en parlant, il s'était radouci. En parlant de la nature de son métier, il était devenu contemplatif, cherchant le mot juste, et il m'avait alors fait l'effet d'un homme bien dans sa peau.

J'avais le sentiment que son attitude envers l'industrie cinématographique avait peut-être changé.

« Je suis en train de perdre mon cynisme envers le cinéma, dit-il.

— Peut-être parce que vous éprouvez des sentiments nouveaux envers cette forme d'art, répondis-je.

— Les gens font de bons films ou de mauvais films, mais personne ne peut dire que l'écriture des scénarios n'existe pas. Elle existe. Et une des choses qu'on apprend, c'est que la vie continue. Rater sa vie, ça n'existe pas. On la rate à un moment donné. La joie d'un artiste, ce n'est pas de penser au succès ou à l'échec, mais de continuer. »

Je le questionnai sur sa façon de travailler.

« Nous louons une chambre d'hôtel pour six ou sept jours. Et nous parlons du film. Et puis je reste tout seul et j'ai quatre ou six semaines pour mettre tout ça en forme — c'est-à-dire construire les scènes dans l'ordre, sans les dialogues. Ensuite, nous nous réunissons pendant trois autres jours. Et puis, je reste à nouveau tout seul. Cette fois, j'ajoute les dialogues, ce qui me prend environ quinze jours. »

Il ajouta alors quelque chose qui, malgré ce qu'il avait dit de l'argent qu'il espérait gagner, m'incita à me demander s'il n'avait pas, quelque part, renoncé à l'idée de réussir à nouveau dans le cinéma. Il dit qu'il songeait désormais à écrire vraiment, des œuvres en prose, pour un éditeur. Et il voulut savoir s'il pouvait m'envoyer des textes qu'il avait écrits ou qu'il écrirait.

Je répondis que mon jugement n'aurait aucune valeur. J'avais consacré toute ma vie d'adulte à l'écriture ; j'y avais pensé chaque jour de mon existence. Mais j'écrivais et je faisais l'expérience des choses à ma façon ; les deux étaient liés. Mes jugements ne valaient que pour moi-même.

Il sourit : « Les jugements que je porte sur les scénarios des autres n'ont aucune valeur, eux non plus. »

Nous prîmes congé peu après, Subroto et moi. Nous descendîmes l'étroit escalier de béton en colimaçon, bordé d'un côté d'un demi-mur que les frottements avaient rendu luisant. Nous revîmes par les portes ouvertes la vie de chaque pièce, l'une après l'autre : les gens et la grande quantité de vêtements qu'on ne pouvait pas ranger dans ces petits espaces. Les odeurs de ces pièces devenaient plus fortes à mesure qu'on descendait, la crasse plus perceptible.

Quand nous sortîmes dans la cour ensoleillée et poussiéreuse, on nous héla d'en haut et nous levâmes les yeux vers le scénariste et sa femme en sari vert, qui nous contemplaient depuis leur balcon, un des quarante de l'immeuble : de là où nous étions, ces balcons ressemblaient à des loges de théâtre. Le soleil tapait sur la tête et le visage de nos hôtes. Avec une soudaine espièglerie, ils nous sourirent et nous firent des petits adieux de la main.

Au bout de la cour poussiéreuse se dressait un arbre au pied entouré d'un terre-plein circulaire, étayé par un mur de béton. Sur ce terre-plein, contre le tronc de l'arbre, se trouvait une petite image noire ornée de guirlandes de soucis, qu'un homme paraissait surveiller. Cette image était une divinité vivante, et elle avait au front des marques sacrées de pâte de santal faites le jour même. Après l'avoir dépassée, nous nous retrouvâmes dans la poussière de la rue.

Nous nous dirigeâmes vers la gare de Dadar, qui était toute proche, et Subroto s'excusa à plusieurs reprises de ne pas avoir pris un taxi. Devant le marché aux légumes, où les odeurs étaient prononcées, des jeunes garçons empoignaient à mains nues les détritus visqueux pour les déposer dans des bennes à ordures Ashok Leyland. La gare de Dadar — avec ses hauts quais obscurs, sa foule, le bruit de cette foule et ses échos, ses éventaires, ses cireurs de chaussures, enfants et adultes, son morceau de corde attachée à un pilier de métal et qui se consumait lentement pour que les gens puissent allumer leur cigarette — donnait l'impression d'une grande ville : on aurait dit que les trains et les constants mouvements de foule possédaient la faculté intrinsèque de créer de l'animation.

« Vous croyez qu'il va réussir, cette fois-ci ? ai-je demandé à Subroto.

— Non, il ne réussira pas. »

Nous franchîmes la passerelle pour gagner le quai situé de l'autre côté de la voie ferrée. Tous les éléments de cette passerelle étaient usés, d'une couleur indéfinissable, comme si des années et des années de poussière avaient érodé et dépoli le métal et s'étaient infiltrées au cœur de chaque morceau de bois.

« Il n'est pas positif », affirma Subroto.

Il voulait dire par là que le scénariste, malgré ce qu'il avait dit sur les sommes qu'il gagnait, était tel qu'il avait toujours été : il n'avait pas vraiment envie d'argent ni de biens matériels. Et même si son optique avait changé avec le mariage, ajouta Subroto, son ancienne réputation le desservait. Il s'était montré trop méprisant avec les gens du cinéma ; il s'était fait trop d'ennemis. Il y avait un homme influent, aussi bien dans le monde du cinéma que dans celui de la politique, le type de personnalité à deux ou trois facettes que l'on voyait à présent apparaître dans la vie publique indienne, qui avait demandé au scénariste d'adapter une certaine histoire. Or, dit Subroto, le scénariste avait lu le synopsis dans le bureau du grand homme et, furieux qu'on lui ait demandé de travailler sur un projet aussi nul, il avait littéralement jeté les pages du synopsis à la figure du grand homme.

Pendant tout le trajet de retour jusqu'au centre de Bombay, sur fond de cliquetis métallique dans les grands wagons ouverts, Subroto me parla d'art, de design, et de ce qu'il espérait faire. Il vivait désormais à Bombay en tant qu'hôte payant ; il ne pensait pas que cela changerait. Mais ce qu'il avait à dire de sa vocation et de ses possibilités était plein d'abnégation ; ses propos concernant l'absence de matérialisme du scénariste semblaient s'appliquer aussi à lui-même.

Les cabanes et les appentis qui bordaient la voie ferrée se succédaient ; la lumière poussiéreuse vira au doré. Je songeai à Subroto et au scénariste dans son appartement : quel décor pour un homme qui parlait de son métier avec un cœur et un esprit si pleins, disséquant avec tant de raffinement son expérience artistique ; quel décalage entre les rêves et le décor. C'était ce qui m'avait frappé, à mon premier matin à Bombay, quand j'avais vu d'un côté de la route la longue et patiente file de gens qui attendaient pour rendre hommage au Dr Ambedkar, et, sur les lampadaires de l'autre côté de la chaussée, les petites affiches annonçant un nouveau film, un produit du cinéma commercial de Bombay.

J'avais vaguement entendu parler, quelques années auparavant, des Panthères dalits. Je n'avais pas appris grand-chose à leur sujet, en dehors de leur nom, emprunté aux Panthères noires américaines. C'était un emprunt romantique ; il encourageait la conviction — trop simpliste — que les Dalits (ou membres des castes inférieures, dits aussi intouchables ou *harijans*, pour reprendre les termes blessants d'époques antérieures) étaient à l'Inde ce que les Noirs étaient aux États-Unis.

Or, voilà que Charu me parlait maintenant, pendant nos innombrables allées et venues en taxi, de l'homme qui avait fondé les Panthères dalits. Il s'agissait de Namdeo Dhasal, qui avait une réputation parallèle à Bombay en qualité de poète dalit. Il avait aujourd'hui quarante-sept ans, bien qu'il ne fût pas sûr de la date exacte de sa naissance. Il était né dans un village situé à cent soixante kilomètres environ, vers l'intérieur, et il avait émigré à Bombay trente ans plus tôt. Il avait longtemps vécu dans le quartier des bordels, parmi les criminels et les prostituées. Le quartier en question s'appelait Golpitha et c'était le titre du premier recueil de poèmes de Namdeo, écrit en marathi et publié en 1974 ; il avait sans doute trente-quatre ans. Cette même année, Namdeo avait fondé les Panthères dalits, et il avait instantanément acquis un certain prestige politique à Bombay.

Le côté poète de sa personnalité me surprit. Il était étonnant que dans les espaces réduits de Bombay, au milieu de la foule et de la frénésie, subsiste encore une littérature marathe vivante, avec toute l'organisation sociale compliquée que cela impliquait : l'existence d'éditeurs, d'imprimeurs, de distributeurs, de critiques, d'acheteurs. Cela me paraissait aussi surprenant qu'avait pu l'être l'idée du gymnase maharashtrien quand j'en avais entendu parler par M. Raote.

Namdeo n'avait pas été le premier écrivain dalit. Il y avait eu avant lui des voix marathes sorties des profondeurs, mais elles avaient employé le marathi accepté, littéraire. La grande originalité de Namdeo, c'était qu'il avait écrit dans un style naturel, utilisant des mots et des expressions dont se servaient uniquement les Dalits et personne d'autre. Son premier livre de poèmes avait été écrit, spécifiquement, dans l'idiome du quartier des bordels à Bombay. C'était cela qui avait fait sensation ; Namdeo avait été couvert d'éloges et d'opprobre.

Charu, qui était un brahmane maharashtrien doublé d'un spécialiste de la littérature marathe, me dit qu'il y avait dans les poèmes de Namdeo un certain nombre de mots que lui-même ne comprenait pas. Il me donna sa traduction d'un poème intitulé « La route du sanctuaire », tiré du premier recueil de Namdeo.

Je suis né quand le soleil a faibli
Et lentement s'est éteint
Dans l'étreinte de la nuit.
Je suis né sur un sentier
Dans un vieux chiffon.

[Et le mot dalit « grossier » utilisé pour « chiffon » était *chilbut*.]

Le jour où je suis né, j'étais orphelin.
Celle qui m'a enfanté est partie vers Dieu.
J'étais las de ce fantôme
Qui me hantait sur le sentier.
J'ai passé presque toute ma vie
A me laver de l'obscurité de ce sari.

[Mais le mot traduit ici par « sari » n'avait rien d'élégant : c'était le mot *luggude* qui désignait la façon dont les villageoises attachaient leur sari, enveloppant chaque jambe séparément pour faire comme une espèce de sarouel.]

J'ai grandi comme quelqu'un avec un plomb sauté.
J'ai mangé des excréments et j'ai grandi.
Donnez-moi cinq paise, donnez-moi cinq paise,

[Il y a cent *paise* dans une roupie.]

Et prenez cinq jurons en échange.
Je suis en route pour le sanctuaire.

Même dans cette traduction approximative improvisée par Charu au milieu du tohu-bohu d'un hall d'hôtel, le poème était émouvant. Et il l'était encore bien plus pour Charu. Il me dit que cette voix était absolument nouvelle en marathi, et que Vijay Tendulkar, le dramaturge marathe contemporain, avait comparé Namdeo à Tukaram, le premier saint et poète marathe du XVIe siècle, dont M. Raote avait été le premier à me parler.

Dans le poème traduit par Charu, les évocations où se mêlaient la sexualité et la dégradation étaient dures et déprimantes, et les idées de l'intouchabilité et du sexe dans le quartier des bordels, de l'enfantement et des vieux chiffons, tous ces éléments juxtaposés, faisaient l'effet d'une agression. C'était cette passion-là que Namdeo avait mise dans sa politique et dans le mouvement des Panthères dalits.

Mais ce nom, emprunté aux Panthères noires, était comme une espèce de prémonition. A l'instar du mouvement américain, dès ses premiers succès, le mouvement indien avait commencé à se fragmenter. Un tel degré de passion n'était pas soutenable ; beaucoup avaient été tentés de faire leur paix avec l'ensemble de la société. Et, bien que Namdeo soit devenu un homme célèbre et courtisé, ses partisans l'avaient abandonné. Bientôt, sa réputation littéraire elle-même connut une éclipse. Il avait à son actif une œuvre considérable ; il avait écrit deux romans en plus de ses poèmes, mais son livre le plus récent remontait à 1981, soit à plus de sept années. A présent, il n'écrivait plus autant et il avait contracté une maladie débilitante.

Il n'avait pas le téléphone, mais Charu savait où se trouvait sa maison et nous y passâmes un après-midi, pour lui laisser un message. La maison n'était pas très éloignée du quartier de Golpitha qu'il avait décrit. Toutefois, c'était une maison et non un appartement et elle s'élevait dans une allée raisonnablement large et propre. Exactement en face de la porte d'entrée, de l'autre côté de l'allée, une vieille jeep décapotée était garée ou abandonnée et elle était désormais, mystérieusement, en train de blanchir au soleil, les pneus à plat et déchiquetés, la carcasse de métal presque nue, mais apparemment intacte.

Charu appela depuis l'allée. Au bout de quelques instants, une jeune femme au teint sombre, aux yeux brillants, au beau visage, ouvrit un panneau de la porte d'entrée. Charu et elle s'entretinrent en marathi, puis nous montâmes les marches de béton dressées contre le mur de devant, qui menaient directement de l'allée à la porte d'entrée.

La pièce où nous entrâmes occupait toute la largeur de la maison, dont elle était la pièce principale. Les murs étaient couleur lilas et la peinture, à l'aspect satiné, avait été récemment refaite. Il y avait des chaises en rotin peintes en blanc, avec des coussins vert foncé ; à une des solides poutres du plafond, un fauteuil en osier pendait au bout d'une chaîne. C'était important, ce fauteuil, une petite touche luxueuse ; et une jeune femme grassouillette, en sari de crêpe georgette bleu, une visiteuse, y était assise, les pieds sur le sol, se balançant avec détermination d'avant en arrière.

La jeune femme au teint sombre qui nous avait accueillis était Mallika, la femme de Namdeo. Elle était élégamment vêtue d'une espèce de longue jupe paysanne en tissu léger, qui oscillait lorsqu'elle parcourait le sol en granito de ses petits pieds nus. Le tintement de sa voix marathe emplit la pièce tandis qu'elle nous souhaitait la bienvenue à Charu et à moi-même.

Il y avait au mur une grande photographie en couleur d'un bébé de race blanche. Sur un autre mur, de petits instantanés en couleur de Namdeo : les joues rondes, une légère bedaine, mais un visage encore plein de force. Sur le mur opposé, une photographie du père de Mallika. Il avait été un chanteur connu, membre du parti communiste et musulman. Derrière le téléviseur, à l'extrémité la plus éloignée de la pièce, un petit drapeau rouge pendait au mur, non loin d'une reproduction encadrée du célèbre cliché grisâtre du Dr Ambedkar, en veston et cravate.

La femme en sari bleu, assise dans le fauteuil, ne nous avait pas été présentée. Nous ne lui avions pas adressé la parole et elle, toujours absorbée dans son petit monde intérieur et apparemment tout à fait satisfaite, avait continué, par de petits mouvements de pieds, à faire osciller son siège d'avant en arrière. Tout à coup, sans déranger quiconque, elle se leva et disparut vers l'arrière de la maison.

Mallika la suivit dans un balancement de jupe, puis, après quelque temps, nous apporta du thé sur une espèce de plateau tressé, tout à fait ravissant. Je commençais à comprendre que Mallika ne laissait presque rien au hasard et que dans tout ce qu'elle faisait, ou pouvait contrôler, elle visait la beauté ou l'élégance : dans sa façon de s'habiller, de marcher, les couleurs de la pièce, la grande photo du bébé blanc et jusque dans ses chiens, deux loulous de Poméranie blancs, mousseux, bien peignés, légèrement apathiques dans la chaleur de Bombay, qu'elle avait achetés quatre ans auparavant pour leur beauté.

Nous lui laissâmes nos numéros de téléphone. Elle nous dit qu'elle demanderait à Namdeo de nous contacter. Après quoi, brusquement, sans atmosphère intermédiaire, nous quittâmes cette pièce de devant ou vestibule pour l'allée où la jeep abandonnée écrasait ses pneus pourris. Et au bout de cette courte allée, nous retrouvâmes un Bombay qui nous était plus familier.

Charu m'expliqua plus tard que l'histoire de ce mariage — celui de Mallika et Namdeo — était célèbre. Mallika avait écrit une autobiographie en marathi, *Je veux me détruire*, qui avait été un best-seller. En marathi, cela voulait dire qu'on en avait vendu dix mille exemplaires.

Le livre de Mallika ne parlait pas seulement d'amour, mais aussi de désillusion et de douleur. Dès le moment où ils s'étaient mariés, ou presque, les choses avaient commencé à mal tourner pour les Panthères dalits et le comportement de Namdeo s'était transformé. Elle avait souffert. Elle avait été confrontée à de pénibles réalités. Namdeo était atteint d'une maladie vénérienne ; il continuait à fréquenter les femmes du quartier des bordels. Pourtant elle était liée à cet homme, par l'enfant qu'ils avaient eu et par son propre amour pour lui. Elle croyait passionnément à la liberté des femmes, mais dans sa propre vie, à cause de son amour pour Namdeo, elle s'aperçut qu'elle avait perdu une partie de son autonomie. Après dix ans d'amour et de tourment, elle avait écrit son livre.

L'ouvrage était très franc sur le plan sexuel ; et, bien que le genre ne fût pas inconnu chez les femmes auteurs qui écrivaient en marathi, Mallika avait fait scandale, car elle offusquait les sensibilités de caste de bien des gens. En effet, même si son père était musulman, sa mère était hindoue, et d'une caste qui venait juste après celle des brahmanes ; beaucoup de gens avaient donc été perturbés et blessés par l'histoire de l'amour de Mallika pour Namdeo et de la vie orageuse qu'elle avait ensuite menée avec lui.

Aucun message ne vint de la part de Namdeo et un jour, en fin de matinée, Charu et moi retournâmes chez lui. Mallika n'était pas là, mais quelqu'un nous fit entrer. Avant que nous ayons pu laisser un mot, Mallika est arrivée. Elle était allée faire son marché et portait un sari en mousseline légère que l'air faisait ondoyer autour d'elle, un petit motif couleur de rouille sur fond blanc ; et elle tenait dans ses mains, presque comme s'ils faisaient partie de son costume, quelques navets ou carottes avec leurs fanes : entre ses doigts, ces légumes faisaient songer à des emblèmes dans un tableau de la Renaissance italienne.

Et puis Namdeo parut en personne avec un ami. Il était robuste, ventru, noir de peau, d'une bienveillance inattendue. Dans une foule, on ne l'aurait pas remarqué. Seuls ses yeux et son front me donnaient une impression de volonté ; mais peut-être n'était-ce que parce que je savais à qui j'avais affaire. Il était bien difficile de voir en lui le poète ou le chef des Panthères. Il dégageait une curieuse placidité ; on aurait dit que son feu intérieur s'était consumé. Je me rappelai ce que Charu m'avait confié au sujet de sa maladie. C'était elle, cette autre ennemie extérieure, qui l'avait finalement affaibli et lui avait donné les manières aisées, affables et pourtant en quelque sorte distantes qu'il manifestait à présent envers nous.

Il ne parlait pas anglais. Oui, dit-il à Charu en marathi, il aimerait nous rencontrer. Demain. Oui, venez déjeuner. Non ? Eh bien alors, venez après le déjeuner. De deux à cinq. Venez à ce moment-là.

Après quoi, il passa à l'intérieur avec l'homme qui l'accompagnait, Charu et moi prîmes congé de Mallika et repartîmes. Il n'avait pas été bien difficile d'arranger cette rencontre, à présent que nous avions fait la connaissance de Namdeo. Charu, cependant, pensait que tout avait été trop facile. Il avait ses doutes au sujet de ce rendez-vous. Et j'appris par la suite — par d'autres personnes

— que sur le chapitre de l'exactitude et des rendez-vous, les Dalits avaient une piètre réputation.

Les craintes de Charu étaient fondées. Le lendemain, quand nous arrivâmes, Namdeo n'était pas là. Ce fut par cette nouvelle que Mallika nous accueillit quand nous gravîmes le perron de béton qui menait de l'allée à la pièce de devant. Et, de même que la première fois où nous étions venus chez elle, il y avait dans le fauteuil suspendu une jeune femme qu'on ne nous avait pas présentée, cette fois-ci encore, il y avait dans la pièce de devant quelqu'un dont il ne fut pas question : une femme maigre au teint sombre, qui dormait sur une natte, à même le sol.

Nous suivîmes Mallika jusqu'à la cuisine à l'arrière de la maison, d'où nous passâmes par une porte latérale dans une petite pièce située sur le flanc de l'édifice, avec une haute fenêtre, profondément enfoncée dans le mur et munie de barreaux. C'était la pièce que Mallika avait préparée pour notre entretien avec Namdeo. Il s'y trouvait deux sièges en rotin peint, une table recouverte d'une nappe et dans un coin une jolie lampe ancienne, électrifiée, dont le pied en métal, couleur de bronze, représentait une femme drapée brandissant une torche.

En attendant Namdeo, je bavardai avec Mallika. Je la questionnai au sujet de la maison. Je voyais bien qu'elle sortait de l'ordinaire, mais j'avais l'impression de ne pas être en mesure de la voir correctement. J'apportais avec moi trop d'idées de l'extérieur. Je lui demandai de me la décrire, afin de pouvoir commencer à la voir avec les yeux des gens du quartier.

Mes intentions furent en partie perdues par la traduction, et elle répondit : « Cette maison est celle de mes parents. » La maison donc d'un des plus célèbres chanteurs populaires du Maharashtra, la maison d'un homme qui avait réussi. « C'est la maison où j'ai grandi. C'est agréable de demeurer dans une maison où l'on vit depuis l'enfance. »

Avec Namdeo, ils avaient fait un certain nombre de travaux. Ils repeignaient la maison tous les deux ans. Quant au quartier, c'était un quartier ouvrier, mais des membres des classes moyennes vivaient aussi dans sa rue. Elle connaissait tout le monde. Quand son père était encore en vie, leur famille avait joui de quelque prestige.

Ses parents, pourtant, avaient fait un mariage mixte. Son père était musulman, sa mère hindoue. Cela leur avait-il posé des problèmes ?

« Je ne savais pas que mon père était musulman. Ma mère était *pathari prabhu*. Une caste un peu inférieure à celle des brahmanes. Les *patharis* mangent du poisson. Les *patharis prabhus* étaient les premiers habitants de Bombay et c'est pour cela qu'ils mangeaient du poisson. » Elle voulait dire qu'ils mangeaient du poisson, alors qu'ils étaient presque des brahmanes, parce qu'ils étaient un peuple côtier.

C'était la mère de sa mère qui lui parlait des *patharis prabhus*, quand elle allait la voir chez elle. Elle ne s'était pas particulièrement intéressée à la famille de sa mère ; elle n'avait pas cherché à se renseigner à leur sujet, parce qu'ils étaient tels qu'ils étaient. Ce qu'elle savait de ce côté-là de ses origines était plutôt le fruit d'un savoir « fortuit » qui lui était parvenu tout au long de son enfance.

Je l'interrogeai sur son livre. Avait-elle eu l'intention d'écrire un ouvrage aussi hardi ?

« Ce n'est pas ainsi que j'ai envisagé la chose. Pour moi, écrire ce livre était une nécessité. Je n'avais pas la faculté de séparer une partie de ma vie de l'autre. »

Elle portait un sari en tissu léger, avec un motif très simple sur fond rose. Elle était assise sur l'un des sièges en rotin peints en blanc. Il y avait dans la pièce une armoire en fer, d'un vert olive, avec un long miroir fixé à l'une des deux portes — c'était un meuble comme j'en avais souvent vus à Bombay. Sur le dessus de l'armoire était posé un petit globe terni. La maçonnerie ou le plâtre du rebord de la fenêtre était habilement biseauté ; l'aspect satiné de la peinture, s'ajoutant à ce travail de biseautage, me donnait envie d'y passer la main.

Dans son livre — dont Charu m'avait, très rapidement, traduit quelques passages avant notre venue — elle avait écrit, à propos de son amour pour Namdeo, qu'elle éprouvait un « vide » à l'idée de le quitter. Je lui dis que cette image m'avait touché.

« Même à présent, j'aime Namdeo, et je suis prête à tout lui donner. En dépit de ses côtés négatifs. Il y a comme une espèce de fil qui court dans nos rapports. Même quand je n'ai pas envie de lui, j'en ai envie. Aujourd'hui encore, tout ce qu'il y a de bon en moi, de créateur, je le refoulerais pour l'amour de lui. Je sais que, si je fais certaines choses, il sortira de ma vie. Or ça, je ne le veux pas. Et puis, il y a mon enfant. Nous formons une sorte de triangle vicieux. J'aime Namdeo. L'enfant m'aime. Namdeo aime l'enfant. » L'enfant avait treize ans.

Le livre n'avait pourtant pas tracé de Namdeo un portrait flatteur. Certains pensaient même qu'il lui avait nui sur le plan politique. Namdeo avait-il lu le livre pendant qu'elle l'écrivait ?

« Si je n'avais pas écrit ce livre, je serais devenue folle. Namdeo ne l'a pas lu. Il lisait mes poèmes, mais refusait de lire ma prose. Je lui ai montré le manuscrit du livre, mais il ne l'a pas lu. Ce n'est qu'une fois que le livre a été publié qu'il l'a lu. Mais alors, cela faisait déjà un an qu'il souffrait de sa maladie nerveuse. »

Elle était plus petite que ne le laissaient supposer son maintien très droit et ses hanches. Ses bras sombres étaient minces, pour ne pas dire maigres. Entre ses deux sourcils soulignés au crayon, il y avait un gros point rouge. Au poignet droit elle portait une montre et un bracelet, et huit ou neuf minces anneaux d'argent au poignet gauche.

« Il ne m'a rien dit du tout à propos du livre, mais son comportement a changé. Il ne m'a encore jamais parlé du livre, mais je sais que, lorsque d'autres personnes lui ont dit qu'il devrait écrire une réponse, il l'a défendu. L'argument qu'il fit valoir alors, c'est que cette femme qui a vécu toutes ces années auprès de lui et qui a tout vu à travers son regard de bourgeoise » — je le tenais, mon commentaire social, mon commentaire sur sa maison de famille peut-être, sur la façon dont Mallika elle-même se voyait par rapport à Namdeo et celle dont lui la voyait — « son argument donc, c'est que cette femme a parfaitement le droit d'exprimer ce qu'elle ressent au sujet de leur mariage. »

A l'heure actuelle, dit Mallika, ils avaient retrouvé un peu de leurs rapports d'antan, à l'époque où elle était tombée amoureuse de lui. Namdeo suivait toujours un traitement pour sa maladie et il avait cessé de boire. Son alcoolisme avait été la cause de nombreux heurts et il était arrivé à Namdeo de la battre, mais elle était convaincue qu'une grande partie de cette violence avait été due à la frustration politique engendrée chez son mari par la rapide dégradation du mouvement dalit qu'il avait fondé.

Cela dit, sa compréhension ne rendait pas la situation moins pénible pour elle. « Je me mettais en colère. Je pleurais. Je hurlais. Je trouvais ça affreusement humiliant. J'aimais cet homme, mais jamais je n'aurais cru que ma vie serait aussi avilissante — après l'avoir épousé contre la volonté de tout le monde. Et justement parce que j'avais été contre la volonté de tous, il m'était impossible de renoncer à ce mariage et d'avouer que c'était un échec sur toute la ligne. Il me semblait aussi que si je ne disais rien, je serais obligée de subir toutes ces choses à perpétuité et ce n'était pas dans ma nature. Nous réagissons tous à une situation donnée de la façon qui nous est le plus naturelle et, moi, je me suis mise à écrire.

« J'ai écrit le livre d'une traite, en un mois. J'écrivais parfois dans la pièce de devant et parfois ici même, à cette table. Quelquefois, il m'arrivait aussi d'écrire dans la cuisine. » La cuisine, qu'on apercevait par le chambranle de la porte, avec une autre porte à droite qui ouvrait sur la pièce de devant ou vestibule. « Je n'écrivais pas à heure fixe. Je travaillais chaque fois que j'en avais la possibilité.

— Namdeo se trouvait-il dans la maison pendant que vous écriviez ?

— Plutôt deux fois qu'une.

— Avait-il la moindre idée de ce que vous écriviez ? Ça ne vous inquiétait pas ?

— Je ne savais pas comment il réagirait. Je pensais qu'il me taperait dessus ou qu'il me flanquerait dehors et intenterait une action devant un tribunal. » Pour avoir la garde de leur enfant. « J'estime qu'une mère doit avoir droit à son enfant, mais selon la loi indienne, le père peut avoir la garde de l'enfant une fois que celui-ci a passé sept ans. Alors, même si c'était moi qui partais, rien ne me garantissait qu'un jour Namdeo ne viendrait pas m'enlever l'enfant. »

Une bonne moitié du livre qu'elle avait écrit dans ces conditions éprouvantes retraçait l'histoire de son amour pour Namdeo au début de leurs rapports.

Tout avait commencé quatorze ans auparavant. Elle avait alors seize ans et séjournait dans la station balnéaire de Lonavala, entre Bombay et Poona, où elle faisait des études. Elle y était allée avec son beau-frère, Anil, qui avait des tendances gauchisantes, et avec un célèbre acteur de cinéma et réalisateur marathe. Anil écrivait un scénario.

Le quatrième ou le cinquième jour de cette visite à Lonavala, Namdeo avait fait son apparition. Il était arrivé un soir, tard, avec un autre membre du mouvement dalit. Mallika le connaissait déjà. Elle l'avait rencontré chez ses parents — dans la maison où nous nous trouvions. Namdeo venait parfois se cacher chez eux. C'était en 1974, à l'époque où le mouvement dalit était à son apogée et où il y avait des émeutes dans le quartier de Worli, à Bombay.

« Il n'avait jamais fait très attention à moi. Ça me surprenait, parce que d'habitude je plaisais aux garçons d'ici, mais jamais il n'avait fait très attention. J'ai lu ses poèmes et j'ai compris qu'il avait des tendances gauchistes. Je lui ai donné mes poèmes à lire.

« Et puis, voilà qu'il est venu à Lonavala. A ce moment-là,

l'endroit possédait une atmosphère très romantique, une atmosphère d'avant la mousson. On avait toujours l'impression qu'il allait pleuvoir, mais il ne pleuvait jamais. Nous avions pas mal de points communs. Il aimait la pluie, moi aussi. Il aimait la poésie, moi aussi. Nos goûts littéraires correspondaient à peu près et même aujourd'hui, en littérature, nous avons des tas de choses en commun. Moi, j'étais à l'âge où l'on tombe vraiment amoureuse de quelqu'un. »

Elle rit. Et lorsque je lui dis que j'avais l'impression qu'à ses yeux cet épisode de Lonavala était toujours aussi romantique, elle se remit à rire, leva ses bras maigres, ornés de fins bracelets, et frappa dans ses mains.

« Et puis il parlait politique, il nous disait que la police le harcelait et le tabassait et, moi, je trouvais ça palpitant. J'avais le sentiment de vouloir être très proche de lui. Ce n'était pas une attirance sexuelle. J'éprouvais de la compassion. J'avais envie de poser ma main sur sa tête.

— Vous n'aviez aucun sentiment de caste vis-à-vis de cet homme ?

— Je n'avais aucun préjugé de caste. Je ne savais même pas à quelle caste il appartenait et il ne me semblait pas essentiel de le savoir. »

Peut-être son communiste de père, le chanteur populaire, l'avait-il élevée ainsi. Pourtant, la caste devait être présente dans tout ce que faisait Namdeo. Il était un des chefs d'une caste et il était toujours marqué par la sienne. Dans la maison, cet après-midi-là, dans la pièce de devant que Mallika avait décorée avec tant de soin, il y avait une femme maigre au teint foncé, vêtue d'habits de couleur sombre, qui dormait sur une natte. Mallika me dit qu'il s'agissait de la mère de Namdeo.

« Elle a soixante-dix ans. A cause des activités politiques de Namdeo et des hauts et des bas de sa carrière, elle a fait une dépression nerveuse. Namdeo était son fils unique. A cette époque-là, dans les années soixante-dix, au plus fort du mouvement, elle avait toujours peur qu'il soit tabassé à mort. Chaque fois qu'elle allumait la télévision, elle était persuadée qu'on allait annoncer la nouvelle. Elle vivait continuellement avec cette angoisse et c'est ça qui l'a fait craquer. »

Mais — pour en revenir au sujet précédent — le fait était qu'à seize ans Mallika n'éprouvait envers Namdeo aucun sentiment lié à la caste.

« Tout le monde, ou presque, à Lonavala savait que nous étions devenus très proches. Ça faisait environ quinze jours que nous étions ensemble. Anil, mon beau-frère, en plaisantait. C'est lui qui m'a demandé un jour si Namdeo me plaisait et il a dit que nous étions très bien assortis. Alors, le soir même, après le dîner, pour lequel s'étaient réunis tous ceux d'entre nous qui habitaient le bungalow — il n'avait pas encore commencé à pleuvoir, mais il faisait frais : il fait frais à Lonavala — je l'ai fait venir dans une des pièces de l'intérieur, à l'écart des gens assis dehors, et je lui ai demandé : "Qu'est-ce que tu penses de moi ?" Et lui a répondu : "Tu veux que je te le dise avec des mots ?" »

Elle leva les mains et les huit ou neuf fins bracelets d'argent glissèrent le long de son bras maigre.

« Après ça, mon beau-frère lui a parlé. Il l'a questionné sur sa famille et ses sentiments. Ça n'a pas plu à Namdeo. Mon beau-frère lui a dit que j'étais venue à Lonavala pour étudier. "Depuis ton arrivée, elle n'a pas lu un traître mot. Elle en est toujours à la page 153."

— De quel livre s'agissait-il ?

— Un livre d'histoire. Alors, mon beau-frère a dit à Namdeo : "Il vaut mieux que tu partes." Et le lendemain, Namdeo est parti. »

Mais son beau-frère n'avait donc pas encouragé Namdeo ? Si, répondit Mallika, mais quand son beau-frère avait questionné Namdeo sur ses intentions, il ne s'était montré ni irrité ni réprobateur ; il lui avait simplement adressé une demande formelle. Seulement, Namdeo n'avait pas apprécié le simple fait d'être questionné ; alors, on l'avait prié de partir.

« Juste avant de quitter Lonavala, Namdeo m'a pris la main. Il m'a appelée "camarade" et m'a fait le "salaam rouge", le salut communiste. J'ai trouvé ça très excitant. Avant de partir, il a fait un enregistrement de moi — c'était une chanson que je chantais du matin au soir. Par la suite, on m'a raconté qu'il faisait entendre la cassette à ses amis de Bombay. »

Ils s'étaient mariés quatre mois plus tard. Après cette bluette d'écolière, l'aspect sexuel du mariage avait déplu à Mallika. C'est une des choses qu'elle avait ouvertement exprimées dans son livre. « Le plaisir est venu quand la routine s'est installée. C'est à ce moment-là que j'ai commencé à éprouver du plaisir. La pression psychologique a diminué à mesure que je devenais plus expérimentée. » Elle avait tout ignoré de l'échange sexuel dans un rapport physique. Et elle fut stupéfaite et enchantée d'être en mesure de donner son corps, de se donner tout entière à celui qu'elle aimait.

Elle en avait parlé dans son livre et sa franchise avait suscité des réactions très diverses. Certaines personnes « se jetèrent à ses pieds », transportées d'admiration ; d'autres la traitèrent de tous les noms.

Presque aussitôt, leur union avait été soumise à de nouvelles tensions. « Moins de deux mois après notre mariage, le mouvement des Panthères a commencé à se disperser. Les Dalits préfèrent les petits ensembles d'habitations, les petites poches, les petits groupes. Chaque poche, chaque ensemble d'immeubles a bientôt eu son propre chef et on a fait circuler des rumeurs empoisonnées sur le compte de Namdeo. Et son mariage avec moi a empiré les choses. J'étais la fille d'un communiste notoire et les Dalits n'aiment pas les communistes. Pour une raison toute simple. Le Dr Ambedkar, leur héros, n'aimait pas le communisme. Tous les Dalits sans exception ont chez eux un portrait du Dr Ambedkar. Par conséquent, les Dalits haïssent les communistes.

« L'année suivante, en 1975, il y a eu l'état d'urgence. Les Panthères dalits étaient impliquées dans trois cent cinquante affaires judiciaires ou quelque chose comme ça — pour discours, bagarres, etc. Or, du jour où les Panthères ont soutenu l'état d'urgence, le gouvernement a prononcé des non-lieux dans toutes ces affaires. Ce n'était pas vraiment ce que voulait Namdeo. Et, bien qu'il n'en ait jamais parlé, je suis convaincue que c'est à partir de ce moment-là qu'il s'est senti compromis. Mais c'était justement le moment où, moi aussi, j'avais le plus besoin de lui — en juillet j'ai eu mon enfant. J'avais besoin de Namdeo et j'avais le sentiment qu'il me délaissait.

— A cause des pressions politiques ?

— A cause de ses revers, de sa frustration. Cela contribuait à l'éloigner de moi. Si bien que sa vie politique avait un effet sur sa vie privée.

— Vous le trouvez toujours attirant ?

— Il est passé beaucoup d'eau sur le lit du Gange, mais s'il devait pénétrer à l'instant même dans cette pièce, j'aurais l'impression d'être redevenue une gamine. J'aurais l'impression que je viens juste de tomber amoureuse de lui. Dans ce domaine, rien n'a vraiment changé. Il y a beaucoup d'autres hommes qui sont peut-être plus attirants physiquement ou supérieurs sur le plan intellectuel. Mais je n'ai pas envie d'eux. »

Je la questionnai sur l'« existence dorée » dont — selon ses détracteurs — Namdeo avait joui en tant que Panthère dalit, personnalité en vue.

« La descente vers les profondeurs a commencé immédiatement après l'état d'urgence », dit Mallika.

La mère de Namdeo avait quitté sa natte dans la pièce de devant. Par l'ouverture de la porte, je l'apercevais dans la cuisine, maigre silhouette brune en vêtements sombres, qui s'activait silencieusement, comme une ombre.

« Namdeo est un politicien-né, dit Mallika. S'il décidait demain d'écrire son autobiographie, il n'y aurait qu'une page sur moi. C'est pourquoi les hauts et les bas de sa carrière politique ont eu leurs répercussions sur sa vie privée. C'est l'une des questions que j'ai posées dans mon livre. Pourquoi toutes ces choses devraient-elles m'affecter ? Pourquoi ne m'aide-t-il pas à vivre ma vie ?

« Après l'état d'urgence, il devint imprévisible. Ses amis de la pègre commencèrent à lui donner de l'argent. Un jour, il avait dix mille roupies. Le lendemain, il n'avait plus un sou. Et nous avions tous les deux un trait en commun — l'argent nous filait entre les doigts. Namdeo disait toujours que c'était bourgeois d'avoir de l'argent à la banque. Alors, tout ce qu'il avait, il le dépensait — pour mener la belle vie. »

Depuis 1975, environ un an après son heure de gloire (et environ un an après la romance à Lonavala avec Mallika), le mouvement dalit s'était dégradé. Elle utilisa un mot anglais : *numb* (engourdi). Le mouvement s'était fragmenté à de multiples reprises, et il y avait eu toutes sortes d'accusations et de contre-accusations concernant l'argent que diverses personnes auraient accepté de différentes sources. Résultat : les Dalits avaient perdu confiance en ceux qui avaient été leurs chefs.

Il était à présent cinq heures de l'après-midi. Cela faisait trois heures que nous parlions avec Mallika. Et c'est alors — à l'heure où notre entretien aurait pris fin, s'il avait eu lieu — que Namdeo fit son apparition. Sa mère était toujours dans la cuisine.

Et tout se passa exactement comme l'avait dit Mallika : Namdeo était dans la maison ; elle avait conscience de sa présence ; elle ne pensait plus qu'à lui. Elle ne nous prêtait plus qu'une attention distraite — énonçant de pieuses formules concernant le mouvement dalit — puis elle finit par se calmer.

Je l'interrogeai sur les violentes images sexuelles de certains poèmes de Namdeo, la fusion du sexe, des excréments et de la dégradation. Quand elle avait épousé Namdeo, elle n'avait songé qu'à l'aspect romantique de leur amour ; le côté sexuel du mariage l'avait même choquée. Le premier choc passé, en était-elle venue à l'accepter complètement ? N'était-elle pas encore perturbée, ne fût-ce qu'un petit peu, par quelques aspects de la poésie de Namdeo ?

Non, elle n'était pas troublée le moins du monde. Ce qu'elle éprouvait, davantage que le choc provoqué par certains mots, certaines images, c'était le sentiment de la puissance de son mari en tant que poète. « C'est de la poésie tout à fait pure et vraie. Ce n'est pas simplement une imitation. Je le considère comme un des plus grands poètes en marathi. Nous avons eu des gens qui ont changé le cours de la poésie. Il en fait partie. *Il fait date.* » Elle prononça ces derniers mots en anglais.

Namdeo arriva de la cuisine dans la petite pièce où nous nous trouvions. Ses lunettes étaient remontées sur son front. Il sourit et nous salua courtoisement. Aucune allusion au rendez-vous qu'il avait manqué. Il se contenta de dire qu'il y avait des gens qui l'attendaient et qu'il ne pouvait pas rester.

Ce jour-là, il était très pris par ses activités politiques. Il organisait une manifestation de prostituées dans le quartier de Golpitha. Il nous montra les affiches noires et blanches qu'il venait de passer prendre chez l'imprimeur. Il demanda si j'avais envie de venir à cette manifestation. Je dis oui. Il me donna une des affiches et nous décidâmes de nous voir chez lui le lendemain de la manifestation, car il serait plus libre de son temps. Et aussitôt, il quitta la pièce.

« Il vous montre ses poèmes ? demandai-je à Mallika.

— S'il écrit quelque chose ici, il me le montre. S'il l'écrit ailleurs, il le fera lire à la personne qui se trouve à côté de lui, qu'elle comprenne la poésie ou non. »

Tous les chocs nés de ses rapports avec Namdeo semblaient désormais faire partie du passé — par exemple, la découverte, durant leur première année de mariage, qu'il souffrait d'une maladie vénérienne. Elle avait écrit à ce sujet et au sujet d'autres découvertes qu'elle avait faites. Du coup, elle s'accommodait mieux des choses dont elle avait parlé dans son livre ; et elle pensait que sa vie avec Namdeo pouvait continuer indéfiniment telle qu'elle était à présent : une « situation de famille bourgeoise ». D'ailleurs, elle n'avait pas la possibilité de prendre des mesures extrêmes ; elle devait toujours penser à son enfant.

« Je veux que l'enfant devienne mon ami. Je ne veux pas qu'il ressemble à son père plus tard — qu'il ait ses côtés négatifs.

— Lesquels ?

— Les crises de rage, les jurons. Namdeo pense d'abord au mouvement, avant toute autre chose. Alors, quels que soient nos rapports, jamais il ne rompra les liens qui l'unissent au mouvement. »

Pour le moment, le mouvement était au point mort. Il arrivait à ses membres de tomber d'accord sur certaines questions, de hurler des slogans et de défiler, mais ils n'avaient plus désormais ni direction ni but.

Je lui parlai de la longue file de gens que j'avais vue en arrivant de l'aéroport. Quelle avait pu être leur humeur, tandis qu'ils attendaient ainsi de rendre hommage à Ambedkar, mort depuis si longtemps ?

« Très exaltée. Les Dalits sacrifieront tout et n'importe quoi à Ambedkar. Pour eux, il n'est pas simplement un dieu de plus. Il est Dieu tout court. Ils égorgeraient leurs femmes. N'importe quoi pour Ambedkar.

— Comme le Christ pour les chrétiens », dit Charu de son propre chef.

Mallika était d'accord.

Je lui demandai si elle avait été soutenue par une quelconque foi religieuse tout au long de ces années.

« Chaque fois que les choses allaient mal, je me tournais vers moi-même.

— Aucune croyance ?

— J'ai foi en moi-même. Je n'ai foi qu'en ma propre existence. »

La première partie du livre de Mallika se terminait comme suit (selon la traduction orale que m'en avait fait Charu) : « L'ego masculin est ce qu'il y a de plus hideux dans notre société actuelle. Les femmes prennent un certain plaisir à le flatter. Cela me rappelle une histoire dans laquelle c'était l'arbre lui-même qui donnait sa branche au bûcheron qui avait perdu le manche de sa cognée... Je ne crois pas devoir sacrifier ma vie entière pour quelqu'un qui s'appelle Namdeo. » Le livre, cependant, était aussi le récit de son obsession pour cet homme, sa poésie et sa cause, et de la façon dont cette obsession avait amputé sa liberté. Sa seconde partie s'achevait sur ces mots : « Vous venez de suivre le voyage d'un esprit vaincu. » Et, bien qu'elle eût agi comme elle l'avait fait pour l'amour d'un homme, elle avait toujours été seule. « Il n'y avait personne à mes côtés. »

Charu et moi étions prêts à partir. Désormais, de nombreux détails de la maison prenaient une signification plus pleine : les photographies du père et de la mère de Mallika, les clichés en couleur de Namdeo, le drapeau rouge (confectionné par le fils de Mallika) dans la pièce de devant, la silhouette sombre, silencieuse, pareille à une ombre, de la mère de Namdeo, qui avait fait une dépression nerveuse plusieurs années avant (et qui était à présent sur le point de mourir), le certificat encadré décerné à Namdeo par la Maison de la Culture russe à Bombay, l'icône du Dr Ambedkar, l'affiche annonçant la manifestation des prostituées qu'organisait Namdeo. Au mur, au-dessus de l'énorme cliché en couleur du bébé blanc (Mallika me précisa simplement que cette photo lui plaisait), il y avait un dessin encadré du fils de la maison : des pierres brunes, un gros rocher noir, le soleil rouge, des oiseaux noirs. Dans les griffonnages verticaux du pastel brun qui donnaient du volume et de la solidité aux pierres, j'avais cru voir une grande subtilité et j'avais pris le dessin pour une estampe chinoise contemporaine.

Le meeting des prostituées, que Namdeo mettait sur pied à Golpitha, devait avoir lieu le mardi. Le dimanche, un entrefilet dans un journal annonça que je devais être l'« invité de marque » de l'événement. Le lendemain, d'autres journaux reprirent l'information ; et malgré les coups de téléphone de gens que je connaissais à Bombay, les uns inquiets, les autres amusés, je ne pensais pas que cet entrefilet eût la moindre importance. J'étais convaincu que les méprises ou les exagérations de cet ordre se dissiperaient d'elles-mêmes.

A en juger par l'impression d'affairement qu'avait donnée Namdeo et par l'aspect éminemment sérieux de l'affiche noire et blanche des Panthères dalits, je m'attendais à ce que le meeting soit un événement. Mais une fois sur place, Charu et moi ne trouvâmes presque rien. Il y avait, en travers de certaines allées, des calicots des Panthères dalits ; beaucoup de policiers et de cars de police, mais il ne semblait pas y avoir d'agitation particulière.

Nous étions arrivés tôt, pour mieux capter l'atmosphère du quartier réservé. Nous parcourûmes ses allées étroites : les lumières, les panneaux d'affichage, les baraques, les gens assis dehors, certains sur des lits de camp, dans l'ombre qui baignait le flanc des allées ; les monceaux de détritus visqueux, l'odeur d'égouts ; les prostituées et leurs « maîtresses », les usuriers et les clients des filles faisaient tous partie du même étalage, du mélange de sexualité, d'innocence et de dégradation aussi démoralisant que dans les poèmes de Namdeo inspirés par ce lieu.

La vie nocturne du quartier suivait son train. La perspective du meeting des Panthères dalits organisé par Namdeo — pour protester contre ce qu'on pouvait voir — ne faisait pour ainsi dire pas de vagues. Le meeting devait avoir lieu au bout d'une des allées, sombre et fermée à la circulation, mais débordant néanmoins d'activité ; on ne pouvait y marcher qu'en plein milieu, entre les rangées de baraques, d'éventaires et de lits de camp. Au bout de l'allée, sous une lumière crue, des musiciens assis sur une estrade tendue de draps blancs jouaient des airs populaires.

Il ne semblait pas y avoir la moindre assistance, mais lorsque Charu et moi nous approchâmes, des hommes armés d'appareils photo, et d'autres hommes et femmes en qui Charu reconnut des journalistes, sortirent de l'ombre. Et nous comprîmes que, ce soir-là, tout au moins en ce qui concernait la presse, l'actualité, c'était nous.

Il me sembla qu'il valait mieux partir. Charu et moi fîmes demi-tour et nous revînmes à l'autre bout de l'allée. Les journalistes nous suivirent. Une fois arrivés à l'autre bout, près d'une rue principale mieux éclairée, Charu me dit que nous ne devions pas nous éclipser ainsi, sans autre forme de procès. Nous nous mettrions à dos tous ces gens de presse qui avaient consacré leur soirée à l'événement, si bien qu'ils risquaient de regagner leurs bureaux pour écrire des articles vengeurs. Il valait mieux qu'il aille, lui Charu, parler à la presse — il connaissait ces gens : certains étaient de ses amis — et leur expliquer la situation.

Il m'entraîna dans une échoppe où l'on vendait des cigarettes et me demanda de l'y attendre. Il repartit dans l'allée et se perdit bientôt dans l'obscurité et la foule. Les photographes, en revanche, restèrent sur place. Ils s'étaient arrêtés à quelques mètres de moi, me tenant à l'œil (au cas où j'aurais tenté de m'enfuir), tandis que les musiciens, dont j'apercevais l'estrade éclatante et lointaine au bout de la ténébreuse allée, nous berçaient de leurs rythmes populaires. Brusquement, un des photographes prit une photo ; l'éclair de son flash déchaîna l'activité de tous ses collègues ; je me serais cru au milieu d'un feu d'artifice.

Charu revint enfin. Il y avait du nouveau. Namdeo était arrivé et — chose inhabituelle — Mallika était venue avec lui. A présent, il fallait absolument retourner leur tenir quelques instants compagnie, me dit Charu. Autrement, ils risquaient d'avoir l'impression que je leur faisais faux bond. Déjà, ajouta-t-il, même si je n'en avais pas conscience et si j'étais incapable d'en discerner la raison, une certaine hostilité de caste était en train de s'accumuler chez les gens de l'allée témoins de nos allées et venues. Il suffirait d'une minuscule étincelle pour déclencher des heurts. Et puis, conclut-il, une autre raison m'obligeait à me rendre auprès de

Namdeo et de Mallika. Celle-ci, après tout le temps qu'elle m'avait déjà consacré, avait pris la peine de m'écrire une longue lettre en marathi ; elle la lui avait confiée pour qu'il me la remette.

Une longueur de tapis tressé recouvert d'un tissu quelconque, version locale du tapis rouge, avait été disposée au milieu de l'allée boueuse et sale. Nous marchâmes dessus en repartant vers les musiciens qui continuaient à jouer. Nous entrâmes dans une petite pièce : Mallika s'y trouvait, en compagnie de Namdeo, accueillante, souriante, dans un sari impeccable. J'étais content de les voir, content que Charu m'ait fait revenir. Les femmes du quartier me couvrirent de guirlandes. Les photographes n'en demandaient pas davantage ; et ce sont ces images joyeuses — de préférence aux clichés furtifs pris dans la pénombre de l'allée — que publièrent les journaux du lendemain.

Dans le taxi qui nous ramenait vers le centre, Charu me traduisit la lettre de Mallika : de nombreuses feuilles de papier recouvertes d'une belle et élégante écriture. Elle s'inquiétait à l'idée que je n'avais peut-être pas bien compris les deux faces de ses sentiments : son amour de la liberté, son amour pour Namdeo. Mais en réalité, elle avait tout dit lors de notre entretien.

Le lendemain, nous retournâmes voir Namdeo chez lui. C'était ce dont nous étions convenus quelques jours plus tôt. Pourtant, Charu était nerveux, pour ne pas dire inquiet. Nous n'avions pas assisté au meeting de Namdeo ; peut-être avait-il eu l'impression que nous le laissions tomber. S'il estimait que nous lui avions fait du tort sur le plan politique, il était impossible de savoir ce qu'il ferait. C'était un homme imprévisible.

Quand nous arrivâmes chez eux, Mallika nous dit que Namdeo était là. Il était à l'intérieur, en train de manger. Il vint nous saluer, puis rentra immédiatement. On voyait les journaux du jour dans la pièce de devant : ils avaient été dépliés et parcourus. Je n'avais pas lu les articles qui accompagnaient les photos. Charu, lui, l'avait fait ; et, poussé par un désir d'instaurer la paix en notre nom à tous les deux (et de me faire honte pour n'avoir pas accepté l'invitation à déjeuner de Namdeo quand elle avait été lancée quelques jours auparavant), il s'installa dans la pièce de devant, à la demande de Mallika qui le servit, pour consommer un énorme repas. Il mangeait tout ce qu'elle lui donnait et en redemandait.

Charu, cependant, s'était inquiété à tort. Mallika était satisfaite de la façon dont la soirée s'était déroulée. Elle tenait même à me préciser que les musiciens du meeting avaient fait partie de l'ensemble de musique populaire de son père. Namdeo était très content. Il mangeait de son côté, à l'arrière de la maison, mais ça ne voulait rien dire. Quand chacun eut terminé son repas, Charu dans la pièce de devant et Namdeo dans celle de derrière, nous nous retrouvâmes au milieu d'une atmosphère parfaitement amicale, dans la petite pièce sur le côté de l'édifice, avec son armoire en métal vert olive ornée d'un grand miroir et son pied de lampe couleur de bronze ; et Namdeo fit comprendre qu'il était prêt à me consacrer tout son après-midi, comme il l'avait promis.

Toutefois, n'ayant pas oublié les mises en garde de Charu, je préférai ne pas parler d'emblée du meeting des prostituées. Je me dis que j'allais commencer par sa poésie. Je lui parlai du poème de jeunesse que Charu m'avait traduit, « La route du sanctuaire ». Je le questionnai sur la violence sexuelle de ce texte et d'autres poèmes, plus tardifs, que j'avais eu l'occasion de lire.

Il me répondit de façon très détaillée. Charu, peut-être parce qu'il était toujours mal à l'aise, peut-être aussi à cause de son intérêt pour les choses littéraires, le laissa parler longtemps avant de traduire ou de résumer ; or, Namdeo parlait lentement, de façon réfléchie.

Au milieu des mots marathis, je saisis au vol les deux mots anglais *not sexual* (pas sexuel). Il expliqua que « La route du sanctuaire » n'était pas une de ses meilleures œuvres. Il m'en donna son interprétation. Le poète était comme un orphelin, dans son pays natal. Le sanctuaire vers lequel il se rendait était un endroit réel, une célèbre mosquée de Bombay, au bord de la mer ; mais Bombay était une ville cosmopolite et le sanctuaire qui faisait l'objet du pèlerinage du poète aurait pu être n'importe lequel des lieux saints de la ville. L'« obscurité du sari » et « le fantôme sur le sentier », c'était le système social au sein duquel le poète était né. L'obscurité du sari n'était pas une image sexuelle — si basse que fût sa condition sociale, toute femme avait son code. L'obscurité du sari, c'était l'ignorance : le poète avait passé de longues années à se laver de cette obscurité, de cette ignorance.

Cela dit, il avait écrit de meilleurs poèmes. Il aurait aimé que certains d'entre eux me soient connus. Il y avait notamment un poème sur l'eau. C'était une œuvre assez célèbre :

On apprend à l'eau des préjugés de caste...

Cette idée concernant l'eau lui paraissait importante. Il s'y référa plus d'une fois. Elle était issue de ses souvenirs de l'intouchabilité très stricte encore en vigueur dans le village près de Poona où il avait grandi. Les castes supérieures se baignaient en amont du fleuve ; les castes inférieures en aval ; et les castes supérieures se baignaient toujours les premières.

Il se rappelait encore un incident qui avait eu lieu lorsqu'il était en classe de dixième. Les enfants du village n'avaient aucun préjugé de caste ; ils jouaient tous ensemble. Un jour, il alla se baigner dans une mare avec des garçons des castes supérieures. Le gardien le repéra et lui jeta des pierres. Il s'enfuit tout saignant jusqu'à l'endroit où il habitait et s'y cacha. Sa mère se fit insulter et, en rentrant chez elle, elle le battit pour avoir souillé la mare et lui avoir causé des ennuis.

Il pensait être né en 1940, mais sans pouvoir en être sûr. Même à l'école — ce devait être en 1951 ou 1952 — les garçons des castes inférieures devaient rester à l'extérieur de la salle de classe. Ils n'avaient pas le droit de toucher à la moindre source d'eau ; on versait celle-ci dans leurs mains mises en conque. Le maître d'école ne devait pas toucher un enfant de ces castes. Quand il voulait en punir un, il lui jetait des objets à la tête.

Sa famille appartenait à la caste des *mahars*. Ils formaient une vaste famille vivant tous ensemble : les femmes et les enfants de trois frères, soit en tout vingt-cinq personnes, logées dans la même maison. Le père de Namdeo n'habitait pas là ; il avait émigré à Bombay, laissant sa famille au village. La famille possédait de la terre. Ils vivaient du produit de cette terre et aussi des devoirs traditionnels de leur caste.

Au moment où Namdeo nous parlait des devoirs traditionnels des *mahars* dans son village natal, nous fûmes rejoints dans la petite pièce de derrière par un homme que j'avais déjà vu chez lui, un de ces personnages silencieux qu'on ne présentait pas, dont on n'expliquait pas la présence, mais qui semblaient être là comme chez eux. Ce petit homme à la peau sombre, arborant une épaisse moustache et une tunique orange, se planta à côté du siège de Namdeo et écouta avec une attention particulière, secouant la tête d'un air solennel pour confirmer ce que disait notre hôte concernant les devoirs des *mahars*.

Ces derniers étaient chargés de convoquer les gens sommés de comparaître devant les services du fisc. C'était un devoir officiel, pour le compte du gouvernement, et, jadis, il pouvait les obliger à parcourir de longues distances par n'importe quel temps. D'autres devoirs étaient plus traditionnels. Quand un habitant du village mourait, c'était aux *mahars* que l'on confiait le soin de prévenir tous les parents du défunt. Ils devaient aussi faire disparaître les dépouilles. En échange, les villageois des castes supérieures leur donnaient une certaine quantité de grains trois fois par an.

L'ami de la maison balançait gravement la tête de gauche à droite, les yeux baissés vers un point situé à mi-chemin du sol, si bien qu'on aurait dit qu'à entendre parler Namdeo, cet homme se rappelait avec nostalgie les coutumes passées.

« Trois fois par an », répéta-t-il.

Les *mahars* détenaient un autre privilège. C'était une sorte de rite quotidien et Namdeo en parla longuement, tandis que l'ami de la maison l'écoutait, les yeux baissés, et secouait la tête.

Les *mahars*, dit Namdeo, avaient le droit de se présenter tous les jours chez les gens des castes supérieures et de leur demander du pain. S'il y avait dix foyers *mahars* dans un village, ils se répartissaient les maisons des castes supérieures et chaque famille *mahar* avait donc le droit de se présenter à la porte de certaines d'entre elles. Le *mahar* chargé de cette tâche se mettait en route tôt le matin, portant sur sa tête un panier d'osier ou de métal. Arrivé à la porte de la maison de caste supérieure, il s'inclinait et demandait du pain. Il le demandait à deux reprises. Et si on ne lui en donnait pas, il avait alors le droit de l'exiger absolument. Les *mahars* accomplissaient ce rite tous les matins. Et les gens des castes supérieures leur donnaient du pain qu'ils laissaient tomber dans le panier, en prenant bien soin de ne pas y toucher.

« Sans y toucher », répéta l'ami.

C'était ainsi que fonctionnait le système des castes à l'époque où il était encore en vigueur, avant 1955. Après cette date, il avait commencé à s'effondrer. Au lieu de grain et de certains droits, les *mahars* se voyaient offrir de l'argent en échange de leurs services ; mais parfois aussi, on ne leur offrait rien du tout. Donc, alors que leurs devoirs au village restaient les mêmes, le peu de droits dont ils jouissaient allait diminuant. A cette époque, Ambedkar était très puissant ; et les *mahars* et d'autres membres des castes inférieures avaient commencé à revendiquer des droits politiques.

Parmi les castes inférieures de la région, les *mahars* étaient les seuls qui avaient le droit de posséder de la terre. C'est pour cette raison que la famille de Namdeo en avait et gagnait un peu d'argent en la cultivant. Ce droit, les *mahars* l'avaient acquis de façon intéressante.

Il était une fois un maharajah de Bidar, lequel désirait envoyer sa fille dans un certain lieu. Traditionnellement, c'étaient les *mahars* qui portaient les palanquins, et le rajah ordonna aux *mahars* de son royaume de porter sa fille jusqu'à l'endroit où elle devait aller. Les *mahars* comprirent à quel point la tâche qui leur était confiée était importante ; par précaution, afin d'éviter tout accident et tout malentendu, ils se châtrèrent avant de se mettre en route. Les ennemis du maharajah commencèrent à propager la rumeur que la princesse avait eu des rapports charnels avec les *mahars*, et le rajah fit comparaître ces derniers pour les questionner. Ils s'exposèrent à sa vue et lui dirent qu'ils s'étaient ainsi mutilés avant d'emmener sa fille. Le père en conçut un tel soulagement qu'il leur donna des terres. Et ce fut ainsi que les *mahars* devinrent la seule caste inférieure de la région à en posséder.

Namdeo avait pris, me semblait-il, beaucoup de plaisir à nous relater ce conte romantique ; de même qu'un peu plus tôt, encouragé par son ami, c'était avec une espèce de nostalgie qu'il avait paru évoquer les habitudes de caste dans son village. Je demandai à Charu de l'interroger sur cette nostalgie : je craignais d'avoir peut-être manqué quelque chose.

Namdeo parla longuement, tandis que son ami en tunique orange se montrait toujours aussi encourageant.

Charu finit par traduire : « Il a parfaitement conscience des souffrances qu'il a subies, mais il y a aussi en lui un poète et un écrivain et c'est en tant que tel qu'il éprouve le désir de rechercher ainsi ses propres racines. La souffrance a toujours fait partie de sa psychologie. Dans le temps, il n'était pas question de se plaindre. On était un *mahar* et on remplissait ses devoirs, un point c'est tout. »

Il n'avait pas connu que des souffrances au village. Le maître d'école était imbu des préjugés de sa caste et le négligeait, mais cette attitude lui avait justement donné une certaine liberté dans son enfance. Il prenait plaisir à emmener les vaches paître ; il allait nager dans le fleuve.

En 1958 — il avait alors dix-sept ou dix-huit ans et se trouvait en classe de huitième — il quitta son village pour Bombay. Il se rappelait qu'on jouait dans les cinémas *Mother India* avec l'actrice Nargis. Il s'installa dans un bidonville avec un de ses oncles qui habitait deux pièces dans un *chawl*. Cet établissement s'appelait le « chawl dhor », d'après la caste des *dhors*, chargée de l'élimination des carcasses de bétail et du travail dans les tanneries. Il n'y avait dans le *chawl* que des gens de cette caste, si bien que Namdeo ne parvint pas à laisser les problèmes de caste derrière lui au village ; ils le suivirent à Bombay.

Il ne prit pas de travail. Il fréquentait une école. A l'école du village, il avait été un des plus mauvais élèves de la classe de huitième ; à Bombay, dans la même classe, il était premier. Ce fut à cette époque, aussi, qu'il commença à écrire des poèmes.

Ils sortaient toujours de lui « d'une seule coulée ». Il avait lu des articles sur Bob Dylan et Eldridge Cleaver et il avait lu aussi quelques poètes noirs ; et Leroi Jones. Il les avait lus en anglais. Il comprenait cette langue, même s'il ne la parlait pas. Il n'y avait pas d'influence directe, mais il avait conscience de l'œuvre de ces poètes. Il connaissait aussi Allen Ginsberg, Rimbaud, Rilke, Baudelaire, Lorca, les quatre derniers dans des traductions anglaises. Il avait lu tous les grands poètes du milieu du XXe siècle.

Et même si, vue de loin, sa carrière n'était pas sans évoquer celle d'un certain nombre de membres du mouvement Black Power aux États-Unis — il était devenu quelqu'un dont on parlait dans la presse et, en dernier ressort, il était même plus célèbre que sa cause — pourtant, en m'entretenant avec lui dans cette petite pièce de la maison de Bombay, j'avais le sentiment qu'il était prisonnier d'un passé indien que nulle personne de l'extérieur ne pouvait véritablement comprendre. Il avait été plus difficile pour lui de s'évader, de rejeter le passé, que cela ne l'avait été pour les Noirs américains. Et à présent Namdeo était de nouveau, d'une manière différente, prisonnier de l'Inde, avec sa multiplicité de mouvements et ses besoins désespérés ; il pouvait très facilement sombrer de nouveau. Il ne lui était pas vraiment possible, comme aurait pu le faire un activiste noir aux États-Unis, de se retirer de la lutte, d'opter pour la solution de facilité.

Je lui demandai s'il était désormais davantage un poète qu'un politicien.

« Les deux rôles ne sont pas séparés. Je suis contre le système des castes et je l'exprime dans mes activités politiques et dans mes poèmes. La poésie est un acte politique. Les activités politiques font partie de ma poésie. »

A présent, seulement, je crus pouvoir mentionner l'aventure de la veille au soir.

« Vous allez continuer à travailler avec les prostituées ?

— Je continuerai à m'occuper de divers problèmes. Les prostituées constituent un problème important.

— Certains Dalits vous jalousent-ils ?

— On me jalouse. D'aucuns m'accusent d'être communiste. »

Quand il était venu nous saluer, avant de retourner à l'intérieur terminer son repas, il m'avait semblé négligé dans sa tenue, habillé pour rester chez lui, avec une chemise brunâtre et un dhoti multicolore. En réalité, il était vêtu avec beaucoup de soin. La chemise était élégante, couleur tabac, dans un tissu épais qui avait du relief ; et le dhoti était en tissu écossais. Namdeo était en harmonie avec la pièce, avec ses murs satinés et son vase de fleurs en plastique sur le rebord de la fenêtre, devant la ligne verticale des barreaux de fer : le goût de Mallika était ici omniprésent.

« Mallika dit que votre poésie fait date, dis-je.

— Je suis toujours étonné quand les gens disent des choses pareilles. La littérature marathe est si pauvre. Il y a eu de beaux poèmes, ceux de Tukaram par exemple, et puis plus rien pendant des centaines d'années. »

A l'heure actuelle, il menait une vie très publique. Lui était-il possible de continuer à écrire des poèmes tout en ayant une vie aussi publique ?

Il se méprit sur le sens de ma question. « Cela ne me dérange pas particulièrement. Je ne m'attends pas à être loué.

— Mallika a dit que vous aviez défendu son droit de faire publier son livre. »

Il ne répondit pas directement. « C'est un conflit entre deux cultures, deux contextes. La mère de Mallika était une hindoue traditionaliste. Bien que son père ait été musulman, elle est issue d'une culture hindoue traditionnelle, bourgeoise.

— Vous avez défendu son livre ?

— Son livre m'a fait du tort, c'est vrai. Au-dehors, je passais pour un progressiste et le portrait tracé par Mallika m'a desservi. Mais Mallika avait raison. J'ai toujours été un partisan d'Ambedkar. Cela fait partie de mon être et j'estime que Mallika a le droit de dire ce qu'elle ressent envers son mari. »

Et puis, s'expliquant de lui-même, sans attendre mes questions, il se mit à me parler de certaines des choses que j'avais peut-être entendu dire à son sujet ou que j'aurais pu vouloir savoir.

« Mon ascension politique a commencé en 1971-1972. Avant cette date, je vivais dans le quartier de Kanthipura au milieu de la pègre. On y gagnait de l'argent facile. C'était un quartier réservé, où régnaient l'ignorance, la mafia et la cruauté. Un quartier cruel, et cette réalité a eu son effet sur moi. Elle a eu une énorme influence sur ma personnalité. Quand on est jeune, on est coriace et militant. Cette énergie peut vous mener dans le droit chemin ou sur la mauvaise pente. Si je n'avais pas eu mon passé bien particulier et si je n'avais pas eu conscience du mouvement d'Ambedkar, j'aurais pu être l'un des grands caïds de la pègre et je ne me serais peut-être pas lancé dans la politique. A cause de la façon dont j'avais été élevé, je débordais de colère et j'étais prêt à me battre à la moindre provocation. Certaines des rixes auxquelles j'ai été mêlé ne sont pas passées loin du meurtre. Toute la pègre de Bombay me connaissait. »

L'après-midi s'était écoulé ; le crépuscule était presque là. Notre entretien avait pris très longtemps, parce que Namdeo s'était toujours exprimé de façon très prolixe et que j'avais dû attendre les traductions ou les résumés de Charu. J'étais fatigué. Charu aussi et, en plus, il avait manqué le cirque russe en tournée, où il avait espéré emmener sa femme ce soir-là. Je me levai, prêt à partir, mais Namdeo ne l'entendait pas ainsi.

« Vous ne m'avez rien demandé sur ma vie privée ? »

Et alors, comme un homme qui fait ce qu'on attend de lui et qui en donne pour son argent, il me parla de ce qu'on disait de lui et dont on se servait parfois contre lui.

« J'ai été chauffeur de taxi. De 1967 à 1971. Je fréquentais les prostituées. Je me suis adonné à toutes sortes de vices, pour voir. *A présent, je suis trop normal et comme il faut.* » Cette dernière phrase était en anglais. « Même après mon mariage, j'ai continué à voir des prostituées de temps en temps. Quand il y a eu des désaccords parmi les Panthères dalits, je me suis mis à boire comme un trou. C'était moi qui avais fondé les Panthères et après, on m'a mis en minorité. Le coup a été très dur. J'en suis encore très peiné.

— Pourquoi avez-vous perdu le pouvoir, d'après vous ?

— J'étais en avance sur mon temps. J'ai essayé d'élargir la définition des Dalits — d'englober tous les opprimés et pas seulement les castes inférieures. Si l'on veut vraiment venir à bout de l'intouchabilité, il faut savoir surnager dans le courant principal. Moi, je voulais suivre ce courant. C'est pour cela que je voulais élargir la définition des Dalits. Mais les réactionnaires parmi eux ne voulaient pas faire partie du courant principal. Ils étaient convaincus que, pour terrasser les sentiments communautaires, il fallait faire soi-même partie d'une communauté. Et ce sont ces gens-là qui m'ont mis en minorité. »

Et puis, il y avait sa maladie. Elle s'était déclarée en 1981 ; c'est aussi l'année où il avait publié son dernier livre. Il avait parlé avec détachement et franchise de sa vie et de ses faiblesses, tandis que l'ami de la famille, avec son épaisse moustache et sa tunique couleur orange ou safran (qui ressemblait de plus en plus à quelque vêtement religieux), l'écoutait, les yeux baissés pas tout à fait jusqu'au sol, secouant la tête de temps à autre pour marquer son accord. Et c'est sur le même ton que Namdeo nous parla de sa maladie. On aurait dit qu'il était extérieur à son existence et qu'il l'observait de loin. Il n'était plus en quête de louanges ni d'approbation : il parla du droit qu'avait Mallika de publier son livre peu flatteur, comme si l'autre possibilité, celle de la colère et de la censure, ne lui était jamais venue à l'esprit.

Il avait parlé de sa propre violence passée, mais à présent il était calme ; peut-être était-ce, après tout, quelque chose qu'il avait hérité de la culture indienne qui l'environnait.

« Que signifie Ambedkar pour les Dalits ?

— Il fut un temps où on nous traitait comme des animaux. A présent, nous vivons comme des êtres humains. Et ça, c'est grâce à Ambedkar. »

Donc, de même qu'on pouvait discerner un sens plus vaste dans la maison aux murs satinés couleur lilas et aux sièges de rotin peints en blanc, on pouvait aussi en venir à mieux comprendre la longue file patiente d'hommes et de femmes au teint sombre d'un côté de la route, le matin de mon arrivée : il ne s'agissait pas seulement des pauvres de l'Inde, mais d'une expression de l'ancienne cruauté inhérente à cette pauvreté ; il s'agissait de gens tout en bas de l'échelle sociale, emplis d'émotion, qui à ce moment précis n'avaient pas de conviction politique, mais se contentaient de rejeter le rejet.

2

LE RÉCIT DU SECRÉTAIRE

Aperçus du siècle indien

Un jour, Nikhil me dit : « Je connais un homme ici, qui s'appelle Rajan. Il est le secrétaire particulier d'un politicien et homme d'affaires influent. Il dit qu'il a fait votre connaissance à Calcutta en 1962. »

Je n'en avais aucun souvenir et même lorsque Nikhil m'emmena, un après-midi, dans le bureau de cet homme, rien ne me revint. Rajan était un petit Méridional robuste, au visage noir et carré. Son bureau — ou plus exactement la suite dont il faisait partie — était un des bureaux les plus spacieux et les plus élégants que j'aie vus à Bombay. La décoration était de style international, dans des couleurs fraîches et neutres, et la climatisation fonctionnait à merveille. De toute évidence, Rajan exerçait dans cet endroit une réelle autorité. Il portait un costume Mao couleur tabac, à manches courtes, qui aurait aussi bien pu passer pour une version du costume indien traditionnel ou tout simplement pour un ensemble « safari ».

« Vous êtes venu à Calcutta en 1962, me dit-il, pendant la guerre avec la Chine ou juste après. Vous étiez avec des gens de cinéma. A l'époque, je m'intéressais moi-même de très près aux films et aux arts — c'est la période de mon existence où j'ai nourri les plus grands espoirs. A la fin d'une soirée, quelqu'un de la Film Society m'a présenté à vous. J'étais chargé de vous raccompagner jusqu'à la maison où la firme de produits chimiques logeait ses invités et où vous séjourniez. »

Cette guerre douloureuse en toile de fond, le mélange de fumée et de brume automnale qui flottait sur Calcutta, les petites pièces de la Film Society, éclairées par le plafond et remplies de vieux mobilier de bureau : un ou deux moments de cette soirée disparue commencèrent à me revenir en mémoire, mais c'étaient de simples images, auxquelles il était bien difficile de se raccrocher. Et il ne me restait rien de la fin de soirée.

« J'avais vingt-deux ans, dit Rajan. Je travaillais dans une agence de publicité, où j'étais une espèce d'employé de bureau. Je gagnais trois cent quinze roupies par mois. On pensait que j'allais faire carrière dans la publicité, mais c'était une erreur. »

Trois cent quinze roupies par mois, soit vingt-quatre livres.

« Quand avez-vous quitté Calcutta ?

— C'est une longue histoire », dit-il.

Et plus tard, cet après-midi-là — assis devant le club-house du stade Brabourne, le vieux stade de Bombay où se déroulaient les rencontres internationales de cricket, occupés à prendre le thé en regardant de jeunes joueurs de cricket s'entraîner devant les filets réservés à cet usage (avec à l'autre bout du terrain les hauts échafaudages qui constituaient l'envers de la grande scène construite pour le spectacle russe de patin à glace, dans le cadre du Festival russe en visite) — puis un autre jour, dans une chambre d'hôtel non loin de l'endroit où il travaillait, commençant juste après la fermeture des bureaux et continuant à parler fort avant dans la soirée, Rajan me raconta son histoire.

« Je suis né à Calcutta en 1940. Notre famille était originaire du Sud, de la province qu'on appelait province de Madras du temps des Britanniques et qui est aujourd'hui l'État de Tamil Nadu. Mon grand-père était une espèce de petit fonctionnaire de la justice, près de la ville de Tanjore. On le respectait en raison de son honnêteté et de son courage. Courage au sens où, quand il se passait quelque chose de mal, ou quand quelqu'un lui demandait d'agir contrairement à ce que lui dictait son cœur, il devenait violent et résistait par tous les moyens qu'il jugeait bons.

« Il était sous les ordres d'un Britannique. Ce dernier a voulu forcer mon grand-père à témoigner dans un procès et à faire une fausse déposition. Je sais seulement que tout s'est terminé par une espèce d'esclandre et que mon grand-père a retiré son soulier pour en frapper le Britannique. Après cet incident, il a vite compris que la vie serait bien difficile pour lui à Tanjore, et il a donc décidé d'émigrer dans le Nord avec son fils unique qui à l'époque était étudiant. Ce devait être le début du siècle, entre 1900 et 1905.

Il a choisi de s'installer à Calcutta, le quartier général des Anglais, car il lui serait sans doute possible d'y gagner de l'argent et d'y refaire plus ou moins sa vie.

« A Calcutta, il a logé chez un ami ou parent éloigné jusqu'à ce qu'il se soit acclimaté. Il a fait apprendre la sténographie à son fils. Les Indiens du Sud, surtout les brahmanes, comprenaient mieux l'anglais, parce qu'ils avaient plus souvent l'occasion d'en entendre, et ils trouvaient des emplois de secrétaire, sténographe ou même dactylo. Ces professions étaient sans doute celles qu'exerçaient le plus fréquemment les brahmanes du sud de l'Inde, ou brahmanes tamouls, sous les Britanniques — et c'est quelque chose qui n'a changé qu'au cours de ces dernières années. Autrement, en tant que classe, les brahmanes du sud de l'Inde étaient enseignants ou prêtres ou employés de bureau. Ou bien, s'ils avaient de la chance, ils trouvaient un emploi dans un des services gouvernementaux. C'était l'époque où il n'y avait rien de plus prisé que de travailler pour le gouvernement à dix roupies par mois — c'était l'ambition suprême de la plupart des brahmanes tamouls ayant reçu une certaine instruction. Et bon nombre d'entre eux ont émigré vers le Nord et ses grandes villes, Bombay, Calcutta, Delhi.

« Une fois installé dans ses meubles, mon grand-père a vécu à Howrah, de l'autre côté du fleuve par rapport au centre de Calcutta. C'était une de ces maisons résidentielles, typiques de Calcutta — une maison *pucca*, une vraie maison, pas une *kaccha*, une de ces habitations à moitié finies ou improvisées — qui se trouvait dans un quartier bourgeois respectable. On pouvait louer ce genre d'endroit. Dans ce quartier, il y avait d'autres gens originaires du Sud qui avaient eux aussi émigré et qui se sentaient plus en sécurité au milieu de leurs compatriotes. Notez qu'à l'époque on n'était pas mal disposé envers les Indiens du Sud à Calcutta — ce n'était pas comme maintenant. A vrai dire, les Bengalis avaient le plus grand respect pour les Méridionaux. C'est tout à fait différent aujourd'hui. Depuis les années soixante, les Indiens du Sud qui vivent à Calcutta ont le sentiment d'être rejetés, alors qu'ils y sont installés depuis des dizaines d'années. C'est peut-être une des raisons pour lesquelles j'ai quitté Calcutta pour Bombay — mais ça s'est passé longtemps après.

« Mon père est devenu sténo à l'âge de dix-sept ou dix-huit ans. Ce devait être vers 1909 et il travaillait sans doute pour une firme britannique. C'était un excellent sténographe ; il m'a dit qu'il avait gagné à deux reprises le prix spécial de cinquante roupies par lequel le gouvernement récompensait les employés les plus rapides en sténographie et dactylographie anglaises. Il a continué à vivre à Howrah, chez mon grand-père, qui habitait la partie d'une demeure résidentielle. A Calcutta, il n'existait rien de semblable à des appartements ou à des logements. Il y avait simplement des morceaux de maisons — le propriétaire habitait une partie de sa maison et louait le reste, avec de petits ajustements ici et là.

« Au bout de quelques années, mes grands-parents sont morts tous les deux, ne laissant guère d'argent ni de biens matériels. Mais le temps aidant, mon père a trouvé des emplois de mieux en mieux rémunérés. Entre 1915 et 1925, il en est arrivé à toucher un salaire très honnête. Il avait assez d'argent non seulement pour élever très confortablement sa famille, mais aussi pour acquérir certains signes extérieurs de richesse, par exemple des chevaux et un phaéton. Il possédait quelques chevaux arabes conduits par des cochers musulmans. Pourquoi musulmans ? Parce qu'à l'époque ils étaient les plus disponibles pour ce genre de besogne. En ce temps-là, pour certains travaux de confiance, les hindous n'hésitaient pas à s'entourer de musulmans.

« Je n'ai pas, bien sûr, de souvenirs personnels de cette période de la vie de mon père. Toutes ces choses m'ont été racontées par ma sœur aînée, sans que je le lui demande. Et aussi par des gens qui avaient très bien connu mon père. Certains d'entre eux me disaient quelquefois : "On a rarement vu à Calcutta des Indiens du Sud vivre sur le même pied que ton père ou avec autant d'élégance." Quand j'étais gosse, quand j'avais treize, quatorze, quinze ans et que j'allais encore à l'école, dès que je rencontrais ces gens dans des réunions mondaines, j'entendais toujours cette rengaine. On parlait de quelqu'un qui avait bien réussi dans la vie, ou de quelqu'un qui avait raté, et aussitôt on me ressortait la gloire passée de mon père. Quand j'entendais ces histoires, j'éprouvais un mélange de fierté et de tristesse.

« Durant ces années d'aisance, mon père a décidé d'adopter une tenue vestimentaire typiquement britannique — il ne lui manquait ni le haut-de-forme, ni l'habit, ni le gilet, ni les chaussures bicolores, ni la cravate. Et il passait en outre ses heures de loisir à jouer au tennis. Il a fondé un club de tennis tout près de chez lui. En tant qu'Indien du Sud, il vivait pour trois fois rien. A cette époque, tous les Indiens du Sud ou Tamouls sans exception étaient végétariens, bien sûr. Alors, deux cents roupies par mois représentaient un beau salaire. Une famille moyenne pouvait se débrouiller avec trente ou quarante roupies.

« C'était un homme profondément religieux, comme l'étaient presque tous les brahmanes du Sud. En dehors du tennis, il consacrait exclusivement son temps aux *pujas* et aux *bhajans*, qui sont des chants religieux. Il jouissait d'une véritable notoriété pour la façon dont il chantait les *bhajans*. Il est devenu un des chefs de la communauté dans son quartier. Résultat : il hébergeait chez lui des émigrants qui arrivaient du Sud, des jeunes gens qui cherchaient à gagner leur vie. Ils étaient logés, nourris, habillés et recevaient une formation de sténographes et de dactylographes. Il y avait chez nous des cours presque officiels de sténographie. En plus, il les aidait à trouver des emplois dans les firmes britanniques.

« Mon père respectait les Britanniques. Sa faculté de s'entendre avec eux et son amour de la langue anglaise l'empêchaient probablement de les considérer uniquement comme des gens qu'il fallait haïr. Jamais il n'a eu la moindre espèce de fibre politique.

« Mon père s'est marié trois fois. Il a perdu sa première femme, s'est remarié pour que sa deuxième femme puisse s'occuper de ses deux enfants du premier lit. Quand elle est morte, laissant à son tour deux ou trois enfants, la famille de mon père l'a obligé à se marier une troisième fois. A l'époque, ces mariages n'étaient pas difficiles à arranger. En dépit de leur manque de moyens financiers, les brahmanes tamouls étaient invariablement féconds. Du moment qu'ils étaient sûrs de l'essentiel — sûrs que l'homme appartenait à la même communauté et qu'il était capable de subvenir aux besoins de sa femme et de sa famille — ils étaient enchantés de donner leurs filles à qui voulait bien les épouser.

« En 1935, mon père s'est donc marié pour la troisième fois. Il avait quarante-trois ans. Sa troisième femme, ma mère, en avait dix-huit. Ils ont eu un enfant en 1937, un garçon, mais qui n'a vécu que six mois, surtout à cause de la mauvaise santé de ma mère. Moi, je suis né en 1940.

« A cette date, mon père avait déjà marié ses deux filles aînées et il en restait une à caser. Il avait aussi un fils de son deuxième mariage, qui allait encore à l'école. On traversait les années si incertaines de la guerre. Mon père était alors gardien de *godown* (d'entrepôt). C'était un travail à responsabilités — la plupart des articles stockés dans l'entrepôt étaient importés. Le *godown* en question appartenait à la firme japonaise Mitsui. Mon père avait commencé à travailler pour les Japonais en 1936, après avoir épousé ma mère. Et il a continué jusqu'à ce que les firmes japonaises aux Indes soient contraintes de fermer leurs portes, à cause de la guerre. Après quoi, mon père est passé au service du gouvernement, à la DGMP, la Direction générale des munitions et de la production, qui venait d'être créée.

« A la fin de la guerre, il a démissionné. Vers cette époque, le mouvement d'indépendance du mahatma Gandhi prenait des proportions de plus en plus importantes, et les musulmans commençaient à leur tour à s'agiter. En 1946, il y a eu à Calcutta de terribles émeutes entre hindous et musulmans.

« Mais, avant cette date, ma mère était tombée gravement malade. Quand elle a senti venir la mort, elle a demandé à l'aînée de mes demi-sœurs — qui avait épousé un ancien militaire — de m'élever. Alors, quand ma demi-sœur et son mari ont quitté Calcutta, je suis parti avec eux. J'avais six ans. Ma mère est morte un mois plus tard.

« Presque en même temps ont eu lieu à Calcutta les graves émeutes entre hindous et musulmans, au cours desquelles l'immeuble où nous vivions a été entièrement brûlé. Nous avions quitté Howrah depuis longtemps, pour nous installer à Calcutta même. Quand mon père avait perdu son emploi à la DGMP, à la fin de la guerre, nous étions allés nous installer dans un logement d'une seule pièce dans un grand immeuble. C'est cet immeuble-là qui a été incendié durant les émeutes et entièrement détruit — avec la pièce où ma mère était morte et où nous avions entreposé presque tout ce que nous possédions.

« Pendant l'émeute, mon père a été contraint de sauter dans une jeep et de tout abandonner derrière lui, donnant, pour sauver sa peau, tout l'argent qu'il avait, soit plusieurs milliers de roupies, aux gens qui l'avaient véhiculé. Ils l'ont déposé, lui et d'autres personnes dans la même situation, à la gare de Howrah, les laissant monter comme ils pouvaient dans des trains qui quittaient la ville à destination de l'endroit qu'ils avaient choisi.

« Moi, j'étais avec ma sœur et son mari, très loin de Calcutta ; mon beau-frère était inspecteur de l'approvisionnement pour le gouvernement de l'État où nous vivions. Il avait quitté l'armée en 1945, mis en disponibilité ; c'était l'armée d'Auchinleck. Il avait été l'un des officiers du vice-roi, comme on les appelait, et quand il a quitté l'armée, il avait atteint le grade de *jemadar*. Ces gens-là, les officiers du vice-roi, avaient été enrôlés dans l'armée avant les hostilités, à une époque où les Britanniques sentaient qu'ils allaient bientôt se trouver en guerre. Enfant, j'admirais beaucoup mon beau-frère. J'étais toujours impatient de le voir. A mes yeux, c'était une espèce de héros. Il était toujours très bien habillé. Il avait des tas de cadeaux pour nous — des chocolats, des provisions de la cantine. La seule chose que je n'aimais pas, c'était sa manie de fumer.

« J'avais conscience de ce qui arrivait à mon père à Calcutta. Je voyais des photos dans les journaux, et les gens parlaient des atrocités. Cet enchaînement de circonstances — le fait d'avoir vu ma mère agoniser pendant des mois, dans notre unique pièce, avec mon vieux père qui la soignait ; puis d'avoir été confié à ma sœur et d'être parti avec elle et son mari dans un endroit entièrement nouveau, à l'autre bout de l'Inde, où l'on parlait une autre langue, le marathi, que je ne comprenais pas — toute cette succession d'événements me plongea dans une espèce de crise de tristesse et de dépression absolues.

« C'est aujourd'hui que je vois ça comme une dépression. A l'époque, je restais simplement assis devant la maison, sur le perron, recroquevillé sur moi-même, la tête appuyée sur les bras, assis tout seul sur le perron devant la maison de ma demi-sœur. Je passais des heures entières ainsi, désorienté, ne sachant plus quoi penser.

« Un jour, sans crier gare, mon père a débarqué et je suppose qu'il m'a un peu rendu à la vie. Et puis il est reparti, en promettant de m'emmener, de me reprendre avec lui, une fois que les choses se seraient tassées. C'était juste avant l'indépendance.

« Mon beau-frère s'est mis à négliger son travail. Il nous laissait et s'absentait pendant des semaines entières, sans dire où il allait. Ma sœur a écrit à mon père pour l'appeler à l'aide, mais il n'avait pas encore réussi à régler ses affaires. Il avait presque cinquante-cinq ans à l'époque. Après diverses pérégrinations avec ma sœur et son mari — qui n'arrêtait pas de changer d'emploi et qui chaque fois faisait des fugues, comme il en avait pris l'habitude — mon père est revenu et nous a emmenés, ma sœur et moi, à Calcutta où il avait enfin trouvé à se loger. Il avait aussi trouvé du travail dans une firme d'import-export. C'était en janvier 1948, le mois de la mort du mahatma Gandhi.

« J'ai passé quelque temps auprès de mon père. Et puis ma grand-mère est arrivée et m'a emmené avec elle, dans son village du Sud, où elle m'a mis à l'école. Mais cette vie au village ne me convenait pas du tout et en 1950, je suis retourné à Calcutta, chez mon père. Il a commencé à me donner des leçons à la maison et ce n'est qu'en 1952 — j'avais alors onze ans — que j'ai vraiment été inscrit dans une école. Mon père n'a pas pu m'accompagner, alors je suis allé tout seul jusqu'à l'école où je me suis fait admettre en classe de sixième, après un examen d'entrée.

« Mon père m'enseignait surtout l'anglais. Il n'attachait guère d'importance aux autres matières. Parce qu'il aimait tant la langue anglaise et parce qu'il était vieux il me faisait lire tout haut les éditoriaux et les articles de fond du *Statesman*, même s'il m'arrivait souvent de ne pas être capable de suivre ce que je lisais. Il me demandait de souligner les mots et les phrases difficiles et me laissait le soin d'en noter le sens ; c'étaient mes devoirs de l'après-midi.

« Les revenus de mon père avaient diminué, et nous vivions à présent dans un endroit où les loyers étaient bas. Il y avait là une poignée de Britanniques restés en Inde, dans les belles demeures qui nous entouraient, un nombre important de musulmans et un nombre non moins important d'Anglo-Indiens et de chrétiens. Toute notre famille — nous étions six à présent : mon père, mon demi-frère, ma demi-sœur et ses deux enfants, et moi — habitait une très grande pièce qui faisait environ six mètres soixante sur près de six mètres. Il fallait partager le point d'eau et les toilettes.

« Il n'y avait guère d'Indiens du Sud dans cet endroit et notre famille ne s'intégrait pas tout à fait. Alors mon père a décidé de déménager pour un endroit où il serait plus facile de se mélanger et où mon école serait plus près. Je me suis inscrit dans une école pour les Indiens du Sud.

« Je l'ai fréquentée trois ans. Tous les ans, à l'époque des examens, j'avais de petits problèmes de santé, et je dois dire que c'était uniquement parce que j'avais bien travaillé tout au long de l'année que je réussissais à passer dans la classe supérieure.

« Nous habitions un trois pièces. Mon frère avait commencé à gagner sa vie.

« J'ai terminé mes études en mars 1955. Mon père est mort deux mois plus tard, à la suite d'un accident de la circulation, tout près de chez nous. Il se levait toujours très tôt. Il était parti au marché acheter des fleurs pour le *puja* du matin et, sur le chemin du retour, une moto portant trois personnes et circulant du mauvais côté de la route l'a fauché et laissé inconscient. Nous l'avons trouvé dans une mare de sang, avec les légumes et les fleurs qu'il avait achetés éparpillés tout autour de lui.

« Nous l'avons emmené à l'hôpital en taxi, avec un des passagers de la moto ; les deux autres avaient disparu. Ce type n'était pas blessé. Il faisait simplement semblant et quand il a vu qu'il n'y avait que mon frère et moi pour soutenir mon père, il a ouvert la portière du taxi dans un virage et s'est enfui. Mon père est resté trois jours à l'hôpital. Trois jours atroces. Il n'a pas repris conscience. Il est décédé.

« La famille n'avait plus pour vivre que les cent cinquante roupies par mois que gagnait mon frère, soit quatorze livres. Il était secrétaire d'un directeur d'usine britannique ; l'usine était située en banlieue. Donc, il a fallu quitter le trois pièces. Nous sommes partis nous installer dans un logement plus petit, près de l'usine de mon frère.

« Je ne pouvais plus songer, désormais, à des études supérieures. Je ne voulais pas être un fardeau pour mon frère. Et de toute façon, je voulais mon indépendance. Alors, j'ai décidé d'apprendre le métier qui s'imposait — d'abord, la dactylographie. Il y avait justement une école pas loin de là où nous habitions à présent. Ça coûtait quatre roupies par mois. Au début, c'est mon frère qui a payé, mais bientôt j'ai été en mesure de gagner un peu d'argent et de payer moi-même. Je faisais des petits boulots de dactylographie à l'école. J'étais aux aguets pour les emplois en tout genre, mais ce n'était pas facile. Bien souvent, je faisais des quinze ou vingt kilomètres à pied pour aller relancer un ami, dans l'espoir qu'il m'aiderait à trouver du travail. J'avais environ seize ans. »

Quoique trapu, Rajan était un homme de petite taille. Je me demandais quelle pouvait être sa condition physique à l'époque dont il me parlait.

« Vous vous sentiez fort ou faible ? demandai-je.

— Je n'avais pas toujours suffisamment d'énergie, mais ce qui m'a permis de tenir le coup, c'était ma volonté d'être indépendant. Je vais vous dire ce que j'ai fait un jour. Je suis allé contacter un des Britanniques de l'usine de mon frère. "Tu es trop jeune, m'a-t-il dit. Tu devrais être à l'école." Une autre personne que j'ai sollicitée m'a répondu : "Mais tu n'as même pas de *moush*." De moustache.

« Je traversais des périodes de tristesse et de mélancolie. Presque comme à l'époque où je restais assis sur le perron de la maison de ma sœur. Je songeais souvent à mettre fin à mes jours. En me jetant sous un train de banlieue. Ou alors il y avait toujours le Hoogly, le fleuve. Mais le conseil d'un ami très proche m'a fait changer d'avis.

« Je n'ai donc pas eu d'adolescence. Je suis passé directement de l'enfance à l'âge adulte. Et je ne mangeais pas à ma faim. Après la mort de mon père, nous avions dû diminuer nos rations, du fait que mon frère avait tant de bouches à nourrir sur son maigre salaire. Ce qui aggravait encore l'existence pas très heureuse que je menais à cette époque, c'étaient mes rapports avec mon demi-frère qui nous faisait tous vivre. Nous ne nous étions jamais entendus. Il avait presque neuf ans de plus que moi et il m'avait toujours cruellement battu. C'est à la suite d'une de ces séances, où il m'avait roué de coups, que j'ai songé à mettre fin à mes jours.

« L'année suivante, 1957, la situation s'est arrangée quand j'ai rencontré par hasard un ami qui m'a assuré qu'il pouvait me trouver un boulot dans une affaire marwari. A Calcutta, les Marwaris étaient en train de reprendre en main toutes les firmes britanniques, et c'étaient les principaux hommes d'affaires de la ville — ils le sont toujours. Ils rachetaient les usines de jute, les plantations de thé, les mines de charbon, etc.

« J'ai accepté un emploi de dactylo dans une de ces affaires de famille. Je devais toucher quatre-vingt-dix roupies par mois, c'est-à-dire sept livres. J'ai eu tout juste de quoi m'acheter un second pantalon et une chemise. Le trajet pour aller jusqu'au bureau et pour en revenir était très long. Ce mois-là, je n'ai pas dépensé plus de dix roupies pour moi-même et j'ai donné le reste de mon salaire à mon frère ; c'était ma contribution aux dépenses de la famille. Dans le train, je voyageais en seconde classe. Je n'allais jamais au cinéma. Je ne dépensais jamais plus de deux annas, un huitième de roupie, c'est-à-dire un penny, pour mon déjeuner.

« Un mois après avoir été engagé, j'ai été convoqué chez un des directeurs. J'avais mis le carbone à l'envers en tapant un relevé financier. On m'a renvoyé séance tenante. Heureusement, moins de sept jours après, je suis tombé sur un autre ami — nous avions pris le même tramway — qui m'a emmené voir un autre employeur. Lui aussi était marwari. Notre entrevue a eu lieu chez lui. Il dirigeait un groupe de presse qui est aujourd'hui le plus important de l'Inde.

« Je devais travailler dans leur service de publicité, qu'on venait tout juste de créer. C'était moi qui tapais les rapports publicitaires. Je touchais cent vingt-cinq roupies. Donc, je gagnais un peu mieux ma vie. Je donnais cent roupies à la famille et j'en gardais vingt-cinq pour moi, sur lesquelles je me payais des cours du soir auxquels je venais de m'inscrire, des cours de commerce.

« Nous avons pu nous permettre de regagner notre ancien quartier au sud de Calcutta. Nous habitions un appartement que se partageaient deux familles. Mes rapports avec mon frère étaient toujours les mêmes, mais il avait cessé de me battre depuis le jour où je lui avais rendu une de ses gifles.

« Je suis resté presque un an dans le groupe de presse, puis j'en suis parti pour aller travailler chez Lipton, à dix roupies par jour. Le directeur de Lipton m'a recommandé à sa propre agence de publicité et pendant six ans, de 1958 à 1964, j'ai travaillé pour cette agence. C'est à cette époque que j'ai fait votre connaissance. C'était une bonne période pour moi. J'étais membre du British Council. Mon amour de la langue anglaise m'attirait vers les gens qui la parlaient couramment — les journalistes, les cinéastes, les rédacteurs et les gens de la publicité en général.

« J'aimais ce métier de publicitaire. Il était différent. Il m'obligeait à réfléchir. Mes autres emplois avaient été des corvées sans intérêt. Et les gens du métier me plaisaient particulièrement — les artistes, les cadres chargés de gérer les budgets, les imprimeurs, les rédacteurs. A mon entrée dans cette agence, je touchais deux cent soixante-dix roupies. Le directeur général aimait bien la façon dont je maniais l'anglais et je travaillais pour lui. Il appréciait l'intérêt que je portais à mon travail. Il m'a promu au rang d'adjoint pour diverses campagnes publicitaires. Bientôt, je fus sur les rangs pour devenir adjoint des cadres chargés de gérer les budgets. Je m'entendais aussi avec les autres employés de la firme, parce que j'étais le benjamin de l'équipe et que je parlais couramment leur langue, le bengali. Ça, c'est une chose qui plaît toujours aux Bengalis. J'ai reçu une augmentation annuelle de quinze roupies. En 1964, je gagnais trois cent trente roupies. On m'avait promis de l'avancement, je devais être adjoint des cadres, mais comme les promesses ne se matérialisaient pas, je suis parti en claquant la porte.

« Je suis devenu assistant d'un producteur de films publicitaires et de courts-métrages qui m'avait pris en sympathie. Avec lui, j'ai pu apprendre les rudiments de la technique cinématographique. Il me donnait trois cent cinquante roupies. J'ai même tourné tout seul certaines séquences. Mais la guerre contre le Pakistan, en 1965, a sonné le glas de ces petites compagnies et j'ai dû trouver un autre travail. Durant cette période, j'ai rencontré des membres importants des milieux créatifs de Calcutta, ce qui m'a rendu très heureux. J'ai toujours pensé que j'avais en moi un besoin de créer qui n'avait jamais trouvé à s'exprimer, parce que je n'avais jamais eu de vie régulière ni de bases solides.

« Quelqu'un m'a conseillé d'aller en Angleterre. C'est pour ça que je suis entré à Air India, pour les voyages gratuits. A la fin de ma première année, j'ai visité l'Angleterre. Mais j'ai dû revenir, à cause des problèmes familiaux chroniques entre ma demi-sœur et son mari. A la fin de ma deuxième année à Air India, j'ai fait un voyage aux États-Unis.

« Mon salaire était de trois cent cinquante roupies. Il était trop bas — la roupie avait été dévaluée en 1967. J'avais même été obligé de prendre un travail à mi-temps le soir. Pour finir, j'ai répondu à l'annonce d'une firme industrielle. Compte tenu de mon expérience, on m'a confié un emploi de cadre dans l'administration pour le triple de ce que je gagnais à Air India. Mes patrons n'ont pas tardé à me donner de l'avancement et à me charger d'un service des achats.

« Si bien qu'après tant d'années, je me suis tout à coup retrouvé de l'autre côté, mais je ne parvenais pas tout à fait à m'identifier avec la direction, parce que je ne savais que trop bien à quoi ressemblait la vie pour les autres. Mais voilà que la situation politique au Bengale a commencé à devenir turbulente. Les travailleurs étaient indisciplinés. Les gauchistes avaient plus ou moins pris le contrôle des syndicats et de l'État. Et les conditions matérielles en ville ont commencé elles aussi à se détériorer. Un nombre croissant de firmes tombait aux mains des capitalistes marwaris. Ensuite, il y a eu la crise du pétrole en 1973. J'étais justement chargé de l'approvisionnement en pétrole de notre usine. J'ai vraiment dû faire face à une situation très épineuse. Sans compter la crise de l'énergie, les transports difficiles et l'agitation ouvrière à laquelle je me trouvai confronté en tant que membre de la direction. Disons, pour résumer, que j'avais trouvé l'emploi qui me convenait, mais au mauvais moment. Le matin, je partais travailler à reculons.

« A la fin de 1973, j'ai démissionné — à cause des problèmes professionnels, des conditions de vie à Calcutta. Tout cela m'a obligé à quitter la ville. Bombay me paraissait être l'unique possibilité, car, lors des séjours occasionnels que j'y avais faits — dans le cadre de mon travail pour Air India — j'avais été frappé par le côté cosmopolite de la ville et par les débouchés qu'on y trouvait.

« Donc, sans même être assuré d'avoir un travail, je suis venu m'installer à Bombay avec mes petites économies. Je suis allé habiter chez un parent qui avait presque mon âge et qui dirigeait un studio de photographie dans une banlieue lointaine. Il n'avait pas de place pour moi chez lui, mais j'habitais le studio même, je partageais les toilettes avec les autres habitants de l'immeuble et j'avais un point d'eau dehors pour me baigner. Nous avions un réservoir d'eau pour nos besoins photographiques, et c'était là que je me lavais.

« Et je couchais dans une espèce de soupente que je m'étais fabriquée. Elle faisait deux ou trois fois la taille d'un cercueil ordinaire, juste sous le toit, au-dessus du faux plafond installé à l'avant du magasin. J'y grimpais en m'accrochant aux barreaux de la fenêtre, puis je me glissais par la petite ouverture. C'était très confortable. L'air m'arrivait par l'ouverture aménagée pour le volet roulant. Bien souvent, cette petite soupente était l'endroit le plus commode pour lire ou même pour écrire quand j'en avais besoin — des lettres, pas des articles.

« Je travaillais au studio photographique, pour un salaire de misère. J'en envoyais la majeure partie à ma famille à Calcutta, parce que les quatre enfants de ma sœur grandissaient et que mon demi-frère avait à présent sa propre famille à élever.

« Au début, j'ai cru que je pourrais agrandir l'affaire de photo avec mon parent, car j'étais un amateur assez éclairé. Mais au bout de quelque temps, mes économies ont fondu et mon parent ne s'est pas montré très secourable ; quand je lui ai demandé de me rendre l'argent que j'avais dépensé pour le studio, il a refusé.

« Donc les rapports étaient tendus, même si, faute de trouver autre chose, je continuais à habiter là, à dormir et à lire dans mon petit coin, parce que les logements, quels qu'ils soient, sont un vrai problème à Bombay. A mesure que la situation empirait, j'ai décidé de renoncer à l'idée de diriger une affaire de photographie et de dépendre de mon parent.

« Mon premier geste a été de mettre une petite annonce dans le *Times of India*. Cela a dû me coûter quatorze ou quinze roupies — le journal faisait des conditions spéciales aux demandeurs d'emploi. J'ai reçu quarante réponses.

« Mon annonce disait à peu près ceci : "Secrétaire, originaire du sud de l'Inde, possédant plus de dix ans d'expérience, parlant un anglais impeccable, cherche poste intéressant dans la publicité, les relations publiques, les voyages, etc." J'ai réduit ma liste de réponses en décidant de ne pas tenir compte des sociétés situées dans les banlieues desservies par le Chemin de fer central, surtout les usines. Les conditions de transport étaient très dures et m'obligeraient à changer de train à mi-parcours — l'endroit où j'habitais avec mon parent était à une heure et demie de train par le Chemin de fer de l'Ouest.

« J'ai décidé de ne me présenter qu'à quatre entrevues, qui devaient toutes avoir lieu près de la gare Victoria à Churchgate, et se dérouler dans des bureaux plutôt que dans des usines ou des ateliers. Le premier jour, je suis rentré bredouille. Pour diverses raisons — salaire, atmosphère professionnelle ou même l'interlocuteur lui-même — il m'avait été impossible d'accepter les emplois proposés. J'ai même rabroué un des types qui me recevaient parce qu'il m'avait posé une question idiote : "Pourquoi avez-vous quitté Calcutta après tant d'années ? Avec toutes les belles femmes qu'il y a là-bas — vous auriez dû rester, ne fût-ce que pour toutes ces femmes qui ressemblent à des *rasgolla*." J'ai trouvé ce genre de réflexion vraiment trop dégradant pour les femmes. Et lui m'a probablement trouvé imbuvable. C'était une firme commerciale et le type était un de ces ploucs qui s'étaient mis à gagner brusquement beaucoup d'argent.

« Les quatre rendez-vous que j'avais pris devaient s'étaler sur deux jours. Deux par jour. A la fin de la première journée, j'étais assez déprimé. Je ne voulais pas retourner à Calcutta. D'un autre côté, je ne voulais pas non plus avoir une vie impossible en ne gagnant presque rien et en étant obligé de continuer à vivre chez mon parent. J'ai donc décidé que si je faisais encore chou blanc le lendemain, je serais obligé de regagner Calcutta, d'où ma sœur m'écrivait avec insistance.

« Le lendemain, j'ai fait le long trajet du studio de photographie jusqu'à Churchgate. En arrivant à la gare de Churchgate, je suis allé au restaurant Satkar, en face. Il y avait un écriteau : "Thé et Snack Bar." J'ai commandé un *idli* et un café — l'*idli* coûtait environ soixante paise et le café quarante — c'était tout ce que je pouvais me permettre, mes finances étant au plus bas.

« Tout en finissant mon café, j'ai feuilleté mes papiers, les lettres des firmes que j'avais éliminées de ma liste, pour voir à qui je pouvais encore aller me présenter. Et c'est là que j'ai trouvé un message d'un type qui se disait simplement "conseiller municipal". Il habitait la rue "A". J'ai demandé au garçon où elle se trouvait et il m'a répondu : "Vous y êtes justement." Je me suis aperçu que le conseiller municipal m'avait indiqué une adresse à deux pas du restaurant.

« Je m'y suis rendu et j'ai découvert qu'il s'agissait d'un bureau à l'intérieur d'une maison particulière. J'ai attendu quelques instants, puis un monsieur est entré. Voici quelle a été ma première vision de l'homme pour qui j'allais travailler pendant les quatorze années suivantes. Il était grand — non, de taille moyenne, un mètre soixante-dix, soixante-douze. Le teint très clair, bâti en finesse. Il paraissait soigné, bien habillé.

« Il m'a emmené dans son bureau et après un entretien très bref, d'une quinzaine de minutes, il m'a aussitôt demandé de travailler pour lui. J'avais beau être vraiment impressionné par cet homme, par sa rapidité de pensée et sa décision instantanée, je n'ai pas accepté séance tenante, car je voulais réfléchir au salaire qu'il me proposait, qui était de neuf cents roupies. Lui, en tout cas, n'a pas caché son vif désir de m'engager. On aurait presque dit qu'il avait deviné ma situation, estimé combien je devais toucher et m'avait fait une offre. Aujourd'hui encore, je ne suis pas sûr qu'il sache grand-chose à mon sujet, sur mon milieu familial, ma vie en dehors du bureau.

« Il m'a demandé de le contacter dès que j'aurais pris ma décision et il espérait ne pas avoir à attendre trop longtemps, parce que *lui* était convaincu que j'étais le genre d'homme qu'il cherchait. J'ai regagné le restaurant — ce n'était plus le même serveur — et, après avoir pesé le pour et le contre, j'en étais presque arrivé à la conclusion qu'un travail sûr valait mieux que rien du tout. J'ai téléphoné le lendemain et j'ai commencé à travailler pour lui dès le lundi suivant.

« Quand j'ai trouvé ce travail, mon parent du studio de photographie a fait de gros efforts pour se réconcilier avec moi, mais je n'en avais pas envie. Je suis encore resté trois mois dans ma petite soupente. Ensuite, j'ai mené une vie de nomade, en tant qu'hôte payant chez diverses familles — lesquelles avaient toutes leurs problèmes, de toutes sortes. J'avais une valise de vêtements et une autre pleine de livres et de bibelots. Deux valises qui contenaient tout ce que je possédais au monde, rien d'autre.

« Dans le cadre de mon travail, j'ai commencé à côtoyer des gens importants. Ça me plaisait. Mon patron était le chef d'un mouvement civique et je voyais bien qu'il était ambitieux. Je me disais que j'aurais des occasions de m'élever avec lui. Et, effectivement, il a progressé dans toutes les directions. Il est à présent plus célèbre, plus puissant et plus riche que quand j'ai commencé à travailler pour lui.

« Là où je travaille, les gens qui ont affaire à moi diraient peut-être que je me suis élevé avec lui, mais j'ai le sentiment que cela ne s'est pas vraiment passé comme je l'espérais. Pendant longtemps, alors que je travaillais déjà pour lui, j'ai continué mon existence d'hôte payant nomade, avec mes deux valises, jusqu'au jour où j'ai rencontré — chose très difficile à imaginer dans une ville comme Bombay — une famille très bonne dont les membres ont eu la générosité de m'offrir une pièce, dans un vieil immeuble, certes, mais pour moi tout seul. C'était en 1980. J'avais quarante ans. A cet âge, pour la première fois de ma vie, j'avais une pièce à moi. C'était un rêve, dans un endroit comme Bombay, où les gens en sont réduits à dormir sur le trottoir et dans les canalisations — et c'est peut-être ce qui m'est arrivé de mieux.

« Jusqu'à il y a trois ans, j'ai vécu de leur charité, dans une seule pièce de cette vieille maison, avec des toilettes communes que se partagent quarante personnes. Impossible de songer au mariage dans ces conditions. Mon salaire, quoique excellent pour Bombay, n'aurait jamais suffi à m'acheter un logement, quel qu'il soit. Mais depuis, j'ai eu la chance, assez inespérée, d'acquérir un appartement à moi.

« Et puis un de mes amis a estimé que je devais fonder un foyer. Il savait que j'avais assumé jusqu'au bout mes responsabilités envers la famille de ma sœur. Il a mis une annonce pour moi dans la rubrique matrimoniale du journal. C'est aux petites annonces que je dois tout, et cette fois encore une petite annonce est venue changer ma vie.

« Parmi les gens qui ont répondu à l'annonce que mon ami avait passée pour moi, il y a eu mon futur beau-père. J'avais précisé de quel milieu j'étais issu et mon âge. Je n'avais rien caché. J'avais dit que je voulais une dame capable d'apprécier une vie simple. J'ai eu environ quatre-vingt-dix réponses, peut-être même cent. Elles provenaient de tous les coins de l'Inde. Je crois que si j'ai reçu autant de réponses, c'est parce que j'avais dit dans l'annonce : "Sans préjugés contre les castes, communautés, veuves, divorcées." Je voulais toutefois une résidente de Bombay, parce que cela éliminerait d'office de nombreux obstacles. La vie à Bombay est si difficile — il y a des problèmes de langue pour tous les gens qui ne savent pas l'hindi — les transports sont pénibles et, d'une manière générale, la vie ici est dure. Ce n'est pas une chose à laquelle on s'acclimate facilement.

« Une demi-heure environ a suffi à mon futur beau-père pour se faire une idée de ma personnalité profonde. L'entrevue a eu lieu au café de l'hôtel Ritz. Il était venu me voir au bureau, mais j'avais dû le faire attendre deux bonnes heures, un homme de soixante-dix ans, parce que je n'étais pas libre à son arrivée. Il est originaire du Kerala, mais c'est un brahmane. Un homme de taille moyenne, chauve, à la voix douce, avec sur son visage et dans son comportement la marque indiscutable de la vraie patience. Il est ingénieur électricien à la retraite, anciennement chargé des achats pour une entreprise du secteur public — dans le cadre de l'industrialisation de l'Inde. Il avait donc parcouru tout le pays et ses enfants avaient l'esprit large.

« Une semaine environ après cette entrevue, je me suis rendu chez eux vers dix heures et demie du soir, après une longue journée de travail. Leur fille était au lit. Son père l'a réveillée. Je lui ai parlé. Ça faisait dix ans qu'elle travaillait pour une banque nationalisée, elle s'intéressait au yoga et n'était guère bavarde. Physiquement, elle était d'aspect ordinaire. Elle n'était pas grosse, mais en raison de sa taille, elle ne paraissait pas mince non plus. Elle mesurait un mètre cinquante-trois. Elle portait des lunettes.

« Après avoir conversé plus ou moins par l'intermédiaire de son père et de sa mère, j'ai eu envie de la revoir et de la laisser s'exprimer toute seule au cours d'un entretien privé, hors de la présence des parents. Au bout de trois jours, je l'ai revue chez son cousin. Celui-ci a apprécié mon attitude et a pris toutes les dispositions voulues pour que nous soyons seuls tous les deux. En prenant le café, nous avons bavardé pendant une bonne demi-heure — elle rentrait tout juste de sa journée à la banque. Elle n'était pas très bien habillée. J'ai eu l'impression que la toilette ne l'intéressait guère.

« Au bout de trois autres jours, je l'ai rappelée à son bureau et cette fois nous sommes allés au restaurant. Et, d'une façon très générale, nous nous sommes dit que nous devrions nous marier. Ce que nous avons fait au bout d'une quarantaine de jours. Je voulais un mariage civil — pas de dot, rien à perdre, rien à gagner ; pas de foule de parents et d'amis ; pas de réception, de banquet, de cadeaux. Mais eux ne voulaient pas d'un simple mariage civil. Alors j'ai demandé à mon cousin de venir célébrer les rites. J'étais pour ma part totalement dénué de religion ; je n'avais jamais fait le moindre effort pour comprendre la théologie ou les principes hindous.

« Je suis heureux d'avoir enfin un but dans l'existence, à présent que j'ai fondé une famille. J'ai mis fin à cette vie d'errance. Je me suis marié à quarante-cinq ans. Ma femme en avait trente-neuf. Nous avons l'un et l'autre dû attendre très longtemps ce bienfait. Et Dieu nous a accordé un bonheur supplémentaire, puisque — à l'heure qu'il est — nous avons eu un enfant.

« Je garde encore en moi la conviction que j'aurais pu m'élever beaucoup plus haut si j'avais trouvé un peu plus de compréhension et de compassion. Ou peut-être dans un autre pays. Le sentiment qui me hante sans arrêt, c'est que je suis voué à ne jamais m'élever plus haut que je ne suis à présent. Même dans mon travail actuel, je suis comme une échelle de coupée. La mer s'élève, le navire s'élève avec elle et l'échelle avec le navire, mais l'échelle ne peut pas s'élever seule. Je ne peux pas me rendre indépendant de mon employeur et m'élever dans la vie.

« Et pourtant, j'éprouve véritablement un sentiment d'accomplissement. Quand mon père est mort, nous n'avions pour ainsi dire pas un sou, malgré notre aisance antérieure. Ma sœur m'a élevé dès mon jeune âge. Et quand mon beau-frère l'a abandonnée, c'est à moi qu'est revenu le soin de m'occuper d'elle et de ses enfants. J'ai été en mesure de le faire. Aujourd'hui, ils ont tous de belles situations. Je les considère comme les symboles de ma réussite.

« Et pourtant, je pensais aussi pouvoir devenir quelqu'un de créateur — comme les gens que je côtoyais à Calcutta quand j'ai fait votre connaissance, en 1962. Mais ce genre de vie et de camaraderie m'a toujours fui. J'ai commencé dans la vie comme secrétaire, je suis toujours secrétaire et je finirai sans doute secrétaire. Je ne me suis pas élevé plus haut que mon père ou mon grand-père, au début du siècle. Ma seule consolation, c'est que, même si je suis secrétaire, je ne suis pas aussi mal loti que le sont la plupart des autres secrétaires. Peut-être, même, que je ne crois plus n'être qu'un simple secrétaire. »

3

ÉVASION

Dès mon arrivée à l'aéroport de Santa Cruz à Bombay, l'aéroport réservé aux lignes intérieures, je me fis l'effet d'un réfugié. Il y avait foule à l'entrée du bâtiment et les jeunes délinquants du voisinage tentaient d'extorquer de l'argent aux voyageurs pour avoir porté leurs bagages sur un mètre ou deux, du taxi jusqu'à la porte.

Des policiers empêchaient les jeunes gens en question de pénétrer dans l'aéroport, mais ils ne paraissaient pas disposés à étendre leur protection aux gens qui se trouvaient dehors, même lorsqu'ils étaient presque devant la porte ; et les jeunes, qui le savaient parfaitement, fonçaient par groupes de deux ou trois vers les arrivants, s'abattaient en hurlant sur leurs valises et leurs sacs de voyage et s'efforçaient de créer une atmosphère déstabilisante de frénésie. Ils étaient petits et maigres, ces jeunes voyous des environs, et portaient des pantalons moulants couleur de chocolat au lait, taillés dans un tissu synthétique qui soulignait la fragilité de leurs hanches et de leurs cuisses. Leurs visages étaient petits et osseux, et on avait l'impression que leurs cous se rompraient pour un rien. Cela dit, leur physique lamentable ne les rendait pas moins menaçants : ils faisaient penser aux silhouettes émaciées, à la fois serviles et sinistres, de certaines illustrations dessinées par Cruikshank pour Dickens.

Dehors, la foule, le tapage, la menace, l'hystérie, les taxis qui allaient et venaient sous le soleil du milieu de l'après-midi. Dedans, la foule aussi, et le tapage, mais un tapage différent, plus stable, le brouhaha que font des gens qui ne vont nulle part. Il n'y avait en Inde qu'une seule compagnie aérienne proposant des vols intérieurs ; c'était une compagnie d'État, un vrai foutoir. Divers porte-parole expliquaient à qui voulait les entendre que leurs vols étaient forcément retardés, parce que beaucoup d'entre eux partaient de Delhi, et qu'à Delhi les matins sont souvent brumeux. Il y avait d'autres problèmes. La compagnie n'avait jamais suffisamment d'appareils à sa disposition et, au cours des dernières semaines, un certain nombre d'avions avaient été retirés de la circulation pour diverses raisons. Si bien que tous les vols avaient sombré dans le chaos le plus total. Néanmoins, les voyages aériens restaient un badge du pouvoir, un privilège indispensable pour les gens importants, les scientifiques, les administrateurs, les cadres ; et pendant des semaines entières, un pourcentage considérable des hommes et des femmes les plus éminents du pays se trouvaient, en permanence, coincés dans les aéroports de l'Inde, comme les victimes d'un enchantement. Dans les journaux, des entrefilets signalaient régulièrement, dans telle ou telle ville, les effectifs tronqués d'importantes conférences. Pourtant, la demande de billets, surtout en cette période de vacances, était plus forte que jamais et je n'avais pu me procurer une place sur le vol à destination de Goa que grâce à l'intercession d'un ami influent.

Dans le hall de l'aéroport, les écrans annonçant les mouvements des avions signalaient un nombre croissant de vols retardés ou annulés. On aurait cru à l'état d'urgence, à la catastrophe nationale. Dans un silence électronique, les nombreux écrans gris et blanc n'arrêtaient pas de clignoter, déversant leurs mauvaises nouvelles au-dessus des têtes de cette foule qui n'allait nulle part, mais qui ne tenait pourtant pas en place, agitée par un mouvement très lent, mais ininterrompu. Mon propre vol pour Goa avait déjà cinq heures de retard. A présent (comme à la loterie), chaque fois que le numéro du vol de Goa ressortait, les écrans nous promettaient quatre heures de retard supplémentaires. Cela dit, certaines personnes attendaient dans ce hall depuis le début de la journée.

De temps en temps, on entendait décoller un avion. C'était un vrai supplice, car les appareils qui décollaient étaient ceux-là mêmes à bord desquels les gens attendaient de s'embarquer, mais, pour le moment, ils portaient des numéros de vol différents et commençaient un long périple, ponctué de nombreuses escales, avant de regagner Santa Cruz.

Mon vol pour Goa devait avoir lieu dans un avion qui arrivait de quelque ville improbable. Voilà ce que m'expliqua un habitant de Delhi, au physique d'athlète, qui se rendait cinq fois par an à

Goa pour affaires et qui connaissait bien le fonctionnement de la compagnie aérienne. C'était la seule information importante à retenir, car, passé une certaine heure de la nuit, il n'y avait plus nulle part, semblait-il, le moindre fonctionnaire officiel, pas même les jeunes filles du bizarrement nommé comptoir de « Facilitation ». L'habitant de Delhi me conseilla de guetter l'heure d'arrivée annoncée pour le vol en provenance de la ville invraisemblable dont il m'avait parlé. En ajoutant à cette heure une heure de battement, j'aurais l'heure de mon départ pour Goa.

Il ne fallait surtout pas désespérer, disait-il. Il savait de source sûre que le vol n'était pas annulé. Il avait un cousin dans la restauration — ou peut-être m'avait-il dit qu'une partie de sa belle-famille fournissait des repas à la compagnie aérienne — et il savait que son cousin ou sa belle-famille avait clairement reçu une commande de boîtes-repas pour le vol de Goa le jour même. Ce qui voulait dire, conclut-il, que le vol avait même de bonnes chances de partir avant minuit. Ainsi fonctionnaient les privilèges en Inde : il fallait connaître quelqu'un qui connaissait quelqu'un qui avait des relations, même par la tangente, avec une organisation importante.

Pendant tout ce temps — alors que la lumière crue de l'après-midi cédait la place successivement à la brume de la fin d'après-midi, au crépuscule, puis à la nuit noire incontestable, doublée d'une sourde ambiance fluorescente dans le hall — une Américaine d'un certain âge était restée debout près du diable ou chariot sur lequel étaient posés ses bagages. Elle n'était pas détendue, elle ne s'appuyait pas sur son chariot ; son vieux corps était rigide, comme tétanisé par sa peur d'être volée et le besoin de protéger ses biens. Son regard était vide, comme si, non pas par quelque excès tantrique ni par le biais de la méditation (encore qu'elle fût peut-être venue pour s'y essayer), mais par cette seule attente dans un hall d'aéroport indien, elle était parvenue à ce calme intérieur dont les célèbres gourous avaient le secret. Elle attendait depuis le matin et devrait attendre plusieurs heures encore. Elle était à présent si détachée de tout que, lorsqu'une Indienne musulmane, jolie et pulpeuse (qui attendait de son côté depuis la veille au soir), se leva pour lui offrir son siège, il fallut plusieurs instants avant que l'Américaine ne se rendît compte qu'on lui parlait. Quand elle comprit qu'on lui demandait de se séparer de son chariot, le visage de la vieille dame prit un air alarmé et, sans répondre un seul mot, elle se campa avec encore plus de raideur, dans une attitude protectrice, à côté de ses bagages.

Elle se tenait non loin du comptoir d'embarquement. Dans ce coin du hall, la climatisation diffusait un air glacé. Au début, je ne m'en étais pas rendu compte, mais ensuite j'avais été bien content d'avoir sur le dos un veston assez épais en dépit duquel, au bout de plusieurs heures, je commençai à me sentir un peu transi. Abandonnant le siège que je m'étais refusé à quitter jusque-là, je me joignis au très lent mouvement des réfugiés dans le hall. Je découvris une librairie où j'achetai deux livres de poche indiens, un livre de dessins humoristiques du dessinateur Laxman et *Les Bonnes Histoires de Khushwant Singh* ; il me fallut cinq minutes pour m'apercevoir (comme j'aurais pu le deviner) que les livres humoristiques nécessitent une vie active et un esprit satisfait et que, lorsque les heures d'oisiveté se prolongent sans limite, la petite plaisanterie qui ne demande que quelques secondes d'attention peut devenir lassante pour l'esprit et faire empirer une situation détestable. Mieux valait endurer stoïquement.

Il y avait un restaurant, à l'étage supérieur. Il y régnait une chaleur réconfortante après les conditions polaires des abords du comptoir d'embarquement. Il me fallut cette fois environ une demi-heure, une assiette de noix de cajou dont je n'avais nulle envie et le contenu d'une théière dont je n'avais nulle envie non plus, pour m'apercevoir que l'odeur de moisi du restaurant n'était pas uniquement due à la chaleur, mais que c'était aussi celle d'une pièce fermée et sans air, car la climatisation n'y fonctionnait plus.

En bas, le froid ; en haut, la chaleur, la poussière et la suffocation. Dehors, dans la nuit, un air plus frais, non climatisé, mais qu'on ne pouvait atteindre qu'en brisant les parois de verre.

Et, de même qu'on peut, à en croire certaines personnes, vider son esprit, dans un salon de méditation, en fixant son regard sur une flamme unique, ainsi — parmi les voyageurs encalminés qui se mouvaient en lents tourbillons dans la lumière aqueuse et fluorescente et ressemblaient de plus en plus aux personnages d'une allégorie, sombrement reflétés dans les parois de verre qui les emprisonnaient hermétiquement, ayant désormais perdu pour la plupart tout désir de converser — ainsi, en ne pensant à rien d'autre qu'à mon numéro de vol, je constatai qu'à chaque quart d'heure qui passait je sortais davantage de moi-même. Emporté bien loin de l'homme que j'avais été un peu plus tôt, je devenais de plus en plus comme l'Américaine que j'avais vue (quand j'étais plus maître de moi), debout, rigide, à côté de son chariot à bagages : l'architecture et les voyages aériens de l'Inde me donnaient, comme à elle, l'idée hindoue de l'illusion des choses.

Pas d'évasion possible ! Avec chaque heure qui passait, l'éventualité d'un retour à l'hôtel de Bombay (y aurait-il encore de la place ?) ou de la location d'une voiture pour les douze ou quatorze heures de route jusqu'à Goa (où il fallait honorer une réservation d'hôtel, autrement perdue sans recours), devenait un projet de moins en moins réalisable. J'évoluais donc entre le chaud et le froid, replié sur moi-même, m'alimentant faiblement de rumeurs.

Mais l'habitant de Delhi avait raison. Il y avait bel et bien un avion pour Goa ; et quand — le temps ayant cessé de compter — nous nous précipitâmes cahin-caha, j'aperçus les boîtes-repas dont il m'avait parlé, les boîtes en carton gris (contenant des sandwiches de pain blanc, une espèce de pâtisserie et une pomme en provenance du Nord) que ses amis ou parents avaient préparées pour la compagnie aérienne en prévision du vol du jour pour Goa. L'avion donnait une impression d'usure extrême. Le magazine de la compagnie aérienne était corné à toutes les pages. Un morceau de l'habillage du plafond s'était détaché ; chaque fois que l'hôtesse le tapotait pour le remettre en place, les vibrations le faisaient ressortir. Mais Goa se trouvait au bout de ce vol très court. Et il était intéressant, en débarquant enfin dans l'air pur de la nuit, de voir le nom de l'endroit épelé en lettres hindi devanagari : *Go-wa.*

Il était à présent minuit largement passé. Nous montâmes dans un car bondé. Il y avait très peu d'espace entre les sièges et les vitres étaient teintées : on aurait dit un prolongement des contraintes de Santa Cruz. Au bout de quelque temps, nous atteignîmes le Mandovi. Et là, notre voyage s'interrompit littéralement, car il n'y avait pas de pont pour franchir le fleuve. Il y en avait eu un, un pont tout neuf, jusqu'à une date très récente. Mais un beau jour, après avoir résisté une dizaine d'années, le pont s'était effondré et on traversait désormais le Mandovi dans des bacs, grossières embarcations qui paraissaient dater du début du siècle, mais qui n'avaient pourtant été construites qu'après l'écroulement du pont. On descendit les bagages du toit de l'autocar jusqu'à la terre indienne, avant de les emporter dans le bac, puis, sur l'autre rive, on les ressortit du bac pour les hisser sur le toit d'un deuxième autocar : la technologie s'inclinait (furtivement, dans la nuit indienne) devant l'Inde des bras faibles mais innombrables, accomplissant des tâches toutes simples.

Et lorsque deux jours plus tard, environ, je vis, à la lumière du jour, le pont effondré dont il ne restait plus que les énormes piles, les longerons ayant disparu, il me parut résumer l'expérience de ce jour et de cette nuit interminables, une fracture de la réalité.

Nikhil, me parlant un jour à Bombay de sa foi religieuse, qui était profonde, avait mentionné sa dévotion, tout spécialement en période de crise, à deux personnages : Sai Baba (non pas l'actuel Sai Baba, avec sa coiffure afro, mais l'original, l'enseignant du début du siècle) et l'Image de l'Enfant Jésus.

Nikhil étant issu d'une famille hindoue, il me paraissait inhabituel de sa part d'avoir choisi Jésus — car je crus d'abord que c'était ce qu'il voulait dire. Mais Nikhil avait en tête une image bien particulière, et il m'expliqua la raison de sa foi. Il avait jadis été préoccupé par un problème juridique lié à son travail. Alors que son inquiétude était à son comble, il était tombé sur un dépliant concernant l'Image de l'Enfant Jésus. Ce document recommandait de faire des prières à l'Enfant Jésus toutes les neuf heures, en cas de besoin spécial. Nikhil avait suivi ce conseil à la lettre. Cela l'obligeait, tous les deux ou trois jours, à se lever à une heure malcommode, mais cela signifiait aussi que ses journées s'articulaient autour de l'acte de la prière. Nikhil avait vécu plusieurs semaines avec sa dévotion à l'Image de l'Enfant Jésus et finalement le problème juridique qui l'avait tant tracassé avait disparu. Nikhil en était resté plein de reconnaissance. C'était irrationnel, il le savait, mais il ne pouvait pas s'en empêcher.

Nikhil avait dû me dire où se trouvait cette image, mais mon cerveau n'avait pas enregistré l'information. Or, en sortant de mon hôtel de Goa, un matin, je vis, devant l'entrée, un minibus tout neuf, bien entretenu, avec les mots ENFANT JÉSUS peints au-dessus du pare-brise. Je questionnai le chauffeur. Il me montra du doigt, sur son tableau de bord, une figurine en matière plastique crème — on aurait dit un de ces gadgets qu'on trouve dans les paquets de corn-flakes. Cet homme était un chrétien de Goa. Il me dit que l'original de cette image se trouvait dans une église du vieux Goa.

C'était une image très célèbre, dont l'efficacité était prouvée. La figurine en plastique, sur le tableau de bord du minibus, n'était qu'un pauvre petit symbole du véritable objet. L'église dont me parlait le chauffeur du minibus était, en fait, la célèbre cathédrale du vieux Goa, où se trouve le tombeau de saint François-Xavier.

Cette cathédrale et les autres édifices portugais du vieux Goa, qui se trouvait à quelque distance vers l'intérieur en remontant le Mandovi, étaient tout à fait stupéfiants dans leur décor naturel : si loin de l'Europe (même au XVIIIe siècle, il fallait encore six mois par mer), dans cette lumière si crue, avec ces plages blanches qui annonçaient plutôt les îles désertes du Nouveau Monde (mais désertes seulement après avoir été « dépeuplées » : à l'époque de la découverte, elles devaient être peuplées et débordantes d'activité) que les villages et les villes populeuses de l'Inde antique, et son passé confus. Une partie de ce passé indien se trouvait ici même, dans le vieux Goa : dans l'arc du vice-roi, que l'on avait recréé à partir d'un arc construit par le prince musulman — à peine établi — que les Portugais avaient dépossédé. Sous cet arc, disait-on, étaient passés en grande cérémonie, à leur arrivée, tous les vice-rois de Goa.

Dans un autre édifice, devenu un musée, il y avait une galerie où se trouvaient réunis les portraits de ces vice-rois. Ils avaient été peints par fournées. Il y avait un portrait de Vasco de Gama. Un nom fabuleux, mais le tableau, à l'instar de ceux représentant les autres vice-rois, était maladroit ; on aurait dit une enseigne pour boutique pauvre. L'art des colonisateurs n'était pas à la hauteur de leur esprit d'aventure. Cette faiblesse cadrait bien avec ce que l'on savait de la brève période de vigueur portugaise ; et peut-être expliquait-elle aussi pourquoi, en dehors du vieux Goa, il restait si peu de choses du Portugal, ce qui ajoutait encore à l'irréalité des édifices ecclésiastiques rococo de la ville, rongés par l'humidité.

Néanmoins, c'était la date si reculée de cet empire portugais aux Indes qui ne cessait d'étonner. J'y repensais chaque jour quand — loin du vieux Goa sur le Mandovi, apercevant tout juste les vestiges des grandes fortifications militaires en pierre rouge, tout en cercles et en lignes droites, sur une plage tropicale — je prenais place, pour mes repas, dans la salle à manger de l'hôtel et contemplais une vieille gravure européenne de Goa reproduite sur le napperon en papier. La légende gravée donnait la date de l'arrivée aux Indes du féroce et victorieux vice-roi portugais, Albuquerque : 1509. Il avait conquis Goa l'année suivante. Dix-huit ans tout juste après que Colomb eut découvert les îles du Nouveau Monde et avant que cette découverte se fût avérée payante ; neuf ans avant que Cortès eût commencé sa marche vers le Mexique. Et, aux Indes mêmes, avant la naissance du grand empereur mogol Akbar.

Ennemis acharnés de l'idolâtrie, de tout ce qui n'était pas la vraie foi, les hommes qui avaient établi à Goa l'Inquisition et les bûchers réservés aux hérétiques, les destructeurs des temples hindous, les Portugais avaient créé à Goa, dans une certaine mesure, un des déserts du Nouveau Monde, comme les Espagnols au Mexique. Ils avaient créé en Inde quelque chose qui n'avait rien d'indien, une simplicité, un univers dans lequel le passé indien avait été aboli. Et après quatre cent cinquante années, ils n'avaient laissé derrière eux dans ce désert et cette simplicité que leur religion, leur langue (sans littérature), leurs noms, une population coloniale de type latin et ce culte, issu de leur cathédrale, de l'Image de l'Enfant Jésus.

Presque toutes les autres traces du Portugal avaient été avalées par le désert colonial. Il y avait eu une statue du poète Camoes sur la grand-place du vieux Goa — Camoes, l'auteur des *Lusiades* (1572), l'épopée qui célébrait l'expansion du Portugal, et de la vraie foi, au-delà des mers. Mais cette statue avait été enlevée (et logée au musée) après que Goa avait été absorbé par l'Inde indépendante ; et sur cette place portugaise du XVIe siècle, on avait érigé une statue du mahatma Gandhi.

Camoes connaissait Goa, l'Afrique orientale, la Malaisie, la Chine ; il était le pendant de Cervantès en Espagne, un vieil aventurier des guerres impériales. Il fut le premier grand poète de l'Europe moderne à écrire sur l'Inde et les Indiens ; et il écrivit à partir d'un savoir durement acquis, au prix de quinze années d'errance en plein XVIe siècle. Il y a dans son poème un sentiment merveilleux et puissant de la vie dans le sud-ouest de l'Inde, non seulement dans le catalogue des rois et des castes, de la religion et des temples (on sent à l'arrière-plan le grand royaume hindou de Vijayanagar, détruit par les musulmans sept ans avant que Camoes ne publie son poème), mais aussi dans des douzaines de détails mineurs : par exemple le prince indien qui reçoit Vasco de Gama, à peine débarqué, et mâchonne son bétel selon les rythmes portugais du XVIe siècle, propres aux vers de Camoes.

On aurait pu croire que Goa serait aussi fier de revendiquer Camoes qu'il avait pu l'être de se réclamer de saint François-Xavier. Pourtant, la statue du poète avait été enlevée et, même si les napperons de l'hôtel proclamaient l'antiquité du Goa portugais, il n'y avait aucun exemplaire de son épopée dans la librairie de l'hôtel où personne ne connaissait seulement son nom. L'Inde avait ses priorités et ses valeurs propres. Les touristes qui arrivaient en autocar sur la place du vieux Goa y venaient moins en quête d'architecture (et de la statue du mahatma Gandhi) qu'en quête de l'Image de l'Enfant Jésus dans la cathédrale. Ils apportaient des paquets de cierges qu'ils allumaient dans un cloître.

Le vieux Goa était très vieux. Il y avait entre lui et le temps présent presque autant d'années qu'entre la victoire finale de Rome sur Carthage et la chute de Rome. Et le Portugal (bien qu'il survécût dans l'Europe du XXe siècle) s'était transformé ici en musée. Une nouvelle Inde bourgeoise fournissait les touristes. C'était un détour surprenant de l'histoire. Le Portugal était arrivé en 1498 et avait triomphé en 1509-1510. Un demi-siècle plus tard, à peine, le grand empire hindou du Sud, l'empire de Vijayanagar, avait été vaincu et dévasté par un agglomérat de chefs musulmans ; presque en même temps, dans le Nord, la puissance mogole entamait son heure de gloire. On aurait pu penser alors que l'Inde hindoue, privée du nouveau savoir et des nouveaux outils de l'Europe, dirigée par des princes dépourvus de l'idée de pays ou de nation, n'ayant d'ailleurs aucune des idées politiques qui auraient pu les aider à préserver leurs peuples du joug étranger — on aurait pu penser que cette Inde hindoue était au bord de l'extinction, qu'elle n'était plus qu'une entité qu'allaient se partager l'Europe chrétienne et le monde musulman, et que tous ses symboles religieux et sa théologie ardue deviendraient aussi abscons que les dieux aztèques au Mexique ou le symbolisme hindou d'Angkor.

Mais il n'en avait rien été. A travers tous les tours et détours de l'histoire, à travers toutes les aventures impérialistes tentées dans cette partie du monde — aventures qu'annonçait l'arrivée des Portugais — et avec pour finir l'improbable présence britannique aux Indes, une Inde hindoue s'était reformée, plus pleine et plus unie que toutes les Indes du passé.

A Goa, l'histoire était simple. Durant le long vide colonial, le passé pré-portugais avait cessé d'importer ; c'était quelque chose qu'on pouvait retrouver dans les livres ; lui succédant, les quatre cent cinquante années de domination portugaise étaient comme une idée unique que chacun pouvait porter en lui. Quitter Goa, partir vers le sud et l'ouest, le long de l'étroite et sinueuse route de montagne qui menait à l'État de Karnataka, c'était retrouver l'Inde et son histoire compliquée.

De même que la suprématie portugaise avait donné une grande simplicité à l'histoire de Goa, l'hégémonie britannique donnait une direction à l'histoire indienne plus tardive, et permettait de la saisir plus facilement. On pouvait voir que les événements, à un moment donné, convergeaient vers cette domination et, ensuite, qu'ils convergeaient vers la fin de cette domination. Les lectures que l'on peut faire sur les événements en Inde avant l'arrivée des Britanniques donnent l'impression de se rapporter aux nombreux éléments d'une affaire inachevée ; on apprend qu'il régnait un état de flux, qu'il y avait eu des choses en partie faites, puis en partie défaites, des questions qui relèvent plutôt des annales que de la narration historique, laquelle fonctionne mieux lorsqu'elle traite de l'édification ou de la destruction de grandes choses.

Il y avait, le long de cette route qui descendait vers le Karnataka, des noms historiques. Celui de Bijapur par exemple. C'était le nom d'un royaume musulman, établi presque au moment où les Portugais s'installaient à Goa (Goa avait d'ailleurs été enlevé à Bijapur). Dans mon esprit, ce nom était associé non pas à Goa, ni même au vieux Goa, mais à une fort belle école de miniaturistes du XVIIe siècle, ayant subi l'influence persane : ce simple mot évoquait pour moi des visages et des postures, des couleurs et des costumes spéciaux. Mais comment Bijapur s'intégrait-il à l'histoire de la région ? Quelles étaient ses dates, ses limites ? Qui étaient ses princes et ses ennemis ? Il était fort difficile d'avoir tout cela en tête : il me faudrait consulter des livres et même alors (même si j'y appris que le royaume avait duré deux siècles), je n'aurais droit qu'au simple squelette des dates et des princes. Somme toute, ses réussites n'avaient pas été bien grandioses ; il n'y avait rien dans son histoire, au contraire de son art (et, à en croire mes lectures, de son architecture : une certaine forme de dômes), qui puisse fixer l'attention. En sorte que ce nom de Bijapur et les autres noms historiques de cette route vers le sud ressemblaient à ces souvenirs épars qui peuplent l'esprit d'un vieillard.

Il y avait eu trop de royaumes, trop de princes, trop de glissements de frontières. L'État de Karnataka était lui-même une création récente, postérieure aux Britanniques et à l'indépendance, un État linguistique, destiné à satisfaire la nouvelle fierté, le nouveau sentiment d'identité qu'avait nourris le mouvement nationaliste.

La terre était sacrée, mais l'histoire politique n'y était pour rien. Les mythes religieux touchaient chaque partie du pays en dehors du Goa colonial. Des histoires dans les histoires, des fables dans les fables : voilà ce que les gens voyaient et sentaient jusqu'au plus profond d'eux-mêmes. Tels étaient les mythes, se rapportant aux dieux et aux héros des épopées, qui imprégnaient d'antiquité et d'émerveillement la terre sur laquelle vivaient les gens.

Tout le long du trajet vers le sud, à travers le Karnataka, il y avait des autocars remplis de jeunes gens curieusement affublés de tuniques noires et de pagnes assortis. On aurait dit de jeunes vacanciers en excursion, mais ce noir qu'ils portaient dérangeait. A mon arrivée à Bangalore, j'appris que les hommes en noir faisaient un pèlerinage. Ils se rendaient à un sanctuaire situé dans l'État de Kerala, l'État le plus méridional de l'Inde. Ce sanctuaire était consacré à Ayappa, un prince et saint hindou d'antan. Le pèlerinage était essentiellement un événement hindou, mais les pèlerins d'Ayappa devaient aussi, ce qui paraissait invraisemblable, honorer Vavar, un Arabe musulman qui avait été l'ami et l'allié d'Ayappa.

Ce pèlerinage était réservé aux hommes qui, pendant quarante jours, devaient faire pénitence : pas de viande, pas l'alcool, pas d'activité n'ayant que le plaisir pour objet ; et ils devaient bien sûr se tenir à l'écart des femmes. La dernière étape du pèlerinage était une ascension de quarante kilomètres à flanc de colline jusqu'au sanctuaire d'Ayappa. C'était là qu'un jour précis de janvier apparaissait une lumière divine. Ceux qui accomplissaient le pèlerinage n'y allaient pas tous pour la lumière ; la plupart montaient jusqu'au sanctuaire les jours où il n'y en avait pas.

J'appris tout cela à Bangalore de la bouche d'un jeune homme qui me prit en amitié. Il s'appelait Deviah et écrivait des articles scientifiques pour un quotidien. Il venait d'une famille d'agriculteurs, et recevait encore parfois à Bangalore des produits de la ferme familiale qu'on lui envoyait par l'autocar de nuit. Deviah avait fait le pèlerinage pour la première fois huit ans plus tôt. Il s'était rendu au sanctuaire durant une période de cafard, oppressé par la pensée qu'il n'avait pas accompli grand-chose depuis cinq ans qu'il avait quitté l'université. Il pensait avoir été transformé par le pèlerinage — par la discipline des quarante jours de pénitence, la longue montée jusqu'au sanctuaire, la camaraderie de ce trajet et la façon dont les gens avaient commencé à s'entraider. Il lui semblait aussi qu'il avait eu depuis de la chance dans sa profession ; si bien qu'il faisait désormais le pèlerinage presque tous les ans. Deviah ne croyait pas à la lumière divine. A son avis, ce n'était peut-être que du camphre que l'on faisait brûler, et donc l'œuvre d'un agent humain ; mais cela n'entamait nullement sa foi. Cela n'amoindrissait pas son émerveillement devant l'histoire d'Ayappa.

Voici l'histoire que me raconta Deviah.

« Ayappa a vraiment existé, il y a huit cents ans. Il est né dans des circonstances intéressantes. Le rajah Rajashekhar n'avait pas d'enfant. Sa royale épouse et lui firent pénitence devant Shiva et lui demandèrent de leur accorder un fils. Un jour où le rajah chassait sur les bords d'un fleuve, le Pampa — qui, dans l'État de Kerala, est aussi sacré que le Gange dans le Nord ; il peut nous laver de nos péchés — il trouva un petit garçon portant une clochette au cou. Le rajah se mit en quête des parents du petit. Un *rishi*, un sage, apparut — en réalité ce *rishi* était le seigneur Shiva en personne — et lui dit que l'enfant lui était destiné. Le rajah, expliqua-t-il, devait emmener cet enfant dans son palais et l'élever comme son fils. "Mais de qui est l'enfant ? demanda Rajashekhar. — Tu le découvriras le jour de son douzième anniversaire", répondit le sage.

« Le rajah Rajashekhar ramena donc l'enfant trouvé au palais et l'éleva. Le palais existe toujours, vous savez, mais il ne ressemble pas aux palais de maharajahs qu'on voit aujourd'hui. Ce n'est qu'une maison assez petite. Le rajah éleva l'enfant comme son fils et on commença à comprendre qu'il succéderait à Rajashekhar, le moment venu.

« La chose ne plut pas au Premier ministre du rajah. Durant toutes les années où le prince était resté sans postérité, le ministre avait fini par se persuader que son propre fils hériterait un jour du royaume. Donc, dès le premier jour, ce ministre détesta Ayappa.

« Quand ce dernier eut dix ans, survint un événement inattendu. La reine donna naissance à un fils. Mais le rajah Rajashekhar s'était tellement attaché à Ayappa, l'enfant trouvé, le don des dieux, qu'il précisa clairement que celui-ci lui succéderait quand même sur le trône.

« La reine et le Premier ministre commencèrent alors à comploter. Leur plan était le suivant. La reine devait feindre de tomber malade. Elle dirait qu'elle souffrait de maux de tête. Le médecin du palais — qui faisait aussi partie du complot — mettrait ostensiblement tout en œuvre pour la guérir. Les maux de tête persisteraient et pour finir, le médecin dirait : "Il n'y a qu'une seule chose qui puisse sauver la vie de la reine. Il faut lui donner du lait de tigresse."

« Voilà ce que la reine, le Premier ministre et le médecin avaient tramé, et ils suivirent leur plan à la lettre. Le rajah était au désespoir. Comment obtenir du lait de tigresse ? Comment quiconque pourrait-il traire un tel animal ? La reine et le Premier ministre, cependant, savaient fort bien ce qu'il adviendrait. Ils savaient qu'Ayappa était valeureux et que dès qu'il apprendrait ce dont la reine avait besoin, il s'engagerait, bien qu'il n'eût que dix ans, à aller chercher du lait de tigresse. Et en effet, le jeune garçon annonça que telle était son intention. Le rajah Rajashekhar savait que c'était courir au suicide et il interdit à l'enfant de quitter le palais. Mais ce dernier eut recours à un subterfuge et trompa le rajah afin de sauver la reine. »

Ainsi s'achevait la première partie de l'histoire. En commençant la seconde, Deviah m'avertit : « Jusque-là, nous avons eu affaire à des faits historiques. A présent, nous pénétrons dans le domaine de la mythologie. Si l'on veut comprendre pourquoi Ayappa vint au monde, il faut retourner trois mille ans en arrière. »

Et aussitôt, remontant aisément les âges, nous repartîmes vers l'époque des dieux.

« Ayappa, me dit Deviah, était en réalité le fils de Shiva et de Vishnou. » Il s'agissait de deux divinités masculines, mais, pour les besoins de notre histoire, il fallait considérer que Vishnou se présentait dans une de ses incarnations féminines : Deviah n'avait aucun mal à accepter ce genre de transformation. Donc, le petit Ayappa qui s'était enfoncé dans la forêt pour trouver du lait de tigresse n'était pas, comme le croyaient la reine et le Premier ministre, un simple enfant mortel, mais le fils de deux des dieux de la trinité hindoue.

« Alors qu'il errait dans la forêt, continua Deviah, il rencontra un démon et le tua. » Ce démon avait une histoire. Deviah était tout prêt à interrompre le récit principal pour me raconter cette histoire annexe, mais je le priai de n'en rien faire.

« D'accord. Disons, pour abréger, que le monstre ou démon qu'Ayappa tua dans la forêt était un monstre femelle qui avait terrorisé les *devas.* » Il s'agissait des dieux — qui résidaient et tenaient leurs conseils dans le lieu habité par les dieux. (Ayappa avait dû tuer le monstre par quelque moyen inaccessible aux dieux. Il y avait sans doute une autre histoire là-dessous et Deviah la connaissait presque certainement.) Une fois le monstre occis, les dieux s'étaient réjouis, sachant, bien sûr, à quelle épreuve Ayappa était soumis. « Par conséquent, dit Deviah, par reconnaissance, les dieux se transformèrent en tigres et tigresses et Ayappa regagna le palais du rajah Rajashekhar à cheval sur le dos d'un tigre. On pense que ce tigre n'était autre que Bramah. » Le fils de Shiva et Vishnou chevauchant Bramah : la trinité hindoue était ainsi complète.

« Cette expédition dans la forêt avait duré deux ans. Cela faisait longtemps que les maux de tête de la reine étaient guéris. D'ailleurs, elle avait cessé de souffrir dès qu'Ayappa avait quitté le palais pour aller traire sa tigresse. Et le jour où le jeune garçon regagna le palais du rajah était celui de son douzième anniversaire. »

Désormais, l'identité d'Ayappa — revenu sur le dos d'un tigre — était claire pour tout le monde. Ainsi se réalisait la prophétie du *rishi*, qui était le seigneur Shiva en personne : le jour du douzième anniversaire de l'enfant trouvé, on saurait qui étaient ses parents. Alors tous les ennemis, tous les complots de la reine et du Premier ministre s'évanouirent comme les brumes du matin et, le moment venu, Ayappa recueillit son héritage.

Le Premier ministre félon qui avait voulu mettre son propre fils sur le trône contracta un mal incurable — une vraie maladie, cette fois. Une nuit, Ayappa lui apparut en songe et lui dit d'aller se laver de ses péchés dans le fleuve appelé Pampa. Il obéit et fut guéri ; alors, clamant le nom de son sauveur, le Premier ministre s'en fut en courant jusqu'au temple qu'Ayappa, cédant à une inspiration divine, avait fait construire en haut d'une colline. Et ainsi, le Premier ministre, ou plutôt l'ancien Premier ministre, devint le premier des pèlerins d'Ayappa.

Et l'Arabe, où intervenait-il dans cette histoire ? Il était lié au personnage historique d'Ayappa, m'expliqua Deviah. Ce devait être un bandit ou un pirate. Il avait été vaincu par Ayappa dont il était alors devenu l'allié. Rien n'avait été tenté pour le persuader de renoncer à sa religion ; à sa mort, on avait édifié une mosquée sur sa tombe. Celle-ci se dressait au pied de la colline, au début des quarante kilomètres de la montée jusqu'au temple d'Ayappa, où la lumière divine jaillissait, chaque année, le 14 janvier. Tous les pèlerins devaient rendre hommage à la mosquée. C'était pour cela qu'il y avait tant de musulmans parmi les pèlerins d'Ayappa. Et cela aussi plaisait à Deviah. Il aimait ce mélange des deux religions.

Jamais, avant ce voyage, je n'avais entendu parler du pèlerinage d'Ayappa. Et si je n'avais pas fait la connaissance de Deviah, peut-être n'aurais-je guère accordé d'intérêt aux jeunes gens en noir ; ils auraient fait partie de la bousculade du paysage indien et je n'aurais sans doute pas songé à m'informer à leur sujet. L'apparition de la lumière divine au sanctuaire coïncidait avec une fête de la moisson dans le Sud et avec une grande foire religieuse dans le Nord ; il n'était pas impossible que le pèlerinage — la longue escalade jusqu'au sommet de la colline sacrée — soit venu se greffer sur un événement fort ancien, un événement lié au changement de saison. En tant que pèlerinage en l'honneur d'Ayappa et de Vavar, me dit Deviah, l'événement durait depuis des siècles ; mais au cours de ces dernières années, sans qu'on sache trop pourquoi, en dépit des quarante jours de pénitence et de la longue ascension jusqu'au sanctuaire, il connaissait une grande vogue. On attendait un million deux cent cinquante mille pèlerins au sanctuaire pour l'apparition de la lumière divine ; et certains journaux assuraient qu'au cours de l'année quelque vingt-cinq millions d'hommes auraient accompli le pèlerinage — encore que le chiffre parût bien élevé, même pour l'Inde.

Peut-être la popularité du culte d'Ayappa était-elle liée au fait que les gens avaient désormais un peu plus d'argent ; que les routes étaient meilleures, les voyages plus faciles et les autocars disponibles en plus grand nombre ; qu'un contingent plus important d'hommes, jeunes et vieux, étaient désormais en mesure, pour les meilleures raisons, de quitter brièvement leurs familles et de se transformer en touristes. En effet, les autocars d'Ayappa faisaient parfois office de véhicules de tourisme ; il leur arrivait de faire visiter le pays aux pèlerins en cours de route — ce qui était une faute, me fit remarquer Deviah, puisque le tourisme était un plaisir et qu'un pèlerin d'Ayappa ne devait s'adonner à aucune activité que l'on pût considérer comme un plaisir.

Les gens avaient à présent un peu plus d'argent. Cela se voyait dans les paysages du Karnataka, quand on suivait la route qui sortait de Goa vers le sud. La pauvreté indienne était toujours visible, les tas d'ordures, l'aspect délabré des maisons et des sentiers. Mais les champs de canne à sucre, de coton et d'autres récoltes paraissaient riches et bien entretenus ; dans les villages les maisons étaient souvent coquettes, avec leurs murs crépis et leurs toits en tuiles rouges. Tout cela n'avait plus rien à voir avec la misère que j'avais connue vingt-six ans plus tôt, en traversant la contrée à bord d'un autocar très lent qui s'arrêtait partout. Il n'y avait plus trace de ces squelettes ambulants aux regards hallucinés. La révolution agricole était ici une réalité ; la production accrue de nourriture se voyait. Dans l'Inde entière, des centaines de milliers de gens, peut-être même des millions, s'étaient échinés depuis quarante ans, de la meilleure façon possible, pour obtenir ce résultat. Bien peu d'entre eux nourrissaient la moindre idée de drame, de sacrifice ou de mission ; pour tous, ou presque, il s'agissait simplement de faire son travail.

Pas un coin de cette terre qui n'ait son lien avec les dieux : dérisoire à l'époque où c'était une terre de disette et de famine, mais plus convenable aujourd'hui. Des tracteurs tiraient des remorques chargées de coton en gros ballots enveloppés dans de la toile de sac, et ce coton, comme une espèce de liquide filtré, semblait dégouliner hors de la toile brunâtre. En même temps, dans les cours des villages, des gens vaquaient à des tâches quasi bibliques, battant la récolte et la passant au crible. La contrée était presque belle pour le spectateur, presque dénuée de souffrance.

C'était une espèce de régénération qui n'avait pu s'accomplir que lentement. Il y avait sûrement eu des fausses manœuvres, des échecs, des efforts gaspillés. Il y en avait d'ailleurs encore, semblait-il, à l'heure actuelle : un service des eaux et forêts avait dû s'activer pour planter les rangées d'eucalyptus qui bordaient la route. Les plantations avaient bien pris ; sur des kilomètres, il y avait, de part et d'autre, comme une espèce d'ombre dont la vue vous revigorait. Mais tout cela, qui représentait pourtant des années de labeur, risquait à présent d'être rasé, la terre remise à nu, le travail repris à zéro : en effet, les derniers rapports sur l'eucalyptus le décrivaient comme un arbre tueur, avide d'humidité, desséchant plutôt qu'il ne protégeait le champ qu'il longeait.

La route, très encombrée, reflétait l'activité agricole, mais les camions, quoique décorés avec amour, étaient surchargés de façon typiquement indienne et conduits très vite et très près les uns des autres, comme si le métal était quelque chose d'incassable et faisait de l'homme un dieu, comme si on pouvait tout demander à un moteur, un volant et des freins. Entre Goa et Bangalore, ce jour-là, au cours de sept graves accidents de la circulation, dix ou douze camions avaient été réduits en bouillie et des gens avaient presque certainement trouvé la mort. Des camions avaient quitté la route et fini dans des étangs ; d'autres s'étaient rentrés dedans. Les habitacles des camionneurs s'étaient pliés en accordéon, du verre avait volé en éclats. Des essieux s'étaient rompus, des roues s'étaient écartées du châssis selon des angles bizarres ; parfois même, tels des animaux vulnérables, au ventre mou, des camions s'étaient retournés sous leur cruel chargement, montrant le délabrement et la rouille de leurs abdomens de métal et la surface lisse de leurs pneus rechapés.

A travers cette contrée à la fois ancienne et neuve, nous gagnâmes la ville de Bangalore. Située à près de 1 700 mètres d'altitude, elle était connue jadis pour son climat pluvieux et doux, son hippodrome, ses élégances comparables à celles de Simla. Bangalore — tout en ayant un cantonnement ou une zone de garnison britannique — avait fait partie de l'État princier de Mysore, l'un des plus grands des Indes britanniques. Elle possédait un palais. Les membres de la famille royale de Mysore avaient été célèbres non seulement pour leur immense richesse, que seule surpassait la fortune fabuleuse, mais improductive, du nizam d'Hyderabad, mais aussi pour leur sens aigu des responsabilités princières, pour la fierté que leur inspiraient leur État et leur peuple. Ils avaient eu une réputation de bâtisseurs d'universités et d'hôpitaux, de créateurs de systèmes d'irrigation, de planteurs d'arbres le long des routes et de grands jardins publics. Bangalore avait été un de ces endroits où les gens prenaient leur retraite ou se rendaient pour échapper à l'Inde plus étouffante des affaires et du travail.

Depuis l'indépendance, Bangalore avait changé. Le climat qui avait attiré les retraités commença à attirer aussi les industriels et la ville s'agrandit. Elle était désormais au cœur du programme indien de recherche spatiale ; elle était aussi un des centres les plus importants de l'industrie aéronautique du pays. Toutes sortes d'institutions scientifiques y étaient installées. Les rues bordées d'arbres de la cité-jardin des maharajahs étaient pleines du bruit, des odeurs et des émanations des triporteurs et des voitures. Ce n'était plus une ville faite pour marcher.

Le développement de la science et de la technologie indiennes m'intéressait. Quels étaient donc les hommes et les femmes qui avaient sauté le pas et provoqué en Inde une révolution industrielle en l'espace de cinquante années ?

A Bombay, à l'occasion d'une réception donnée chez lui, je m'étais entretenu de façon très fugitive avec le Dr Srinivasan, président de la Commission indienne de l'énergie atomique. Il m'avait confié alors que son grand-père avait été un *purohit*, un prêtre, une sorte de *pujari*. Son père, qui avait à présent quatre-vingt-six ans et vivait à Bangalore, avait été enseignant.

En fin d'après-midi, un jour ou deux après mon arrivée, je rendis visite au père du Dr Srinivasan. Le vieil homme portait un dhoti ; une fine marque rouge verticale, indiquant sa caste, lui barrait le milieu du front. C'était un homme d'une beauté extraordinaire, petit, mince, raffiné en tout point. Il avait le visage d'un être possédant une profonde vie intérieure. Il me montra une vieille photographie de son père, Shadagopachar, le *purohit*, du même format qu'une photo d'identité. Shadagopachar portait son costume de *purohit*, une épaule nue. Il avait des yeux brillants qui regardaient droit vers l'objectif, mais son visage était masqué par les marques de sa caste : la fine ligne rouge qui lui coupait le front verticalement et les deux marques beaucoup plus épaisses qui remontaient depuis les sourcils. Ces épais traits blancs, c'était de la boue, une boue purifiée bien sûr, qu'on pouvait encore aujourd'hui acheter dans les boutiques sous forme de pains. Cette boue blanche sur le front est le symbole des pieds du Seigneur.

La famille avait émigré à Bangalore dans les années 1890, venant d'une ville distante d'une grande soixantaine de kilomètres. A Bangalore, Shadagopachar avait appris le sanscrit auprès de son oncle qui l'avait aussi initié à tous les Védas. Les *purohits*, cependant, gagnaient très peu d'argent — quatre annas, soit un quart de roupie, pour un *puja* — et Shadagopachar avait pris un modeste emploi de bureau dans l'administration du maharajah. Il ramassait les dossiers, les rangeait dans les archives, les reliait et, pour ce faire, touchait entre onze et quinze roupies par mois. A cette époque, les diplômés universitaires gagnaient de vingt-cinq à trente roupies, soit deux livres ; mais Shadagopachar n'était que bachelier.

Shadagopachar voulait que son fils soit diplômé de l'université, parce qu'il pourrait ainsi obtenir un bon emploi dans l'administration, et gagner beaucoup plus d'argent qu'il n'aurait pu en gagner comme *purohit*.

« Mais nous apprenions tous le sanscrit. Nous apprenions tous les prières du matin et du soir. Il y avait aussi une prière de midi, mais comme nous devions aller à l'école, nous la disions le matin, avant de partir. Quand j'ai obtenu mon diplôme universitaire, j'ai postulé pour un emploi au ministère de l'Éducation. C'était en 1925. »

C'était ainsi qu'avait commencé sa carrière d'enseignant. Mais sa connaissance du sanscrit et l'instruction religieuse qu'il tenait de son père lui étaient restées. Et de cette convergence — la nouvelle éducation, le savoir difficile, abstrait du *purohit* ou brahmane, le souci d'accomplir correctement des rites compliqués, l'immobilité qui accompagnait l'accomplissement de certains de ces rites — était sortie une génération de scientifiques. Le vieux savoir hindou, en sanscrit — qu'un administrateur et érudit du XVIIIe siècle tel que sir William Jones avait considéré comme aussi archaïque et profond que le savoir grec et s'était efforcé, par une sorte d'archéologie romantique et vivante, d'arracher aux brahmanes du Nord, peu communicatifs et obsédés par la caste — ce vieux savoir avait, deux siècles plus tard, de la façon la plus détournée qui soit, engendré le nouveau.

Peut-être était-ce une coïncidence, mais les deux scientifiques que je rencontrai plus tard à Bangalore — deux hommes exerçant des disciplines différentes et originaires de deux régions bien distinctes du pays — avaient aussi des grands-pères *purohits* ou prêtres.

La famille de Subramaniam venait d'un petit village qui, compte tenu de la réorganisation des États indiens après l'indépendance, se trouvait maintenant dans l'État voisin d'Andhra.

« Cela fait longtemps que mes ancêtres habitent cette région. Il y a un petit endroit, non loin du village — un endroit qui se trouve au milieu de la jungle — où on a édifié un sanctuaire. Notre famille dit que la divinité qui s'y trouve est notre divinité.

« Le premier ancêtre dont j'ai connaissance, c'est mon arrière-arrière-arrière-grand-père. Il existe une étrange légende le concernant. Si on en croit cette légende, il y avait, dans le coin, un tigre qui faisait des siennes et mon ancêtre a décidé de lui régler son compte. Il s'est enveloppé de couvertures, a empoigné une machette, s'est rendu sur les lieux où le tigre avait l'habitude de sévir et s'y est installé, invitant, pour ainsi dire, l'animal à s'attaquer à lui. Cela n'a pas manqué et mon ancêtre a tué le fauve à coups de machette. J'ai entendu raconter cette histoire tout enfant. C'était un simple exemple de courage physique. Exagéré peut-être. Je ne peux pas remonter plus loin.

« Ma famille estimait qu'elle faisait partie de l'État de Mysore, l'État du maharajah. Ma grand-mère — qui a vécu jusqu'aux années 1960 — divisait le monde en trois. Il y avait d'abord le territoire du rajah, le *Raja Seemay*. C'était l'État de Mysore où tout était agréable, bon et plaisant, et où habitaient les gens comme nous, qui avaient de la chance. Ensuite, il y avait ce qu'elle appelait le *Kumpani Seemay*, le territoire de la compagnie. A l'époque, je n'avais pas fait la relation — mais cette compagnie, c'était celle des Indes orientales, et c'était une expression qu'elle employait encore dans les années 1950. Ce territoire faisait partie des Indes, mais il n'était pas aussi agréable que celui du rajah. Quelques-uns de nos parents y vivaient, certes, mais il fallait plutôt compatir à leur sort. Au-delà de ces deux zones, il y avait le reste du monde. Pour ma grand-mère, cette façon de penser était tout à fait naturelle.

« Nous sommes une famille de brahmanes. D'une certaine façon, nous avons des attributs sacerdotaux, mais mon grand-père n'était pas un prêtre. C'était un petit propriétaire terrien et aussi un fonctionnaire subalterne. En tant que maire du village, il touchait sans doute dix roupies, peut-être même cinq. Le reste du village devait le trouver à l'aise, mais pas riche. Il était à l'aise socialement parlant, plutôt qu'économiquement. Il y avait au village beaucoup de gens plus riches que lui.

« Mon grand-père se rendait compte qu'il était essentiel de bien connaître l'anglais et il a veillé à ce que son fils l'apprenne. Donc mon père, né durant la première décennie du siècle, a été le premier membre de notre famille à fréquenter des écoles où l'enseignement se faisait en anglais. Il n'a eu qu'à se présenter dans l'école de son choix pour y être inscrit aussitôt. Aujourd'hui, c'est une vraie foire d'empoigne pour faire admettre ses enfants dans ces écoles ; il y a une demande énorme. Mais à l'époque de mon père, il n'y avait aucun problème. J'imagine qu'il y allait à pied. Notre village n'avait pas de lycée. Beaucoup de gens parcouraient d'importantes distances pour aller à l'école. Moi-même — et là je vous parle des années 1940 — je faisais plusieurs kilomètres à pied tous les jours.

« Je ne sais pas pourquoi mon père s'est orienté vers la science. Personnellement, j'ai le sentiment que la tradition scientifique n'est pas étrangère à l'Inde. Il me semble que la science vient naturellement aux Indiens. Beaucoup d'entre nous aiment à se dire que la quête du savoir est chez nous une tradition, or la science, c'est le savoir tel que le comprenait Bhaskara, un de nos savants de l'antiquité. De nos jours, en Inde, on peut toujours acheter le traité d'astronomie que Bhaskara a écrit en l'an 600 ou 700, et il existe aussi un célèbre traité médical de la même époque. Je vous précise, au passage, que je ne crois absolument pas tous ces gens qui racontent à qui veut les entendre que tout — les bombes atomiques, les fusées, les avions — a été inventé par les Indiens de l'antiquité.

« Mais le savoir indien s'est démodé. On le comprend mieux si l'on se dit que ce que Newton a écrit en 1660 n'a pas été compris ni apprécié en Inde avant le milieu du XIXe siècle. En revanche, en l'an 1000 et pendant au moins un siècle ou deux, l'Inde détenait un savoir qui aurait bien surpris les Européens. Surtout dans le domaine des mathématiques. En l'an 1000, les Indiens avaient foi en leur savoir. Nous en avons la preuve. Mais en 1800, cette foi s'était évanouie. Le rajah Ram Mohun Roy a été le premier à reconnaître publiquement que la vérité, c'était qu'il y avait des tas de choses dont nous ignorions tout. »

Ram Mohun Roy était originaire du Bengale. Il avait fait campagne contre la coutume de brûler les veuves sur le bûcher funéraire de leur époux et s'était efforcé, de façon plus générale, de purifier l'hindouisme et d'introduire aux Indes le nouveau savoir européen. Il fut le premier réformateur moderne de l'Inde, et les dates de sa naissance et de sa mort peuvent étonner : né en 1772, il mourut en 1833, au cours d'une mission en Angleterre.

Je rapportai à Subramaniam ce que j'avais lu quelque part sur l'empereur mogol Jehangir (qui, après avoir succédé au grand Akbar, avait régné de 1605 à 1625 et adorait les arts) : Jehangir s'était gaussé de l'idée d'un Nouveau Monde, de l'autre côté de l'océan Atlantique.

« Et Aurangzeb », ajouta Subramaniam — empereur qui avait régné de 1650 à 1700, durant une période de rapide déclin pour les Mogols — « parlait de l'Angleterre avec mépris. Il disait que c'était une île minuscule et que son roi ne valait pas mieux qu'un petit rajah des Indes. Cela vers la fin du XVIIe siècle.

« Dans ma famille, c'est mon grand-père qui a pris conscience de la réalité — du fait que notre savoir était démodé. Mais, en ce qui le concernait, il était trop tard pour y remédier. Il était né dans les années 1880 et il est mort à cinquante-cinq ans. Comme je vous l'ai dit, cependant, il était résolu à ce que son fils reçoive une instruction moderne.

« Après le lycée, mon père est venu à Bangalore, à l'université. Et puis, il a voulu faire de la recherche. A l'époque, en Inde, un des plus grands chercheurs était un Bengali du nom de Meghnad Saha. Il était professeur de physique à Allahabad. Il s'était distingué quelques années plus tôt par un article qui démontrait comment l'ionisation était liée à la température. Cet article de Saha datait de 1922 et sa formule, la formule de Saha, est toujours fondamentale pour comprendre la composition des étoiles. Saha, soit dit en passant, était un grand nationaliste.

« Mon père a décidé qu'il aimerait beaucoup aller travailler avec Saha. Et il y est parvenu. Pour un homme qui était le premier de sa famille à fréquenter l'université, ça a dû être une sorte d'aventure. A Allahabad, je pense que mon père a sans doute été financé par son père et son beau-père. Il tenait un journal, et l'un de mes projets est d'étudier ce journal. »

La science, l'esprit d'aventure et puis ce journal : le désir intense de nouvelles expériences suivi de l'envie d'y mettre de l'ordre — voilà qui ne laissait pas que d'impressionner chez un homme tout juste sorti de son village.

Subramaniam, poussé par son propre désir d'établir des catégories et des définitions, continua : « Il me semble que c'est une démonstration des deux postulats que j'ai posés. Le premier c'est que la tradition scientifique n'est pas nouvelle. Et le second, c'est qu'à mon avis, mon père n'avait pas le sentiment de se livrer à une occupation entièrement étrangère en se consacrant à la science. Je pense qu'un penchant pour ces disciplines — les sciences et les mathématiques — était au centre de nombreux esprits indiens.

« Mon père est revenu et il a commencé à enseigner la physique dans des lycées de Bangalore et dans d'autres endroits de l'État de Mysore. Sous de nombreux rapports, c'était un État fort avancé. Sans faire de tapage pour autant. Assez curieusement, les maharajahs et leurs ministres étaient très souvent libéraux et progressistes. Ils avaient un côté conservateur, mais ils avaient aussi cette autre facette tournée vers l'avenir. Avez-vous entendu parler de Visweswaraiah ? C'était un ingénieur qui a été nommé *diwan*, c'est-à-dire Premier ministre, en 1910 ou par là. On lui doit de nombreux projets officiels qui ont fait de Mysore un État modèle. Dans les années 1930, quand M. Gandhi est venu dans notre État, il a dit que c'était le *Rama rajya*. »

C'était une chose dont beaucoup d'habitants de Bangalore m'avaient parlé. *Rama rajya*, le règne ou le royaume de Rama — c'était le compliment hindou suprême : Rama, héros de l'une des deux grandes épopées hindoues, incarnation de la vertu, universellement aimé, l'homme qui dans n'importe quelle situation choisira immanquablement la voie du bien, de la religion, de la sagesse, un personnage à la fois humain et divin ; avoir Rama pour prince, c'était connaître la béatitude.

« Il y avait dans notre État une tradition de gouvernement bienveillant. Et Visweswaraiah était en avance sur son temps. Dans les années 1920 ou 1930, il a conçu un plan quinquennal. Et c'est lui aussi qui a fondé l'université de Mysore. Mysore a été le premier État où l'on a installé l'électricité. Les dirigeants étaient très fiers de leur État.

« Mon père s'est fixé à Bangalore et mon grand-père est venu l'y rejoindre. Nous avons grandi dans une de ces grandes familles élargies de l'Inde, extrêmement nombreuse. Mon grand-père était un homme qui prenait sa vie religieuse très au sérieux. Il était le chef de famille et il faisait ses *pujas*. Je ne crois pas qu'il avait d'autre activité à l'époque. Il est mort vers la fin des années 1930.

« Mon père a commencé à éprouver le sentiment croissant qu'il existait peut-être des conflits entre la science qu'il connaissait et pratiquait et la façon dont il vivait. Cela provoquait en effet des conflits familiaux, surtout dans un foyer où la religion était très forte, comme c'était le cas chez mon grand-père. Mon père avait la conviction que beaucoup des choses que nous faisions n'avaient aucun sens. Les rites, par exemple. Ou encore les barrières de caste.

« Il s'est efforcé de concilier les deux. Il s'est forgé une certaine optique bien à lui — dans son idée elle était hindoue ou brahmanique, enracinée dans un certain respect pour l'érudition et la philosophie de l'Inde antique. Mais elle tentait aussi de se libérer de tout ce qui pouvait être associé aux préjugés. Il a fait notamment une chose — et à l'époque c'était quelque chose qui n'était absolument pas convenable et qui n'était pas si insignifiant que ça. Tous les enfants brahmanes doivent passer par une cérémonie d'initiation — c'est un événement très sérieux qui survient d'ordinaire quand l'enfant est encore très jeune, six, sept, huit ans. Mon père avait un excellent ami qui n'était pas brahmane et il a insisté pour que cet homme prenne part à la cérémonie organisée pour son fils — en l'occurrence moi qui vous parle. Je peux vous dire que ça a fait du bruit. C'était dans les années 1940. Mais mon père savait exactement ce qu'il voulait dans cette affaire.

« En ce qui concerne les rites, je crois que mon père a traversé une phase durant laquelle il les a rejetés et puis, pour finir, il en est venu à les accepter sous une forme modifiée. Par conséquent, vers la fin de sa vie, il faisait son *puja*, mais de façon très discrète. Je me rappelle une discussion avec lui, à ce sujet, au cours de laquelle il m'a déclaré que ce qu'il faisait était suffisant et lui donnait une certaine paix, un certain détachement mental pour le reste de la journée. On pourrait dire, sans chercher le paradoxe, que c'était d'une certaine manière un conservateur, d'une autre, un libéral. Dans le domaine des castes et tout ce qui s'ensuit, il était libéral. Mais il n'était absolument pas occidentalisé.

— Et vous, vous faites des *pujas* ? lui demandai-je.

— Non, je n'en fais pas. Mais j'ai encore un faible pour le petit sanctuaire de la jungle, avec la divinité de la famille.

— Comment une famille obtient-elle une divinité de ce genre ?

— Une divinité familiale vous est parfois donnée. Elle peut aussi avoir été adoptée à un moment donné. Ou avoir été fixée par un événement quelconque. Peut-être par un maître. Il se peut aussi qu'une personne demande une faveur dans un temple et que son vœu soit exaucé ; elle devient alors une adepte de la divinité de ce temple.

« Mon père est resté enseignant presque toute sa vie. Après sa mise à la retraite, il a travaillé dans un institut pour les malades mentaux, surtout sur l'aspect électronique de l'électro-encéphalogramme, pour mesurer les “ondes cérébrales”. Je vous signale, d'ailleurs, à ce propos, que certaines de leurs recherches ont eu pour sujet un sadhu. Ils lui ont mis des électrodes plein la tête et ils ont essayé de découvrir comment les ondes cérébrales se comportaient quand il entrait en transe. Ils ont découvert qu'il était en réalité très calme.

« Mon père a passé les vingt dernières années de sa vie à écrire des livres scientifiques dans la langue locale. Il avait compris que c'était de cette façon qu'il pourrait changer les choses — qu'il faut parler de science dans la langue qu'utilisent les gens et non pas en anglais. Ses livres étaient assez bons. Certains même très bons. Il a écrit sur l'énergie bien avant que la conservation de l'énergie ne devienne un sujet à la mode. Il a écrit aussi sur l'astrophysique. Il a écrit un petit livre sur l'acoustique. Il y exposait les principes de physique acoustique et puis il essayait d'expliquer au lecteur de quelle manière cette physique se rattachait à la musique qu'il entendait, la musique locale. Ce livre-là a été écrit dans les années 1940. C'est un petit ouvrage. Dans le temps, on le vendait deux annas. » C'est-à-dire un huitième de roupie, soit moins d'un penny.

« Quelle image aviez-vous de vous-même dans votre enfance ? Pauvre ? A l'aise ?

— J'avais le sentiment d'appartenir aux classes moyennes. » Les classes moyennes au sens indien du terme, c'est-à-dire des gens dont on peut supposer que, sans être pauvres, ils vivent très simplement et se débrouillent tout juste pour joindre les deux bouts ; ce ne sont pas les classes moyennes d'Europe ou d'Amérique. « Nous n'étions pas riches. Une famille des classes moyennes plutôt gênée. Nous n'avions jamais un sou en trop. Jamais. Mais je dirais que c'était quelque chose qui pour nous faisait partie de l'existence, nous n'y pensions pas jour et nuit. Il y a certains avantages à faire partie d'une de ces grandes familles élargies : les problèmes sont pris en charge. C'est comme un petit État : vous avez des amis, vous suivez votre chemin.

« J'ai été influencé par le fait que mon père était un scientifique. Et mon père avait des amis littéraires, parce qu'il avait écrit des livres dans la langue régionale. Très souvent, on discutait chez nous de science, de religion, de littérature. C'était une atmosphère instruite, très cultivée, très stimulante. Notre contexte familial n'était simple que sur le plan économique. Pas du tout sur le plan culturel. Et ça, c'est très important dans un vieux pays comme l'Inde. »

Je comprenais fort bien ce qu'il voulait dire. C'était ce que je ressentais moi-même — de façon moindre ou différente — concernant mon propre contexte familial indien dans l'île lointaine de Trinidad. J'avais le sentiment que les conditions matérielles de notre vie, souvent pauvres, ne racontaient que la moitié de l'histoire : que les vestiges de la civilisation ancienne que nous possédions donnaient aux générations coloniales intermédiaires un second modèle d'admiration et d'ambitions, et que nous étions de ce fait mieux équipés qu'on aurait pu le croire pour affronter le monde extérieur. Mais j'avais aussi un autre souvenir en tête : celui de la mauvaise qualité des livres indiens que nous achetions, parfois par pure piété envers notre terre ancestrale. Je me rappelais le vilain papier, les caractères irréguliers, l'encre grasse, les lignes penchées, les marges inégales, les agrafes en métal rouillé. L'idée de l'Inde faisait partie de notre force et recevait une part de notre piété ; et pourtant, il y avait cette autre idée de la réalité indienne, des articles de piètre qualité, de mauvaises machines mal utilisées.

« Si je remonte à l'époque où les Britanniques étaient ici, dit Subramaniam — et mes souvenirs sont vagues, puisque je suis né dans les années 1940 — nous avons pu voir alors que les marchandises fabriquées en Angleterre ou en Europe — il n'y avait presque pas d'articles américains — étaient de bonne qualité. Et que les marchandises indiennes n'étaient pas à leur hauteur. Il me semble que les gens de la génération de mon père devaient posséder une force mentale ou intellectuelle remarquable pour préserver leur âme au milieu de toute cette camelote indienne. Les gens savaient que les produits n'étaient pas fameux, mais ils étaient animés par une espèce d'inspiration qu'ils tiraient d'une grandeur réelle ou imaginaire. Ils avaient le sentiment inné d'une ancienne force culturelle, qui les sauvait. Donc, les gens admiraient les choses qui venaient d'Angleterre, mais, en même temps, cela ne les empêchait pas de dire : "Certes, c'est excellent, mais nous n'allons quand même pas capituler devant tout ça."

— Mais cela ne vous faisait-il pas douter de la possibilité d'une révolution industrielle en Inde, ou du fait que les Indiens soient capables de fabriquer des articles qui donneraient l'impression d'être finis et réels ?

— Je n'en ai jamais douté un instant. Jamais. Pour nous, la question n'était pas si, mais quand. Nous déplorions la lenteur du processus.

— Vous ne pensez pas que la mauvaise qualité puisse avoir un effet psychologique sur les gens ?

— J'avais un peu honte. Il y avait une espèce de conviction que de nombreux hommes d'affaires gagnaient de l'argent en fabriquant des produits de mauvaise qualité, ce qui donnait une impression de bien mal acquis. On attendait avec impatience un avenir assez lointain où il n'en serait plus ainsi. Nous nous rendions compte que la réponse, c'était que notre pays devait être fort sur le plan scientifique. Mes propres sentiments étaient un mélange de honte, d'ignorance et d'espoir. Il me semble que cette attitude ne devait pas être très répandue. Pour l'espoir, il devait y avoir des opinions fort différentes.

« A l'époque, bon nombre d'Indiens avaient l'impression que le Raj britannique durerait toujours — ils n'étaient pas très nombreux, mais assez nombreux quand même. L'un de mes souvenirs les plus nets est celui d'une dispute entre mon père et le père de ma mère. Il était médecin.

— Médecin !

— Je vous l'ai dit, notre milieu familial n'était modeste que sur le plan économique. Cette dispute — pendant la guerre — portait sur ce que pourrait être l'avenir. Mon grand-père, le médecin, pensait que l'Europe, l'Occident étaient très puissants et qu'il était quasi impossible pour l'Inde de se débarrasser des Britanniques. D'ailleurs, même si ces derniers perdaient la guerre, il y aurait les Allemands. Donc, il envisageait, sur une période considérable, un avenir toujours dominé par l'Occident. Et il pensait aussi que les Indiens étaient incapables de prendre leur pays en charge — de l'administrer, de le gouverner. »

Ces mots me renvoyaient à un autre agrégat de sentiments précoces concernant ma culture ancestrale. A Trinidad, vers la fin des années 1930 et le début des années 1940, il m'arrivait de voir des Indiens pauvres qui dormaient sur les places publiques de Port of Spain. Ces gens étaient des paysans indiens émigrés ; leurs contrats de travail avaient pris fin une vingtaine d'années auparavant, mais personne ne s'était chargé de les rapatrier dans leur pays, si bien qu'ils étaient devenus des miséreux, abandonnés de tous. Dans cette ville coloniale, ils étaient isolés de surcroît par leur langue et il ne leur restait donc plus qu'à survivre dans la rue, tant bien que mal, jusqu'à leur mort. En voyant ces malheureux, alors que j'étais encore très jeune, l'idée me vint que nous autres Indiens ne pouvions faire appel à personne. On nous avait arrachés de force à l'abjection indienne, mais nous n'avions personne pour nous représenter. L'idée d'un ennemi extérieur ne suffisait pas à expliquer ce qui nous était arrivé. Je me retrouvais, à un âge très tendre, en proie à l'introspection, me demandant si la culture — la religion difficile, mais personnelle, les tabous, les idées sociales — qui d'une certaine façon soutenait et enrichissait certains d'entre nous et nous donnait de la solidité, n'était pas justement le phénomène qui nous avait exposés à la défaite.

« J'ai éprouvé cela, me dit Subramaniam, mais pas de la même façon que vous. L'étranger était ici même. Notre pays était devenu un pays d'esclaves et avait été pillé. Mais ce n'était pas simplement à cause de sa culture. C'était parce qu'au fil des siècles, nous nous étions affaiblis, nous avions commencé à stagner. »

Il se mit à parler du déroulement de l'histoire indienne.

« J'en reviens aux commentaires d'Alberuni sur les hindous. » Alberuni, historien arabe qui vivait vers l'an 1000 à la cour de Ghazni, dans ce qui est aujourd'hui l'Afghanistan. Subramaniam l'avait mentionné au début de notre entretien. Le livre d'Alberuni est une des principales sources sur la science et le savoir hindous de l'antiquité ; mais Alberuni avait écrit quelques paroles fameuses sur l'arrogance que ce savoir inspirait aux hindous.

« Nous étions devenus trop contents de nous. On avait élaboré ici un système selon lequel la préservation de la culture du pays et son organisation sociale étaient indépendantes des maîtres militaires qui le gouvernaient. Le pays était régi selon des principes qui présupposaient que les rois changeraient, que des guerres seraient livrées, mais que la société se perpétuerait, relativement peu touchée par ces événements.

« Jusqu'à un certain point, c'est la raison pour laquelle les hindous sont "a-historiques". Voyez un peu ce que retient la culture indienne — nous préservons nos livres sur les mathématiques, l'astronomie, la grammaire. Nous préservons Bhaskara et Charaka. » Des savants du VIIe siècle. « Mais parmi les données préservées ne figurent ni les noms des rois ni leurs batailles — cela ne fait pas partie de notre tradition. Nous, nous connaissons Bhaskara et Shankaracharya. » Ce dernier était un philosophe du IXe siècle qui avait voyagé à travers toute l'Inde, ressuscité la philosophie hindoue, établi des fondations religieuses (qui existent encore) dans certains endroits et qui était mort, à ce qu'on pense, à l'âge de trente-deux ans. « Mais si vous demandez : "Qui régnait sur cette région du pays en 1700 ?", les gens n'en savent rien et au fond ils s'en moquent.

« C'est cette particularité, cependant, qui a été la faiblesse de notre pays et qui nous a valu la défaite militaire. Mais tout cela a changé avec les Britanniques. Quand ils sont arrivés ici, les Indiens ont lentement fini par comprendre que ces défaites politiques et militaires étaient des événements qu'ils ne pouvaient ignorer. Ce qui dans d'autres pays aurait été une réaction instinctive, une présupposition naturelle, a dû se présenter à l'Inde sous forme de conclusion intellectuelle. Il a fallu longtemps pour y arriver. La prise de conscience a eu lieu tout à fait à la fin du XIXᵉ siècle.

« C'était un sentiment largement répandu. C'est pour cela que les gens ont fréquenté des écoles anglaises. Moi-même, j'étais élève d'une école où l'instruction était dispensée en anglais, mais qui était néanmoins très indienne. Elle était dirigée par des gens qui étaient des hindous orthodoxes, mais fermement convaincus que nous devions maîtriser la science et la technologie anglaises. C'était extrêmement stimulant. Je me souviens d'innombrables désaccords concernant l'avenir parmi mes professeurs. Gandhi lui-même prêtait à controverse. En y repensant, je suis stupéfait de me dire qu'il y avait ici des gens, des enseignants, une demi-douzaine peut-être — sûrement très mal payés —, qui étaient authentiquement poussés par le désir d'inciter les autres à apprendre. On avait le sentiment d'une mission. Je me souviens d'un de mes professeurs qui, pour une raison qui m'échappe totalement aujourd'hui, s'intéressait énormément à moi et m'a donné un livre sur les vies des grands savants, un livre qu'il avait payé de sa poche.

— C'était un brahmane ?

— C'en était un, oui. L'école était d'inspiration brahmane. »

Je songeai à la contribution des brahmanes au mouvement d'indépendance et aux idées sociales régénératrices qu'il avait apportées avec lui. Et à la contribution ultérieure des brahmanes, leur contribution à la science.

« Donc, d'une certaine façon, les brahmanes ont remboursé leur dette ? dis-je.

— Je ne suis pas sûr qu'ils aient actuellement tout remboursé. Ils sont encore responsables de nombreux traits de notre paysage social. » Arrivé là, Subramaniam s'interrompit pour enchaîner sur un thème secondaire. « Une grande révolution sociale a eu lieu dans notre État après l'indépendance, dont elle était une conséquence. Dans le cadre de cette révolution sociale, l'identité des classes détenant le pouvoir politique a changé en l'espace de quelques années. Il n'y a pas eu d'effusion de sang, mais il y a néanmoins eu une révolution, même si les gens extérieurs à l'Inde n'en ont rien su. Avant l'indépendance, l'administration de notre État était aux mains des brahmanes. Quelques années après, le pouvoir a changé de mains — de la même façon qu'il a changé de mains dans d'autres parties du monde. Les gens qui occupent à présent les bureaux appartiennent à une classe sociale différente.

« Le conseiller scientifique du Premier ministre disait l'autre jour que le problème de la science indienne, c'est qu'elle est encore trop une science de brahmanes, et que nous aurions besoin d'un type de science issu des castes inférieures. Mais le fait que tant de brahmanes s'occupent aujourd'hui de science n'est qu'une évolution de l'histoire.

— Vous sentez-vous menacé ?

— Cela ne fait aucun doute. L'accès aux universités n'est pas fondé uniquement sur le mérite. Il y a des quotas pour les différentes classes sociales. De nos jours, de nombreux brahmanes estiment que l'éducation elle-même est devenue difficile. Il y a les quotas, et les universités privées coûtent cher. Peut-être cet état de choses est-il partiellement responsable du nombre important d'Indiens qui exercent des professions libérales à l'étranger. »

Mes pensées, en descendant de Goa à travers les villes désordonnées, mais pleines d'énergie, où abondaient les signes de croissance, puis à travers les champs bien cultivés à l'époque des moissons, avaient porté sur l'éveil indien et, plus spécifiquement, hindou. Si Subramaniam avait raison, il y avait dans cet éveil une ironie cachée : le groupe ou la caste qui avait tant contribué à cet éveil se trouvait à présent menacé.

A elles seules, sans le soutien d'une économie en pleine expansion, l'instruction et l'ambition n'auraient mené nulle part. Peut-être même était-ce l'expansion économique qui expliquait le tour nouveau qu'avait pris l'instruction en Inde. Pravas, qui était ingénieur, pensait que cette expansion avait commencé quelque temps avant l'indépendance, lorsque l'ancienne insistance britannique sur la loi et l'ordre (surtout après la Révolte des cipayes de 1857) avait été modifiée par l'idée de développement.

« Un très grand nombre de gens ont été happés dans ce processus. Vers 1930, il y a eu en Inde une croissance explosive. Aux alentours de 1947, elle a pris de la vitesse ; elle s'est ensuite énormément accrue et elle commence à présent à se ralentir. En 1962, à l'époque où je songeais à mes études universitaires et à ma future carrière, j'avais le choix entre plusieurs professions et institutions. Aujourd'hui, la lutte est beaucoup plus serrée, mais ces choses ont aussi un côté positif.

« L'aspiration moyenne, chez les Indiens, est de grandir à l'ombre — ce qui est parfait tant que cette ombre est projetée par quelqu'un d'autre. En termes concrets, cela signifie qu'on cherche un emploi, qu'on s'efforce de s'insérer dans des structures créées par d'autres. C'est d'ailleurs comme ça que nous avons commencé à être gouvernés. L'attitude générale, c'est : ''Tant que l'environnement local reste le même, je me fiche bien de savoir qui fait la loi au sommet.'' J'ai lu quelque chose dans un journal, il y a un certain temps. Disons, pour résumer, qu'avant l'arrivée des Britanniques aux Indes, les Indiens étaient comme des abeilles dans un jardin. Tout a été parfait, tant que quelqu'un d'autre s'est occupé d'entretenir le jardin. Mais ensuite, bien sûr, les Britanniques sont devenus à la fois propriétaires du jardin et jardiniers, *malis* — tandis que les autres types, les abeilles, butinaient joyeusement de fleur en fleur.

— Quel est le côté positif de la lutte d'aujourd'hui ?

— A l'heure actuelle, cette zone d'ombre dont je vous parlais commence à être surpeuplée. Cela oblige les gens à se risquer dehors tout seuls. Cela les force à entreprendre. »

Pravas venait de très loin, de l'est du pays. Son grand-père avait été prêtre et son père était devenu fonctionnaire.

« C'est presque l'histoire type de la réussite en Inde. Mon père a dû entrer dans la fonction publique vers le milieu des années 1940, à l'époque où l'administration commençait tout juste à reprendre du poil de la bête. Il n'y avait pas encore beaucoup de science ni d'industrie, ni quoi que ce soit de ce genre. Mais la structure prenait de l'ampleur. C'était le signe avant-coureur du développement. Quand celui-ci est arrivé, il y a eu une administration non traditionnelle. L'administration traditionnelle avait besoin de police, de soldats, de fonctionnaires et d'avocats. La non traditionnelle, d'industriels, d'artisans, d'ingénieurs, de médecins, de scientifiques, de chefs d'entreprises. Parce qu'il était entré dans le service public lors de l'étape précédant le développement, mon père n'était pas un scientifique.

— Quel genre d'ouvrages lisait-il ?

— Il respectait en grande partie la tradition. Il psalmodiait des *mantras*. Mon grand-père était un bon vieux *purohit* ritualiste tout à fait classique, à ce qu'on m'a dit. Son métier était d'accomplir les rites. Alors que chez mon père, si vous voulez suivre la transition, les *mantras* étaient chantés par familiarité, par révérence, c'était une façon d'exprimer votre gratitude envers Dieu — vous aviez ces *mantras* qui résonnaient dans votre tête depuis l'enfance. Je ne fais aucune différence entre ce genre de choses et le jeune homme d'aujourd'hui, dans son environnement vidéo ou audio, qui chantonne, sérieusement ou non, des chansons de films hindis.

« Mon père est plus grand que moi et il fait belle impression, assis en tailleur, en train de psalmodier, le dos bien droit. Je trouve cette posture très belle. Mon père a soixante-seize ans et il a toujours le dos aussi droit. Chez lui, cependant, cette habitude de psalmodier les *mantras* s'est "dégradée", puisque de métier elle est devenue plaisir. Un plaisir oral, si vous voulez ; une nostalgie ; une protection contre diverses craintes. Toute une gamme de sentiments — que j'appelle "plaisir", puisque tout cela est volontaire.

« Nous vivions dans un petit État princier de l'Est. Mon grand-père était un des prêtres de la famille royale. Ce n'était pas vraiment un grand roi : il s'agissait d'un royaume féodal de deux ou trois cents kilomètres carrés. »

Un petit État princier de l'Inde, un prêtre au service de la famille régnante. « C'était vraiment l'Inde ancienne, dis-je.

— J'ai personnellement vécu et assimilé une transformation culturelle dont l'intensité suffirait à déboussoler quelqu'un d'un autre pays. Quand j'étais petit et que nous allions visiter ma demeure ancestrale, nous y allions en char à bœuf — c'était le seul moyen de transport. Ou alors à pied. Et ça, c'était en 1960. Ce que nous appelons aujourd'hui "salle de bains" n'existait pas. On descendait jusqu'au fleuve.

— Aviez-vous l'impression d'une vie pénible ?

— A l'époque, ça nous paraissait normal. Au village, tout le monde vivait ainsi. Et pendant des années, après avoir quitté le village, quand j'y retournais pour un jour ou deux, c'était un peu comme un pique-nique. Avant même de vous rendre compte que vous étiez défavorisé, vous aviez déjà quitté cette vie.

« A cette époque, la plupart des rois avaient pour politique d'encourager un certain degré d'intellectualisme. C'était une cause de fierté. En termes concrets, cela voulait dire qu'ils s'assuraient que leur peuple, la caste sacerdotale, les intellectuels n'auraient pas à dépendre d'autres peuples pour leur sécurité. Donc, ils donnaient un petit bout de terre aux *purohits*. Mais il leur était impossible de reprendre une parcelle offerte à un *purohit* ou à quiconque. C'était un don à perpétuité et c'eût été un péché de bas étage que de reprendre un don. Dans notre royaume, il y avait de cinq à dix familles de prêtres. Les rites religieux étaient très spécialisés. Certains *purohits* faisaient certaines choses et d'autres d'autres choses.

— Ils étaient privilégiés ?

— Oui et non. Le bout de terrain n'était pas grand-chose. Il permettait de subsister. De s'assurer que le bénéficiaire ne mourrait pas de faim. C'était une chose sur laquelle on pouvait se rabattre en dernier ressort, mais rien de plus. Les *purohits* n'avaient guère de vêtements. Ils devaient avoir deux dhotis chacun ou quelque chose comme ça. Comparés aux commerçants, aux gens qui vendaient du grain, du bois, des oléagineux, de l'huile, ils étaient pauvres. A côté des mendiants, en revanche, ils étaient riches.

— Donc le roi maintenait les brahmanes dans une position ambiguë ?

— Si vous envisagez la chose du point de vue économique, il ne fait aucun doute qu'elle paraît incongrue. Mais elle avait sa propre logique. Les brahmanes jouissaient d'un certain prestige et de la protection royale. Le souverain traitait avec rigueur tout acte d'agression contre les prêtres. Et les rois encourageaient les échanges intellectuels. Les débats, les psalmodies, les *yagnas* qui sont de grands *pujas*, peut-être même avec des brahmanes d'autres royaumes — tout le monde rivalisait ou coopérait de façon compétitive, afin de démontrer sa propre excellence. Quelquefois il y avait un millier de brahmanes assis à psalmodier, mais chacun tendait l'oreille pour entendre qui chantait bien ou mal. C'est exactement ce qui se passe lors des conférences scientifiques ou intellectuelles aujourd'hui.

« Le facteur interne, c'est que la communauté sacerdotale naissait et grandissait sans s'attendre, sur le plan psychologique, à obtenir davantage. Cela fait à tel point partie intégrante du système interne que c'est descendu jusqu'au niveau populaire. Le Seigneur Vishnou avait deux épouses — Lakshmi, la déesse de la Richesse, et Saraswati, la déesse de la Sagesse. Ces deux épouses, bien entendu, étaient à couteaux tirés — ce qui illustre le fait que la vie intellectuelle va rarement de pair avec la richesse : il faut choisir l'une ou l'autre. Alors, par une combinaison de circonstances, cette classe sacerdotale ne recherchait pas les richesses et personne ne lui en donnait. Il y avait une parfaite correspondance dans les intérêts respectifs.

« Dans la vie de mon père, l'équilibre était d'une espèce différente. Il n'avait pas de véritable sécurité, comme mon grand-père. Il devait travailler pour nourrir sa famille. Sa vie se composait par moitié de rites et par moitié d'une lutte pour survivre. Il fallait trouver l'équilibre entre les deux.

« Dans certaines communautés, on est soutenu par l'échafaudage social. Si vous appartenez à une caste marchande, qui s'occupe d'oléagineux ou de coton, et que vous souhaitiez passer au commerce des radios, l'échafaudage reste le même. Vous changez simplement de marchandise. Il y a là un mouvement de groupe.

Alors que dans un cas comme celui de mon père, il n'avançait pas avec la société — la société n'avançait pas de façon coordonnée. Un nombre considérable de jeunes gens faisaient la même chose à cette époque, mais chacun le faisait individuellement. Non seulement mon père avait du mal à se frayer un chemin, mais chaque fois qu'il revenait sur ses pas, jusqu'à la maison de son père, il y avait conflit. Ce devait être un peu comme de passer d'une pièce chaude à une pièce froide.

— Quel genre de conflit ?

— Dans la société d'avant, on conservait sa pureté aussi bien sur le plan génétique que sur le plan externe. On n'épousait que certaines personnes et on n'avait pas de contacts au-delà d'un certain point avec les gens d'une caste inférieure. On ne pouvait pas manger des aliments préparés par un membre d'une caste inférieure. Manger était une activité sacrée. Les aliments étaient un sacrifice aux sucs gastriques. Il y avait des préceptes rigides quant à l'heure de la journée autorisée pour manger, la direction vers laquelle il fallait se tourner pour manger, la personne qui vous servait et la quantité consommée. La nourriture était disséquée jusque dans ses plus infimes détails. Les différentes classes de gens ingurgitaient des quantités différentes. Par exemple, les Écritures stipulent qu'en ce qui concerne les intellectuels qui n'ont presque aucune activité physique, il suffit pour s'alimenter de faire cuire la quantité de grains de riz que l'on peut tenir dans son poing.

« L'hindouisme est une religion fondée sur une trinité — il y a toujours trois options pour tout. Donc la nourriture était de trois sortes — *sattvik*, *rajasik*, *tamasik*. Les aliments *sattviks* favorisaient les poursuites intellectuelles, les idées claires, les pensées pures. Ils étaient très légers — la plupart des céréales, une certaine quantité de beurre clarifié, les légumes les plus légers. Les aliments *rajasiks* conviennent davantage aux travailleurs. »

(J'obtins ultérieurement de Deviah une liste plus complète des aliments *sattviks* : légumes verts à feuilles, lait caillé, beurre, riz, blé, la plupart des germes, la plupart des légumineuses [à l'exception d'une espèce particulière de *dal* ou lentilles], patates douces [mais pas de pommes de terre], fruits. Deviah m'apprit aussi que les aliments *rajasiks* convenaient en effet mieux aux travailleurs. Ils favorisaient aussi bien le courage que la passion et Deviah me communiqua la liste suivante : les lentilles *urad*, la viande, le vin, les épices [celles-ci ne conviennent pas aux véritables brahmanes]. Quant aux aliments *tamasiks* — au sujet desquels Pravas, animé, semble-t-il, par un scrupule brahmanique, ne s'étendit pas [et au sujet desquels, redoutant le pire, je n'insistai pas, car je n'avais pas envie de le voir emprunter ce détour] — Deviah me dit qu'ils favorisaient la paresse. Curieusement, cependant, la liste qu'il me communiqua me parut fort subtile, avec quelques éléments tirant sur le *rajasik* ; certains des légumes paraissaient même assez légers pour entrer dans le régime *sattvik*. Je cite la liste des aliments *tamasiks* dressée par Deviah : oignon, ail, chou, carotte, aubergine, pomme de terre, lentilles *urad*, viande. Ces deux derniers figuraient aussi sur la liste *rajasik*.)

« Le régime *sattvik*, précisa Pravas, est orienté vers le spirituel. On s'attendait à ce que les gens qui le suivaient fassent les choses parce qu'il fallait les faire et non pas dans l'espoir d'une récompense. Ces gens agissaient poussés par une motivation intérieure. On identifiait les brahmanes à la tendance *sattvik*. Par conséquent, il y avait des aliments qu'ils ne devaient pas manger.

« Le phénomène entier était ritualisé sous tous ses aspects. Par exemple, si votre père vivait encore, vous ne deviez pas manger tourné vers le sud. Cet interdit n'était pas valable sur tout le territoire indien, mais il n'était pas non plus simplement local. L'affaire était donc grave si l'ombre d'une personne de caste inférieure couvrait votre nourriture. Si cela arrivait pendant que vous mangiez, c'était fini. Vous cessiez de manger, parce que les aliments étaient devenus impurs. Et puis j'ai oublié une chose : personne ne devait vous toucher pendant que vous mangiez, et il fallait pour manger adopter une certaine posture. Il y avait des gens si "orthodoxes", entre guillemets, qu'ils ne voulaient même pas entendre la voix d'un membre d'une caste inférieure pendant qu'ils mangeaient. Alors, ils prenaient leurs repas au plus profond de leur demeure.

— Ils se fâchaient s'ils devaient cesser de manger à cause d'une ombre ou d'une voix ?

— Les brahmanes ne sont pas censés se mettre en colère, répondit Pravas avec un sourire. Ils s'arrêtaient de manger, voilà tout. La rage ne fait pas partie des qualités brahmaniques. Cela dit, un grand nombre des brahmanes de ma connaissance, disons quatre-vingts pour cent, ont très mauvais caractère.

« Donc mon père évoluait entre ces deux pièces, la chaude et la froide, comme je les ai appelées. Pour lui, c'était un combat perpétuel. Dès qu'il retournait chez mon grand-père, il devait subir de véritables interrogatoires. Avait-il mangé des aliments préparés par des gens qui n'étaient pas des brahmanes ? Avait-il porté les vêtements qui convenaient ? A cette époque, c'était important.

Jamais mon grand-père ne portait de pantalons longs ; il portait un dhoti. Mon père, lui, portait l'un ou l'autre — dhoti ou pantalon. Mais pour eux, il ne s'agissait pas de plaisanter avec la nourriture. Selon ce système de valeurs, il était sacrilège d'enfreindre une seule de ces règles.

« En raison de ce contexte familial, mon père avait des tendances à la philosophie. Et même dans ce domaine, ses lectures étaient différentes de celles de mon grand-père. Celui-ci pratiquait le sanscrit pur et dur, les *mantras* originaux tels qu'ils sont écrits dans les Védas ou les Puranas. C'est la marque même du ritualisme que de ne pas nécessairement comprendre le sens profond de tout ce que vous faites, et mon grand-père ne comprenait pas forcément ce qu'il psalmodiait. Le rituel c'est peut-être, même si ce n'est pas de façon très voyante, du spectacle.

« Mon père, lui, ne faisait pas de spectacle ; il n'était pas soumis à ce genre de pression. Alors, il s'efforçait de comprendre ce qu'il lisait. Il lisait toutes sortes d'interprétations par des philosophes plus récents. Cela l'amena à lire dans de nombreuses langues. Il lisait les ouvrages philosophiques modernes en bengali et il lisait aussi l'anglais. J'ai grandi avec d'innombrables volumes de ses livres en devanagari et en anglais. Il ne s'aventurait guère dans les autres domaines. Le noyau de sa culture était la philosophie.

« Et puis, il y avait encore autre chose. En plus des anciennes valeurs puraniques, mon père s'intéressait à la diffusion des valeurs nationalistes, essentiellement gandhiennes. En Inde, la philosophie gandhienne était presque de l'hystérie collective, mais une hystérie saine. On retrouvait les bonnes vieilles valeurs, mais présentées dans un emballage moderne et destinées aux masses. Les valeurs anciennes paraissaient intellectuelles et l'étaient, si bien qu'elles maintenaient une certaine distance vis-à-vis des masses. Gandhi trouva le moyen de rendre toutes simples des vérités vieilles comme le monde. J'ai donc grandi avec bon nombre de ces slogans gandhiens : "Travaillez plus, parlez moins."

« Dans ma famille, la continuité du système brahmanique des valeurs a persisté et, ensuite, j'ai à mon tour effectué le passage d'un vieux monde à un monde nouveau, d'une pièce chaude à une pièce froide. Mais cette fois, le changement était différent. Personne ne m'a demandé : "Pourquoi portes-tu un pantalon long ?" Ni : "As-tu bien mangé des aliments préparés par un brahmane ?" Cependant, à l'instar de mon père dans son métier de fonctionnaire, je n'avais pas non plus d'échafaudage auquel me raccrocher. J'ai dû, si je puis dire, enfoncer moi-même la porte.

— Pourquoi vous êtes-vous orienté vers la science ?

— Il y a le milieu, et aussi l'actuel système des valeurs. Et le troisième facteur, c'est un sens du mystère.

— Du mystère ?

— C'est l'une des plus puissantes parmi les forces qui nous motivent. Toutes les religions abondent en miracles. Le mystère attire et la science possède ce mystère. Inconsciemment, je l'ai ressenti. Mettez ensemble deux substances chimiques et la couleur change — ça, c'est le mystère le plus simple. Ou bien on peut fabriquer une machine comme un ventilateur électrique qui marche apparemment sans aucune force motrice.

« J'ai franchi un niveau de transformation supplémentaire par rapport à mon père. J'ai une optique plus libérale que la sienne. J'ai sans doute pris l'habitude de remettre davantage les choses en question, grâce à ce que nous pouvons appeler "la science". Mais en revanche, j'en sais moins long sur les rites. Mon père a hérité d'une partie des rites de son père et, moi, je n'ai hérité que d'une partie des siens.

« Jusqu'à l'âge de quinze ou seize ans, j'ai grandi dans l'intimité du milieu familial. C'est à cet âge-là qu'on apprend les rites, parce qu'on n'est pas autorisé à accomplir tous ces rites avant un certain âge. Ainsi, il y a des rites réservés exclusivement aux hommes mariés. Mais à quinze ou seize ans, j'ai quitté ma famille, et je ne revenais que quelques jours par an. Donc, j'ai manqué une grande partie des rites. Et à présent je n'ai plus qu'une moitié de foi dans toutes ces choses.

« Je ne pratique pas, mais ça ne m'empêche pas d'éprouver une nostalgie envers la religion. Mes racines y plongent. Ce n'est pas un phénomène qui m'est étranger. Si l'on me dit que je ne devrais pas consommer d'aliments *rajasiks* — des œufs ou que sais-je — je ne trouve pas cette réflexion étrange. Je la comprends, ce en quoi je diffère d'un diététicien moderne. Et, dans le domaine philosophique, j'ai continué sur les traces de mon père. Je me suis diversifié encore plus qu'il ne l'a fait, vers d'autres écoles de la philosophie indienne et d'autres philosophies. Mon père est passé du védique fondamental à une philosophie indienne plus large. Et moi, je suis passé de cette dernière à une optique plus globale.

— Étant donné votre façon érudite d'aborder les choses, vous en savez probablement plus long que votre grand-père sur l'hindouisme.

— Je suis probablement capable de mieux l'exprimer au sens

occidental de la chose, répondit Pravas, mais je ne puis dire que j'en sais plus long que mon grand-père.

« Le changement est un processus continu. On ne peut en discerner un qu'une fois par génération. Une fois qu'on l'a discerné, on est déjà arrivé ailleurs. Donc, au cours des cinquante dernières années, je ne discerne que deux changements, mais importants, parce qu'on concentre un processus continu sur deux ou trois points. Le prochain grand changement viendra avec mon fils. Il y a des périodes de transition. Il y a des périodes beaucoup plus longues avec les générations qui se succèdent.

« Sous bien des rapports, mon fils va traverser un changement très important dans ses conditions de vie. Dans sa famille, son environnement scolaire, sur le marché du travail, partout. Moi, j'ai grandi dans un contexte à demi ritualiste. Mon fils en sera complètement privé. Cela dit, même si mon fils perdait encore plus ce côté rituel, cela ne l'empêcherait pas d'avoir des racines locales, parmi les gens de son âge. Ils seront beaucoup dans le même cas. La société évolue dans cette direction.

« Les restrictions alimentaires et ainsi de suite, dont je vous ai parlé, certaines personnes de ma génération les connaissent, mais c'est une petite minorité. La plupart ne savent même pas que de telles choses ont existé et existent encore. Et pourtant, ils sont en parfait équilibre avec l'environnement local. Si vous vous attachez trop à vos racines au vieux sens du terme, vous risquez en fait d'être déraciné, fossilisé. Ne fût-ce que dans les formes, par le mode de vie, vous devez vous joindre au courant actuel, vous assurer les nouvelles racines. C'est ce qu'est en train de faire une partie croissante de l'Inde. En l'espace d'une génération, le mode de vie devient la véritable substance. Des choses qu'on commence à faire uniquement parce que les autres les font — par exemple porter un pantalon long pour la génération de mon père — deviennent naturelles pour la génération suivante. »

Il me semblait que les changements dont il parlait étaient peut-être, d'une certaine façon, analogues aux changements survenus une génération ou deux plus tôt dans la communauté indienne de Trinidad, cette Inde paysanne que mes grands-pères avaient emportée avec eux, ce petit univers apparemment complet, avec sa langue, ses rites et son organisation sociale : une Inde qui, dans son décor du Nouveau Monde, avait commencé dès ma propre enfance à se désintégrer : c'était d'abord la langue qui s'était perdue, puis la révérence envers les rites et le besoin de les accomplir (les rites persistant néanmoins longtemps après avoir cessé d'être compris), ne laissant plus, derrière eux, qu'un sentiment de groupe, une connaissance de la famille et du clan, et une idée de l'Inde à l'arrière-plan, une idée d'une Inde tout à fait différente (plus historique, plus politique) de celle qui avait paru arriver avec nos ancêtres.

« Pour vous, dit Pravas, le changement n'a pas été une subversion. »

Le mot attirait l'attention.

« Le changement ne venait pas de l'intérieur, mais de l'extérieur. Ici, le changement est progressif. Il a lieu tout autour de moi — chez mon père, mon frère, tout le monde. Je ne parviens plus à distinguer ce qui est étranger. »

Et (en extrapolant les propos de Pravas) il y avait une autre différence, fondamentale celle-là, entre la nouvelle génération en Inde et notre lointaine communauté d'émigrants. Pour les gens de cette communauté, séparés de la terre indienne, la théologie hindoue était devenue difficile (comme elle l'était devenue pour les peuples de régions anciennement hindouisées du Sud-Est asiatique) ; la foi avait été alors à demi possédée par certains, abandonnée par beaucoup. Elle avait fait partie d'une perte culturelle plus générale, qui avait laissé beaucoup d'entre nous sans idée très puissante de leur identité. Cela n'arriverait pas en Inde, même si les rites étaient largement abandonnés et si les facteurs externes changeaient du tout au tout.

« Il restera quelques principes primordiaux, dit Pravas. Les gens verront disparaître tous les détails concernant le comportement individuel — comment manger, dormir, etc. Tout cela disparaîtra. Mais dans la mémoire collective, certains courants perdureront à tout jamais. La foi et son expression sont un de ces courants primordiaux, même si les détails finissent par devenir flous.

« Récemment, on a passé à la télévision des feuilletons tirés des deux épopées, le *Ramayana* et le *Mahabharata*. La plupart des gens que vous croiserez dans les rues de Bangalore ne les ont pas lues. Ni dans le texte original, ni dans leur version anglaise, ni dans aucune version. Ils les tiennent pour acquises ; elles sont là. Ils connaissaient tous les principaux personnages et le thème général, mais ils ignoraient tout des détails, des personnages secondaires. Pourtant les séries télévisées ont été un triomphe instantané. »

Et à présent, il y avait pour Pravas toutes les frustrations de la vie indienne moderne. Telles qu'il me les décrivait, elles ressemblaient à celles du visiteur : la difficulté de voyager, que ce soit par l'avion, le train ou la route ; les rues surpeuplées et dangereuses de la ville ; les fumées toxiques ; les problèmes soulevés par des choses toutes simples, les complications rencontrées pour organiser les détails matériels de la vie quotidienne, que la révolution industrielle était, pour le moins, censée simplifier.

« Quelquefois, reprit Pravas, je commence même à désespérer. Et il n'y a peut-être qu'un petit quelque chose dans ma nature profonde qui m'empêche de rallier les rangs de la mafia. » Pour apprendre aux gens à vivre, pour obtenir des résultats. « Il n'y a pas de règles dans les rues indiennes. » Il ne s'agissait nullement d'un problème simple ou futile. Pravas se déplaçait à scooter ; quand il venait me voir, il arrivait toujours comme une espèce de cosmonaute, avec son énorme casque. « On a un peu l'impression d'être dans une jungle, et cela risque de s'étendre à une vision plus vaste des choses. D'ailleurs, le risque se concrétise parfois. Il se traduit même par une perte de productivité. Je suis quelqu'un de beaucoup moins productif que je ne devrais l'être. Tout ça parce qu'une grande partie de mon énergie passe dans toutes ces choses, ces embouteillages, cette pagaille. Quand ça grippe dans une société, c'est comme quand ça grippe dans une machine. »

Je songeai à son grand-père, l'un des cinq ou dix prêtres du roi d'un petit État de l'Est. Il vivait de trois fois rien ; il n'avait que son petit bout de terre pour le protéger de la misère totale, si jamais le roi lui retirait sa faveur. Il ne savait rien faire d'autre — à cette époque-là, un petit État de ce genre n'avait guère besoin de spécialistes. C'était un monde arbitraire, où le changement pouvait s'abattre sur un homme de façon soudaine et écrasante. C'était comme cette Inde qui avait été envahie à de multiples reprises par une armée après l'autre ; c'était l'Inde des monuments inachevés, de l'énergie gaspillée, créant cette impression d'un univers aléatoire. Cela aussi, c'était une jungle. Le grand-père de Pravas vivait-il avec une idée de ce genre dans l'esprit ?

« Je n'ai jamais connu mon grand-père. Il est mort quand mon père n'avait que douze ou treize ans. Je n'ai aucun souvenir de son univers, mais je suis capable de le reconstituer. Il faisait partie d'une société statique. Il n'était pas différent de son père ou de son grand-père. Donc, même si ça grippait quelque part, il ne s'en apercevait pas, parce qu'il n'avait pas la bécane. »

La bécane — Pravas m'avait parlé de la circulation à Bangalore et de son propre scooter. La métaphore me plut : elle faisait mieux comprendre le côté statique.

Je commençai à me demander si bon nombre des frustrations

dont parlait Pravas n'avaient pas leurs racines dans le passé, si elles n'avaient pas été créées par la petitesse des espérances indiennes, par l'idée presque pieuse — semblable à celle qui se cachait derrière les étoffes tissées à la main de Gandhi — qu'un pays aussi pauvre n'avait besoin de presque rien. Je me demandais s'il n'y avait pas, profondément enfouie en Inde, même aujourd'hui, une psychologie de la camelote, une extension de l'idée de la pauvreté sainte, du vieux sentiment politico-religieux que l'envie d'améliorer sa condition était un péché, un gaspillage et une insulte aux dieux. Et je questionnai Pravas, comme j'avais questionné Subramaniam, sur les effets psychologiques qu'avait eus sur lui, durant son enfance, la mauvaise qualité des produits fabriqués en Inde.

« Dans mon enfance, je n'avais guère d'éléments de comparaison. Peut-être avais-je vu la montre de mon grand-père, mais je n'avais jamais vu de montre indienne et je n'avais donc rien à comparer. Alors, je ne me frappais pas. Je n'ai pas grandi avec des marchandises importées. Les choses dont nous nous servions étaient fabriquées localement ou bien nous n'en avions pas. Nous utilisions de nombreux produits de l'artisanat indien — des assiettes en métal, au lieu de faïence ou de porcelaine, des assiettes comme on en fabrique depuis des milliers d'années. Les textiles avaient été fabriqués bien avant ma naissance. Donc les besoins fondamentaux étaient satisfaits par la production locale. Sans compter que quand on est petit, vos besoins aussi sont minuscules. »

En ce qui concernait la mauvaise qualité des marchandises indiennes, il s'apercevait à présent qu'il était philosophe. « En comparaison des marchandises contemporaines fabriquées ailleurs, c'est effectivement de la camelote. En comparaison de l'absence de marchandises que nous connaissions il y a cinquante ans, c'est quand même quelque chose. Cela veut dire, tout simplement, que nous avons commencé tard. Il y a un demi-siècle, les Japonais fabriquaient de la camelote. »

Le nouveau monde était tellement nouveau : pour certains, il avait commencé du temps de leur grand-père, et pour la plupart de leur propre père. Et les gens avaient parcouru une telle distance si vite qu'un grand nombre de personnes en activité avaient de belles histoires de réussite à raconter, parfois la leur, parfois celle d'un membre de leur famille.

J'avais fait connaissance de Kala, issue d'une famille de brahmanes tamouls. Elle était chargée de la publicité d'une vaste organisation. Elle approchait de la trentaine et n'était pas mariée. C'était une jeune femme diligente et méthodique, qui avait la réputation d'être un bourreau de travail. Elle était sérieuse, maîtresse d'elle-même, instruite. Mais je ne connaissais pas suffisamment l'Inde, et surtout ce Sud brahmanique dont elle était originaire, pour pouvoir deviner à quoi ressemblait son milieu familial.

Et puis, un jour où nous déjeunions ensemble, elle m'expliqua, comme si elle racontait un conte de fées, que son grand-père était parti de rien, qu'il avait été si pauvre, dans son enfance, qu'il avait dû étudier à la lumière des réverbères.

(N'avait-on pas raconté ce genre d'histoire à propos de beaucoup d'autres personnes ? N'y avait-il pas eu un autre jeune garçon très pauvre quelque part — sans papier, ni crayon ni ardoise — qui avait dû faire ses problèmes d'arithmétique sur le dos d'une pelle avec un morceau de charbon ? L'histoire de Kala me faisait l'effet d'un récit romancé. Pourtant, quelques semaines plus tard, dans une petite « colonie » brahmane à Madras, je vis, un soir, un petit garçon qui était bel et bien assis avec un livre sous un réverbère. La lumière était trop faible pour pouvoir lire, mais le petit brahmane était assis en tailleur avec son livre, incarnant l'ambition, la lutte, l'abnégation, accomplissant le geste vertueux que ses parents et lui avaient entendu raconter.)

Je demandai à Kala le nom de son aïeul. C'était celui d'un administrateur d'un État princier ; un nom fameux dans l'Inde d'avant l'indépendance. Ce petit garçon qui avait étudié à la lueur du réverbère s'était élevé jusqu'à une position de pouvoir et de richesse.

Connaissant Kala, je pouvais m'attendre à ce qu'elle eût un grand-père de ce genre. Ce qui me surprit — et pourtant un brin de réflexion m'aurait suffi pour comprendre que cela allait de pair avec le contexte brahmanique — ce fut d'apprendre que du côté de sa mère, elle avait un ancêtre *sanyasi*, c'est-à-dire un ascète, un homme qui avait renoncé au monde pour aller méditer sur les *ghats*, autrement dit les escaliers du fleuve, à Bénarès, parmi les bûchers et les temples qui bordent le Gange.

Telles étaient les ramifications avec l'Inde ancienne, qui faisaient partie intégrante de la personnalité de Kala. Elle savait qu'elle participait au mouvement visant à sortir de l'Inde d'autrefois, dont m'avait parlé Pravas, mais elle ne le savait pas de la même façon analytique. Quand Kala méditait sur le passé de sa famille, comme elle le faisait avec un acharnement qui frisait l'obsession, ses pensées revenaient toujours à sa mère qui avait été happée par ce mouvement en avant, prise au piège entre les générations, et dont la vie entière avait été faussée.

Kala prenait très au sérieux l'histoire de son grand-père lisant à la lueur du réverbère. Elle l'avait entendue racontée par sa mère, quand elle avait neuf ou dix ans, puis de nouveau, de façon plus détaillée, par son grand-père en personne. Elle me dit, avec sa gravité coutumière : « Quand il y a une panne d'électricité et que les lumières s'éteignent et qu'on s'énerve, je pense toujours à cet homme, ce petit garçon, qui n'avait pas du tout de lumière chez lui. » C'était probablement vrai. « Il vivait à Madras, au début du siècle. Ses parents l'avaient envoyé vivre à Madras chez sa grand-mère. » Et, même si Kala n'en disait rien, je savais que cette décision avait dû s'inscrire dans le vaste mouvement de migration des brahmanes vers les villes que l'on retrouve dans les récits de tant de gens. A Madras, le grand-père de Kala habitait un quartier brahmane près d'un temple important.

« Mon grand-père m'a raconté qu'il devait aller attendre tous les soirs au temple, pour recueillir les *parsads*, les offrandes de nourriture consacrée. C'était son repas du soir et aussi celui de sa grand-mère. Nous avons visité ce temple récemment, le temple de Kapaleshwar, un des deux célèbres temples anciens de Madras. Mon grand-père m'a montré un lion de pierre sur lequel il avait coutume de s'appuyer ou de s'asseoir, en attendant la fin du *puja* du soir, le moment de prendre sa nourriture et de rentrer chez lui. Les pandits le grondaient : "Tu ne peux donc pas rester debout et attendre respectueusement pendant que le *puja* est en cours ?" Cette fois-ci, quand il est revenu au temple sous l'aspect d'un homme très âgé, les prêtres attendaient dehors pour le recevoir.

« Quand il a eu fini ses études secondaires à Madras, il est venu à Bangalore, pour entrer à l'université. Il habitait chez un parent et il est allé tout seul s'inscrire à l'université. » Il est intéressant de noter que ce détail revenait souvent dans les histoires du passé : l'enfant allait tout seul, sans être accompagné par un de ses parents ou par un adulte, s'inscrire à l'école. « Il était encore étudiant quand il a épousé ma grand-mère. Il n'avait pas vingt ans et elle en avait onze, si mes souvenirs sont exacts. A cette époque, quand deux enfants se mariaient, ils habitaient chacun chez ses parents jusqu'à ce qu'ils aient atteint l'âge adulte. Il faut vous préciser que, tels que je les ai connus, mes grands-parents formaient un couple très romantique, entièrement dévoués l'un à l'autre. J'ai questionné mon grand-père sur les premiers jours de son mariage, et il m'a dit que quelquefois, après ses cours à l'université, il allait au marché et achetait diverses choses pour la maison, y compris des perles et des fils de couleur pour ma grand-mère, sa femme.

« Le père de cette petite mariée de onze ans était le *sanyasi* dont je vous ai parlé. Il était *sanyasi* depuis son enfance et résidait à Bénarès. L'homme qui devait devenir son beau-père avait entendu parler, Dieu sait comment, de ce *sanyasi* qui vivait très loin à Bénarès — Bénarès se trouve à plusieurs centaines de kilomètres d'ici — et appris qu'il était destiné à épouser sa fille. » Les *sanyasis* sont des gens qui renoncent au monde : ils n'ont pas de foyer et ne se marient pas. Cette idée concernant la destinée du *sanyasi* était donc étrange.

« Ces gens, qui sont devenus la belle-famille du *sanyasi*, dit Kala, devaient être des gens très pieux. Ils étaient sans doute en contact avec des astrologues et avaient fait tirer l'horoscope de leur fille. A la suite de quoi, le chef de famille s'est rendu à Bénarès, ou il a envoyé quelqu'un, pour chercher le petit *sanyasi* qui était apparu dans l'horoscope de sa fille. Ils sont allés à Bénarès et ils ont cherché parmi tous les saints hommes de l'endroit et ils ont trouvé le petit *sanyasi*, à qui ils ont alors soumis cette offre de mariage. Mais lui s'est montré ferme ; il ne voulait pas retourner dans le monde. Alors ils sont revenus ici. Mais ensuite, il y a eu divers événements et ils sont repartis à Bénarès et, sans qu'on sache trop comment, ils ont su dire certaines choses qui ont persuadé le *sanyasi* de renoncer à sa vie d'ascèse et de quitter Bénarès pour venir ici se marier. Peu après le mariage, la femme du *sanyasi* a eu un accident et elle a commencé à perdre la vue. Elle avait seize ans quand elle s'est mariée.

— L'astrologue n'avait pas prévu la chose ?

— Je n'en sais rien », répondit Kala. L'histoire qui lui avait été transmise était une espèce de mythe : elle regorgeait de merveilles, mais elle avait aussi des manques.

« Vous a-t-on raconté la moindre chose sur ce qu'a dit le *sanyasi* quand sa femme est devenue aveugle ?

— Je ne sais absolument rien de sa réaction.

— Comment gagnait-il sa vie ?

— Il est devenu prêtre à Palani et il a fini haut fonctionnaire. Palani est une célèbre ville sainte. La divinité de Palani est un avatar de Shiva. J'y vais presque tous les ans avec ma mère. Elle croit au temple.

— Qu'est-ce que ça veut dire ?

— Elle croit au pouvoir de ce temple.

— Et vous, vous y croyez ?

— J'aime ma mère et je crois en elle. Ma mère était très proche de sa grand-mère, la femme de l'ancien *sanyasi*, et je pense qu'il devait y avoir une espèce de piété familiale à l'égard du temple de Palani. Cela dit, bien que j'y aille tous les ans avec ma mère, il ne représente pas grand-chose pour moi. Personnellement, je ne suis pas quelqu'un de très religieux.

« Palani est un temple riche. Il y en a de plus riches, mais Palani figure parmi les premiers et il accueille de nombreux pèlerins. Les temples s'enrichissent soit grâce aux terres qu'ils possèdent, soit grâce aux offrandes des fidèles. L'un des temples les plus riches du Sud est celui de Tirupati. Il a son histoire. La divinité de ce temple, Srinivasa, a contracté une dette importante auprès de Kubera, le Seigneur de la Richesse. La déesse Lakshmi dispense la richesse ; Kubera, lui, thésaurise ou prête sur gages. Et on raconte à Tirupati que Srinivasa, la divinité du temple, met de côté l'argent que les gens donnent au temple pour pouvoir rembourser sa dette à Kubera. Beaucoup de gens croient à cette histoire et à cette divinité. Il y a un gigantesque *hundi*, un récipient en toile, énorme, dans lequel on jette de l'argent. On peut y jeter n'importe quoi — de l'or, de l'argent, des diamants. Je crois bien qu'il y a des gens qui y ont jeté des revolvers et des couteaux souillés de sang, dans l'espoir que les crimes commis avec ces armes leur seraient pardonnés. Et on dit que les très grosses offrandes d'argent proviennent de gens qui se le sont procuré illégalement. Palani est bien loin de recevoir autant que Tirupati, mais les sommes ne sont pas négligeables.

— Alors le *sanyasi* est devenu un homme puissant ?

— Mon impression, c'est que le *sanyasi* était un très saint homme qui ne s'intéressait pas aux choses telles que le pouvoir. Il est mort quand sa fille, ma grand-mère, était encore très jeune. Elle avait environ quatorze ans. Elle était déjà mariée, mais elle vivait chez ses parents — c'était la coutume. Avant sa mort, le *sanyasi* a dit à sa femme : “Si jamais tu dois dépendre de quiconque, va habiter chez le mari de notre fille aînée.” Alors ma grand-mère est partie vivre chez l'homme en question, chez mon grand-père, et toute la famille avec elle.

— Comment le mariage avait-il été arrangé — entre votre grand-père et votre grand-mère ?

— Nous formons une sous-secte assez réduite des brahmanes tamouls, et j'imagine qu'à l'époque les gens étaient plus attachés à leur sous-secte qu'aujourd'hui. Peut-être tout le monde était-il vaguement apparenté. Les gens tenaient des registres ou se rappelaient tous les liens de famille ou se tenaient au courant — ça, c'est la belle-mère du cousin d'untel, vous voyez le genre. Cet esprit de clan existe encore aujourd'hui sous forme de vestiges. Les gens se tiendront au courant de ce qui arrive à des cousins éloignés — ce qui, à mon avis, n'a aucun sens. »

Kala, cependant, était en mesure de faire sa vie. Elle avait reçu de l'instruction ; elle avait une situation ; elle était libre d'aller et de venir. Cinquante ans auparavant, il n'y aurait pas eu d'emploi pour elle ; celui qu'elle avait dans la publicité n'aurait pas existé ; d'ailleurs, le type de firme pour laquelle elle travaillait n'aurait peut-être pas existé non plus. Les gens d'il y a cinquante ans auraient eu des pensées et des émotions différentes ; et l'idée de clan les aurait réconfortés.

« Peut-être, dit Kala, qu'il y a deux générations, le monde ne paraissait pas aussi petit qu'aujourd'hui.

« Après son passage à l'université, mon grand-père a réussi un examen et il est entré dans la fonction publique, dans le service. Il s'est élevé dans la hiérarchie. Il était très dynamique. Il avait la réputation d'un homme hardi et honnête. Il est allé souvent à l'étranger. »

C'est ainsi que Kala me raconta l'histoire, en s'attardant sur l'enfance et les études à la lueur du réverbère, avant de foncer brusquement jusqu'à la grande réussite. C'était presque la preuve de ce qu'avait dit Pravas, à savoir qu'avec le développement de l'économie indienne, les gens avaient été happés et emportés vers le haut.

« Dans le cours de son existence, il a eu neuf enfants. Il avait aussi chez lui sa mère, sa belle-mère et sa belle-sœur. Mon grand-père était la seule personne de la famille qui gagnait de l'argent. Inutile de vous dire qu'ils ne roulaient pas sur l'or ; pourtant tous les enfants ont appris à monter à cheval, à nager, à faire de la musique, et ils faisaient aussi des randonnées. Je suis sûre que c'était à cause de sa carrière dans la fonction publique.

« Pour moi, c'est comme un conte. Dans la maison de mon grand-père, telle que je l'ai connue, il n'y avait ni chevaux, ni écuries, ni de quoi nager. J'ai aussi entendu parler d'un palais où vivait la famille, à l'époque où mon grand-père était au service d'un État princier. Il y avait des paons dans le jardin. Ces histoires sont vraies, mais on vivait une époque différente. Je n'éprouve aucune nostalgie ; je me dis simplement que ç'aurait été un endroit agréable à visiter.

« A l'époque où mon grand-père menait cette vie de palais, ma mère était déjà mariée. Elle n'habitait plus le palais. Elle s'y rendait en visite, c'est tout. Elle avait un bébé, une fille, qu'elle a emmenée en hors-bord quand elle avait un mois ou à peu près. Elle m'a dit qu'elle savait bien que la petite ne se rappellerait rien, mais qu'elle voulait partager toutes ses expériences avec elle. »

Quoique Kala s'abstînt de le préciser, je me dis que ce bébé d'un mois, c'était peut-être elle.

« Cette partie du récit, l'histoire du mariage de ma mère, est la plus pénible. Il ne m'est ni agréable ni facile d'en parler. Ma mère a fréquenté des écoles britanniques, des couvents. Tout ce qu'elle faisait, elle le faisait très bien — musique, sports, travail scolaire. Elle était pleine d'audace et de confiance en elle. » Impossible de ne pas remarquer l'insistance approbatrice de Kala dès qu'il était question de hardiesse et d'audace. « Elle voulait faire des tas de choses. Il lui semblait qu'elle aimerait être médecin. Elle se plaisait à l'école et souhaitait pousser ses études plus loin. Au fond du cœur, elle était encore très enfant. Elle lisait beaucoup, des romans anglais. Elle ne songeait pas du tout au mariage. C'était une enfant, une écolière, presque comme une écolière britannique. » Kala, déjà grave de nature, était à présent proche des larmes. « Elle dit qu'enfant elle n'était pas très belle, mais moi, je sais que c'était une très belle femme.

« Elle s'est mariée à quatorze ans et elle n'a rien eu à dire. Elle m'a avoué qu'elle aurait préféré qu'on la laisse simplement tranquille. Elle était dans tous ses états, et son frère aîné et un de leurs cousins étaient bouleversés eux aussi. Ils lui ont dit, les deux garçons, qu'elle pouvait se sauver de chez elle — et qu'ils s'occuperaient d'elle.

— Qui avait eu l'idée de ce mariage ?

— C'était son père. Mon grand-père.

— Vous lui en avez parlé ?

— Non.

— Pourquoi pas ? Vous le connaissez.

— Je le connais assez bien. Mais il n'est plus l'homme qu'il était alors, et je suis sûre que s'il avait été tel qu'il est aujourd'hui, il n'aurait pas agi ainsi.

« Ma mère était en classe de dixième. Je ne la questionne pas beaucoup à ce sujet. Je trouve ça trop pénible et je ne vois vraiment pas ce que je pourrais y faire à présent, moi qui vous parle. C'est peut-être de la couardise de ma part, de ne pas vouloir en savoir plus. Elle a terminé ses études secondaires après son mariage, elle est restée quelques mois encore à l'école. Ces derniers mois ont été très gênants pour elle. Les gens n'arrêtaient pas de lui demander si elle était mariée — beaucoup de ses amies étaient des Britanniques ou des Anglo-Indiennes. Elles étaient toutes nettement plus âgées qu'elle et beaucoup avaient déjà des petits amis. Il y avait de nombreux soldats anglais à Bangalore. C'était en 1946. »

C'était troublant, cet aperçu de 1946 et du monde réel, au milieu de ce qui avait été jusque-là une espèce de conte lointain : 1946, les Britanniques étaient encore aux Indes, toujours cantonnés aux environs de Bangalore, mais l'indépendance approchait et les émeutes meurtrières, mettant aux prises hindous et musulmans, étaient sur le point d'éclater à Calcutta.

« Pour moi, cette date sonne de façon très récente, remarquai-je. Ce n'était qu'un an environ après la sortie du *Fil du rasoir* de Somerset Maugham — où il était question des *sanyasis* et des gens qui cherchaient à se réaliser.

— C'est un livre qui lui a beaucoup plu, dit Kala. Elle a continué à lire, énormément. Tout a mal tourné, dans ce mariage », poursuivit-elle en veillant à modérer son langage. « Ils auraient dû la laisser tranquille. Elle serait devenue une femme de bien plus grande envergure, s'ils l'avaient laissée tranquille.

— Votre mère n'a donc pas dit à son père que c'était très gênant à l'école pour elle, après le mariage ?

— Je ne crois pas que ma mère aurait dit une chose pareille à son père.

« Ce qui suit, j'ai beaucoup de mal à en parler. Elle ne pouvait plus poursuivre ses études. Pendant les quelques années qui ont suivi son mariage, elle a été virtuellement traitée comme du bétail, elle s'échinait pour la grande famille de son mari, une famille élargie où tout le monde vivait ensemble. Elle n'avait pas un instant à elle, aucune liberté, même pas le droit d'aller visiter sa famille quand elle en avait envie. Elle ne pouvait prendre aucune décision quant à ce qu'elle voulait faire de sa vie. C'était toujours quelqu'un d'autre qui décidait pour elle.

— Et votre père, que pensait-il de tout ça ?

— Mon père était quelqu'un qui ne faisait pas de bruit, pas d'histoires, quelqu'un de paisible. Sa famille était sous la coupe des vieilles femmes du clan.

— Votre grand-père était un homme distingué. Comment avait-il pu faire entrer sa fille dans une famille pareille ?

— Ils étaient très estimés. C'était une famille aristocratique. Ils passaient pour des philanthropes. A mon avis, ils ne mettaient sans doute pas leurs préceptes en pratique. Plusieurs des femmes de la famille appartenaient à des organisations de bienfaisance. Elles étaient beaucoup plus instruites qu'elles n'ont permis à ma mère de le devenir. Toute l'affaire se résume en quelques mots : deux poids, deux mesures, un manque de sensibilité, voire un soupçon de cruauté. »

De la cruauté, oui : c'était dans la nature même de la vie de famille indienne. Le clan qui assurait une protection et une identité, qui sauvait ses membres du vide, était en soi un mini-État et il pouvait de ce fait être un endroit difficile, plein d'intrigues politiques, de haines, d'alliances mouvantes et de dénonciations morales. C'était le genre de vie de famille que j'avais connu durant la majeure partie de mon enfance : une initiation précoce à la façon dont va le monde et à la nature de la cruauté. Elle m'avait donné, comme je subodorais qu'elle avait donné à Kala, le goût de l'autre genre de vie, de la vie solitaire ou en tout cas d'une vie moins peuplée, où on a un peu d'espace autour de soi.

Cela dit, je ne pensais pas que Kala eût raison de parler de deux poids, deux mesures. La vie de famille hindoue était ritualisée. De même qu'il y avait des rites pour chaque étape nouvelle dans la vie de chacun, il y avait des rôles qu'on devait tenir à mesure qu'on progressait le long des années de vie qui vous étaient imparties. Les belles-mères devaient dresser les femmes-enfants de leurs fils, former ces fillettes vierges et puériles à leurs nouveaux devoirs de reproductrices et de ménagères, leur apprendre de nouvelles habitudes de respect, les initier à l'idée presque philosophique du labeur et des larmes du monde véritable : leur apprendre à connaître, dans cette chaîne de tradition, le genre de vie et d'idées que leur avaient fait connaître leurs propres belles-mères. Ce dressage d'une femme-enfant passait sûrement pour vertueux ; la cruauté, pour volontaire qu'elle fût, pour délectable, devait être considérée tout simplement comme la cruauté de la vie, rien de plus. Les œuvres sociales auxquelles s'adonnaient les femmes de la famille touchaient probablement des gens situés plusieurs niveaux en dessous d'elles dans la hiérarchie sociale, des gens beaucoup plus abjects. Le désir même de faire le bien avait dû imposer une idée de vertu et de rectitude chez soi. Le concept des deux poids, deux mesures appartenait à un autre monde, au monde dans lequel vivait Kala aujourd'hui.

« Pour ma mère, le choc a été total, dit Kala. Elle était l'unique bru. Elle était donc forcément la dernière à être considérée pour toute espèce de partie de plaisir ou de sortie. Il n'y avait jamais de place pour elle dans la voiture. Et elle était encore tellement enfant. Tout le monde était beaucoup plus âgé. On la battait quelquefois. » Le sujet était trop pénible pour Kala. « Aussi bien son mari que sa belle-mère la frappaient. Dieu sait comment, du jour au lendemain, sous prétexte qu'elle était mariée, elle devait se transformer en adulte.

— Avez-vous parlé de tout ça à la famille de votre père ? »

Non, elle ne l'avait pas fait. « Le temps que je sois au courant, tout le monde avait déjà tellement vieilli. Ça ne rimait à rien de leur chercher noise. Elle a mené cette vie pendant cinq ans.

— Votre grand-père était un homme connu pour sa dignité et son honneur. Il n'a donc rien fait pour sa fille.

— Les parents hindous n'etaient pas censés contester ce qu'on faisait à leur fille une fois qu'elle était mariée. Ce n'était pas qu'ils n'étaient pas au courant : ils ne devaient pas contester. Aujourd'hui, ils ne se gêneraient pas.

« Au cours de ces cinq années, ma mère a beaucoup parlé à mon père. Elle lui a parlé et, finalement, ils ont décidé qu'ils ne devaient plus vivre dans cette maison. Mon père a postulé pour un emploi dans une plantation de thé, dans le Nilgiris. Il a été choisi et ils sont partis s'y installer.

« C'est là que j'ai grandi, jusqu'au jour où j'ai eu l'âge d'aller en pension. C'était une ville coloniale très agréable. A l'époque où je l'ai connue, il n'y avait plus que les vestiges du colonialisme — une culture chrétienne, des réceptions. Peu importait quelle religion vous pratiquiez. Il n'y vivait plus aucun Britannique visible ; il y avait des tas d'Anglo-Indiens. Les maisons étaient dans le style colonial — de hauts plafonds, des planchers en bois, de grands jardins, des portiques, des communs à bonne distance de la maison des maîtres. Ça me semblait normal de vivre là. »

Peut-être la mère de Kala y avait-elle aussi retrouvé une version, des échos de cette vie de couvent d'où on l'avait arrachée cinq ou six ans auparavant.

« Pour vous, le bonheur a commencé dans le Nilgiris ?

— Je crois. Mais les marques sont toujours là. Ce qui aurait pu être. C'est un tel gâchis, une telle bêtise de gâcher le potentiel d'une femme que personne ne jugeait importante. A présent, moi, je prise énormément ma liberté. Ma mère m'a toujours appris combien l'instruction et l'indépendance financière sont importantes.

— Vous n'êtes pas mariée ?

— Je n'ai rien contre l'institution en elle-même, mais pour moi ce n'est pas un but.

— Est-ce que cela inquiète votre mère ?

— Elle aimerait bien que je me marie. Mais il n'y a pas de limite d'âge particulière. Elle veut que je sois heureuse. Et il me semble qu'en comparaison de ce qu'elle a dû supporter, tout ce que je devrais supporter serait insignifiant. »

Kala faisait toujours partie de l'histoire qu'elle m'avait racontée, en l'espace de deux ou trois entretiens. Elle était encore toute pleine des émotions que ce récit faisait naître en elle, et incapable d'y voir la progression historique qu'il me semblait y discerner.

Elle me dit, un autre jour : « Je pense souvent aux personnes concernées, à chacune d'elles, et je me demande parfois ce qu'elles ont vraiment éprouvé à différents moments. Je crois que tous ces gens ont été très courageux. Chacun d'eux a fait preuve d'un courage particulier en opérant les changements qu'il a effectivement menés à bien. Je me demande si, dans une situation difficile ou face à une épreuve quelconque, je serais capable de montrer le même genre de courage.

— Je ne crois pas qu'un seul d'entre nous puisse vraiment savoir ce que pensaient ou ressentaient nos grands-pères et grands-mères.

— Le monde dans lequel ils vivaient était différent », conclut Kala.

Prakash, ministre dans l'administration de l'État du Karnataka, non affiliée au Congrès, m'invita à venir prendre le petit déjeuner, un dimanche matin. Sa demeure étant proche de mon hôtel, Deviah passa me prendre et m'accompagna à pied.

Il fallait avancer avec précaution, en suivant tant bien que mal des sentiers piétonniers détériorés ou inexistants. Dans l'ensemble, on n'a guère besoin, en Inde, de chemins plats ou empierrés pour les piétons et, dans les villes indiennes, les rues ressemblent souvent à des chemins d'asphalte hésitants, bosselés, mille fois réparés, serpentant entre des tas de poussière, de saleté et de tout ce que l'on abandonne dans les rues et qui y reste, c'est-à-dire du sable, du gravillon, des détritus, périssables ou non : rien n'a jamais l'air fini, il n'y a pas de trottoir, pas de mur, tout paraît être à mi-chemin, à mi-chemin entre être et cesser d'exister.

Deviah et moi aurions aimé parler en marchant, mais c'était bien difficile. Nous étions sans cesse enfumés comme des harengs par les émanations crasseuses des voitures et des scooters. La poussière que soulevaient ces véhicules mettait longtemps à retomber, si bien que nous avancions, par-dessus le marché, au milieu d'un véritable nuage. Le temps d'arriver chez le ministre, nous étions devenus partie intégrante de la rue de Bangalore, la poussière et la crasse collaient à notre peau et à nos vêtements, à nos chaussures, nos cheveux et nos lunettes.

Cette invitation à venir prendre le petit déjeuner donnait à la vie du politicien un côté spécialiste des foires industrielles, un aspect mouvementé et bousculé, à l'américaine. Et, à vrai dire, le début de matinée était le moment où les ministres et les hommes politiques de haut niveau étaient très occupés. Les suppliants (ayant chacun sa propre idée de ce que l'occasion avait de théâtral), après s'être levés et préparés dans l'obscurité de la nuit, venaient dès l'aube attendre devant la maison du grand homme — exactement comme, dans la Rome antique, le premier devoir d'un client le matin était de se précipiter chez son patron et d'y grossir la foule, afin de rehausser son prestige. Et à Bangalore aujourd'hui, comme à Rome jadis, plus l'homme était important, plus la foule à sa porte était dense.

Prakash n'attirait pas les multitudes. Il avait une réputation plus posée de ministre instruit et compétent, de politicien sagace et sérieux, capable toutefois de détachement : un homme qui sortait quelque peu de l'ordinaire dans la politique régionale.

Il habitait une des maisons bâties par l'administration du Karnataka pour les ministres de l'État. Elles se dressaient toutes ensemble dans leur propre quartier ou parc. C'étaient des immeubles en béton de deux étages, aux murs ocre pâle, situé chacun au milieu d'un terrain relativement étendu. Il n'y avait pas devant chez Prakash une foule comme j'en avais vu devant les autres demeures, mais il y avait néanmoins un respectable attroupement de solliciteurs — patients, pour ne pas dire oisifs — destiné à établir l'importance du personnage. Dans la cour, on voyait des voitures garées et du personnel assurant la sécurité. Les véhicules laissaient percer le privilège : ils donnaient l'impression d'appartenir à des gens ayant aisément accès au ministre.

Ce dimanche matin, Deviah et moi nous fûmes classés dans cette catégorie. Rien ne fut dit, mais le fait paraissait connu ; et, en dépit des traces que le trajet avait laissées sur nos personnes, les quémandeurs s'écartèrent à notre approche et un chemin s'ouvrit au milieu d'eux jusqu'à la porte de Prakash. Du dehors, la maison n'aurait eu l'air que d'une simple demeure particulière. Il n'en était rien. Nous traversâmes un certain nombre de pièces crasseuses, d'aspect officiel, qui auraient pu être les bureaux, fort vétustes, de quelque service gouvernemental et qui étaient peuplées de fonctionnaires. Nous entrâmes ensuite dans un salon dont l'atmosphère était plus personnelle, quoique teintée encore d'une nuance officielle, avec de nombreux fauteuils bas autour d'une table basse. Les journaux du jour, bien plats, bien neufs, intacts, étaient soigneusement alignés sur la table, en deux rangées échelonnées, si bien qu'on ne distinguait que l'en-tête de chaque publication. Certains étaient en anglais ou en hindi ; d'autres en caractères régionaux.

Prakash, fidèle à sa réputation, ne nous fit pas attendre. Dès qu'il fut averti de notre présence, ou presque, avant même que j'eusse le temps de ramasser un des journaux, il arriva d'une pièce intérieure pour nous saluer, petit homme alerte, sûr de lui, plein d'humour, entre quarante et cinquante ans ; et il nous conduisit aussitôt dans la pièce voisine, une salle à manger — cette partie-là de la maison était tout à fait privée et personnelle, très différente par son atmosphère du salon lui-même — où une grande table était dressée pour un petit déjeuner indien du genre le plus sérieux. A peine avions-nous pris place autour de la table que Mme Prakash apparut, dans un sari bleu impeccable, et commença à nous servir : c'était le devoir rituel de l'épouse hindoue conservatrice que de servir elle-même les repas de son mari, mais c'était aussi à présent, eu égard à la position dudit mari, un grand privilège. Combien des gens qui attendaient dehors lui auraient envié cette familiarité avec le ministre, ces soins dont elle l'entourait ; combien d'entre eux auraient vu en elle une femme comblée ?

Je demandai à Prakash des précisions sur les personnes qu'il devait voir ce matin-là, les gens qui attendaient dehors, devant la porte, et qui nous avaient cédé le passage comme à des êtres infiniment plus privilégiés qu'eux. Le plus important d'entre eux, me dit Prakash, était un comptable de village au service du gouvernement. Il avait été accusé d'avoir détourné cinq mille roupies, soit deux cents livres, sur les impôts fonciers qu'il était chargé de percevoir. Il avait été suspendu de sa charge et avait voyagé toute la nuit en autocar, parcourant plus de trois cents kilomètres, pour voir le ministre ce matin-là. Prakash l'avait reçu pendant sept ou huit minutes. L'homme lui avait assuré qu'il avait remboursé les cinq mille roupies et avait demandé à Prakash de l'aider à réintégrer ses fonctions. Le ministre lui avait répondu qu'il ne pouvait rien faire pour lui ; l'enquête du service devrait suivre son cours. Et voilà : après un trajet de nuit de plus de trois cents kilomètres, après avoir attendu dès le petit matin devant la maison du ministre, après cette audience de sept ou huit minutes, le percepteur n'avait plus qu'à reprendre l'autocar jusqu'à son village.

La femme de Prakash continuait à apporter des hors-d'œuvre et à nous servir d'un peu tous les plats qui se trouvaient déjà sur la table. De temps à autre, elle apportait des *puris* chauds, gonflés et croustillants.

Prakash, qui mangeait élégamment avec les doigts, ajouta : « Maintenant, ce type va porter l'affaire devant la Haute Cour — après l'enquête du service.

— Alors, ça va devenir une espèce de profession pour lui ?

— Si la Haute Cour, déclara Prakash, découvre qu'il y a eu un vice de forme dans l'enquête...

— Comme c'est le plus souvent le cas, dit Deviah qui mangeait lui aussi, picorant à droite et à gauche.

— S'il y a eu un vice de forme, reprit Prakash, il obtiendra sa réintégration et ses arriérés de salaire. Pendant sa mise en disponibilité — pour le moment, il est suspendu de ses fonctions — il ne touchera qu'une allocation minimale représentant soixante-quinze pour cent de son salaire.

— De quel genre de milieu sort un homme comme lui ?

— C'est probablement un fils d'agriculteur ou d'artisan de village. Dans la fonction publique, il doit gagner environ mille deux cents roupies par mois. » C'est-à-dire à peu près quarante-huit livres. « C'est pour ça que tous les villageois essaient d'entrer dans la fonction publique — à moins d'avoir de bonnes terres. S'il perd son procès, il devra repartir à zéro. Il sera obligé de vivre de l'agriculture. »

L'homme dont nous parlions avait trente-six ans et trois enfants. Il était venu voir Prakash parce que ce dernier était son député. La circonscription électorale se trouvait dans la région de Bellary et le travail de la terre devait y être particulièrement pénible. Bellary était connu dans tout l'État comme une « région chaude », avec des températures estivales qui atteignaient les quarante degrés.

« Il lui a peut-être fallu un ou deux ans pour détourner ces cinq mille roupies, dit Prakash. Les gens viennent payer leur impôt foncier et c'est lui qui encaisse l'argent. Ce sont de petites sommes, vingt-cinq roupies par personne, ou quelque chose comme ça. Il leur donne de faux reçus. Et puis un jour, un de ses supérieurs demande pourquoi certains fermiers, ici ou là, ne paient pas leur impôt foncier. Il fait des recherches très simples ; il voit les faux reçus ; et l'imbécile est pris.

— Peut-être, dit Deviah, pense-t-il même que ce n'est pas juste, alors que tant de gens plus importants, tout autour de lui, se servent sans se faire pincer.

— Est-ce qu'il s'est mis à pleurer ? demandai-je à Prakash. Est-ce qu'il s'est prosterné à terre pour vous étreindre les jambes ? »

Prakash, qui avait beaucoup d'esprit, répondit : « Il a peut-être pleuré la première nuit, après s'être fait prendre. Mais depuis un an il s'est endurci. »

Cet « endurci » me plut. Prakash dans la vie, la vie civile, la vie d'avant la politique, avait été avocat de campagne et il connaissait bien les gens.

« Mais à présent, il est devenu fataliste. Il parle du *karma*, du destin. C'est typiquement hindou.

— Les gens de son village vont-ils le mépriser ou le frapper d'ostracisme ?

— A son niveau, ce genre de malhonnêteté ne gêne pas grand-monde, je ne pense même pas que les gens soient au courant. En Inde, la classe supérieure considère la malhonnêteté comme quelque chose de naturel. Il n'y a que les classes moyennes pour se cramponner à ces valeurs et se tracasser au sujet des vols et de la corruption. Cela fait partie de la fibre sociale. C'est universel. Quand un conseil se réunit pour choisir les fonctionnaires, il y a toujours quelqu'un qui se lève pour dire : "Désolé, je ne peux pas interroger le prochain candidat. C'est mon beau-frère. Il faut m'excuser." Tout cela est très beau et très correct, mais comme ça pas un membre du conseil ne peut ignorer que le candidat en question est le beau-frère du type. »

Il s'interrompit et dit, en soulevant un ravier : « Dans cette maison, tout a été fourni par l'administration. Chaque tasse, chaque assiette. Comment renoncer à tout ça ? » Il ne parlait pas de lui-même, mais des autres. « Cela fait partie de la fibre sociale, comme je vous le disais. Dans le temps, les maharajahs touchaient les impôts fonciers. Mais en plus, les gens venaient leur faire des offrandes — de l'or, des ornements, des fruits, des noix de coco. Ils offraient ça sur une assiette, laquelle était en laiton ou en argent, selon le rang social. Or les ministres sont les maharajahs de l'ère moderne. Indira Gandhi était une maharani.

« L'achat des faveurs religieuses est très semblable. Là encore, vous avez différents niveaux d'offrandes. Certains n'offrent qu'une noix de coco. Vous connaissez l'histoire du temple de Tirupati ? »

C'était l'histoire que m'avait racontée Kala.

« On y donne de l'argent pour aider le Seigneur Venkateshwara à rembourser son emprunt à Kubera, dit Prakash. Il avait emprunté cet argent pour se marier. »

Kala avait omis ce détail. Peut-être était-ce ainsi, par une accumulation de détails, que ces difficiles récits mythologiques croissaient dans l'esprit des gens d'ici.

Nous quittâmes alors la table du petit déjeuner pour gagner la résidence où l'État logeait ses invités officiels. Prakash pensait que nous y serions mieux et à l'abri des solliciteurs.

Un nouveau groupe attendait devant la porte d'entrée. Un petit bonhomme souriant, en sandales, était impeccablement vêtu d'un pantalon marron moulant et d'une chemise toute propre en polyester à carreaux beiges et jaunes. C'était un chauffeur. Il aurait donné n'importe quoi pour être employé par l'administration. Il n'était pas au chômage ; il travaillait pour une firme privée qui le payait moins bien que ne l'aurait fait l'administration. Prakash lui avait donné une recommandation, quelques mois auparavant, mais sans le moindre résultat ; alors, ce matin, l'homme était revenu trouver le ministre pour se plaindre et le supplier.

Tel un monarque qui, en se déplaçant au milieu d'une foule qui le fête, trouve une phrase ou deux à adresser à quelques heureux mortels, Prakash, avançant parmi ses solliciteurs matinaux — pas vraiment comme un monarque, toutefois, plutôt comme un chef de clinique dans son service, parmi ses élèves — trouvait quelques mots à dire à l'un ou à l'autre, mais ces mots adressés en apparence au quémandeur étaient en réalité destinés à Deviah et à moi-même ; ils nous renseignaient sur la personne en question, comme si elle n'était pas vraiment là et que Deviah et moi étions de jeunes internes faisant le tour du service, écoutant Prakash, notre professeur, nous parler de gens gisant sur leurs lits ou exhibant des membres bandés, fixés dans des gouttières ou accrochés à des poulies.

Un homme, ayant d'ailleurs l'air d'un grand malade, brandissait un formulaire officiel, très sale et très froissé, rédigé en kannada, l'écriture régionale, qui semblait dire — Prakash connaissait l'homme, qu'il avait vu le matin même — que sa femme, cancéreuse, avait été hospitalisée dans un établissement de Bangalore. L'homme prétendait être venu à Bangalore pour faire admettre sa femme dans l'hôpital en question ; il voulait à présent regagner leur village, mais il n'avait pas d'argent et réclamait donc quarante-deux roupies pour son billet d'autocar.

Ce malheureux était dans un état de misère spectaculaire. Il était d'une maigreur d'affamé, vêtu d'une tunique usée jusqu'à la corde, taillée dans une espèce de toile de jute publicitaire dont le lettrage n'avait qu'à demi disparu après plusieurs lavages. Le haut de son nez, écorché, était à vif et il avait dans les bras un bébé muni d'un biberon.

Dès que nous fûmes à la distance voulue, cet homme, tenant son bébé d'un bras, se jeta aux pieds de Prakash pour les saisir de son autre main, dans un geste de respect exagéré — prenant soin, toutefois, en cours de plongeon, de poser d'abord le biberon bien droit sur le revêtement en béton qui environnait la maison de Prakash. Ce dernier lui fit signe de se relever. L'homme obéit, se pencha pour ramasser le biberon, fit sauter le bébé quelque peu secoué dans ses bras, lui fourra la tétine dans la bouche et fixa sur Prakash un regard d'halluciné. Prakash contempla l'homme, sans vraiment lui rendre son regard, l'observant avec une espèce de distance sociale ou académique et — tout en paraissant le jauger pendant qu'il parlait — nous fit un petit discours, à Deviah et à moi-même, sur l'état du malheureux.

Les gens que l'on hospitalisait pouvaient être accompagnés de leur conjoint, nous dit-il. C'était prévu par la loi. Si ce type réclamait le prix du billet jusqu'à son village, c'était parce qu'il choisissait de ne pas se prévaloir de cet avantage. Il faisait probablement, ce matin-là, la tournée des ministres et autres personnages haut placés. Prakash lui-même avait déjà donné à un de ses subalternes l'ordre de lui remettre une ou deux roupies, bien qu'il ne soit pas sûr de sa sincérité.

« Et même s'il finit par obtenir ses quarante-deux roupies pour rentrer chez lui, dit Deviah, il voyagera probablement sans billet. »

Cette incarnation du dénuement complet était extraordinaire. Peut-être était-elle même un peu trop voulue, avec le bébé, le biberon et la tunique en toile de sac. Cela dit, l'homme au regard d'halluciné avait l'air d'une authentique épave, indéniablement malade et décharnée.

Prakash resta froid. Nous entraînant à présent vers sa voiture, comme si la conférence était presque terminée, il nous expliqua que les individus de cet acabit ne sortaient pas des groupes ou castes de mendiants traditionnels. Ils sombraient dans ce genre de vie par accident, ou par la force de l'exemple ou de l'encouragement ; et ils étaient surpris par les profits obtenus. Et alors, ajouta Prakash, avec un effet recherché d'allitération, « il y a accoutumance et acclimatation ».

(Et Prakash avait raison. Plus d'une semaine après, alors que Deviah et moi nous entretenions avec un des législateurs de l'État, dans la pièce qu'il occupait au foyer des législateurs, nous vîmes réapparaître ce malheureux, avec son bébé et son biberon, mais sans la tunique en sac et sans le formulaire d'aspect officiel signalant que sa femme cancéreuse était hospitalisée. Les adjoints du législateur le chassèrent immédiatement et il partit sans un murmure. Il n'avait pas le regard aussi fou que chez Prakash ; son nez écorché avait commencé à se cicatriser et il paraissait curieusement reposé. Il prenait aussi grand soin du bébé qu'il l'avait fait la première fois ; peut-être l'avait-il emprunté contre une caution quelconque.)

Nous sommes partis dans la voiture de Prakash le long des routes poussiéreuses qui menaient à la résidence réservée aux invités de l'État. Ministre chez lui, mais ministre ici aussi : dès qu'il apparaissait, tout le monde s'activait. Je commençais à sentir toute l'étendue de son pouvoir, à voir un peu le Karnataka avec les yeux de Prakash, même si la pièce où l'on nous introduisit pour notre entretien privé n'était qu'une méchante petite chambre de foyer, empestant l'urine et ne possédant qu'une seule table trop basse pour que je puisse m'y appuyer pour écrire.

Nous nous rendîmes jusqu'à la résidence principale, grand bâtiment de pierre au centre du parc roussi. Une fois installé sur le grand balcon couvert de l'étage supérieur, je questionnai Prakash au sujet du pouvoir politique en Inde. Comment les gens l'acquéraient-ils ? Qu'est-ce qui qualifiait un homme pour le pouvoir ?

La caste, répondit-il, était le premier facteur d'importance. Un homme qui cherchait un poste haut placé ou qui voulait faire carrière dans la politique devait appartenir à la caste appropriée. Ce qui signifiait qu'il devait être membre de la caste dominante de la région. Il devait aussi, bien sûr, être susceptible de mobiliser le soutien de sa caste ; ce qui voulait dire qu'il devait jouir d'un certain prestige dans sa communauté, avoir des relations, être connu. Et, comme il arrivait rarement que les votes d'une seule caste pussent suffire à gagner une élection, un candidat avait besoin en outre d'un parti politique, pour obtenir les voix des autres castes. Donc, tout l'appareil parlementaire des partis politiques et des élections avait un sens en Inde. Il encourageait la coopération et les compromis ; la multiplicité même des castes et des communautés débouchait sur une espèce d'équilibre.

Le pouvoir auquel on accédait ici, dit Prakash, était très grand dans l'environnement de la vie indienne, cet environnement de gens qui luttaient pour survivre et joindre les deux bouts. Et la chute, la perte du pouvoir, était tout aussi grande et pouvait être très difficile à supporter.

Les sièges installés sur le balcon de pierre étaient lourds et laids, des meubles administratifs, décolorés et dépolis par le soleil ; et il y en avait beaucoup. Sur le balcon couvert, qui n'était pas encore exposé aux rayons du soleil, régnait néanmoins une clarté aveuglante. Les arbres étaient rares au milieu de l'herbe roussie ; leurs ombres soulignaient la lumière et la sécheresse. Les grands stores verts enroulés sur eux-mêmes étaient l'unique élément de décoration du balcon, et ils ajoutaient encore à l'atmosphère dénudée, morne, officielle, de la résidence.

« Quand le politicien moyen dégringole des sommets, dit Prakash, il n'a aucun point de chute et pas de coussin. Il peut être avocat dans une région rurale, ou bien fils de paysan ou de propriétaire terrien, ou encore fils ou frère d'un petit commerçant ; mais ce ne sera pas un nanti. Et beaucoup d'entre eux n'appartiennent à aucun mouvement.

— Quels mouvements ?

— Eh bien, il peut s'agir du mouvement pour l'indépendance, ou du mouvement contre l'état d'urgence instauré par Indira Gandhi, ou bien du mouvement paysan ici même dans notre État, ou du mouvement ouvrier, ou de n'importe quel mouvement populaire. Quand vous n'appartenez pas à un de ces mouvements, que vous n'avez rien sur quoi vous rabattre quand vous perdez le pouvoir, vous avez besoin de gagner de l'argent très vite.

« Le pouvoir fournit tant de confort, d'avantages, de prestige — un bungalow, entièrement meublé, un personnel domestique et un secrétariat au complet. Une voiture avec chauffeur, des possibilités de séjourner dans les bungalows et résidences officiels des différents États quand vous voyagez, des billets d'avion — vous pouvez aller partout aux frais du gouvernement. Mais quand vous êtes éjecté du pouvoir, si vous n'avez pas de fortune privée, vous serez peut-être obligé de regagner la zone semi-urbaine dont vous sortez. Et là, vous ne pourrez guère vous permettre d'avoir un secrétaire ou des domestiques. Peut-être un domestique, mais pas l'armée de serviteurs dont vous disposiez en tant que ministre. Et plus de coups de téléphone gratuits. »

Prakash paraissait s'élever contre toutes ces choses, mais il me semblait néanmoins déceler un certain désir de s'attarder sur le moindre détail de ces privilèges. Cela faisait six ans qu'il était ministre et à présent, si je comprenais bien les allusions voilées de la presse, son gouvernement traversait une mauvaise passe.

« Les domestiques, dis-je. Vous en parlez souvent. Les serviteurs comptent donc beaucoup pour ces gens venus des zones rurales ? »

Prakash était un avocat, ironique, malin : il comprit où je voulais en venir. « Au bon vieux temps, un nombre excessif de serviteurs donnait aux grands propriétaires, aux *zamindars*, et aux seigneurs féodaux, le prestige nécessaire. Aujourd'hui, c'est le pouvoir. Les serviteurs sont là pour vous rendre la vie confortable. Si vous êtes ministre et que vous voyagiez par avion, il y aura quelqu'un pour acheter votre billet. Il y aura toujours quelques sièges réservés pour l'administration, qu'on gardera jusqu'à la dernière minute ; donc vous serez toujours sûr d'avoir de la place. Votre bras droit vous accompagnera jusqu'à l'aéroport » — Prakash, de nouveau, s'attardait sur les détails, se délectant des avantages qui étaient encore les siens — « et à l'arrivée quelqu'un sera là pour vous accueillir. Il y aura un véhicule à votre disposition et on aura fait une réservation pour vous loger. Mais quand vous n'êtes plus au pouvoir » — et, tel un peintre traçant l'image du purgatoire pour faire pendant au paradis de la réussite, Prakash entreprit alors de noircir encore le tableau des voyages aériens en Inde — « bien souvent, vous ne savez même pas où acheter votre billet, où vous devez faire la queue, comment faire enregistrer vos bagages. Dans une société occidentale, où règne l'ordre le plus parfait, entre un homme privilégié et l'homme de la rue, il n'y aura pas un tel décalage dans l'organisation matérielle de l'existence, l'organisation des voyages, du confort, du séjour.

« Même dans les pays occidentaux, le goût du pouvoir est inné chez l'homme. Et la chose est d'autant plus vraie en Inde, parce qu'ici, le pouvoir c'est tout. Quand un président américain quitte la Maison-Blanche, ni son mode de vie ni son confort matériel ne s'en ressentent. Bien souvent, en Inde, ce sera tout le contraire, à moins que vous n'ayez la volonté de vivre dans l'austérité, comme les anciens dieux de l'ère gandhienne.

« Nos politiciens de la nouvelle génération ne possèdent pas ce pouvoir spirituel et ils ressentent cruellement la différence. Pendant quelque temps, après leur chute, ils s'efforcent de tirer profit de leurs prétendus contacts avec les autorités. Ils se chargent de diverses missions pour des gens qui ont besoin de faire faire certaines choses. Mais très vite les contacts s'interrompent. Et l'industriel qui vous courtisait passe devant vous dans sa grosse voiture, en route vers sa belle maison dans un quartier chic, et il ne vous regarde même pas.

« A cause de l'industrialisation et de la révolution verte dans les zones rurales, on voit poindre une classe de nouveaux riches, des gens qui pour la première fois se frottent à des études supérieures, à une existence urbaine confortable, à un mode de vie élégant et aux influences occidentales — bref, au confort matériel. Au cours de cette période de transition, nous nous coupons lentement de l'éthique de nos aïeux, mais en même temps l'idée de discipline et de justice sociale des Occidentaux nous échappe. Alors, pour le moment, ici, c'est la pagaille. »

J'aurais aimé passer sur un plan plus personnel, mais ce n'était pas facile. La crise politique que traversait son gouvernement, la possibilité entrevue d'arriver au terme de l'aventure l'encourageaient à mettre une certaine distance entre lui-même et les délices du pouvoir. En même temps, cela faisait ressortir sa combativité politique, le poussait à moraliser de façon démodée (presque comme s'il avait déjà quitté le pouvoir) sur le gandhisme, le matérialisme et les dangers pour l'Inde du super-ordinateur dont parlaient à présent les gens de Delhi.

Il finit par dire : « Je n'étais pas riche, mais pas pauvre non plus. Ma famille était en mesure de vivre dans le confort et la sécurité. C'était à Bellary. J'y ai des terres et une bonne partie de ce dont j'avais besoin était produit sur ces terres — du millet, du riz, du tamarin, des piments, des légumes et du combustible. Je peux y retourner à tout moment. Mais après six ans au pouvoir, ici même, je remarque un changement chez mes enfants. Leurs années de formation se sont passées dans cette opulence et ce prestige, au milieu de la sollicitude et de l'intérêt généraux. A présent, ils n'ont aucune envie de rentrer au village. Pour moi, ça n'a aucune importance.

« A Bellary, il fait très chaud. Et beaucoup de mes parents et de mes amis sont un peu abasourdis quand ils arrivent ici. Les amis sont peut-être légèrement envieux, les amis du village, ou les gens qui travaillaient avec moi dans le temps et qui m'ont vu arpenter les rues d'une simple bourgade. Ils ont désormais l'impression que je suis devenu quelqu'un de très important et il y a une certaine jalousie — et encore, là, je ne vous parle pas du côté impitoyable du système, qui fait que mes collègues me tirent par les jambes, pendant que je grimpe à toute allure. Ça, c'est inhérent au système, mais la jalousie, ce n'est pas la même chose.

« Il n'y pas jusqu'à mon électeur, qui ne se sente plus à l'aise là-bas, dans ma maison, pour me parler. Quand il arrive ici, en revanche, qu'il doit s'asseoir sur un canapé », — c'était intéressant, cette idée du monde vu par les yeux de l'électeur de Prakash, cette vision dans laquelle la grisaille de la résidence officielle était transformée — « quand il s'installe ici, avec ce grand jardin, la pelouse, les policiers, les employés, il se sent mal à l'aise, et aussitôt il a l'impression que je suis trop loin et que l'équation personnelle disparaît ou se transforme. »

Dehors, on entendait claquer des portières de voiture. Quelqu'un, quelques personnes même, venaient d'arriver. Presque aussitôt, un groupe d'hommes en robes bariolées monta l'escalier au petit trot et traversa le salon : des hommes corpulents, en gros souliers, qui marchaient d'un pas assuré. Je les vis passer du coin de l'œil, car j'étais assis le dos légèrement tourné à la pièce. Soudain, Prakash, baissant la voix, me dit que c'était le Dalai-Lama qui venait d'arriver.

Cela paraissait quelque peu improbable, mais j'y étais à demi préparé. Je savais que le Dalai-Lama était en visite en Inde. A Bombay, j'avais lu, un jour, dans la presse qu'il allait venir en ville pour visiter la communauté bouddhiste. Je n'étais d'ailleurs pas très sûr de ce qu'on entendait par là. Quand les habitants de Bombay parlaient de bouddhistes, il ne s'agissait pas des Tibétains, mais plutôt des néo-bouddhistes dalits. Je n'avais pas, cependant, approfondi la question de la visite du Dalai-Lama à Bombay. Et à présent, voilà que sans tambour ni trompette, avec seulement quelques voitures et une escouade de policiers de l'État, il s'était aventuré encore plus au sud et se trouvait désormais fort loin de chez lui.

Le Dalai-Lama avançait si vite que sa silhouette avait traversé le salon, à demi cachée par un adjoint qui marchait tout près de lui, en balançant une serviette de cuir au bout de son bras, avant que Prakash n'ait fini de me dire de qui il s'agissait. La fin d'une enjambée, l'arc décrit par la serviette — voilà tout ce que j'avais vu.

Un peu plus tard, des moines parurent sur le grand balcon couvert où nous étions assis. La bousculade de l'arrivée passée, ils étaient plus calmes. Depuis le décor dépouillé du balcon, ils contemplèrent la pelouse et les jardins brûlés par le soleil. Ils avaient le crâne rasé et portaient un chandail sous leur robe rouge foncé. Je crus d'abord qu'ils étaient tout simplement occupés à contempler l'étrange aspect du Sud indien, mais, en réalité, ils guettaient leurs adeptes.

Prakash me dit qu'il y avait un « camp » tibétain près de Mysore, à environ cent soixante kilomètres vers le sud. Là, sur des terres que leur avait octroyées le gouvernement indien, les

Tibétains faisaient pousser du maïs, élevaient des vaches pour les produits laitiers et tricotaient leurs chandails si particuliers. Il n'y avait pas le moindre Tibétain dans le parc de la résidence à notre arrivée, mais progressivement, par petits groupes désordonnés, les habitants du camp de Mysore — qui attendaient dans les rues adjacentes — commencèrent à envahir la pelouse roussie, les femmes en costume tibétain traditionnel, les hommes en jeans, de beaux hommes et de belles femmes aux visages souriants, qui à présent peut-être, après plus d'une génération loin de leur terre natale, commençaient à perdre le contact avec elle : encore d'autres Asiatiques dépossédés, emportés par le courant de l'histoire.

Mes pensées s'attardèrent quelque temps sur ces gens. Les moines restèrent sur le balcon, regardant vers le bas, comme s'ils voulaient fixer leur regard sur chaque membre des petits groupes éparpillés qui attendaient. Et même lorsque Prakash se remit à parler, j'eus le sentiment que nous continuions à faire partie de cette histoire tibétaine sans paroles.

« En raison de la longue tradition de rajahs, maharajahs et seigneurs féodaux, nos concitoyens contemplent toujours avec un respectueux effroi le siège du pouvoir, mais en même temps, ils nourrissent une véritable antipathie, disons même une véritable haine, envers ce siège. Il y a une dichotomie. Ils aiment à voir au pouvoir un homme accessible, simple, plein de compassion et de bienveillance. Pourtant, en même temps, ils ont une image mentale bien particulière du pouvoir — la pompe, les défilés somptueux, l'autorité et l'aristocratie. Souvent toutes ces choses ne vont pas ensemble.

« Dans un cas comme le mien, ils aimeraient voir en moi un de leurs bons vieux avocats de campagne — comme j'étais en 1983, avant d'accéder au pouvoir et de devenir ministre. Mais ils ne respecteront mon autorité que s'ils me voient environné d'un groupe de subalternes et si je prends moi-même des poses.

« Le 16 février 1983, à Bangalore, j'ai prêté serment en tant que ministre. Le même jour, ont éclaté des troubles communautaires à Bellary — la police a tiré dans la foule, il y a eu sept morts, des bâtiments incendiés, pillés. Le soir même je suis parti en voiture pour Bellary, à plus de trois cents kilomètres. Et aussitôt, je m'y suis retrouvé en position d'autorité et j'ai commencé à donner des ordres au directeur de la police régionale, au commissaire adjoint de Bellary et à d'autres hauts fonctionnaires. Si bien que je suis venu à bout des troubles en l'espace d'une journée.

« En tant qu'avocat, j'avais plaidé plusieurs affaires devant le commissaire adjoint de Bellary, à qui je donnais du "Votre Honneur". Mais en tant que ministre, il y a eu une transformation instantanée. Je me suis mis à lui donner des ordres. Au bout d'un jour, j'avais déjà changé. Et les gens n'auraient pas été contents, et je n'aurais d'ailleurs pas pu contrôler la situation, si je n'avais été qu'un avocat *mofussil*. C'est une société très étrange que nous avons créée. Grâce à la démocratie, des gens comme nous peuvent jouer un rôle différent. »

Encore son gouvernement avait-il réduit la pompe ministérielle. Il y en avait beaucoup plus quand le Congrès était aux commandes : des escortes policières, des lumières rouges qui clignotaient pour signaler aux automobilistes qu'ils devaient se ranger, des sirènes. A l'époque, les gens n'avaient pas le droit de se présenter tout simplement chez les ministres ; il fallait un rendez-vous.

Le pouvoir venait du peuple. Celui-ci était pauvre, mais le pouvoir qu'il donnait était grisant. Plus un homme s'élevait haut, plus il risquait de tomber bas quand il perdait le pouvoir. Donc, dès le départ, les législateurs vivaient dans une espèce de frénésie, ils étaient perpétuellement en mouvement, comme un groupe de pingouins pris dans une tempête de l'Antarctique, où ceux qui se trouvent à la périphérie cherchent à se faufiler à travers la masse grouillante jusqu'à la chaleur du centre. La politique de l'État, les allées et venues qui emplissaient la presse locale constituaient une politique d'alignement et de réalignement. Quand une majorité commençait à vaciller, la voix d'un politicien à la Chambre devenait un bien véritablement précieux : on pouvait la vendre un certain nombre de fois. Récemment (c'était un autre politicien qui me l'avait révélé), il y avait eu dix hommes très difficiles qui avaient exigé un lakh de roupies, soit cent mille roupies ou quatre mille livres, pour chacun de leurs votes à la Chambre. Les partis de la majorité et de l'opposition avaient dû lever des fonds pour éponger ces frais et les moyens choisis pour le faire pouvaient prêter à controverse.

La politique de l'État, telle que la rapportaient les journaux, était opaque pour les visiteurs. Dans cette politique d'alignement et de réalignement, il n'y avait ni principes ni programmes. Il n'y avait que des ennemis ou des alliés : la politique des pingouins. Ce qui était vrai de cet État, le Karnataka, était tout aussi vrai d'autres parties de l'Inde. Il y avait dans les journaux d'innombrables articles qu'on pouvait ignorer ou considérer comme déjà lus. Le savoir politique ne venait pas en retenant des noms, de même qu'on ne sait pas forcément se servir d'un ordinateur en apprenant un programme informatique par cœur. Les programmes pouvaient être modifiés ou abandonnés ; les politiciens pouvaient disparaître ou changer très vite de poste.

La seule existence d'une administration locale semblait relever du miracle, mais, avec la croissance de l'économie indienne, des administrations locales actives créaient des profits maximaux pour tout le monde. Et de cette frénésie politique était sortie une espèce d'équilibre : pour la première fois de l'histoire de l'Inde, peut-être, la plupart des gens avaient le sentiment qu'eux-mêmes ou leurs représentants, quelqu'un de leur groupe en tout cas, avaient une chance de parvenir jusqu'à la chaleur du centre où se trouvaient le pouvoir et l'argent.

Prakash était ce jour-là en plein milieu d'une énième crise, qui occupait beaucoup de place dans la presse. Nous descendîmes jusqu'à la zone goudronnée qui entourait la résidence officielle, où quatre ou cinq hommes d'un certain âge, mâchonnant du bétel, vêtus de tuniques et de dhotis couleur crème impeccables, tissés à la main, attendaient le ministre dans la lumière aveuglante — à quelque distance des voitures et des policiers en kaki du groupe qui escortait le Dalai-Lama. Ce jour-là, on demandait aux députés de signer une déclaration de loyauté, et on s'occupait beaucoup de l'éternel décompte des têtes coiffées d'une calotte gandhienne. Les vêtements tissés à la main, jadis réservés aux pauvres, n'étaient plus aujourd'hui portés par eux, mais uniquement par les hommes à qui les pauvres avaient donné le pouvoir.

Des gens de toutes les conditions sociales parlaient avec respect de l'époque des anciens maharajahs, et on avait un rappel concret de la gloire du vieux Mysore avec le mur de cinq kilomètres de long qui ceignait le parc du palais, en plein centre de Bangalore. L'édifice n'avait pourtant été que le palais d'été des maharajahs. Il se dressait au plus profond du parc, si bien qu'on ne pouvait le voir de la rue. Le parc lui-même, d'une énorme valeur foncière intrinsèque, faisait présentement l'objet d'un litige et il était fermé au public.

Le palais principal se trouvait à Mysore, à cent soixante kilomètres plus au sud. Deviah m'avait appris qu'il y avait encore dans la ville un barbier ayant été au service du vingt-cinquième et dernier maharajah. Il y avait aussi un brahmane que le maharajah avait plus ou moins employé comme pandit. On disait que le barbier avait des tas d'histoires à raconter, mais c'est pour voir le brahmane que je me rendis un jour à Mysore avec Deviah.

La route était bonne ; c'était une des routes de l'ancien État de Mysore. Elle était ombragée, sur de longues distances, par les grands pithécolobiums plantés à l'époque des maharajahs et considérés désormais presque comme une continuation de leur générosité. Il y avait aussi des champs riches et verdoyants qui devaient leur existence aux travaux d'irrigation entrepris par le célèbre Premier ministre du vingt-quatrième maharajah.

Mysore était bâtie autour de son palais. Dès notre entrée en ville, nous aperçûmes un bout du parc. La perspective était tentante, mais ces grands espaces et cette splendeur étaient pour plus tard. Ce matin-là, nous avions à faire dans la ville même, dans une petite salle de mariage en béton que dirigeait à présent l'ancien pandit du dernier maharajah. Cette salle était neuve et d'aspect fort banal, mais elle appartenait à une fondation créée par le philosophe du IXe siècle, Shankaracharya. Le pandit, par conséquent, même si on pouvait croire qu'il s'adonnait à des activités commerciales, était toujours très proche de la religion.

C'était un petit homme de soixante-douze ans. Trois larges traits blancs lui traversaient le front et il arborait un point rouge en pâte de santal entre les sourcils. A chaque oreille, un rubis serti d'or. Sa tunique blanche était boutonnée sur une petite bedaine, laquelle était curieusement étroite et longue, si bien que, engoncé dans sa tunique, le pandit paraissait avoir la forme d'un concombre. Les marques sacrées sur son front étaient faites avec de la bouse de vache réduite en cendres. On la faisait brûler tout exprès, à une date donnée, Shiva-ratri ou la nuit de Shiva. Deviah avait une anecdote concernant Shiva-ratri : tous les jours, Shiva veille sur le monde, mais il n'y a qu'un seul jour où il s'endort et ce jour-là (ou plutôt cette nuit-là) les hindous doivent veiller à sa place.

Nous trouvâmes le pandit dans le bureau de la salle de mariage. C'était une petite pièce très simple, avec des murs crème, un coffre en fer dans un coin et une espèce de paillasse sur le sol en béton rouge. Sur une étagère, dans un autre coin, il y avait un téléphone rouge, à côté d'une planche à laquelle étaient suspendues quatre clefs. Des étagères peintes en vert avaient été aménagées le long d'un mur. Sur une d'entre elles, on apercevait des tubes fluorescents vétustes, équipés de fils électriques (que l'on utilisait sans doute dans la salle des mariages et que l'on entreposait ici de peur des vols) ; sur une autre, des ampoules électriques ; sur une troisième, une pile de minces fascicules, ainsi qu'un certain nombre de paquets défraîchis enveloppés dans du papier. Suspendu à un clou ou à un crochet, sur le côté des étagères vertes, un sac tressé était aplati contre le mur, lequel faisait d'ailleurs office de meuble : il servait à poser ou à suspendre les choses.

Le pandit était né en 1916. Son père n'était pas originaire de l'État de Mysore, mais de celui du Tamil Nadu ; il était intendant d'un grand propriétaire qui ne résidait pas sur ses terres, et il était aussi marchand de grains. La mère du pandit, elle, était de Mysore. Étant donné que les femmes retournaient chez leurs parents pour la naissance de leurs enfants, le pandit était né dans l'État de Mysore. Ses parents l'avaient ensuite emmené dans le Tamil Nadu, mais son père était mort quand il avait dix ans et le père de sa mère l'avait ramené dans l'État de Mysore et l'avait inscrit à l'école de sanscrit de la ville de Mysore.

Il avait obtenu une bourse du gouvernement de Mysore. Quiconque voulait étudier le sanscrit recevait une bourse. Il avait commencé avec une bourse de deux roupies par mois, soit environ seize pence. En 1926, deux roupies suffisaient amplement à un jeune garçon ; à l'époque, le salaire d'un employé de bureau en haut de la hiérarchie était de trente roupies.

Le pandit n'était guère volubile. Il attendait les questions et Deviah traduisait ses réponses.

« C'est mon grand-père qui m'a inscrit à l'école, traduisit Deviah. Il était cuisinier au palais et je ne sais pas s'il était au courant de la bourse quand il m'a inscrit. Nous ne vivions pas au palais ; nous habitions une maison que mon grand-père louait au-dehors. Il cuisinait pour les *pujas* du palais. Il préparait les aliments que l'on consacrait. Il gagnait dix-huit roupies par mois. Bien qu'il fût cuisinier du palais, il n'y mangeait jamais. Il mangeait chez lui — telle était sa coutume, en tant que brahmane. Il a vécu quatre-vingt-douze ans. »

Le pandit avait étudié à l'école de sanscrit pendant vingt ans, de 1926, alors qu'il était âgé de dix ans, jusqu'en 1946. Durant ces années, la bourse de deux roupies avec laquelle il avait commencé avait augmenté petit à petit.

L'une des matières qui comptaient dans son éducation était l'astrologie. Il l'avait étudiée pendant cinq ans. Son maître était un astrologue très célèbre.

« On n'a jamais fini d'apprendre quand on est astrologue. De même que la science ne cesse d'évoluer, grâce aux nouvelles découvertes, on n'a jamais fini d'apprendre l'astrologie. »

Sur le bureau derrière lequel il était assis se trouvait un petit sac en plastique bleu ou gris foncé — en plastique et non en cuir, la peau d'un animal, donc impur. Au mur, au-dessus de sa tête, une image en couleur encadrée de Shiva et de son épouse. Les couleurs avaient passé au soleil. Les deux personnages étaient aussi beaux que l'artiste avait su les faire : une beauté féminine, d'un caractère presque érotique.

« Nous pouvons déterminer le groupe sanguin de quelqu'un grâce à sa date de naissance. Nous avons trois groupes et nous sommes à même de dire si deux personnes sont compatibles ou non. Pas besoin de prise de sang. Il n'y a aucune différence entre l'astrologie, la médecine et le *dharma-shastra.* » Deviah traduisit ce terme par l'expression « savoir traditionnel ». « Pour apprendre l'astrologie, il faut d'abord apprendre toutes les autres sciences. Avant d'ordonner certains remèdes, il faut d'abord s'assurer de l'existence de certaines conjonctures astrales, car il y a des remèdes qui n'agissent que dans des conditions précises. Il y a des remèdes qui n'agissent que sous les rayons du soleil ou de la lune ou de Mars ou de Mercure. »

Il pouvait aussi prédire l'avenir. « Si vous me donnez l'heure exacte de la naissance — mais exacte à la minute près — je vous prédirai tout correctement. Si vous vous trompez ne serait-ce que d'une minute, cela fait toute la différence du monde. Et l'endroit est aussi très important. »

En 1946, au bout de vingt ans, il avait terminé ses études à l'école de sanscrit. Pendant tout ce temps, il avait vécu grâce à la bourse allouée par l'administration locale. Au cours de sa dernière année d'études, elle était de quinze roupies par mois. Il avait alors trente ans et il était enfin libre de se marier. Il avait épousé la fille d'un homme qui était employé aux écritures du palais. Il avait aussi trouvé du travail comme bibliothécaire de l'école de sanscrit dont il sortait, pour un salaire de quarante-cinq roupies par mois. Il avait conservé cet emploi pendant seize ans.

L'un des projets auxquels il avait participé, en tant que bibliothécaire de l'école de sanscrit, c'était la traduction de tous les Puranas, les textes sacrés anciens de l'hindouisme, en kannada, la langue parlée dans le royaume de Mysore. Ce projet était financé par le maharajah, qui avait remarqué le travail fourni par le pandit. En Inde, les maharajahs avaient perdu leur titre en 1956, mais ils conservaient leurs revenus ; et à Mysore, le maharajah jouissait encore d'un prestige considérable en tant que gouverneur de l'État, *raja pramukh.*

Par un après-midi de 1962, un jour de pleine lune, le pandit avait terminé son *puja* et se trouvait chez lui, quand un serviteur arriva du palais. Cet homme venait de la part du secrétaire du maharajah pour lui faire savoir que sa présence était requise au palais par le prince. Ce dernier avait dû faire connaître son désir à un aide de camp qui l'avait transmise au secrétaire, lequel avait aussitôt dépêché son serviteur.

Le pandit devait déjà avoir une idée quelconque de ce que voulait le maharajah, ou bien le serviteur avait dû lui en toucher un mot, car lorsque l'ordre arriva, il envoya immédiatement un double message au palais, à son beau-père et à son grand-père, l'un employé aux écritures et l'autre cuisinier.

Le grand-père rentra chez lui en toute hâte. Il était heureux pour son petit-fils, mais aussi inquiet. Il dit au pandit : « Tu as reçu une formation d'érudit, de *vaidhika*, mais le travail dont tu vas être chargé à présent est celui d'un *loukika* — un travail matériel. Peut-être ne feras-tu pas l'affaire. Réfléchis bien. » Il donna aussi à son petit-fils des instructions détaillées quant à la façon de se comporter en présence du maharajah.

Vers trois heures de l'après-midi, c'est-à-dire à une heure où il devait faire très chaud, le pandit quitta son domicile pour se rendre à pied au palais. Il était vêtu, comme il convenait à un brahmane, d'un dhoti avec un châle autour des épaules. En dessous, il avait le torse nu. Ses pieds aussi étaient nus. Telle était sa coutume ; jamais il n'avait porté le moindre soulier ; aujourd'hui encore il allait toujours nu-pieds — et en effet, lorsque je baissai les yeux, je vis, sous le bureau derrière lequel il était assis, ses pieds nus posés bien à plat sur le sol de béton rouge, la peau sombre et épaisse sous la plante, capitonnée, craquelée. Ce n'était pas non plus bien gênant de cheminer le dos nu sous le soleil de l'après-midi ; le pandit y était accoutumé.

Il habitait à environ cinq cents mètres du palais. Le secrétaire l'attendait dans l'une des pièces intérieures et l'introduisit directement auprès du maharajah qui se trouvait dans la bibliothèque du palais. Celle-ci consistait en trois pièces, chacune d'environ treize mètres de long sur huit mètres de large. Elles étaient toutes trois remplies de livres, au point qu'on avait à peine la place de s'y asseoir. Ces livres étaient écrits dans toutes les langues.

Le maharajah était assis dans une de ces trois pièces. Le pandit s'approcha de lui et fit le salut que son grand-père lui avait appris, ramenant ses paumes l'une contre l'autre et s'inclinant très bas. Le maharajah portait un djibba et un dhoti et il était d'humeur « sociable ».

« A quoi ressemblait-il ?

— C'était un homme de haute taille, bâti comme un roi. Un

colosse. » Le pandit ne songeait pas seulement à la silhouette assise dans la bibliothèque, telle qu'il l'avait vue ce jour-là, mais à l'homme qu'il avait appris à connaître par la suite. « Le matin, après son *puja*, quand il sortait avec au front les marques sacrées, on aurait dit Dieu. »

Le maharajah — mais ce n'était pas le mot dont se servait le pandit ; il utilisait le mot anglais *Highness* (altesse), le prononçant de telle façon qu'on aurait dit un mot de la langue locale —, le maharajah, l'altesse, annonça au pandit qu'il avait été choisi pour venir travailler au palais.

« Je n'avais pas sollicité cet emploi ou quoi que ce fût. Alors, courageusement, j'ai répété à l'altesse ce que mon grand-père m'avait dit, que j'avais vécu toute ma vie en *vaidhika* et que je ne pouvais pas à présent vivre en *loukika*. Et l'altesse a répondu : "Je ne t'emploierai ici qu'à des travaux de *vaidhika*. Je veux que tu sois mon *mukhthesar*."

« Je savais quels étaient les devoirs d'un *mukhthesar*. C'était d'organiser tous les *pujas* du palais, de choisir les *purohits* ou prêtres et de superviser leurs activités, de veiller à ce que les *pujas* et les rites soient correctement exécutés. »

Le maharajah s'entretint avec le pandit pendant une demi-heure. Il lui expliqua ce qu'il aurait à faire. Il y avait dix *purohits* permanents au palais ; le pandit devrait les diriger, ainsi que les *purohits* suppléants que l'on pourrait faire venir pour des occasions spéciales. Le pandit devrait aussi veiller sur les bijoux du temple du palais. Les employés du palais recevaient une pension spéciale de vingt roupies par mois et le maharajah lui précisa qu'il la toucherait lui aussi. Cette pension existait parce que le personnel du palais devait être disponible à tout moment et n'avait jamais de congés. Le salaire proprement dit serait de cent cinquante roupies — en tant que bibliothécaire de l'école de sanscrit, il ne gagnait que quarante-cinq roupies par mois.

« C'était mon devoir d'accepter. A tout ce que l'altesse disait, je devais obéir. J'étais déjà un employé de l'altesse, puisque l'école de sanscrit lui appartenait. »

Après cette audience dans la bibliothèque, le pandit regagna son domicile. Il annonça la nouvelle à son beau-père et à son grand-père et ce dernier fut très content. « Nous avons tous bonne réputation au palais, dit-il. Veille à bien faire ton travail et à ne pas ternir notre bonne renommée. »

En tant que fonctionnaire du palais, le pandit devait porter un uniforme. Il se rendit aussitôt chez le tailleur du palais pour faire prendre ses mesures. Il commanda deux costumes, ce qui lui coûta deux cents roupies, soit plus d'un mois de salaire. Cependant, pour une raison quelconque, le maharajah voulait que le pandit commence à travailler au palais sans tarder. Le pandit était donc perplexe — car les uniformes qu'il avait commandés au tailleur prendraient quelques jours à confectionner.

« J'ai fait quelque chose de fou, dit le pandit. J'ai emprunté l'uniforme de mon beau-père. Nous avions la même taille. » C'était fou, parce qu'un brahmane ne devait jamais porter les vêtements de quelqu'un d'autre : c'était aussi impur que de boire dans un verre où quelqu'un avait déjà bu. « Pendant trois jours, j'ai porté l'uniforme de mon beau-père. Et puis le tailleur du palais m'a livré le mien, mes deux costumes. Je les ai eus à crédit. Je n'avais pas les deux cents roupies. J'ai payé quand j'ai touché mon salaire, en trois ou quatre fois. »

Il portait un pantalon blanc et un manteau long, blanc le matin et noir le soir. Il était coiffé du turban de Mysore, blanc avec un filet doré, et il s'était procuré une large ceinture blanche. Pas de chaussures : à l'intérieur du palais, personne n'en portait, pas même le maharajah qui n'en mettait que pour sortir.

Sur le mur crème du bureau de la salle des mariages, où nous bavardions, on pouvait voir des traces de doigts crasseuses, cette crasse éternelle de l'Inde. Le sol était rouge sombre et le long du mur, sur plusieurs centimètres de haut, il y avait des plinthes de la même couleur. Des portes vert pâle ouvraient sur d'autres pièces ; au-dessus d'une porte fermée par un cadenas — qui menait peut-être à la salle des mariages proprement dite — était affiché un joyeux *Entrée interdite*, imprimé sur un parchemin ondulant. Et, comme dans une rue indienne, où rien n'était jamais parfaitement propre ou fini, il y avait dans cette pièce, dans le coin où trônait le coffre en fer, une bonne quantité de poussière à demi balayée et de vieux moutons, autour des chiffons et du balai qui avaient peut-être servi à balayer et à épousseter. Le bureau derrière lequel était assis le pandit était en acier, peint en gris.

Les heures de présence du pandit, en sa qualité de *mukhthesar* du palais, étaient fort longues. Il travaillait de six heures du matin jusqu'à deux heures de l'après-midi. Il rentrait alors passer une heure chez lui, puis il regagnait le palais jusqu'à sept heures du soir. Cela pour les jours ordinaires. Certains jours, par exemple ceux de la fête du Dusserha, il lui arrivait de rester au palais jusqu'à minuit. Pour le Dusserha, en effet, les bijoux du temple étaient exposés et le pandit devait rester à proximité pour veiller à ce qu'ils fussent ensuite rangés dans la chambre forte du palais.

Quand le maharajah était absent, « en campagne », le pandit était libre de son temps et pouvait se reposer. Le maharajah partait en campagne quatre ou cinq fois par an, pour des absences d'une quinzaine de jours. Parfois, il se rendait à l'étranger ; dans ces cas-là, il ne revenait qu'au bout d'un mois.

« L'altesse partait faire des pèlerinages. L'altesse avait l'habitude suivante : s'il lisait dans un texte ancien, un Purana, certains détails concernant un temple quelconque — dans n'importe quelle partie du pays — il disait : "Allons-y." Le lendemain, il était prêt, et vingt-cinq personnes environ l'accompagnaient. Il avait un ou deux wagons spéciaux qu'on rattachait à des trains ordinaires. Il emmenait ses cuisiniers, ses gardes du corps, un *purohit*, un astrologue. Quelquefois, il emmenait aussi sa famille. L'altesse avait véritablement la "manie" de visiter les temples. Il n'y a pas un seul temple qu'il n'ait vu — tellement il était pieux. »

En 1965, le pandit s'était vu attribuer, en tant que *mukhthesar*, un logement de fonctions : une petite maison de deux pièces plus une « salle ». Le loyer représentait 10 % de son salaire. Trois ans plus tard, en 1968, il avait reçu un uniforme spécial de cérémonie. Sans avoir à le payer ; c'était un cadeau du maharajah. Le long manteau était rouge, avec des parements et des boutons dorés. Ces boutons étaient à l'effigie du phénix avec les initiales *JCRW* qui étaient celles du maharajah : Jaya Chama Rajendra Wodeyar. Le pantalon était en soie, couleur café-au-lait.

Je demandai si ce n'était pas un peu trop voyant pour lui, en tant que brahmane.

« J'en étais fier. Quand je portais ce costume, personne n'avait le droit de m'arrêter où que ce fût, dans la rue ou le palais. » Il s'était même fait photographier en uniforme.

Il s'était élevé dans la hiérarchie. Le maharajah l'appelait *Shastri Narayan*, « Seigneur des Shastras » ou « Grand érudit ». Mais alors, on avait commencé à remarquer les premiers signes d'événements néfastes à l'extérieur. En 1971, les maharajahs indiens furent« déprivilégiés » par le gouvernement de Mme Gandhi et le maharajah de Mysore perdit ses revenus de deux millions six cent mille roupies, exempts d'impôts, ce qui à l'époque (après la dévaluation de 1967) équivalait à cent trente mille livres. Il continua néanmoins à accorder de l'avancement à son *mukhthesar*. En 1972, ce dernier fut nommé secrétaire adjoint ; il y en avait deux au palais. Le pandit était entré au service du maharajah avec un salaire mensuel de cent cinquante roupies ; au fil des ans, la somme avait doublé pour atteindre trois cents roupies ; désormais, en tant que secrétaire adjoint, il en touchait cinq cents.

« L'altesse recevait les catalogues de plusieurs grands libraires. Il commandait trois à quatre cents livres par mois. C'était le secrétaire du palais qui les achetait pour lui. L'altesse achetait des Penguins et des livres publiés par l'Oxford University Press. Moi, je devais lire, ou parcourir, ou en tout cas "goûter" les nouveaux livres et lui fournir un résumé de ceux qui, à mon avis, pouvaient l'intéresser. Il appréciait la philosophie et l'histoire. Il parlait de philosophie avec moi et avec d'autres. L'altesse aimait avoir une espèce de recueil de morceaux choisis. Je savais quel genre de chose l'intéressait et je lui signalais divers passages. Il y en avait qu'il faisait recopier à la machine, pour ses propres discours et écrits.

« L'altesse avait deux manies, deux folies. Les temples. Et ensuite, les livres — les acheter et les lire. Il lui arrivait de lire toute la nuit. J'étais associé à l'une et l'autre de ses folies. Personne n'avait le droit de pénétrer dans son salon de lecture. Il avait son propre système pour ranger ou stocker les livres. Il les mettait par terre. Personne ne devait y toucher tant qu'ils s'y trouvaient. Quand il en avait fini avec un livre, il me l'apportait et me demandait de l'inscrire au catalogue et de le ranger sur les rayonnages de la bibliothèque. »

Je voulus savoir quels livres anglais le maharajah lisait et discutait avec son *mukhthesar*, son Shastri Narayan. Je m'attendais à entendre des noms comme Aldous Huxley, Bertrand Russell, Christopher Isherwood. Mais le pandit fut incapable de me renseigner ; il ne pouvait se rappeler aucun nom d'écrivain anglais.

En 1973, deux ans après que les maharajahs eurent été « déprivilégiés », le personnel du palais fit grève pour obtenir une augmentation salariale. A une certaine époque, le palais avait employé cinq cents personnes. A l'époque de la grève, elles n'étaient plus que trois cents. Le maharajah accorda aux grévistes les augmentations qu'ils réclamaient, mais c'en était trop pour lui. L'année suivante, tous les membres de son personnel reçurent une prime et furent licenciés. Le pandit toucha dix-neuf mille roupies, soit près de mille livres, mais peu de temps après, le maharajah l'envoya chercher, ainsi que cinq ou six autres, et les reprit à son service. Il resta donc *mukhthesar* et secrétaire adjoint et il travaillait toujours autant.

Un jour, en 1974, à l'âge de cinquante-huit ans, il se mit à vomir du sang. On l'emmena à l'hôpital. Il y resta huit jours. Au moment où il allait sortir, une nouvelle lui parvint : le maharajah était mort. L'événement s'était vraiment passé ainsi — aussi brutalement. Les médecins lui conseillèrent de ne pas songer au décès du maharajah ; cela lui ferait du mal. Ils retardèrent la date de sa sortie de l'hôpital et le gardèrent encore deux jours. Ainsi, après toutes ses années au service personnel du maharajah, en tant que *mukhthesar*, surveillant des *pujas*, il n'avait pas été présent à la mort de son maître et surtout aux rites importants qui avaient suivi.

« Aujourd'hui encore, dit le pandit, j'évite de penser à la mort de l'altesse. »

Je n'avais pas l'impression qu'il exagérait. L'histoire que nous venions d'entendre avait été très difficile à lui soutirer ; il nous avait fallu des heures. Pendant près de cinquante ans, en tant qu'étudiant, bibliothécaire, *mukhthesar*, il avait vécu de la générosité du maharajah ; et pendant douze ans, il avait été un de ses serviteurs personnels. Mais l'histoire de sa vie et de son service auprès du prince n'existait dans son esprit que sous forme de nombreuses histoires séparées, de nombreuses petites histoires. Jamais auparavant, me semblait-il, il n'avait construit une narration continue à partir de ces petites histoires.

Une fois sorti de l'hôpital, il resta un an chez lui. Puis il vit une annonce concernant son actuel emploi de directeur de la salle des mariages et il postula.

« Un emploi, c'est un emploi. »

Était-il vraiment parvenu à évacuer de son esprit une partie aussi importante de sa vie ? Ne restait-il à présent en lui aucun sentiment envers le palais ?

« Aucun. Les temps actuels ne se prêtent plus à ce genre d'existence. Les temps ont changé. » Il dit ces mots simplement, sans insister. Il y avait toujours une famille royale, mais il n'y avait plus de maharajah. Le fils de son ancien maître était parlementaire, il représentait le Congrès.

Quatre fois par an, désormais, il se rendait au palais, pour faire des offrandes au chef de la famille royale. Il y allait en tant que brahmane, comme il l'avait toujours fait : torse nu, vêtu d'un dhoti et d'un châle, les pieds nus. Mais à présent, il n'y allait plus en tant qu'employé ou serviteur du palais. Il y allait en tant qu'individu. En tant que représentant d'une grande et ancienne fondation religieuse — même s'il se contentait de diriger pour elle une salle des mariages — et les offrandes qu'il apportait n'étaient pas celles d'un serviteur, mais des offrandes sacerdotales : une guirlande, deux noix de coco, et du kumkum pour les marques rouges sacrées sur le front.

Rien, dans le récit de l'ancien *mukhthesar*, ne m'avait préparé à l'extravagance du palais du maharajah. Au siècle précédent, un incendie avait détruit l'ancien palais ; la construction de celui qui existait à présent, celui où le pandit s'était rendu pour sa première audience avec le maharajah, avait demandé quinze années, de 1897 à 1912 ; c'est-à-dire — pour songer à une folie comparable — juste après la construction du château Vanderbilt à Biltmore, dans le Tennessee. Un architecte européen avait conçu l'édifice et obéi à toutes les idées qu'avait pu nourrir le Raj britannique, en cette fin de XIXe siècle, sur ce que devait être un palais indien. Des arcades mogoles dentelées ; du verre coloré écossais représentant un dessin indien de paon ; dans le vestibule d'honneur, des piliers de fonte creux (peints en bleu), fabriqués en Angleterre, selon un modèle décoré — le guide connaissait encore le nom des fabricants ; des sols de marbre et de tuiles, de la pierre dure mogole, une marqueterie de marbre blanc et de pierres de couleur représentant un motif floral, et des carreaux de faïence de l'époque edwardienne.

Bon nombre de touristes venus visiter le palais — ce qu'il fallait toujours faire pieds nus — étaient des jeunes gens en noir, les pèlerins d'Ayappa. Il en était arrivé des autocars entiers et on discernait chez eux un brin de vanité, voire de turbulence, un petit côté supporters de football en déplacement. Cela ne plaisait pas à Deviah. Les journées précédant le pèlerinage devraient être des journées de pénitence, dit-il, des journées où l'on se refuse tout plaisir ; les pèlerins d'Ayappa ne devraient pas interrompre leur périple pour arpenter les salles d'un palais.

Il y avait une large galerie, ombreuse et fraîche, où jadis le maharajah avait dû se montrer à ses sujets. Les arcades dentelées encadraient la lumière vive qui régnait dehors, dans les jardins roussis, et les échappées panoramiques avaient l'ampleur de celles que l'on apercevait par les arcades et les portes du Taj Mahal. Et ici, tout spécialement — en sentant le marbre frais sous mes pieds, dans les profondeurs de cette galerie soutenue par une colonnade, alors que la chaleur et la lumière aveuglante du dehors semblaient souligner ce privilège — je songeais au pandit et à son employeur : le privilège et le dévouement réunis par un besoin mutuel.

Parmi les trésors du palais exposés au public, il y avait une galerie de divinités hindoues. Certaines semblaient avoir été touchées, à l'instar du palais lui-même, par un mélange de styles : le naturalisme croissant de l'art indien du XXᵉ siècle avait transformé les anciennes icônes hindoues en objets qui ressemblaient à des poupées.

C'était aussi l'avis de Deviah. Il n'aimait pas les images « pour calendrier » des dieux hindous, à présent si répandues. « Les dieux ont l'air de filles, de femmes. Je ne peux pas accepter cette idée de dieux qu'on fait ressembler à des femmes. Rama est un homme courageux quand on apprend à le connaître. »

La conception du palais, avec ses décorations tape-à-l'œil et son mélange de styles, son interprétation européenne de la royauté indienne, exprimait — paradoxalement — une sorte d'avilissement indien devant l'idée de l'Europe. La galerie des divinités, tout en parlant d'une foi hindoue qui semblait sourdre de la terre même, exprimait exactement le contraire. Le côté poupée de certaines de ces divinités — tout moderne et influencé par le cinéma qu'il fût — ne faisait qu'ajouter au mystère.

La famille royale de Mysore avait toujours manifesté un intérêt particulier pour la fête du Dusserha. Pendant les dix jours de festivités, les joyaux du temple du palais étaient exposés au public jusqu'à minuit, surveillés par le *mukhthesar* ; et le dernier jour de la fête, le maharajah en personne prenait part au défilé à travers la ville. La tristesse avait été grande parmi les habitants de Mysore, nous dit le guide, quand — après avoir été « déprivilégié » — le maharajah avait dû renoncer à paraître au défilé du Dusserha. Il avait, dès lors, été remplacé par une énorme image de la divinité familiale — laquelle se trouvait dans la galerie, avec les autres.

Dans la galerie qui encerclait le vestibule d'honneur du palais, on pouvait voir la fête telle qu'elle avait été célébrée à l'époque du vingt-quatrième maharajah. Il y avait, en effet, tout autour de cette galerie, des panneaux portant chacun une section d'une peinture à l'huile continue, réaliste, faite à partir de photographies, qui représentait la procession du Dusserha en 1935 presque dans son entier. On pouvait identifier les visages de chacun des participants, assura le guide. Les uniformes de tous les courtisans et les divers échelons de la hiérarchie du palais étaient reproduits tels quels — les pieds nus surprenaient, mais on ne les remarquait pas d'emblée. En outre, les peintres s'étaient plu à rendre tous les détails de la rue, les édifices, les boutiques, les voitures, les enseignes et les réclames. Le tableau n'avait jamais été tout à fait terminé. Neuf peintres y avaient travaillé pendant trois ans, de 1937 à la mort du vingt-quatrième maharajah. Le vingt-cinquième prince, celui qu'avait servi notre pandit, n'avait aucun goût pour les beaux-arts ; et l'immense tableau du Dusserha — comme tant d'anciens monuments de l'Inde et pour la même raison, la mort d'un souverain — était inachevé. Il restait quelques panneaux vides à l'extrême bout de la galerie.

Il n'y avait pas eu, dans le récit du pandit, la moindre allusion à cet abandon. Aucune allusion non plus à ce que l'on pouvait voir dans la salle des trophées : le vingt-cinquième maharajah avait voyagé un peu partout pour chasser des animaux sauvages. La tête ébahie d'une girafe, au bout d'un cou interminable, figurait parmi les trophées. Elle avait été tuée en Afrique et empaillée à Mysore, où vivait un des taxidermistes les plus accomplis de la planète. Il y avait aussi la moitié inférieure, recourbée, d'une trompe d'éléphant, qu'on avait rendue rigide et transformée en cendrier avec en haut une grille en fer contre laquelle on éteignait sa cigarette ou son cigare.

Les gens parlaient volontiers de l'époque des maharajahs, mais aucun de mes interlocuteurs ne paraissait vraiment connaître l'histoire de la fin du vingt-cinquième et dernier maharajah de Mysore. Différentes personnes possédaient divers morceaux du puzzle, lesquels n'allaient pas toujours ensemble. Le prince avait emprunté beaucoup trop d'argent aux hommes d'affaires locaux — ça, c'était une des versions. Une autre était qu'il avait eu des favoris mal choisis. On disait aussi qu'il avait été mêlé à un procès ; l'idée de voir son auguste nom — tout nu, sans aucun de ses titres — clamé trois fois par un huissier du tribunal, dans un lieu où il avait jadis fait la loi, l'avait si cruellement torturé qu'il avait pris une dose trop forte de barbituriques.

Une des versions de sa mort assurait qu'il avait avalé un diamant pulvérisé. Kala m'avait dit que le suicide par absorption d'un diamant revenait souvent dans les films locaux tournés en kannada : des personnages poussés à bout mordaient les diamants de leurs bagues et commençaient aussitôt à se tordre dans d'atroces souffrances. Par conséquent, l'histoire du diamant pulvérisé donnait une grandeur appropriée à la tragédie du dernier maharajah, qui restait mystérieuse.

On me dit qu'il avait cinquante-cinq ans à sa mort. Il était donc de trois ans plus jeune que le pandit, bien que ce dernier n'ait pas mentionné l'âge du maharajah, laissant dans le vague tout cet aspect du personnage. Même après sa mort, me dit-on, la malchance avait poursuivi le maharajah. Les gens de son entourage avaient entrepris d'arracher les bagues de ses doigts et ils avaient dû tirer fort car le défunt était très gros — voilà ce que sous-entendait la description respectueuse du pandit qui m'avait parlé d'un « colosse », « comme un roi », « comme Dieu ». Et, dans cette version de l'affaire, ce lamentable décès avait été suivi d'une malencontreuse incinération. Le bûcher était en bois de santal, lequel est fort coûteux (c'était un monopole de l'ancien État de Mysore). Les gens s'étaient mis à piller le bûcher alors qu'il n'était encore qu'à demi consumé et, le lendemain, on s'était aperçu que le corps n'avait pas été entièrement réduit en cendres.

Des légendes populaires étaient nées de cette idée de la tragédie du dernier maharajah, « déprivilégié », ruiné et finalement désespérément endetté. Pourtant, rien de tout cela n'avait entamé les souvenirs du pandit. Il restait fidèle à l'homme qu'il avait connu : il se rappelait un homme pur et dévot qu'il avait servi indirectement et directement pendant dix-huit ans.

A Bangalore, cinq kilomètres de mur encerclaient les deux cent cinquante hectares de parc du palais d'été. Ce vaste site, d'une grande valeur financière, faisait l'objet d'un litige ; le public n'y était pas admis ; il fallait une autorisation spéciale. Le parc était à l'abandon ; on y tournait parfois des films. Le palais était bâti dans le granit gris-rouge de Bangalore et copié, disait-on (de façon fantaisiste), sur le château de Windsor. L'herbe était brûlée par le soleil, coupée de sentiers en latérite rouge ; on y voyait par endroits des fourmilières rouges d'un mètre ou un mètre trente de haut, qui faisaient songer à quelque dôme à moitié fondu, sorti tout droit de l'imagination architecturale de Gaudi. Les réverbères étaient cassés, un ou deux d'entre eux étaient penchés et beaucoup des globes blancs étaient brisés ou avaient disparu. Et tout autour, il y avait la circulation, la fumée et le bruit de cigales des klaxons de Bangalore, une ville désormais envahie par les affaires, la science et l'industrie.

Entre Bangalore et Mysore, sur une île au milieu du fleuve, se trouvait le fort de Tippu Sultan qui avait régné sur ces lieux vers la fin du XVIIIe siècle. Il avait été vaincu par les Anglais, par Wellington. C'était donc de l'histoire ancienne, qui n'est pas connue de tous les Anglais d'aujourd'hui, car elle a été délogée de l'imagination collective par des guerres et des ennemis plus tardifs. En lieu et place de Tippu, les Britanniques avaient mis sur le trône les maharajahs de Mysore. Ceux-ci n'étaient pas des parvenus cependant puisque, aux XIVe et XVe siècles, les Wodeyar avaient été satrapes de Vijayanagar, le puissant roi hindou. Par un retournement de situation imprévu, ils s'étaient retrouvés au pouvoir. A présent, ils s'enfonçaient rapidement dans le passé si compliqué de l'Inde, hors d'atteinte de l'imagination — comme tant d'autres noms historiques sur la route de Goa, vers le sud.

4

PETITES GUERRES

A qui a cidade foi, que se chamava
Meliapor, fermosa, grande e rica ;
Os ídolos antigos adorava,
Como inda agora faz a gente inica.
Camoes : *Les Lusiades* (1572)

Ici se trouvait la ville qui s'appelait
Mylapore, belle, grande et riche ;
On y adorait les idoles antiques,
Comme le fait encore une race inique.

Quelque part dans l'Himalaya, un jour d'août 1962, alors que je participais au grand pèlerinage annuel du lingam de glace, symbole de Shiva, dans la grotte d'Amarnath, à quatre mille trois cents mètres d'altitude, j'avais fait la connaissance de « Sugar ». Originaire du Sud, de Madras, c'était un homme assez corpulent, au doux visage. Nous étions aussitôt devenus amis et deux mois plus tard, environ, me trouvant à Madras, je l'avais assidûment fréquenté. Étant brahmane, il habitait le quartier brahmane appelé Mylapore, près du célèbre vieux temple. Sugar était un être mélancolique, réservé : tel m'était-il apparu dans l'Himalaya et tel me sembla-t-il de nouveau à Madras, dans son environnement familier. Il n'avait guère de conversation. Ce qu'il m'offrait, de grand cœur et sans aucune espèce d'arrière-pensée visible, c'était son amitié, singulièrement dépourvue d'exigence. Il était toujours disposé à me voir, toujours content d'être avec moi. Il approchait de la quarantaine, mais n'était pas marié. Il vivait avec sa mère et son père dans leur confortable maison bourgeoise de Mylapore.

A l'époque, j'avais décidé de passer une année entière en Inde. Quelques semaines après mon arrivée, j'étais parti pour le Nord, au Cachemire. J'y avais travaillé pendant plusieurs mois, puis j'avais amorcé ma descente vers le Sud. Parfois, dans les zones rurales, je logeais chez de jeunes fonctionnaires du gouvernement dont j'avais fait la connaissance. Parfois aussi, je m'arrêtais dans les bungalows et les gîtes d'étape fournis par le gouvernement, véritables coquilles vides n'offrant que le confort le plus rudimentaire — encore que ce confort, dans la campagne indienne d'avant la révolution verte, ressemblât furieusement à un luxe.

Dans les villes, je descendais au meilleur hôtel que m'autorisaient mes finances. Avant de partir, j'avais cru, compte tenu de la multiplicité des bras disponibles, que les hôtels en Inde seraient bon marché et excellents, comme ceux d'Espagne au début des années 1950. Or, il n'en était rien. En Inde, à cette époque, l'industrie touristique existait à peine et l'hôtellerie n'était pas encore une profession. Les gens qui dirigeaient de modestes établissements dans de petites villes ne pouvaient fournir qu'un reflet de la façon dont ils étaient eux-mêmes logés ; le personnel qu'ils employaient ressemblait à s'y méprendre à leurs propres domestiques dépenaillés.

Mais à Madras, c'était différent. Les restaurants et les hôtels végétariens étaient propres (même si les établissements populaires non végétariens ou « militaires », comme on les appelait cocassement, étaient aussi lamentables que tout ce qu'on pouvait trouver dans le Nord). Propreté et végétarisme étaient liés, l'une et l'autre étant contenus dans l'idée méridionale du brahmanisme. Au Woodlands Hotel, j'eus droit à une chambre propre, dans une annexe, et aux tables de marbre de la salle à manger climatisée, on me servit à manger sur des feuilles de bananier (par souci de pureté et aussi pour établir un lien avec le passé). Dans le parc de l'hôtel, il y avait des jardins et un théâtre, ou tout au moins une scène, en plein air.

Si je n'avais rien su de la culture brahmane du sud de l'Inde — si je n'avais rien su des arts, de la musique et de la danse, deux disciplines où les brahmanes excellaient — j'aurais commencé à m'en faire une idée en ces lieux : une idée de caste, semblable à l'idée élisabéthaine de « degré », agissant comme un frein sur le désordre — culturel, social, physique — qui en Inde pouvait facilement s'installer.

Mais, avec cette idée d'une culture protectrice, venait aussi un sentiment d'étrangeté. Il était là, dans la salle à manger du Woodlands, dans la nourriture végétarienne du Sud, laquelle ne ressemblait pas du tout à la nourriture végétarienne — les *dals* et les *rotis* — que j'avais prise, depuis mon enfance, pour une alimentation essentiellement indienne. Cette nourriture du Sud — qui attirait les foules au Woodlands — était trop subtile, trop légère ; elle passait inaperçue auprès de mon estomac ; jamais je ne sortais de table rassasié.

Et la religion était aussi étrange que la nourriture. Sugar voulait me faire connaître le temple de Mylapore ; c'était là qu'il priait. Mais l'idée de temple n'avait eu presque aucune part dans l'hindouisme de mon enfance, à Trinidad. Les *pujas* ne m'étaient pas inconnus, car on les faisait chez soi ; mon grand-père, né aux Indes, avait installé une salle de *puja* tout en haut de la maison qu'il avait fait construire à Trinidad, dans les années 1920. Ce avec quoi j'étais le plus familiarisé, c'étaient les lectures solennelles de passages des épopées et des Écritures, qui avaient lieu de temps en temps. Le fidèle faisait face au pandit de l'autre côté d'un autel de terre, spécialement fabriqué et décoré pour l'occasion, sur lequel était disposé un odorant feu sacré de pitchpin résineux. A intervalles réguliers, durant la lecture, on alimentait le feu avec du beurre clarifié et du sucre ; et puis on faisait tinter une clochette, on frappait un gong en bronze et parfois même on soufflait dans une conque. Des paroles, accompagnées d'une espèce de tintement musical — tel était l'hindouisme avec lequel j'avais grandi et j'avais eu bien assez de mal à le comprendre. L'idée du temple, à laquelle Sugar tenta de m'initier — l'idée du sanctuaire et de la divinité particulière du temple, qui se trouvait en son centre — était très lointaine, voire légèrement troublante.

Malgré le chaleureux accueil et le repos, j'avais toujours à Madras le sentiment de me trouver dans un endroit étranger. Les tours pyramidales et sculptées des temples, les palmiers, les brahmanes au dos nu parmi les vieux piliers de pierre, l'énorme et superbe réservoir d'eau de Mylapore, avec ses marches en pierre tout autour de l'intérieur — tout cela évoquait ce qu'on pouvait voir dans les vieilles gravures européennes. A cause des tours, tout spécialement, j'éprouvais un petit choc visuel sans cesse renouvelé et il me semblait voir l'endroit pour la première fois ; j'avais l'impression que sa culture était encore intacte et vierge ; que je voyais ce qu'avaient vu les tout premiers voyageurs.

Les voyageurs, la mer : mes souvenirs de Madras étaient

entremêlés de souvenirs de promenades, à l'aube, jusqu'à la plage de la ville, très longue et très large. Au lever du soleil, les habitants lavaient leur bétail dans la mer. Le soleil surgissait des flots ; une lumière rouge et or se reflétait sur le sable plat et mouillé ; les bovins étiques, dont on pouvait compter les côtes et les os du bassin, se dressaient au-dessus de leurs reflets flous ; et puis commençait la chaleur de la journée.

Moins de cinq ans plus tard, j'étais de retour à Madras pour quelques jours. Il y avait eu une élection régionale (mais ce n'était pas pour ça que j'étais venu) ; et l'atmosphère au Woodlands Hotel, le jour de mon arrivée, faisait songer à celle d'un territoire colonial, au soir de l'élection du parti chargé de gouverner après l'indépendance. Des automobiles, de la musique, des vêtements neufs, les héros du jour reconnaissables à la cohue que provoquait leur arrivée. Et la scène, ou théâtre en plein air, de l'hôtel était ornée de guirlandes et décorée, comme pour le carnaval.

Vingt ans après l'indépendance de l'Inde, donc, cette fête de type colonial. Après mon initiation à la culture brahmane du Sud, j'apprenais à connaître sa révolte : la révolte du Sud contre le Nord, du non-brahmane contre le brahmane, la révolte raciale de la peau noire contre la peau claire, du Dravidien contre l'Aryen. Ce mouvement avait commencé longtemps auparavant ; l'univers brahmane dans lequel j'avais débarqué en 1962 était déjà sapé à la base.

Le parti qui avait remporté les élections de l'État, en 1967, était le DMK, le mouvement progressiste dravidien. Ses racines étaient profondes ; il possédait son prophète et son chef politique, deux hommes qui étaient les équivalents de Gandhi et de Nehru, deux hommes dont les carrières avaient suivi un cours curieusement parallèle à celles des deux chefs du grand mouvement indépendantiste du pays. Jusque-là, j'avais à peine entendu parler de ces leaders du Sud et j'avais presque tout ignoré de la passion qui couvait sous leur cause. Or, cette victoire de 1967 signifiait que la culture que m'avait fait connaître Sugar, moins de cinq ans auparavant, cette culture qui m'avait paru alors intacte, mystérieuse, ancienne, avait été rejetée.

Sugar, en bon brahmane, semblait ne pas prêter attention à ce qui s'était passé. Il vivait toujours dans la maison de ses parents à Mylapore, se rendait toujours à l'ancien temple, remplissait toujours avec une apparente satisfaction le modeste emploi qu'il avait toujours eu dans les affaires.

Après cinq années, son amitié restait aussi chaleureuse. Il était aussi mélancolique que je me le rappelais, rongé par un profond mal de vivre intérieur. Peut-être était-il encore un peu plus réservé. Je ne crois pas que nous ayons parlé politique. Au lieu de cela, dans une pièce située au premier étage de la maison de ses parents, nous parlâmes de certains livres tamouls, des livres de prophéties, pour lesquels il avait conçu de l'intérêt. Il m'expliqua que c'étaient des livres anciens, qui venaient d'être publiés, en plusieurs volumes, par l'administration de l'État.

Il était incapable de dire pourquoi il avait commencé à se passionner pour ces livres ; si c'était pour découvrir son propre avenir ou bien s'il cédait plutôt à son goût pour l'étude. Il y avait une espèce d'ambiguïté : il était de toute évidence fasciné par ces textes, mais en même temps, il paraissait me mettre en garde contre eux, me dire que les prêtres qui lisaient et interprétaient ces livres saints étaient susceptibles de se faire chèrement payer.

Il avait aussi lu d'autres livres, qui se trouvaient dans sa chambre. Il me les montra : des romans à l'eau de rose anglais, des livres faits pour passer le temps, me dit-il, comme si pour lui ce n'était pas le livre qui comptait, comme si, dans sa solitude, l'important c'était tout simplement l'acte de lire, de faire fonctionner le cerveau.

A présent, plus de vingt ans après, j'étais de retour à Madras ; et une fois de plus, sans le vouloir, j'arrivais en pleine crise politique. Une autre élection locale était imminente : partout, les affiches des divers partis et leurs emblèmes, ainsi que les portraits des chefs. Certaines affiches étaient gigantesques, comme les affiches des cinémas de Madras ; ce qui semblait, somme toute, approprié, puisque les chefs qu'avait produits le mouvement dravidien, après la scission du premier parti dravidien, avaient été des vedettes de cinéma tamoules. Sur les affiches, tous les politiciens offraient le visage rond et dodu des vedettes de cinéma du Sud, et même ceux dont on connaissait parfaitement le teint sombre avaient les joues roses : cela faisait partie de l'iconographie du pouvoir.

L'acteur qui avait été Premier ministre pendant la majeure partie de la décennie écoulée, et dont la mort avait provoqué la présente élection, figurait sur les affiches avec des lunettes noires et un bonnet de fourrure blanche. Ils avaient toujours été ses accessoires fétiches, aussi bien en tant que vedette qu'en tant que politicien. Cet homme avait été un cascadeur célèbre, une espèce d'Errol Flynn indien, et ses admirateurs l'adoraient presque à l'égal d'un dieu. Il s'était davantage intéressé à son statut de dirigeant et de star qu'aux affaires courantes du gouvernement. On murmurait qu'à sa mort plus de dix-huit mille dossiers attendaient son bon vouloir. Une des choses qu'il avait menées à bien, toutefois, était l'abolition du conseil municipal de Madras, si bien que la ville était dans un triste état, avec des monceaux d'ordures dans tous les coins. On aurait dit que cela aussi faisait partie de la révolte du Sud, cette violation de la notion ancienne de pureté.

La politique de la révolte coloniale avait suivi, dans le Tamil Nadu, un cours colonial : vol, gaspillage, marasme, verbiage, les vieux griefs éternellement ressassés. Ces griefs, cependant, étaient bien réels. La révolte dravidienne originale n'avait pas été reniée, ni rejetée par la population de l'État : la présente lutte électorale mettait aux prises diverses factions de l'ancien DMK et ce qui restait du DMK proprement dit.

C'est encore une fois le DMK, le vainqueur de 1967, qui l'a emporté. Quelques jours après mon arrivée, les fanions rouge et noir du parti flottaient partout — noir, couleur de la révolte des castes, rouge, couleur de la révolution. Les fanions s'agitaient victorieusement au guidon des petits taxis à trois roues et des bicyclettes. Parfois, dans les camionnettes découvertes (les jitneys), des mains levées brandissaient un drapeau, les mains levées symbolisant les rayons du soleil levant qui était l'emblème électoral du DMK.

Un jour, en fin de soirée, je cherchai le nom de Sugar dans l'annuaire téléphonique. Je le trouvai, mais l'adresse était nouvelle. J'appelai. Au début, la voix tamoule qui me répondit fut totalement décourageante, refusant absolument de comprendre. Puis, à mesure que le propriétaire de la voix s'accoutumait à mon anglais, son propre anglais commença à affleurer pour acquérir la précision d'un employé modèle. Sugar dormait, me dit-il ; impossible de le déranger à cette heure ; il s'était « retiré » pour la nuit ; il avait coutume de « se retirer » à neuf heures. A quelle heure se levait-il ? A cinq heures. Je laissai mon nom.

Le lendemain, j'eus un message de Sugar. Quand je rappelai, je tombai sur une voix de femme et, au bout de quelques instants, Sugar en personne prit l'écouteur. Sa voix était celle d'un homme malade. Je lui demandai son âge ; c'était un détail que je n'avais jamais su, dis-je.

« Soixante-quatre ans. Je ne suis plus jeune.

— Vous aviez donc trente-sept ans quand nous nous sommes connus au Cachemire ?

— J'étais un jeune homme. Comme vous. »

A présent, M. et Mme Raghavan s'occupaient de lui. C'était à M. Raghavan que j'avais parlé la veille au soir et, ce matin, c'était Mme Raghavan qui avait répondu. Le téléphone leur appartenait ; l'appareil était au premier étage ; lui vivait au rez-de-chaussée ; maintenant il avait du mal à monter les escaliers. Il avait quitté le « service », pris sa retraite. Sa mère était morte ; son père aussi. Il avait quitté la maison de famille où je l'avais vu jadis. Il avait quitté Mylapore. Il habitait un petit appartement dans la maison des Raghavan. Je devais venir le voir immédiatement. Il me donna son adresse et me dit — ce qui me parut curieux — « tout le monde connaît ma maison ». Il s'exprimait de façon pressante. Sa voix commençait à se casser ; il me parut très malade.

Il m'attendait et, dès que le taxi s'arrêta, il courut à ma rencontre, en criant mon nom, car j'étais sur le point de franchir la grille d'une autre maison. Il portait un maillot de corps et un dhoti jaunes. Il n'était pas aussi grand que dans mon souvenir. Dans l'Himalaya, il avait la peau très noire, brûlée par le soleil des montagnes ; à présent, il était plus pâle. Son expression mélancolique s'était fondue dans son aspect maladif. La chair de son visage et de ses épaules nues s'était amollie, laissant entrevoir l'homme qui avait du mal à grimper les escaliers.

Il franchit le bon portail et me précéda jusqu'à la maison où il vivait. L'appartement était au rez-de-chaussée, et nous passâmes directement de la petite allée du jardin dans son salon. « A vivre et à dormir », précisa-t-il, signifiant par là que la pièce faisait office de salon et de chambre à coucher. « Salle de bains attenante. » Il montra la porte du doigt, mais sans offrir de me faire voir la pièce. Il y avait aussi une cuisine et une pièce qui lui servait de temple. C'était cela la grande nouvelle qu'il me réservait : son temple. Il avait installé son propre temple dans son appartement. Les images des trois divinités les plus importantes s'y trouvaient, les divinités de la Sagesse, de la Force et de l'Argent.

« Venez que je vous montre. Enlevez vos souliers. »

Cette dernière demande d'une voix amicale, mais ferme, et non sur le ton hésitant que l'on prenait d'ordinaire pour vous présenter cette requête et qui donnait l'impression que si vous ne vouliez pas vous déchausser, rien ne vous y obligeait. Toutefois, c'était l'amitié qui dominait chez Sugar : cette offre de me montrer son temple était un geste d'amitié.

J'enlevai mes chaussures et me plantai devant les images noires, énigmatiques, ornées de guirlandes.

Il les contempla avec moi. Sugar avait toujours accepté avec tolérance mon absence de foi. Puis il m'emmena visiter la pièce qui lui servait de cuisine. Ostensiblement, il baissa le nez et laissa ses épaules tombantes se voûter encore un peu plus. « Je vous en prie, n'écrivez rien sur ma cuisine », dit-il en riant. Il savait qu'elle n'était pas propre, mais il n'y avait pas l'eau courante. Il fallait aller chercher dans des bonbonnes chaque goutte dont il avait besoin pour sa cuisine. Or, il avait bien du mal à présent à soulever une bonbonne pleine ; il me fit une démonstration, pour me montrer que son corps ne pouvait plus accomplir certaines des tâches simples qu'il aurait voulu lui faire faire. S'il soulevait des choses lourdes, il se sentait mal ; donc, il ne pouvait plus tenir sa cuisine propre. Elle était crasseuse. La saleté et la graisse de cuisson s'étaient accumulées sur le grillage en fer de la fenêtre, ainsi que sur les rebords et étagères du dessous. A présent, il se débrouillait tout seul, me dit-il ; il se passait de beaucoup de choses. Une jeune fille venait faire le ménage, mais évidemment (ce qu'il ne disait pas), en tant que brahmane, il ne pouvait pas lui permettre d'entrer dans sa cuisine.

Il avait donc soixante-quatre ans. Et il se passait de bien des choses. Dans la pièce de devant, la pièce principale du petit logement, la pièce à vivre et à dormir, j'aperçus, à un bout, un certain nombre de petits meubles serrés les uns contre les autres et formant une espèce de fouillis. Il avait l'intention de s'en débarrasser ; il n'en avait pas besoin.

« Je veux une pièce dépouillée. »

Je lui demandai pourquoi il ne s'était pas marié.

« Pourquoi ? Pourquoi ? Comment voulez-vous que je réponde ? Je n'en ai pas eu envie. »

Et, quand je le questionnai sur son temple en voulant savoir comment l'idée lui était venue, il s'en tint à ce genre de réponse. Elle lui était venue, tout simplement, dit-il.

Je me rappelais à quel point il s'intéressait aux livres de prophéties, en 1967. Je lui posai la question. Cette passion lui avait-elle passé ? Et, encore une fois, je voulus savoir comment elle lui était venue.

« Pourquoi ? Pourquoi ? Vous n'avez que ce genre de question à la bouche. Comment vous répondre ? » L'envie lui était tout simplement venue. Mais j'avais raison sur un point : cette envie de se plonger dans les livres de prophéties appartenait au passé.

Et, considérant sa nouvelle solitude, son dhoti et son tricot de corps tachés, pour la première fois depuis que je le connaissais, je l'interrogeai directement sur sa vie.

Il avait travaillé toute sa vie pour la même firme, où il avait été engagé dès sa sortie de l'université. Vers la fin, c'était lui qui avait dirigé l'entreprise, faisant fonction de directeur général. Il s'était occupé des dossiers de tous les employés. Il avait gardé une grande tendresse pour sa firme. A l'époque de sa retraite, il gagnait deux mille roupies par mois, soit quatre-vingts livres. C'était suffisant pour un célibataire. La société lui versait à présent une pension de mille roupies par mois. Et une certaine somme d'argent que la firme avait investie lui rapportait un surcroît de mille trois cents roupies mensuelles. C'était suffisant.

Le sol en béton du salon-chambre à coucher où nous nous étions installés était décoré d'un motif floral blanc comme il en existe au seuil de nombreuses demeures indiennes. On se sert généralement de farine et on les refait à neuf tous les jours, mais le dessin que je pouvais voir sur le sol de Sugar était en plastique adhésif. Les murs étaient bleus, salis par le frottement des dos et des mains et, au-dessus du dossier des chaises, par les chevelures huileuses. Toutes les images accrochées au mur étaient d'inspiration religieuse. Il y avait aussi une petite vitrine, fixée au mur, avec des portes coulissantes derrière lesquelles on apercevait deux étagères ; elle contenait des flacons de remèdes, des bougies, des comprimés dans des plaquettes en carton recouvertes de papier d'aluminium, tout cela mêlé à des papiers et à l'habituel bric-à-brac des produits d'entretien. Jamais je n'avais éprouvé ce sentiment de désolation dans la maison de ses parents à Mylapore.

Je lui demandai s'il avait eu une vie heureuse.

« Une vie banale. Banale. »

Puis il commença à recevoir des gens. Ils arrivaient par la porte d'entrée restée ouverte. Le premier visiteur était un homme à la peau sombre, avec au front des marques sacrées toutes fraîches : il avait accompli son *puja* du matin ou s'était rendu au grand temple.

« C'est un propriétaire, me dit Sugar quand l'homme fut passé dans la pièce qui servait de temple. Un nanti. »

Le deuxième visiteur était plus jeune, avec des traits plus fins. Il salua Sugar, puis, sans ajouter un mot, passa dans la pièce qui servait de temple. Il portait une tunique longue, officielle, d'un brun rougeâtre. Sugar m'apprit qu'il était cadre dans une importante entreprise.

« Les gens viennent », me dit Sugar, comme pour expliquer ses visiteurs.

Le premier d'entre eux, le propriétaire et nanti, ressortit et s'assit contre un des murs du salon-chambre à coucher. Quand l'homme en tunique rougeâtre sortit à son tour, il s'installa sur une chaise qui faisait partie du fouillis de meubles, à l'extrémité de la pièce.

Ce deuxième homme, le cadre, était directeur de la production dans son entreprise. Il me sembla que la matinée était déjà bien avancée pour qu'il soit encore là, mais il me dit qu'il venait tous les matins au temple de Sugar, afin de méditer et d'être au calme. Ils ne parlaient guère quand ils étaient ensemble. Le dimanche soir, il venait passer trois heures ; il avait beaucoup de temps libre le dimanche. Une fois, pendant une panne d'électricité, il était resté près de quatre heures assis aux côtés de Sugar et ils n'avaient pratiquement pas échangé une parole. Venir s'asseoir dans la pièce où nous nous trouvions, avec ses murs bleus salis et un vague aperçu de la cuisine sombre, était une forme de méditation. Laquelle n'était pas facile, expliqua le directeur de la production, puisqu'elle sous-entendait de faire le vide dans son esprit : les pensées du néophyte n'avaient que trop tendance à s'envoler vers la famille, le travail et tout ce genre de choses. Il fallait des années pour apprendre à méditer. Il n'était pas comme M. Sugar.

Voilà qui était nouveau pour moi : j'ignorais que Sugar eût cette réputation de sage, de saint.

« Êtes-vous capable de faire le vide dans votre esprit ? » lui demandai-je.

Il répondit, en essayant de minimiser la chose, mais content néanmoins que je l'aie apprise sans qu'il m'en ait rien dit : « Je ne suis pas allé très loin. »

Le directeur de la production ajouta : « La plupart des hommes de Dieu, on va les trouver pour obtenir quelque chose. » Mais avec Sugar, ce n'était pas le cas. Il venait voir Sugar uniquement pour trouver la paix ; il ne voulait rien de lui.

L'univers brahmane de Mylapore avait été mis sens dessus-dessous. Mais, dans le petit sanctuaire bleu de Sugar, la politique des rues qui nous environnaient paraissait lointaine, avec ses fanions rouge et noir et ses portraits détourés, de vingt-cinq mètres de haut, des nouveaux héros (appuyés contre de grossiers échafaudages en bois). Dans son petit appartement, chez les Raghavan, Sugar tenait une espèce de cour, possédait son propre cercle, et il y était peut-être plus protégé, plus admiré qu'il ne l'avait jamais été dans la maison de famille où il avait grandi. Il était saint et offrait la paix. Voilà qui expliquait une des choses qu'il m'avait dites au téléphone : « Tout le monde connaît ma maison. »

Alors que je me préparais à partir, il me dit : « Il faut venir prendre un repas avec moi. Je préparerai tout moi-même. Je vous ferai de la citrouille.

— De la citrouille ?

— Vous en avez mangé tous les jours au Woodlands, en 1962. »

Il y avait encore d'autres choses que j'avais oubliées et dont il se souvenait. Il se rappelait que dans la maison de ses parents, en 1962, puis de nouveau en 1967, j'avais eu de longs entretiens, très sérieux, avec son père sur les livres et sur l'Inde.

Il était flatteur qu'on se souvienne si bien de vous, de façon si détaillée, après si longtemps. Il me semblait, cependant, que cela dénotait aussi une vie banale à en pleurer. Pourtant cette banalité avait fini par être récompensée. Les gens avaient eu vent des dons de Sugar. Peut-être étaient-ce justement ces qualités qui me l'avaient rendu mémorable, dans l'Himalaya, parmi la foule de pèlerins — sa solitude, son immobilité, sa mélancolie, ce sentiment qu'il dégageait d'un être incomplet, en quête d'on ne savait quoi — qui avaient attiré ces autres personnes.

Trente-trois ou trente-quatre pour cent des votants, seulement, s'étaient prononcés en faveur du parti victorieux ; mais, dans toute la ville, les fanions rouge et noir se multipliaient à tel point qu'on avait l'impression que tout le monde ou presque avait voté pour le DMK. Sur les murs où il avait été peint avant le jour de l'élection, l'emblème électoral du parti, le soleil levant par-dessus les collines, était à présent ravivé et décoré avec amour, encore un peu et encore un peu plus, si bien qu'il paraissait maintenant se moquer plus ouvertement du palmier ouvert et des deux colombes, emblèmes des partis vaincus, emblèmes, jusqu'à une date encore toute proche, d'un grand espoir et d'une grande suffisance, mais désormais abandonnés, négligés, sans aucune main loyale ou joyeuse pour venir y ajouter une touche de couleur supplémentaire et jubilatoire.

Moins d'un jour ou deux après les résultats de l'élection, on vit apparaître dans la ville d'immenses panneaux peints, avec d'énormes portraits des trois héros du parti. Il n'y avait ni noms ni légendes ; il fallait savoir de qui il s'agissait. On voyait les trois hommes de profil, échelonnés, chacun évoquant quelque profil de médaille ; et chacun des trois était d'une couleur différente. L'actuel chef du parti était d'une teinte brunâtre ; l'homme qui avait emmené le parti à sa première victoire électorale, en 1967, était en bleu ou gris ardoise ; et le profil que l'on apercevait en troisième position était celui du vieillard aux joues roses et à la longue barbe ondulée qui avait été le prophète du parti.

Ce prophète était connu sous le nom de Periyar. C'est un mot tamoul qui signifie « le sage ». Je connaissais ce nom de Periyar, mais tout juste ; je ne savais strictement rien de l'homme. Le moment était venu de remédier à cette ignorance et je fus stupéfié, non seulement par ce que j'appris, mais en constatant qu'en dépit de toutes mes lectures sur le mouvement pour l'indépendance en Inde, j'avais si peu lu ou retenu concernant ce prophète du Sud.

Athée et rationaliste, c'était un homme qui avait prononcé deux ou trois discours par jour pendant la majeure partie d'une très longue existence. Il tournait les dieux hindous en dérision. Il se moquait cruellement des hindous respectueux des castes, comparait la pauvreté de leurs réussites scientifiques aux réussites européennes. Après quoi, bien décidé à avoir le beurre et l'argent du beurre, il ajoutait que les hindous avaient copié leurs dieux (« quelques animaux choisis, quelques oiseaux, des arbres et des plantes grimpantes, des montagnes et des fleuves ») sur ceux de l'Égypte, de la Grèce, de la Perse et de la Chaldée.

Ça, c'était la première surprise : le fait qu'un homme, qui — du moins dans la traduction anglaise de ses dissertations tamoules souvent brouillonnes — faisait l'effet d'un humoriste et d'un satiriste, ait été accueilli par les habitants du Tamil Nadu comme un prophète et qu'à cette heure de triomphe politique, si longtemps après sa mort, il puisse être l'objet d'un regain d'honneur. Mais Periyar n'avait jamais songé à faire de l'humour, quand il s'était élevé contre l'hindouisme et les hindous partisans des castes. Il avait jadis été croyant, et il était obsédé par la religion et ses adeptes, comme seul pouvait l'être un homme qui avait eu la foi.

Il y avait à Madras un endroit appelé Periyar Thidal, qui se dressait sur le site d'un ancien dépôt d'autobus ou de tramways. C'est Periyar en personne qui l'avait acheté en 1953, pour un lakh de roupies, soit cent mille roupies, ce qui équivalait alors à sept mille cinq cents livres sterling. Ce lieu était encore aujourd'hui le siège de son organisation.

Une statue noire, ornée de guirlandes, était érigée au milieu d'un grand espace sablonneux, avec sur son socle l'inscription suivante : PERIYAR LE PROPHÈTE DE L'ÈRE NOUVELLE, LE SOCRATE

DE L'ASIE DU SUD-EST, PÈRE DU MOUVEMENT SOCIAL ET ENNEMI ACHARNÉ DE L'IGNORANCE, DES SUPERSTITIONS, DES COUTUMES VIDES DE SENS ET DES US INUTILES. La tombe de Periyar se trouvait dans un coin de ce terre-plein. Tout autour de la sépulture, on pouvait voir des dalles en granit gris poli, dans lesquelles étaient gravées certaines maximes du prophète. L'une d'entre elles, qui était presque une incantation, était célébrissime : *Il n'y a pas de Dieu. Il n'y a pas de Dieu. Il n'y a pas du tout de Dieu. Celui qui a inventé Dieu est un sot. Celui qui propage Dieu est une canaille. Celui qui vénère Dieu est un barbare.* C'était par ces mots que Periyar commençait chacun de ses discours.

Il était bien difficile d'imaginer que des propos aussi brutaux et aussi amers aient pu être acceptés n'importe où en Inde, à moins d'offrir autre chose en même temps. Et ce qu'offrait Periyar, avec son « rationalisme » et son refus de Dieu, c'était son rejet des brahmanes et de leur langue ; son rejet du Nord ; son rejet des castes ; son rejet du mépris que les habitants au teint pâle du Nord avaient pour les habitants au teint sombre du Sud.

D'ailleurs, ce tombeau, dans l'enceinte du Periyar Thidal, avait aussi son importance. Les hindous sont incinérés ; Periyar avait tenu à être enterré. Il était plus qu'un simple rationaliste : pour ceux qui l'écoutaient et appréciaient ses discours, il était l'anti-hindou par excellence.

Il était né en 1879, dix ans après Gandhi et dix ans avant Nehru. Sa vie politique avait commencé en 1919 et s'était poursuivie jusqu'à sa mort en 1973. Et c'était là la deuxième grande surprise que me réservait Periyar : dire qu'il avait vécu si longtemps, que sa carrière avait suivi pendant de nombreuses années un cours parallèle à celle de Gandhi et que Gandhi, pendant une grande partie de ses dernières années de lutte et de quête, avait eu à ses trousses ce personnage de l'anti-hindou qui avait fini par devenir l'anti-Gandhi, un homme dont la vie et la carrière semblaient souvent refléter et contredire les siennes !

Gandhi était végétarien. Periyar se faisait une règle de manger de la viande. Gandhi luttait pour maîtriser ses sens. Periyar dévorait d'énormes quantités de nourriture, qui l'avaient rendu obèse. « C'était un goinfre », me confia un de ses admirateurs. Et, dans ce renversement des valeurs, le mot faisait figure de compliment. « Il mangeait toujours du *biriyani* — du riz avec du mouton, du bœuf, du porc. Il ne faisait jamais le *difficile* pour se nourrir. » Gandhi avait toujours été notoirement difficile dans ce domaine.

Il était donc différent de Gandhi, son contraire même, et pourtant, sous certains rapports — dans sa découverte de sa cause, dans la façon dont il cherchait des moyens de la servir, dans la ténacité avec laquelle il s'y cramponna toute sa vie et, par-dessus tout, dans son grand sens des affaires — il lui ressemblait. De même que le mahatma, Periyar était fils d'une caste de marchands hindous. Gandhi était issu d'une famille de petits administrateurs, Periyar d'une famille de marchands cossus. Periyar n'était pas aussi instruit que Gandhi et l'on aurait pu dire qu'il était plus dévot et traditionaliste. Gandhi avait bravé les principes de sa caste pour aller à Londres étudier le droit. Periyar, vers sa vingt-cinquième année (à l'âge où Gandhi était en Afrique du Sud, occupé à livrer de dures batailles), était allé à Bénarès mener une existence de *sanyasi*, vivre nu des aumônes des fidèles, dans l'espoir de découvrir une quelconque illumination spirituelle.

L'illumination ne vint jamais et il quitta Bénarès pour reprendre son affaire de famille dans sa ville natale, se lança dans la politique municipale, puis en 1919, alors que Gandhi était revenu aux Indes depuis quelques années déjà, adhéra au Congrès national indien. Il soutint la campagne en faveur du rouet et prit part au mouvement de non-coopération.

Survint alors la rupture. Elle fut causée par les préjugés de caste des brahmanes du Sud. Les non-brahmanes n'étaient pas autorisés à pénétrer librement dans les temples. Le sanctuaire intérieur, où se trouvait la divinité du temple, leur était strictement interdit ; ils devaient se contenter de le contempler de loin. Parfois, les non-brahmanes n'avaient même pas le droit de marcher le long de l'allée qui passait devant le temple.

Ce fut cet interdit qui, en 1924, causa quelque désordre dans l'État voisin du Kerala. Le Kerala était à l'époque un État princier, où régnait un maharajah, et les brahmanes du Kerala étaient encore plus stricts que les brahmanes tamouls de Madras en ce qui concernait les interdits de caste. Dans l'enceinte du palais royal se trouvaient un temple et aussi un palais de justice. Un jour où on célébrait au temple une fête religieuse, l'allée de l'édifice sacrée fut fermée aux non-brahmanes. Or, cette allée desservait aussi le palais de justice. Un avocat du nom de Madhavan, qui n'était pas un brahmane, devait plaider devant la cour ce jour-là ; mais (la renommée emprunte parfois des voies bien improbables) il ne fut pas autorisé à passer devant le temple. Certains non-brahmanes du Kerala protestèrent et lancèrent un mouvement de contestation ; le maharajah les fit emprisonner. Ils firent appel à Periyar. Celui-ci se rendit dans le Kerala et fit campagne pendant une année entière, jusqu'à ce que l'allée du temple fût définitivement ouverte aux non-brahmanes.

Une autre crise éclata presque aussitôt. On découvrit que, dans une école du Congrès, destinée à propager la pensée gandhienne, les petits brahmanes mangeaient à l'écart de leurs condisciples non-brahmanes. Or, il s'avéra que l'école, quoique dirigée par un brahmane, était financée par des non-brahmanes. L'affaire fut portée devant Gandhi, mais ce dernier réagit de façon ambiguë et parut prendre la chose à la légère.

Dès ce moment, Periyar rompit avec Gandhi et son Congrès. (Une version — brahmane — court à Madras, selon laquelle, en réalité, la rupture eut lieu parce qu'on avait demandé à Periyar certains comptes au sujet de sommes allouées pour la campagne en faveur du rouet.) En 1925, Periyar fonda donc le Mouvement pour le Respect de soi-même et il eut alors l'idée géniale de symboliser sa cause en enfilant une chemise noire. Ce fut dans cette tenue qu'il fit, pendant le restant de sa vie, soit près de cinquante ans, campagne contre le brahmanisme, les castes, le Congrès, la religion hindoue, la servitude des femmes. Il établit l'idée des mariages dans le Respect de soi-même pour les non-brahmanes, c'est-à-dire des mariages sans prêtres ni engagement religieux. Et il prêcha une sorte de socialisme rudimentaire.

« Dans le monde futur, il n'y aura pas d'hommes sans caractère ni culture... La dépravation de la personnalité moderne est fondée sur la culture, la justice et la discipline utilisées pour maintenir les différences de castes et de classes parmi les hommes... Lorsque ces conditions capitalistes et individualistes auront disparu, le besoin d'une personnalité dépravée n'existera plus. »

Il offrait la vision d'un avenir radieux grâce aux fruits de la science, un avenir où l'on n'aurait aucun besoin de l'idée de Dieu.

« Les communications se feront principalement par air et à grande vitesse... On pourra installer des radios dans les chapeaux des gens... Des aliments enrichis de vitamines seront présentés sous forme de pilules ou de gélules suffisant à la subsistance d'une journée ou d'une semaine. L'espérance de vie moyenne atteindra peut-être cent ans ou plus... Les automobiles pèseront une cinquantaine de kilos et fonctionneront sans essence... Il y aura partout l'électricité, dans chaque maison, et les gens l'utiliseront pour tout... Aucune industrie ou usine ne fonctionnera pour le profit de particuliers. Elles appartiendront toutes à la communauté et toutes les inventions pourvoiront aux besoins et aux plaisirs du peuple... Quand la terre aura été transformée en paradis, le besoin de représenter un paradis dans les nuages n'existera plus. Là où il n'y a plus de misère, il n'y a pas de Dieu. Là où existe le savoir scientifique, plus besoin d'inventions ni d'imagination... La lutte pour survivre doit être transformée en une vie de bonheur. »

Avec ces sermons, répétés jour après jour, cette vision des méfaits de castes disparaissant en même temps que l'idée de Dieu, Periyar faisait passer le sens pratique dont il avait hérité. Il sortait d'une famille d'hommes d'affaires et, toute sa vie, il resta attaché à l'argent, ne songeant jamais à nier sa valeur, cherchant constamment à assurer son indépendance financière et celle de son mouvement et à se soustraire à toute pression. Jamais son mouvement ne manqua de fonds ; la fondation qu'il laissa à sa mort pour promouvoir sa cause était riche.

Les reliques du prophète avaient été regroupées au Periyar Thidal, dans une vaste salle du bâtiment principal. A l'entrée de cette salle, sur un grand lit à baldaquin, était installé un portrait détouré grandeur nature de Periyar, déjà très âgé, avec une longue barbe, assis en tailleur dans la position d'un homme qui écrit (on avait transposé dans ce musée privé le style cher aux vedettes de cinéma et aux campagnes électorales). Le lit était recouvert d'une couverture rose imprimée, et la photographie était appuyée contre un traversin. Les quatre colonnes du baldaquin étaient blanches ; il n'y avait pas de ciel de lit. Un grand présentoir tournant se dressait d'un côté du lit, avec des petits bustes de Bouddha et de Lénine, des souvenirs de pacotille et la statue d'un cheval, jadis offerte à Periyar. Le cheval n'avait aucune signification particulière ; Periyar l'avait gardé pour sa seule beauté, en souvenir du donateur.

D'autres présents symboliques étaient réunis dans une vitrine : les outils du parfait iconoclaste, deux maillets en argent et deux bâtons en argent, façonnés d'après la canne dont se servait Periyar âgé.

La direction du mouvement était passée à M. Veeramani. C'était le propagateur du souvenir de Periyar et le gardien de ses reliques. En me montrant les maillets et les bâtons, il me rappela avec un petit rire un dicton qui était, d'après lui, un vieux proverbe sanscrit : « Le poison du cobra n'est que dans sa langue. Celui du brahmane est dans son corps tout entier. » Ce dicton en amena un autre qui, selon M. Veeramani, était hindi et très connu : « Si vous voyez un brahmane et un serpent, tuez d'abord le brahmane. » (Je l'avais entendu des années plus tôt dans une autre version et on m'avait alors expliqué qu'il s'agissait d'un dicton populaire du Sud-Est asiatique : « Si vous êtes dans la forêt et que vous voyiez un serpent et un Indien, tuez d'abord l'Indien. »)

Après les emblèmes de l'iconoclasme, ceux de la royauté. Periyar avait souvent été gratifié du titre de roi du Tamil Nadu à la barbe blanche. Une ville du Sud avait offert au vieillard un trône en argent ciselé, lequel se trouvait ici dans une vitrine, avec une couronne, en argent elle aussi, don de partisans originaires d'une autre ville. Il y avait en outre un sceptre d'argent, orné à son sommet de petites têtes de Periyar et de Bouddha ; et dans une autre vitrine des épées d'argent recourbées.

Tout autour de cette grande salle de musée, en haut des quatre murs, juste au-dessous du plafond, était accrochée une série de trente-trois peintures à l'huile, représentant les étapes de la longue vie de Periyar. C'était comme les illustrations tirées de la Bible : il fallait connaître l'histoire. Mais une fois qu'on la connaissait, rien n'y manquait : Periyar sous les traits d'un *sanyasi*, nu à Bénarès en 1904, mangeant ce qu'il parvenait à trouver ; Periyar dix ans plus tard engagé dans la politique municipale de sa ville natale ; Periyar membre du Congrès en 1919 ; Periyar, au Kerala en 1924, faisant campagne pour le libre accès aux temples des non-brahmanes ; Periyar faisant campagne peu après pour l'abolition des distinctions de caste dans l'école du Congrès ; Periyar fondant son Mouvement pour le Respect de soi-même en 1925 et arborant sa chemise noire pour la première fois ; Periyar en Allemagne, en 1932, en compagnie d'« athées allemands » ; Periyar en Russie, la même année, avec les employés d'un sanatorium russe ; Periyar en 1943, évoquant la partition de l'Inde, après l'indépendance, avec M. Jinnah (qui faisait campagne en faveur d'un Pakistan musulman) et le Dr Ambedkar (qui aspirait à la création d'un État pour les intouchables appelé Dalitstan) ; Periyar espérait quant à lui la fondation d'un État dravidien non brahmane appelé Dravidstan. Des peintures plus tardives montraient Periyar après l'indépendance, occupé à occulter à grand renfort de peinture les noms hindis des gares ferroviaires du Sud en 1952 ; puis à briser des statues de Ganesh, Ganpati, le dieu éléphant, en 1953, pour montrer qu'elles n'étaient que de l'argile et totalement inoffensives ; en 1957, occupé à effacer le mot « brahmane » d'une enseigne où on pouvait lire « Hôtel Brahmane », « brahmane » voulant dire ici végétarien, par opposition à « militaire » qui signifiait non végétarien ; et, la même année, occupé à brûler la Constitution indienne.

D'un bout à l'autre de sa longue vie, il s'était montré immuable et inlassable. Au centre de la pièce, M. Veeramani avait disposé dans une vitrine une collection de souvenirs personnels : sa lampe de poche, les loupes dont il se servait, sa canne inhabituellement robuste, sa montre, ses lunettes, le plateau en acier inoxydable sur lequel il mangeait, le bassin qu'il avait utilisé au lit, sa seringue et d'autres ustensiles médicaux. Presque comme les reliques de Gandhi, et elles auraient été gandhiennes si Periyar n'avait rien laissé d'autre derrière lui. Mais les biens considérables qu'il avait légués à sa fondation, y compris le vaste site urbain du Periyar Thidal, se montaient à plusieurs millions, et cette fortune s'était plusieurs fois multipliée depuis quinze ans qu'il était mort.

En dépit de son amour pour la bonne chère et de son régime carné, il y avait, dans sa constance et son obsession, une sorte de pureté, et c'était cette qualité qui avait fait de lui l'anti-Gandhi. Le personnage, cependant, n'avait de sens que parce que le vrai Gandhi existait. Gandhi avait grandi, s'était développé ; pendant les quarante premières années de notre siècle, de sa trentième à sa soixante-dixième année, il avait constamment recherché de nouvelles voies politiques et religieuses. Sa quête avait fait de lui une personnalité universelle ; des gens à qui la politique était étrangère étaient néanmoins en mesure de lier leur propre quête à la sienne. Periyar était une personnalité locale ; jamais il n'avait dépassé sa cause. Sans Gandhi, sans le Congrès, sans le mouvement pour l'indépendance, sa cause n'aurait pas eu la même force ; il se laissait porter par quelque chose de très grand. Peut-être était-ce pour cela que je n'avais pas entendu parler de lui.

C'est Sadanand Menon, un écrivain résidant à Madras, qui m'avait emmené visiter le Periyar Thidal et m'avait fourni tous les détails nécessaires pour comprendre la vie et le mouvement de Periyar.

Vers la fin du XIXe siècle, me dit Sadanand, avec la suprématie anglaise, les brahmanes avaient retrouvé une autorité qu'ils n'avaient plus depuis un certain temps. Ils dominaient la vie sociale des Indes, les professions libérales et, au début tout au moins, le mouvement nationaliste. Mais la province de Madras (qui englobait le Tamil Nadu et d'autres régions) était extrêmement vaste ; Madras était un port ; et, à mesure que l'économie de la province croissait, d'éminentes personnalités commencèrent à émerger des autres castes, des castes moyennes. Nombre de ces gens des castes moyennes étaient à l'aise financièrement — par exemple la famille de Periyar ; beaucoup étaient propriétaires ; certains même en mesure d'envoyer leurs fils à Oxford et Cambridge. A partir du moment où ces gens des castes moyennes se distinguèrent, les anciennes restrictions de caste prônées par les brahmanes durent être bien difficiles à maintenir. L'œuvre de Periyar consista à communiquer aux masses non brahmanes cette humeur rebelle.

« Son mode de communication était culturel, m'expliqua Sadanand. Le Mouvement pour le Respect de soi-même a lancé simultanément trois ou quatre journaux. Ils attachaient beaucoup d'importance à l'instruction. Dans les années 1930, l'une des méthodes adoptées par le mouvement était celle du discours social — par opposition à la dissertation condescendante. Un volontaire instruit se rendait dans un bidonville ou sur la place principale d'un village et commençait à lire un journal à voix haute. En un rien de temps, il avait rassemblé une foule autour de lui. Et il interprétait alors ce qu'il lisait, à la lumière de l'idéologie du Mouvement pour le Respect de soi-même. C'est encore une méthode en vogue aujourd'hui. On peut dire que c'est l'épine dorsale du DMK, ce contact direct entre l'encadrement du parti et les masses. Les autres partis n'ont rien de comparable. Ils n'ont même pas essayé de s'en inspirer. Je me souviens d'être allé près de chez moi, dans les années 1960, observer un militant du DMK. Tous les soirs, il arrivait à six heures et demie tapantes, muni du journal du parti, d'un journal anglais et d'un autre journal tamoul. Il avait une lampe-tempête. Il s'asseyait dans une cahute, quatre poteaux et un toit, et il lisait tout haut ; il y avait bien cent cinquante personnes pour l'écouter. »

Quelle était la véritable profondeur, la véritable importance de l'aspect rationaliste du mouvement ? Dans quelle mesure les gens avaient-ils été capables de rejeter Dieu ou les dieux ?

Sadanand répondit que le mouvement rationaliste, en tant que tel, était devenu au fil des ans une parodie de lui-même. Cependant, le DMK, qui était le rejeton politique de ce mouvement, avait obtenu le pouvoir politique et il y avait eu un bouleversement.

« Le DMK est arrivé au pouvoir en 1967 », dit Sadanand — l'année où je m'étais rendu pour la deuxième fois à Madras, où j'étais allé voir Sugar et son père dans leur maison à un étage de Mylapore et où Sugar m'avait parlé de ses livres de prophéties — « et ses dirigeants ont créé un ministère, le ministère des Fondations hindoues religieuses et charitables, le FHR & C. Le ministre des FHR & C contrôlait les énormes ressources des temples et des fondations hindous. Les terres, les capitaux fixes, les bijoux

— tous les temples en possèdent d'énormes quantités : les idoles par elles-mêmes et les donations quotidiennes. Les donations aux temples sont anonymes ; il n'y a aucun moyen de les comptabiliser. La richesse des temples ne peut être évaluée. Quelle valeur attribuer à un Shiva du Xe siècle ? Après cela — et la chose était entièrement distincte de ce que faisait le gouvernement — on a commencé à voler les idoles et à les remplacer par des répliques. Les archéologues ont récemment fait remarquer que le remplacement des icônes des temples par des faux s'était effectué sur une gigantesque échelle. Les originaux ont fini dans des collections particulières tout autour du globe.

— Mais cela n'inquiétait donc pas le DMK ? Ces œuvres d'art sont aussi les leurs, non ?

— Le DMK s'en souciait comme d'une guigne. Ses membres réglaient leur compte à leurs ennemis. En même temps, la nouvelle administration a inauguré une politique qui consistait à distribuer les terres des temples à ceux qui n'en avaient pas. La chose était, toutefois, parfaitement arbitraire. On pouvait citer les noms de deux cents personnes ayant reçu chacune un demi-hectare de terre appartenant aux temples, mais en réalité la terre pouvait fort bien n'appartenir qu'à un seul type ou au parti. Les gens du peuple n'en retiraient rien du tout. »

Sadanand parlait de ces événements comme du « pillage » des temples — utilisant le mot anglais *looting* qui était à l'origine un mot hindi, ce qui reflétait un peu de l'histoire de l'Inde —, au sens indien du terme. Cela avait-il eu pour résultat d'appauvrir les brahmanes ?

« Dans la plupart des temples, les brahmanes sont devenus les simples exécutants des rites, les *purohits*, et il y a indéniablement eu un appauvrissement caractérisé. » Mais le plus important, dans le récit de Sadanand, c'était la dégradation des temples. « Les temples tels qu'ils avaient été conçus à l'origine étaient des institutions en grande partie sociales. Chaque temple possédait des écoles, des greniers, des installations pour stocker de vastes quantités d'eau — c'est l'origine du réservoir du temple — des hôpitaux, des étables pour les vaches. Ils protégeaient aussi les arts. Mais les gens du DMK se sont complu à de grossières équations. Ils ont assimilé le temple à un certain type d'oppression, après quoi l'institution entière a été livrée au vandalisme, sans la moindre discrimination. »

Le mouvement se réclamait de liens avec le passé non brahmane du Tamil Nadu, et particulièrement avec les empereurs Chola des

VIIIe, IXe et Xe siècles. Mais là encore, à en croire Sadanand, on sombrait dans la spéciosité et la méconnaissance historique.

« Les Chola étaient des démocrates, si tant est qu'on puisse imaginer une démocratie au sein d'une structure féodale. Mais ils étaient aussi les impérialistes de la région, et le symbole Chola du mouvement est le symbole de l'impérialisme tamoul, rien d'autre. On savait que les Chola étaient des gens instruits, ayant écrit des livres sur l'astronomie et protégé les arts. Or, le symbole Chola du DMK ne représente rien de tout cela. Les souverains Chola ont mis au point de fascinants systèmes d'irrigation dans la région de Tanjore. Le DMK ne s'est jamais donné la peine d'étudier l'irrigation. »

Par la faute de leur étroitesse d'esprit, de leur régionalisme, de leur obsession des castes, d'autres choses avaient souffert. Notamment la langue anglaise. Le nombre d'habitants de l'État détenant des postes dans le gouvernement central avait décliné ; beaucoup des hauts fonctionnaires du gouvernement central du Tamil Nadu venaient désormais d'ailleurs. La langue tamoule elle-même s'était détériorée.

« Le mouvement n'est plus créatif. Le tamoul est devenu une langue incapable d'exprimer la moindre idée moderne. C'est une langue fossile, et cela se reflète dans la qualité du journalisme tamoul. La majeure partie est frivole, inepte.

« Le mouvement a encore sa place, mais il ne cesse à présent de reproduire cette espèce de parodie. De tout cela est sortie une iconographie appauvrie. Vous avez vu ce portrait détouré de Periyar, sur le lit. L'idée a ensuite été étendue aux politiciens du mouvement, aux dirigeants du DMK et des partis qui lui ont succédé. On les a fait passer pour des géants, avec des photos de vingt-cinq mètres de haut — pour remplacer ce qu'ils avaient perdu. Et les mouvements religieux ou néo-religieux ont repris des forces au Tamil Nadu.

« Actuellement, le mouvement néo-religieux en vogue par ici est le culte d'Adi Parashakti. Il a son quartier général à mi-chemin de Madras et de Pondichéry. C'est un culte de la mère primitive — la religion dravidienne, à l'inverse de la religion aryenne, était matriarcale. C'est de là qu'est issu ce nouveau culte. Il est l'œuvre d'un seul homme, un maître d'école, qui a annoncé un beau jour qu'il avait rêvé d'une Mère ou Shakti, venue le trouver pour lui ordonner de propager son nom. Il prétend qu'à son réveil une idole d'Adi Parashakti a surgi de terre devant lui. Les adeptes de son culte portent un uniforme, rouge sur rouge. C'est une des retombées paradoxales du mouvement rationaliste. »

Il y avait en outre une ironie plus profonde. Le mouvement anti-brahmane n'était pas un mouvement de toutes les castes non brahmanes. Uniquement des castes moyennes. Il y avait, comme toujours en Inde, un niveau inférieur, un autre niveau de couches sociales défavorisées. Or, à ces gens, situés tout en bas de l'échelle, le DMK n'offrait aucune protection.

« Le DMK, dit Sadanand, est arrivé au pouvoir en 1967, en brandissant l'oppression des castes inférieures. En réalité, les attaques les plus brutales contre les castes intouchables ont eu lieu après 1967. En 1969, quarante *harijans* ont été brûlés vifs dans une cabane. Les responsables appartenaient à la caste des *thevars*. C'est une caste moyenne, arriérée, dont les membres se sont élevés dans la société au cours des cent dernières années et sont désormais puissants, avec leurs propres associations de caste. C'est l'une des castes les plus militantes. Ils se voudraient les *kshatriyas*, les guerriers de la hiérarchie tamoule. Le Mouvement dravidien a été fondé par les castes moyennes. Quand leurs dirigeants ont été portés au pouvoir, ils sont devenus des oppresseurs. »

L'analyse que m'avait proposée Sadanand de l'appauvrissement culturel engendré par le mouvement était presque certainement exacte. Il suffisait de considérer l'iconographie pour en être convaincu ; de se reporter aux exagérations, aux naïvetés, aux contradictions des discours de Periyar, où on percevait l'amour des mots pour eux-mêmes et où le verbe, pour être vraiment savouré, devait être délayé interminablement, les idées s'enchaînant les unes aux autres. Mais il y avait aussi la passion des partisans de Periyar. Car il avait touché quelque chose chez ces gens, quelque chose de plus profond que la logique et qu'un respect de l'exactitude historique ; cela aussi, il fallait en tenir compte.

M. Gopalakrishnan, le propriétaire d'Emerald Publishers, maison d'édition spécialisée dans les manuels scolaires et les ouvrages sur le mouvement rationaliste, me raconta son histoire.

« Mon père était un très petit commerçant. Il appartenait à la caste des *mudaliars*, une des castes moyennes les plus basses. Il avait un éventaire. Il vendait des cigarettes, de l'eau gazeuse, des articles de ce genre.

« Je suis devenu rationaliste au début des années 1940 ; j'avais dans les dix ans. J'étais élève du lycée Sri Ramakrishna à Madras. C'était un établissement dominé par les brahmanes. Même les hommes à tout faire et les porteurs d'eau — il y en avait quatre ou cinq — étaient brahmanes. Nous n'étions qu'une poignée de non-brahmanes dans chaque classe. Tous les jours, certains de nos professeurs nous sermonnaient pour nous faire comprendre que nous n'étions bons qu'à mener paître les troupeaux. C'était le refrain de trois d'entre eux en particulier. Ils estimaient que les non-brahmanes n'avaient pas à faire d'études et ils nous répétaient à tout bout de champ : "Allez donc faire paître les vaches."

« Tous les matins, il fallait assister aux prières dans la salle réservée à cet usage. Les prières étaient récitées en sanscrit. C'étaient les mêmes chaque jour ; on s'ennuyait ferme. J'avais un camarade de classe non brahmane qui n'assistait pas aux prières, ce qui lui valait très souvent de rudes corrections. Tous les garçons venaient avec la marque de leur caste ; moi, je me servais d'un morceau de craie, au lieu de la prétendue cendre sacrée, pour tracer les marques horizontales sur mon front. Mon ami, lui, refusait carrément de le faire, et pour ça aussi, on le battait. C'était un garçon très créatif. Dix ans plus tard, il a écrit une pièce qu'il a jouée lui-même — une pièce prônant des opinions rationalistes.

« Un jour, à l'époque où j'étais lycéen, j'ai eu l'occasion d'assister à un meeting de Periyar. Il avait lieu à Saidapet, où nous habitions, et beaucoup de gens, tous non brahmanes, y sont allés. C'est là, pour la première fois, que j'ai enfin compris pourquoi les professeurs brahmanes étaient si pleins de préjugés contre nous. Jusque-là, je n'avais vraiment pas pu m'expliquer la chose. Je me suis mis à lire les textes publiés par le mouvement de Periyar, et aussi ses magazines. Il m'a fallu quatre ans pour devenir complètement rationaliste.

« Pour commencer, en 1947, j'ai cessé d'aller au temple. Jusque-là, j'y allais avec dévotion. C'était une chose que j'avais apprise tout enfant de ma mère et de mes sœurs — nous vivions dans ce genre de milieu. A l'époque, les prêtres brahmanes traitaient leurs fidèles non brahmanes avec mépris. Les fidèles trouvaient ça normal : c'était la tradition. Moi aussi, je trouvais ça normal, quand j'étais petit. De loin, le prêtre jetait la cendre sacrée aux non-brahmanes d'un air dédaigneux, alors que les brahmanes avaient le droit d'aller jusqu'au sanctuaire où se dresse l'idole. Les fidèles non brahmanes ne pouvaient voir l'idole qu'à distance.

« J'ai cessé d'aller au temple très progressivement. A l'université, je lisais Shaw, Wells et Russell. Leurs œuvres m'ont beaucoup marqué, et j'ai eu le courage d'affronter les croyants de ma famille et de ma société.

« Ma mère est restée attachée aux rites. Bien des années plus tard, elle s'est fait un sang d'encre à l'idée qu'à sa mort je ne me donnerais peut-être pas la peine d'organiser les rites funéraires pour sa dépouille. Et puis, trois mois avant sa mort, elle m'a appelé auprès d'elle et elle m'a dit que je ne devais pas prévoir le moindre rite pour elle.

« A présent, je fais comme si la religion hindoue n'existait pas. Je ne perds pas mon temps à en parler. Je n'ai pas fait célébrer le moindre rite pour ma mère quand elle est morte. C'était il y a deux ans. Ce que je fais tous les ans, le jour de sa mort, c'est d'offrir une robe neuve à toutes ses petites-filles. Voilà tout. Il n'y a pas de discours devant la communauté. Pas de fleurs. J'ai le portrait de ma mère, c'est tout. »

M. Palani, quant à lui, était plus obsédé, dévoré par une passion que rien ne pouvait assouvir. C'était un petit homme noir de peau, de soixante-trois ans. Il était né dans la région de Coimbatore et il avait des souvenirs encore vivaces de sa découverte des préjugés de caste, à l'école, plus de cinquante années auparavant.

« De moi-même, je n'avais absolument aucun sentiment anti-brahmane. Mon frère a été admis à l'école que je fréquentais. Moi, j'étais en septième. Mon frère en huitième. Un jour, à la récréation, comme il était nouveau, il a suivi ses camarades dans un hôtel pour boire de l'eau. Il a fait exactement ce que faisaient les autres. Il a pris un gobelet en laiton, l'a plongé dans l'eau et s'est mis à boire. Or, c'était un hôtel brahmane — pas un de ces hôtels où on habite, mais un hôtel où on va pour manger. Un hôtel pour les classes moyennes. Quand il a vu mon frère mettre sa main dans le récipient en laiton et prendre de l'eau, le propriétaire a été fou de rage. Il est allé vider tout le récipient dehors et s'est mis à hurler contre mon frère.

« Mon frère est revenu me trouver à l'école, en pleurant, et je lui ai expliqué que nous, qui n'étions pas brahmanes, ne devions pas prendre directement de l'eau dans le récipient. Il aurait dû demander à un de ses camarades brahmanes de remplir un verre d'eau et de le lui donner. Par rapport à nous, les brahmanes ont le teint plus clair. Mon frère a dit : "Pourquoi ?" Il refusait d'admettre la chose. Alors, je me suis mis à réfléchir à mon tour. Je m'étais contenté de suivre la coutume existante. J'avais onze ans, mon frère dix. J'étais à l'école depuis un an.

« Nous sommes rentrés chez nous et nous en avons parlé à notre père. Il était fonctionnaire du gouvernement. Il gagnait trente-cinq roupies par mois. A cette époque, cela devait suffire à faire vivre une famille pas trop nombreuse. Le père de mon père avait été tisserand. Nous appartenions à la caste des tisserands, la caste des *sengunthars*. Mais mon père avait poursuivi ses études jusqu'au baccalauréat, jusqu'à l'âge de seize ans. Il en avait trente à l'époque.

« Après nous avoir écoutés, mon père a dit : "C'est la coutume dans ces endroits-là. Alors, même si ce n'est pas juste, il faut l'accepter." Lui-même se conformait aux règlements — pas volontiers, mais il le faisait. Dans les hôtels brahmanes, il évitait les espaces réservés aux brahmanes. A l'époque, dans n'importe quel hôtel brahmane, il y avait deux zones, une pour les brahmanes, une pour les autres. Et mon père n'empiétait jamais sur la zone réservée aux brahmanes.

« Nous vivions dans une petite maison en tuiles. Elle avait des murs de briques et un toit de tuiles. Nous étions en location. Le loyer était d'environ cinq roupies par mois. Il n'y avait pas l'électricité. Nous avions une petite domestique qui était nourrie et qui touchait environ trois roupies par mois.

— Elle mangeait avec vous ?

— Non, pas avec nous. Elle mangeait après nous. Ce n'était pas de la discrimination sociale ; c'était simplement parce qu'elle nous servait à table. Elle dormait à la maison. Dans la pièce adjacente. Nous — les enfants — nous dormions tous dans la grande pièce. La maison comportait trois pièces, la chambre de nos parents, celle des enfants et celle de la domestique. Elle venait du village. Nous connaissions sa famille. Nous leur avions demandé de garder une de leurs filles pour nous. Nous étions de la classe moyenne.

— C'est pour cela que votre frère a eu cette réaction ?

— Je ne sais pas trop. C'était peut-être tout simplement une réaction humaine. » Il en revint à l'histoire de son évolution politique. « Et puis en 1938, il y a eu des troubles anti-hindis. L'année d'avant, il y avait eu des élections à l'assemblée législative de l'État, avec un droit de vote limité, et le Congrès avait pris le pouvoir. Ce gouvernement a voulu faire de l'hindi la langue obligatoire dans les écoles. Il y a donc eu des manifestations, fomentées par les érudits et les enseignants tamouls et aussi par Periyar et son groupe.

« Un soir, Periyar est venu faire un discours. Il faisait encore jour quand il a commencé et, à la nuit tombée, on a allumé les lampes à pression Petromax. C'était un homme corpulent, de taille moyenne, avec une barbe. Il portait un dhoti tamoul et une chemise noire, avec un châle sur l'épaule. Il avait le teint clair. Par la caste, c'était un *naicker* — il appartenait à la communauté des marchands.

« Il nous a expliqué que l'hindi risquait d'éliminer l'anglais et que cette disparition de l'anglais désavantagerait le Tamil Nadu. A plus ou moins brève échéance, le tamoul serait supplanté par l'hindi. Et une fois que le langage commencerait à se détériorer, tout ce qui était lié à la culture et à la société suivrait le même chemin. Tous les membres de l'auditoire étaient de son avis.

« Ce discours a été suivi par d'autres, prononcés par les lieutenants de Periyar. C'étaient des hommes jeunes, issus des classes moyennes. L'un d'eux n'était autre que M. Annadurai. C'est lui qui, plus tard, a fondé le DMK et l'a mené à la victoire dans les élections locales de 1967. Il était très éloquent. Dès qu'il a pris la parole, il a fait vibrer la foule. A cause de cette histoire d'hindi, on a fait des piquets devant les écoles et les dirigeants du mouvement ont entrepris une marche de l'extrémité méridionale du Tamil Nadu jusqu'à Madras. »

Sept ans auparavant, Gandhi en était arrivé à l'idée d'une marche politique non violente. Après une longue période de réflexion, dans son ashram d'Ahmedabad, il avait eu l'idée de se rendre à pied de l'ashram jusqu'à la mer pour en extraire du sel : un merveilleux décor, avec un objectif matériel clairement défini et une issue incertaine ; mais aussi un merveilleux acte symbolique de désobéissance civile, puisque le sel — si peu coûteux, si nécessaire et utilisé même par les plus pauvres — était un monopole du gouvernement étranger. La marche du sel de Gandhi, en 1931, se prolongea pendant des jours et des jours ; elle ranima la cause nationale et lui donna une vigueur nouvelle. Et, en 1938, la marche anti-hindi à travers le Tamil Nadu servit la cause dravidienne : l'administration de l'État, dominée par le Congrès, renonça à son idée de rendre l'hindi obligatoire à l'école. M. Palani, cependant, ne fit aucune référence à Gandhi.

« Cinq ans après ces troubles, continua-t-il, en 1943, je me suis inscrit dans une école pour suivre des études d'ingénieur. Encore une fois, c'était très important pour moi. Au lycée, j'avais été un élève très brillant. J'avais bénéficié de bourses et ainsi de suite, si bien que mes professeurs avaient conseillé à mon père de m'inscrire à l'université. J'ai donc fait deux ans dans une école des beaux-arts et obtenu mon diplôme. Et quand j'ai eu fini, un professeur de cette école a insisté pour que je fasse des études d'ingénieur. J'ai postulé pour entrer dans une grande école. Je n'aurais pas pu y entrer sur concours, parce que les jeunes brahmanes avaient des notes bien supérieures aux miennes. Mais, heureusement pour moi — et pour les gens comme moi, sortis de communautés arriérées, non brahmanes — grâce à une nouvelle manifestation lancée par Periyar, des places dans ces écoles étaient réservées d'office aux membres de ces communautés arriérées. Si ces mesures n'avaient pas existé, je ne serais pas ingénieur à l'heure qu'il est. C'est pour ça que c'était très important pour moi d'entrer dans cette grande école.

« A présent, laissez-moi vous dire une chose. Quand j'ai commencé mes études d'ingénieur, je me suis aperçu qu'à la cantine du foyer les élèves brahmanes mangeaient dans la zone la plus proche de la cuisine et que cette zone était séparée du reste du réfectoire par une cloison en bois. Comme par hasard, tous les cuisiniers étaient brahmanes, si bien qu'à la cantine les élèves brahmanes se taillaient toujours la part du lion. Ça ne nous a pas plu. Nous avons commencé à arriver plus tôt et à nous installer dans la zone réservée. Comme nous étions plus nombreux que les brahmanes, ils ont fini par accepter de supprimer la cloison et il y a eu une salle commune. Alors vous voyez, tant que nous ne disons rien, ils essaient de faire leurs petits coups en douce, mais dès que nous commençons à faire valoir nos droits, ils n'ont pas la témérité de s'y opposer.

— Et la cause nationale ? C'était important en 1943. Vous avez participé au mouvement national ?

— Le mouvement national existait, mais parallèlement, à l'intérieur de ce mouvement, nous voulions être reconnus, avoir le respect de nous-mêmes.

— Votre frère était-il aussi actif que vous ?

— Il fréquentait une autre université. C'était un sympathisant de notre cause, mais il ne se montrait pas autant que moi. Il me laissait le soin de tout faire.

— Que pensaient vos parents de l'aspect rationaliste du message de Periyar ?

— Ils ne réfléchissaient guère à cet aspect des choses. Ils s'intéressaient davantage à la question linguistique et à la réservation de places pour les non-brahmanes. En 1943, même si nous n'étions pas entièrement d'accord avec le côté athée de la philosophie de Periyar, nous le suivions pleinement dans sa lutte pour l'élimination des superstitions et des rites.

« Notre civilisation tamoule est très ancienne. Disons qu'elle remonte à cinq mille ans, environ. Les villes de Mohenjo-Daro et Harappa — de nos jours, Mohenjo-Daro se trouve dans le Sind, au Pakistan — sont des cités dravidiennes. Elles remontent à l'an 5000 avant Jésus-Christ. C'est ce que disent les historiens. Les castes n'ont fait leur apparition dans la société qu'il y a deux mille ans. A cette époque-là, une civilisation étrangère est venue du nord et ceux qui l'apportaient ont commencé à établir des différences parmi les classes. Et depuis lors, pas un seul siècle ne s'est écoulé sans qu'il y ait des protestations de la part d'intellectuels tamouls contre le système des castes. A des degrés différents, ces intellectuels ont toujours résisté aux rites et aux superstitions. Ils ne dénigraient pas le système tout entier, cependant. Ils disaient que la religion était nécessaire et Dieu aussi. Seulement, les Aryens introduisaient des superstitions.

— Vous étiez pieux dans votre enfance ?

— Quand j'étais très jeune, je me rendais régulièrement au temple, avec ou sans mes parents. Nous y allions pour voir, pour faire le tour des lieux, pour nous présenter devant la divinité, et nous récitions des prières pour obtenir la prospérité, l'instruction, la richesse. J'étais croyant. Jusqu'à ma douzième année. Après avoir entendu Periyar, je me suis lentement retiré. Passé l'âge de douze ans, j'étais encore croyant, mais je n'allais plus au temple. J'ai commencé à ne plus croire à l'aspect rituel de la religion. Dans mon jeune âge, je lisais beaucoup de récits mythologiques, mais quand j'ai commencé à comprendre qu'il s'agissait d'une vaste exploitation, j'ai cessé de m'y intéresser. »

Il reprit son histoire personnelle : « J'ai quitté l'école d'ingénieurs en 1948. J'avais vingt-trois ans. Il s'est alors passé une autre chose. Je suis entré dans le service administratif et j'ai été envoyé en tant qu'ingénieur subalterne dans une petite ville. Mes parents étaient très heureux de me voir ingénieur et travaillant pour le gouvernement.

« Dans la petite ville où on m'avait envoyé, je devais remplacer un fonctionnaire brahmane. Le jour de mon entrée en fonctions, il m'a invité à dîner chez lui. C'était une maison en location. Après le dîner, la servante a remporté la vaisselle sale à l'intérieur et j'ai entendu la femme du brahmane dire à sa domestique de ne pas apporter la vaisselle dont je m'étais servi dans la cuisine, de la mettre dans la cour de derrière, pour la laver et la nettoyer à fond, parce que j'y avais touché. Cela m'a blessé.

— Qu'avez-vous fait ?

— Sur le moment, je n'ai rien dit.

— Vous aviez mangé ensemble, le brahmane et vous ?

— Nous avions dîné ensemble, assis par terre, mangeant avec nos mains. Cette expérience a laissé des traces. J'ai encaissé l'insulte. Je n'ai rien fait. J'étais l'invité de ces gens et il n'aurait pas été courtois de me fâcher, de me rebiffer ni même de faire la moindre réflexion.

— Votre grand-père était tisserand. Votre père fonctionnaire. Vous êtes devenu ingénieur à vingt-trois ans. Votre histoire n'est-elle pas un exemple d'ascension sociale, une preuve qu'il est possible de s'élever ?

— Je suis devenu ingénieur uniquement parce qu'il y avait des places réservées. Et j'ai résolu de lutter pour obtenir des privilèges analogues pour d'autres personnes, dans des domaines voisins. Je voulais me consacrer à plein temps à cette cause. J'ai fait tout ce que j'ai pu dans le cadre de mes fonctions officielles — en allouant des fonds aux zones arriérées, en construisant des installations dans des lieux reculés. Le DMK a été fondé par M. Annadurai en 1949, mais en ma qualité de fonctionnaire, je n'avais pas le droit d'y adhérer.

— L'Inde est devenue indépendante en 1947. Cet événement ne figure pas dans votre histoire.

— Periyar ne s'était guère penché sur le mouvement national et l'indépendance. Il se concentrait exclusivement sur les castes et la religion. » Et M. Palani, traitant ma question en simple interruption, poursuivit : « Le DMK est devenu l'aile politique de son mouvement social et a commencé à participer à la vie politique de l'État et du pays. A l'époque, le Congrès était tout-puissant. En l'espace de dix-huit années, le DMK lui a arraché le pouvoir. De mouvement sécessionniste, le DMK était devenu un parti recherchant une autonomie régionale. Il s'est trouvé que beaucoup de mes amis, des gens de mon âge, occupaient des postes à responsabilités dans l'administration. J'ai donc pu mettre leur bonne volonté à contribution pour veiller à ce que de nombreux programmes de justice sociale soient mis sur pied. »

Tout au fond de ce petit homme basané étaient enfermées plusieurs générations de chagrin et de rage. Il était le premier de sa lignée à avoir ressenti l'affront ; et, d'après ce qu'il m'avait dit, il était toujours le seul de sa famille à avoir embrassé cette cause. Sa passion était très forte ; on ne pouvait que la respecter. Mais je commençais aussi à me demander si une rage aussi violente laissait la moindre place à une vie privée, à l'éclosion d'émotions plus simples.

« Quand vous êtes-vous marié ?

— En 1951. »

Soit trois ans après son dîner chez l'ingénieur brahmane.

« A quelle caste appartenait votre femme ?

— A celle des tisserands, comme moi. Elle venait d'une bourgade voisine.

— Pourquoi la même caste ?

— C'était surtout pour faire plaisir aux parents. Et aussi parce que la jeune fille choisie par mes parents me paraissait acceptable.

— Instruite ?

— Passablement. Elle avait fait ses études jusqu'au baccalauréat. C'était un mariage arrangé.

— Donc, sous certains rapports, un pas en arrière ?

— Oui.

— Elle a la peau très noire, votre femme ? »

Il me montra le dos de sa main. « Comme moi.

— Mariage religieux ?

— Oui. Mais sans pandit. Les rites ont été célébrés par un ancien de notre communauté. Il s'est contenté de prier Dieu de bénir le jeune couple. C'était un moyen terme. Ce n'était pas un mariage brahmane, mais ce n'était pas non plus un de ces mariages dans le Respect de soi-même, à la Periyar.

— Vous êtes toujours hindou ? Vous n'avez pas songé à devenir bouddhiste ?

— C'est inutile. Tant qu'on est autorisé à diffuser ses propres opinions, il n'y a aucun besoin de changer de religion.

— Comment organisez-vous les différentes cérémonies ?

— Quand mes enfants sont nés, il n'y a pas eu la moindre cérémonie. Du temps de nos ancêtres, il y avait une cérémonie religieuse liée à chaque événement individuel de la vie d'un homme ou d'une femme — la naissance, le percement des oreilles, la puberté pour une fille, le mariage, la grossesse. Tout cela n'existe plus à présent.

— Qu'est devenu votre frère cadet ?

— Il est devenu ingénieur lui aussi. Il a épousé une jeune fille instruite à Coimbatore. De la caste des tisserands. Là encore, par déférence envers nos parents.

— Comment avez-vous marié vos propres filles ?

— Le mariage de ma fille aînée a été célébré en présence d'un très petit nombre de parents et d'amis très intimes. Celui de ma seconde fille a été un mariage dans le Respect de soi-même, un mariage à la Periyar, et il a été célébré par un universitaire bien connu, un membre de notre mouvement. »

Il continuait à défendre sa cause avec acharnement, alors même que son besoin d'une foi religieuse l'obligeait à des contradictions et à des compromis ; alors même que les structures de caste restaient bien en place au sein de sa famille ; et alors même que l'on pouvait voir, dans les ordures de Madras, dans ses chaussées défoncées, dans l'absence de règlements municipaux, dans les luttes de factions et la vénalité de l'administration mise en place par le DMK et de celles qui lui avaient succédé, une situation qui ressemblait furieusement au chaos pur et simple.

Sadanand Menon avait parlé du pillage (*looting*) des anciens temples de la ville. Et le grand réservoir du temple de Mylapore faisait en effet peine à voir, vide et sur le point de tomber en ruine, semblait-il, avec ses splendides marches intérieures effondrées par endroits.

J'interrogeai M. Palani à ce sujet.

« J'aimerais voir durer le temple et le réservoir de Mylapore et perpétuer la part architecturale et culturelle qu'ils ont dans notre héritage. Mais, en même temps, je suis hostile au fait qu'on se sert de ces institutions pour créer des différences parmi les gens. On dit que seuls les brahmanes ont le droit de prendre de l'eau dans le réservoir et de s'en servir dans le sanctuaire. Seuls les brahmanes y ont accès. Il y a des gens, ailleurs, qui ont essayé d'accéder au sanctuaire, mais ils en ont été empêchés par la loi. Il y a une dizaine d'années, M. Karunanidhi, qui était alors Premier ministre pour le compte du DMK — il est de nouveau Premier ministre en ce moment, depuis l'élection — a fait voter une loi autorisant les non-brahmanes à devenir prêtres. Les brahmanes ont porté l'affaire devant la Cour suprême de l'Inde, qui a révoqué cette loi, sous prétexte que la loi hindoue telle qu'elle existe aujourd'hui stipule que les prêtres doivent être des brahmanes. »

On en revenait toujours là : aux préventions des brahmanes. C'était la source de sa passion, à laquelle il restait loyal, même si la voie de la contestation menait à l'anéantissement de son univers. Et, en vérité, cette cause brahmane, qui faisait partie de l'apparente intégrité du monde méridional en 1962, était indéfendable.

« La servante qui travaillait chez vos parents, demandai-je, qu'est-elle devenue ?

— Elle s'est mariée.

— A un homme de la caste des tisserands ?

— Précisément, et ils ont monté une petite affaire de tissage. Ils se débrouillent, sans plus. »

Je voulus savoir ce qu'il pensait des différents gouvernements dravidiens depuis 1967.

« Au début, le gouvernement du DMK était excellent. Mais le pouvoir corrompt et les brahmanes sont des gens intelligents. Ils ont leurs méthodes pour diluer l'engagement des gens envers les réformes sociales. Ils promettent ceci et cela de la part du centre à Delhi — en échange de quoi ils exigent des concessions locales. Ils ont la mainmise sur le domaine culturel. Là encore, ils atténuent les efforts et l'activité mis en œuvre par l'administration de l'État. »

Sa cause donnait une plénitude à son univers, ne laissait aucune place au doute, fournissait des explications à tout. Et je me demandai, encore une fois, s'il n'y avait vraiment aucune partie de lui-même restée intime, laissée intacte par sa cause.

« Ne pouvez-vous pas vous retirer un peu à l'intérieur de vous-même, comme le reste d'entre nous ? lui dis-je. Ne vous est-il pas possible parfois de faire abstraction du monde extérieur et de rester tête à tête avec vous-même ?

— Ma femme se plaint fréquemment du fait que je ne me soucie ni de ma famille ni de mes enfants, que je m'intéresse toujours aux autres et à leur bien-être. J'ai bien peur qu'elle ait plus ou moins raison. Sous certains rapports, j'ai manqué à mes devoirs. Je n'ai pas mené une vie équilibrée, ni une vie privée vraiment épanouie. Je me sens obsédé par ma cause. C'est l'état des choses qui m'a fait mener cette vie. »

Un matin, je retournai voir Sugar. Quand il ne dormait pas, il était toujours dans son petit appartement du rez-de-chaussée, chez les Raghavan, et toujours disponible. En dehors d'une période qu'il se réservait en milieu de journée, il recevait continuellement des gens. C'était un devin local ; il donnait des conseils ; parfois même, il se contentait d'écouter.

Les meubles rassemblés à un bout du salon-chambre à coucher avaient disparu ; la pièce était presque aussi nue qu'il semblait le désirer.

Ses visiteurs, ce matin-là, étaient un groupe de brahmanes entre deux âges. D'ailleurs — ce devait être quelque chose que j'avais toujours su, mais à quoi je n'avais jamais vraiment réfléchi —

peut-être tous ses visiteurs étaient-ils des brahmanes. Ce jour-là, le groupe paraissait grave, mais satisfait. La raison de cette satisfaction était qu'ils venaient d'arranger le mariage d'une jeune fille de leur famille ; et ils parlaient, avec une tristesse joyeuse et animée, de ce que coûterait le mariage.

C'était un sujet qui faisait l'actualité : depuis quelque temps, la presse signalait, dans diverses parties du pays, des cas de jeunes mariées hindoues mises à mort par la famille de leur mari — souvent par le feu — parce qu'elles n'avaient pas apporté une dot suffisante ou des cadeaux assez précieux. A l'heure actuelle, la famille d'un garçon exigeait souvent des cadeaux modernes, des scooters ou de coûteux appareils électroniques.

Cependant, la pensée de ces jeunes mariées brûlées vives était bien loin du groupe réuni dans le salon de Sugar. Ils étaient tout simplement occupés à énumérer, une par une, toutes les dépenses nécessaires pour le grand jour, et semblaient se délecter par avance de la cérémonie dans ses moindres détails.

Sugar me dit d'un ton définitif, avec toute l'autorité de son rang : « Ils vont devoir débourser un lakh et demi. C'est ce que je leur ai dit. Un lakh et demi. »

Soit cent cinquante mille roupies, ou six mille livres. On avait une idée plus juste du sacrifice financier, si l'on envisageait la somme par rapport au salaire du père de la jeune fille, qui devrait éponger tous les frais. L'homme appartenait aux classes moyennes, puisqu'il était cadre dans une banque et gagnait entre sept et huit mille roupies par mois. Le mariage de sa fille allait donc lui coûter vingt mois de salaire.

J'étais arrivé alors que les calculs touchaient presque à leur fin, mais les membres du groupe, ainsi que Sugar, ne se firent pas prier pour les reprendre à zéro à mon intention.

La première dépense était la location du *choultry*, de la salle des mariages. Pour les deux jours de location nécessaires, il faudrait compter six mille roupies. Encore était-ce un *choultry* tout à fait modeste ; il y en avait à Madras qui coûtaient jusqu'à dix et vingt fois plus. A quoi il fallait ajouter le coût de l'électricité et du nettoyage ultérieur.

« Plus les frais généraux », ajouta Sugar, utilisant une expression de son ancienne existence.

Avec les frais divers, l'entretien du *choultry* ne coûterait pas moins de deux mille roupies. Ensuite, le cuisinier demanderait quatre mille roupies.

« Pour le moins, déclara Sugar. Quand il faut préparer à manger pour cinq cents personnes quatre fois par jour pendant deux jours — ce n'est pas donné. Le cuisinier aura besoin de dix assistants.

— Les légumes, dit une des femmes.

— Trois mille, lança un homme.

— Les provisions, intervint Sugar. Pour les provisions, il faudra dix mille roupies. »

Je demandai des précisions. Le mot « provisions », tel que l'utilisait Sugar, paraissait tout à fait distinct des légumes.

« Le riz, les condiments, les pois chiches du Bengale, les pois verts, la farine de riz, le tamarin, les piments, le poivre, le sel, répondit Sugar, voilà les provisions.

— Des saris pour la mariée, dit une des femmes. Et les vêtements qu'il faut offrir aux parents des deux côtés. Dix mille.

— Je ne vois pas comment on pourrait y pourvoir à moins, approuva Sugar. Et des habits pour le marié.

— Cinq mille, dit le chef de famille.

— Les bijoux, continua Sugar. Cinq souverains de vingt-quatre carats à trois mille roupies l'un.

— Plus douze mille roupies pour les boucles d'oreilles en diamant, indiqua une des femmes.

— Deux kilos de récipients d'argent, ajouta l'homme. Quinze mille. Des récipients en acier inoxydable et en laiton pour le ménage. Ça fait encore cinq mille.

— La lune de miel, reprit une des femmes.

— Dix mille pour ça », dit Sugar avec fermeté. Et de m'expliquer : « Des meubles pour la première nuit — sommier, matelas, draps, oreillers, deux ou trois récipients remplis de bonbons. Des tenues spéciales pour la mariée et le marié.

— Et puis, il faut donner des cadeaux pendant toute la première année de mariage, énuméra l'homme. Il faut donner des robes, des habits pour le mari. Il faut aussi lui donner une bague ou une montre. On vous le demandera après le mariage. Si vous donnez une chevalière sertie d'un diamant, les cadeaux pour le *diwali* se monteront à cinq mille roupies. » Le *diwali*, fête des lumières, tombait en fin d'année. « Il y a quatre ou cinq autres fêtes. Durant la première année, il faut donner deux mille roupies chaque fois. Faites le compte. »

Sugar, agitant légèrement ses jambes sous le dhoti, déclara : « Un lakh et demi. » Cent cinquante mille roupies.

« Moi, j'arrive à cent vingt-neuf mille roupies, annonçai-je.

— Le temps que vous commenciez effectivement à dépenser, ça fera cent cinquante mille.

— Et pourtant, vous paraissez si heureux, dis-je au chef de famille.

— C'est un heureux événement. Nous connaissons le garçon. C'est un garçon bien.

— Comment fait-on quand on a deux ou trois filles ?

— C'est bien pour ça que les filles des familles brahmanes bourgeoises ne se marient pas. Au lieu de se marier, elles travaillent. Dans notre communauté brahmane, toutes nos économies passent dans le mariage de nos filles. Si vous avez un fils et une fille, ça s'équilibre. Si vous n'avez que des fils, vous avez bien de la chance.

— Comment peut-on avoir des exigences pareilles à notre époque ?

— Les parents du jeune homme — le bénéficiaire dans l'affaire — les parents disent : "Nous l'avons élevé, éduqué et à présent il gagne bien sa vie." Donc, à titre de compensation pour ce qu'ils ont dépensé dans ce but, ils veulent récupérer du capital. »

La vie n'était pas facile, pour les jeunes garçons brahmanes. Aussi bien dans les établissements scolaires et universitaires que dans la fonction publique, des places étaient maintenant réservées aux communautés arriérées, aux castes et aux tribus inférieures, ainsi qu'aux anciens combattants handicapés physiques. 50 % des places allaient d'office aux membres des communautés arriérées et on parlait de faire passer ce chiffre à 70 %. Ce qui voulait dire que 5 % des places seulement seraient attribuées sur concours et donc que 5 % seulement seraient disponibles pour les brahmanes.

« C'est pour cela que nous émigrons vers d'autres lieux, me dit l'homme, là où les pâturages sont plus verts. »

Mylapore avait jadis été l'un des deux ou trois quartiers brahmanes de Madras. A présent, 40 % des habitants seulement étaient des brahmanes. Parmi les 60 % restants, on trouvait des membres des castes inférieures. Les maisons avaient été mises en vente, tout à fait normalement, et elles avaient été achetées par les gens qui en avaient les moyens — et qui n'étaient pas nécessairement brahmanes. Dans les villages, jadis, il y avait des *agraharams* brahmanes, des rues séparées où personne d'autre n'avait le droit de circuler. A présent, tout cela avait disparu. Les brahmanes avaient quitté les villages pour s'élever dans la société. Ils avaient quitté ces *agraharams*, d'autres personnes avaient acheté leurs maisons. Il y avait eu un bouleversement, mais les brahmanes n'étaient pas gens à rendre coup pour coup, ni à manifester ni à se plaindre, et les gens de l'extérieur n'étaient pas au courant de ce bouleversement.

« Alors, le Tamil Nadu va devenir un État *shudra* », dis-je.

J'avais dit ces mots en toute innocence, mais l'homme eut l'air surpris et Sugar se cacha ostensiblement le visage dans les mains.

« N'écrivez pas ça. Si vous l'écrivez, on viendra brûler votre maison. Il ne faut pas dire "shudra" ici, il faut dire "dravidien". Savez-vous comment ils nous appellent ? En tamoul, le mot qui signifie brahmane est *parpannan*. Quand ils veulent se moquer de nous, ils disent *pa-paan*. Eh bien, "shudra", c'est comme "pa-paan". »

Le groupe, tout à son prochain mariage, se leva pour partir. La joie que leur inspirait cette perspective les incitait (bien qu'ils fussent eux-mêmes membres des classes moyennes et donc vulnérables) à évoquer la situation des brahmanes avec une espèce d'insouciance.

Après leur départ, Sugar semblait fatigué.

« Vous voyez, me dit-il. Ils viennent tout le temps. Je guéris les gens. Vous le saviez ? Je les guéris par la foi. J'ai dû en voir mille ou deux mille. Chaque jour, je vois des trois, quatre, cinq personnes. Chaque jour. »

Son dhoti ne paraissait pas très net, ni son tricot de corps jaune. La peau de ses épaules molles était légèrement moite. Il me faisait l'effet d'un homme qui ne prenait pas d'exercice, qui se portait mal.

« Comment les guérissez-vous ?

— Il faut leur donner de la bouse de vache brûlée, chanter des *mantras* et les réconforter par de bonnes paroles. »

J'étais perplexe : on aurait dit qu'il se maintenait de lui-même à distance de ce qu'il faisait pour autrui. La fatigue perçait dans sa voix.

« Ils viennent pour des mariages. » Il voulait dire qu'on venait lui demander conseil pour le mariage des enfants ou d'autres membres de la famille. « Je dois tout prédire.

— Comment faites-vous ?

— Quelque chose me vient à l'esprit et je le leur dis. »

Il quitta le siège bas où il était assis, face à moi, et traversa la pièce pour s'asseoir sur la chaise juste à côté de la mienne, contre le mur. Nous tournions tous les deux le dos à la porte. Nous contemplâmes le mur bleu du salon-chambre à coucher, avec ses images religieuses et, au centre, la vitrine suspendue aux étagères encombrées derrière les portes de verre coulissantes.

« Correct à cent pour cent » dit Sugar. Il faisait allusion à ses prédictions et, de nouveau, j'eus l'impression que son attitude envers ce qu'il faisait pour les autres avait changé. « Si je dis le 15 du mois, ça sera peut-être le 10 ou le 20 — quelques jours de plus ou de moins.

— Quand vous est venu ce don ? Vous ne l'aviez pas en 1967 ?

— Il m'est venu très brusquement. En 1970. Je ne sais pas comment. Un certain Monsieur R... m'a dit que j'avais ce don. Et il a ajouté : "Servez-vous-en de la meilleure façon, afin de pouvoir être utile à beaucoup de gens." A dater de ce jour, j'ai fait toutes ces choses. J'allais souvent chez Monsieur R... Il habitait Madras. Une petite maison, il était pauvre. Je ne peux pas dire que c'est mon gourou. Il m'aime bien et je l'aime bien, voilà tout. Qui se ressemble s'assemble et lui aussi a les mêmes dons. Je ne sais pas faire de miracles, comme Sai Baba — n'allez surtout pas croire cela.

« Voilà ce qui s'est passé. Un de mes amis, un homme d'affaires de la classe moyenne, un bon ami, qui avait une cinquantaine d'années à l'époque, est venu me dire que son frère était très malade, il avait quarante de fièvre. "Sugar, donne-moi quelque chose pour mon frère, pour faire tomber la fièvre." Et pour les autres symptômes qu'il avait aussi, des convulsions et d'autres choses. Cet ami est venu chez moi, je l'ai reçu et je lui ai demandé de s'asseoir un moment ; puis j'ai pris des cendres de bouse de vache et j'ai psalmodié un *mantra* du Sudarsan, et je lui ai donné les cendres.

— Qu'est-ce qui vous a incité à faire ça ?

— Quelque chose. Il y avait des forces qui m'y poussaient. A ce moment-là, quand je fais ces choses, je ne suis plus Sugar. Je ne suis plus moi-même. Au bout de quelques secondes, j'ai remis ces cendres à mon ami. Il est rentré chez lui et les a données à son frère, il lui en a enduit le front. Le lendemain matin, le frère était guéri. Il est allé au bureau. A l'époque, je travaillais moi aussi dans un bureau.

« Après ça, je n'ai pas pu dormir pendant deux jours. Je suis allé chez Monsieur R... et je l'ai interrogé. "Il y a quelque chose qui ne va pas. Je ne dors plus. Je vois des silhouettes noires devant moi. Des silhouettes humaines. Noires." Il m'a demandé : "Qu'avez-vous fait hier ?" Je lui ai tout raconté. Il m'a réprimandé : "Qu'est-ce qui vous a pris d'aller donner des cendres et tout ça à votre ami ? A l'avenir, ne recommencez plus." Et il m'a demandé de redire le même *mantra* du Sudarsan. Au bout d'un jour ou deux, je me suis remis.

« A dater de ce jour, je n'ai plus rien fait de pareil sans avoir d'abord l'autorisation de quelqu'un d'autre. Je vois les silhouettes noires en ce moment, alors même que je vous parle. Deux silhouettes. Avec des cornes sur la tête. *Madan* — un homme à tête de vache. C'est un personnage malveillant. Il peut faire tant de choses. Pour le moment, il est amical envers moi. Il faut que je sollicite sa permission chaque fois que quelqu'un vient me demander ceci ou cela. Je l'entends dans ma tête, sa permission.

« Je voudrais me débarrasser de ce don. Me débarrasser de toutes ces choses. Le temple, tout ça. Je voudrais me débarrasser de tout ça. Je veux la paix. Les gens viennent me tarabuster au sujet de leur horoscope, parce qu'ils ne trouvent pas d'emploi pour leur fils, de mari pour leur fille, parce qu'ils ont perdu quelque chose. Et ils me disent : "Sugar, je suis malade. Faites quelque chose pour moi." Je ne sais pas comment faire pour me débarrasser de tout ça. Ça ne me plaît pas. Vous venez me dire que votre fille ne va pas bien. "Faites quelque chose pour moi." Qu'est-ce que j'y gagne, moi ?

« Vous ne les avez pas vus, ces gens. C'est pour eux que j'ai mis un écriteau à la porte, leur demandant de ne pas venir à certaines heures — ce sont mes moments de repos.

« C'est uniquement à cause de tout ça que je ne vais pas bien. J'ai le cerveau insuffisamment irrigué. Souvent, j'ai des vertiges. Je ne peux pas monter d'escalier. Peu à peu, je suis en train de mettre fin à toutes ces choses, mais je ne leur dis rien.

— Que ferez-vous quand vous aurez tout arrêté ? »

Sa vie dans ce petit appartement semblait arrangée uniquement dans le but de recevoir des visiteurs, de les attendre. Il était difficile d'imaginer comment il allait s'occuper, s'il cessait de voir les gens.

Il pensait qu'il se mettrait à lire. « Déjà, à l'heure actuelle, je lis des livres. Jack Higgins, Wilbur Smith. Haley, l'homme d'*Airport*. Et tant d'autres. C'est pour passer le temps que je lis ces livres. N'importe quel livre — que ce soit la Gita ou des âneries. »

J'avais déjà remarqué ce trait chez lui vingt ans auparavant : cette faculté de lire des romans de gare anglais — si éloignés, à tout point de vue, de sa vie et de ses expériences à Mylapore.

« Je veux des livres pour passer le temps. Ça m'occupe l'esprit. Quelquefois, je psalmodie des *mantras*. Il y en a que je répète deux mille fois, trois mille fois, le même *mantra* tout au long de la journée. »

Nous étions assis côte à côte.

« Il va falloir vous débarrasser de votre don.

— J'y arriverai. J'ai confiance. Je me connais. J'y parviendrai. Je n'ai pas la paix ici. Je veux quitter cette ville pour m'en aller très loin, mais les médecins ne veulent pas en entendre parler. Il faut que je reste à quelques kilomètres de mon médecin. »

Il m'indiqua une chaise contre le mur opposé, au-dessous de la vitrine.

« Si vous vous asseyez devant moi, je peux me mettre là et lire votre visage, vous donner tous les détails. Mais après, j'aurai mal à la tête. Je souffrirai pendant deux jours. »

Pourtant, les propos que j'avais entendus, la première fois où j'étais venu dans le petit appartement, avaient évoqué la paix que les gens trouvaient auprès de lui. Un homme avait expliqué qu'il faisait le vide dans son esprit, qu'il avait passé quatre heures dans l'obscurité avec Sugar, durant une panne d'électricité, sans presque dire un mot.

Sugar répondit avec une espèce d'irritation : « Ce n'est pas pour la paix qu'ils viennent ici, mais pour entendre ce que je pourrais débiter sur leur compte. C'est très bon pour eux d'entendre parler de leurs difficultés et du meilleur moyen de s'en débarrasser. Ils disent qu'ils veulent la paix, mais en fait ils veulent des conseils. »

Je repensai au propriétaire, au « nanti », comme avait dit Sugar, patiemment assis sur son siège ; et aussi au jeune cadre, avec son beau visage de brahmane et les marques sacrées toutes fraîches sur son front, penché en avant sur sa chaise, les pieds en dessous, les paumes sur le bord du siège.

« Mais je ne dirai plus un mot, dit Sugar. Et ils resteront assis là, à parler politique ou autre chose, et puis ils s'en iront.

« Monsieur R... sait ce que j'endure. Lui-même souffre aussi. C'est un vieillard de quatre-vingt-six ans. Il prédit avec beaucoup d'exactitude. Il vous dira tout sur votre maison à Londres, comment elle est tenue. Il vous dira tout cela rien qu'à vous voir assis là, en face de lui.

— Pourquoi m'avez-vous trouvé sympathique en 1962 ? »

Nous nous étions rencontrés en fin d'après-midi, à l'issue d'une journée de marche, après que les tentes eurent été dressées non loin d'un fleuve de montagne. La température, même au mois d'août, tombait vite ; les montagnes étaient teintées de gris et de brun. Et je l'avais vu là, au crépuscule, emmitouflé dans son épais chandail de laine. Nous nous étions mis à bavarder sans plus de façons.

« Dans ma dernière incarnation, nous nous étions déjà rencontrés, dit Sugar. Vous auriez pu être mon frère, mon ami, mon père. J'ai ressenti quelque chose là-haut, dans l'Himalaya. Je n'oublierai pas votre nom. Je m'en souviendrai toujours.

— Moi, j'ai trouvé que vous aviez l'air triste. Vous l'étiez ?

— Aucune tristesse à cette époque. Rien. Mon père était en vie. Ma mère aussi. J'aimais bien visiter tous ces endroits dans l'Himalaya. J'ai été le premier de notre famille à y aller.

— Puis-je faire quoi que ce soit pour vous ?

— Dieu veillera sur moi. J'ai foi en lui. Raghavan ne me demande pas grand-chose pour mon appartement. Je reste ici toute la journée, alors, dans un certain sens, on peut dire que je garde la maison pour eux. Nous avons une espèce d'accord mutuel.

— Parlez-moi de cette bouse de vache réduite en cendres que vous donnez aux gens. Où la faites-vous brûler ?

— Je l'achète. »

C'était donc un article courant, en vente dans les boutiques de fournitures pour les *pujas*. Ce n'était pas quelque chose de spécial, quelque chose qu'il avait fait lui-même.

« Ça s'appelle du *vibudhi*. On peut l'acheter en sacs d'un kilo, deux kilos. La mienne n'est pas parfumée. Je la paie trois roupies le kilo. Parfumée, ils en demandent une roupie ou une roupie et cinquante *paisa* pour un paquet de cent grammes. »

Une jeune fille élancée, en vêtements sombres, franchit la porte d'entrée. Sugar et elle n'échangèrent pas un mot. Elle se mit à ranger et à balayer l'espace libre au milieu de la pièce, l'espace entre le temple et la cuisine, qui devaient l'un et l'autre lui être interdits, puisqu'elle n'était sûrement pas brahmane.

Il y avait eu une révolution. Les temples avaient été « pillés ». Les rues et les murs étaient décrépis et couverts de graffitis, de slogans et d'emblèmes électoraux. On disait qu'il n'y avait plus que 40 % de brahmanes à Mylapore, mais, dans le petit espace qui appartenait encore à Sugar, l'ancien monde semblait se perpétuer.

A Bangalore, Kala m'avait parlé de son ancêtre brahmane qui avait quitté son village pour la ville de Madras, où il avait été si pauvre que sa mère et lui vivaient des offrandes d'aliments sacrés du grand temple de Mylapore. Cette histoire — avec ses anciens dieux, ses anciens temples, ses pauvres brahmanes — m'avait paru sortir d'une époque si entièrement révolue qu'elle relevait du conte de fées. Pourtant elle avait trait au nouveau monde, à cette campagne qui commençait à être surpeuplée et à la dispersion des brahmanes. L'histoire que j'avais entendue chez Sugar, concernant l'éclatement des *agraharams* ou villages brahmanes, racontait la même dispersion, l'éparpillement des gens loin des maisons ancestrales.

Mais, dans ce genre de voyage, on met parfois longtemps à apprendre les choses ; il arrive que le voyageur écoute d'une oreille sélective ; et certains événements — parce qu'ils paraissent adaptés au pays et à la culture — peuvent être trop facilement considérés comme normaux. Quand, au début de ma visite à Madras, je fis la connaissance de Kakusthan et appris qu'il était un brahmane s'efforçant de vivre pleinement selon le code brahmane, je ne compris pas à quel point sa démarche était inhabituelle, voire héroïque.

Il vivait dans une colonie ou *agraharam* brahmane, près de l'un des vieux temples de Madras. C'était son père qui était venu s'installer là ; avant lui, pendant plusieurs générations, les hommes de la famille de Kakusthan avaient été prêtres d'un temple de village, à environ deux heures d'autocar de la ville. A présent, de par sa profession, Kakusthan appartenait au monde moderne. Il travaillait pour une grosse entreprise, il était chargé de rédiger des rapports économiques et d'évaluer divers projets. Mais c'était aussi à lui qu'incombait la responsabilité de garder le temple de sa famille. En l'acceptant, il n'avait fait qu'adhérer à sa volonté de mener pleinement son existence de brahmane ; donc, qu'il fût assis derrière son bureau ou occupé à voyager pour remplir ses obligations professionnelles, Kakusthan portait la tenue d'un prêtre brahmane. Il avait au front les marques sacrées de sa caste ; sa tête était rasée ; il n'allait pas torse nu, mais il arborait la longue tunique crème des brahmanes.

Pour moi, l'Inde était un pays marqué par les costumes des différentes castes. (Et pourtant c'était beaucoup moins flagrant que dans un pays comme l'Angleterre, où tout un rituel de costumes et de couleurs, indiquant différents emplois, groupes, rangs sociaux, sports, activités de loisir, toute une gamme de repas, différentes heures de la journée et périodes de l'année, plongeait en permanence des tas de gens dans une espèce de paisible frénésie : en Inde tout le monde possédait en tout et pour tout un seul costume.) Et l'aspect archaïque de Kakusthan, la première fois que je le vis, ne me frappa pas autant qu'il l'aurait dû. Quant à cette notion de vivre pleinement sa vie de brahmane, je crus que cela signifiait simplement que Kakusthan était un végétarien de la plus pure espèce, ne mangeant ni poisson, ni œufs, ni ail, ni oignons ; qu'il suivait les règles fondamentales de la pureté rituelle, s'abstenait de manger ou de boire dans des récipients déjà utilisés par quelqu'un d'autre ; qu'il se servait de sa main droite pour les activités pures et de la gauche pour les impures ; et que, d'une manière générale, il s'efforçait d'éviter la pollution.

Mais le brahmanisme de Kakusthan allait bien au-delà. La pureté à laquelle il aspirait lui interdisait de manger des aliments qu'il n'eût pas préalablement offerts à son dieu chez lui, lui interdisait même de boire de l'eau qu'il n'eût pas ainsi consacrée. Dans la terrible chaleur de Madras, cela voulait dire que chaque jour de travail était pour lui semé d'épreuves. D'ailleurs, les restrictions brahmaniques qu'il s'imposait ainsi étaient aussi une espèce de pénitence personnelle, un acte de piété et d'expiation envers son père et ses ancêtres.

Kakusthan avait été un brahmane pauvre. Enfant, à Madras, il avait eu à souffrir des traditions brahmanes que son père l'obligeait à respecter. Les idées anti-brahmanes de Periyar avaient gagné jusqu'aux enfants de la ville et Kakusthan avait été si souvent tourmenté à l'école et dans les rues qu'il avait renié le passé. Il avait voulu tourner le dos à ses devoirs de brahmane et il s'était querellé avec son père. Il était parvenu à rompre, à refaire sa vie ailleurs. Et puis, à l'approche de la quarantaine, il avait été dévoré par le remords ; et il était revenu à Madras, vivre justement dans l'*agraharam* ou colonie brahmane, dans la maison même où il avait grandi. C'est là qu'il habitait, animé par la ferme résolution d'être un brahmane aussi pur que possible.

La colonie où vivait Kakusthan se trouvait dans le quartier de Triplicane. C'était le plus célèbre quartier brahmane après Mylapore ; et le temple de Parthasarthy, vieux d'un millier d'années environ, qui se trouvait au cœur du quartier, était aux yeux de ses fidèles l'égal de celui de Mylapore.

La colonie se trouvait dans une allée, sur le côté du temple. Le mur qui séparait cette allée du temple avait une hauteur insolite. Le travail de la pierre était superbe et d'une grande précision ; la section inférieure du mur était peinte de larges bandes verticales rouille et blanc, les couleurs sacrées du temple. Face à ce mur et presque au milieu de l'allée se situait l'entrée de la colonie : une entrée qui ressemblait à un paravent, pas très haut, avec des portes de bois et le symbole de Garuda, l'oiseau qui sert de « véhicule » au Seigneur Vishnou, peint au-dessus de ces portes.

A gauche de l'entrée, en pénétrant dans la colonie, on trouvait le jardin du temple, clos par un mur de pierre, séparé du temple par l'allée. Ce jardin était vieux, peut-être aussi vieux que le temple lui-même — et cet espace clos, avec son propre *gopuram*, sa tour sacrée, semblait vous ramener à d'anciennes façons de sentir, aujourd'hui dépassées. La colonie (bien qu'elle fût de tout évidence édifiée sur un site sacré) n'était pas ancienne. Elle avait été établie, en tant que colonie, vers la fin du siècle dernier ou le début du nôtre ; le terrain avait été donné par un résident philanthrope de Triplicane, soucieux d'apporter son aide aux brahmanes venus des villages, qui servaient dans le temple même ou qui étaient simplement les domestiques des pandits à travers la ville.

Les portes de la colonie étaient fermées la nuit, de vingt-deux heures à cinq heures du matin ; seuls les résidents avaient le droit d'entrer. A toute heure du jour, l'endroit était interdit aux personnes jugées impures : fumeurs, ivrognes, rapetasseurs, intouchables en général et musulmans. Ceux-ci n'avaient même pas le droit de franchir l'entrée. D'autres étaient autorisés à passer, car ils assuraient l'entretien de la colonie, mais les maisons leur étaient strictement interdites.

Une fois franchies les portes, une allée pavée menait entre des petites maisons basses jusqu'à la cour centrale, dans laquelle il y avait des puits, équipés de treuils et de cordes. Le jour de ma visite, des femmes et des jeunes filles étaient occupées à tirer de l'eau, une scène pastorale étonnante en plein milieu d'une cité populeuse. Kakusthan, mon hôte et mon guide, m'expliqua que les brahmanes ne pouvaient boire que de l'eau de puits, parce que celle-ci avait un lien direct avec la terre. (Je ne connaissais pas cette règle brahmane qui éclaircissait pour moi un vieux mystère. En 1971, je m'étais rendu en Inde pour y suivre une élection, au Rajasthan, dans le nord-ouest du pays, dans une circonscription désertique frappée par la sécheresse. L'un des candidats, vieux gandhien qui craignait Dieu, fort admiré au demeurant, s'était plusieurs fois élevé, pour des raisons de moralité, contre l'introduction dans les villages de canalisations d'eau. « La bonne vieille eau du puits », répétait-il, était assez bonne ; l'eau des canalisations « nuirait à la santé et à la moralité » des femmes des villages. Il n'avait pas expliqué le pourquoi de la chose, mais — compte tenu de ce que m'apprenait Kakusthan à présent — son auditoire avait dû comprendre à demi-mot.)

Au fil des ans, à mesure que la population de la colonie s'accroissait, le niveau de l'eau dans le puits avait baissé de dix mètres, me dit Kakusthan. Dans le temps, on pouvait tenir son « récipient » à la main pour le remplir d'eau. A présent, le rationnement était en vigueur : six pots par famille le matin et six le soir. Des « pots », des « récipients », les mots étaient corrects car les brahmanes n'utilisaient pas de seaux. Ça non plus, je ne le savais pas, mais l'explication était simple. Les seaux modernes sont en fer galvanisé et les brahmanes doivent utiliser des pots de laiton ou de terre cuite, matériaux ayant un lien direct avec la terre. Donc ici, autour du puits, les femmes et les jeunes filles s'activaient avec leurs pots malcommodes et dépourvus d'anse — mais il était très facile de n'y voir qu'une pastorale urbaine et de ne pas saisir les règlements de caste.

Près du puits, il y avait une pompe manuelle. L'eau qui en sortait était strictement réservée aux latrines — alors que son origine était de toute évidence la même que celle du puits. Cette règle concernant la pompe et les latrines me parut féroce et brahmanique ; en réalité, elle montrait bien à quel point il était peu aisé de nos jours de vivre absolument en brahmane. L'idée même des latrines n'était pas brahmane : pénétrer dans un lieu aussi pollué était en soi une pollution. Pas un brahmane de l'ancien temps ne l'aurait même envisagé. Les bons brahmanes, respectueux des traditions, se soulageaient en plein air, jamais deux fois au même endroit. Il y avait donc ici un compromis, ainsi que dans un certain nombre de petites choses que le visiteur aurait fort bien pu ne pas remarquer ou auxquelles il aurait pu ne pas réfléchir : le port de vêtements cousus, comme les chemises, celui de sandales en cuir et même l'achat au marché de paquets de feuilles pour la nourriture.

Du point de vue du brahmane, il est plus correct de disposer les aliments sur une feuille que sur une assiette. Les feuilles servent une seule fois et puis on les jette ; les assiettes sont continuellement réutilisées, donc, sur un plan pratique, on a beau les laver autant qu'on veut, elles restent toujours polluées. Il y a quelque chose de rituel et de romantique dans le fait de manger sur une feuille. C'est d'ailleurs une coutume qui s'est perpétuée chez nous, dans cette Trinidad si lointaine. Chez ma grand-mère, quand j'étais petit, après certaines cérémonies religieuses particulières, on offrait à manger sur des feuilles de bananier (pratique encore en vigueur au Woodlands Hotel de Madras en 1962). Quoi de plus beau que de manger sur une feuille de bananier toute fraîche ? Vert foncé, avec une tige centrale creuse d'un vert plus clair, d'une texture lisse sans être glissante, cannelée, légèrement vernissée, imperméable, avec une odeur et une saveur neutres qui ne risquaient pas de gêner. Le fait de manger sur une de ces feuilles ne marquait pas seulement les grandes occasions ; il était ainsi associé, de la façon la plus romantique possible, à la religion ; il vous incitait à songer à vos lointaines origines et aux forêts à travers lesquelles les dieux, héros des épopées hindoues, avaient erré pendant leurs années d'exil. Même dans notre petite Trinidad, cependant, les forêts étaient bien éloignées et les feuilles de bananier n'étaient pas de ces articles qu'on pouvait aller cueillir au sortir de chez soi. Il fallait les faire venir de très loin et les maintenir dans un état de fraîcheur convenable, si bien qu'elles n'étaient pas toujours disponibles. C'était une façon prodigue et coûteuse de servir les aliments. A Madras, désormais, le Woodlands Hotel ne les utilisait plus. Des gens tels que Kakusthan, qui tenaient absolument à manger ainsi, achetaient au marché des paquets de feuilles plus petites et plus rondes. Elles n'étaient ni fraîches ni particulièrement propres et n'avaient aucune qualité esthétique. A l'idée de pureté s'était substituée celle de rite ; ce que l'on honorait, en réalité, c'était l'idée de la feuille, de l'objet naturel utilisé une seule fois, puis jeté.

Une restriction concernant les femmes, dont j'avais tout ignoré, était en vigueur dans la colonie. Les femmes et jeunes filles en période de menstrues faisaient l'objet d'une véritable ségrégation. Une pièce spéciale leur était réservée dans un coin de la colonie. On y accédait par deux portes qui restaient l'une et l'autre fermées, afin que les gens qui passaient dehors ne risquent pas d'être pollués. Kakusthan m'expliqua qu'une femme qui avait ses règles pouvait polluer à une distance de trois à cinq mètres : si, pour une raison quelconque, vous aviez besoin de lui parler, il fallait vous tenir au moins à cette distance. Les femmes recluses dans cette pièce séparée avaient leurs propres latrines et leur salle de bains. Pendant les trois jours de menstruation, elles ne faisaient strictement rien. Pour elles, me dit Kakusthan, c'était une période de « plein et complet repos ». Elles lisaient ou écoutaient de la musique. La pièce pouvait loger une dizaine de femmes et, dans le temps, elle était toujours pleine ; mais à présent, la vie moderne étant ce qu'elle était, compte tenu du nombre de jeunes filles et jeunes femmes qui devaient sortir travailler (sans parler de celles qui se faufilaient dehors pour aller au cinéma et ainsi de suite : on avait même installé, à l'arrière de la colonie, une petite barrière qu'utilisaient les femmes indisposées), il n'y avait jamais plus de cinq ou six femmes dans la pièce. A cause de cette ségrégation, les femmes détestaient l'idée même des menstrues, dit Kakusthan ; et pourtant, en même temps, elles accueillaient volontiers leur isolement, car il leur permettait de s'octroyer régulièrement des petites vacances auxquelles elles n'auraient jamais eu droit autrement.

Il n'y avait dans toute la colonie que cinq maisons pourvues d'une chambre à coucher à l'étage ; ces cinq maisons formaient une rangée contre un des murs qui délimitaient la colonie. Toutes les autres maisons étaient de plain-pied, très basses, comme aplaties sur le sol. De ce fait, les bâtiments plus hauts, qui se dressaient derrière la colonie, dominaient la cour centrale et toute l'animation qui régnait autour du puits. Je me demandais si cela ne soulevait pas des problèmes de pollution pour les brahmanes de l'*agraharam* — que des gens d'autres castes aient une vue plongeante sur eux, que les ombres des grandes maisons tombent sur la colonie. D'après Kakusthan, les immeubles du fond n'étaient pas un problème. Les gens qui y logeaient appartenaient à la caste des vachers, des *yadavas*, la caste du Seigneur Krishna ; entre *yadavas* et brahmanes, l'estime était réciproque.

Les autres voisins immédiats de la colonie étaient des musulmans. On aurait pu croire que les cinquante-trois familles de la colonie étaient vulnérables et risquaient de voir leur sanctuaire facilement envahi au cours d'une émeute, mais, inexplicablement, jamais il n'y avait eu le moindre trouble entre les communautés musulmane et brahmane. Il n'était même pas impossible — mais cela, Kakusthan ne le précisa pas — que les musulmans aient fait office de tampon entre les brahmanes et les non-brahmanes qui leur étaient hostiles. Donc, entre le temple, les *yadavas* et les musulmans, la colonie jouissait d'une espèce de sécurité : les demeures, ajouta Kakusthan, ne fermaient pas à clef.

La colonie — bâtie juste à côté de l'enclos du temple, avec son portail en bois fermé toutes les nuits — faisait songer à quelque ancienne institution européenne, disons à un hospice s'élevant à l'ombre d'une cathédrale ; et la similitude s'étendait d'ailleurs à la façon dont la colonie était administrée. Il y avait une fondation chargée de percevoir les loyers, de veiller aux réparations des maisons et à l'entretien général et de rémunérer l'homme qui surveillait le portail. Le bail de chaque maison était transmis d'une génération à l'autre ; la plupart des familles de la colonie y vivaient depuis des décennies. Le père de Kakusthan était venu s'y installer au début des années 1940.

Kakusthan me dit que les brahmanes impécunieux qui émigraient — jadis — des villages vers les villes étaient attirés par les zones proches des temples, non seulement parce qu'il leur était ainsi plus facile de gagner un peu d'argent en devenant pandits ou mendiants, mais aussi parce que les temples possédaient des réservoirs et des puits offrant une eau ayant un lien direct avec la terre. Les temples étaient en outre situés près de la mer. Cette proximité était importante, car, pendant les éclipses de lune et de soleil, ainsi qu'en d'autres occasions spéciales, les brahmanes épris de traditions aimaient à se tremper dans la mer.

Ce n'était pas facile d'être un bon brahmane ! Plus Kakusthan se penchait sur son dessein, plus il trouvait de besoins et de contraintes à observer ; et plus toute l'idée paraissait malcommode. Peut-être qu'une pratique brahmane absolue relevait de l'impossible. Peut-être même en avait-il toujours été ainsi ; peut-être, de tout temps, les brahmanes avaient-ils dû accepter tel ou tel compromis.

Le père de Kakusthan était venu tenter sa chance à Madras en 1932 ou 1933. Il avait alors vingt-deux ans et il était marié, mais il n'avait pas amené sa femme. Non seulement il n'en avait pas les moyens, mais, à l'époque, il n'aurait pas été très correct pour un jeune couple de quitter ainsi la maison de famille.

Le père de Kakusthan était le premier de sa famille à avoir fréquenté une école où l'enseignement était dispensé en langue anglaise. Il n'avait été que jusqu'en première, mais cela ne l'avait pas empêché de devenir ensuite enseignant. Il était spécialement doué pour les mathématiques et il donnait des cours particuliers dans cette matière. De même que les autres brahmanes de sa génération, il était bien difficile de le ranger dans une catégorie. On aurait pu dire qu'il était un villageois semi-instruit ; en même temps, cependant, en tout cas dans le domaine des mathématiques, il sortait de l'ordinaire. Et il y avait en outre son savoir hindou et brahmane, lequel était considérable.

Dans le village de la famille se dressait un vieux temple. Cela faisait sept ou huit cents ans, depuis le temps des empereurs Chola, que la famille du père de Kakusthan jouissait dans ce temple de droits et de privilèges spéciaux. C'étaient eux qui faisaient les *pujas* pour la divinité du temple, et tout ce qui lui était offert passait ensuite dans la famille du père de Kakusthan. Dans ce temple, les privilèges de cette famille surpassaient ceux des empereurs.

Son éducation et ses origines faisaient du père de Kakusthan l'égal des plus grands ; pourtant, lorsqu'il quitta son village, sa famille et lui eurent tout juste de quoi payer son billet de train jusqu'à Madras. Il laissait derrière lui six personnes : sa femme, ses parents et la famille de son frère aîné. Aucun d'eux ne gagnait d'argent ; ils dépendaient tous du jeune homme qui venait de partir pour Madras par le rail.

N'ayant pas un sou vaillant, le père de Kakusthan alla s'installer chez des parents qui habitaient Madras. Pendant quelque temps, en tant que jeune brahmane, il vécut de la charité d'autrui, trouvant chaque jour à manger dans une demeure brahmane différente. Finalement, grâce à ses connaissances, il parvint à gagner un peu d'argent. Il savait par cœur les quatre mille vers des Védas en tamoul. La nouvelle se répandit, et on faisait venir le jeune homme pour les *pujas* en lui demandant de réciter ces quatre mille vers. Pour sa peine, il recevait une ou deux roupies et il était nourri. Finalement, entre l'argent qu'il gagnait ainsi, ce que lui rapportaient ses leçons particulières de mathématiques et son salaire de professeur, il parvint à s'assurer des revenus convenables. Il devait gagner dans les quarante à cinquante roupies par mois, ce qui suffisait à assurer sa subsistance et celle des six personnes qu'il avait laissées au village.

Vers le début des années 1940, après dix ans de cette vie, le père de Kakusthan finit par faire venir sa femme à Madras. Ils trouvèrent une pièce pour dix roupies par mois, soit soixante-quinze pence. Sa femme et lui eurent des enfants. Puis, grâce à l'appui de certains amis, il parvint à s'assurer une place dans la colonie brahmane, où il payait à peu près autant qu'à l'extérieur. Il devait avoir entre trente et trente-cinq ans et pouvait enfin jouir d'une certaine sécurité. Il déménagea deux fois à l'intérieur de la colonie ; c'était une pratique courante. Kakusthan naquit en 1943.

On aurait dit le début d'une de ces histoires édifiantes de réussite sociale. Il y avait certes eu pas mal d'allées et venues — mais pouvait-on parler de réussite ? Quarante-cinq ans plus tard, Kakusthan me faisait les honneurs de l'endroit où il avait passé son enfance et son adolescence et où il était revenu vivre pour de bon ; et Kakusthan était vêtu en brahmane. Il était presque certainement l'homme le plus riche de sa petite communauté, mais celle-ci était pauvre ; malgré tout ce que le décor pouvait avoir d'historique, avec son côté pastorale religieuse, avec le jardin clos du temple à l'entrée, le puits et le treuil dans la cour centrale (sans oublier les membres de la caste des vachers, chère au Seigneur Krishna, occupant les bâtiments plus élevés dans le fond), nombre des femmes et jeunes filles qui s'affairaient autour du puits pour remplir leurs pots d'eau rationnée avaient le teint blême et ne paraissaient pas manger à leur faim.

La colonie brahmane était un petit bidonville, où l'énergie était moindre que dans la communauté musulmane qui vivait à la limite externe de la zone du temple. Et la colonie était sous pression. Ses coutumes brahmanes, déjà entachées de compromis, ne cessaient de le devenir plus encore. Le compromis le plus odieux avait eu lieu quand les balayeurs, les nettoyeurs de latrines, avaient commencé à réclamer des sommes que la colonie ne pouvait pas payer. Alors, pour donner une bonne leçon aux balayeurs et pour les dissuader de persister dans leur chantage, les brahmanes avaient nettoyé eux-mêmes leurs latrines. C'était Kakusthan en personne qui avait rassemblé les jeunes hommes de la communauté. Il leur avait dit que tous les jours, tout le monde touchait des excréments, même s'il ne s'agissait que des siens ; et qu'il n'y avait donc aucun mal à nettoyer eux-mêmes leurs latrines et leurs égouts. En toute autre circonstance, ce que Kakusthan avait proposé aurait été considéré comme une espèce de suicide de caste, mais il en parlait comme d'un triomphe moral.

Kakusthan était de petite taille, à peine un mètre soixante, le teint chaud, bien proportionné. Il avait un regard brillant et ferme. C'était ce regard qui trahissait sa passion — naguère passion du renégat, de l'homme qui voulait rompre à n'importe quel prix avec le passé, et à présent passion de l'homme qui souhaitait honorer ce qu'il tenait pour la voie de la vérité.

Il vivait dans l'une des cinq maisons pourvues d'un étage, avec une chambre à coucher donnant sur une terrasse découverte. La pièce dans laquelle il me conduisit, lorsque je pénétrai chez lui pour la première fois, se trouvait au rez-de-chaussée, tout au fond. Peut-être était-elle contre le mur d'enceinte ; elle était sombre et sans air, avec une légère odeur d'égout, une petite cellule où tout, peinture, murs, armoires, accessoires, se révélait vieux et usé sous la lumière fluorescente, mais où tout était sans nul doute d'une propreté rituelle. La propreté — de même que la pollution — venait aisément au brahmane : on pouvait purifier une pièce entière avec une simple pichenette d'eau.

Du fait que j'étais un visiteur et que nous étions en Inde, Kakusthan voulait me voir manger quelque chose dans sa maison — encore qu'en invitant chez lui un étranger, il ne se conformât pas strictement à ses devoirs de bon brahmane. Il n'avait pas, bien sûr, l'intention de manger avec moi, mais il voulait que je mange des aliments préparés dans sa cuisine. C'était pour cela que nous étions au rez-de-chaussée. Nous étions passés devant la cuisine pour gagner la petite pièce de derrière et j'avais vu, sur une table ou un guéridon ou un support quelconque, près de la porte de la cuisine, une image noire devant laquelle brûlait une flamme, dans une grande lampe à huile de bronze ou d'argent tachée de suie. Cette lampe était le genre d'ustensile qui vous ramenait à un univers plus ancien : la mèche brûlait dans l'embouchure d'un récipient d'huile peu profond en forme de feuille recourbée, lequel était fixé à un poteau vertical. L'image noire était celle de la divinité de Kakusthan ; tout ce qu'il mangeait devait d'abord être offert à la divinité.

Moi aussi, j'avais certains scrupules, lorsque je devais manger loin de chez moi — loin, en tout cas, du Taj Coromandel Hotel. Mais j'eus honte de ces scrupules ; j'acceptai quelques mets sortis de la cuisine de Kakusthan et portai à mes lèvres le verre de café qu'il m'offrit, même si en rompant le pain (ou plutôt le *puri*) dans la petite pièce de derrière, j'imprégnais d'huile les doigts dont je me servais pour écrire. Il devenait de plus en plus difficile de faire abstraction de cette réalité et je dus avoir recours à des ablutions plus que rituelles au-dehors — Kakusthan me versa l'eau, sans se plaindre, gaspillant le liquide précieux du puits, un des six pots d'eau du soir auquel sa famille avait droit. (D'ailleurs, je n'avais eu aucune raison d'avoir honte, ni de me sentir obligé de manger. Kakusthan savait vivre. Quand je retournai le voir, dans la colonie, quelques jours plus tard, je lui dis de but en blanc que j'étais comme lui et ne mangeais jamais en dehors de chez moi. Il accepta immédiatement. En riant, il me dit : « Très bien, cette fois, c'est moi qui serai l'intouchable. »)

Ce premier après-midi, dans la petite pièce sombre éclairée au néon, à l'arrière de la maison, il me parla très naturellement de ses voisins.

« Notre communauté est pauvre. Presque tout le monde est pauvre. La première génération se composait, en grande majorité, de *purohits*, de *pujaris*, de cuisiniers et de quelques employés de bureau. La deuxième génération est un peu plus reluisante. Les garçons et filles de chaque famille sont plus nombreux à gagner un peu d'argent, à avoir des emplois réguliers.

— Quels genres d'emplois ?

— Des emplois que n'auraient même pas imaginés les brahmanes traditionalistes. Ils manient des appareils, ils sont mécaniciens ou ouvriers dans tous les secteurs de l'industrie. Mon voisin, de ce côté-ci, est cuisinier. »

Quinze personnes vivaient dans la pièce où logeait le cuisinier, mais ce n'était pas aussi terrible qu'on pouvait le croire de prime abord : elles n'y dormaient pas toutes les quinze au même moment. A vrai dire, la famille avait pour dormir des places réservées dans la cour centrale : l'été, qui dure à Madras la plus grande partie de l'année, tout le monde dormait dans la cour ou en plein air. Le cuisinier tirait la plupart de ses revenus des repas de mariage, mais il avait besoin d'un si grand nombre d'assistants que ses profits, sur un contrat de mille roupies, étaient finalement bien maigres.

De l'autre côté, le voisin de Kakusthan était « péon », commis dans un bureau. Il travaillait pour le gouvernement. Un autre garçon de la colonie conduisait un pousse-pousse motorisé. Son père avait été un spécialiste du sanscrit, faisant autorité sur les Védas et les rites hindous.

« C'est déplorable, dit Kakusthan. Le garçon lui-même dit : "Que puis-je faire, quand je n'ai pas d'autre moyen de gagner ma vie ? Je ne suis pas instruit. Et je n'ai pas suivi les traces de mon père."

— Cela paraît inhabituel.

— Il n'a pas reçu d'instruction, parce que ses parents ne se sont pas occupés de lui. »

Lors de notre entrevue suivante, à l'hôtel où j'étais descendu, c'est de la pauvreté de la colonie de brahmanes, voisine du grand temple de Parthasarathy, que Kakusthan continua à m'entretenir.

« La situation actuelle est infiniment meilleure qu'elle ne l'était dans les années 1950, à l'époque où j'ai grandi dans la colonie. J'aurais aimé vivre avec davantage de confort. Les garçons que je fréquentais à l'école s'habillaient mieux, étaient plus beaux, plus forts et avaient une allure plus moderne. Moi, je ressemblais plutôt à un petit villageois — avec mon dhoti, les marques sacrées sur mon front et mon *churki*. »

A l'exception du *churki*, la description lui aurait parfaitement convenu aujourd'hui. Le *churki*, longue touffe ou mèche de cheveux sur la nuque qu'on ne coupait jamais, était l'emblème ancestral du brahmane. A présent, Kakusthan ne portait plus un long *churki* ; le sien mesurait tout au plus quatre centimètres de long, mais il suffisait pour le but qu'il s'était fixé. (Dans le cadre de son renouveau brahmanique, quatre ou cinq fois par an, en veillant à choisir un jour favorable, Kakusthan se faisait entièrement raser le corps — sourcils, cheveux, tout sauf les poils qu'il avait aux aisselles et son *churki*. Quand je fis sa connaissance, il était entre deux « tontes » ; sa chevelure paraissait coupée en brosse et le *churki* relativement court ne se remarquait pas particulièrement.) Quand il était petit, son père lui avait formellement interdit de faire couper son *churki*. Or, dans les années 1950, rares étaient les jeunes brahmanes qui respectaient encore cette coutume, et elle avait été à l'origine des tourments qu'il avait dû endurer à l'école.

« Toutes ces choses, expliqua Kakusthan, me valaient de la part de mes camarades un mépris et des moqueries qui se prolongent encore aujourd'hui. Si le garçon qui me tournait en ridicule était faible, je réagissais par la violence, et s'il était fort par l'indifférence. Je me plaignais à mon père de ce que je devais subir à l'école et il me répondait : "Va les dénoncer au directeur." Il m'expliquait aussi que c'était par respect pour la tradition familiale que je devais arborer les marques sacrées et porter le *churki* — autrement, au village, notre famille tout entière serait méprisée par les autres familles, d'autant plus que nous étions les brahmanes chargés de servir la divinité du village.

« Mon père devait d'ailleurs essuyer lui aussi ce genre de moqueries dans l'école où il enseignait et un peu partout en ville — dans l'autobus, dans la rue. A l'époque, toute la communauté brahmane était en butte au ridicule, à cause de l'anti-brahmanisme qu'avait déchaîné le prétendu Mouvement dravidien. » Il s'agissait du *Dravidar Kazagham* ou Mouvement dravidien, lancé par Periyar. « C'était le milieu des années 1950 et il y avait un mouvement très important contre les brahmanes et leurs coutumes. Les manifestants allaient parfois jusqu'à briser les idoles, à couper de force les *churkis* et les cordons sacrés des brahmanes et à effacer les marques sacrées de leur front. A Madras, la plupart des restaurants végétariens se faisaient appeler, par vanité, des "hôtels brahmanes" — eh bien, les Dravidiens faisaient disparaître le mot "brahmane". A présent, les hôtels en ville ne portent plus ces appellations. A l'époque, on avait les "hôtels brahmanes" et les "hôtels militaires". »

L'« hôtel militaire » existait encore lors de mon premier voyage dans le Sud. L'expression désignait un établissement où l'on servait de la viande ; et — un peu comme s'ils acceptaient le préjugé brahmane contre ce genre d'endroit, comme s'ils se délectaient de la différence et de la liberté absolue que conférait un tel préjugé — les hôtels militaires du Sud étaient véritablement dégoûtants et crasseux.

Quelque part le long du trajet en autocar entre Bangalore et Madras, en 1962, quelque part dans les terres rouges de cette région, j'eus ma première vision d'un hôtel militaire. C'était une cahute sur un plot de terre nue, englobée dans la zone de l'arrêt d'autocar. Les mots anglais lisibles sur l'écriteau — dans cet étrange paysage aux couleurs simples, qui ressemblait à une vue exotique dans une gravure anglaise du XVIIIe siècle — paraissaient remonter à l'époque des guerres de la Compagnie des Indes orientales contre Tippu Sultan. Cette appellation bizarre semblait contenir quelque chose de l'histoire des Indes, quelque chose de l'anarchie indienne du XVIIIe siècle, à l'époque où des armées de mercenaires indiens se disputaient la terre, sans prêter attention aux autochtones qui travaillaient dans les villages ou dans les champs.

D'une sorte de guerre à une autre, d'une prise de conscience à une autre : dans la salle principale du musée du Periyar Thidal, parmi les trente-trois peintures représentant les étapes ou stations de la vie de Periyar, on en voit une qui le montre en 1957, presque octogénaire, en train d'effacer le mot « brahmane » de l'enseigne d'un hôtel ou restaurant. Dans ce tableau, Periyar porte une barbe blanche et a grande allure. Un pinceau plein de lait de chaux dans une main, il est monté sur un banc ou un tabouret pour atteindre l'enseigne et vaque tranquillement à son occupation, sans que quiconque s'interpose, policier, politicien, patron ou client de l'hôtel. Les couleurs du tableau sont simples, les détails curieusement exacts (l'enseigne, le tabouret ou banc sur lequel est monté Periyar, le pinceau ourlé de blanc), comme pour illustrer un texte bien connu ; et l'effet est celui que l'on retrouve dans l'univers paisible d'une bande dessinée pour enfants.

Kakusthan, en me parlant des humiliations qu'il avait subies dans son enfance, par la faute de son costume brahmane traditionnel, me dit : « Je résistais chaque fois que c'était possible et je me faisais battre, alors même que j'expliquais à mes parents que je devais me conformer aux nouveaux modes de vie — surtout me débarrasser de mon *churki* et porter un pantalon. Ces *churkis* étaient une vraie torture. Ils étaient la cause de nos pires souffrances. Quand je faisais du sport à l'école, c'était la risée générale chaque fois que je participais à une course ou que je pratiquais le sport qu'on appelle *kabbadi*. Dès que je courais, mon *churki* se déroulait, me tombait dans le dos et tout le monde se tordait de rire. Et quand je pratiquais le *kabbadi*, mes adversaires m'attrapaient par le *churki*, me retenaient par cette longue mèche de cheveux et gagnaient la partie.

« J'ai fréquenté le lycée jusqu'en 1958. Ensuite, je me suis inscrit dans un établissement préparatoire aux études universitaires et l'ironie du sort, c'est que je n'ai pu y obtenir une place que parce que je portais un *churki* et des marques de caste. L'homme qui m'avait recommandé était un brahmane qui chérissait les mêmes valeurs que ma famille. Mais je ne suis resté que six mois dans cet établissement. Jamais je n'ai été autant ridiculisé que par mes condisciples de l'époque. Et il ne s'agissait plus d'écoliers, mais d'adultes.

« Tout cela m'attristait énormément. J'ai commencé à me sentir entièrement différent de mon père et je l'ai supplié de m'épargner tous ces tourments. Mais il est resté ferme. Il m'a déclaré que le respect et la tradition de notre famille comptaient davantage que ces expériences transitoires. Il ne m'a pas convaincu. J'ai interrompu mes études. Je voulais être indépendant. »

Indépendant — le mot était étrange.

« Indépendant de ces pratiques, expliqua Kakusthan. J'avais seize ans. Je voulais être aussi moderne que les autres.

— Vous n'avez pas eu peur d'interrompre ainsi vos études ?

— Je n'avais pas peur. J'espérais beaucoup pouvoir agir à ma guise, une fois que je serais parti de chez moi. J'ai dit tout cela à ma mère, en confidence. Elle était en partie d'accord avec moi, en partie non. Elle comprenait ce que je ressentais. »

Je m'efforçai de replacer ce drame familial, vieux de trente ans, dans le cadre de la colonie que j'avais visitée. Dans la cour autour du puits, les habitants se seraient montrés plus visiblement brahmanes dans leur costume et leurs interdits : des gens qui détenaient jadis l'autorité et qui n'étaient désormais en sécurité que dans cette petite zone qui leur appartenait. Je tentai d'imaginer les passions du père et du fils, explosant dans le petit espace privé que possédait la famille dans la colonie : la petite pièce sombre derrière la cuisine, au rez-de-chaussée, la chambre à coucher qui donnait sur la terrasse, au premier étage, et qui — lorsqu'on grimpait jusqu'à la terrasse par les étroites marches de pierre et de béton bâties sur le côté de la rangée de maisons — avait vue sur le jardin mal entretenu du temple, souvenir d'une ère plus paisible.

« Je suis resté à la maison pendant quelques jours. Mon père était furieux. Il ne me parlait plus. Il ne voulait plus de moi chez nous. J'avais trahi la famille et terni son propre prestige. Il voulait me voir diplômé de l'université et employé de banque ou fonctionnaire du gouvernement central, poursuivant en même temps mes devoirs religieux au temple de notre village — où nous étions très honorés en tant que brahmanes. Il me citait d'autres exemples de gens qui parvenaient à concilier les deux — à porter la longue mèche de cheveux, le *churki*, et en même temps à garder de bons emplois, sûrs et modernes.

« Par l'entremise d'amis de la colonie, des amis de mon âge ou un peu plus vieux, j'ai trouvé un travail de commis chez un marchand d'ampoules électriques, avec un salaire d'une roupie par jour. C'était en 1959. Mais mes relations avec mon père étaient tellement tendues que je n'avais jamais la paix à la maison. Et il y avait aussi des problèmes entre mon père et ma mère, qui se querellaient ; sans compter les corrections que je recevais, à l'occasion, aussi bien de l'un que de l'autre. Alors, je suis parti de chez moi.

« J'ai décidé d'aller vivre chez ma sœur mariée. Elle habitait la ville de Vellore, à cent kilomètres à l'ouest de Madras. Son mari, après avoir démissionné de l'armée, était devenu enseignant. Je suis allé à Vellore en autocar. Je me suis payé le billet en vendant mes vieux livres de classe. Mon père les avait achetés neufs et moi, je les ai vendus à un marchand ambulant pour trois fois rien.

« Je suis parti un samedi. Tous les samedis et les mercredis, je prenais mon bain d'huile traditionnel et ma mère savonnait mes cheveux longs. C'est ce qui s'est passé ce samedi-là. J'ai pris mon repas du matin vers dix heures et demie et aussitôt après j'ai gagné l'arrêt d'autocar, sans dire à quiconque que je partais pour Vellore. J'avais très peu d'argent, juste assez pour le billet, et j'ai marché de Triplicane à Parry's Corner. Dix kilomètres, sous un soleil de plomb. J'ai dû mettre environ une heure.

« J'étais rongé par une peur intérieure. Avais-je pris la bonne décision ? Comment réagirait ma mère ? Ces pensées m'ont agité pendant tout le voyage jusqu'à Vellore. A mi-chemin, j'ai même songé à rentrer à la maison, mais presque aussitôt, l'autre moitié de moi-même m'a obligé à continuer — et je me suis dit qu'en fin de compte, j'allais tout simplement chez ma sœur.

« Pendant quelques jours, j'ai été le bienvenu là-bas à Vellore. Mais ensuite, quand j'ai eu expliqué pourquoi j'étais venu chez eux, ils ont plutôt pris le parti de mes parents. Ma sœur leur a écrit que j'étais chez elle. Mon père m'avait recherché discrètement, tout en faisant semblant de ne pas se soucier de ma disparition.

« Mon beau-frère a essayé de me trouver du travail à Vellore, mais c'est une ville à prédominance musulmane et j'étais handicapé par mon aspect hindou et brahmane. Partout où j'allais me présenter avec mon beau-frère pour un emploi, la première question qu'on me posait était : "Pourquoi ne portez-vous pas un pantalon et n'essayez-vous pas d'être un peu plus moderne, si vous cherchez du travail ?" Mais, même si j'avais quitté la maison de mes parents, je n'étais pas assez courageux pour couper mon *churki* ou troquer mon dhoti contre un pantalon. Je me trouvais en plein dilemme. Je n'avais pas de travail et je ne pouvais pas rentrer à la maison. J'ai passé plusieurs nuits blanches, même si je faisais le fier.

« J'ai dû rester un mois chez ma sœur et puis, à contrecœur, je suis retourné à Madras. Mais je ne suis pas rentré à la maison. Je suis allé chez une amie de ma mère. Sa maison était en dehors de la colonie brahmane.

« Le fils de cette amie portait lui aussi le *churki* et les marques de caste et il s'inclinait devant la volonté de ses parents. C'était un garçon extraordinairement brillant en mathématiques et en statistique. Aujourd'hui, il est professeur dans une grande université américaine. Et déjà à cette époque, quand je suis allé habiter chez lui — il avait deux ans de plus que moi — c'était un grand admirateur du génial Ramanujan ; avec ses camarades, aussi brillants que lui, ils épiloguaient pendant des heures entières sur ses travaux mathématiques. Ils discutaient tout spécialement les problèmes mathématiques de Ramanujan, qui n'avaient jamais été résolus. J'étais incapable de suivre, mais je pouvais en revanche admirer leur profond engagement envers les études qu'ils poursuivaient — un engagement que je ne possédais pas.

« Ce qui m'a le plus frappé, c'était la façon dont le père de ce garçon s'intéressait à ces discussions et les encourageait, en fournissant le café. Il faut vous imaginer que ces débats se déroulaient dans une maison aussi pauvre que celle de mon père dans l'*agraharam*, la colonie. La situation était quelque peu ironique. Le mari de l'amie de ma mère était professeur de sanscrit et pourtant son fils avait le génie des mathématiques. Alors que mon père, professeur de mathématiques, avait pour fils un véritable zéro dans ce domaine.

« Les échanges mathématiques se prolongeaient jusqu'à minuit passé. J'étais désolé de ne pas pouvoir y participer et la première nuit, j'ai bel et bien pleuré de vraies larmes à l'idée que j'avais dû décevoir mon père. »

Les yeux de Kakusthan se remplirent de larmes. Il voulut passer outre, continuer à parler, mais il se mit à pleurer en évoquant ces souvenirs vieux de trente ans. Il se leva et me dit : « Laissez-moi cinq minutes de répit. »

Il alla dans le fond du hall de l'hôtel et se mit à faire les cent pas, menue silhouette en costume de brahmane qui se remarquait de loin, un mètre soixante à peine, en train de faire les cent pas et de lutter contre son chagrin, les yeux baissés, évoquant, dans son abstraction, quelque moine ou saint homme dans son cloître, indifférent au décor hôtelier.

Ces larmes étaient-elles pour lui-même, pour ce qu'il aurait pu faire de sa vie s'il n'avait pas été poussé dans la voie de la rébellion ? Ou bien les versait-il en pensant au chagrin qu'il avait causé à son père trente ans auparavant ? Elles étaient, en fait, pour les deux à la fois : il me dit en revenant s'asseoir, après s'être ressaisi, que c'était la différence entre leurs deux familles qui l'avait encore une fois bouleversé.

« J'ai passé dix ou quinze jours dans cette atmosphère et je me suis senti terriblement coupable d'avoir abandonné ma famille et mes études. Ce garçon dont je vous ai parlé m'apprenait les mathématiques, me consolait en disant que rien n'était perdu, que je pouvais très bien reprendre les choses là où je les avais laissées. Cela m'a donné le courage de revenir à mes études.

« J'ai regagné l'*agraharam*. Tout s'est bien passé. Mais je ne pouvais pas retourner au collège, car on était en plein milieu d'année. Alors, j'ai pris un travail. J'avais besoin d'argent pour assouvir mes ambitions sociales — emmener des amis à l'hôtel, aller au cinéma, tout ça. Je n'aurais rien pu m'offrir de tout cela si j'avais dû dépendre entièrement de mon père. D'ailleurs, ces amusements étaient défendus. A la maison, nous ne buvions jamais de café — c'était un article étranger, inventé par les Britanniques. Et aujourd'hui encore, dans les foyers strictement brahmanes, on ne boit pas de café, à cause de ses propriétés excitantes — la caféine.

« J'ai repris mon travail chez le marchand d'ampoules. Je gagnais vingt-six roupies par mois. J'en donnais vingt à ma famille et gardais les six autres — pour assouvir mes envies, derrière le dos de mon père. J'ai gardé cet emploi une année entière. Et après avoir goûté ainsi au pouvoir de l'argent, je n'avais aucune envie de reprendre mes études. Alors, je suis retombé dans mes vieilles habitudes.

« Le travail était dur. Je devais littéralement colporter mes ampoules à travers la ville, tantôt à vélo, tantôt à pied, quand le vélo était à plat. Il faisait si chaud que parfois les pneus éclataient.

Mon père lui-même s'émut du caractère pénible de mon travail, qui commençait à me miner la santé. A force de manger irrégulièrement, j'étais devenu très maigre. Alors, il me trouva un travail dans une firme d'ingénieurs-conseils ; je recopiais des plans, pour soixante-cinq roupies par mois — un bond en avant. » Soixante-cinq roupies, soit cinq livres par mois en 1960.

« Un jour, j'ai brûlé un plan. L'ingénieur me gifla et il partit sans un mot. J'étais en faute. Je ne lui en ai pas voulu. En rentrant chez moi, je l'ai dit à mon père. Il me conseilla d'en prendre mon parti, c'était la vie. Ça m'a surpris — je pensais que mon père me frapperait peut-être aussi, pour avoir endommagé ce plan.

« J'ai recopié des plans pour cette firme pendant neuf mois. Et puis, j'ai été transféré sur un des chantiers de construction. Des travaux étaient en cours pour le compte d'une des grandes sociétés industrielles du Sud. C'est là que, pour la seconde fois de ma vie, mon aspect de brahmane traditionaliste m'a aidé, avantagé.

« Le directeur de la société pour laquelle travaillait ma firme fut enchanté de me voir me conformer de façon aussi stricte au mode de vie brahmane. Il était ravi de voir un jeune brahmane avec un *churki* diriger un chantier, être un *maistry* — surtout à cette époque où l'hostilité aux brahmanes était à son apogée. On était en 1961.

« J'ignorais l'importance de cet homme, le nombre de firmes dont il avait le contrôle. Il me questionna sur mon père, puis il lui envoya un message, par mon entremise, lui demandant de venir le voir. J'étais un peu nerveux. Mon père aussi. Nous ne savions pas ce que voulait ce directeur, ni qui il était. Ils se rencontrèrent et le directeur s'entendit tout de suite avec mon père. Après l'avoir interrogé sur ses antécédents, et surtout une fois qu'il eut appris que mon père connaissait les quatre mille vers des Védas en tamoul, il lui demanda de devenir son professeur et de lui apprendre ces textes. Mon père accepta. Cette heureuse rencontre avec l'un des plus gros industriels du Sud rendit mon père si heureux qu'il se demanda comment j'avais pu plaire ainsi à quelqu'un du dehors, alors que je n'arrivais à plaire à personne à la maison.

« Une fois terminés les travaux de construction que notre firme exécutait pour son compte, le grand homme m'offrit un emploi dans sa propre organisation. Il voulait me voir commencer comme "adjoint", avec un salaire de quatre-vingt-dix-sept roupies, soit cinquante-deux roupies comme salaire de base et quarante-cinq roupies de frais. Un "adjoint", c'est tout simplement un commis, mais entrer dans cette société, à quelque niveau que ce fût, c'était un peu comme d'entrer chez IBM de nos jours. En fait, je faisais plutôt un travail de dactylo que de commis. Et puis, j'ai enfin commencé à avoir de l'avancement et — par la grâce de Dieu — je n'ai plus jamais arrêté. J'avais dix-sept ans.

« La société monta une filiale à Vellore. Je m'y fis transférer — pour être avec ma sœur mariée et pour être indépendant. Quand la guerre avec la Chine éclata en 1962, je devins militant politique — ce que je n'avais jamais été jusque-là. Je donnai mes bagues et mes boucles d'oreille — des objets que m'avait offerts mon oncle quand j'avais reçu mon cordon sacré — pour l'effort de guerre. Cela scandalisa mes parents et aussi ma sœur, parce que les bijoux que j'avais donnés étaient dans la famille depuis plusieurs générations.

« Un visiteur arriva un jour de Delhi. C'était un cousin germain. Il travaillait là-bas pour une firme américaine. Il fut choqué par mon aspect traditionaliste — choqué aussi d'apprendre que je touchais un salaire aussi minable. Il me proposa de quitter mon emploi pour le suivre à Delhi. Il m'assura que pour le même travail que je faisais à Vellore, je toucherais deux fois plus d'argent. L'offre était extrêmement alléchante. Je décidai aussitôt d'accepter, mais je n'étais pas sûr de la réaction de mon père.

« Comme je m'y attendais, mon père n'était pas très chaud pour me laisser partir à Delhi, redoutant de me voir m'écarter davantage de la règle. Pendant quatre mois, il y eut énormément de discussions et de nombreux échanges très animés entre mon père et moi. Mais pour finir, c'est lui qui m'acheta le billet. Il coûtait environ quarante-deux roupies, et mon père me donna aussi de l'argent de poche. Pour le voyage proprement dit, ma famille me donna de l'*idli*, des *dosas* et des aliments frits. Il y en avait trop. Je dus en jeter. Ils s'étaient dit que le train risquait d'être retardé et ils ne voulaient pas que je souffre si cela arrivait. Aujourd'hui encore, il est tout à fait normal pour les familles du sud de l'Inde d'agir ainsi avec leurs voyageurs.

« Finalement, le 3 mai 1963, j'ai complètement changé de vie. J'ai quitté la gare centrale de Madras par le grand express interrégional à dix-neuf heures trente. Quarante heures plus tard, à onze heures trente du matin le 5 mai, j'arrivais à Delhi — selon le calendrier grégorien, c'était mon anniversaire.

« La toute première chose que je fis à Delhi — sur le conseil de mon cousin — fut de me rendre directement de la gare chez un barbier et de faire couper mon *churki*. La séance fut affreusement pénible et douloureuse. Pendant dix-huit années, ma mère et ma sœur avaient veillé sur ce *churki* comme sur leur propre enfant. Elles en étaient si fières. Elles en étaient même jalouses. J'avais des cheveux incroyablement longs, plus longs que ceux de ma sœur. Ils me descendaient jusqu'au mollet quand je les laissais pendre. Et ma mère et ma sœur me les lavaient, les huilaient, les coiffaient et les tressaient.

« Ma souffrance fut d'autant plus grande que le barbier, un jeune homme, un type vraiment efflanqué avec une moustache, se mit à me questionner avec insistance — étais-je bien sûr de vouloir ce que je lui demandais ? Il me donna trois occasions de me raviser. Il me dit en hindi : ''En êtes-vous sûr ? En êtes-vous sûr ? En êtes-vous sûr ?'' Et chaque fois je répondis ''Oui'', bien qu'au fond de mon cœur je fusse tout tremblant et affolé à l'idée de ce que mon père dirait. Le barbier était si gentil et plein de considération qu'il le coupa très lentement, en partant du bas, au lieu d'y aller d'un bon coup — pour me laisser encore une autre chance de me raviser. C'est ce jour-là que je perdis toute ma ferveur religieuse — exactement comme Samson a perdu sa force physique. »

L'histoire aurait dû s'arrêter là, sur la fuite à Delhi, le sacrifice de sa longue chevelure et le début d'une nouvelle existence. Mais Kakusthan avait regagné pour de bon la colonie qu'il avait fuie. Son histoire était celle d'une double transformation, et c'est de cette seconde métamorphose qu'il m'entretint un autre jour.

« A New Delhi, dit Kakusthan, j'ai trouvé ma voie et pendant les seize années suivantes, c'est là que j'ai vécu. J'avais un petit emploi dans la firme américaine pour laquelle travaillait mon cousin. Je travaillais aussi comme sténographe pour un journal syndical. »

La sténographie : vieille vocation des brahmanes du sud de l'Inde, vocation qui prolongeait l'accomplissement des rites et qui était l'autre versant du talent pour les mathématiques et la physique.

« La firme américaine de mon cousin me payait cinquante roupies par mois et le journal syndical deux cents. Et c'est pendant que je travaillais pour ce journal que la seconde transformation s'est amorcée.

« En Inde le mouvement syndicaliste était fondé sur les principes de la philosophie gandhienne : vérité et non-violence, le devoir avant le droit, il faut produire avant de réclamer. Or, c'est précisément ce que nous dit la Gita, et c'étaient les principes du Congrès national indien des syndicats. Au journal, notre journée de travail commençait par une réunion de prière. Ce qui m'a influencé. De même que la chronique religieuse quotidienne en dernière page du journal *Hindu* de Madras. Et j'ai lu aussi les écrits du mahatma Gandhi, surtout son autobiographie.

« Dans nos bureaux régnait une atmosphère religieuse et spirituelle. Dehors, il y avait les tentations de la vie à Delhi, une vie marquée par l'argent, la beauté, tout ce genre de choses. D'abord, cette vie m'a attiré, et causé bien des soucis — car je n'avais pas l'argent voulu. Ensuite, les ouvrages religieux que je lisais ont commencé à m'influencer. Si bien qu'au bout d'un certain temps, j'ai fini par changer de nouveau et par embrasser la vie religieuse.

« Durant l'intervalle, j'ai obtenu un diplôme à l'université de Delhi ; et je me suis marié. A Vellore, j'avais été attiré par la fille de ma sœur et j'étais bien résolu à l'épouser dès que je le pourrais. La famille était consentante, mais j'ai insisté pour que la jeune fille obtienne d'abord son diplôme universitaire. C'est moi qui ai payé ses études et le jour de son tout dernier examen, on a mis en train les cérémonies nuptiales.

« Après avoir quitté le journal syndical, j'ai travaillé à la rédaction d'autres journaux et magazines. C'est ainsi que je me suis retrouvé, en 1980, à Ahmedabad. J'avais trente-sept ans. Mon père est venu me rendre visite, pour l'anniversaire de mon deuxième fils. Il a été très heureux de me voir enfin avec une belle situation — même si je n'avais plus mon *churki*. Il aurait été doublement enchanté si je l'avais gardé.

« Le premier matin de son séjour, il m'a vu en train de faire le *puja* du matin. C'était pour moi un acte routinier, mais il était stupéfait. Nous avons parlé quelque temps du *puja* que j'avais fait ce matin-là et des textes qui s'y rapportaient. Il m'a signalé je ne sais plus quelle erreur de ma part et laissé discrètement entendre que si j'avais étudié plus attentivement quand j'étais jeune, je n'aurais pas fait ce genre d'erreur.

« Je lui ai demandé de me pardonner, pour cette erreur et pour tout ce qui s'était passé avant.

« Je l'ai prié aussi de me former à nos rites traditionnels. Et de m'apprendre les quatre mille vers des Védas tamouls et tous les autres *mantras* que j'aurais besoin de connaître pour les rites du temple de notre village ancestral.

« Il me répondit qu'il m'apprendrait tout. Il commença le jour même, car c'était un vendredi, un jour propice. Au bout de quinze jours, il quitta Ahmedabad pour regagner Madras. Avant de partir, il promit de me donner une leçon tous les jours pendant deux ou trois ans. Mais il n'est jamais revenu. Il mourut six mois après sa visite à Ahmedabad.

« Pendant les onze jours qui suivirent sa mort, il y eut des rites compliqués. Tous les gens qui vinrent, parents, pandits védiques, évoquèrent la grandeur de mon père, de mon grand-père, de mon oncle, et la grande piété religieuse de notre famille, surtout pour le service de la divinité du village. J'appris que mon grand-père était mort après une discussion religieuse avec le *pujari* du temple, concernant un rite qui n'avait pas été correctement accompli. Mon cousin lui aussi était mort dans des circonstances analogues. Il s'était élevé contre certains rites que l'on avait introduits au temple, puis il s'était allongé en travers de la porte du temple ; et les gens lui avaient marché dessus. Il était mort quelques jours plus tard, de chagrin et du choc que ça lui avait fait.

« Quand j'entendis tous ces récits, je me dis que si mon grand-père et d'autres membres de ma famille étaient capables de donner leur vie par amour pour la divinité familiale, je devais, pour le moins, suivre leur exemple.

« Je décidai de regagner Madras.

« J'y ai trouvé un emploi. A présent, avec l'expérience que j'avais, c'était facile. La seule condition que j'ai posée en me présentant à la firme qui m'intéressait, c'était que personne ne devait critiquer mon aspect extérieur — je ne supporterais aucune objection aux marques sacrées sur mon front, ni au port du *churki* et du costume brahmane traditionnel : tout ce que je n'avais pas su comprendre quand j'étais plus jeune. Il était important pour moi de faire accepter cette condition, étant donné que je revenais à Madras principalement pour perpétuer les obligations de ma famille envers le temple.

— Pourquoi cette insistance sur l'aspect extérieur ? demandai-je. La dévotion n'est-elle pas quelque chose qu'on porte dans son cœur ?

— Peut-être que s'il n'y avait pas eu nos obligations au temple, l'honneur de notre existence et de nos traditions familiales, notre mode de vie aurait été un tout petit peu plus souple, comme dans beaucoup d'autres famille brahmanes normales. Dans tous les rites du temple, les formes extérieures dominent, parce que sans elles, je n'aurais pas le droit de servir la divinité. La forme extérieure est aussi importante que la disposition intérieure. Plus elle est pure, plus je suis pur aussi au-dedans. »

Il avait souffert à cause de cet aspect externe. Il avait le droit de parler ainsi.

« J'avais quitté l'*agraharam* en 1963. J'y suis revenu en 1981. J'ai regagné la maison de ma famille dans la colonie et celui qui est revenu ainsi était un homme bien différent, un brahmane pleinement engagé, pleinement réalisé. Le jour du premier anniversaire de la mort de mon père, à la fin des rites accomplis en son honneur, j'ai totalement rompu avec le passé : de *loukika* à *vaidhika*, d'une créature plongée dans le monde, je suis devenu une créature de l'esprit. »

Ces mots, je les avais entendus pour la première fois à Mysore, de la bouche du brahmane qui avait été maître des cérémonies du dernier maharajah de Mysore. Dans le palais où avaient servi les brahmanes régnaient une splendeur et une prodigalité qui allaient bien au-delà des besoins humains, presque comme si, dans le système hindou, l'une des fonctions d'une grande fortune était de rappeler aux hommes la vanité des sens. Pourtant, l'immense richesse du souverain n'avait même pas figuré dans l'histoire du brahmane. Les besoins matériels des hommes étaient limités : tel était le message de la petite pièce nue où le brahmane avait narré son histoire.

Tel était aussi le message de l'*agraharam*, la colonie où vivait Kakusthan, dans la suite de petites pièces où il avait grandi. Dans la pensée chrétienne, les deux pôles qui s'opposent éternellement sont les forces du bien et du mal. Dans la pensée hindoue ou brahmane, ces deux pôles sont la vie matérielle et la vie spirituelle. On peut se retirer de l'une en faveur de l'autre. Quand le monde vous déçoit, on peut s'enfoncer dans l'esprit, l'idée du monde en tant que jeu de l'illusion.

« Je suis alors devenu, reprit Kakusthan, un an après la mort de mon père, ce que je suis aujourd'hui, l'homme que vous voyez. J'ai décidé ce jour-là de mener la vie de *vaidhika* dans toute la mesure du possible, de la vivre avec toutes les rigueurs et la discipline qu'elle implique.

— Quelles sont ces rigueurs ?

— Je ne dois pas manger au-dehors. Je ne dois manger que ce que j'ai offert au dieu de ma maison. » C'était pour cela que la lampe à huile brûlait sans discontinuer devant l'image du dieu, juste à côté de la cuisine. « Je ne dois même pas boire de l'eau au-dehors. Ni me mêler à des gens impurs. Car si je n'observe pas ces règles, je polluerai le dieu de notre temple.

« Je vis à présent, dans la colonie, la vie d'un véritable brahmane.

Les gens me respectent parce que j'ai su changer de vie brusquement et parce que j'observe strictement les règles. Ma famille était pauvre et notre colonie l'est aussi — peuplée de tout petits bourgeois avec des revenus limités. Bien que je sois à l'aise, par la grâce de Dieu et les bienfaits de mes ancêtres, je ne voudrais pas vivre ailleurs. Le fait de vivre parmi ces gens que je connais si bien me donne énormément de bonheur et de paix. »

Nos rencontres s'étaient étalées sur plusieurs jours, à mon hôtel et dans la colonie. Tantôt Kakusthan était venu me trouver à l'hôtel et m'avait ramené avec lui à la colonie ; tantôt il avait envoyé son fils adolescent me chercher. Le garçon dépassait son père d'une bonne tête, mais il n'avait pas la robustesse de Kakusthan ; et son regard était plus doux.

Kakusthan, quelle que soit la voie qu'il avait choisie pour lui-même, nourrissait de grandes ambitions pour son fils et voulait le voir réussir ses études. Et, de même que le père de Kakusthan avait peut-être, dans le temps, demandé à quelqu'un de parler à son fils, aujourd'hui Kakusthan me priait, lors de notre dernière entrevue, de parler à son fils et de lui exposer le besoin de bien faire, de se plonger dans ses manuels scolaires.

Le garçon, m'expliqua Kakusthan, aimait trop s'amuser. Ainsi, ce matin, par exemple, il était sorti jouer au cricket. Mais c'est une excellente chose, dis-je. D'accord, répondit Kakusthan. Seulement, il était ressorti l'après-midi, toujours pour jouer au cricket.

Nous étions en route pour la colonie et Kakusthan avait un plan tout simple pour me permettre d'avoir un entretien privé avec son fils. Nous — Kakusthan et moi-même — monterions sur la terrasse qui donnait sur la cour centrale par-devant et sur le jardin clos du temple d'un côté. Le petit apporterait du thé pour moi et Kakusthan en profiterait pour s'éclipser et descendre aux toilettes.

Et en effet, une fois arrivés, le garçon me servit un verre de thé sur la terrasse et nous nous mîmes à parler, tandis qu'au-dessous de nous — dans ce lieu où il était roi — Kakusthan, dans son costume de brahmane, traversait sans se presser, d'un pas assuré, la cour encombrée à cette heure de l'après-midi, passait devant le puits et gagnait les latrines, dans le coin.

Le jeune homme adorait le cricket. Il m'expliqua qu'il aimait aussi bien manier la batte que lancer la balle. Le sérieux avec lequel il parlait du jeu me plut. Et je n'eus pas le cœur de lui infliger le sermon qu'aurait voulu me voir prononcer Kakusthan, quant à la nécessité de rester le nez dans ses livres : je ne voyais d'ailleurs pas comment, compte tenu des conditions de vie dans la colonie, quiconque aurait pu espérer y faire de sérieuses lectures ou y étudier. Un soir, dans l'allée mal éclairée qui partait de l'entrée principale, j'avais vu un jeune garçon assis en tailleur devant sa petite maison, dans la pénombre, avec un livre ouvert devant lui : il se donnait des airs d'enfant sage et studieux pour faire plaisir à ses parents ; c'était l'amour des brahmanes pour le savoir réduit à sa forme rituelle.

Je demandai au garçon, au fils de Kakusthan, quelle espèce de profession il espérait suivre. Son doux regard s'écarquilla. Cette question, il la connaissait et il était consterné de l'entendre dans ma bouche. Peut-être deviendrait-il sténographe, ou bien employé de bureau ; tout cela était aux mains du « destin ».

Cette allusion au destin me surprit. Jamais Kakusthan n'en avait parlé. Mais Kakusthan avait été un rebelle toute sa jeunesse. Son fils était, pour sa part, un enfant type de la colonie, dont les idées et les ambitions ne dépassaient pas celles de ses camarades. Kakusthan, à ce que je crois, aurait préféré voir son fils un peu plus volontaire, mais je ne voulais pas faire pression sur le garçon. Il avait encore plusieurs années devant lui avant d'obtenir son diplôme universitaire et de trouver un emploi ; son univers, sa façon de voir les choses auraient forcément changé d'ici là.

Et j'assurai à Kakusthan, lorsqu'il vint me rejoindre sur la terrasse, que son fils s'en sortirait très bien ; que le sérieux avec lequel il s'intéressait au cricket était le signe chez lui de quelque chose de passionné et de rassurant ; si bien que l'intérêt pour les livres et la carrière suivraient au moment voulu. C'était en partie ce que Kakusthan souhaitait entendre ; il parut content. Nous parlâmes d'autre chose.

C'était un dimanche après-midi, déjà bien avancé, et c'était toujours l'hiver à Madras. Le soleil était doux, l'atmosphère de l'*agraharam* libre de toute tension ; dans la cour centrale, tout le monde paraissait s'amuser.

La terrasse était ombragée par un vieil arbre à l'ombre duquel Kakusthan et moi étions assis, sur le mur bas en béton érigé devant sa chambre à coucher. Je lui demandai de me décrire ce que nous pouvions voir dans la cour.

Avais-je remarqué les antennes de télévision ? Il y en avait vingt, me dit-il. Dans la colonie, il y avait même des téléviseurs couleur. Les gens n'étaient plus aussi coupés du reste du monde qu'ils l'avaient naguère été.

« Et regardez ces fillettes là-bas qui sautent à la corde. »

J'aurais très facilement pu ne pas saisir toute l'importance d'un tel spectacle. Mais, m'assura-t-il, une vingtaine d'années plus tôt jamais ces fillettes n'auraient été autorisées à jouer ainsi, dans une cour ouverte à tous. Elles étaient proches de la puberté et, il y avait seulement vingt ans, l'ombre de la prison se serait déjà étendue sur elles.

Et puis, poursuivit Kakusthan, j'avais parlé de la pâleur et du rachitisme de certains habitants de la colonie. Pourtant, à présent, beaucoup de jeunes brahmanes prenaient de l'exercice. Ce garçon, par exemple, de l'autre côté de la cour, à deux maisons environ de l'endroit où les fillettes en jupes longues sautaient à la corde — eh bien, ce garçon faisait de la culture physique. Le garçon en question était un jeune homme, torse nu, pas très grand, au port élégant. Il avait le physique que l'on retrouve dans de nombreuses sculptures indiennes : épaules larges, taille fine, corps lisse, la force et la tension entièrement concentrées à l'intérieur, sans être trahies par les ondulations, les creux et les bosses de la musculature.

Kakusthan manifesta son approbation ; la forme physique était un de ses soucis. Il était petit ; son père avait été petit ; en ville, l'un et l'autre avaient été en butte au ridicule et aux tourments physiques.

De notre perchoir, sur la terrasse, nous observâmes le jeune homme qui faisait de la culture physique et son père. Où le premier faisait-il ses exercices ? Ici même, dans cette cour fourmillante d'activités ; personne n'y voyait d'inconvénient. Il venait d'une famille de dix personnes, lesquelles vivaient toutes dans cette unique pièce dont on apercevait la porte. Le père était un « péon » ou garçon de bureau. Le fils qui passait tant de temps à perfectionner son corps n'était qu'un simple petit employé.

« Il a un beau visage de brahmane, dis-je.

— Et la couleur », ajouta-t-il en hochant la tête.

Aussitôt, il prit l'air penaud et baissa la voix : une femme était montée sur la terrasse et je la gênais. J'étais assis sur le muret devant la chambre de Kakusthan, les jambes tendues en travers du passage qui longeait le bord de la terrasse sur toute sa longueur. Si la femme essayait de passer, elle risquait de me toucher, ce qu'il fallait éviter ; et elle ne devait pas non plus m'adresser directement la parole. Je me levai. Sans un mot, la femme passa ; trois ou quatre pas plus loin, elle bifurqua pour gagner son propre petit espace.

La lumière du soir se fit plus douce et plus jaune. Les femmes et les jeunes filles arrivèrent au puits pour remplir leurs pots.

Lors de ma première visite à la colonie, j'avais cru, à en juger par la façon dont m'en parlait Kakusthan, que cette petite communauté était en train de s'éteindre, à force de trop nombreux compromis avec le monde du dehors. Je comprenais à présent qu'il voulait dire précisément le contraire. La communauté apprenait à s'adapter : c'était là sa force.

« Tant que le monde existera, dit-il, les brahmanes survivront. Les brahmanes sont indispensables à la société. »

M. K. Veeramani, petit homme alerte, vêtu d'une chemise noire à longs pans, portée à l'indienne, c'est-à-dire sur le pantalon et non rentrée dedans, prenait soin du Periyar Thidal et veillait à ne pas laisser s'éteindre la flamme allumée par Periyar au Tamil Nadu.

Periyar était mort la dernière semaine de 1973, à l'âge de quatre-vingt-quatorze ans, et sa deuxième femme lui avait succédé à la tête du mouvement. Elle était morte cinq ans plus tard et M. Veeramani était alors devenu le chef des disciples de Periyar. A cette époque, le mouvement paraissait s'être quelque peu fourvoyé, avoir cessé de compter sur le plan politique ou social. Mais à présent, grâce à la victoire électorale du parti dravidien originel, il semblait revenu en plein cœur de la vie active.

M. Veeramani, en tant qu'héritier spirituel de Periyar, voyageait dans tout l'État pour prononcer des discours et célébrer des mariages selon la doctrine du Respect de soi-même, comme l'avait prôné Periyar. Au Tamil Nadu, où bien des gens ne savaient ni lire, ni écrire, les discours avaient beaucoup d'importance. La population les appréciait, elle aimait le son des paroles, et M. Veeramani me dit qu'il était capable de parler pendant deux heures d'horloge, si besoin était. Quant aux mariages fondés sur le Respect de soi-même, il n'en célébrait que huit ou dix par mois, soit entre cent vingt et cent cinquante par an. Ce n'était pas beaucoup, mais les rationalistes, m'expliqua-t-il, n'étaient qu'un élément « microscopique » dans la vie de l'État. Ce qui n'amoindrissait nullement, à son avis, l'importance de son œuvre, laquelle était de préserver dans la mesure du possible le message de Periyar. C'était donc pour cette raison qu'il prenait soin des reliques — le lit, les divers cadeaux offerts à Periyar ; qu'il expliquait l'iconographie des trente-trois tableaux de la pièce, représentant les diverses étapes de la longue vie de Periyar ; qu'il publiait des pamphlets ;

et qu'il escortait les visiteurs autour du tombeau, en lisant tout haut les phrases les plus célèbres de Periyar, gravées dans le granit gris qui entourait sa sépulture. N'eût été ce travail qu'il accomplissait depuis tant d'années, me confia M. Veeramani, le message de Periyar aurait été déformé.

M. Veeramani était né en 1933, dans la ville de Cuddalore. Son père était tailleur. Il s'agissait d'une profession « importée » (de même que le café était un « article d'importation »), qui n'était donc pas, comme le tissage par exemple, associée à une caste particulière. Cuddalore était un port et le père de M. Veeramani, en plus de sa clientèle locale, pourvoyait dans une certaine mesure aux besoins des marins étrangers, ce qui lui avait permis de jouir d'une certaine aisance financière ; mais une grande partie de son argent avait d'abord été engloutie dans une affaire judiciaire (il était expert en lutte à la canne et à mains nues, formait les gens à ces deux arts martiaux et, tout à fait par la bande, s'était trouvé entraîné dans une grave affaire de vendetta locale) ; après quoi, ce qui lui restait d'argent avait servi à éponger les frais médicaux déboursés quand il était tombé malade d'une filariose, causée par de l'eau polluée.

L'un des professeurs de M. Veeramani était un admirateur de Periyar, assez haut placé dans le mouvement pour le Respect de soi-même. Cet enseignant, un homme de vingt-huit ou trente ans à l'époque où M. Veeramani l'avait connu, avait changé son nom de Subramaniam (nom d'une divinité indienne) en Dravidarmani, qui voulait dire « important personnage dravidien », et persuadé M. Veeramani d'en faire autant, de renoncer à son vrai nom, Sarangapani, le nom d'un dieu, en faveur de Veeramani, « homme courageux » ou « héros ».

Vers l'âge de dix ans, M. Veeramani avait joué dans une pièce montée par son école et M. Dravidarmani fut si frappé par son talent qu'il se mit à écrire des discours sur le thème du Respect de soi-même, afin de les faire prononcer par le jeune garçon lors de réunions publiques. En 1944, il y eut à Cuddalore une conférence dravidienne, à laquelle vint assister Periyar. Elle attira aussi un célèbre athée et poète tamoul, disciple de Periyar. Il s'appelait Bharathidasam. Il avait quarante-sept ans, était issu de la caste des tisserands et vivait dans une misère noire, dans la ville de Pondichéry (qui était alors une enclave coloniale française à l'intérieur des Indes britanniques). On voyait en lui le Shelley et le Whitman du mouvement. Un des poèmes de Bharathidasam était régulièrement cité dans les discours sur le Respect de soi-même. M. Veeramani me communiqua sa traduction de l'œuvre :

Le monde est toujours dans l'obscurité.
On laisse vivre même ceux qui croient aux castes.
Les gens qui effraient autrui par la religion prospèrent encore.
Quand toutes ces duperies prendront-elles fin ?
Si elles ne cessent pas, tant qu'elles ne cessent pas,
La liberté et l'indépendance ne peuvent correspondre qu'au mal.

A l'encontre de Periyar qui était petit, très gros, l'air d'un vieillard bienveillant, Bharathidasam était plutôt rébarbatif. Il était grand et bâti en force. Il portait un dhoti, une chemise et une étole rouge — rouge pour symboliser la révolution. Il s'emportait facilement et avait la réputation de posséder son franc-parler.

C'était en présence de ce personnage et de Periyar, venus assister à la conférence dravidienne, que M. Veeramani, âgé de dix ans, avait déclamé le discours écrit pour lui par son professeur. Le discours en question était de la plus franche veine anti-brahmane et anti-hindoue, si chère à Periyar. Il portait sur l'absurdité du mythe hindou qui prétendait que les brahmanes étaient sortis de la tête de Brahma, les *kshatriyas* ou guerriers de ses bras, les *banias* ou marchands de ses cuisses, et les *shudras* de ses pieds. Comment — demanda le garçonnet à son auditoire — un être qui n'était pas une femme pouvait-il donner naissance à des hommes, et par tant de parties du corps, lesquelles n'étaient pas prévues à cette intention ?

Periyar avait été favorablement impressionné par cette rhétorique et dorénavant M. Veeramani devint l'un des orateurs attitrés du mouvement pour le Respect de soi-même. On l'annonçait au public comme le rationaliste de dix ans et il ne tarda pas à écrire (ou en tout cas à composer) ses propres discours.

En 1949, cinq ans après la conférence de Cuddalore, le mouvement subit une scission. Elle était due à la décision de Periyar qui, à soixante dix ans, entendait se remarier.

La jeune personne qu'il voulait épouser était la fille d'un marchand de bois de Vellore. La famille entière s'était ralliée au mouvement et Periyar descendait chez eux quand il se rendait à Vellore. La jeune fille suivait des études pour devenir enseignante, mais sa mère, bien qu'elle fût une adepte de Periyar, était encore suffisamment influencée par la tradition pour souhaiter que sa fille renonçât à ses études pour se marier. Elle avait en effet vingt-cinq ans, ce que l'on trouvait très vieux. Quand elle apprit ce que sa mère avait prévu pour elle, elle quitta la maison de famille à Vellore et partit se réfugier dans une bourgade lointaine, chez une enseignante.

Periyar connaissait la jeune fille. Quand il sut ce qui s'était passé, il alla la chercher chez l'enseignante et l'installa dans sa propre maison dans la ville d'Erode. Il refusa de la laisser rentrer chez sa mère. Il en fit sa secrétaire, puis son infirmière et six ans plus tard, ils se marièrent. Elle avait alors trente et un ans ; Periyar soixante-dix.

Telle était l'histoire que me raconta M. Veeramani, soucieux de bien me faire comprendre pourquoi Periyar s'était remarié à cet âge avancé. Periyar avait accumulé de grands biens. Or, il ne voulait pas les voir passer à ses héritiers. Il voulait que ces biens servent au mouvement et il pensait que le meilleur moyen de s'en assurer était de tout léguer à sa secrétaire-infirmière. Selon la loi hindoue, cependant, il ne pouvait faire d'elle son héritière légale qu'en l'épousant.

Tout le monde ne comprit pas à quels motifs il avait obéi et une partie importante de ses partisans fit sécession pour former son propre mouvement. M. Veeramani, toutefois, qui était à l'époque un rationaliste de quinze ans, resta loyal à Periyar, loyal aussi durant ses études universitaires, puis lorsqu'il entreprit des études de droit. Mais pendant qu'il poursuivait ces études. il se passa quelque chose d'important.

En 1957, Periyar fut condamné à six mois de prison pour avoir brûlé la Constitution indienne. (L'épisode était illustré, avec exactitude, clarté et flegme, dans la salle des reliques du Periyar Thidal.) Jusque-là, M. Veeramani s'était contenté de faire de la propagande pour le mouvement ; il était énergique et réputé, mais restait toutefois à une certaine distance de Periyar. A présent, le grand homme étant derrière les verrous, M. Veeramani se retrouva en train de sillonner l'État en compagnie de la femme de Periyar, Mme Manyammai — comme l'appelait M. Veeramani.

Lorsque Periyar sortit de prison, il envoya chercher M. Veeramani. Periyar se trouvait dans la ville de Tiruchy et M. Veeramani s'y rendit aussitôt.

« Et votre avenir ? lui demanda Perivar. Avez-vous l'intention de vous marier ? »

La question ne laissait pas que de surprendre, car Periyar était contre les mariages précoces ; il pensait qu'ils contrariaient l'élévation des non-brahmanes. A l'époque, M. Veeramani avait vingt-cinq ans et il avait encore une année d'études à la faculté de droit de Madras.

« Monsieur, répondit-il à Periyar, je ne crois pas que le mariage s'impose à ce moment de ma vie. Je n'ai encore aucune indépendance financière et je voudrais donner le meilleur de moi-même au parti.

— Mais c'est uniquement dans l'intérêt du parti que je vous parle de mariage », rétorqua Periyar.

La jeune fille ou jeune femme que Periyar aurait voulu voir mariée à M. Veeramani était la fille aînée d'un couple dont il avait célébré le mariage en 1933, selon la doctrine du Respect de soi-même. Cette union avait connu la célébrité politique, parce qu'en 1952 sa validité avait été contestée devant les tribunaux. Mais — toute sentimentalité mise à part — la véritable raison pour laquelle Periyar aurait voulu voir M. Veeramani épouser la fille de ce couple était qu'il s'agissait d'une famille cossue, le père appartenant à la communauté marchande et la mère à une famille de propriétaires terriens ; par conséquent, en épousant leur fille, M. Veeramani serait libre de travailler à plein temps pour le mouvement.

Dès qu'il eut compris ce dessein, M. Veeramani déclara à Periyar : « Si cela doit favoriser les intérêts supérieurs du parti, j'obéirai à votre ordre. »

Mme Manyammai s'en fut alors trouver les parents de M. Veeramani pour leur annoncer que leur fils allait se marier, après quoi elle emmena M. Veeramani chez la jeune fille à Tiruannamalai. Ils durent prendre le train et l'autocar et arrivèrent enfin dans la ferme où résidaient la jeune personne et sa mère. De vastes étendues de terres fertiles faisaient partie de cette ferme — des rizières et des champs d'arachides. Après les préliminaires d'usage, la jeune fille sortit de la maison et servit quelques mets (curieux vestige des anciens rites), puis elle se retira de nouveau à l'intérieur. Cela dit, elle connaissait bien M. Veeramani pour l'avoir vu souvent dans les réunions publiques.

Le mariage eut lieu six mois plus tard. Periyar et Mme Manyammai envoyèrent les invitations en leur propre nom, si bien que la cérémonie ressembla à s'y méprendre à une de leurs habituelles conférences dravidiennes. Le mariage proprement dit se déroula un dimanche après-midi, à cinq heures. L'heure avait été délibérément choisie, car les hindous orthodoxes la considéraient comme particulièrement néfaste. Le poète athée, Bharathidasam, le Walt Whitman du mouvement rationaliste, lut un poème qu'il avait composé pour cette occasion.

Signalons, pour la petite histoire, que lors de son dernier examen de droit, M. Veeramani dut répondre à une question concernant le fameux mariage de ses beaux-parents, en 1933.

Le mariage de M. Veeramani avait donné les résultats espérés par Periyar. Le jeune homme s'était dès lors retrouvé libre de consacrer toute son énergie au Dravidar Kazagham, au mouvement dravidien, et il avait maintenu en vie le nom et le message de Periyar. Et maintenant, après les hauts et les bas des trente dernières années, on pouvait voir dans bien des endroits de Madras le portrait de Periyar, plus grand que nature, et M. Veeramani, gardien de la flamme, se déplaçait en ville comme un héros.

La maison qu'habitait M. Veeramani appartenait à sa femme. Elle se trouvait dans un quartier de Madras appelé Adiyar, près de la Société théosophique. C'était une grande bâtisse en béton, vieille de quinze ans. Elle comptait trois niveaux et les Veeramani en occupaient un.

Accrochée très haut à l'un des murs du salon, on pouvait voir une photographie en noir et blanc de Periyar et de Mme Manyammai. Periyar était assis, tenant sa robuste canne à poignée courbe. Les autres composantes de son aspect physique m'étaient désormais bien connues : la grande barbe ondulée, le dhoti, l'étole, la chemise noire. Mme Manyammai, le regard ferme, en sari noir, potelée, mais solidement campée sur ses pieds, se tenait debout à côté du siège de son époux, la main droite reposant sur le dossier.

Il me parut normal que cette photographie occupe la place d'honneur dans le salon de M. Veeramani : le mariage de Periyar était en quelque sorte le précurseur de celui de M. Veeramani.

Mme Veeramani servit le thé et se retira : attentionnée, convenable, n'ouvrant guère la bouche, gardant encore l'aspect de quelqu'un qui sert une cause. Mais si l'on n'avait pas su de quelle cause il s'agissait, on n'aurait jamais pu le deviner, tant elle avait un comportement traditionnel, convenable et effacé.

Dans cette atmosphère familiale, sous la photographie de Periyar, M. Veeramani évoqua le côté pratique de son chef, fils d'une riche famille marchande qui avait fait fructifier ses biens.

« Il était très prudent. Il était le gardien non seulement des droits des hommes, mais aussi des droits du parti à la propriété. Il a multiplié ces droits en investissant dans les usines et les banques. En 1973, il valait, ou son parti valait, plus de deux *crores.* » C'est-à-dire vingt millions de roupies, soit un million de livres. « A présent les biens se montent à environ dix *crores.* » Quatre millions de livres.

« Les gens lui donnaient de l'argent. Et quand il avait, disons, quatre-vingt-dix-neuf roupies, il demandait une roupie à Mme Manyammai et il changeait cette monnaie contre un billet de cent roupies, de façon à ne pas être tenté de le dépenser trop facilement. Cela faisait rire Mme Manyammai. » Cela fit rire aussi M. Veeramani. « "Frugalité, tu t'appelles Periyar !" Tout le Tamil Nadu le sait bien. Même pour un simple autographe, il demandait de l'argent. Au lieu de guirlandes, il demandait aux gens de lui donner deux roupies. »

Il se faisait payer ses discours et il en faisait deux ou trois par jour, parcourant quotidiennement en moyenne plus de trois cents kilomètres dans la camionnette que ses partisans lui avaient offerte. Il prononça son dernier discours cinq minutes avant de mourir, à l'âge de quatre-vingt-quatorze ans. Il avait épousé Mme Manyammai à soixante-dix ans, afin qu'elle héritât de ses biens, mais leur mariage dura vingt-quatre ans et elle ne survécut que cinq ans à son mari. Après quoi, M. Veeramani reprit le flambeau.

Le fils aîné de M. Veeramani était ingénieur et poursuivait des études à Boston. Son deuxième fils était diplômé d'une école de hautes études commerciales et travaillait dans les plastiques. Et la fille aînée se trouvait elle aussi aux États-Unis, où elle préparait une maîtrise sur les systèmes d'information. Le père de M. Veeramani avait été tailleur dans la ville de Cuddalore. Le monde s'était ouvert devant ses petits-enfants d'une façon qu'il n'aurait jamais pu imaginer.

Au mur qui faisait face à celui où était accrochée la photographie de Periyar et de sa femme, il y avait, au-dessus d'une bibliothèque, un calendrier des Tigres tamouls pour l'année 1989. Le calendrier représentait une grande photographie en couleur des deux chefs des Tigres tamouls, Pirabhakaran et Mathaiya. On les voyait dans un terrain boisé inondé de soleil, que l'on devinait brûlant, en tenues de camouflage chères aux guerilleros. L'un et l'autre étaient gros, avec des panses rebondies, et ils souriaient, comme s'ils avaient conscience de l'absurdité de cet uniforme enfilé pour les besoins du calendrier. Pourtant, ce n'étaient pas des clowns. Ils avaient semé le chaos au Sri Lanka. Et leur calendrier pour 1989 était accroché là, dans le salon de M. Veeramani. Le mouvement rationaliste du Tamil Nadu, le mouvement anti-brahmane, comportait aussi cette idée de la gloire tamoule, passée et présente.

Jusqu'à ce voyage à Madras, Periyar avait à peine été un nom pour moi ; et je n'avais jamais entendu parler de M. Veeramani. Or, depuis quarante ans, ce dernier était au centre d'une immense révolution locale qui, étant donné la croissance économique et intellectuelle qu'avait connue l'Inde indépendante, avait pris les caractéristiques d'une petite guerre ; jusqu'à présent, M. Veeramani avait été du côté des vainqueurs.

On ne pouvait en dire autant de Kakusthan. Une bonne moitié de son histoire était faite de retraites et de fuites — jusqu'à ce que le sens de la famille et la piété filiale l'eussent incité à revenir en arrière et à s'engager en toute conscience dans une voie archaïque. Peut-être, cependant, n'était-il pas juste de comparer M. Veeramani à Kakusthan. Peut-être aurait-il mieux valu comparer ce dernier aux brahmanes qui s'étaient écartés de l'ancien savoir pour aller vers le nouveau, qui avaient délaissé les rites des temples pour la science, à ceux qui (presque de la même façon que M. Veeramani) avaient rompu plus radicalement avec le passé.

Madras, avec les tours sculptées de ses temples, ses mets typiques, les *idlis* et les *dosas*, sa musique et sa danse, son musée renfermant les grands bronzes, pouvait donner au visiteur l'illusion d'une culture encore intacte. Il fallait du temps pour comprendre qu'une usurpation avait eu lieu, que les brahmanes étaient sur la défensive, même s'ils étaient encore les musiciens et les danseurs, les cuisiniers et les prêtres des temples.

Il était bien difficile de ne pas être attristé par la disparition d'une culture. Mais la cause brahmane — à supposer qu'elle existât — ne pouvait être isolée de toutes les autres causes indiennes. Mieux valait envisager cette disparition d'une culture — l'ascension de M. Veeramani, la fuite et la transformation des brahmanes — comme faisant partie d'un mouvement plus général vers l'avant.

Bharathidasam, le poète athée du mouvement dravidien, portait une étole rouge — rouge comme la révolution. Le drapeau du DMK, le parti politique issu du mouvement dravidien, était rouge et noir — rouge comme la révolution, noir comme la cause dravidienne. On aurait pu penser que ces deux couleurs, prises ensemble, symbolisaient tous les bafoués et les lésés du Tamil Nadu, tous ceux que la rigidité particulière des brahmanes dans le Sud avait mis au ban de la société. Or, le mouvement dravidien ne représentait que les castes moyennes — Periyar appartenait à la caste des marchands — qui, dans d'autres parties de l'Inde, occupaient une place relativement honorable dans le système des castes. Au-dessous de ces castes moyennes, à présent triomphantes, il y en avait d'autres, comme toujours en Inde. Elles aussi avaient commencé à se secouer et à faire valoir leurs droits.

Sept ou huit ans auparavant, dans le nord du Tamil Nadu, il y avait eu une révolte de paysans — ou révolte maoïste — qui avait été réprimée. Au cours de la quarantaine d'années qui s'étaient écoulées depuis l'indépendance, l'État indien avait dû mettre fin à de nombreux soulèvements, aux quatre coins du pays. Il avait appris à faire face, à savoir quand frapper dur, quand laisser courir.

Il restait des survivants de cette rébellion paysanne. Ils avaient été rendus à la vie civile et leur situation était probablement meilleure à présent qu'elle ne l'avait jamais été. La police, toutefois, ne les avait pas perdus de vue, c'est par son entremise qu'une entrevue me fut ménagée avec deux d'entre eux.

On les avait fait venir d'une région éloignée et la rencontre eut lieu dans ma chambre d'hôtel. Un policier en civil les accompagnait. De mon côté, j'avais convoqué deux journalistes, un spécialiste des affaires criminelles, qui devait servir d'interprète, et un journaliste sportif, en qualité d'observateur. Nous étions donc six dans cette chambre d'hôtel. Le nombre n'incitait pas à la détente. Le thé et les biscuits de l'hôtel, servis par un garçon d'étage empressé, achevaient de nous coincer.

Je ne savais que penser de ces anciens rebelles. Ils étaient très noirs de peau, solidement bâtis, et portaient une espèce d'uniforme : un long dhoti sur lequel pendait une chemise crème. Leurs chevelures étaient épaisses, longues et abondamment huilées, peignées en arrière, coupées droit sur la nuque, juste au-dessus du col de chemise.

Le plus vieux des deux faisait office de porte-parole. Il était plus massif que son compagnon, le nez plus fort, la peau plus luisante. Il dit que son frère avait été communiste et que c'était lui, ce frère — ultérieurement tué par un propriétaire — qui l'avait endoctriné. Il avait alors, l'homme qui nous parlait, endoctriné à son tour son compagnon, plus jeune que lui et qui était son beau-frère. Cela n'avait pas été difficile. Le père du jeune homme travaillait pour les chemins de fer, à la cantine. Un jour, il y avait eu un accident au centre de triage et le père avait eu les orteils tranchés. Le fils avait alors postulé pour un emploi dans les chemins de fer. Il aurait dû être embauché, car, dans les chemins de fer, la tradition voulait que si un employé était blessé et devait prendre sa retraite, on donnait du travail à un membre de sa famille, à titre de compensation. Mais le fils n'avait pas obtenu le poste, parce que d'autres candidats avaient acheté l'adjoint du chef de gare ou un autre fonctionnaire du même ordre.

Le policier hocha la tête : à ce niveau-là, les choses se passaient effectivement ainsi — et la compassion de cet officier de police était intéressante. Les journalistes firent chorus. Pour ce genre d'emploi, voilà ce qui arrivait.

Il y avait très peu de brahmanes dans leur village. C'était une région habitée surtout par les castes arriérées et les *adidravids*, les tout premiers Dravidiens, des aborigènes qui menaient encore une existence tribale. Tous ces gens étaient exploités par les grands propriétaires ou *zamindars*. Quiconque possédait plus de vingt-cinq hectares était un grand propriétaire. Nombre de *zamindars* appartenait à la communauté des *reddiar*, venue de l'État voisin de l'Andhra Pradesh. Mais il y avait aussi des *zamindars adi-dravids*.

Les *zamindars* payaient les femmes trois roupies par jour et les hommes cinq. A l'époque, le salaire minimal était de cinq roupies pour les femmes et neuf pour les hommes. L'objectif des maoïstes était de dresser les travailleurs et les propriétaires les uns contre les autres. Ils y parvinrent en informant les ouvriers agricoles du montant du salaire minimal et en les encourageant à le réclamer. Souvent, les propriétaires refusaient et faisaient venir des travailleurs d'autres villages. Parfois, ils se montraient même plus brutaux. Le frère de mon interlocuteur avait été tué par un *zamindar*. Après quoi, ce fut la guerre : ce *zamindar* devait disparaître.

Il y eut trois tentatives pour le tuer. On le suivit et, un jour où il se trouvait dans un autocar, six maoïstes montèrent à bord du véhicule. Mais il ne se passa rien. A cause des autres passagers, les rebelles hésitèrent et dans la confusion qui s'ensuivit le *zamindar* put s'enfuir. La deuxième fois, ils lui tendirent une embuscade tôt le matin, dans un champ. Il arriva ; ses agresseurs lui tirèrent dessus et le ratèrent. La troisième fois fut la bonne. Un groupe de huit hommes prit d'assaut la maison du *zamindar* en lançant des grenades. L'attaque fit trois victimes : le *zamindar*, sa maîtresse et un bébé. Les hommes du commando ne savaient pas qu'il y avait un bébé ; sa mort les bouleversa.

Après cela, ils ne tuèrent que deux fois. Ils se bornaient à obéir aux ordres. Ces ordres étaient d'ailleurs plutôt des décisions, lesquelles étaient prises durant les réunions de groupe. Le désir de ces hommes était de renverser le gouvernement et leur but, quand ils avaient affaire à des gens qu'ils considéraient comme des « ennemis », était tout simplement de les éliminer.

Alors la police était intervenue. Elle décida de circonscrire toute la zone où opéraient les rebelles, et peu à peu les mailles du filet se resserrèrent. Trente maoïstes trouvèrent la mort. Les deux hommes que j'avais en face de moi avaient eu de la chance. Ils s'étaient rendus à la police quelque temps auparavant et se trouvaient en prison, accusés du meurtre du *zamindar*, de sa maîtresse et du bébé. (Ce fut ainsi que l'histoire me fut racontée : elle était floue et peu convaincante. Mais à cause de l'atmosphère pesante qui régnait dans ma chambre d'hôtel, à cause du décalage dans le temps entre ce que disait l'homme qui parlait et la traduction qui m'arrivait, je n'eus pas sur le moment le réflexe de le questionner davantage. Ce n'est que plus tard que ce flou devint apparent.)

La police n'avait pas de preuves contre les deux hommes. Elle ne réussit pas à trouver de témoins, pour la bonne raison que les deux suspects avaient fait circuler un avertissement dix jours avant l'audience : si quelqu'un s'avisait de venir déposer contre eux, il ne vivrait pas jusqu'au lendemain. La chose me fut rapportée très froidement dans ma chambre d'hôtel ; et le policier en civil, opinant, faisant claquer sa langue, parut prendre la chose calmement lui aussi, comme si tout cela faisait partie du jeu.

Finalement, les deux hommes avaient été relâchés. Étant donné que leur groupe avait été entièrement détruit, ils ne pouvaient pas reprendre leurs activités — et là, bien que la question n'eût pas été posée, ils déclarèrent tous les deux qu'ils n'avaient trahi personne. Le plus jeune des deux, le beau-frère, dit que la police lui avait coupé les « nerfs » du pied. Et il nous montra une cicatrice noirâtre, comme une brûlure, sur le dessus de son pied chaussé d'une sandale. Pourtant, même alors, nous assura-t-il, il n'avait donné personne. Le policier n'eut pas l'air troublé pour autant et ne tenta pas d'intervenir ; encore une fois, on aurait dit que tout cela, cette vilaine histoire de nerfs et de pied, faisait partie du jeu et que tout le monde le savait.

Avec l'aide de la police — la chose faisant sans aucun doute partie de la politique de réhabilitation de l'État — les deux hommes se lancèrent dans les affaires. Ni l'un ni l'autre ne réussit. Le plus âgé des deux voulut cultiver la tomate et décida, curieusement, d'expédier sa récolte à l'autre bout du pays, à Calcutta. Il perdit vingt-cinq mille roupies, soit environ mille livres. Son beau-frère, lui, se lança dans la fabrication des *beedis*, des cigarettes bon marché ; il expliqua que ses employés s'étaient sauvés avec la caisse. Les deux hommes ne paraissaient nullement déconfits par ces échecs ; ils avaient l'air très satisfait.

Je ne savais trop ce qu'il fallait penser de ce que je venais d'entendre. Il y avait si peu de descriptions dans leurs propos, si peu de détails. Peut-être cela tenait-il à la traduction, ou à l'atmosphère guindée de notre petite réunion, ou encore au fait qu'ils avaient trop souvent répété leur histoire. Il y avait chez eux une espèce de banalité qui me rappela celle des gangsters que j'avais vus à Bombay ; ces derniers étaient banals parce que leurs vies étaient, somme toute, extrêmement simples. Et peut-être la piétaille d'une révolution, dont ces deux hommes faisaient partie, devait-elle aussi être composée de gens simples, recevant des messages suffisamment faciles pour ne pas dépasser leurs facultés ni leurs besoins.

Je leur demandai ce qu'ils savaient de Periyar. Et aussitôt, même par le biais de la traduction du journaliste, ils parurent en dire plus long qu'ils ne l'avaient fait jusqu'ici — peut-être parce qu'il s'agissait d'une question à laquelle ils ne s'attendaient pas.

Ils vénéraient Periyar, dit le plus âgé des deux. Son père avait été un adepte de Periyar, mais ce dernier avait lutté uniquement contre les castes ; il ne s'était pas préoccupé de la lutte des classes. « Il nous a secoués, réveillés, mais il n'était pas concerné par une lutte telle que la nôtre. » Telle fut la première traduction du journaliste. Il la modifia après coup. Dans une traduction plus littérale, l'homme avait dit très exactement : « Nous n'avions aucun lien avec lui. » Ce qui laissait mieux entrevoir le fossé entre les castes du mouvement dravidien et celles des maoïstes.

Je les questionnai sur le côté anti-religieux du message de Periyar. Le plus âgé des deux hommes me dit qu'ils n'étaient pas pieux, mais que leurs femmes l'étaient. Encore qu'elles aussi eussent désormais commencé à se passer des brahmanes pour leurs cérémonies.

Sa réponse sonnait vrai. Ainsi, tout à fait à la fin, j'eus l'impression que ces deux hommes, quels que fussent leurs rapports avec la police, étaient peut-être en effet ce qu'ils prétendaient être.

Avant de partir, le beau-frère demanda à aller aux toilettes. J'étais un peu inquiet, mais le policier lui indiqua du geste la salle de bains. Nous attendîmes. Aucun bruit de chasse d'eau. Puis l'homme ressortit et referma soigneusement la porte derrière lui.

Plus tard, en ouvrant cette porte de salle de bains soigneusement refermée, je découvris que non seulement il n'avait pas tiré la chaîne, mais qu'il avait en plus pissé sur le siège et le sol. Était-ce seulement un manque d'expérience sociale ? Ou bien y avait-il aussi — chez cet homme qui avait participé à la lutte des classes —

quelque très profond sentiment de caste quant à l'impureté des toilettes : des endroits si impurs qu'on n'y faisait même pas attention, des endroits dont d'autres n'avaient qu'à s'occuper, que d'autres n'avaient qu'à nettoyer ?

J'en discutai, un ou deux jours plus tard, avec Suresh, le journaliste sportif. Il me dit que ces deux hommes faisaient partie de la lie de la société. Je ne m'en étais sans doute pas rendu compte, mais ils auraient fait tache dans le hall de l'hôtel. Ils étaient bien loin au-dessous des *shudras* et tout à fait hors d'atteinte du mouvement dravidien. Avaient-ils la moindre idée de ce qui était pur et impur sur le plan religieux ? A leur niveau, dit Suresh, même si les distinctions de castes et de communautés n'étaient pas aisément perceptibles aux gens situés plus haut dans la hiérarchie sociale, elles étaient néanmoins rigoureusement respectées.

La chemise, le long dhoti et les cheveux longs et huilés des deux hommes étaient sans doute copiés sur quelque vedette du cinéma populaire tamoul. Ce souci de leur aspect extérieur montrait qu'ils avaient déjà fait un pas en avant, qu'ils étaient déjà des villageois un peu dégrossis. Leurs petites bedaines aussi témoignaient du nouvel amour-propre qui leur était venu avec leur réhabilitation. Ils avaient, disaient-ils, renoncé à la révolution et ne demandaient plus désormais qu'à pourvoir aux besoins de leurs familles. Et cela, dit Suresh — quelles que fussent les autres ambiguïtés que l'on pût déceler dans leurs histoires — sonnait juste.

Je m'en fus faire mes adieux à Sugar. Il était toujours là, dans son petit appartement du rez-de-chaussée, prisonnier de sa renommée.

Je le trouvai en train de conseiller un homme qui avait apporté deux horoscopes imprimés par un ordinateur. Un mariage était envisagé et Sugar donnait son avis sur ces horoscopes. Il se montrait ferme. L'horoscope de la jeune fille n'était pas acceptable ; d'ici six mois environ, le jeune homme trouverait quelqu'un qui lui conviendrait mieux. L'homme qui le consultait, un haut fonctionnaire, ne paraissait pas contrarié. Il était de la famille du jeune homme. Dans ces affaires de mariages, c'étaient les garçons qui dictaient leurs conditions ; les filles et leurs familles étaient en position d'infériorité.

« La jeune fille a donc un mauvais horoscope ? demandai-je.

— Non, pas mauvais, corrigea Sugar. Il ne convient pas. »

C'était étrange de le découvrir ainsi, lui le mélancolique, si prêt à jouer les tyrans dans son rôle de voyant. J'eus l'impression que, quoi qu'il eût pu dire sur l'égoïsme et la fausseté des gens qui venaient le voir et sur son désir de renoncer à tout cela, il prenait plaisir à son travail et à sa réputation de saint homme.

Il dut alors sentir qu'il devait me faire quelque offrande. Il le fit de la façon qui lui était désormais naturelle.

Il me dévisagea à travers la petite pièce et dit : « Quand je vous ai vu dans l'Himalaya, en 1962, votre visage était *rayonnant*. C'était l'une des raisons qui m'avait attiré vers vous. A présent, vous paraissez soucieux. S'agit-il de votre vie privée ? De votre travail ?

— J'étais plus soucieux en 1962, dis-je. Mais j'étais aussi plus jeune. Comme vous.

— Reviendrez-vous à Madras ? Venez me voir. Venez me voir avant deux ans. » Il était en train d'exercer ses talents de devin. « Après... »

Il secoua la tête et, tassé dans son fauteuil, sa maladie et sa solitude l'accablant désormais comme de purs fardeaux, il laissa son regard errer sur le petit espace qu'il s'était approprié — pour vivre et pour dormir, sans le fouillis de meubles que j'avais vu la première fois, avec les images saintes au mur, la vitrine suspendue avec ses cachets contre le mal de tête, le vestibule adjacent entre la cuisine, qu'il ne pouvait plus nettoyer lui-même mais ne pouvait laisser personne d'autre nettoyer, et la pièce qui servait de temple, avec ses images rébarbatives — le petit espace qu'il devait bientôt laisser vide.

5

APRÈS LA BATAILLE

En Inde, en 1962, la majeure partie de l'architecture britannique m'avait semblé aller de soi. Après tout ce que j'avais pu voir à Trinidad et en Angleterre, les édifices britanniques en Inde me paraissaient familiers, ils n'avaient rien pour m'étonner. Peut-être aussi qu'en 1962, soit quinze ans tout juste après l'indépendance, je n'avais pas voulu voir dans cette architecture britannique autre chose qu'une toile de fond. Je gardais mes émerveillements pour les créations du passé indien. Il n'y avait pas jusqu'aux traces du génie de Luytens, à New Delhi, que je n'eusse admirées un peu à contrecœur, trouvant qu'il avait bâti sur une trop grande échelle, recherchant dans ses édifices officiels des motifs empruntés aux bâtisseurs mogols, et découvrant dans ses adaptations de nouvelles preuves de gloriole.

Et, ce regard partial, je le posais même sur l'architecture britannique de moindre envergure, sur les bungalows et maisons construits pour les fonctionnaires de la Couronne dans les régions provinciales. Il était, certes, bien agréable d'y descendre : avec leurs portiques et leurs vérandas ouvertes, leurs murs épais, leurs hauts plafonds et parfois quelques fenêtres et ouvertures supplémentaires en hauteur, ils étaient parfaitement adaptés au climat, mais ils paraissaient trop grandioses pour la pauvreté de la campagne indienne. Et puis on aurait dit, aussi, qu'ils insistaient sur les rigueurs du climat. Si bien que tout en faisant partie intégrante de l'Inde, ces édifices britanniques semblaient, de par leur exagération, la maintenir à distance.

Mais les années défilent et on peut acquérir de nouvelles façons de sentir, de regarder. Voici quarante ans que les Indiens bâtissent dans une Inde libre, et ce qui a été érigé durant ce laps de temps permet de voir plus facilement ce qui s'est fait avant. Dans l'Inde libre, les Indiens ont construit comme des gens sans tradition ; ils ont produit, dans la plupart des cas, des imitations superficielles du style international. Ce qui n'est pas facile à comprendre, c'est qu'au contraire des Britanniques, ils n'ont pas vraiment construit en fonction de leur climat. Ils étaient trop obsédés par leur désir d'imiter la manière moderne, et beaucoup de ce qui s'est fait dans cette optique — les ennuyeuses tours carrées de Bombay, massées trop près les unes des autres, les insipides masses de béton que sont devenues Lucknow, Madras et les quartiers résidentiels de New Delhi — ne peut qu'accroître la peine et la chaleur de la dure existence sous les tropiques.

Bien loin d'amplifier les idées de beauté, de grandeur, de possibilité humaine — des idées exaltantes, dont les gens très pauvres ont peut-être plus besoin que les riches — une grande partie de l'architecture de l'Inde libre s'est intégrée à la laideur, à la foule et à l'oppression physique croissante du pays. Or, la mauvaise architecture, dans une ville tropicale et misérable, n'est pas seulement une catastrophe esthétique. Elle gâche la vie quotidienne des gens ; elle leur met les nerfs à vif ; elle engendre des rages qui peuvent prendre des voies nombreuses et différentes.

A voir l'architecture indienne, plus dédaigneuse envers les gens qu'elle sert que l'architecture impériale britannique ne le fut jamais, on a désormais l'impression que le plus banal des bungalows du Service des travaux publics de l'époque britannique représente une pensée architecturale achevée. Et si, partant de là, on considère l'éventail des constructions britanniques en Inde, la période écoulée, les styles variés de ces deux siècles, les fonctions alors en plein développement (gares de chemin de fer, Victoria Memorial à Calcutta, Porte de l'Inde à Bombay, édifices parlementaires à Lucknow et New Delhi), il devient évident que l'architecture britannique en Inde — que l'on peut si aisément trouver toute naturelle — est la plus belle architecture séculière de l'ensemble du sous-continent.

Plus que New Delhi, Calcutta est la ville des Britanniques. Ce fut un des premiers centres des Indes anglaises ; elle s'agrandit en même temps que la puissance britannique, fut régulièrement embellie jusqu'en 1930, et resta la capitale de l'Inde colonisée. Pour édifier Calcutta, connue d'abord comme la cité des palais, puis comme la deuxième ville de l'Empire britannique, les Anglais œuvrèrent avec une immense confiance et, au lieu de s'inspirer du style des souverains indiens, ils se mirent en devoir d'adapter aux Indes le style classique européen, en guise d'emblème de la civilisation conquérante. Mais la cité impériale, tout au long des deux cents ans de son développement, devint aussi une ville indienne ; et — du fait qu'elle était à la fois un port, un centre administratif et commercial, un haut lieu de l'éducation et de la culture, des styles britannique et indien — elle devint une ville comme il n'en existait pas deux aux Indes. Pour ma part, à la fin de 1962, après plusieurs mois passés dans les petites villes et les provinces de l'Inde, Calcutta me donna le sentiment immédiat d'une métropole, avec tout ce qu'une métropole peut avoir d'excitant sur le plan visuel, tout ce qu'elle peut laisser entrevoir d'aventure, de profit et d'expérience humaine intensifiée.

Vingt-six ans plus tard, on discernait encore, la nuit, le fantôme de sa grandeur disparue — les larges avenues et les places conçues par les Britanniques, l'utilisation attrayante du fleuve et des grands espaces, la disposition des palais et des édifices publics ; mais il fallait attendre que les foules de la journée se fussent dispersées, chacun se retirant dans son petit coin pour se reposer et se préparer à affronter, le lendemain, l'agitation vide et douloureuse de la nouvelle Calcutta : les rues et les allées défoncées ; les émanations brunâtres d'essence et de kérosène qui ajoutaient un surcroît de férocité à la morsure du soleil, se mêlant à la poussière ambiante pour recouvrir la peau d'une couche de crasse ; les stridulations de cigale lancées par les autobus et les voitures les plus déglingués du monde, s'élevant et retombant à longueur de journée. La cité des Britanniques, cependant, était encore visible, fût-ce sous cet aspect spectral, parce qu'on y avait si peu ajouté depuis l'indépendance ; si peu ajouté depuis 1962.

L'énergie et les investissements s'étaient envolés vers d'autres coins de l'Inde. Calcutta n'était plus dans le circuit ; elle se nourrissait de ses entrailles et donnait l'illusion de vivre. Certains bâtiments du centre-ville ne semblaient pas avoir reçu la moindre couche de peinture depuis 1962. Sur certains murs et piliers — comme sur ceux d'un édifice promis à la démolition — les vieilles affiches et la colle avaient formé une espèce de croûte de papier mâché, qui partait en lambeaux ; on avait l'impression qu'en essayant de l'enlever, on risquait d'arracher le plâtre ou le stuc. Les célèbres clubs coloniaux — le Bengal Club, le Calcutta Club — tombaient en ruine, et les Indiens avaient désormais accès à ces salles qui leur étaient jadis fermées. La décrépitude au-dedans, la décrépitude au-dehors : par endroits, Calcutta n'était pas sans évoquer l'atmosphère d'un peuplement belge d'Afrique centrale abandonné dans les années 1960, après l'arrivée des Africains venus y installer leurs campements. Un campement, c'était le mot juste. Au moment de l'indépendance, avec la partition du Bengale en un Bengale occidental indien et un Bengale oriental pakistanais, il y avait eu un vaste mouvement de réfugiés venus de l'est. Or, ces gens avaient campé là où ils avaient pu, avaient envahi et encombré de vastes zones dans la ville même et tout autour. Et depuis lors, la population de Calcutta avait doublé.

Le jour, il n'y avait pas de place dans les rues, ni dans les grands jardins publics brûlés par le soleil. Pas de place pour marcher. A travers la foule, on pouvait circuler très lentement en voiture, le long d'une route creusée d'ornières, jusqu'au Tollygunge Club et là, il était possible d'aller se promener sur le parcours de golf. Mais le trajet était épuisant ; et celui du retour, au milieu des émanations d'essence et de kérosène, réduisait à néant le peu de bienfaits qu'on avait pu tirer de cette bouffée d'oxygène. Les gens expliquaient que jusqu'à une quinzaine d'années auparavant, les rues de Calcutta étaient lavées tous les jours à grande eau, mais cette histoire, je l'avais déjà entendu en 1962. A cette date déjà, soit quinze ans seulement après l'indépendance, seize ans après les terribles émeutes entre hindous et musulmans, qui avaient marqué la mémoire de tant de gens, on jetait un regard rétrospectif sur l'âge d'or de Calcutta.

Les Britanniques avaient bâti Calcutta et l'avaient marquée de leur sceau. Et — bien qu'il s'agît d'un pur hasard — quand les Britanniques avaient cessé de gouverner, la ville avait commencé à mourir.

Une des personnes dont j'avais fait la connaissance à Calcutta en 1962 était Chidananda Das Gupta. Il travaillait à l'époque pour l'Imperial Tobacco Company, connue plus tard sous le sigle moins provocateur d'ITC. En tant qu'employé d'une firme britannique aussi prestigieuse, Chidananda faisait partie d'un groupe d'Indiens extrêmement sélect et envié que l'on appelait les *boxwallahs*.

A leurs propres yeux, ces *boxwallahs* représentaient la synthèse des cultures indienne et européenne. Ils étaient admirés et jalousés par les Indiens extérieurs à leur groupe, parce qu'ils jouissaient d'une totale sécurité de l'emploi et exerçaient, qui plus est, une profession dont la « classe » était garantie par le lien avec les Britanniques. Leurs salaires étaient excellents, parmi les meilleurs de l'Inde ; et — pour mettre un comble à cet apparent excès de bienfaits — ils avaient des voitures et des appartements (meublés) de fonction. Sans compter que le travail n'était pas difficile. En effet, un *boxwallah* ne pouvait travailler que pour une firme exerçant en Inde un quasi-monopole dans son domaine particulier. Donc, tout ce qu'on lui demandait, c'était d'être un homme cultivé, d'avoir des relations et de s'intégrer avec élégance à l'équipe.

Chidananda, lui, avait un autre intérêt. C'était un cinéphile passionné et un des fondateurs de la Calcutta Film Society. C'était là que je l'avais rencontré, un soir. Et vingt-six ans plus tard, quelqu'un — en l'occurrence Rajan, le secrétaire, qui m'avait raconté son histoire à Bombay — devait me rappeler qu'à l'issue de cette soirée, Chidananda m'avait confié à lui, en le priant de me raccompagner jusqu'à la résidence de la société de produits chimiques où je logeais. Je n'avais gardé aucun souvenir de Rajan, pour qui ces rapports détendus avec les gens du cinéma et les Bengalis cultivés de la Film Society avaient été une véritable joie, un aperçu d'une Calcutta autrement plus séduisante que celle qu'il connaissait. Des locaux de la société, il ne me restait plus qu'une vague impression : un éclairage tamisé dans une petite pièce remplie de mobilier de bureau. Quant à Chidananda, j'avais emporté de lui l'image du parfait *boxwallah* : un homme mince, moustachu, d'une quarantaine d'années, en costume gris.

Le passage de Chidananda chez ITC n'avait pas duré. Il était devenu cinéaste et scénariste et cette nouvelle carrière l'avait éloigné de Calcutta. Vingt ans plus tard, environ, ayant pris une semi-retraite, il y était revenu. Il travaillait la moitié de la semaine, en tant que directeur de la rubrique artistique du quotidien *The Telegraph*. Le reste du temps, il vivait à Shantiniketan, l'université fondée par Rabindranath Tagore, poète et saint patron du Bengale.

Shantiniketan était à deux heures et demie de train de Calcutta. Chidananda était en train de s'y faire construire une maison qu'il habitait déjà, tandis qu'elle continuait à s'élever tout autour de lui. J'allai le voir un dimanche.

Que savais-je de Shantiniketan ? Dans mon idée, c'était un peu une version de la Phoenix Farm de Gandhi en Afrique du Sud, revue et corrigée par un poète et éducateur : une création liée au mouvement d'indépendance et en même temps conçue pour protester contre une mécanisation excessive ; une certaine idée de musique, de cours en plein air, de cabanes servant de salles de conférence ; quelque chose de pastoral et de très fragile, qui dépendait de la suspension de l'incroyance et des critiques ; et surtout quelque chose que je croyais — n'ayant plus entendu parler de Shantiniketan depuis fort longtemps — à présent disparu.

Je voyageai dans le wagon-salon climatisé du Shantiniketan Express. La voiture était effectivement installée comme un salon, avec des canapés et des fauteuils. Les motifs du décor étaient bouddhiques et il se pouvait même qu'un certain coin, masqué par un rideau, contienne une zone-sanctuaire : un rappel de la foi bouddhique si présente dans les régions située plus au nord. J'étais l'unique passager du wagon, ce qui expliquait le prix exorbitant que le réceptionniste de l'hôtel de Calcutta avait payé en mon nom. Pourtant, les marques de luxe brillaient par leur absence : le wagon-salon servait de dortoir aux employés subalternes des chemins de fer et trois d'entre eux ronflaient sur des canapés.

Nous traversâmes une contrée de rizières, un paysage de delta, plat et sans arbres, avec des champs verts et bruns. Les champs verts étaient remplis d'eau, avec dans chacun du riz à différents stades de sa maturité. Dans certains, les plants étaient piqués dans l'eau par paquets, comme de petites meules, attendant d'être replantés en rangées régulières. Les champs où la récolte avait déjà eu lieu étaient bruns et secs ; tantôt le chaume était encore en place, tantôt le champ avait été nettoyé et labouré ; on voyait même parfois, pour amender le sol, des monticules espacés de terre nouvelle, plus sombre, attendant d'être incorporée au champ durant les labours. Dans beaucoup d'endroits, on transportait l'eau de champ en champ, tantôt au moyen de pompes électriques, tantôt grâce à un long manchon souple que l'on abaissait à la main, pour le remplir, dans un champ recouvert d'eau et dont on allait ensuite verser le contenu dans un autre champ. On pouvait voir dans ce delta large et plat toutes les activités possibles et imaginables liées à la culture du riz : le spectacle se prolongeait sur des kilomètres et des kilomètres et on avait peine à comprendre comment le pays pouvait jamais souffrir de famine. Et puis enfin, aux abords de Shantiniketan, la terre commençait à s'assécher, à ressembler à un désert plat et inhospitalier.

Chidananda m'attendait à la gare. Vingt-six ans après, nous étions comme deux acteurs qui rentrent en scène au troisième acte d'une pièce ; après être sortis encore jeunes à la fin du deuxième acte, ils reparaissent les cheveux et les sourcils blanchis à la poudre ou à la farine. Chidananda portait une tenue indienne décontractée (et non le costume gris de *boxwallah* dans lequel ma mémoire l'avait jusque-là figé) et il conduisait une vieille voiture, une

Ambassador. Elle lui revenait beaucoup moins cher ici qu'à Delhi, m'expliqua-t-il ; la chose avait compté quand il avait décidé de venir s'installer à Shantiniketan.

La courte allée permettant d'accéder à la gare était un fouillis de vélos pousse-pousse. Ici, me dit Chidananda, l'automobile n'était pas chez elle. Les trains s'arrêtaient effectivement à Shantiniketan, mais les habitants de Bolpur, l'arrêt précédent, avaient exigé que tous les voyageurs pour Shantiniketan descendissent à Bolpur, afin d'assurer une clientèle au bazar de l'endroit.

Assez vite, nous sortîmes de l'agglomération. Il y avait des arbres, dont beaucoup avaient été plantés par l'université, me dit Chidananda, et qui avaient contribué à accroître les précipitations. Leur ombre aussi était bienvenue, mais le pays était encore poussiéreux, ô combien poussiéreux. Il n'y avait plus de cabanes en terre à l'université, à présent, rien que des maisons en béton badigeonnées d'ocre. Nous passâmes devant le temple de Shantiniketan. C'était une grande bâtisse agréablement proportionnée, dont l'aspect non ecclésiastique était soigneusement voulu. Mais elle était marquée par son époque, avec des murs à jours et des vitres en verre coloré ; vue de la route, elle faisait très édouardienne et quelque peu tape-à-l'œil.

Chidananda me montra quelques-unes des maisons où Tagore avait vécu durant son séjour à Shantiniketan. Tagore, m'expliqua-t-il, se lassait très vite d'une demeure et aimait vagabonder de maison en maison ; double privilège du poète et du fondateur, et peut-être aussi caprice que se passait l'aristocrate bengali. J'avais en outre, à Shantiniketan, l'impression d'un grand homme autorisé à s'amuser : certains des bâtiments de l'université avaient été conçus par Tagore en personne, qui avait tenté de fondre ensemble des motifs asiatiques, hindous, indiens et chinois. Le romantisme et l'aveuglement volontaire qui se cachaient derrière cette idée décorative paraissaient étranges, de nos jours ; à l'époque, pourtant, il avait dû y avoir une espèce de passion mêlée au dilettantisme, le besoin — face à la gloire ancienne et apparemment durable de l'Empire britannique et de l'Europe — d'affirmer l'Asie.

La demeure inachevée de Chidananda se trouvait en bordure de la zone universitaire. La maison, bâtie en brique, devait s'élever sur deux niveaux. Le rez-de-chaussée était quasiment terminé ; il restait environ trois mois de travail pour achever le premier étage. Le terrain qui entourait l'édifice était ouvert sur trois côtés. Chidananda l'avait choisi à cause de l'isolement, du silence, de l'air pur, trois avantages aujourd'hui introuvables dans les cités de l'Inde. Mais la raison principale de son installation à Shantiniketan, c'était que cet endroit — malgré tous les changements qu'il avait subis et qui l'avaient ravalé au même rang que toutes les autres universités du pays — était lié à la culture bengali particulière au milieu de laquelle il avait grandi. Pour lui, ce sol était sacré, de même qu'il l'était, quoique d'une manière différente, pour les simples touristes indiens qui venaient visiter les lieux. Ceux-ci venaient, non pas parce qu'ils connaissaient la poésie ou l'œuvre de Rabindranath Tagore, mais parce qu'ils avaient entendu parler de lui comme d'un saint homme, et qu'il était bon de visiter les sanctuaires de pareils personnages.

Le père de Chidananda avait prêché toute sa vie le Brahmo Samaj. Il s'agissait d'une sorte d'hindouisme purifié ou réformé, conçu au XIXe siècle par le père de Rabindranath. C'était une tentative de synthèse du nouveau savoir, venu de Grande-Bretagne et d'Europe, et de la vieille foi hindoue des Védas et des Upanishads, fondée sur les hypothèses philosophiques. Le Brahmo Samaj émanait directement des idées de Ram Mohun Roy, rajah du Bengale (1772-1833), premier réformateur et éducateur moderne de l'Inde. Il n'est pas facile d'apprécier de nos jours la qualité d'hommes tels que Roy et Tagore père, à présent que les marchandises et les inventions d'Europe et d'Amérique ont transformé la planète et que les gens simples du monde entier ont dû s'adapter, plus ou moins, à la civilisation qui les encercle et les attire. A la fin du XVIIIe siècle et au début du XIXe, l'Europe n'était pas, pour les Indes, une telle pourvoyeuse de marchandises. Dans les conditions statiques de la civilisation indienne — avec toutes ses pressions en faveur des anciennes méthodes, des anciennes vertus — il fallait une puissance intellectuelle exceptionnelle pour reconnaître ce que l'Europe offrait de nouveau.

« La foi du Brahmo, m'expliqua Chidananda, réunit l'essence de ce qu'enseignent les Upanishads et certaines formes chrétiennes. Par exemple, une forme de service religieux — un service le dimanche matin et le dimanche soir. On s'asseyait sur les bancs des grandes églises et il y avait une chaire. Le service alternait entre les rites oraux et prières d'une part et de l'autre les cantiques, dont beaucoup étaient écrits par Rabindranath Tagore et certains par son père. C'était le père de Rabindranath qui avait inventé ce type de service. Le Brahmo séparait le monothéisme des Upanishads et la pensée d'un esprit universel, lequel était informe, de l'hindouisme des Puranas — l'idolâtrie, le panthéisme, mélangés à l'animisme, à l'existence de castes. Il croyait à l'instruction des femmes et aux idéaux de la démocratie, ainsi qu'à l'abolition du système des castes. »

Telle était la foi que le père de Chidananda avait servie toute sa vie. Il avait pris très jeune la décision de le faire.

« Mon grand-père a emmené mon père aux services dominicaux du Brahmo Samaj dès l'âge de dix ans. C'était dans la ville de Chittagong, qui se trouve à présent au Bangladesh. » Chittagong. Cette ville, désormais associée à la pauvreté et aux catastrophes naturelles du Bangladesh, avait pourtant été, voici quatre cents ans, pour le poète portugais Camoes, l'une des plus belles cités du riche et fertile Bengale : *Chatigao, cidade das milhores de Bengala*.

« A quatorze ans, mon père décida qu'il voulait devenir Brahmo. Mon grand-père n'avait absolument pas prévu ce résultat et il fut tout à fait scandalisé. Une nuit, mon père partit de chez lui. Il partit à pied, littéralement, et — pour employer une expression moderne — fit du stop à bord de chars à bœufs et de bateaux pour gagner Shillong, dans les montagnes, à huit cents kilomètres de distance. A cette époque-là, il existait encore une tradition très vivante d'hospitalité le long des routes. Mon père m'a raconté que quand il n'avait pas trouvé de place dans un char à bœufs, il marchait toute la journée et que le soir il se rendait dans la maison la plus proche et demandait un abri pour la nuit ; on l'accueillait toujours.

« Il se rendit à Shillong parce qu'il y connaissait quelques Brahmos. Ceux-ci l'aidèrent à poursuivre ses études et il put s'inscrire à l'université, avec des tas de gens fameux, notamment Sukumar Ray, le père de Satyajit Ray, un grand humoriste et éditeur.

« Mon père n'obtint jamais son diplôme. Il fit ce qu'on appelait à l'époque les ''Premiers Arts'', c'est-à-dire les deux premières années du cycle universitaire, puis il devint missionnaire du Brahmo et reçut une petite pension. Très peu de temps après, il rencontra ma mère et tomba amoureux d'elle — à Ganga, dans le Bihar, où le père de ma mère était un médecin en vue. Quand mon père lui demanda la main de sa fille, le médecin la lui accorda. Et mon père resta toute sa vie un pauvre prédicateur. »

Pour quelqu'un issu d'un tel contexte familial — et peut-être pour tous les Brahmos pratiquants — Shantiniketan était un lieu sacré, pour une raison particulière.

« Dans les années 1840, le père de Rabindranath a traversé cette région. Elle ressemblait à un désert, et lui plut énormément. Il y avait un arbre, sous lequel il s'assit, et le jour même il décida de fonder un ashram à cet endroit. Il avait l'intention de prendre pour modèle le très ancien ashram *brahmacharya* — où l'on reste célibataire durant toute sa vie d'étudiant pour mieux apprendre aux pieds de son gourou. Il fonda effectivement cet ashram et bien des années plus tard, Rabindranath fonda à son tour l'université *Vishwa-Bharati*, l'Université mondiale de l'Inde. On a élevé une estrade sous l'arbre où s'était assis le père de Rabindranath. C'est l'endroit le plus sacré de Shantiniketan.

« Ce que Ram Mohun Roy avait lancé au début du XIXe siècle en tant que mouvement réformateur, Devendranath Tagore en fit une religion. Elle transforma la classe moyenne du Bengale. Rabindranath Tagore élargit cette religion au point d'en faire une véritable culture, laquelle culture devint la politique de Nehru. Du fait que Rabindranath l'avait aiguillée vers cet aspect culturel au lieu de la restreindre au domaine purement religieux, elle fut vite absorbée par toute la bourgeoisie. Aujourd'hui, le Brahmo Samaj, matériellement, existe toujours. Mais c'est une institution d'où la vie s'est enfuie — pour se réfugier dans la société en général. »

Chidananda était venu pour la première fois à Shantiniketan en 1940, à l'âge de dix-neuf ans. Il vivait avec sa famille dans la province voisine du Bihar, et son père lui avait conseillé d'aller y passer des vacances. Il fut logé dans le pavillon des invités, où il partageait une chambre avec un Indonésien qui enseignait le batik à l'université. Chidananda était tout excité de se retrouver avec un étranger, tout excité aussi par le nom de l'Indonésien, qui s'appelait Prahasto. C'était un nom sorti tout droit du Mahabharata, la grande épopée hindoue. Chidananda en conçut aussitôt une idée plus grandiose de l'Inde et de l'Asie ; et il sentit — et c'était justement ce que Tagore voulait inspirer aux étudiants de l'université — qu'en venant à Shantiniketan, il était venu dans un endroit qui appartenait au monde entier et pas seulement à l'Inde.

Quelques jours plus tard, Rabindranath avait prononcé un discours dans le temple.

« C'était très tôt le matin, en décembre, il faisait froid — à l'époque il n'y avait guère de maisons à Shantiniketan, donc beaucoup plus de grands espaces — et nous nous sommes assis sur le sol de marbre glacial du temple de verre, avec ses morceaux de verre de toutes les couleurs. Quand le soleil s'est levé, les visages et les vêtements de l'auditoire ont été éclairés par une lumière multicolore. Nous étions tous assis là, à attendre Rabindranath.

« On l'a amené dans son fauteuil roulant. Une fois à la porte, il s'est levé de son fauteuil. Il était très grand, mais voûté par la vieillesse. Il s'est avancé tout seul, sans l'aide de personne. Il était tout en blanc, avec un dhoti, un koortha et une étole. J'ai été très frappé en le voyant. On aurait dit une évocation de l'Inde ancienne, on avait l'impression romantique de se trouver en présence d'un sage de l'antiquité. Il s'est assis sur un tabouret très bas. A part lui, tout le monde était assis à même le sol de marbre, sans le moindre tapis.

« Et puis les chants ont commencé. Pas le moindre instrument moderne, rien que des instruments traditionnels. Mais pas d'harmonium — Rabindranath n'aimait pas cet instrument, parce qu'il avait une gamme fixe, une gamme occidentale, avec laquelle il est impossible de réaliser les demi-tons ou micro-tons si importants pour le système indien de musique classique. Ils ont chanté un cantique, un de ceux qu'avait composés Rabindranath.

« Il a lu un texte tout préparé, en bengali, avec des citations en sanskrit. C'était un homme de très haute taille, plus d'un mètre quatre-vingt-cinq, et il paraissait très *fort* ; j'ai été frappé par le contraste entre sa voix, fluette et haut perchée, et sa carrure. Je m'étais attendu à une voix profonde et bien timbrée. Il m'a fallu plusieurs minutes pour me remettre de ma surprise. Mais très vite, j'ai été envoûté par la teneur de ses propos. On était en décembre 1940, et la guerre faisait partie intégrante de notre vie quotidienne. Le sujet de son allocution était la crise de la civilisation — le mouvement vers l'autodestruction l'inquiétait fort. »

Tagore avait donc fait connaître à Chidananda une façon d'envisager le monde. L'un des principaux avantages du mouvement indien pour l'indépendance a été d'avoir eu beaucoup de chefs doués d'une grande largeur de vue, capables de voir au-delà de leur cause purement indienne.

Ce premier séjour de Chidananda à Shantiniketan dura quinze jours. Moins d'un an plus tard, Rabindranath s'éteignait. Comme beaucoup de Bengalis, Chidananda eut le sentiment que sans lui, Shantiniketan ne serait plus rien ; et ce ne fut que quarante-six ans plus tard qu'il y retourna. Il n'y revint, d'ailleurs, qu'une fois qu'il eut décidé d'aller y vivre. Pour ce second voyage, il fit ce que je venais tout juste de faire : il prit le train à la gare de Howrah, à Calcutta, et descendit à Bolpur deux heures et demie plus tard.

« Cette gare vous plante au beau milieu de l'atmosphère d'une petite ville bengali dans ce qu'elle peut avoir de pire — tout y est laid, bruyant, surpeuplé, elle regorge du genre de privations que je vois dans le style d'urbanisation de notre pays, les privations de l'esprit, des besoins de base. La gare avait beaucoup plus changé que Shantiniketan.

« J'ai traversé la pagaille de Bolpur. Je savais que j'allais à Shantiniketan où il y aurait de grands espaces, du calme, des arbres. Cela ne m'a donc pas trop dérangé — parce qu'on ne peut pas faire abstraction de la réalité de son propre pays. C'était bien bon de se dire qu'il y avait un cœur caché derrière tout ce chaos. Voilà environ quinze ans que je pratique le yoga et cela m'a aidé énormément à atteindre cette disposition mentale — qui me rend capable d'accepter une énorme quantité de pagaille et de désordre tout autour de moi, pendant un certain temps, sans perdre ma propre tranquillité d'esprit.

« Donc, même lors de cette première visite, je me suis aperçu que l'endroit me plaisait. Quelques mois plus tard, j'ai acheté un bout de terrain, le plus grand que j'ai pu me payer, et j'ai commencé aussitôt à faire construire. Un vieil ami architecte, aujourd'hui à la retraite, un Bengali, m'a dessiné les plans. Il connaissait la région, le climat, la direction des vents.

« L'endroit a beaucoup changé. Je ne m'attends pas à retrouver ce que j'ai connu. On ne peut pas revenir en arrière, reconstituer l'époque où tous les gens d'ici vivaient dans des maisons de boue séchée et choisissaient de marcher pieds nus. Mais j'ai le sentiment qu'en revenant ici, je suis revenu à des façons de penser, de vivre, d'agir plus libres. Je n'ai pas l'impression d'être calfeutré. Je viens de relire les Upanishads — un ancien penchant qui m'a repris. Officiellement, je suis athée, mais je suis arrivé à un stade où j'établis une distinction entre la spiritualité d'une part et le théisme et la religion de l'autre. Pour moi, les Upanishads représentent un effort de l'homme pour comprendre l'univers et se comprendre lui-même, au niveau suprême de la spiritualité.

« Ici, nous ne sommes qu'à deux heures et demie de Calcutta, mais j'ai l'impression d'être parvenu très, très loin de ma précédente incarnation. Celle du *boxwallah*, que vous avez vue en 1962, était très éloignée des racines de ma culture et de mon éducation. »

Chidananda, dans sa jeunesse, avait voulu être enseignant. Il avait même voulu, un temps, être missionnaire du Brahmo, comme son père, mais ensuite son désir de faire ses preuves dans le monde l'avait entraîné vers la publicité, puis vers l'Imperial Tobacco Company.

En apprenant qu'il avait décroché ce poste, tout le monde l'avait félicité, mais sa femme lui avait dit : « Pourquoi donc veux-tu cet emploi ? Ne comprends-tu pas que nous allons devenir différents ? »

« En 1962, reprit Chidananda, quand vous m'avez rencontré, je dirigeais toute la publicité de la firme et c'était l'une des plus grosses opérations publicitaires du pays. La firme elle-même était une espèce de monopole du tabac qui datait de l'époque britannique. Tout ce qui était fabriqué était vendu, quelle que fût sa qualité ou presque. Laissez-moi vous donner une idée de l'auto-satisfaction qui imprégnait l'univers des *boxwallahs*. Il y avait un directeur du personnel, grassement rémunéré, qui passait le plus clair de son temps à mesurer les tapis que l'on mettrait dans le bureau d'une certaine catégorie d'employés et à discuter la couleur des rideaux avec leurs épouses.

« On avait fait du *boxwallah* un animal tout à fait curieux. Le système avait été créé pour répondre aux besoins des Britanniques, à leur mode de vie, à leurs façons de manger, de s'asseoir, de dormir, de déféquer. Les Britanniques que la firme faisait venir ici considéraient leur passage en Inde comme un séjour à l'hôtel, où tout vous est fourni — jusqu'à la moindre serviette et à la plus petite cuiller — en prévision du moment où ils rentreraient chez eux, s'achèteraient une maison et s'occuperaient eux-même de faire leur lessive. On leur fournissait même les domestiques.

« Moins de six semaines après avoir été engagé, je présentais un rapport expliquant qu'il fallait changer le nom de la firme et transformer l'Imperial Tobacco Company en ITC. Sur le moment, la seule réaction a été un éclat de rire.

« A l'instar de l'administration de l'Empire britannique proprement dit, l'empire commercial, qui n'était qu'une extension de l'autre, séparait une poignée d'Indiens du reste de leurs compatriotes et les intégrait au système de gouvernement. L'objectif était de les inciter à s'identifier davantage aux intérêts britanniques qu'aux intérêts indiens. On employait des méthodes très subtiles. Les Britanniques servaient sans hésiter sous les ordres de fonctionnaires indiens, que ce fût dans l'administration politique ou l'administration commerciale. Je ne crois pas que cela se soit produit dans les autres empires coloniaux et cela n'existe toujours pas dans les sociétés étrangères en activité en Inde. Les sociétés françaises, américaines ou japonaises ne mettent pratiquement jamais leurs ressortissants sous les ordres d'un Indien.

« La firme était extrêmement hiérarchisée. Il y avait deux classes bien distinctes, les cadres et les subalternes. Nous autres, les cadres, nous avions des voitures avec chauffeur et nos femmes avaient droit à d'autres voitures pour aller faire leurs courses — choisir les tapis et les rideaux. Certains de mes collègues rajustaient leur cravate si le président leur téléphonait, ou bien envoyaient le chauffeur chez eux chercher un veston propre s'ils devaient sortir déjeuner. Et, bien entendu, dans les locaux de la firme, les cadres avaient des toilettes séparées.

« Ma femme s'est très vite habituée à tout ce confort ; elle adorait ça. Et moi j'appréciais le luxe de cette existence — ce serait pure hypocrisie de prétendre le contraire. Et je dois même vous avouer que ce train de vie a laissé sa marque sur la nature de nos besoins par la suite.

« Mon problème, c'est qu'en raison de mon intérêt pour la littérature et le cinéma, je ne cessais de côtoyer, dans ma vie privée, des gens radicalement différents. A la fin d'une journée de travail, je me rendais au siège de la Calcutta Film Society que j'avais fondée en 1947, l'année de l'indépendance, avec Satyajit Ray. Notre travail consistait principalement à coller des enveloppes et à écrire des adresses. Nous avions bien de la chance d'avoir un ventilateur au-dessus de nos têtes — dans le bureau miteux d'un distributeur de films. C'était là que nous parlions de la grandeur du cinéma mondial.

« Ray était étroitement associé à notre travail. Grand et large d'épaules comme il est, il me rappelait énormément Tagore, et à présent je vois en lui le dernier grand représentant de l'ère Tagore. Mais à l'encontre de Tagore, il a une vraie voix de stentor. Et il a aussi le teint très sombre ; Tagore avait une peau claire et délicate. Par sa culture, son "indienneté", son universalité (qu'il ne faut pas confondre avec le cosmopolitisme branché), son honnêteté, Ray possède quelques vertus très chères au Brahmo.

« Je menais donc une espèce d'existence à la Jekyll et Hyde. Dans la journée, complet-veston, atmosphère vissée, et le soir, la Film Society. Parfois, la façon dont j'occupais mes loisirs piquait la curiosité d'un de mes collègues. Il venait à la Film Society voir un film français ou allemand, mais il était dégoûté par l'odeur de transpiration que dégageaient les corps de mes proches collaborateurs, venus de très loin par autocar, tramway ou même à pied, pour travailler toute la journée dans des bureaux non climatisés, et qui n'avaient pas les moyens de rentrer chez eux se changer.

« Voici, sous une forme très matérielle, une illustration très nette du genre de tourment spirituel que me causait cette existence de schizophrène. Je me rappelle avoir assisté avec mes collègues au mariage d'un des cadres britanniques de notre firme avec une jeune fille indienne, événement qui avait provoqué une véritable consternation parmi les échelons supérieurs de notre direction.

« Je portais, par la force des choses, un costume trois pièces, de même que mes collègues. Ou bien peut-être était-ce un manque de volonté de ma part. Or, par cette journée particulièrement chaude et étouffante, je trouvai l'endroit plein de Bengalis vêtus de confortables koorthas et dhotis en fine popeline. Et, tout en suant à grosses gouttes dans mes vêtements parfaitement inappropriés, je compris soudain à quel clan j'appartenais et je me dit, écœuré : "Qu'ai-je donc fait de moi-même ?" Cet incident cristallisa toutes sortes de choses à l'intérieur de moi. Je commençai à envisager de démissionner et de renoncer au style de vie que la firme imposait à ses cadres.

« A mon avis, dans le genre de travail que je faisais, on sous-employait énormément mon intelligence. Dans le service des ventes, beaucoup d'entre nous se rendaient dans les bazars de Calcutta et des petites villes du pays entier, mais une fois sur place, à ce que je découvris, leur seule activité consistait à prendre des paquets de cigarettes au hasard pour vérifier le numéro de code inscrit derrière, ce qui permettait de savoir si la marchandise était vieille ou récente.

« Ainsi, les gens enchaînaient le petit déjeuner, les heures de bureau, le déjeuner, une virée au bazar, une autre au club, et se couchaient tard tous les soirs. Les bureaux, les maisons et le club étaient tous climatisés, si bien qu'on n'avait pas besoin de passer plus d'une demi-heure par jour dans la chaleur.

« La grande vertu de ce genre de vie, c'était qu'il vous empêchait de réfléchir. Si vous commenciez à penser, cela vous mettait mal à l'aise. Certains Indiens en ont souffert, leur faculté d'être eux-mêmes s'en est trouvée affectée de façon permanente et ils ont été imprégnés par une espèce de fausseté. J'ai vu pas mal de gens devenir incapables de faire face sans ce parapluie protecteur. Et j'en ai vu d'autres supporter une quantité infernale d'humiliations au sein de l'organisation.

« Ces emplois étaient tous, plus ou moins, des sinécures. Alors on vous humiliait en vous retirant certains symboles visibles de votre autorité et en vous laissant sans véritable travail à faire. J'ai connu des gens qui allaient au bureau, jour après jour, qui restaient assis là sans rien faire, et qui rentraient chez eux — des diplômés d'Oxford et de Cambridge, qui auraient pu exercer leurs capacités de façon beaucoup plus valable s'ils avaient pris d'autres situations. Tous les employés étaient au courant de cette humiliation. On la rendait très visible. Pourtant, pour beaucoup de gens, il était impensable de démissionner. C'eût été comme d'être éjecté d'une pièce chaude et bien éclairée, en plein hiver, dans le nord de la Suède.

« A cette époque, en Inde, le monde des affaires n'était pas encore en pleine expansion et les occasions de réussir étaient très limitées. De toute façon, les firmes indiennes n'auraient pas pu offrir aux *boxwallahs* le style de vie auquel ils s'étaient habitués. De nos jours, les sociétés indiennes vous assureront certains avantages et un train de vie très coûteux — à condition que vous obteniez des résultats. C'est une obligation : il n'y a plus de sinécure dans les firmes indiennes.

« Ce nouveau mouvement avait commencé vers le milieu des années 1960. Les réalités de l'existence cernaient de plus en plus près le régiment assiégé des *boxwallahs*. L'ITC a changé. En très peu de temps, dix ans — ce qui est quand même court pour un changement de culture — elle s'est transformée. La métamorphose a été le fait des Indiens. Les Britanniques formaient leurs hommes, mais ils n'essayaient pas de diriger eux-mêmes l'affaire. De nos jours, l'ITC s'est diversifiée et fait face sans trop de problème au ralentissement de la vente du tabac. »

Cette transformation était la preuve que la culture des *boxwallahs* avait un aspect positif, dont il fallait se souvenir.

« L'éthique du travail était très poussée. Il y avait beaucoup d'énergie et de discipline, même si on ne savait pas toujours très bien vers quoi on allait. Ces gens étaient, au fond de leur cœur, de bons Indiens, des patriotes. Je me rappelle encore une réunion du comité financier en 1962, à l'époque de la guerre avec la Chine, au moment où nous nous sommes connus. Le directeur financier a dit : "Eh bien, messieurs, pensez-vous que notre prochaine réunion aura lieu à Pékin ? — Non, monsieur, ai-je répondu, à moins que notre Premier ministre ne prenne l'habitude de se promener avec un parapluie sous le bras." Et je dois dire ceci en faveur des Britanniques, c'est que ce genre de riposte leur plaisait, qu'ils ne vous en respectaient que plus. »

Ashok avait vingt-cinq ans de moins que Chidananda. Il travaillait pour une ancienne société anglaise de *boxwallahs*, laquelle avait été rachetée par un membre de la nouvelle génération de financiers et industriels indiens richissimes, dont la majeure partie des activités professionnelles se déroulaient en dehors de l'Inde.

Ce n'était pas pour les privilèges et le prestige décrits par

Chidananda qu'Ashok avait voulu se lancer dans les affaires. Il avait été davantage séduit par l'idée de « marketing » — c'était moderne, actif, branché. (Croyant que le marketing était tout simplement un autre terme pour désigner la vente, je ne demandai pas à Ashok de le définir pour moi. De nombreuses semaines plus tard, à Delhi, un ancien publiciste m'en a donné la définition suivante, extrêmement précise : « Le marketing c'est l'identification et la satisfaction d'un besoin inassouvi. » Il ne s'agissait pas de créer des besoins — dans un pays pauvre, ce genre de chose aurait passé pour l'œuvre du diable. Il s'agissait simplement d'identifier les besoins inassouvis.)

La première histoire d'Ashok — il m'en raconta trois en tout — concernait sa tentative de se lancer dans le marketing.

« J'ai pris plusieurs faux départs. D'abord, quand j'ai entrepris des études commerciales à l'université. C'était ce que souhaitaient mes parents. Je savais bien que je n'étais pas fait pour le commerce, mais j'ai serré les dents et fait ce qu'on me disait. J'ai réussi mon dernier examen d'extrême justesse, ce qui a ébranlé ma confiance en moi. Après quoi, j'ai postulé pour être admis dans une école de gestion. Ça, je l'ai fait parce que tout le monde le faisait. Inutile de dire que je n'ai pas été admis.

« Arrivé là, mon père m'a trouvé un travail dans une chambre de commerce à Delhi. J'y suis resté un an et demi. Je me suis trouvé en contact avec un certain nombre de barons de l'industrie, pour qui la chambre avait été créée, mais il y avait aussi pas mal d'individus assez mal dégrossis. Cela m'a donné une bonne idée du curieux mélange qu'était le monde des affaires en Inde. Je touchais un salaire de misère, trois cents roupies par mois, mais je vivais chez un oncle et n'avais aucuns frais.

« Un jour, dans une réception bourgeoise à Delhi, dans le quartier de Defence Colony, j'ai rencontré un certain Dr Malhotra. C'était un homme corpulent, de taille moyenne, vêtu d'un costume marron foncé. Je lui ai demandé ce qu'il faisait dans la vie et il m'a répondu d'un ton désinvolte qu'il était le directeur de l'Imba. J'ai voulu savoir ce que c'était que l'Imba et il m'a expliqué que c'était l'*Institute of Management and Business Administration* (Institut de gestion et d'administration commerciale). Le nom m'a paru familier, mais c'est uniquement parce que beaucoup de ces établissements portent des noms de ce genre. En tout cas, j'ai été très impressionné. C'était un homme entre quarante et cinquante ans. Moi, j'en avais dans les vingt-cinq. Il paraissait très prospère et parlait comme s'il l'était. Au début, il s'est montré indifférent, ne voyant probablement en moi qu'un énième jeune homme travaillant quelque part.

« Mais ensuite, notre conversation lui apprit que mon père était un homme d'affaires influent à Calcutta, et aussitôt son attitude envers moi se modifia. Il manifesta un vif intérêt pour mes activités, mon salaire, et m'assura qu'à son avis je valais beaucoup mieux que ça. Ma propre crédulité m'emporta sur la vague de ce brusque intérêt. Son approbation était totale.

« Il ne parvenait pas à comprendre pourquoi quelqu'un possédant des dispositions aussi évidentes que les miennes devrait perdre son temps à toucher trois cents roupies dans une banale chambre de commerce, alors que j'aurais pu avoir le monde à mes pieds. "Vous avez quelque chose de mieux à me proposer ? — Et comment !" Il me décrivit l'Imba, son institut. A l'en croire, l'Imba avait été fondé pour répandre la discipline du marketing parmi le plus grand nombre possible de gens, à travers tout le pays. Et il avait dès à présent l'intention de l'étendre de Delhi aux autres centres métropolitains.

« A l'entendre parler, on avait l'impression que les grandes sociétés de l'Inde se disputaient son génie du marketing, et qu'il n'était pas étranger à la réussite de bon nombre de marques très connues. Je trouvais passionnant de l'écouter et j'avais l'impression qu'il m'ouvrait les yeux sur ce monde merveilleux du marketing dont j'avais tant entendu parler.

« Je me suis dit que c'était ça que je voulais faire. C'était en partie parce que beaucoup de mes amis et collègues s'inscrivaient dans ces instituts de gestion, dans lesquels le marketing était une discipline importante, ou parce qu'ils entraient dans de très grosses sociétés, pour des stages de gestion dans le service marketing. Je ne comprenais pas bien de quoi il s'agissait, mais il me semblait que c'était la chose à faire. Il y avait un certain prestige, une certaine aura.

« Je convins donc, avec le Dr Malhotra, que je perdais mon temps là où j'étais. Il m'invita à passer à son bureau dès le lendemain, car je pourrais bien y apprendre, laissa-t-il entendre, une bonne nouvelle me concernant. Le lendemain matin, j'y partis au trot. Je n'étais pas plus tôt arrivé que le Dr Malhotra me proposait un poste pour le double de ce que je touchais à la chambre de commerce, avec l'alléchante perspective de retourner travailler à Calcutta.

« Quand je lui demandai pourquoi un homme comme lui, qui était de toute évidence un gros ponte du marketing, s'intéressait à un pauvre petit débutant de mon espèce, il me répondit que pour lui les diplômes universitaires se résumaient comme suit : B. S., M. S. et Ph. D.[1] — *Bullshit, More Shit* et *Piled High and Deep* (de la merde, encore de la merde, un gros tas de merde). Cette formule aussi m'impressionna. Déjà, à l'école, mes professeurs notaient toujours sur mes bulletins : "Ses notes ne reflètent pas fidèlement ses capacités." J'étais donc tout prêt à gober ce que le Dr Malhotra avait à me dire.

« "Ce qui compte, quand on travaille, c'est l'expérience", déclara-il. Et d'ajouter qu'il préférait, dans cette optique, engager des néophytes de mon espèce et faire éclore leur personnalité.

« Il me demandait donc de m'occuper de la branche, ou comme il disait du "bureau", de l'Imba à Calcutta ; je crois que ce mot de "bureau" sonnait d'une façon moderne qui lui plaisait. Mon travail, tel qu'il me le décrivit, consisterait à organiser des stages et à recruter, dans les sociétés et le grand public, des personnes susceptibles de les suivre en versant une somme considérable.

« J'eus quand même assez de présence d'esprit pour lui demander comment cela pourrait m'aider à apprendre le marketing. Je voyais bien que le travail consistait à vendre l'Imba plutôt qu'à apprendre les techniques du marketing qui avaient, semblait-il, fait la renommée de l'institut. D'après lui, ce ne serait qu'un des aspects de mon travail. L'Imba proprement dit s'occuperait très activement de faire des études de marché et de conseiller sa clientèle. De nouveau, je fus impressionné. Je me voyais déjà sous les traits d'un petit génie du marketing.

« Je triomphai de toutes les réserves émises par mon père et acceptai l'offre du Dr Malhotra. Le jour où je commençai à travailler pour l'Imba, il me remit une boîte de cartes de visite avec mon nom suivi d'un titre ronflant : Responsable du Bureau. Je n'avais encore jamais eu de cartes de visite. J'étais ravi.

« J'espérais passer une bonne semaine à Delhi, pour me mettre au courant du fonctionnement interne de l'Imba, mais de toute évidence le Dr Malhotra était fort pressé de me voir partir pour Calcutta. Il voulait que j'y sois au plus tôt pour commencer à inscrire sur la liste de nos membres les principales firmes de la ville. Il m'expliqua que je devrais, pour cela, m'assurer le concours de mon père. Cela me fit un peu réfléchir : j'eus comme l'impression

1. Bachelor of Science, Master of Science et Doctor of Philosophy — correspondant grosso modo à la licence, la maîtrise et l'agrégation (NdT).

que mon père l'intéressait, et que quelque chose clochait dans toute cette histoire.

« Il m'expédia à Calcutta, en payant le billet de train. Il m'avait expliqué qu'il avait à Calcutta un bureau dont s'occupait un de ses amis. Peu après mon arrivée, cet ami téléphona et m'invita à passer. Le bureau se trouvait dans un quartier extrêmement surpeuplé du nord de Calcutta et, quand je m'y rendis, je trouvai une petite pièce miteuse dans un vieux gratte-ciel mal entretenu.

« Quand je demandai à ce monsieur, à l'ami du Dr Malhotra, où l'Imba comptait m'installer, il m'indiqua du doigt une petite table bancale dans un coin de la pièce et dit que je pouvais travailler là. Il ajouta qu'il accepterait, certes, en cas d'extrême urgence, de se charger de quelques travaux de dactylographie, mais qu'il préférait me voir prendre l'habitude d'utiliser un carbone et d'écrire mes lettres et mes rapports à la main. Il me précisa, en outre, que je pouvais utiliser le téléphone — le seul qui fonctionnât dans cet endroit. Seulement, chaque fois que je passerais un appel, j'aurais l'obligeance de le noter, de façon à ce que l'Imba pût le défrayer en conséquence.

« Et ce fut de cette table que j'essayai de mettre sur pied mon premier stage de formation en marketing. Le Dr Malhotra m'avait dit que je devrais négocier avec un hôtel pour louer une salle de conférence et fournir le déjeuner, le dîner et tout ce genre de choses aux personnes qui suivaient le stage. Je devais m'efforcer d'obtenir un prix très doux — il avait beaucoup insisté là-dessus — et j'y parvins.

« A plusieurs reprises, il m'annonça qu'il allait envoyer à Calcutta un professeur américain réputé, pour diriger le stage. La présence de cet homme devait être mon argument massue. L'idée d'avoir un Américain était importante. Dans notre pays, tout ce qui avait trait à la gestion était fortement influencé par la vogue que cette discipline connaissait aux États-Unis à la même époque, et le Dr Malhotra en était, bien entendu, très conscient.

« Je suivis ses ordres et j'arrivai sans trop de mal à inscrire les vingt-cinq ou trente candidats qu'il voulait pour son stage. Ma réussite fut principalement due au fait que je connaissais pas mal de cadres haut placés dans les grandes sociétés, des amis de ma famille. Cela me fournissait une entrée en matière et je m'aperçus que le reste suivait très facilement. J'allais les voir, et ils acceptaient volontiers d'envoyer un membre de leur firme suivre mon stage pour deux mille roupies. Je dois préciser que plusieurs de ces dirigeants ont manifesté leur surprise et leur consternation en me sachant associé à une boîte comme l'Imba — dont ils n'avaient jamais entendu parler.

« Le stage proprement dit s'est déroulé sans incident — sauf un. Le professeur américain et son épouse sont arrivés, effectivement. Il n'était pas vraiment connu, venait d'une université de cinquantième ordre et dirigeait en réalité une entreprise assez analogue à l'Imba à travers tout le vaste continent nord-américain. C'était une caricature de touriste américain, proche de la cinquantaine, avec une petite bedaine.

« Ce professeur et sa femme étaient logés à l'hôtel avec lequel le Dr Malhotra m'avait demandé de négocier pour obtenir une salle de conférence. Ce n'était pas le meilleur hôtel de la ville. Plutôt deux échelons en dessous. Les deux Américains n'ont pas beaucoup aimé ça, mais le Dr Malhotra leur a expliqué qu'on était en Inde, un pays très pauvre, que les critères n'y étaient pas aussi rigoureux, et que le service dans ces hôtels moins prétentieux était souvent supérieur à celui des hôtels cinq étoiles, où bien souvent tout était pour la galerie.

« Or, juste au moment où les Américains commençaient à s'habituer à leur chambre, un rat apparut et fila à travers la pièce. La dame hurla : "Je ne supporte pas ces bêtes qui *grouillent*." Et, au grand chagrin du Dr Malhotra, ils exigèrent d'être logés dans le meilleur hôtel de Calcutta. C'était le Grand Hôtel, infiniment plus cher. Je fus chargé de prendre toutes les dispositions voulues.

« Le stage me valut un bon point, mais très vite, dès qu'il fut terminé, le Dr Malhotra me fit savoir que je devais en préparer un autre — recommencer la démarche de bout en bout. Or, je n'étais pas personnellement satisfait du stage que je venais d'organiser, parce que, en y réfléchissant, il me semblait qu'il ne m'avait rien apporté du tout pour mes études de marketing.

« Par ailleurs, je n'avais aucun succès quand il s'agissait de persuader les firmes de devenir membres de l'Imba. C'était quelque chose à quoi le Dr Malhotra tenait beaucoup, étant donné que chaque grande entreprise apporterait sept ou huit mille roupies et chaque membre inscrit à titre privé environ un millier. La plupart des gens ne savaient même pas que l'Imba existait. Le Dr Malhotra pensait que j'allais pouvoir les persuader uniquement parce que j'étais issu d'une famille influente, mais moi je n'avais pas le sentiment d'avoir quoi que ce soit à offrir aux grandes sociétés. Dieu sait s'il est déjà difficile de vendre un bon produit sans se rendre importun. A l'époque, il m'était pour ainsi dire impossible, à moi qui étais jeune et timide, de vendre un sous-produit. Et les amis de mon père protestaient de plus en plus fort quand je leur demandais huit mille roupies pour adhérer à l'Imba.

« Mes rapports hebdomadaires au Dr Malhotra, écrits au stylo à bille, avec copie au papier carbone, faisaient de moins en moins d'effet, et le docteur se montrait de plus en plus impatient. Il commençait aussi à se dire que je risquais de quitter l'Imba.

« Il prit l'avion jusqu'à Calcutta pour me demander pourquoi je n'obtenais pas de meilleurs résultats. Je lui fis remarquer que j'étais entré à l'Imba pour acquérir des connaissances et une certaine technique en matière de marketing, au sens classique du terme. Et que depuis deux mois, je n'avais fait qu'une seule chose : vendre ou "marketer" l'Imba proprement dit, ce qui n'avait amélioré ni mon savoir ni ma réputation. Je lui laissai entendre que ce dont l'Imba avait besoin à Calcutta, c'était d'un officier de l'armée indienne à la retraite, ayant du mal à joindre les deux bouts, mais doué pour l'organisation, et non pas d'un jeune idéaliste de vingt-trois ans au seuil de sa propre carrière. Pour conclure, j'eus l'idée de lui dire que j'espérais que nous pourrions nous séparer à l'amiable.

« Mais cela ne fut pas le cas. Il se fâcha. Il me dit qu'il avait investi en moi beaucoup d'argent et de temps. Je l'ignorai, croyant qu'il allait me demander un quelconque remboursement. Alors, il se mit dans une colère noire. Il me dit qu'il allait rayer mon nom de la liste des membres à vie de l'Imba. Moi, je ne savais même pas que j'étais membre à vie, mais à ce que je crus comprendre, tous les responsables d'une filiale ou d'un "bureau" le devenaient automatiquement. »

Les maoïstes repentis que j'avais vus à Madras étaient restés à la périphérie d'un mouvement paysan beaucoup plus vaste, qui avait son centre au Bihar et au Bengale, à environ mille cinq cents kilomètres au nord-est ; et il avait connu sa période la plus active vers la fin des années 1960 et le début des années 1970. Le communisme avait au Bengale une longue histoire. C'était encore une importation coloniale, un de ces phénomènes arrivés dans le sillage du nouveau savoir du XIXe siècle et de la culture mixte. Et même à présent, dans la ville morte bâtie par les Britanniques, constituant presque, d'ailleurs, un des aspects de son décès, il y avait de fréquents et graves défilés communistes à travers les détritus, les éboulis et le désespoir. Même à présent, alors qu'un parti communiste gouvernait l'État, les gens se laissaient encore émouvoir par la poésie des drapeaux rouges et de la révolution.

Colportant la poésie et la passion, jamais vraiment persécuté, quelquefois même hostile à l'idée de l'indépendance indienne, livrant ses propres guerres parfois très éloignées, le parti communiste n'avait cessé de faire scission. Il y avait eu le Parti communiste de l'Inde ; puis le Parti communiste de l'Inde (tendance marxiste) ; puis le Parti communiste de l'Inde (tendance marxiste-léniniste). C'était cette dernière faction, maoïste, qui avait mis en branle la révolte paysanne. Celle-ci avait été écrasée, mais le mouvement, tant qu'il avait duré, avait attiré et anéanti des milliers d'Indiens instruits, tant au Bengale que dans d'autres parties de l'Inde.

Il y avait des survivants. Dipanjan en était un. Il enseignait à présent les sciences dans une université du centre de Calcutta. C'était un établissement qui fonctionnait, certes, mais qui matériellement se trouvait dans un état de délabrement digne de Calcutta.

Le panneau où était inscrit le nom de l'endroit était écaillé ; les fenêtres du bâtiment à un étage étaient cassées, mais il y avait un portier qui gardait l'entrée. Il m'envoya à l'étage ; j'escaladai un étroit escalier de béton bordé d'un muret, tout à fait au bout du bâtiment principal, jusqu'à une pièce lépreuse, meublée de tables et d'équipement scientifique très simple. Le sol inégal n'était pas balayé, ou plutôt n'avait été balayé que jusqu'à une ligne de démarcation en zigzag, où la poussière recueillie et le balai qui avait servi à l'opération avaient été abandonnés sans autre forme de procès. La poussière adhérait à toutes les moulures ou excroissances des grandes portes grisâtres ; le plâtre des murs avait sauté à plus d'un endroit. On n'avait pas l'impression qu'il y ait jamais eu dans cette pièce la moindre couche de peinture, la moindre surface plane, la moindre ligne droite.

Dipanjan était un petit homme mince, avec des lunettes. Il portait une chemisette de couleur beige et un pantalon assorti. Nous gagnâmes une pièce haute de plafond, presque un placard, juste à côté d'une porte centrale. La majeure partie de l'espace était occupée par un bureau, deux chaises et de grandes armoires en métal. Le petit bout de mur que l'on apercevait entre les armoires était taché par une substance brune et grasse qui avait coulé de la fenêtre.

Après avoir parlé un peu avec lui, je lui demandai : « Voyez-vous la même chose que moi, ici ?

— C'est comme les autres universités, c'est l'Inde », me répondit-il de sa voix douce, égale et précise.

Mais il ne voyait pas tout ce que je voyais, moi. Il me dit qu'il voyait l'équipement sur les tables du laboratoire, mais qu'il pouvait fort bien faire abstraction de ce qui l'entourait. Ce qu'il voyait en revanche d'un œil particulier, ce qui le perturbait et lui tapait sur les nerfs beaucoup plus qu'à moi, c'était la poussière sur le plancher, qui n'avait pas été balayée.

Cet établissement était destiné aux étudiants qui avaient renoncé à leurs études universitaires, me dit-il, aux « soldats vaincus » (encore qu'ils eussent l'air fort actif et en bonne santé dans la petite cour de l'endroit). Il s'agissait de jeunes gens qui ne parvenaient pas à s'assurer une place dans les autres universités. Leurs chances de trouver du travail étaient infimes — déjà qu'avec une licence ès sciences, on n'en trouvait pas — et ils n'étaient pas du tout motivés. Les jeunes filles l'étaient davantage. Elles n'étaient pas aussi tenaillées par le besoin de réussir ; elles n'étaient pas soumises à ce genre de pression ; et, paradoxalement, elles étaient donc meilleures élèves. L'université aurait voulu davantage de filles. Les élèves devaient payer trente roupies par mois, soit une livre et dix pence, ce qui même en Inde n'était pas grand-chose.

Dans cet espace étriqué, voisin de la salle de classe, nous parlâmes, cet après-midi-là, du milieu dont il était issu. Par son physique, sa voix, ses traits, ses manières, c'était un homme doux, sans agressivité. Jamais on ne l'aurait remarqué dans une réunion publique à Calcutta. Il n'était pas facile de l'imaginer sous les traits du révolutionnaire qui, une vingtaine d'années auparavant (il avait aujourd'hui quarante-cinq ans), était parti à la campagne vivre parmi les paysans, pour leur prêcher, conformément aux directives du parti, l'idée de révolution et réclamer l'annihilation de ceux que l'on considérait comme des ennemis de classe.

Sa mère venait d'une famille riche. Elle était la fille d'un haut fonctionnaire du gouvernement, membre de l'ISE, l'Indian Educational Service (l'Éducation nationale). Avant d'occuper cette fonction, me précisa Dipanjan, son grand-père avait été un « scientifique de second ordre ». Il avait conçu un des premiers instruments servant à mesurer les particules radioactives et s'était fait un nom.

« Je ne vois pas comment vous pouvez le traiter de personnage mineur, dis-je.

— A Calcutta, répondit Dipanjan sans rien perdre de son flegme, les scientifiques de second ordre n'ont rien de rare. Nous sommes dans la ville de M. N. Saha, S. N. Bose, J. C. Bose et P. C. Ray. Les trois premiers étaient membres de la Royal Society.

Ce n'est que tout récemment que Calcutta s'est enlisée. Dans les années 1960 encore, le Presidency College de Calcutta réunissait une constellation de professeurs de physique qu'on aurait eu du mal à surpasser, où que ce fût dans le monde. Alors, vous comprenez bien que je ne peux pas considérer mon grand-père maternel comme autre chose qu'un scientifique de second ordre. »

Dans le Sud, à partir de la tradition brahmanique du savoir abstrait, la science avait pris son essor en deux ou trois générations. Au Bengale, dans cette Calcutta bâtie par les Anglais, la science était arrivée avec le nouveau savoir ; la réussite scientifique était issue de l'esprit de compétition colonial et du désir qu'avaient les Indiens de s'affirmer.

Du côté de son père, Dipanjan était fils de la *gentry* bengali. Ce n'était qu'au cours de ce dernier voyage que j'avais entendu prononcer ce mot en Inde. Pour moi, le mot *gentry* était typiquement anglais, évoquant des gens enracinés dans leur terre ancestrale, attachés à elle et soucieux de la protéger. Ici, au Bengale, on avait, du reste, repris le mot anglais au début du XIXe siècle. « Les Britanniques avaient créé une *gentry* héréditaire, m'expliqua Dipanjan. Dans leur idée, ils créaient une classe héréditaire de fermiers généraux. »

La famille paternelle de Dipanjan venait de la région de Faridpur qui, en 1947, avait été englobée dans le Pakistan oriental. La *gentry* de Faridpur était composée en majeure partie de grands bourgeois hindous. Ils louaient leurs terres à des cultivateurs musulmans ou à des hindous des castes inférieures. Durant les massacres entre hindous et musulmans qui avaient eu lieu au Bengale en 1946-1947, les hindous de Faridpur avaient dû s'enfuir : non seulement les grands propriétaires terriens des castes supérieures, mais aussi les cultivateurs intouchables. C'était, toutefois, bien avant de fuir la région que la famille du père de Dipanjan était devenue pauvre. Les terres ancestrales avaient été si souvent partagées que le grand-père de Dipanjan (et ceux qui dépendaient de lui) n'avait hérité en tout et pour tout que d'une pièce dans la maison de famille.

A l'âge de vingt ans, ce grand-père était devenu fonctionnaire dans les bureaux du comptable général du Bengale. Le système de la vie de famille élargie l'avait bien aidé. Son fils, le père de Dipanjan, était parti vivre dans un appartement que possédait un parent à Calcutta, et c'était là que Dipanjan était né.

Vers 1940, à l'âge de dix-sept ou dix-huit ans, alors qu'il était encore étudiant, le père de Dipanjan était devenu communiste.

Jamais par la suite Dipanjan n'avait songé à demander à son père pourquoi il avait embrassé cette cause : cela lui paraissait normal. Adhérer au parti était une affaire sérieuse. En 1943, quand son père avait voulu se marier, il avait dû demander la permission du parti, parce que sa future épouse venait d'une famille de fonctionnaires. Le parti avait consenti, à la condition que le futur beau-père (le scientifique de second ordre, haut fonctionnaire de l'IES) fasse un chèque — d'un montant libre — à l'ordre du Parti communiste de l'Inde.

Après la guerre, en 1946 — Dipanjan avait alors deux ans et demi — le parti avait conseillé à ses parents d'aller suivre des études supérieures en Hongrie. Ils avaient confié le petit garçon à ses grands-parents. Le père et la mère de Dipanjan étaient revenus en 1950 — après tous les bouleversements de la partition et de l'indépendance. En Hongrie, la mère de Dipanjan avait suivi une formation pédagogique ; peu après son retour à Calcutta, elle avait trouvé du travail. Mais le père de Dipanjan, qui avait passé une agrégation de biochimie, n'avait pas pu s'assurer un emploi digne de ce nom. Il avait enchaîné les situations sans lendemain jusqu'en 1955, date à laquelle il avait enfin trouvé du travail dans sa propre partie ; après quoi, il avait quitté le parti communiste. Et, tout comme Dipanjan n'avait jamais demandé à son père pourquoi il était devenu communiste, jamais il n'avait songé à savoir, par la suite, pourquoi il avait cessé de l'être : ce n'était pas dans la tradition hindoue ou indienne, cette habitude de voir les jeunes questionner leurs aînés. Les parents de Dipanjan avaient gardé un curieux souvenir de leur interlude hongrois : comme ils avaient appris la langue magyare, ils prirent à Calcutta l'habitude de la parler entre eux, quand ils ne voulaient pas que leur fils comprenne ce qu'ils avaient à se dire.

En 1951, à l'âge de sept ans, Dipanjan se mit à souffrir d'asthme. Sa mère commença à le choyer ; l'enfant menait une vie isolée, tirant son soutien de la lecture. Il y avait beaucoup de livres chez ses parents. C'étaient les ouvrages communistes qu'avait lus son père. Il y avait aussi les livres de l'oncle de son père, à qui appartenait l'appartement. Cet oncle était un nationaliste, et certains de ses livres prêchaient l'évangile nationaliste. A l'époque, cependant, Dipanjan ne s'intéressait guère à la politique.

Il commençait, néanmoins, à avoir quelques idées sur le monde. En 1952, il s'était rendu, en compagnie de sa mère, dans un bidonville où elle apprenait l'alphabet aux enfants : elle faisait cela pour le parti. Il était aussi allé quelquefois rendre visite à des parents de son grand-père qui s'étaient enfuis de Faridpur, dans l'est du Bengale. Ils vivaient à présent aux environs de Calcutta, dans une colonie de réfugiés. Sur le moment, Dipanjan ne comprit pas la situation, mais plus tard, en lisant des ouvrages concernant les événements de 1947, il se rappela la colonie de réfugiés qu'il avait vue enfant et les événements prirent un sens nouveau pour lui. Il ne pensait pas, toutefois, que sa génération avait été politiquement influencée par la partition du pays.

Dipanjan était bon élève. « Peu à peu, ma mère a acquis certaines ambitions pour moi. Et à présent, rétrospectivement, je me dis que tout cela devait occuper une partie importante de mon espace mental. En 1960, j'avais seize ans et j'étais sur le point de terminer mes études ; à cette époque, mes principales préoccupations étaient de faire de brillantes études et d'écrire des poèmes. J'avais commencé à m'intéresser à la littérature et j'écrivais en bengali et en anglais. »

Dipanjan était sentimental, mais dans le cadre où il vivait, il n'avait aucune occasion de côtoyer des jeunes filles. Ce qui s'ouvrait à lui, en revanche, c'était la ville de Calcutta. « Déjà à cette époque, j'aimais beaucoup la ville, et c'est toujours le cas. Je n'ai de racines qu'à Calcutta. Je n'ai pas, au Bengale, de village que je puisse revendiquer. Calcutta était pour moi une cité très vivante, parce que la poésie bengali y était devenue très moderne, après Rabindranath et la révolte contre lui. »

Et la foule et la saleté de Calcutta ? Les voyait-il aussi, le faisaient-elles réagir ?

« Calcutta a toujours été ainsi. Du temps des Anglais, c'était encore pire. Pour un habitant de la ville, c'est l'éternel défi — s'élever au-dessus de la tâche exténuante qui consiste à rester propre, tout simplement, et qui vous prend tout votre temps, vous pompe toute votre énergie. Le défi, c'est d'y parvenir et de trouver quand même le temps d'effectuer des tâches plus importantes. Et ce défi, c'est aussi bien celui de l'intellectuel dans sa tour d'ivoire que celui du conducteur de pousse-pousse.

« Du temps de J. C. Bosc, il n'y avait guère d'égouts souterrains dans les quartiers indiens de Calcutta. Les égouts n'étaient que des fossés.

« Nous subissons la malédiction d'une vie municipale corrompue. Nettoyer les rues est une fonction municipale, donc elles ne seront jamais nettoyées. Ici la corruption est un mode de vie, et elle existe depuis l'époque de la Compagnie des Indes orientales. »

Nous touchions à présent à la fin de la journée de travail.

Dehors, dans les rues, les avertisseurs de voiture hurlaient avec un peu plus d'exubérance ou d'impatience. Le domestique de l'école, qui nous avait apporté du thé et des boissons gazeuses — ajoutant quelques auréoles à la table tachée autour de laquelle nous étions assis — arriva pour fermer les lieux et cadenasser les portes.

Dipanjan m'emmena dans la salle des professeurs, au rez-de-chaussée. Il n'y avait personne. Il régnait dans la pièce une odeur de renfermé, d'humidité, de moisi que le grand ventilateur du plafond ne parvenait pas à dissiper. Dans un coin, il y avait un petit tableau noir rugueux, blanchi par la craie, accroché de travers. Pas un seul des meubles ou des éléments en bois ne possédait la moindre élégance, le moindre fini. Quel effet cela pouvait-il avoir sur les enseignants ? Et sur les étudiants, ces soldats vaincus ?

Très haut sur un des murs, juste au-dessous du plafond, je vis une grande photographie encadrée. Elle représentait J. C. Bose, le savant dont Dipanjan prononçait le nom avec révérence. L'intention était de lui rendre hommage, mais dans un tel décor, tout ce que ce grand homme avait pu accomplir semblait n'avoir mené à rien.

Le lendemain était le jour de congé de Dipanjan et il pensa que je devais venir voir l'endroit où il vivait. C'était au sud de Calcutta, dans une allée si difficile à trouver qu'il me dessina une carte détaillée à remettre à mon chauffeur de taxi. Je me renseignai auprès de quelqu'un ; d'après lui, le trajet risquait de prendre une heure, selon la circulation. Je me mis donc en route de bonne heure.

Ce matin-là, on circulait facilement, mais au bout d'un certain temps, l'avenue parut rétrécir, s'effondrer sur elle-même, à cause de la densité humaine accrue. La chaussée devint plus étroite, car les cabanes et les abris qui la bordaient, parmi lesquels on ne discernait aucune véritable couleur, rien qu'une espèce de macédoine de bruns, noirs et gris, empiétant, semblait-il, sur l'espace réservé aux véhicules, cachaient les bâtiments plus solides en béton et donnaient l'impression d'une très longue route de village creusée à même la terre ; le peu de fraîcheur qu'avait apporté le matin était déjà consumé par les émanations brunâtres des pots d'échappement et la poussière pailletée de soleil que soulevaient les voitures. Ce qui semblait toujours menacer dans de nombreux endroits du centre de Calcutta paraissait s'être déjà produit dans ce quartier : on avait l'impression d'assister à la création d'une ruine, une grande ville habitée retournait à la terre.

En dépit des instructions écrites de Dipanjan, nous dépassâmes le lieu de rendez-vous qu'il avait fixé et nous dûmes revenir sur nos pas, au milieu d'une circulation monstrueuse, pour le chercher. La carte de Dipanjan était si détaillée que le chauffeur et moi-même en avions exagéré l'échelle. Dipanjan avait indiqué qu'à un coin de l'allée où nous devions le retrouver, se trouvait le terrain de jeu d'un club sportif. Je cherchais donc du regard un endroit de la taille d'un terrain de football : or le terrain en question se révéla être de la taille d'un petit immeuble, couvrant peut-être mille cinq cents mètres carrés et formant un carré de ciment dans un océan de poussière. Il avait noté qu'un magasin de meubles faisait le coin de l'autre côté de l'allée. Je m'étais attendu à un établissement de bonne taille, mais le magasin Nufurnico était une cahute en béton sur un seul niveau. Dans ce quartier de Calcutta — où les besoins et les activités s'étaient contractés — il existait, pour compenser, une inflation dans les dénominations. Dans le « terrain de sports », où l'on pouvait voir quelques panneaux de basket-ball, il y avait aussi un écriteau annonçant la Sunny Green Creche, Green Park. Quant à Nufurnico, il se disait « Marchand d'articles de mousse et d'oreillers ». Articles de mousse : d'une certaine façon, ça paraissait logique.

J'eus le temps de réfléchir à tout cela — et aussi de remarquer les palmiers très poussiéreux que j'avais regardés sans les voir pendant un certain temps — car j'étais arrivé avec environ une demi-heure d'avance. Sortant de l'allée tortueuse entre le magasin de meubles et le terrain de sport (Dipanjan avait eu peur que je me perde si je m'y aventurais tout seul), des gens convenablement vêtus apparurent, marchant d'un pas vif, certains tenant même des serviettes à la main. Des habitants de Calcutta, qui avaient devant eux une journée de travail. Et puis, j'aperçus Dipanjan, avançant du même pas décidé que les autres marcheurs de l'allée, mais chaussé aujourd'hui de sandales et vêtu d'un dhoti : pour sa journée de repos, il gardait sa tenue d'intérieur.

Quarante ans auparavant, m'apprit-il, ce quartier était recouvert de rizières. C'était une des zones, à la périphérie de Calcutta, où les réfugiés en provenance du Pakistan oriental s'étaient installés après 1947 ; ici, tout avait été bâti au cours des quarante dernières années par des gens qui tentaient de refaire leur vie. Et en effet, dès qu'on s'écartait de l'artère principale, l'atmosphère de la petite allée (peut-être par simple contraste) paraissait agréable. Il y avait le tout-à-l'égout et l'électricité. Mais ici aussi, le nombre des gens n'avait cessé de croître ; au cours des dix dernières années seulement, beaucoup des espaces libres qu'avait connus Dipanjan avaient été remplis.

L'appartement de mon hôte se trouvait au rez-de-chaussée d'un petit bâtiment à un étage. Son propriétaire habitait au premier. Dipanjan me pria de me déchausser dans la petite véranda ouverte qui n'était qu'à un ou deux mètres de l'allée. La pièce de devant faisait à la fois office de chambre à coucher et de salon. Elle mesurait trois mètres trente sur trois mètres trente. « Et qui pis est, me précisa Dipanjan, encore sur trois mètres trente. » Voulant dire par là qu'elle faisait aussi trois mètres trente de haut : c'était un cube parfait.

Il y avait un grand lit dans un coin, un canapé en rotin, des rayonnages bourrés de livres et de papiers dans un état de désordre apparent, et quelques classeurs en carton rouge dans un autre coin. Il y avait une autre pièce, pour les enfants ; et un espace — ce fut le mot qu'utilisa Dipanjan ; il ne dit pas une « pièce » — avec la cuisine à un bout et la salle de bains et les W. C. à l'autre.

Les deux enfants de Dipanjan attendaient de rencontrer l'invité de leur père. L'aînée était une fille de dix-neuf ans qui faisait ses études d'ingénieur à l'université de Jadavpur, pas très loin de chez eux. C'était une belle jeune fille souriante, ouverte, portant lunettes ; il y avait chez elle une espèce de sociabilité que je n'avais pas remarquée jusqu'à présent chez son père. Elle me dit malicieusement de son jeune frère bien en chair, qui avait treize ans et qui allait manifestement être plus solidement bâti que leur père : « Il veut aller en Amérique. » C'était sans doute à moitié vrai, à moitié pour le taquiner, mais le garçon le prit bien. Presque aussitôt, ils repartirent tous les deux, passant d'abord dans la petite véranda, puis descendant les quelques marches pour gagner l'allée.

Dipanjan était venu s'installer ici en 1980. A présent, la famille s'y trouvait très à l'étroit, mais ce n'était pas le cas à l'époque. Le petit appartement coûtait six cents roupies par mois, soit vingt-quatre livres. Il y avait dans le voisinage quelques maisons bien entretenues. Celle d'à côté était une charmante petite habitation, avec un hibiscus devant un mur badigeonné d'ocre, tout près des fenêtres de la pièce où nous étions. Cette maison appartenait à un médecin ayurvédique, qui pratiquait la médecine hindoue traditionnelle.

Ils avaient dans l'allée des voisins agréables ; de ce point de vue, ils ne pouvaient pas se plaindre ; mais la maison était affreusement poussiéreuse. Voilà pourquoi Dipanjan avait insisté pour que j'enlève mes chaussures ; pour éviter d'introduire dans la maison la poussière de mes semelles. Des camions passaient souvent dans l'allée, et chaque fois un nuage de poussière entrait dans la maison. Et puis il y avait les moustiques.

« Ce qui me fait penser, dit Dipanjan, que je dois allumer un tortillon. »

Il gagna l'« espace » intérieur — son dhoti, qu'il portait long, était brun ou beige, en tissu à carreaux ou écossais — et il en ressortit au bout d'un moment non pas avec le tortillon vert anti-moustiques auquel je m'étais attendu, mais avec un « gadget » — c'était le mot de Dipanjan — japonais en plastique bleu qu'il fallait brancher sur une prise électrique. Une substance chimique se dégageait sous l'effet de la chaleur.

Sans un mot, sans un regard pour personne, une balayeuse pliée en deux à partir de la taille, les jambes très droites, traversa la pièce de devant, caressant de sa balayette les zones restreintes du sol en granito qui apparaissaient entre les meubles et les classeurs en carton rouge.

La femme de Dipanjan entra. Elle s'appelait Arati. Elle avait le même âge que lui. Elle portait un sari sombre avec un petit motif et un corsage noir. Elle aussi était enseignante : ses cours commençaient très tôt le matin et se terminaient à dix heures.

Voulant connaître nos intentions pour le déjeuner, elle m'expliqua que Dipanjan ne mangeait pas de blé. « Du riz, du riz, encore du riz — voilà tout ce qu'il veut, trois fois par jour, aussi souvent que je lui en donne. Il ne digère pas le blé. » C'était d'ailleurs un des aspects de la vie « post-politique » de Dipanjan. Cette intolérance était due aux maladies dont il avait souffert lorsqu'il travaillait dans la clandestinité, auprès des villageois, et à la mauvaise qualité de l'eau du delta.

« Une amibiase, précisa Arati. C'est une maladie chronique. Il y en a chez vous ? Elle existe dans la majeure partie du tiers monde. »

C'était la première fois, depuis le début de mes entretiens avec Dipanjan, qu'il était question de sa vie d'insurgé. Il était, à vrai dire, inattendu qu'on en parle de cette manière directe et dépourvue d'héroïsme, en insistant ainsi sur sa fragilité physique — sur les tourments qu'il avait endurés avant la poussière et les moustiques de l'allée.

Dipanjan s'était assis sur le lit. Les trois petites fenêtres de la pièce, munies de barreaux en fer et de volets verts, l'éclairaient sous différents angles. Trois vieilles photographies étaient accrochées aux murs bleus, ainsi qu'un petit portrait en couleur. Ces photos représentaient le père et la mère de Dipanjan, le père de son père et l'oncle maternel de son père, qui habitait un logement à loyer réglementé, et chez qui le père de Dipanjan et Dipanjan lui-même avaient vécu jusqu'en 1969. Cet homme avait été nationaliste et journaliste ; il avait dirigé une publication gandhienne interdite et s'était retrouvé en prison en 1942. C'était un homme cultivé, adepte du Brahmo, un membre de la renaissance bengali. Mais celui que Dipanjan admirait le plus, c'était le père de son père, un hindou orthodoxe. Il était entré dans les services du comptable général parce que sa famille n'avait pas de quoi lui payer des études supérieures, et il avait passé presque toute sa vie active à s'occuper de ses frères et sœurs — ce qui n'avait pas été facile, surtout après les calamités de 1947.

Le portrait du grand-père était grand. Dipanjan l'avait fait faire à partir d'un original endommagé. D'autres tirages, d'une moindre intensité, avaient été effectués, mais c'était celui qu'il avait au mur qui lui plaisait.

« Il avait un regard pénétrant, étincelant. C'est à cause des yeux que je préfère cette photo. C'est de lui que nous avons tous hérité nos préoccupations morales. C'était un homme à principes. Il y a même des gens qui disent qu'il n'a jamais commis une mauvaise action de sa vie. »

L'autre photographie, en couleur, assez petite, représentait le jeune Mao.

« Vous ne le reconnaissez pas, constata Dipanjan. Elle m'a été offerte par un certain Dr Bose, que Nehru avait envoyé à Chiang Kai-Shek en 1939 et qui a fini aux côtés de Mao. Elle est ici parce que c'est un cadeau. Cela dit, il ne faut pas y voir trop de choses, même si j'ai un puissant et sain respect pour le personnage. »

Parmi les journaux qui traînaient sur le lit, il y avait un journal financier. Dipanjan aimait suivre l'actualité économique. L'économie indienne était fragile, et il me dit qu'il pouvait y avoir une autre crise comme celle de 1965, qui avait entraîné des émeutes parmi les affamés et donné un coup de fouet au mouvement paysan.

Arati apporta du thé. Dipanjan en versa une tasse pour le chauffeur du véhicule qui m'avait amené et sortit la lui porter ; la voiture était garée dans la cour de la maison voisine.

« Allez-vous rester tout l'été ? » demanda Arati. Elle prit à peine le temps d'attendre ma réponse. « La chaleur est insupportable. Il y a si peu d'arbres à présent.

— Pourquoi les coupent-ils ? demandai-je.

— C'est à cause des gens. Il y a trop de gens. On ne peut pas avoir à la fois des gens et des arbres. Ils ont coupé trop d'arbres, le climat est en train de changer. Nos hivers sont plus froids et nos étés plus chauds. »

Depuis l'allée toute proche, une voisine appela, sur le ton de la conversation : « Arati ? » et entra presque aussitôt. Au même instant, un tricycle pousse-pousse passa dans l'allée avec plusieurs très jeunes enfants assis sur deux bancs qui se faisaient face, sous un petit toit — des enfants qui rentraient chez eux après l'école, dans cette curieuse machine aux allures de jouet, qui me rappelait les triporteurs de boulanger que je voyais, petit garçon, à Port of Spain.

Arati et sa voisine bavardaient dans l'espace cuisine, derrière la pièce de devant. Leurs paroles me parvenaient très clairement par la porte ouverte.

Lorsqu'il revint après s'être occupé du chauffeur de taxi, Dipanjan s'installa sur le lit, parmi les journaux, et se mit à parler.

« Quand je suis entré au Presidency College, je n'étais pas un militant politique. J'étais de gauche, à cause de l'éducation que j'avais reçue, mais à cette époque, l'activité politique de l'endroit était à un niveau extrêmement bas. Vers la fin de ma seconde année, alors que je travaillais comme un fou à mes études, au point d'être vraiment exténué, j'ai commencé à me demander pourquoi je faisais tout ça. Par ailleurs, je taquinais un peu la muse. Mon père ne lisait jamais mes poèmes — je ne les lui montrais pas. Et ça n'intéressait pas ma mère. Ils pensaient que c'était une distraction qui pouvait peut-être me nuire. Jamais ils ne m'ont encouragé. J'ai commencé à mettre en question mes raisons d'écrire. Nous étions plusieurs, au Presidency College, à être assaillis ainsi par les doutes, aussi bien les garçons que les filles.

« A dater de ce moment, je pris brusquement conscience de la pauvreté et du malheur qui m'entouraient. Jusque-là, je n'y avais pas prêté attention. Je voyais les choses et je les acceptais, elles faisaient partie du paysage. Laissez-moi vous raconter une petite histoire. Un jour — je m'en souviens encore — je devais aller, avec un ami, voir un film tiré d'une pièce de Bernard Shaw. J'étais sur le point de partir au cinéma. Je venais de sortir de chez nous. Tout à coup, j'ai vu un type — je ne peux pas dire un mendiant : il n'était même pas en état de mendier.

« Il gisait sur le trottoir. Il était sur le point de mourir, mais tout à fait conscient et silencieux. Il était étendu devant un laboratoire médical. J'ai demandé aux gens du labo d'appeler une ambulance. Elle est arrivée et j'ai compris que personne ne voulait accompagner cet homme à l'hôpital. Alors, j'ai dû l'accompagner moi-même. Je n'en avais pas très envie, mais je l'ai fait. Lui était indifférent. Totalement. Il n'a rien dit.

« Nous sommes allés dans un hôpital. Les médecins l'ont examiné et ils ont écrit sur son bulletin qu'il devait être admis, après quoi ils ont tamponné le bulletin avec un tampon tout prêt : "Il n'y a pas de place dans notre hôpital. Essayez ailleurs." Le chauffeur et moi avons dû le remettre dans l'ambulance. Le chauffeur m'a demandé si je connaissais cet homme. Quand j'ai dit que non, il a ajouté : "On peut l'emmener dans un autre hôpital, mais ce sera exactement pareil."

— A quoi ressemblait-il, cet homme ? ai-je demandé à Dipanjan. Vous ne me l'avez pas dit.

— Il était en haillons, raides de poussière. Ce qu'il y avait de plus frappant chez lui, c'était qu'il souffrait d'hydrocèle, une inflammation des testicules, d'ordinaire causée par la filariose, une maladie parasitaire tropicale. Ses testicules étaient si lourds qu'il devait les porter dans ses mains en marchant.

« J'ai demandé au chauffeur de l'ambulance si ce genre de chose lui arrivait souvent et il m'a dit que oui. Il m'a expliqué que quand on leur demandait de venir chercher des gens dans cet état, ils le faisaient sans rechigner. Mais en général, personne n'accompagnait le malade en question, alors ils avaient l'habitude de le déposer simplement dans une autre rue, parce qu'ils savaient qu'aucun hôpital n'en voudrait.

« Voyant que je me sentais une espèce de responsabilité envers cet homme, le chauffeur m'a dit : "Je connais un endroit où on le prendra peut-être. Je n'en suis pas sûr, mais allons-y." Il nous a conduits devant cet endroit, près du temple de Kali, et il y avait un tout petit espace — ce n'était rien d'autre qu'un long couloir sombre, avec peut-être un toit en tuiles, et de chaque côté des miséreux gisant sur des lits, qui attendaient la mort. Nous l'avons laissé là, nous avons mis son bulletin médical à côté de sa tête et nous sommes ressortis. Cet endroit, c'était le tout premier refuge que Mère Teresa était en train de mettre sur pied pour ces gens-là et, à l'époque, personne ne la connaissait. Je vous précise que je ne suis pas en train de faire le moindre commentaire sur l'utilité ou la valeur de la pensée ou du travail de Mère Teresa. Mais je dois dire que même aujourd'hui, il n'y a pas d'autre endroit à Calcutta où on acceptera un moribond sans le sou. »

A ce moment-là, il y eut une panne d'électricité, contretemps fréquent à Calcutta. Le premier soin de Dipanjan fut de suppléer à la défaillance du gadget anti-moustiques japonais, lequel dépendait de la chaleur produite par l'électricité. Sans cela, dit-il, il nous serait impossible de rester assis à parler. Il alla donc chercher une lampe à huile qu'il alluma, avant de placer le gadget bleu sur le dessus du verre. Presque aussitôt l'électricité revint et il éteignit la lampe. Nous en profitâmes pour changer de place : je m'assis sur le lit, lui sur le canapé en rotin.

« C'était un dimanche matin. La journée avait bien commencé, mais l'après-midi, après avoir déposé l'homme à Kalighat, il s'est mis à pleuvoir. J'ai raté la séance de cinéma. J'avais passé trois ou quatre heures à trimbaler ce malheureux.

« Mais ce n'est qu'un exemple. Ne croyez pas que je viens de vous raconter mon chemin de Damas. L'événement m'est resté dans la tête, mais il n'a pas marqué ma conversion. Ce n'était qu'une des myriades de choses qui se passaient tout autour de moi et auxquelles mes yeux s'ouvraient pour la première fois. Alors, j'ai commencé à errer dans les rues de Calcutta, tantôt seul, tantôt avec des amis. »

Assis sur son canapé de rotin, repensant au passé, les yeux dans le vague, il leva ses bras nus et fluets contre le mur peint en bleu.

« A partir de 1964, 1965, l'existence que je menais commença à me paraître futile et dépourvue de sens. Je conservais un vif attachement pour la physique et la poésie, mais je leur consacrais de moins en moins de temps. »

En 1964, Dipanjan obtint son premier diplôme au Presidency College et entama des études de troisième cycle à la faculté des sciences de l'université de Calcutta. Il y eut une évolution parallèle dans sa vie privée. Il avait fait la connaissance d'Arati et l'avait demandée en mariage, mais la famille de la jeune fille s'opposait à cette union. Arati venait d'une famille brahmane très distinguée. Dipanjan appartenait à la caste des *kayasthas*, dont il me dit ceci : « En réalité, la caste des *kayasthas* se rattache aux *shudras*, mais au Bengale occidental et ailleurs, leurs propriétés terriennes les avaient bel et bien sanscritisés. Il s'agit donc d'une caste de scribes, remontant à l'époque mogole ou même au-delà. »

En même temps que ces démêlés d'ordre privé, il y avait la crise économique dont il avait parlé en début de matinée.

« Depuis 1965, le prix du riz et d'autres denrées était monté en flèche pour atteindre des hauteurs vertigineuses. Le kérosène avait disparu. Les usines fermaient. Des ouvriers mis à pied se suicidaient. Même les ingénieurs diplômés et les médecins ne trouvaient pas de travail. Au Bengale occidental, il y eut un gigantesque soulèvement. Ce mouvement populaire de 1965-1966 modifia radicalement l'optique de notre génération.

« Les gens commencèrent par se heurter aux revendeurs sur les marchés et par insister pour leur faire baisser leurs prix. Dans certains endroits, ils pillèrent des entrepôts où l'on entassait illégalement du grain. Quand le gouvernement leur lâcha la police sur le dos, les manifestants résistèrent : toute la gamme de la violence, depuis les lancers de pierres jusqu'à l'incendie des lieux et des transports publics — ce sont les moyens de contestation sanctifiés par la tradition depuis l'époque des Britanniques. Quand quelqu'un met le feu à un autobus, vous savez que désormais il ne plaisante plus.

— Votre famille fut-elle affectée par cette flambée des prix ?

— Personnellement, nous — ma famille — pouvions nous le permettre. Mais les gens ne parlaient plus que de ça — des prix, de la crise, des émeutes dues à la faim, de l'échec du gouvernement, de la police qui tirait sur la foule. Tout le monde appelait ce phénomène le Mouvement pour manger. »

Ce mouvement avait été organisé par les militants de base d'une faction communiste, non par les gros bonnets du parti. Et puis, en 1966, les étudiants du Presidency College, l'établissement où Dipanjan avait fait ses études, fondèrent pour la première fois un mouvement pro-communiste. Les chefs de ce mouvement furent renvoyés et il y eut six mois d'agitation parmi les étudiants contre cette expulsion.

Une nuit, Dipanjan revenait en autobus du sud de Calcutta. Dans l'enceinte du Presidency College, il aperçut un attroupement. Il descendit du véhicule pour voir de quoi il s'agissait. Il ne vit personne de connaissance, mais le lendemain, il retourna sur place et constata que les chefs du mouvement étudiant, et plusieurs autres, étaient des amis à lui. Il commença à passer de plus en plus de temps avec eux, soit à l'université même, soit dans le café situé juste en face, soit dans le foyer des étudiants.

Il se mit à militer parmi les étudiants qui ne s'étaient pas encore engagés. « Il y avait une minorité qu'on entendait beaucoup et qui estimait être venue là pour faire ses études et bâtir sa future carrière. Il fallait donc la persuader. » Une rumeur s'était répandue, selon laquelle les activistes qui organisaient les protestations étudiantes et le Mouvement pour manger étaient des agents chinois. Dipanjan dut lire énormément d'ouvrages pour pouvoir réfuter ces accusations. Il entreprit d'ingurgiter la littérature marxiste.

« En Chine, c'était l'époque de la révolution culturelle et elle a eu un énorme retentissement à Calcutta — tout le monde voulait savoir ce que faisaient les étudiants chinois, pourquoi ils le faisaient et pourquoi il fallait une révolution culturelle après la révolution tout court.

« J'étais survolté. Je croyais que j'allais enfin pouvoir donner un sens à ma vie. Je n'étais pas du tout conscient du passé politique de mon père au sein du parti, ni de celui de son oncle en tant que nationaliste et gandhien. A l'époque, mon père était redevenu un simple particulier ; il n'avait gardé aucun contact avec le parti. Ma mère aussi avait cessé d'être communiste. L'oncle nationaliste était devenu un critique amer de toute la vie politique indienne. Il n'a jamais voté de sa vie, déclarant qu'en aucune circonstance il ne consentirait à participer à un processus qui consistait à choisir la moins nocive de plusieurs crapules.

« Mais il me manquait toujours une idéologie ou une philosophie, même si je consacrais désormais tout mon temps à la politique. Certaines nuits, je ne rentrais même pas coucher à la maison. Arati commençait à être sérieusement inquiète et mes parents avaient presque fait une croix sur mon avenir.

— Que faisiez-vous la nuit ?

— Jusqu'à onze heures, on parlait au foyer avec les autres gars. Ensuite, on parlait entre nous jusqu'à minuit ou une heure. Et puis on dormait à la belle étoile, sur la pelouse du Presidency College. »

Telle était sa vie en 1967, lorsqu'il avait fait sa maîtrise de sciences et trouvé du travail et lorsque, après tous ses déboires avec la famille d'Arati, il avait épousé cette dernière, quatre ans après l'avoir demandée en mariage.

« Ce furent des années bousculées et enivrantes, tant sur le plan émotionnel qu'intellectuel. J'apprenais enfin à connaître le monde. Jusque-là, j'avais vécu dans un cocon. Je ne songeais qu'à mes études. Ma mère me couvait beaucoup trop — j'avais toujours mon asthme. Elle pleurait beaucoup. Elle a souffert de devoir renoncer à toutes ses ambitions pour moi. Mon père, qui lui aussi s'était laissé entraîner à son époque, se demandait avec inquiétude quelle direction le mouvement allait prendre.

« Au Presidency College, nous avons mis au point, lentement, une idée centrale. Nous estimions que le mouvement communiste indien avait échoué parce que ses dirigeants, qui étaient pour la plupart des intellectuels bourgeois, s'étaient érigés en bureaucrates. Jamais ils n'avaient cultivé l'initiative des masses. Sur ces entrefaites, en avril 1967, a éclaté l'incident de Naxalbari. »

Il s'agissait d'un incident dans le nord du Bihar, qui avait donné son nom au mouvement naxalite.

« Un matin, en lisant le journal, je suis tombé sur un article en première page. Au cours d'une lutte pour occuper les terres monopolisées par des propriétaires, illégalement pour la plupart, des paysans, armés d'arcs et de flèches, avaient cerné une patrouille de police et avaient tué un inspecteur.

« C'était un incident qui frappait l'imagination. Je n'en revenais pas — qu'un événement de ce genre, comme ceux dont nous entendions parler dans nos livres, dans les ouvrages marxistes, dans les livres d'histoire, puisse vraiment arriver : que les travailleurs qui s'échinaient puissent prendre les armes et se battre pour défendre leurs droits. Aussitôt, ma décision fut prise, ainsi que celle de la plupart de nos amis au Presidency College : c'était à cette lutte que nous allions unir notre sort. A Calcutta, nous fûmes les premiers à placarder des affiches de soutien au soulèvement de Naxalbari, sur le mur qui faisait face au Presidency College.

— Qui étaient vos amis ?

— Certains venaient du même genre de milieu que moi. Beaucoup étaient des fils de la *gentry* ruinée de ce côté-ci de la frontière pakistanaise. Nous étions tous d'origine bourgeoise.

« Nous avons immédiatement décidé de nous rendre chez les travailleurs. Certains d'entre nous ont regagné leur village ancestral. D'autres sont partis dans les bidonvilles industriels. Nous nous sommes énormément occupés des ouvriers de l'usine Guest Keen Williams dans le sud de Howrah. Un de leurs dirigeants syndicaux nous avait sollicités. Bientôt, dans les villages et les usines, le bruit s'est répandu que des étudiants venaient de Calcutta pour expliquer aux gens comment transformer leurs conditions de vie.

— Comment avez-vous concilié tout ça avec votre travail ?

— J'enseignais dans une école où on ne travaillait que le matin. J'avais donc tous mes après-midi et mes soirées.

— Vous n'étiez pas inquiet d'aller frapper ainsi à toutes les portes ?

— Parmi les travailleurs industriels, je n'étais pas inquiet. Je savais me mettre sur la même longueur d'onde. Mais plus tard, quand j'ai quitté mon travail — j'ai souvent changé d'emploi —

pour partir dans les villages, j'ai eu des expériences traumatisantes. Mais ça, c'était beaucoup plus tard, en 1969.

« En 1967, nous étions encore occupés à édifier le mouvement étudiant. Je devais courir dans tous les coins, donner des cours de politique et organiser des discussions de groupe avec les étudiants, les équiper en propagande pour combattre la propagande officielle du parti communiste *contre* le mouvement naxalite. Le parti y voyait une menace pour sa propre organisation.

« Pendant un an ou deux, j'ai passé beaucoup de temps à l'usine Guest Keen Williams. Parfois, Arati venait avec moi. A cette époque, mon rythme était à peu près le suivant : à deux heures du matin, je rentrais à la maison à pied, parce que j'avais raté le dernier autobus ou le dernier tramway. Ou alors je passais le reste de la nuit sur la pelouse du Presidency College, voire à l'intérieur de l'université ou au foyer, s'il pleuvait. Je devais être à mon travail vers six heures et quart ou six heures et demie. C'était l'heure où commençaient mes cours. A dix heures, j'étais de retour au Presidency College. On lançait des discussions avec les étudiants du collège et d'autres venus d'établissements dispersés à travers tout Calcutta et le Bengale occidental, pour en apprendre plus long sur notre mouvement.

« La police nous surveillait. Ils envoyaient des espions. Nous en avons démasqué un et nous l'avons rossé. Il y avait souvent des rixes avec la police.

— C'était comment ?

— Chaque fois qu'on participe à une bagarre, que ce soit à titre privé ou contre la police, on commence par avoir peur. Et puis, lentement, on se vide de toute sa tension et elle est remplacée par un sentiment d'excitation, si bien que finalement on est prêt à risquer n'importe quoi, même sa vie. A Calcutta, il est de tradition d'affronter la police à coups de briques. Ce sont les bagarres ordinaires. Pour un combat sérieux, il y aura des bombes et des armes à feu artisanales. Mais ces combats sont rares, et n'éclatent qu'à l'issue d'importantes manifestations politiques. »

Pour moi, c'était étrange : cette faculté de parler de troubles et de combats sur ce ton détaché, aristotélicien.

« Vous parlez de ces bagarres contre la police comme si vous aviez été protégé d'une façon quelconque.

— A l'époque, répondit Dipanjan, les communistes partageaient le pouvoir. Nous comprenions leur dilemme. Nous savions que la police ne serait pas autorisée à franchir certaines limites. C'était la première fois que les communistes partageaient le pouvoir au

Bengale occidental, et ils ne pouvaient pas se permettre de prendre parti contre les étudiants et les travailleurs. Le simple fait que la police ait tiré sur les paysans de Naxalbari avait causé une scission dans le parti et incité certains communistes haut placés à se rallier à la cause naxalite.

« Le soir, après avoir discuté avec les étudiants, on partait dans les usines et les bidonvilles, ou bien on donnait des cours de politique et on dirigeait des discussions de groupe. Nous apprenions lentement les idées politiques du marxisme classique — Marx, Lénine, Mao, tout ça.

« Et puis, en 1969, nous sommes partis dans les villages. Le parti communiste existe depuis déjà assez longtemps au Bengale occidental, même dans beaucoup de zones rurales, et les dirigeants paysans qui voulaient lutter se sont mis à aider les étudiants qui étaient venus dans leur région.

« Nous avions une règle. Il ne fallait avoir avec soi qu'un *lungi*, c'est-à-dire un morceau de tissu, un tricot de corps et une serviette. On allait dans les villages, on repérait les cabanes des ouvriers agricoles ou des paysans pauvres, et on leur expliquait sans attendre pourquoi on était là. Il fallait commencer à parler immédiatement des objectifs politiques — de la prise du pouvoir par les masses laborieuses. Nous appelions ça l'Action garde rouge.

« Les pionniers ont eu énormément de mal à faire passer leur message. Mais quand est venu mon tour d'aller dans les villages, tous les paysans étaient déjà très au courant. On ne gardait que le prix de notre billet de retour vers la zone urbaine d'où nous venions, pas un sou de plus. Et nous avions un dhoti, une chemise et une paire de mules pour le passage entre les villages et les villes.

« Les paysans nous donnaient à manger quand ils le pouvaient. Quelquefois, dans certains endroits nouveaux, au début, ils refusaient. Mais dans l'ensemble, partout, ils nous écoutaient avec patience. On dormait dans leurs cabanes. D'habitude, s'ils n'avaient qu'une seule pièce et que le hameau fût sûr, uniquement habité par des pauvres, on dormait sur la véranda ouverte. Mais c'était un luxe rare. En général, nous étions obligés de nous cacher dans un grenier pour dormir. A mesure que l'État durcit la répression, nous fûmes obligés de rester cachés toute la journée. Un ou deux d'entre nous furent même quelquefois réduits à se soulager dans des pots. »

La répression — cela aussi me paraissait étrange : après tout ce qu'il avait subi, il était curieux de l'entendre utiliser ce mot abstrait et donner l'impression qu'il sortait tout droit d'un manuel politique.

« Deux problèmes apparurent, continua-t-il. L'amibiase, parce que l'eau potable est uniformément mauvaise. Et la gale. Parce que nous étions obligés de nous baigner à la sauvette et bien souvent de rester plusieurs jours sans nous laver. Nous ne savions pas comment les gens faisaient pour rester propres dans un village indien. Tous les villageois savent se nettoyer avec un peu d'huile, un peu de cendre alcaline, un peu d'eau — mais nous, non. Cela dit, nous n'en faisions pas une affaire. C'était quand même la partie la plus excitante, la plus intéressante, la plus épanouissante de notre travail politique : ces déplacements parmi les villageois.

« Au début, le plus grand problème était une espèce de muraille invisible que je sentais entre les paysans et nous, j'avais l'impression que nous ne parlions pas la même langue. Il nous a fallu longtemps pour nous habituer aux silences et aux remarques obliques de l'Inde rurale.

— Pouvez-vous m'expliquer tout ça de façon un peu plus concrète ?

— Imaginez que j'arrive dans un village où ils ont peur de me voir rester. Ils ne me le diront pas comme ça, de but en blanc. Une fois où je suis arrivé dans un endroit de ce genre, le soir, les gens m'ont proposé d'aller avec les garçons du village jusqu'à un *jatra* tout proche, une représentation théâtrale ; c'est un des grands moments de l'année dans la vie d'un village. Ils me laissaient ainsi entendre que je ne pouvais dormir chez aucun d'entre eux cette nuit-là.

— Vous ne m'avez pas dit comment on vivait dans les villages.

— Le niveau de vie était meilleur que dans les bidonvilles urbains. A l'exception d'un village de lépreux où — juste avant la moisson — ils n'avaient qu'un peu de blé, si peu qu'ils ne pouvaient même pas faire de *chapattis*. Ils faisaient une espèce de pâte avec la farine et la servaient en très petites quantités. Or, les enfants ne parvenaient pas à digérer cette pâte. La faim — se procurer un vrai repas par jour —, voilà quel était le facteur déterminant pour le niveau de vie d'un village pendant cinq mois par an à cette époque. »

Et encore une fois, je fus frappé — comme je l'avais été quand il m'avait raconté l'histoire du moribond qu'il avait ramassé dans une rue de Calcutta — par la façon dont il parlait de la détresse en Inde : comme s'il s'agissait d'une idée personnelle, d'une observation propre, comme si son groupe était capable de mieux l'observer que les autres, avec davantage de compréhension, comme si cette détresse était une chose qu'ils avaient le droit de mentionner pour expliquer leurs actes.

Il était maintenant midi passé, bien après l'heure normale du déjeuner. Dipanjan était fatigué et me dit qu'il avait envie d'une douche. Arati avait préparé le repas et, quand son mari eut disparu dans l'espace de derrière pour prendre sa douche, elle apporta la nourriture et la disposa à ma portée sur un petit tabouret : des mets très simples, deux morceaux de poisson frit, des petits pois, des *puris*. Le poisson était plein d'arêtes, pas très facile à dépiauter, mais Arati m'expliqua que, si je me servais de mes doigts, je sentirais mieux les arêtes et pourrais les éliminer.

Elle resta debout dans la petite pièce, pendant que je mangeais, et se remit à parler de la chaleur qu'il faisait à Calcutta l'été ; puis me redemanda si j'avais l'intention d'y séjourner longtemps. Elle reparla aussi des arbres qu'on avait coupés. Je lui demandai si les Indiens haïssaient les arbres, si on croyait d'une manière générale que les arbres abritaient ou encourageaient les mauvais esprits. Elle me dit que non, que les Indiens adoraient les arbres ; seulement, à l'heure actuelle, il y avait tout simplement trop de gens, si bien qu'on était obligé de les couper.

Dipanjan, à ce qu'elle me raconta, l'avait quittée pendant sa première grossesse — pour aller militer dans les villages. Elle était allée vivre chez ses beaux-parents. Telle était la coutume indienne, la coutume d'ici : la femme habitait chez sa belle-famille. Pour pouvoir écrire sur l'Inde, me dit-elle, il fallait y passer beaucoup de temps. Il y avait en Inde tant de choses qui étaient différentes.

Elle me dit qu'au début elle avait été une sympathisante de la cause, mais qu'elle n'aimait pas cette idée de s'en aller dans les villages prêcher la révolution aux gens. Elle trouvait ça idiot. Les pauvres, ici, en Inde, croyaient à leur destin. Cette idée d'aller dans les villages avait retardé la révolution d'au moins quarante ans. Et quand les meurtres avaient commencé, ça ne lui avait pas plu. Pas plu du tout.

Dipanjan et moi n'en étions pas encore là : il m'avait promis cet épisode pour un autre jour, peut-être le lendemain

Peut-être, dis-je à Arati, que ce qui clochait, c'était l'idée même d'une révolution, l'idée d'un moment particulier où tout change, où le monde devient un paradis et où on refait l'humanité.

Elle ne me suivit pas sur ce terrain.

Tourgueniev a écrit un roman là-dessus, ajoutai-je. Il a écrit, vers la fin des années 1860, un roman sur la bourgeoisie russe, qui prêchait la révolution aux travailleurs. Peut-être que si les gens avaient lu ce livre en toute objectivité, ils n'auraient pas commis la même erreur de jugement que les personnages du livre. Mais elle n'avait pas lu Tourgueniev ; elle ne connaissait pas *Terres vierges*. Ses lectures russes ne remontaient pas aussi loin ; elles ne remontaient, à ce qu'il semblait, qu'aux textes politiques classiques.

Debout de profil dans l'encadrement de la porte, contemplant la véranda et la lumière blanche du début d'après-midi dans l'allée, cette lumière qui n'était encore que printanière, elle dit d'un ton pensif que les habitants d'autres pays semblaient être revenus du marxisme.

C'était une femme plutôt petite, mais robuste, avec une silhouette encore harmonieuse.

Elle me précisa qu'elle avait passé quelque temps en Angleterre, quand Dipanjan était allé y poursuivre des études supérieures de physique ; après la fin de toutes ces histoires. Et ce qu'elle avait vu en Angleterre, particulièrement ce qu'elle avait pu remarquer sur la condition féminine, avait achevé de l'ébranler. Peut-être, conclut-elle, Marx s'était-il trompé. Et j'ai trouvé cela émouvant : toute cette passion, dans cette pièce minuscule et encombrée, avec la menace de l'été qui approchait.

Au dîner, ce soir-là, dans un grand appartement du centre de Calcutta, j'ai rencontré quelqu'un qui avait été le condisciple de Dipanjan au Presidency College. Dipanjan, me dit-il, avait été un étudiant doué, voire brillant. Et puis, il y avait eu toute cette affaire naxalite et cette période affreuse où il avait semblé que ce jeune homme, marié à la fille d'une famille éminente de Calcutta, risquait de finir pendu. Depuis l'épisode naxalite, Dipanjan et mon interlocuteur ne s'étaient pas revus.

« Il était meilleur étudiant que moi, me dit l'homme. A présent, il enseigne la physique. Moi, je fais de la physique — voilà la différence entre nous deux. L'établissement où il enseigne est épouvantable. Il doit le savoir. Il gaspille son talent dans cette boîte. Il devrait tâcher de revenir dans le courant principal. »

Ce n'était toutefois pas un sujet qu'il se sentait capable d'aborder avec Dipanjan, si jamais ils se rencontraient. Tout cela était trop gênant. Tout ce militantisme naxalite, communiste — grâce auquel, selon ses propres dires, Dipanjan avait, pour la première fois de sa vie privilégiée, découvert une idée de communauté, un sens de l'aventure et un but dans la vie —, se dressait comme un obstacle embarrassant entre lui et l'autre monde qu'il avait connu.

Peut-être, me dit l'homme, Dipanjan avait-il trop honte pour revoir les gens qu'il avait côtoyés jadis. Alors, il vivait dans ce quartier pauvre et enseignait dans cette école pourrie. Il s'était passé la même chose quand il était allé en Angleterre : il avait vécu dans un studio des plus modestes.

Un autre convive déclara que cette façon de disparaître, de se terrer, était une réaction typiquement bengali.

Et moi, je revoyais par la pensée Dipanjan, de bonne heure le matin même, sortant de son allée pour m'accueillir — en dhoti et en chemise — sortant après tous les autres habitants de ce quartier pauvre, avec leurs façades respectables, leurs serviettes et leurs classeurs. D'après ce qu'il m'avait dit à notre première entrevue, j'avais eu l'impression qu'il enseignait dans cet établissement par solidarité avec les étudiants, ces « soldats vaincus ». Et ma première idée avait été qu'un sentiment analogue de responsabilité sociale l'incitait à habiter ce quartier. Mais non, ce n'était pas ça du tout. Il vivait là parce qu'il n'avait pas les moyens de faire mieux. Dans les villages, il avait souffert ; et à présent, en ville, il souffrait presque autant, par la faute de la poussière et des moustiques, et sa femme souffrait de la chaleur. Il avait choisi une voie bien ardue ; et ni lui ni sa femme ne s'étaient habitués à ces conditions pénibles.

Le lendemain matin, je retournai le voir à son université et je remarquai à nouveau les détails de ce bâtiment à un étage, avec ses ornements classiques, d'un style courant à Calcutta, son fronton et ses paires de colonnes serties dans les murs du rez-de-chaussée et de l'étage. Les volets verts disparaissaient sous une couche de crasse noire et rugueuse, due aux émanations des voitures et à la poussière — on aurait pu y écrire avec le doigt. Les petits arbres de la cour minuscule étaient décolorés par la poussière ; seules les nouvelles pousses printanières étaient vertes et propres. Lentement, de vieux monceaux de détritus végétaux aplatis se consumaient, expédiant dans l'atmosphère une fumée âcre qui n'avait rien de déplaisant, et dégageant une douce odeur d'automne dans le printemps de Calcutta. C'était une coutume de la ville que de brûler ainsi les détritus des jardins, même en plein centre, et cela ne faisait qu'épaissir le voile brunâtre du brouillard. Ce matin-là, un grand nombre de tables et de chaises branlantes, prises dans les salles de classe de l'université, avaient été posées en désordre sur la petite pelouse mal entretenue de la cour, où des mauvaises herbes poussaient sur les tas de détritus.

A l'étage, les vitres cassées des fenêtres et des portes avaient été remplacées par du grillage métallique de tailles diverses. L'inscription ternie, *Département de Physique*, en lettres de métal vissées à leur support, paraissait incongrue. La démarcation en zigzag de la poussière sur le sol rouge — la poussière dont nous avions parlé, Dipanjan et moi, deux jours auparavant — était toujours là. Dans la pièce ou plutôt le réduit étouffant, juste à côté, les ronds laissés par les bouteilles de boisson gazeuse et les soucoupes de l'avant-veille n'avaient pas été essuyés.

Dipanjan ébaucha un geste vague en direction de ces ronds sur la table, un hochement de tête pour m'indiquer la poussière dans la pièce où se trouvaient les tables de laboratoire, et me dit : « *Jamais* cet endroit ne sera nettoyé. »

Nous nous assîmes dans le réduit, lui sur son vieux siège, moi sur celui où j'avais pris place deux jours auparavant, nous faisant face de part et d'autre de la petite table. Celle-ci était vraiment constellée d'une multitude de taches. Une étroite bande de mur blanc carrelé apparaissait derrière les armoires métalliques peintes en vert olive ou kaki et entre les armoires. Des traînées brunes, d'origine inconnue, s'étaient coagulées sur les carreaux.

J'expliquai à Dipanjan que certains éléments me manquaient, dans tout ce qu'il m'avait raconté. Ainsi, il m'avait parlé de ses visites aux ouvriers de l'usine Guest Keen Williams à Calcutta. Comment s'y était-il pris ? Qui était le premier ouvrier à qui il eût adressé la parole ? Son récit n'avait guère suscité d'images dans mon esprit. De même quand il était parti dans les villages — comment avait-il fait ? Avait-il simplement pris un car ou un train pour un village donné ? Lui serait-il possible d'aller au-delà de certaines abstractions — « ouvriers », « villages », « paysans », « répression » ?

Il accepta mes commentaires et me proposa d'étoffer son récit. Il me parla d'abord de la période où il avait travaillé avec les ouvriers de l'usine Guest Keen Williams, en 1967.

« Un de mes amis vivait dans le bidonville de Guest Keen Williams depuis un certain temps et il avait fait la connaissance d'un dirigeant communiste de second plan. Mon ami m'a demandé de venir voir par moi-même si cet homme était un authentique révolutionnaire. J'ai donc pris un autobus au Presidency College, j'ai traversé le pont de Howrah, je suis descendu à la gare de Howrah et j'ai pris un autre autobus qui traversait les rues surpeuplées de Howrah jusqu'à la grille de Guest Keen Williams. »

(Une semaine plus tard, environ, je refis moi-même le trajet, avec un employé de l'entreprise Guest Keen Williams. L'usine, où on avait imposé un lock-out pendant un an, venait tout juste de rouvrir ses portes, et on pouvait voir dans la cour les traces de cette année d'inactivité, sous forme de mauvaises herbes tropicales et de rouille due à la mousson. La firme était une de ces anciennes et poussives entreprises britanniques qui s'étaient laissées aller durant les années de quasi-monopole ; elle n'avait pas pu, ensuite, s'adapter aux conditions nouvelles. Les ennuis qu'elle avait connus en 1966-1967 avaient marqué le début de son long déclin. En 1966, alors que l'économie indienne était en bien mauvaise posture, les Chemins de fer indiens, dont traditionnellement Guest Keen Williams dépendait plus ou moins, avaient effectué des coupes claires dans leurs commandes qui avaient diminué au moins de la moitié. Pendant six ou sept mois, en 1967, le service des aiguillages et celui des traverses n'avaient pas eu de travail. Le service de visserie avait été lui aussi affecté. Les ouvriers touchaient leur paye, mais ils n'avaient droit qu'au minimum. Voilà ce qu'on me dit à la compagnie ; et c'était l'arrière-plan de l'histoire de Dipanjan.)

« Mon ami et moi avons attendu longtemps à la grille, dit Dipanjan. Nous avons regardé la guérite du syndicat. Nous avons parlé aux gens qui s'y trouvaient. Des ouvriers sortaient par la grille. J'ai pu voir à quel point leurs origines étaient variées — musulmans, hindous, biharis, bengalis. J'étais surexcité, mais malheureusement le type que mon ami voulait me faire rencontrer n'est pas venu.

« Après cela, je me rappelle une autre visite qui s'est ainsi déroulée : l'entreprise avait acquis de nouvelles machines et des ouvriers allaient se retrouver au chômage avec la moitié de leur paye. L'organisateur du syndicat communiste séparatiste avait envisagé de nous confier la mission suivante : nous irions dans les bidonvilles habités par les ouvriers non bengalis que le syndicat n'était pas parvenu à recruter. Ces gens étaient anticommunistes.

« Un jour, en fin d'après-midi, plusieurs d'entre nous se sont introduits dans le bidonville. Je me suis retrouvé dans une des cabanes, avec un Bihari assis sur un lit de camp juste devant.

— Quel âge ?

— Entre deux âges. Réticent pour commencer. Et puis, il a souri et moi j'ai commencé à lui parler des machines qui allaient arriver. Je lui parlais hindi, que je baragouinais à l'époque. Il s'est montré amical, mais circonspect.

« Et puis il y a une autre scène dont j'ai gardé le souvenir —

un peu plus tard. J'ai commencé à me rendre dans ce bidonville, le soir. On m'avait demandé de parler du marxisme aux ouvriers. A l'époque le syndicat séparatiste comptait beaucoup d'adhérents. Nous étions dans une cabane musulmane et j'attendais avec un des ouvriers. Je n'étais toujours pas habitué à leurs conditions de vie et ce dont je me souviens le mieux, après vingt ans, c'est qu'il y avait un égout public qui traversait la pièce. C'est surtout ça que je me rappelle. Et puis, je suis allé à la réunion parler du marxisme. Je ne crois pas avoir fait passer le message. Ils étaient fatigués et moi, je restais à un niveau trop abstrait, je m'en rends compte maintenant.

« J'étais coincé dans un univers euphorique. J'étais très jeune et certains des ouvriers musulmans — je vous parle à présent de ceux qui travaillaient sur les docks, où je suis allé plus tard — nous disaient de rentrer chez nos parents, qui pleuraient de ne plus nous avoir, et de reprendre nos études. Je me rappelle avoir demandé à un de ces hommes : "Pourquoi faut-il que je rentre chez moi ? Et pourquoi ne venez-vous pas plutôt m'aider à faire mon travail ?"

— Quel âge avait-il ?

— Ni vieux, ni jeune. Je l'entends encore me répondre en hindoustani : "On est venu ici pour gagner de l'argent." Je me suis rendu compte que je restais sur un plan trop théorique, mais le parti avait dit que les ouvriers des villes étaient "arriérés" par rapport aux paysans et je pouvais donc me rabattre sur cette rationalisation.

— Arati n'a pas été enchantée de vous voir partir dans les villages.

— Vers le milieu de 1968, je lui ai dit que j'allais partir. Quand le moment est venu, elle était enceinte. Elle a pleuré. Elle ne trouvait pas que c'était une mission formidable, mais à l'époque elle ne trouvait pas ça idiot non plus. Elle avait le sentiment que je la trahissais. D'ailleurs, dans une certaine mesure, je l'avais aussi.

— Comment êtes-vous allé dans les villages ?

— Au début, tout ça a encore été très décevant. Nous avions certains centres urbains bien organisés en dehors de Calcutta. J'ai pris le train pour un de ces centres. Le trajet durait deux heures et demie. Je suis allé chez un ouvrier d'usine. Je connaissais sa maison. J'y étais déjà allé dans le cadre de diverses missions. C'était un réfugié du Bengale oriental. Il s'était construit une petite maison à lui, dans une zone délabrée et sale de la ville.

« Le jour même, j'ai rencontré un des camarades des villages. Il m'attendait. Le lendemain, nous voilà partis en autocar. Moi, j'ai un sac en toile dans lequel il n'y a rien, juste un dhoti. En fin d'après-midi, nous descendons du véhicule. Mes vêtements sont tout à fait dans la note, mais pas mes lunettes, ni mon accent de Calcutta. Au bout d'une demi-heure de marche, nous arrivons au centre du village, où tout le monde nous soutient. Cette nuit-là, il y a une réunion pour décider d'un mode d'action. Je n'y assiste pas.

« Le soir, nous allons manger dans la cabane de quelqu'un d'autre. Les villageois se sont cotisés pour nous nourrir. Le riz baigne dans l'eau. Il n'a pas été égoutté du tout, parce qu'en soi, cette eau de cuisson constitue une nourriture ; il y a beaucoup de ce riz plein d'eau. Et moi, je n'arrive pas à le manger. Je suis dans tous mes états, parce que je ne peux pas le jeter non plus. Seulement, mon estomac de citadin est trop petit, voilà tout. Et puis, il n'y a rien d'autre à manger et personne n'aura un vrai repas jusqu'au lendemain soir.

— Dans quoi mangez-vous ? Des assiettes ? Des feuilles ?

— Des assiettes en métal. C'est une cabane en chaume. Nous mangeons dehors, dans un espace ouvert. Aucune lumière autre que celle qui tombe du ciel et pas mal de moustiques. Je suis désorienté.

— Pourquoi ? »

Il changea de ton. « J'avais peur de ce qui m'attendait le lendemain — sur le plan de la communication. Nous avons dormi sur un lit de camp devant la cabane — deux par lit, et je peux vous dire que ce n'était pas confortable, parce qu'un lit de camp se creuse au milieu. Je me sentais abandonné et apeuré. Dans les villages, il n'y a pas de toilettes. Il y a certains champs — avec des mares d'eau toutes proches — réservés à cet usage.

« Le lendemain matin, un paysan un peu plus à l'aise (il avait une radio) nous a offert du thé — ce qui n'est pas commun dans les villages : à cette époque les villageois ne buvaient jamais de boissons chaudes. L'après-midi on nous a fourni un nouveau repas — toujours du riz — parce que nous devions faire une nouvelle marche. Un trajet de trois ou quatre heures.

« J'ai eu beaucoup de mal à suivre mon guide paysan. Nous avons atteint notre destination le soir. Moi, j'étais survolté par ma mission politique, mais les gens étaient occupés à accomplir lentement et méthodiquement leurs tâches journalières. Je m'en suis aperçu et je me suis senti idiot. Dans les villes, tout le monde était en ébullition, et je constatais que ces paysans, qui étaient censés être la principale force révolutionnaire, étaient tout à fait impassibles. J'ai été déçu et j'ai commencé à avoir la nostalgie de Calcutta.

« Le lendemain après-midi, je suis reparti à pied vers le centre du parti le plus proche, qui se trouvait dans une toute petite bourgade. Je n'ai gardé aucun souvenir de l'effort physique et je ne crois pas qu'il m'ait marqué. Tout ce dont je me souviens, c'est que j'ai dû marcher environ six heures, parce que je n'avais pas d'argent — nous ne devions pas en emporter. Sur la route, j'ai vu passer des autocars.

« Voilà comment a débuté mon Action garde rouge. C'est alors que j'ai enfin eu l'impression de faire mon travail.

— Vous savez que je ne demande pas de noms, dis-je, mais aucune des personnes que vous me décrivez n'a de visage. Je n'arrive pas à les voir.

— Il y a des visages, mais quand nous sommes allés parmi les ouvriers de Guest Keen Williams, nous suivions la tradition communiste, selon laquelle les gens sont des objets et non des sujets vivants occupés à vivre leur vie — et à faire l'histoire par la même occasion. Au niveau humain, notre interaction se limitait pour ainsi dire à notre propre groupe politique. C'est pour ça que quand le docker musulman m'a demandé pourquoi je ne rentrais pas chez mes parents, cela m'a tant frappé. Aujourd'hui encore, je suis persuadé que cette conversation se situait à un niveau différent.

« J'aimerais ajouter ceci. Les visages de mes amis sont avec moi. Mais la plupart d'entre eux militent encore et je ne veux faire aucun commentaire les concernant. »

Le 1er mai 1969, un événement obligea Dipanjan à quitter les villages pour regagner Calcutta. Ce jour-là, lors d'un grand meeting public au Calcutta Maidan, le vaste parc au milieu de la ville, la faction communiste qui s'était chargée d'organiser le mouvement naxalite annonça qu'elle devenait désormais le Parti communiste indien (tendance marxiste-léniniste).

« Mes parents rejetaient ce nouveau parti, expliqua Dipanjan. Et Arati n'était pas contente du tout. A cette époque, elle aurait bien aimé me voir abandonner la politique. Notre fille devait naître en octobre. Je suis resté à Calcutta jusqu'à la fin de 1969, je faisais mon travail politique sur les docks. Après, je suis reparti dans les villages.

« Au début, les premiers camarades avaient demandé aux paysans de former leurs propres organisations, afin de s'emparer du pouvoir politique et, ce faisant, de confisquer les terres des grands propriétaires, puis, ultérieurement, leurs armes — ils devaient récolter par la force le produit de leurs terres, prendre celui des terres des propriétaires et édifier dans les villages des centres de pouvoir paysan pour faire opposition au pouvoir des propriétaires.

« Et, en effet, il y avait eu un grand soulèvement paysan dans la région au moment de la moisson. Je suis arrivé trop tard pour y assister. Ce fut pendant ce soulèvement que le parti donna ses directives concernant les assassinats individuels. Ils devaient être exécutés par des commandos de conspirateurs. Lorsque j'ai commencé mon Action garde rouge, je devais demander aux paysans de former des escouades d'annihilation, comme on les appelait.

« A cette époque, j'avais surmonté ma première déconvenue concernant les villages et l'absence de communication. J'avais appris certaines choses. J'ai commencé à envisager cette Action garde rouge avec davantage de conviction et moins d'inquiétude. C'était une mission prolongée, qui devait durer plusieurs mois, entre six mois et un an. Je passais de village en village, de communauté en communauté, tribales ou non tribales, intouchables et castes de fermiers. J'ai vraiment appris à connaître l'Inde.

— Que pensiez-vous de la nouvelle directive ?

— Beaucoup des camarades passés avant moi avaient réussi à former des escouades et à accomplir les missions d'annihilation, principalement dans la zone où avait eu lieu, à l'époque de la moisson, le soulèvement fondé sur la terre et la récolte — occupation de la terre et récolte par la force.

— Cette directive ne vous a pas choqué ?

— Non, non. Les Indiens sont des gens très violents, au fond. Je poursuivais mon Action garde rouge dans de nouvelles zones, et malgré tous mes efforts je ne suis pas arrivé à persuader les paysans d'annihiler qui que ce soit — ce qui m'a causé un vif remords et m'a donné le sentiment de ne pas être à la hauteur de ma tâche.

— Vous vous rappelez comment vous le leur avez demandé ?

— Oh oui. J'ai demandé à un paysan qui me logeait dans sa cabane. Je me la rappelle parfaitement, cette cabane. Ils avaient une petite fille qui venait de naître et à qui on donnait des biberons d'eau de cuisson de riz au lieu de lait — ce qui me paraissait presque monstrueux. Ces gens étaient comme tous ceux à qui nous parlions. Ils n'avaient que très peu de terre, assez pour leur assurer trois mois de subsistance peut-être. Le parti nous avait demandé à tous de nous concentrer sur ces paysans-là.

« Alors j'ai demandé à cet homme : "Qui est le propriétaire le plus redouté de la région ?" Il m'a donné son nom. Je lui ai dit : "Pourquoi ne le tuez-vous pas ?" Le soir même, il a fait venir un autre paysan et m'a demandé de lui parler de l'affaire. Les deux hommes sont convenus qu'il faudrait tuer le propriétaire, mais ils refusaient de s'en charger.

— L'idée les a-t-elle choqués ?

— Pas du tout. Comme je m'évertue à vous le répéter, nous sommes un peuple très violent. Pendant deux mois entiers, au cours de mes allées et venues, j'ai tout fait pour les convaincre.

« Je vivais une vie cachée dans cette cabane. Si le propriétaire avait eu vent de ma présence, il m'aurait tué ou livré à la police. Je savais que c'était dangereux. Je savais que j'avais enfreint la loi. Mais supprimer un homme n'est considéré nulle part comme un acte contraire au code moral. Vous devez bien comprendre que le *Ramayana* et le *Mahabharata* gouvernent le code religieux quotidien des hindous, exactement comme le Coran régit celui des musulmans, et que ce sont des ouvrages à la gloire de la tuerie accomplie dans un but suprême. J'imagine que, comme n'importe quel autre Indien, je n'avais aucunement le sentiment de violer la morale en prêchant l'assassinat pour une cause.

— Et Gandhi ?

— Parmi les nombreux idéaux de Gandhi que les Indiens n'ont pas acceptés, l'*ahimsa*, la non-violence, est le plus évident.

— Et les Jaïns ?

— C'est une secte étrange. Mais quand vous mentionnez toutes ces religions — le bouddhisme, le jaïnisme et Gandhi — vous avez de l'Inde une perspective fausse. Moi, je vous ferai remarquer ce qui s'est passé au Kampuchéa, à Ceylan, en Birmanie, en Chine — autant de pays apparemment regroupés sous le parapluie de Bouddha et de Confucius. Or, tous ces peuples sont très violents.

— Revenons-en aux villages.

— Comme je vous l'ai dit, j'ai commencé à penser que je n'étais pas à la hauteur. Vers la fin de 1970 et le début de 1971, le mouvement dans son ensemble a connu un net recul et beaucoup de mes amis ont commencé à remettre leurs idées en question.

« Au cours des derniers mois qui ont précédé mon arrestation, j'étais entré en contact avec les tribus. J'ai fini par avoir beaucoup d'affection pour ces gens-là. Je me sentais bien avec eux. Je comprenais leurs aspirations politiques. Pour la première fois, j'avais trouvé un groupe de paysans qui pensaient et agissaient de façon politique. Je parlais beaucoup, parmi eux, avec un maître d'école. Ce furent des mois très satisfaisants, les plus satisfaisants de ma vie dans les villages, et ce d'autant plus que les doutes qui tenaillaient mes amis au sein du mouvement à propos de la directive sur les assassinats — eh bien, ces doutes me donnaient toute latitude pour parler librement, sans les restrictions imposées par le parti, que je commençais à trouver impossibles à respecter dans la pratique.

— Combien de personnes ont été annihilées dans votre région ?

— La directive a coûté la vie à plus de cent personnes de la région. La plupart étaient des propriétaires. »

Mais désormais, l'étau policier se resserrait.

« Nos amis ont dû rompre avec le parti, et beaucoup d'entre nous étaient obligés de changer constamment de résidence, au Bihar et au Bengale. Un soir, vers huit ou neuf heures, nous nous trouvions dans un magasin d'alimentation près d'une gare de chemin de fer, dans le nord du Bihar. Il y avait là quelques policiers en civil, en chemise et pantalon. Ils appartenaient à la police du Bengale et ils étaient aux trousses d'autres naxalites. Ils étaient venus dans le magasin pour s'acheter un peu de viande cuite. Ils ont reconnu un de mes amis et on nous a arrêtés.

« A cette époque, la police avait commencé à exterminer les naxalites, et ma première réaction a été de me dire qu'ils allaient nous tuer aussi. La terreur régnait déjà depuis six mois et je m'étais habitué à l'idée d'une telle éventualité — simplement pour pouvoir continuer.

« Les policiers du magasin d'alimentation étaient plus âgés que nous. Ils ne nous ont pas maltraités. Ils nous ont emmenés au poste de police. Là, nous avons aussitôt tenté d'intervenir auprès de l'officier de police bihari responsable de notre sort, pour qu'il empêche ces policiers bengalis de nous tuer.

« Le Bihari, qui était un homme instruit, nous a dit : "Sachez que je vous respecte. C'est pour le pays que vous travaillez, mais mon devoir en tant qu'officier de police me dresse contre vous." Nous nous sommes mis à rire : "Pourquoi vous moquez-vous de nous ? Ces policiers bengalis vont nous tuer d'ici à quelques minutes."

« On nous a attachés avec des cordes et, chemin faisant, les policiers nous ont cogné dessus, en répétant avec insistance que nous étions des Bengalis. Le policier bihari a été scandalisé et il a immédiatement informé par radio tous les postes de police du

Bihar du fait qu'on nous avait arrêtés, si bien que les policiers bengalis ne pouvaient plus nous tuer, à supposer qu'ils en aient eu l'intention.

« La plupart d'entre nous ne sont jamais passés en jugement. Un petit nombre ont été jugés et condamnés. Les autres sont restés en détention préventive jusqu'à l'amnistie de 1977 au Bengale occidental.

« Je suis resté en prison jusqu'en octobre 1972, à Calcutta. En prison, j'ai découvert deux choses qui m'ont découragé. D'abord, la qualité des prisonniers naxalites de Calcutta. On nous avait dit qu'ils tuaient les policiers isolés, même les agents de la circulation, ainsi que les gens soupçonnés d'être des espions. La prison était bourrée de naxalites, surtout de très jeunes garçons, et ils n'avaient absolument aucune conviction politique. Il s'était passé la chose suivante : il y avait eu un soulèvement contre le système scolaire — les jeunes garçons et filles insérés de force dans ce système avaient abandonné leurs études et le parti les avait recrutés à des fins de violence urbaine.

« Le parti s'était morcelé. Je n'avais pas moi-même les idées très claires. J'estimais que le mouvement avait souffert de maladies. Il me semblait que ma quête politique s'était terminée en queue de poisson et que j'allais devoir repartir à zéro. Et pendant un certain temps, il m'a été impossible de me voir plus longtemps sous les traits d'un militant politique.

« Après mon arrivée dans la prison de Calcutta, j'ai pu voir régulièrement mes parents et Arati. On ne pouvait rien prouver contre moi. Je suis donc resté en détention préventive. Finalement, j'ai écrit aux autorités que, si on me relâchait, je partirais à l'étranger pour poursuivre mes études de physique. »

Sa pétition fut acceptée. Dipanjan put s'inscrire à l'université de Londres et son père paya son passage jusqu'en Angleterre. Des policiers l'escortèrent jusqu'à la passerelle de l'avion. Il passa son agrégation à Londres, puis il revint en Inde. En septembre 1974.

« Que pensez-vous à présent ? » lui demandai-je.

Il tripota ses lunettes, plissa les yeux, regarda par la fenêtre. J'étais assis en face de lui, de l'autre côté de la table étroite, dans un fauteuil placé entre deux hautes armoires métalliques. Derrière lui, j'apercevais une pièce vide avec des plaques de plâtre neuf, bien lisse, sur les murs.

« La grande erreur, dit-il, la méprise fondamentale de la position marxiste — à mon avis, les gens doivent se libérer tout seuls. Les intellectuels peuvent tout au plus leur passer l'équipement nécessaire pour y parvenir. »

Il militait à présent dans un mouvement en faveur des droits civiques et enseignait dans les bidonvilles. « Je ne vois aucune discontinuité par rapport à ma quête politique d'antan. Entre le fait d'aller militer dans les bidonvilles et celui d'y enseigner. » Il se laissa aller en arrière contre une armoire en métal vert olive et contempla le ciel. « La société est à tel point structurée que les prolétaires ne pourront jamais trouver leur propre voix, leur propre vision du monde, leur propre identité. »

Je le questionnai au sujet d'Arati et de son séjour en Angleterre.

« Pour elle, ce séjour a transformé son univers. Parce qu'elle s'est aperçue pour la première fois qu'une femme n'était pas simplement, et même pas du tout, l'appendice d'un homme quelconque. Moi, j'étais enchanté de revenir ici. Arati a pleuré pendant des jours entiers et ses amies, que leur éducation avait habituées à ne jamais manifester leurs sentiments en public, ont été très malheureuses pour elle. Si elle avait eu le choix, elle serait restée en Angleterre — à cause de ce sentiment de liberté et d'être reconnue en tant qu'individu.

« De 1967 à 1972, il y avait eu un sujet de discorde permanente entre nous — je n'arrivais pas à la convaincre que si nous restions chez mes parents, nous serions toujours sous leur coupe. Cette domination, elle ne voulait pas la voir en face. Et ce n'est que quand elle s'est trouvée en Angleterre qu'elle a compris ce que je voulais dire. Jusque-là, elle s'était dit que cela faisait partie de mes excentricités — comme celle qui m'avait, par exemple, poussé dans le mouvement naxalite. Moi, je disais : "Prenons un appartement". Ou bien : "Pourquoi te laisses-tu faire par ma mère ? Pourquoi exécutes-tu tous les ordres de mon père, même quand ça te fait du mal ?" Elle ne savait même pas qu'on pouvait vivre autrement. Aujourd'hui, tout a changé et continue à changer, mais, dans les années 1960, la façon dont Arati envisageait l'existence n'avait rien d'exceptionnel. »

Voilà qui renforçait ce qu'avait dit Arati chez elle, la veille, pendant que Dipanjan prenait une douche. Quand son mari était parti vivre dans les villages, m'avait confié Arati, elle était allée s'installer chez ses parents à lui. En Inde, une épouse habite avec sa belle-famille ; on passe de la maison de ses parents à celle des parents de son mari. L'Inde est différente de beaucoup d'autres pays ; il faut savoir bien des choses pour pouvoir en parler.

A présent, cependant, ils vivaient seuls.

« Êtes-vous heureux dans votre petite maison ?

— Oui. En ce qui nous concerne, Arati et moi, le côté matériel de l'existence n'a jamais eu beaucoup d'importance. Nous sommes l'un et l'autre capables de travailler dur.

— Que diriez-vous du désordre de vos étagères chez vous — tous ces livres et ces papiers fourrés là pêle-mêle ? Et la poussière — je peux en parler, de la poussière ? Vous me disiez que l'université dépend de la municipalité et que c'est pour cela qu'elle ne sera jamais nettoyée.

— Cela me fait honte, l'état de ma maison. Nous sommes tous les deux si surmenés que nous ne trouvons pas le temps. Arati enseigne la physique tous les matins dans une école. Elle travaille de six heures trente à dix heures — à quoi il faut ajouter une heure pour y aller et deux pour en revenir. Mais ce désordre me remplit de honte. Et parlez de "poussière", si vous en avez envie. Mon grand-père m'aurait fait la morale. Mais *personne* n'a honte de cet endroit. Voilà la différence.

— Avez-vous le sentiment que la période la plus active de votre vie est terminée ?

— Pas du tout. Jusqu'ici ma vie n'a été que la première partie de ma quête.

— Puis-je vous demander ceci : vous avez passé tant de temps à penser aux autres. N'y a-t-il pas là une espèce d'arrogance ? N'auriez-vous pas dû aussi songer à faire fructifier votre propre talent ? Vous n'êtes pas obligé de répondre. Si vous ne voulez pas, je retire la question et on n'en parle plus.

— Je vais répondre. Le garçon le plus brillant de l'année qui précédait la mienne au Presidency College est aujourd'hui un professeur réputé aux États-Unis. Il m'a posé la même question. Sauf qu'il n'a pas parlé d'arrogance. En physique, je me suis aperçu que les questions qui m'intéressaient, je n'étais pas capable d'y répondre. J'y ai travaillé ; j'y ai pensé. J'y travaille encore — ou disons plutôt que je lis toujours ce qu'on écrit à leur sujet. Mais je n'arrive pas à me passionner pour les questions moins difficiles. En matière de poésie, je ne suis jamais satisfait de ce que j'écris, surtout parce que le genre de poésie que j'écris ne peut plaire qu'à quelques personnes dans mon genre. Mais j'ai constaté qu'aider les autres était une activité à laquelle je peux m'attaquer, même si je fais des erreurs. Je ne cesse pas d'en tirer des leçons. »

Dans sa première histoire, Ashok m'avait narré sa tentative pour s'introduire dans les milieux du marketing et ses démêlés avec l'Imba, l'Institut de Gestion et d'Administration commerciale que dirigeait le Dr Malhotra à Delhi. La deuxième histoire était celle de son mariage, de sa rupture avec le passé.

« J'ai fini par entrer dans une agence de publicité, me dit-il, et aussitôt j'y ai été très heureux. Dès ce moment, ma carrière a pris un bon virage. J'ai mûri avec mon travail ; j'ai appris beaucoup de choses sur le véritable univers du marketing ; ces cinq années ont été les plus fructueuses de ma carrière.

« Mais cela s'est déroulé parallèlement à un bouleversement dans un autre aspect de ma vie. Je venais d'un foyer brahmane traditionnel du sud de l'Inde. Mon père avait occupé divers postes dans le monde entier et il s'était fixé à Calcutta. En Inde, j'avais été éduqué dans les meilleures écoles. Pourtant, j'étais si fortement imprégné de l'optique familiale traditionnelle que je n'avais jamais songé à sortir avec des filles, alors que je leur plaisais et que je chantais des chansons pop et des chansons indiennes classiques. Dans le domaine de la culture indienne classique, j'avais reçu des cours particuliers à la maison ; cela faisait partie d'une éducation traditionnelle.

« Plusieurs de mes amis menaient une vie sociale active, mais pour ma part je ne trouvais pas cela nécessaire, ni même désirable. Les autres faisaient ce genre de choses, avaient des petites amies, mais il me semblait que ce n'était pas pour moi. J'imagine qu'au plus profond de mon inconscient, je savais que je ferais un mariage traditionnel arrangé — jusqu'au jour où j'ai participé à la cérémonie qui consiste à aller "inspecter" une jeune fille dans l'intention de l'épouser.

« Ma famille avait arrangé la chose de la façon habituelle, par un échange d'horoscopes. La jeune fille vivait à Bangalore et je suis donc allé jusque-là pour la voir. Il y avait là des hordes de parents à moi et aussi à elle. On nous a dit de nous présenter à l'endroit voulu, choisi par ses parents, à une heure donnée.

« C'était le soir. Pour l'événement proprement dit, tout le monde devait s'asseoir en rond. On m'a présenté au père de la jeune fille et nous nous sommes tous assis en cercle, dans la salle. On a fait circuler des friandises salées et sucrées. Tout le monde était sur son trente et un. Mais toute cette espèce de mise en scène était si compliquée que je n'étais pas sûr de l'identité de la demoiselle. Il y avait là d'autres jeunes filles de sa famille, on ne m'avait pas présenté à celle qui m'intéressait ; et, en plus, son père ne cessait pas de jacasser et de me poser tout un tas de questions sur mon métier, mes goûts, mes dégoûts et ainsi de suite.

« Détail alarmant, il s'est mis aussi à évoquer les endroits où on pourrait célébrer le mariage. Il m'a donc été très difficile de lui répondre de façon normale. Il me disait, par exemple : "J'aimerais que le mariage ait lieu à Sholapur plutôt qu'à Bangalore, parce que je suis mieux introduit à Sholapur. Qu'en dites-vous ?"

« Et moi, je ne pouvais dire ni oui, ni non. Il aurait été grossier de dire non, mais absurde de dire oui. Alors, il fallait parer au plus pressé par une série de demi-volées pleines de diplomatie. Et par de vagues sourires. Quand l'heure fut passée, je fus soulagé. Mais ensuite, quand on me demanda ce que je pensais, je répétai que je n'en savais rien.

« J'étais censé avoir pris une décision concernant une jeune fille dont je n'avais même pas fait la connaissance, avec qui je n'avais pas échangé un mot, et qu'un de mes parents m'avait seulement montrée du doigt en cachette. Et à la fin de l'heure, j'étais censé avoir pris une décision.

« J'étais aussi très troublé de constater que la jeune fille n'avait apparemment pas son mot à dire dans l'histoire. En tout cas, tout le monde — les vingt ou trente personnes qui s'étaient trouvées là — était très anxieux de savoir si j'avais donné le feu vert. Dans ce genre d'affaires, c'est le garçon qui détient tous les atouts, et la famille de la fille occupe une position d'infériorité.

« Bien des années plus tard, un sentiment de honte se cristallise autour de ce souvenir. Mais sur le moment, c'était plutôt de la gêne, même si de nos jours encore des garçons et des filles se marient de la façon contre laquelle je me suis rebiffé à cette époque. Pour être juste, disons qu'ils n'ont pas le choix. Je ne conseillerais pas à quiconque de suivre mon exemple. Peut-être que si tout avait été organisé de façon différente, mon embarras aurait été moins grand.

« A la fin, au moment où tout le monde sortait et se disait au revoir, je me suis dit — comme ça au débotté — que c'était une épreuve que je ne tenais pas à renouveler.

« Nous sommes rentrés chez nous. J'étais complètement déboussolé. Dans la voiture, il y avait mon frère, sa femme, mon père et moi. J'ai gardé le silence. Les autres savaient que j'étais malheureux. Je suis parti chez un copain où je suis resté jusqu'à une heure tardive. Le lendemain je devais quitter Bangalore. Ce qui me tourmentait, c'était que ma famille avait promis aux parents de la jeune fille de donner une réponse dès le lendemain de l'entrevue.

« Quand je suis revenu à la maison, tard ce soir-là, mon père et mon frère m'ont demandé ce que j'avais décidé — est-ce que je voulais épouser cette fille ou non ? J'ai dit non. Mon père a déclaré : "Pas de problème. Nous en trouverons une autre."

« J'ai expliqué à mon père que si je disais non, ce n'était pas parce que la tête de cette jeune fille ne me revenait pas — ça n'aurait pas été juste. Je n'avais même pas eu l'occasion d'échanger deux mots avec elle. C'était au procédé que je disais non, pas à la jeune fille. Et j'ai ajouté que je ne voulais plus en parler.

« Mes aînés ont pensé que le temps arrangerait les choses, que c'était la première fois que ça m'arrivait et que la prochaine fois, ce serait différent.

« Je suis devenu de moins en moins communicatif. La situation même veut que parents et enfants ne puissent pas parler librement de ces choses. Personne ne vous demande jamais ce que vous pensez du mariage. Ce qui se passe c'est qu'un beau jour, quelqu'un vous communique une offre.

« Et c'est alors que, aiguillonné par la pensée que j'allais devoir endurer cette cérémonie de "l'inspection" une fois de plus ou même plusieurs, je me suis tourné progressivement vers l'idée de décider moi-même qui je voulais épouser.

« Il y avait une jeune personne que je connaissais, cadre dans un service de marketing. Le marketing, voyez-vous — pour moi, il n'y a jamais eu que le marketing. Seulement, la jeune fille en question venait d'une autre communauté. Je lui ai déclaré mes sentiments. Nous nous sommes dit que c'était une possibilité. Nous nous connaissions sur le plan social. Nous parlions la même langue. Seulement, elle appartenait à une autre communauté. Et quand je me suis enfin décidé à aborder le sujet avec mes parents, ils se sont montrés aussi hostiles que prévu. Ils sont rentrés dans leur coquille, ils se sont repliés sur eux-mêmes — comme je l'avais fait, moi, après l'entrevue de Bangalore. Il était difficile de communiquer avec eux, parce que, dans un cas comme celui-là, ils avaient pour eux une espèce de logique grossière ; dans une affaire comme la nôtre, il ne pouvait pas y avoir de compromis. A leurs yeux, j'étais sur le point de briser le lien qui unissait notre famille à l'histoire, à la tradition, et ils ne parvenaient même pas à envisager l'avenir. Ils avaient l'impression que tout plongeait dans les ténèbres.

« En plus, j'étais sur la sellette, parce que la jeune fille que je voulais épouser souhaitait voir comment je réagirais sous cette pression. Il était donc important pour moi de prendre position. J'ai dit à mes parents que je n'avais pas l'intention de changer d'avis, mais que je n'étais pas pressé. Libre à eux de prendre leur temps. Ça a été très dur pour eux, mais peu à peu, conseillés par certains membres de notre famille et par des amis, ils se sont rendus à mes raisons. Notre mariage a été célébré en grande pompe, selon la tradition.

« Aujourd'hui, nous sommes physiquement séparés, dans des villes différentes ; ma femme et moi à Calcutta, mes parents ailleurs. Cet éloignement nous a aidés à nous accoutumer les uns aux autres. Nous nous voyons de temps en temps, disons deux fois par an, et nous avons des rapports cordiaux. Mes frères et sœurs se sont mariés selon la tradition et ils vivent avec mes parents, dans la même ville. Pourtant, ils n'ont pas de très bons rapports. A mon avis, le brahmane du sud de l'Inde est incapable de se laisser aller ; il est toujours coincé.

« Dans ma famille, pour la nouvelle génération, je suis devenu un héros. Plusieurs ont suivi mon exemple, si bien qu'à présent ce n'est plus vraiment la fin du monde de se marier ainsi. Cependant, il faut aussi reconnaître — et ça mes parents l'ont ressenti, mais sans parvenir à l'exprimer, c'est ce qui les a fait rentrer dans leur coquille — que quelque chose d'indéfinissable s'est rompu. Nous sommes brahmanes depuis la nuit des temps. »

Une quinzaine d'années s'étaient écoulées depuis la fin de la révolte naxalite, mais Debu — qui était à présent cadre supérieur dans une grosse entreprise — attendait toujours avec impatience une nouvelle et véritable révolution. Debu avait pris part à la rébellion dès son commencement. Après quoi, il s'était querellé sur un point d'idéologie avec certains des éléments qui dirigeaient le mouvement, et il avait dû se cacher à la fois de la police et de ses anciens camarades. Il pouvait démontrer, de façon précise et convaincante, la façon dont cette révolution fondée sur l'amour et la compassion s'était transformée en nihilisme pur et simple, prôné par des gens qui parlaient de révolution et de pouvoir aux paysans, mais sans jamais s'attaquer effectivement à l'État, ni aux puissants, ni aux privilégiés, préférant se concentrer sur les faibles et les vulnérables. Pourtant, l'idée qu'on pouvait prendre un nouveau et meilleur départ subsistait encore en lui.

« Le seul changement — mais il est de taille — entre alors et maintenant, me confia-t-il, c'est qu'à l'époque, vers la fin des années 1960, je pensais participer moi-même à la révolution, alors qu'à présent je sais pertinemment que j'en serai le *témoin*. Un témoin bienveillant. Je ne crois pas que le besoin de révolution ait changé. » Et partant de là pour en venir à son propre rôle dans l'affaire, il laissa tomber une moitié de pensée : « Une fois qu'on a connu le goût du sang... »

Le goût du sang. Étrange métaphore.

« Savoir organiser d'importantes masses de gens », dit Debu, et il voulait parler en même temps d'autre chose : de l'amour que les gens offraient à ceux qui essayaient de faire quelque chose pour eux. « Amour est un mot banal. Ce dont je veux parler est impossible à décrire — c'était quelque chose qui semblait sourdre et venir vous toucher. A l'époque, je pensais qu'il s'agissait de loyauté envers le parti. A présent, j'ai l'impression que le parti, c'est toujours la personne. C'est ce que je veux dire par le goût du sang : au bout du compte, les gens vous donnent un million de fois plus que vous ne pourriez leur donner. »

Il était né vers la fin des années 1930, dans la bourgeoisie de Calcutta. Toutefois, Debu était encore très jeune quand son père, qui exerçait une profession libérale, avait contracté une grave maladie qui s'était prolongée plusieurs années ; et la famille était devenue pauvre. Des amis leur étaient venus en aide, mais leur propre famille les avait rejetés.

Quand ils venaient les voir, certains de ces parents disaient : « Quand vous déciderez de vendre ces chaises, faites-le-nous savoir. Elles pourraient nous intéresser. » Les chaises étaient réelles, ce n'était pas une figure de style. Quand je revis Debu et qu'il m'invita dans son vaste appartement, après un petit tour dans le centre bourgeois de Calcutta et dans les anciens clubs britanniques, je pus admirer les chaises en question dans son salon : des sièges bengalis bas, vieillots, en ébène ou laque noire ; une série complète. Tous les jours, ces chaises devaient lui rappeler les pénibles années de la maladie de son père ; tous les jours, elles devaient le conforter dans sa méfiance vis-à-vis de la classe dont il était issu.

Cela faisait si longtemps qu'il pensait à cette époque que l'histoire sortit très facilement, comme une fable toute simple, accompagnée de la morale politique qu'il en avait tirée. La bourgeoisie bengali, me dit-il, comptait quatre grandes composantes : la caste, l'éducation, l'histoire de la famille et l'argent. Au moment de la chute, sa famille avait pu conserver les trois premières, mais le manque d'argent les avait propulsés à la périphérie de leur classe sociale.

Et cela, il ne pouvait l'oublier. Même lorsque la situation s'était arrangée, il était resté hanté par la « réussite », passionnément désireux de briller au lycée et à l'université. Même quand il jouait au cricket — sport dans lequel il excellait — sa passion de réussir, de bien faire, ne le quittait pas. Il ne se ménageait pas. Pendant six ans, me dit-il, il avait travaillé seize heures par jour. Finalement, à l'âge de vingt-deux ans, il avait été récompensé. Il avait été nommé directeur dans une firme de *boxwallahs*, à une époque où l'univers des *boxwallahs* à Calcutta avait encore dix bonnes années devant lui.

C'est alors qu'il put regarder autour de lui. Après avoir lu un livre sur le président Kennedy, il décida, avec de jeunes camarades comptables, de faire du bénévolat social dans les bidonvilles. Leur groupe possédait de vagues opinions politiques, mais n'était affilié à aucun parti. Leur idée de base était la vieille idée bengali de la patrie, l'idée que le Bengale avait transmise au reste de l'Inde, me dit Debu : c'est-à-dire l'idée que l'Inde devait être un pays dont on pouvait être fier. Cette idée s'était dégradée au Bengale depuis l'indépendance : « Pour les gens de ma classe cette idée existe toujours, mais c'est un vestige du passé — on la considère comme un anachronisme — et, dans la classe supérieure à la nôtre, celle des industriels et des hommes d'affaires, elle n'est plus ou moins, désormais, qu'une quantité négative. »

Les jeunes gens avaient pris leur travail dans les bidonvilles très au sérieux. Debu lui consacrait trois soirs et deux matinées par semaine. Il éprouvait déjà de la méfiance vis-à-vis de la bourgeoisie. A partir de ce moment, il put voir de près les injustices de la société située au-dessous d'elle. Il voyait bien en quoi la bourgeoisie en était responsable et il discernait aussi la *chaîne* des injustices.

« Il y avait sir Untel, le propriétaire d'un bidonville. Tous les contacts qu'il était tenu d'avoir avec les mères de famille veuves, résidant dans le bidonville en question, se faisaient obligatoirement par l'entremise de son agent, issu de la petite bourgeoisie. Ce dernier avait ses propres agents parmi les classes inférieures du *lumpen proletariat*. Voilà en quoi consistait la chaîne. Si vous vous débarrassiez du propriétaire, il y aurait toujours quelqu'un pour le remplacer. La chaîne ne serait pas rompue pour autant. »

Au bout de trois ou quatre ans de présence dans son entreprise, Debu fut envoyé aux États-Unis pour un an, avec une bourse d'études commerciales. En contrepartie, il devait faire des conférences sur l'Inde, expérience qui se révéla imprévisiblement humiliante. A la fin de chaque conférence, il y avait toujours quelqu'un pour demander : « Comment se fait-il que les gens meurent de faim et mendient pour manger, si votre pays est si génial ? » Et il y avait aussi toujours quelqu'un pour faire entre la Chine et l'Inde une comparaison humiliante.

Il se mit à étudier le marxisme et l'histoire indienne, et décida qu'à son retour à Calcutta, à la fin de l'année, il adhérerait au plus radical des partis communistes. C'était l'époque du Mouvement pour manger, l'Inde traversait sa crise alimentaire la plus grave. Au Bengale occidental, soixante personnes avaient été abattues par la police et les gens mangeaient du « milo ».

« C'était un dérivé du maïs que les Américains donnaient à leurs cochons et qu'ils avaient envoyé en Inde par charité ; et le gouvernement indien le distribuait dans ses centres de rationnement pour nourrir les paysans pauvres. J'étais honteux et furieux. A mes yeux, ce n'étaient pas des *pauvres* qui mangeaient ce truc, c'étaient des Indiens et des Bengalis. »

Il adhéra au Parti communiste (tendance marxiste) et se mit à travailler dans les villages. Il vivait avec les paysans. Son action était principalement une action de propagande. Il s'efforçait aussi de mettre fin au marché noir du riz. Pour ce faire, ses camarades et lui empêchaient le riz de quitter les villages. Ils luttaient aussi pour éviter les expulsions de petits exploitants ayant droit à une part des récoltes.

Debu commença à s'élever dans le parti. La *bhadra-lok*, la bourgeoisie bengali, adorait tout ce qui était étranger, et Debu s'aperçut que même dans le Parti communiste (tendance marxiste), il pouvait être utile de revenir de l'étranger et de parler anglais. C'était troublant, mais cela tomba juste au moment où Debu éprouvait l'expérience presque mystique qui consistait à recevoir l'amour de la population. Il n'y avait désormais plus de limite au temps qu'il acceptait de consacrer à la cause, plus de limite aux risques qu'il était prêt à prendre ; et en retour, la population lui donnait son amour.

« Des gens que je ne connaissais pas du tout — des paysans, des travailleurs — eh bien, personne parmi eux ne me disait : "Vous ne pouvez pas rester ici. Nous ne pouvons pas abriter votre ami." »

Il créa un comité pour lutter contre le révisionnisme au sein du parti, et découvrit qu'aux niveaux inférieurs de la direction du parti, il y avait énormément de petites corruptions : les gens volaient du poisson ou du riz recueillis pour le parti. Quand il s'en plaint à un comité plus haut placé, ses membres l'accusèrent d'être un agent de la CIA. Il commença à avoir l'impression qu'on cherchait à l'éjecter du parti.

Mais il avait aussi commencé à écrire des articles sur le mouvement paysan, lesquels avaient attiré l'attention des hommes qui allaient ensuite former la faction naxalite du parti. Certains de ces articles furent lus à Radio Pékin ; pour les naxalites, qui n'avaient rien à envier à la *bhadra-lok* pour l'amour des choses étrangères, c'était le comble de la gloire. Debu devint un homme important dans les conseils de leur faction. Quand le chef du groupuscule venait à Calcutta, il prit l'habitude de descendre chez lui.

« J'étais entré dans ce mouvement par indignation, une indignation qu'avait suscitée chez moi, à l'étranger, la situation dans mon pays. Et, puisque la plupart des habitants de l'Inde étaient pauvres et vivaient dans des villages, mon indignation s'était concentrée sur eux. J'étais convaincu qu'il y avait besoin d'un *renversement* provoqué par les pauvres, étant donné que ma propre classe et celle qui se trouvait au-dessus étaient pourries, et qu'il était impensable d'attendre d'elles fût-ce un commencement de rédemption. Or, c'est là qu'intervient la partie abstraite de la chose : le concept même du *renversement* sortait tout droit du marxisme, tel que l'ont interprété Lénine et surtout Mao. A l'époque, il y avait deux types de livres sur la Russie et la Chine. D'un côté, ceux des partisans de la guerre froide. Et de l'autre, ceux des idéalistes extasiés — Han Suyin, Felix Greene, Edgar Snow. Nous rejetions la guerre froide et ses partisans. Cela, je n'ai pu le voir qu'après coup.

« Quand le mouvement naxalite a démarré — avec ses tentatives d'informer et d'impliquer la masse de la population —, sa démarche était très différente de celle de tous les autres partis communistes. Et je tiens à vous dire une chose : je me suis mis à croire que le renversement était possible, qu'il pouvait arriver là, tout de suite, dans notre pays. Mon désir s'est transformé en conviction.

« Les naxalites ne citaient pas uniquement Marx, mais aussi Rabindranath, Vivekananda, Romain Rolland. Sur leurs affiches, ils communiquaient des *faits* concernant la pauvreté, les quantités de nourriture disponibles, l'échelle des salaires. On pouvait voir les gens lire ces affiches, et les illettrés eux-mêmes comprenaient ce qu'elles disaient quand on les leur lisait. Par-dessus tout, il y avait cette volonté de ne pas prendre le pouvoir, de rester à l'écart du processus électoral — lequel était devenu parfaitement nauséabond, il n'y était plus question que de gros sous et de compromis.

« Et maintenant, on en arrive à l'horreur, pour quelqu'un comme moi. En effet, si on voulait faire quelque chose de grand, il fallait être organisé en conséquence. Et si l'on voulait ce genre d'organisation, il fallait une chaîne de commandement. Or celle-ci, immanquablement, débouchait sur des luttes entre individus pour s'assurer les meilleures places.

« Dans les partis communistes, on livre ses luttes intestines avec une thèse et un programme prônant la révolution, après quoi il y a des débats, accompagnés d'expulsions et de contre-expulsions, jusqu'au jour où on finit par ne plus avoir qu'un petit groupe d'individus ou un seul individu aux commandes. La façon dont cela se déroule varie d'un pays à l'autre — elle est issue du sol, de la culture, des traditions.

« Au Bengale, nous avons été lourdement frappés par plusieurs choses. Il y avait d'abord la tradition de la *bhadra-lok*, dont je vous ai parlé — non pas dans le sens où elle aurait pu entraîner la moindre élégance dans la lutte, mais dans le sens où la *bhadra-lok* est synonyme de caste supérieure et hindoue, et fait une fixation sur tout ce qui vient de l'étranger. Le Bengali de la caste supérieure est régi par certaines lois concernant l'héritage, qui font de la guerre intestine un mode de vie. Or nos actions s'en ressentaient énormément. On oubliait les autres groupes politiques, même les communalistes les plus extrêmes. La lutte entre nous était très âpre. On pourrait dire qu'il s'agissait d'un combat où les gens devenaient secondaires. Nous vivions de façon très intense, et nos querelles étaient d'autant plus cruelles. Ce n'était pas uniquement une guerre idéologique, abstraite. C'était comme un conflit familial renforcé par une grande violence latente.

« Une deuxième question, plus tard, s'est développée parallèlement : la sanction du meurtre individuel. » Cela allait de pair avec d'autres phénomènes dont Debu me traça les grandes lignes. « L'occupation des bâtiments universitaires et scolaires, la mise à sac des laboratoires et des bibliothèques — car on considérait que le système scolaire en place créait des ennemis du peuple. La révision de notre histoire. La destruction des statues d'hommes tels que le rajah Ram Mohun Roy et Vivekananda. » Ram Mohun Roy, dont les enseignements avaient donné naissance au Brahmo Samaj et à la renaissance bengali, qui avaient tant apporté à l'Inde et à la cause nationaliste, et restaient toujours chers à des gens tels que Chidananda Das Gupta. Vivekananda, le mentor religieux

— dont les écrits avaient été cités sur les premières affiches naxalites. « On considérait qu'ils avaient pactisé avec l'impérialisme et servi les intérêts des propriétaires et des classes dirigeantes de l'époque. Et tous ces phénomènes avaient pour accompagnement le slogan : "Le président de la Chine est notre président." »

D'abstraction en abstraction, on était passé d'une préoccupation cuisante et humiliée envers le sort des miséreux de l'Inde à un suicide culturel et économique, à de nouvelles contraintes et violations, bref, à une cause bien éloignée de la faim des paysans.

Le chef de la faction naxalite s'appelait Charu Mazumdar. Debu le connaissait bien.

« J'ai assisté à la réunion à Calcutta, où Charu Mazumdar a pour la première fois dévoilé cette politique de l'assassinat individuel. Il en avait déjà parlé dans les villages et envoyé des lettres à diverses unités. C'était la première fois qu'il en parlait à Calcutta, et moi, je me suis rendu à la réunion avec lui.

« C'était dans le nord de Calcutta, chez un membre de la petite bourgeoisie. Je me rappelle un couloir et une pièce exigus. Le couloir était rempli de mules abandonnées par les gens assis par terre dans la pièce. C'était une réunion de fin de soirée, une réunion locale.

« J'avais alors une admiration éperdue pour Charu Mazumdar et je l'admire encore. De toutes les personnes de ma connaissance, c'était lui qui vivait le plus intensément. Et qui croyait vraiment en ce qu'il disait. Il avait une foi énorme dans tout ce qui était jeune et nouveau. Il aimait sincèrement les paysans — plus, *beaucoup* plus que je ne les aimais, moi. Mon amour était différent. Lui *croyait* aux paysans indiens. Il les admirait.

« Il avait un sens vraiment étonnant de l'histoire indienne — de l'essence et de la dynamique de notre histoire. Il n'était animé par aucune convoitise, aucune. Et son confort personnel n'entrait pas en ligne de compte. A ce stade de la lutte, il y avait plusieurs milliers de gens qui étaient prêts à lui donner leur vie et à suivre ses ordres. Et ce pouvoir, il l'avait acquis sans la moindre coercition. La seule autre organisation que j'aie connue ayant un pouvoir comparable au sien, c'était l'armée, mais dans l'armée il y a énormément de coercition.

« C'était un homme maigre et petit, avec des lunettes. Des lunettes aux verres très épais. Il portait généralement une chemise et un dhoti, ou bien une saharienne et un pantalon. Il parlait et s'exprimait toujours avec une grande clarté. Et il en allait de même pour sa façon de bouger. » Debu voulait dire par là que Charu

Mazumdar se mouvait avec économie et précision, sans gesticuler. « Il dégageait une énergie formidable, ses mouvements étaient très vifs. Et, mon Dieu, comme il nous inspira !

« Il n'élevait jamais la voix, et pourtant il parlait avec beaucoup d'emphase. Et, dans cette petite pièce du nord de Calcutta, il se mit à parler. Il y avait deux fenêtres dans le fond de la pièce, toutes les deux ouvertes. Je les ai remarquées, parce que j'avais peur qu'il y ait dehors des gens occupés à nous écouter. La pièce contenait très peu de meubles. Je me rappelle une table en bois brut, chargée d'un monceau de livres et d'une radio. Importante, la radio. Savez-vous pourquoi ? C'était le lien avec Radio Pékin. Tous les naxalites accordaient énormément d'importance à la radio — du genre : "Hier, on a parlé de nous sur Radio Pékin." Chez moi il y avait quelque chose qui clochait. De toute ma vie, je n'ai pas dû écouter Radio Pékin plus de deux fois.

« Il y avait aussi un petit banc, au fond. J'ai remarqué que personne ne voulait s'y asseoir, alors que la pièce était bondée. Mais pour finir, il y avait tant de monde que les gens ont bien été obligés de l'occuper. Charu Mazumdar était assis par terre — c'était pour ça que les gens ne voulaient pas s'asseoir sur le banc : ça les ennuyait d'être plus haut que lui.

« Il y avait des gens qui fumaient, ce qui explique qu'on avait laissé les fenêtres ouvertes. Je faisais partie des fumeurs. L'atmosphère était encore paisible et détendue. Je crois qu'on a apporté un peu de thé, mais pas pour tout le monde — il n'y avait pas la place d'en faire passer à tout le monde.

« Charu Mazumdar a commencé par mentionner certains succès de notre groupe au Bengale et dans d'autres régions du pays. "Vous faites de l'excellent travail ici, je le sais. Et ils ont peur de nous. Il faut donc s'attendre à les voir attaquer. L'expérience nous a prouvé qu'en supprimant les oppresseurs individuels on contribue à mobiliser le peuple, parce que celui-ci comprend que l'oppresseur peut être *détruit*. Par conséquent, je viens de publier la lettre que voici." Et il a lu sa lettre, qui était écrite à la main. C'était la lettre appelant au meurtre individuel. Après quoi, il a demandé s'il y avait des questions.

« J'étais sous le choc. Mais je crois qu'à ce moment-là, mes racines sont entrées en jeu — comme cela arrive toujours. J'étais choqué, mais en même temps excité. Je me disais : "Aurions-nous enfin trouvé la voie ?"

« Je n'ai même pas pensé à mettre en question ce qu'on nous

présentait comme une évidence, que les assassinats suscitaient un enthousiasme général chez les pauvres.

« J'étais choqué à double titre. D'abord, c'était presque du meurtre. Mais ça, j'ai réussi à le rationaliser : ce n'est pas un meurtre, c'est une exécution. On n'allait pas tout simplement tuer des gens. Les assassinats individuels feraient l'objet de discussions et le groupe entier donnerait son accord. Ensuite, c'était que presque tous les gourous du marxisme avaient prêché contre le terrorisme. Or, ce qu'on nous proposait ressemblait à du terrorisme.

« Les questions posées étaient essentiellement les suivantes : "Comment faisons-nous dans les villes ?" "Que se passe-t-il si le propriétaire est remplacé par un autre oppresseur ?" Il y avait beaucoup de questions tactiques. J'ai été un des derniers à intervenir et je l'ai fait avec beaucoup d'humilité, je dois vous le dire, parce que, en comparaison des types qui se trouvaient là, je n'appartenais pas à la bonne classe et j'étais moins actif qu'eux sur le terrain. J'ai fait valoir que Mao et Lénine avaient tous deux mis en garde contre le terrorisme. Alors, ai-je demandé, comment pouvions-nous, théoriquement, soutenir ce projet ?

« Charu Mazumdar nous a répondu à tous. Très calme, très convaincant. Tout le monde a été convaincu.

— Parlez-moi un peu plus de lui, dis-je.

— Il avait environ cinquante-huit ans. Ridé, le teint clair. Il venait d'une famille de propriétaires du nord du Bengale et son père était un médecin célèbre et riche. Charu était très brillant et avait réussi d'excellentes études. Il avait été entraîné dans le mouvement swadeshi — le mouvement nationaliste — et de là, il était passé dans le mouvement paysan et s'était fait un nom. Il était devenu membre du Parti communiste. Son action avait consisté à transformer un mouvement réformateur militant — la protection du petit exploitant intéressé à la récolte — en début de mouvement révolutionnaire. Et il y était parvenu, en décidant que le combat serait livré contre l'*État*.

— L'idée ne vous est pas venue que c'était de la folie ?

— A l'époque, je ne trouvais pas que c'était de la folie. Aujourd'hui non plus, d'ailleurs. S'il doit y avoir une révolution, il faut bien qu'elle affronte l'État.

« Cette réunion dans le nord de Calcutta a duré trois heures. Après la déclaration initiale de Charu Mazumdar, environ une heure et quart, la discussion a pris encore une heure. Ensuite, de petits groupes sont allés lui parler de leurs problèmes locaux avant de partir.

« Jusque-là, les naxalites avaient occupé des écoles, défiguré des statues, etc. Des incidents isolés. J'étais assez sérieusement opposé aux gestes de ce genre. Jusque vers avril 1970, Charu Mazumdar et d'autres m'assuraient qu'ils venaient d'un excès d'enthousiasme. Je m'aperçois à présent, rétrospectivement, que leurs cibles étaient les écoles de la petite bourgeoisie et des campagnes. Rien n'a été fait contre les écoles de l'élite.

« A l'arrivée de la directive annonçant que "Le président de la Chine est notre président", je me suis mis dans une colère noire et je suis allé voir Charu. "Si les Chinois débarquent, lui ai-je dit, je serai un des premiers à les arrêter, un fusil à la main !" Là-dessus, il n'en a pas reparlé. Mais je crois que l'équation personnelle que nous avions édifiée tous les deux depuis 1968 — ses séjours chez moi et nos longues discussions — eh bien, cette équation était brisée. Plus tard, je lui ai écrit. Une longue lettre, pleine d'arguments théoriques pour défendre ma position. Il n'a pas répondu. A cette époque, les assassinats n'avaient pas encore commencé. Le parti était devenu clandestin et toutes les communications étaient rompues.

« C'est ainsi que j'ai quitté le mouvement. De 1970 à 1972, j'ai fait partie d'une organisation parallèle. On faisait surtout de la propagande. On était traqués par la police. Nous devions nous cacher de l'un et l'autre camp.

« Le premier policier a été tué à Calcutta au début de mai 1970, dans un attentat à la bombe. Passé le milieu de l'année, l'action est devenue plus générale. On tuait des agents de la circulation, parce qu'il n'y avait rien de plus facile. Il y avait un côté comique. On a distribué des armes à ces agents. Comme les naxalites les leur arrachaient, les agents les ont fixées avec des chaînes. Simultanément, on a commencé à tuer les indicateurs.

« Or, quand on commence à descendre les *indics*, on se met vraiment dans de très mauvais draps. La classe n'entre pas en ligne de compte — impossible de parler de classe, puisqu'un mouchard doit pouvoir évoluer dans notre univers pour recueillir ses informations. Encore une fois, après coup, je constate qu'il n'y a pas eu d'attaque contre des cibles haut placées : les gros industriels, les gros propriétaires.

« De nouvelles divisions sont apparues dans le camp marxiste-léniniste. De nouveaux groupes ont fait sécession. En 1973, les marxistes-léninistes comptaient une vingtaine de factions. La police et les différentes bandes en avaient tué plusieurs milliers. Donc en

1973, le mouvement — en tout cas cette phase-là du mouvement — était liquidé.

« J'ai cessé de me cacher en 1972. La police était au courant de ma rupture avec Charu Mazumdar. C'est en 1972 que j'ai subi pour la dernière fois un interrogatoire détaillé. Mon gros coup de chance, c'était que ma dernière arrestation remontait à avril 1970, c'est-à-dire avant l'assassinat du premier policier à Calcutta. Après cela, j'étais entré dans la clandestinité.

« A présent, je ne fais rien. Il me semble que, sous certains rapports, notre pays est plus respecté et plus honoré par le reste du monde qu'à cette époque. De mendiants, nous sommes devenus emprunteurs. Je suis préoccupé par le fossé entre les riches et les pauvres, par le manque de patriotisme parmi les barons du pouvoir, par le nombre d'industries qui dépérissent. Et je suis préoccupé par le fait qu'en général les emprunteurs finissent par mendier. »

Debu ne me parla pas de la fin de Charu Mazumdar. J'en entendis parler par quelqu'un d'autre. Il avait été arrêté à Calcutta en 1972 et il était mort peu après. Il était asthmatique, et, au moment de son arrestation, il avait avec lui une bouteille d'oxygène. Dans la chaleur humide du Bengale, il avait dû souffrir continuellement.

Ashok m'avait d'abord parlé de sa tentative pour pénétrer dans l'univers du marketing. Puis de son mariage et de sa rupture avec le passé. Sa dernière histoire concernait sa vie dans le monde de la publicité et l'aperçu qu'il avait eu de l'univers des *boxwallahs* de Calcutta, au moment même où cet univers allait disparaître pour laisser la place au monde des affaires plus fruste et plus riche de l'Inde d'après l'indépendance.

« Ma première expérience avec les *boxwallahs* de Calcutta a eu lieu à l'époque où j'étais stagiaire dans une agence de publicité, j'apprenais à gérer les budgets de notre clientèle ; on m'a emmené à mon premier rendez-vous d'affaires et présenté à un cadre très haut placé dans le service marketing de la firme. C'était un homme corpulent, plutôt jovial. Il fumait des cigarettes importées et — on était à la mi-mai, ce qui n'est pas rien à Calcutta — portait un complet veston. Son bureau était climatisé. L'atmosphère générale reflétait l'image d'un homme travaillant dans un bureau luxueux et prenant la vie du bon côté.

« Il ne semblait guère pressé de discuter l'affaire qui nous occupait. Nous avons passé en revue toutes sortes de banalités d'ordre général, les matchs de cricket, la petite cuisine interne de notre boîte. Entre onze heures environ et midi ou midi et quart, nous avons parlé de toutes sortes de choses. Et puis, il y a eu un long silence, et il semblait presque dommage d'être obligés d'abandonner cette discussion générale.

« Mon patron a mis sur le tapis le projet en question et on l'a étudié sans traîner. Moi, je me contentais d'observer ; je n'étais qu'un stagiaire. En un quart d'heure, l'affaire a été expédiée. Il était à présent midi et demi. Le déjeuner se profilait à l'horizon. Notre client a demandé à mon patron si nous étions pris. Mon patron lui a dit que non. "Peut-être devrions-nous finir de parler affaires en déjeunant", a dit le client.

« Mon patron m'a demandé de courir au bureau chercher une note de frais de cinq cents roupies et de les rejoindre dans un hôtel cinq étoiles. Ce n'était pas le client qui nous invitait — jamais on n'avait vu des clients inviter les employés d'une agence de publicité à déjeuner. C'était à nous de payer. J'imagine qu'à ce moment je devais être tout excité. J'avais beaucoup entendu parler des déjeuners d'affaires avec les clients, mais je n'y avais encore jamais assisté. Ce déjeuner a commencé à douze heures quarante-cinq et s'est terminé à quinze heures trente. Tout le monde était très content.

« Ces façons de faire ont continué jusqu'au début des années 1970. Les grandes entreprises détenaient un quasi-monopole dans leurs secteurs respectifs. Elles n'avaient pas besoin de vendre. Elles se contentaient d'allouer les produits. Il n'y en avait jamais assez pour satisfaire la demande.

« Les choses ont changé. Il y a beaucoup plus de firmes qui fabriquent des produits et elles doivent se battre — pour respecter les volumes de production, pour lancer les produits sur le marché, pour séduire le client. Alors, brusquement, les sociétés n'ont plus eu de place pour les gens qui n'étaient capables que de bien s'habiller, de parler à la femme du patron, de faire un parcours de golf et de tenir le coup quand ils buvaient. Notre pays venait de commencer à ouvrir des écoles de gestion. Dans une large mesure, elles avaient tendance à être calquées sur le modèle américain, ce qui n'allait pas sans causer quelques problèmes aux entreprises. Toutefois, ces instituts leur permettaient d'avoir une liste de candidats. C'est devenu un signe extérieur de richesse que de recruter un diplômé d'une école de gestion.

« Des gens qui, en d'autres temps, auraient pu gravir les échelons, commençaient à sombrer, parce qu'ils n'avaient pas suffisamment de talent pour garder leur situation. Alors qu'auparavant la vie professionnelle était un agréable intervalle entre l'appartement de fonction et le country club, aujourd'hui, dans mon agence, qui veut monter en grade doit consentir certains sacrifices. Je peux, par exemple, être obligé de voyager vingt jours par mois. Dans une entreprise qui couvre l'Inde entière, on doit voyager pour surveiller ce qui se passe sur le terrain. On le fait aussi parce que les collègues le font, et que la direction y verra sans doute un signe de votre dévouement à la firme.

« Dans le temps, si un chef de publicité assistait, disons, au mariage de la nièce d'un négociant, ce dernier considérait qu'on lui faisait une faveur énorme et il remerciait en conséquence. De nos jours, le chef de publicité assiste au mariage pour se faire bien voir du négociant. Donc, tout a changé. La plupart de ces négociants parlent l'hindi, et les anciens talents de société — parler anglais, se vêtir avec élégance, jouer au golf — ne comptent plus. Si on voyage vingt jours par mois et qu'on soit directeur des ventes, on passe chacune de ses journées sur le terrain en compagnie des négociants et de l'équipe et, presque tous les soirs, il faut boire pas mal.

« Quand j'ai commencé, je ne peux pas dire que j'avais la moindre idée que le marketing deviendrait tel qu'il est à présent. Mais, dans mon entreprise, je suis spécialisé dans la publicité et j'en tire de la satisfaction sur le plan créatif. Les talents de société sont toujours utiles à un chef de publicité ; ils donnent un certain lustre à son image de marque. Mais ce que l'on attend surtout de lui, c'est qu'il possède les qualités d'un homme d'affaires coriace et entreprenant — car c'est avec ce genre d'homme qu'il devra traiter. Dans sa société, il doit avoir un sens aigu de la communication ; et quand il est assis dans la petite boutique minable d'un négociant dans un coin perdu, il doit savoir parler un autre genre de langage. Il devra probablement boire du thé dans un gobelet sale — et pourtant le négociant gagne sans doute infiniment plus d'argent que lui.

« Traditionnellement, en Inde, le réseau des négociants est une très grande puissance. C'est une race à part. Peut-être même sont-ils différents des négociants des autres pays. Dans une très large mesure, les membres de la communauté des négociants n'ont pas reçu d'instruction. Mais ils sont naturellement doués pour gagner de l'argent. Ils prennent plaisir à en gagner, à en gagner encore plus. Ce sont des affaires de famille, qu'on se passe de génération en génération. Ils restent assis de dix heures du matin à dix heures du soir dans leurs petites boutiques sans même y penser — c'est leur vie. Ils continuent à investir l'argent qu'ils gagnent dans des entreprises de plus en plus rentables. Et ils aiment bien montrer qu'ils ont de l'argent. Dans leurs maisons, on voit des lustres, de la moquette partout sans raison, des téléviseurs couleur importés, des rideaux et des coussins dans les teintes les plus criardes.

« Mais ces gens sont importants pour les entreprises. Si bien qu'on voit ces organisations sophistiquées, avec leurs employés formés dans les instituts de gestion, qui sont obligés d'apprendre à traiter avec des gens qui savent à peine lire et écrire, mais très futés pour ce qui touche à l'argent. Et à ce stade précis du développement de notre pays, nous avons davantage besoin d'eux qu'eux de nous.

« La force d'une boutique ou d'un "comptoir" de négociant — c'est comme ça qu'on dit : Untel est un bon comptoir, un mauvais comptoir, un comptoir solide — vient du fait qu'il, ou plutôt que sa famille, est dans les affaires depuis des générations. Il sait ce que son marché pourra absorber.

« Dans chaque ville, les cibles sont calculées par rapport aux comptoirs. Par exemple, on dira d'un négociant : "C'est un bon comptoir à cinq cents téléviseurs et je dois le persuader de caser deux cents des miens." Voilà ce que se dira un directeur des ventes. Dès qu'il regagne la ville ou la bourgade où il est basé, l'esprit embrumé d'avoir trop bu et trop voyagé, il se jette sur son ordinateur pour le gaver de tous ces renseignements. Pas un directeur des ventes digne de ce nom ne se déplace sans son Alka-Seltzer — ils souffrent tous de maux d'estomac — et sans sa calculette. Ils boivent jusqu'à onze heures ou minuit et se lèvent à huit heures et demie ou neuf heures pour affronter la nouvelle journée.

« Le *boxwallah* du temps jadis était réellement, typiquement pourrait-on dire, un type superficiel, qui ne s'intéressait qu'aux apparences et à la belle vie. A présent, nous sommes passés à l'autre extrême. Sur le plan professionnel, le cadre d'aujourd'hui est supérieur à son homologue d'il y a quinze ans, mais son développement humain s'en trouve retardé. Il tourne un peu à l'automate. Matériellement, il n'a guère le temps de penser à autre chose qu'au chiffre d'affaires et aux cibles à atteindre pour le mois en cours.

« Si j'avais su que le marketing allait évoluer dans ce sens, je n'aurais sans doute pas eu envie de m'y lancer, quand j'étais jeune. J'ai refusé des offres de ma firme, où on voulait que je m'occupe directement des ventes. Je ne veux pas payer ce genre de prix. Je préfère rester dans la publicité. Et puis, je n'ai vraiment aucune envie de faire toutes les petites corvées supplémentaires qui sont du ressort du service des ventes — aller à l'aéroport chercher tel ou tel gros ponte, le ramener chez lui et y passer la soirée. Moi, je ne suis pas tenu de faire tout ça.

« A l'heure actuelle, la vie est dure pour les cadres, et la ville de Calcutta ajoute encore à cette pression, parce qu'elle a très peu à offrir à une personne qui fait tant d'efforts. Après une dure journée de travail, on risque de se retrouver coincé dans une voiture pendant des heures, et quand on arrive chez soi, il y a une panne d'électricité. Il y a des groupes électrogènes, mais ils font un potin de tous les diables et ils sont limités. En dehors des visites à un des clubs de Calcutta, s'il a la chance d'en être membre, un cadre n'a guère le choix pour se distraire. Il ne peut pas aller se promener, étant donné l'état des trottoirs et des chaussées. Les jardins publics sont bondés. D'ailleurs, la plupart sont infestés de jeunes gens riches des deux sexes, qui viennent en voiture et font brailler leur radio toute la soirée pendant qu'ils mangent les cochonneries des marchands ambulants et font des saletés partout.

« L'infrastructure de la ville est en train de s'effondrer. Le système de tout-à-l'égout est peut-être le pire du monde. Pendant la mousson, certains des principaux quartiers de la ville sont inondés parfois pendant soixante-douze heures de suite. Une année, l'eau ne s'est même jamais écoulée. Des carcasses d'animaux sont apparues, et on a craint une épidémie.

« L'unique secteur de la population qui semble prospérer, ici, à Calcutta, ce sont les Marwaris, venus de certaines parties du Rajasthan voici deux siècles. Ils font fortune en qualité d'intermédiaires, ils achètent et ils vendent. Ils savaient y faire jadis et ils savent toujours y faire aujourd'hui. Jamais on ne leur a connu de talents culturels ni artisanaux, mais leur communauté n'a cessé de s'accroître. Au cours des quinze ou vingt dernières années, ils ont été les seuls à pouvoir acquérir des propriétés dans les quartiers chics, où ne vivaient auparavant que les Bengalis riches ou les cadres expatriés. Ils ont joué leur rôle dans l'explosion immobilière. Aujourd'hui, dans ces quartiers, on voit s'élever des gratte-ciel — un clou de plus dans le cercueil de la ville : un surcroît de voitures, de problèmes sanitaires et ainsi de suite — et ce sont des Marwaris qui occupent la plupart des appartements.

« L'autre aspect du problème, c'est que certains Marwaris très fortunés ne cessent de racheter des sociétés, après avoir acquis juste assez d'actions pour en prendre le contrôle. Si bien qu'un certain nombre de firmes anciennes sont désormais entre leurs mains. Or, la plupart des Marwaris n'investissent pas dans ces entreprises. Ils se contentent de les saigner à blanc, et ça ne les gêne absolument pas de les laisser ensuite péricliter. Notez bien que dans le temps, les Britanniques, eux non plus, ne se souciaient guère de croissance. Leur principal souci était de rapatrier vers la société-mère une certaine quantité de profits sous forme de devises, et la plupart des directeurs britanniques ne venaient ici que pour un mandat à court terme, de trois à cinq ans.

« A l'autre bout de l'échelle sociale, on trouve les syndicats qui agitent leurs drapeaux rouges et n'arrêtent pas de jouer au chat et à la souris avec la direction. Les dirigeants syndicaux ne lèvent pas le petit doigt. Les syndicats nous donnent l'image de ce qu'est, au fond, le véritable Bengali : il est indolent, peu désireux de travailler, mais il veut quand même obtenir quelque chose sans rien donner et protéger sa dignité à n'importe quel prix. Il clame bien haut son mépris pour le négociant marwari, mais il ne serait pas capable d'en faire autant.

« Nous, nous travaillons très dur. Nous touchons notre chèque à la fin du mois. Et nous avons le sentiment qu'à des gens comme nous, qui ne sommes pas des hommes d'affaires, la ville devrait avoir quelque chose à offrir en retour. A la fin de nos journées de travail, nous devrions avoir autre chose en vue que la seule perspective de rentrer chez nous. Or, on ne peut pas aller au cinéma parce que la plupart d'entre eux sont très médiocrement sonorisés et absolument pas climatisés — les appareils ne sont jamais entretenus. Ça doit bien faire cinq ou six ans que je n'ai pas mis les pied dans un cinéma de Calcutta.

« Je vous ai dit, n'est-ce pas, que, jeune homme, je rêvais de faire mon trou dans le monde du marketing. Eh bien, je l'ai fait, et je peux dire que j'ai bien réussi sur le plan professionnel. Seulement, il s'est avéré que la profession que j'avais choisie n'était pas telle que je l'avais crue, et à présent il me semble que les habitants de Calcutta qui, comme moi, se situent entre les Marwaris et les marxistes des syndicats — c'est-à-dire les cadres, naguère un élément influent de la ville - sont en passe d'être lentement éliminés.

« A vrai dire, les problèmes de Calcutta sont d'une ampleur tout à fait insupportable. Ma femme et moi sommes désormais convaincus qu'il n'y aura aucune amélioration de notre vivant.

Nous pensons qu'il nous faudrait aller tenter notre chance ailleurs et prendre congé de Calcutta. »

Mes propres séjours à Calcutta avaient été pénibles. La première fois que j'y étais venu, en 1962, après la tension des premiers jours, je m'étais accoutumé à cette existence, qui était celle des grandes villes ; j'avais eu le sentiment de me trouver dans une véritable métropole, possédant toute la vitalité sociale et culturelle de ce genre d'endroit. On discernait encore quelques vestiges de cette existence, mais cette fois-ci, j'étais submergé par mon propre malaise, par le goût de l'eau qui gâtait celui du café et du thé comme celui de la nourriture, par la fumée noire des voitures et des autobus, par les chaussées défoncées et les trottoirs démolis, par la saleté, par la foule ; et j'étais incapable d'accepter la consolation que l'on m'offrait parfois, à savoir que dans un pays aussi pauvre que l'Inde, l'aspect esthétique n'avait aucune importance.

J'avais le sentiment contraire. Dans les pays plus riches, où les gens sont en mesure de s'assurer un cadre familial relativement agréable, peut-être, tout compte fait, la saleté publique est-elle supportable. En Inde, où la plupart des gens vivent dans des conditions lamentables, la misère individuelle, s'inscrivant dans un cadre sordide, a un effet proprement hébétant. Elle doit donner aux gens non seulement une triste idée de leurs besoins — d'air, d'eau, d'espace purement physique — mais aussi une bien triste idée de leurs possibilités, en tant qu'artisans ou entrepreneurs. C'est certainement cette lamentable idée des besoins et des possibilités humaines qui est responsable de la médiocrité générale des produits industriels indiens, de la laideur et l'inadéquation d'une si grande partie de l'architecture postérieure à l'indépendance, des autobus et des voitures nauséabonds, des rues souillées par les produits chimiques, des fumées des usines.

« Ici, tout le monde *souffre* », me dit un soir dans un dîner un acteur célèbre. Et ce mot très simple, venant corroborer ce que m'avait dit Ashok, fut pour moi une illumination.

Pendant des années et des années, même à l'époque de mon premier séjour en 1962, j'avais entendu dire que Calcutta se mourait, que son port était en train de s'envaser, que son industrie désuète périclitait. Et pourtant, Calcutta n'était pas morte. Elle n'avait, certes, guère obtenu de résultats, mais elle avait tenu le coup ; et on avait commencé à se dire que la prophétie avait été excessive. A présent, je me disais que nous étions peut-être en présence de ce qui se passe quand les villes meurent. Elles ne succombent pas forcément à grand bruit ; elles ne meurent pas uniquement quand leur population les abandonne. Peut-être peuvent-elles aussi mourir ainsi : quand tout le monde souffre, quand les transports sont si pénibles que les travailleurs préfèrent renoncer à des emplois dont ils ont besoin plutôt que d'affronter les affres du déplacement ; quand personne ne peut obtenir de l'eau ou de l'air pur ; quand personne ne peut aller se promener. Peut-être les cités meurent-elles quand elles finissent par être dépouillées des agréments que procurent d'ordinaire les villes, du spectacle des rues, du sentiment exacerbé des possibilités humaines, pour devenir simplement des endroits surpeuplés où tout le monde souffre.

Depuis des années, Calcutta était administrée par une municipalité de gauche ou marxiste et on m'expliqua que, à présent, l'argent partait vers les campagnes, que la souffrance de Calcutta faisait partie d'un plan marxiste humanitaire. Mais bien souvent les choses sont telles qu'elles paraissent, et il est possible que ce soit aussi une des façons dont les villes meurent : quand leurs autorités sont dogmatiques ou bornées, tuent là où elles sont incapables de créer ; quand la population et les autorités conspirent pour faire fuir par la terreur l'argent et la vie dont elles ont besoin ; quand, à l'issue d'un nouveau renversement, la poésie de la révolution devient son propre poison et que le marxisme devient l'opium d'un peuple oisif.

Quand une ville meurt, qui sait si le fantôme de son ancienne vie économique ne revient pas hanter les lieux ? Ainsi, à Calcutta, de vieilles firmes aux noms célèbres sont rachetées, leurs capitaux dispersés, et les gens investissent dans l'immobilier, puisqu'il faut bien toujours qu'on habite quelque part, et il reste un faux-semblant de vie économique. Presque tous les jours, donnant une nouvelle illusion d'activité, il y a une manifestation politique ; et des jeunes gens oisifs, moroses, arborant des mines vertueuses, promènent leurs drapeaux rouges et leurs slogans à travers la souffrance des rues, qui se perpétue elle-même ; et l'argent, l'ambition, la créativité s'envolent vers d'autres parties de l'Inde. Si le reste de l'Inde n'était pas là pour amortir le choc, la mort de Calcutta serait peut-être plus clairement visible et le Bengale nous apparaîtrait peut-être comme un autre Bangladesh — trop de gens, trop peu d'hygiène, trop peu de pouvoir.

Derrière mon hôtel, il y avait un marché : ma chambre donnait sur son toit bas et étalé. Des buses se perchaient sur les corniches de l'hôtel, pour attendre. Les corniches étaient noires de poussière et de crasse laissées par les gaz d'échappement. Le style de cet édifice en brique rouge, construit par les Britanniques, qui se dressait face au marché — mélange de pompe, de symétrie, d'élégance, de réflexion, de confiance en soi, de référence à l'ornementation classique — tranchait de façon incongrue sur la vie de la rue et paraissait sortir d'une époque révolue.

L'asphalte poisseuse de la rue en pente s'étalait entre de grands tas de poussière irréguliers, qui s'étaient durcis en mottes dans les caniveaux ; à présent, les rues ne seraient plus nettoyées que par la mousson. Devant le marché, le trottoir jadis pavé s'était effrité et fondu par endroits dans la terre des caniveaux. Les gens vaquaient à des tâches minuscules. Des hommes tiraient des pousse-pousse. En 1962, ce spectacle m'avait hérissé, mais on disait que les pauvres avaient besoin de travail. Vingt-sept ans plus tard, les pousse-pousse étaient toujours là, et on répétait toujours la même rengaine sur les pauvres et leur besoin de travail ; mais les habitants de Calcutta, avec leurs piètres idées des besoins et des possibilités de l'humanité, semblaient vraiment aimer le pousse-pousse à traction humaine en tant que moyen de transport ; et bon nombre de ces véhicules paraissaient neufs et bien tenus ; ils n'avaient pas l'air d'une espèce en voie de disparition. Des tâches minuscules : un homme passe avec sur sa tête une unique planche de contre-plaqué, souple et ondulante. D'autres avancent d'un air parfaitement sérieux, portant sur la tête des charges microscopiques, sans doute pour un salaire infime.

Certains jours importants, de grands paniers ronds emplis de poulets blancs ficelés faisaient leur apparition à l'extérieur du marché et, pendant quelques minutes, un ou deux hommes paraissaient s'occuper mollement à jeter les poulets troussés d'un panier dans l'autre. Au bout d'un moment, on remarquait que le panier où ils prenaient les poulets était plein de mouvement alors que celui dans lequel les volatiles atterrissaient restait inerte. Et l'on s'apercevait alors que le geste accompli pour jeter les poulets d'un panier dans l'autre s'accompagnait d'un second geste qui était de leur tordre le cou : deux tâches combinées en un seul geste, ample et circulaire.

On pouvait alors voir un homme emporter sa petite charge de poulets blancs morts : ils étaient artistement disposés, de façon à former une grosse boule duveteuse suspendue au guidon de sa vieille bicyclette ; les plumes des poulets morts déjà raides pendaient à l'envers, brun-jaune plutôt que blanches, tandis que les griffes et les pattes brunes ressemblaient à des rayons au milieu de la masse duveteuse, à des bâtons dans de la barbe-à-papa. L'homme avait du mal à arrimer son ballot à sa bicyclette. Lorsqu'il voulait enfourcher sa monture et s'éloigner, les poulets venaient lui cogner les genoux.

A la fin de la journée, une petite camionnette verte arrivait et on y entassait, en deux piles, les grands paniers ronds, à présent vides. Et lorsque la camionnette s'éloignait, il ne restait — dans cette ville où les détritus sont rarement enlevés — que quelques plumes blanches éparpillées dans la poussière de la rue défoncée et ensablée.

Les Britanniques sont restés longtemps à Calcutta. On pourrait même dire que la culture anglo-bengali — d'où l'Inde moderne est issue — est aussi ancienne que les États-Unis. Le rajah Ram Mohun Roy, premier chantre de cette culture, est né en 1772, quatre ans avant la Déclaration d'indépendance américaine. Et une ligne directe le relie à Rabindranath Tagore, que Chidananda Das Gupta rencontra en 1940, lors de sa première visite à l'université fondée par Tagore à Shantiniketan.

En cette occasion, Chidananda entendit Tagore, alors âgé de quatre-vingts ans, prononcer un discours dans le temple de Shantiniketan sur « La crise de la civilisation ». Dans ce discours — resté fameux et publié quelques mois plus tard — Tagore déclarait qu'il avait toujours cru que « les sources de la civilisation » sortiraient du « cœur de l'Europe ». A présent, avec la guerre et le cataclysme qui approchaient, il ne pouvait plus avoir cette foi. Pourtant, il ne pouvait pas non plus perdre sa foi en l'homme ; ce serait un péché. Il vivait donc désormais dans l'espoir que l'aurore viendrait de l'Orient, « où le soleil se lève », et que le sauveur naîtrait « parmi nous, dans ce taudis, d'une honteuse pauvreté, qui a nom Inde ».

C'était l'adieu mélancolique d'un vieillard au monde. Cinq ans plus tard, la guerre s'achevait. L'Europe commença à se cicatriser ; au cours de la seconde moitié du siècle, l'Europe et l'Occident devaient se montrer plus forts, plus créatifs, plus influents qu'ils ne l'avaient jamais été. La calamité que Tagore n'avait pas prévue était celle qui s'abattit sur Calcutta.

En 1946, il y eut les massacres entre hindous et musulmans. Ils marquèrent pour la ville le commencement de la fin. L'année suivante, l'Inde était indépendante, mais divisée. Le Bengale était coupé en deux. Une nombreuse population de réfugiés hindous vint camper à Calcutta ; et Calcutta, qui ne possédait pas le centième du ressort que possédait l'Europe, ne s'en remit jamais vraiment. L'avenir recelait quelques phénomènes importants — notamment le cinéma de Satyajit Ray — mais la grande époque de la cité, toute sa vie intellectuelle, étaient révolues. Et il pouvait sembler que cette ville bâtie par les Britanniques — cette ville qui, la nuit, était encore d'une grandeur fantomatique — avait commencé à mourir quand les Britanniques étaient partis.

6

TÊTE DE LIGNE

Les Joueurs d'échecs est l'un des rares films de Satyajit Ray à se dérouler hors du Bengale. C'est un film historique sur l'annexion du royaume de l'Aoudh par les Britanniques, dans les années 1850. L'Aoudh était une province de l'Empire mogol ; vers le milieu du XVIIIe siècle, elle devint un des États susceptibles de succéder à cet empire. Lucknow en était la capitale et c'est dans cette ville que Ray a situé son film, une œuvre d'une grande subtilité, où il présente les événements des années 1850 comme ils auraient pu apparaître à leurs contemporains. Ce film est davantage qu'un simple commentaire sur l'impérialisme britannique au XIXe siècle. Il nous montre aussi — avec un regard compréhensif, mélancolique, plein d'humour — la décadence ou l'aveuglement ou l'impuissance d'une culture indienne musulmane du XIXe siècle, arrivée au bout de ses possibilités : une culture dont les dirigeants jouent aux échecs et s'occupent d'affaires insignifiantes, alors que leurs territoires (et leurs peuples) sont en train de passer sous la domination étrangère.

L'annexion de l'Aoudh par les Britanniques fut l'un des facteurs qui entraînèrent la révolte des Cipayes en 1857. A l'époque coloniale, et pendant encore un certain temps, d'aucuns appelèrent cet événement la Première Guerre indienne pour l'indépendance. Mais c'était un point de vue, un langage du XXe siècle, une sorte de mimétisme pour donner à la vieille Inde un peu du dynamisme socialiste que les Russes avaient trouvé dans leur propre histoire. La révolte fut la dernière flambée d'énergie musulmane aux Indes, jusqu'à l'agitation en faveur d'un État pakistanais séparé, quatre-vingts ans plus tard.

Lucknow était la tête de ligne de l'Inde musulmane. C'est la capitale de l'État de l'Uttar Pradesh, le plus vaste de l'Union indienne. Son centre historique ressemble à un cimetière de l'époque des nababs de l'Aoudh, plein des ruines de la guerre. Durant la révolte, la ville fut bombardée et fit l'objet d'une lutte meurtrière ; par la suite, les Britanniques préservèrent les ruines en guise de monument funéraire et les transmirent à l'Inde indépendante.

Le pavillon de chasse des nababs, *Dilkusha*, « Délice du cœur », n'a plus de toit. Une bonne partie du plâtre de ses murs a disparu, laissant apparaître les couches de minces briques qui constituent la majeure partie des murailles. C'était une méthode de construction locale, mais le style — princier — du pavillon et de ce qui reste de ses écuries est d'inspiration européenne : les nababs de l'Aoudh utilisèrent les Européens dans de nombreux domaines. Même en ruine, le pavillon de chasse demeure merveilleusement adapté au climat. Il suffit de rester à l'ombre de ses épaisses murailles, même par une journée chaude et ensoleillée, pour se sentir frais et dispos. Le climat qui, ailleurs à Lucknow, au milieu du béton et du verre, est tout à fait inhospitalier, devient ici, à si peu de distance, fort plaisant, pour ne pas dire parfait. Ainsi, presque à coup sûr, dut-il paraître aux créateurs du pavillon. Parmi ces vieux murs défoncés, on en vient à se dire que le climat de Lucknow fait partie du luxe qui marquait l'époque des nababs.

La Résidence est une ruine plus vaste, mais dans un style très semblable. Le résident britannique, à l'origine ambassadeur ou agent de la couronne, devint avec le temps le véritable dirigeant de l'Aoudh ; et la Résidence fut édifiée par les nababs, en plusieurs décennies, pour ce puissant personnage. C'était une véritable colonie, une petite ville, plutôt qu'un édifice isolé. C'est là qu'on rassembla, au début de la révolte des Cipayes, les sujets britanniques de la région, avec les serviteurs et les soldats indiens restés loyaux à leur cause (ou redoutant celle des insurgés). Il y eut en tout trois mille réfugiés dans la Résidence, qui furent assiégés pendant trois mois par les Cipayes mutinés. Quand le siège fut enfin levé, les deux tiers d'entre eux étaient morts. Les sujets britanniques furent inhumés dans un petit coin de la Résidence ; plus tard, on y érigea de superbes pierres tombales à leur mémoire.

Et, de même qu'on avait laissé subsister les ruines du pavillon de chasse des nababs de l'Aoudh, pour rappeler à tous la fin de leur pouvoir, on conserva les bâtiments endommagés de la

Résidence assiégée, en hommage à la bravoure des Britanniques. Le pavillon de chasse — que les forces britanniques venues au secours des assiégés (principalement des Écossais et des Sikhs) avaient fait sauter après la victoire — était nettement plus abîmé. Les bâtiments de la Résidence montraient d'innombrables petits trous laissés par les balles de fusil, avec par-ci, par-là quelques entailles plus grosses dues à des boulets de canon. Peut-être le siège avait-il échoué parce que les Cipayes insurgés ne possédaient pas les armes adéquates. Aussi bien le pavillon de chasse que les bâtiments de la Résidence laissaient voir, sous le plâtre, les briques minces et plates de Lucknow qui en constituaient la masse.

La Résidence était l'un des monuments célèbres du Raj britannique. Aujourd'hui, après le retrait hors de l'Inde et les guerres de notre siècle, elle n'a plus guère de place dans la mémoire collective des Britanniques, mais elle reste importante pour l'histoire indienne. L'Inde indépendante a hérité de ce monument et l'a entretenu. La Résidence est désormais un jardin public, avec des arbres, des fleurs et de petits sentiers parmi les bâtiments criblés de balles et patinés par le temps.

Rashid, fils d'une famille musulmane fort ancienne de Lucknow, vint se promener avec moi dans le parc de la Résidence lors de ma dernière journée dans sa ville. Au début, il resta neutre et me parla d'histoire, heureux de me montrer les monuments célèbres de sa non moins célèbre ville et heureux, aussi, de me faire voir qu'à Lucknow (contrairement à d'autres cités indiennes), il existait encore des endroits où l'on pouvait aller se promener. Dans le bâtiment du musée, cependant, avec ses présentoirs remplis des pathétiques boulets de canon tirés par les mutins et d'autres reliques impériales soigneusement préservées, avec ses photographies passées et ses gravures aux légendes pâlies, l'humeur de Rashid changea. Il eut une brusque flambée de sentiments musulmans ; en évoquant ces événements survenus cent trente ans auparavant, il se montra très énervé, plein de colère à l'idée des pouvoirs du résident britannique et des humiliations endurées par le nabab, ivre de rage et de chagrin en se rappelant que le siège avait échoué, que la victoire des musulmans, qui semblait si proche, leur avait en fin de compte échappé. « Les salauds ! Les salauds ! » criait-il. Et ce n'était pas aux assiégeants qu'il faisait allusion, mais aux assiégés, dont l'héroïsme et la terrible situation, les sauvetages miraculeux et les morts cruelles, étaient justement commémorés par le musée que nous étions en train de visiter.

Non loin de là, et visible depuis les ruines de la Résidence, se dressait une colonne de marbre blanc, surmontée d'une torsade symbolisant la flamme de la liberté. L'Inde indépendante avait érigé ce monument pour faire pendant à celui que le Raj britannique s'était édifié à lui-même. C'était un objet piteux, l'équivalent marmoréen de la rage de Rashid. Son symbolisme paraissait fort grossier à côté des bâtiments criblés de vraies balles de la Résidence, et il n'était même pas justifié sur le plan historique, puisque le mouvement indien pour l'indépendance n'était pas issu de la révolte des Cipayes.

Aucun monument élevé par l'Inde indépendante n'aurait pu consoler Rashid, cependant, car, dans son optique, l'indépendance — quatre-vingt-dix ans après le siège de la Résidence — avait représenté une autre forme de défaite pour les musulmans. L'indépendance était venue avec la partition du sous-continent, formant l'Inde et les deux ailes du Pakistan, si bien que les musulmans de l'Inde entière s'étaient retrouvés, pour reprendre la formule de Rashid, sous trois toits différents.

Beaucoup de musulmans appartenant à la bourgeoisie de Lucknow avaient émigré au Pakistan occidental. La culture musulmane qui avait fait la gloire de la ville — sa langue, ses mœurs, sa musique, sa gastronomie — avait disparu. Là où jadis régnaient des musulmans, il ne restait plus à présent, après ce qu'on pouvait considérer comme trois cents ans de déclin inéluctable, que la vie étriquée, claquemurée, abrutissante du ghetto musulman de la vieille ville. Il restait d'autres musulmans, bien sûr, membres des classes moyennes, comme Rashid, et même des classes supérieures, des gens dont les ancêtres étaient parfois des princes. Mais la physionomie qui prédominait dans la Lucknow des musulmans, c'était cette vie de ghetto, avec des gens mal équipés et vulnérables, réservés et surexcités.

Lors de mon premier séjour à Lucknow, en 1962, la ville possédait encore un peu de sa vieille légende, de son ancien éclat musulman. Certaines frivolités semblaient encore vous y parler du passé. Il y avait beaucoup de cerfs-volants ; on y fabriquait des jouets spéciaux ; et aussi des parfums particuliers (notamment un parfum argileux, censé reproduire l'odeur de la pluie tombant sur le sol desséché pendant la mousson), à base d'huile de santal, afin de ne pas contrevenir à la loi religieuse des musulmans. Bien qu'on ne trouvât plus à Lucknow de jeunes chanteuses, les moucharabiehs tarabiscotés des étages supérieurs, dans le quartier du *chowk* ou bazar, semblaient vous parler (tout comme le portrait d'un nabab du XIXe siècle, dénudant un sein dodu) des anciennes délices de la ville.

Il n'y avait plus de légende à présent. La communauté musulmane des classes supérieures, qui avait été au centre de cette légende, s'était rétrécie comme une peau de chagrin, alors que l'ensemble de la population avait doublé, voire triplé. Le béton crasseux d'après l'indépendance s'était répandu partout ; certaines artères étaient devenues infernales. La cité des nababs s'était transformée en centre administratif, affirma Rashid, en chef-lieu de canton : une ville de province indienne.

L'hôtel, qui appartenait à la nouvelle cité de béton, faisait songer à une parodie d'hôtel cinq étoiles. Il avait son « logo ». On trouvait dans les chambres tout un éventail de dépliants, proposant ceci ou cela, énumérant une liste de services disponibles et réclamant des appréciations. Il avait ses menus de petit déjeuner à fixer à la poignée de la porte, bien difficiles à remplir de façon rationnelle. Bref, il avait tout. On avait emprunté toutes les formes extérieures des meilleurs hôtels ; il ne manquait que les services. La lampe « Ne pas déranger » ne fonctionnait pas. Le téléphone rouge était plus ou moins factice, laissant parfois parvenir jusqu'à moi une voix impalpable, apparemment perdue au plus profond d'une grotte et à peine compréhensible. Les serviettes, peut-être par la faute d'un excès d'eau de javel, avaient pris une nuance bleutée phosphorescente, elles étaient à la fois très minces et très rugueuses. L'abat-jour était cassé ; les lumières étaient faibles et m'abîmaient les yeux. Une bonne moitié du mur donnant à l'ouest était en verre. Même en ce moment, et on n'était encore qu'au printemps, l'atmosphère devenait terriblement oppressante l'après-midi et j'étais obligé de manier la poignée en métal mou de la fenêtre (je dis en métal mou, parce qu'on avait l'impression de pouvoir tordre la poignée entre le pouce et l'index), afin de l'entrouvrir pour laisser entrer un surcroît d'air chaud, accompagné du rugissement à plein volume de la circulation et des avertisseurs.

Pourtant, comme par miracle, on découvrait par cette fenêtre un panorama qui vous replongeait dans le passé, qui vous donnait l'illusion de contempler l'original d'une des grandes vues réalisées aux Indes, à la fin du XVIIIe siècle, par Thomas et William Daniell, et publiées ensuite à Londres, sous forme d'aquatintes. C'était une vue du fleuve Gumti — ou de son cours inférieur, gonflé d'eau, placide, pas très large — s'écoulant entre ses deux rives où les teintes rousses se mêlaient au vert poussiéreux.

Les vues des deux Daniell, souvent prises avec une chambre

noire, parviennent fréquemment à suggérer d'énormes distances ; vue de près, une aquatinte de l'Inde par les Daniell abonde en détails précis, en personnages humains, parfois tout petits. Or, il y avait cette espèce de distance, cette espèce de minuscule activité dans la vue de ma chambre d'hôtel sur le Gumti.

Longeant le sommet de la rive, sur la droite, on voyait un sentier que des silhouettes parcouraient sur toute sa longueur, de petites silhouettes distinctes, dont on avait peine, de loin, à discerner la couleur des vêtements. Derrière le sentier, des arbres masquaient les rues résidentielles de ce versant du rivage. Plus près du premier plan, au-dessus du lit inférieur du fleuve, gonflé d'eau, mais nettement au-dessous du sentier de la rive droite où marchaient les gens, il y avait une vaste terrasse irrégulière, sans un seul arbre. Loin vers la gauche, des buffles d'eau, petites taches sombres et mobiles, donnaient à cette terrasse fluviale un faux air des solitudes d'Afrique ou d'Amérique. Sur la droite, plus près, des blanchisseurs étalaient le matin, pour les faire sécher, les draps et les vêtements qu'ils venaient de laver. Au milieu de la terrasse, au bord des eaux courantes du fleuve, on apercevait des cabanes éparpillées, aux murs badigeonnés de rose ou de blanc, dont certains portaient des réclames en hindi : des cabanes d'une seule pièce, avec des toits en pente, qui se reflétaient dans l'eau calme. Elles appartenaient aux clubs nautiques. Le week-end, de jeunes garçons venaient nager dans le fleuve, sans s'éloigner de la rive ni des cabanes.

Sur la rive gauche, juste au-dessous de l'hôtel, il y avait des temples hindous. Très loin, sur la même rive, s'élevaient les minarets de l'ancienne Lucknow, souvenirs des mosquées et des *imambaras* dans lesquelles, en 1962, j'étais allé chercher la gloire de l'antique cité. Au-dessous, cachées par les arbres, serpentaient les allées du *chowk* ou bazar qui, en 1962, faisait encore un peu songer aux *Mille et Une nuits*, mais qui à présent, me dit Rashid, révélait, à qui savait regarder, l'ultime tragédie de la cité musulmane.

Un matin, je suis allé regarder avec lui. Dans les allées, tout était si surpeuplé, si étriqué, si répétitif, qu'un touriste aurait aisément pu croire que la zone entière était l'expression d'une seule et unique culture et aurait risqué de ne pas remarquer les distinctions que voyait Rashid.

Les échoppes, comme dans n'importe quel autre bazar indien, étaient d'étroites petites boîtes, entièrement ouvertes du côté qui donnait sur la rue ou l'allée, se dressant les unes à côté des autres, sans le moindre espace entre elles ou presque. Leur sol était surélevé par rapport à l'allée. Sur le côté, des caniveaux recevaient l'eau et les détritus des canalisations qui couraient entre ou sous les échoppes. Ces eaux sales n'étaient pas emportées vers un égout plus important, m'expliqua Rashid. Elles stagnaient dans le fossé et s'évaporaient.

Chaque petite boutique ou échoppe avait son rideau de fer ; chaque échoppe et la maison qui s'y rattachait étaient bâties comme des forteresses, en prévision des jours d'émeute. De temps en temps, là où on s'attendait à voir une boutique, on ne voyait qu'un monceau de gravats, comme si — par la faute de leur âge, de leur fragilité ou de leur délabrement — l'échoppe et la demeure attenante s'étaient écroulées sur elles-mêmes, démontrant ainsi, sur une échelle réduite, comment le niveau du sol dans les villes en venait à s'élever par couches successives.

Y avait-il toujours eu un bazar à cet endroit ? Était-il possible de se reporter par la pensée à une époque où ce site était nu, où ce n'était encore qu'un champ ? Nous franchîmes, Rashid et moi, une porte de cérémonie en forme d'arche, qui avait reçu le nom du grand empereur mogol Akbar, lequel a régné de 1556 à 1605. Peut-être cette porte avait-elle été bâtie à la fin du XVIᵉ siècle pour marquer une visite du souverain ; donc, les limites du bazar devaient déjà être alors (du temps de Shakespeare) telles qu'on pouvait les voir aujourd'hui. Il y avait quelques aperçus d'un passé plus récent — des XVIIIᵉ ou XIXᵉ siècles — dans les petites briques plates de Lucknow que l'on discernait sous le plâtre effrité de certains vieux bâtiments. Les briques étaient disposées en rangées qui faisaient écho aux lignes des édifices — dans les arcades, par exemple, elles étaient disposées en arcs concentriques —, si bien qu'elles ressemblaient à la limaille de fer que l'on utilise pour matérialiser le champ magnétique autour d'un aimant.

A sa périphérie, le bazar était mixte. Les marchands étaient hindous, les artisans musulmans. L'un et l'autre groupe avaient leur histoire et leurs traditions particulières. Les artisans effectuaient des travaux très simples. Ils martelaient de minces rubans d'argent pour obtenir des feuilles d'argent d'une extrême finesse, qui s'effritaient au moindre contact. Ils fabriquaient des chaussures bon marché ; ils produisaient une espèce de broderie locale, appelée *chikan*, et aussi des broderies en perles. Les négociants, des hindous, étaient soit des membres de la caste des marchands de l'Uttar Pradesh, soit des *khatris* du Pendjab, qui étaient venus dans cette région deux ou trois siècles plus tôt et s'y étaient installés en tant que prêteurs sur gages et marchands.

Une boutique sur cinq fournissait des marchandises à des magasins plus importants situés dans la même zone : du fil pour les broderies *chikan*, des paillettes d'or et d'argent pour le brocart, des plaques en bois pour imprimer des dessins sur les textiles à broder, les registres très larges nécessaires pour la comptabilité en partie simple de style indien. Certaines échoppes vendaient des cerfs-volants : c'était une tradition encore vivace à Lucknow. D'autres vendaient des outils d'orfèvre ; d'autres encore des fleurs fraîches, pour les hindous qui allaient au temple. En général, m'expliqua Rashid, les boutiques situées à la périphérie du bazar vendaient des articles de base, des articles de tous les jours liés aux modes de vie traditionnels, tant hindou que musulman.

De tout petits garçons étaient assis en tailleur, sur le devant de leurs étroites échoppes, à même le sol, juste au-dessus des caniveaux, et limaient avec acharnement les aiguilles que l'on utilisait dans des établissements plus importants pour le travail du brocart. Ces aiguilles ressemblaient à des cartouches de stylo à bille ; elles étaient de la même taille et munies d'une pointe analogue. Elles coûtaient une roupie chacune : il fallait en aiguiser un grand nombre, avant de pouvoir toucher un peu d'argent.

Il y avait de nombreuses mosquées, dont certaines étaient peut-être bâties sur les décombres d'anciennes boutiques ou maisons : la mosquée était ici comme une espèce d'art populaire, surchargée d'ornements, d'une médiocre conception architecturale, mais peinte avec amour. A notre passage, la voix amplifiée, entrecoupée, d'un mullah s'éleva par-dessus le vacarme du bazar. Il y avait tant de passion dans cette voix soigneusement travaillée qu'on avait l'impression qu'elle récitait un extrait du Coran. Au lieu de quoi, m'assura Rashid, l'homme muni du haut-parleur disait tout simplement : « Donnez de l'argent pour la mosquée et vous aurez un palais d'or au paradis. »

La foi, sous sa forme la plus simple : bien que la périphérie du bazar fût mixte, c'est-à-dire qu'elle n'était pas purement musulmane, la vie du bazar semblait exprimer la foi du Livre et de la mosquée, et on avait facilement l'impression que tout ici servait la foi. Les échoppes les plus étincelantes, rutilantes de paillettes, étaient celles où on vendait le Coran. Elles étaient tapissées de pompons de papier dorés et argentés, légers comme des plumes. Dans la grisaille générale des marchandises du bazar, ces pompons, utilisés pour natter les cheveux des jeunes filles et des femmes, attiraient le regard. Dans ces échoppes, on ne vendait pas seulement le Livre, mais aussi des boîtes pour le ranger, des lutrins pour le poser pendant qu'on le lisait, des bâtons d'encens pour accompagner la lecture et des calottes à porter pendant qu'on lisait, car il est interdit de lire le Livre tête nue. Les calottes étaient de couleur vive, orange, rouges ou vertes ; il y avait aussi des calottes au crochet.

Les boutiques n'ouvraient qu'à onze heures, me dit Rashid. Et ce parce que, même s'ils vivaient tout près de leur lieu de travail, les marchands ne rentraient pas déjeuner chez eux. Une fois qu'ils étaient installés dans leur échoppe, assis par terre sur des draps, des sacs, des tapis de laine ou de coton, ils y restaient toute la journée. Ils étaient aussi complètement prisonniers du bazar que les artisans qui travaillaient pour eux. On accédait aux maisons des marchands par d'étroits passages qui donnaient sur l'allée principale ; les conditions de vie dans ces espaces cachés aux regards ne différaient guère de ce que l'on pouvait voir des conditions de travail dans l'allée.

Il y avait un endroit où on passait de la zone mixte hindou-musulmane à la zone purement musulmane. Pour Rashid, la limite était évidente ; il n'en allait pas de même pour moi. Au-delà, m'expliqua Rashid, la foule était plus dense, et les gens plus petits ; ils étaient sous-alimentés et rachitiques. Et je vis en effet, après avoir pris mes repères (ou cru l'avoir fait), que dans cette partie du bazar un grand nombre d'enfants étaient maigres et ratatinés, le regard fixe, et souffraient souvent d'une infection cutanée.

Il y avait, çà et là, de petites écoles privées, mais en règle générale les enfants musulmans du bazar ne recevaient aucune instruction au sens moderne du terme. Les parents ne voyaient pas ce que ce genre d'éducation aurait pu apporter à leur progéniture. Ils avaient aussi le sentiment, un sentiment très profond, que ce genre d'instruction était pour les autres. L'instruction et le savoir étaient, bien entendu, d'excellentes choses ; mais pour eux, musulmans, cet excellent savoir, pur et libre de toute souillure, ne pouvait leur parvenir qu'à travers l'école et le séminaire coraniques. Pour les croyants, les habitants de ces passages et de ces boutiques serrées les unes contre les autres, rien de ce qui était extérieur à leur foi n'avait de valeur. La petitesse des espaces ajoutait encore au sentiment de confort et de protection du dedans, au sentiment de corruption du dehors.

De nombreux enfants — des garçons — fréquentaient le séminaire (un grand bâtiment neuf) ou les écoles coraniques du bazar. La plupart, cependant, dès l'âge de sept ou huit ans, voire cinq ou six, étaient placés comme apprentis par leurs parents, afin d'apprendre les petits métiers du bazar. Et si certains des enfants qui servaient dans les échoppes ou travaillaient dans les boutiques paraissaient apeurés, m'expliqua Rashid, c'était parce qu'ils savaient qu'ils allaient être « rossés » par le marchand chez qui leurs parents les avaient placés, ou par son surveillant.

« C'est un monde où on a faim, ajouta Rashid. Et que peut-il y avoir de plus cruel qu'un estomac vide ? »

Et pourtant, dans la zone purement musulmane, où Rashid m'apprenait à voir tout en noir, il me paraissait discerner plus de joie à faire des emplettes que dans les échoppes tristes et banales de la périphérie. Ici, on réparait des montres ; on vendait des cerfs-volants (occupation commune aux hindous et aux musulmans) ; on encadrait des photographies ; on préparait des kebabs ; il y avait aussi d'autres échoppes alimentaires ; il y avait même des boutiques d'artificiers.

Et toujours, traînant autour des échoppes comme un souvenir pourri du passé de Lucknow, il y avait les travestis et les eunuques du ghetto, autorisés et provocants, dans leurs vêtements de femme et leurs bijoux bon marché, occupés à lancer des plaisanteries salaces et à mendier : la noirceur du besoin sexuel trouvait cette expression publique, rituelle, à demi grotesque, mais sans danger — dans cette allée où l'on ne voyait guère de femmes et où celles qu'on apercevait, silhouettes maigres et minuscules, étaient vêtues de noir de la tête au pied. Ces eunuques et ces travestis vendaient leur corps ; ils avaient un marché.

« Ce sont des objets sexuels, me dit Rashid. Vous vous rendez compte ? »

Ils étaient accroupis au bord de l'allée, près des caniveaux, au-dessous du niveau des échoppes, ces femmes-hommes sacrificiels de Lucknow. Leurs visages, mi-masculins, mi-féminins, étaient las, ridés, grossièrement fardés ; mais ils avaient des dents d'homme, de grandes dents noirâtres et écartées.

Des bruits de marteau, étouffés et concurrents, nous parvenaient des échoppes où des garçons et des jeunes gens, quatre, cinq, six par échoppe, étaient assis ou accroupis, occupés à marteler de minces rubans d'argent en feuilles ultrafines de papier d'argent. Ce papier était ensuite posé sur les bonbons ou autres friandises pour donner une impression de luxe ; il ne servait à rien d'autre. Le ruban d'argent était placé entre deux peaux de chèvre et martelé avec un maillet. On traitait une douzaine de rubans en même temps, les rubans étant intercalés un par un entre les peaux de chèvres — je lus ensuite que les intestins, plus souples, étaient mieux adaptés à ce genre de travail. Il faut deux ou trois heures pour transformer un morceau de ruban en feuille de papier d'argent. La feuille se vend une demi-roupie ou une roupie selon la taille. La journée de travail d'un de ces jeunes gens, par conséquent, peut donner une production de papier d'argent qui rapporte entre dix-huit et trente-six roupies. Si on soustrait de cette somme le coût de l'argent et celui de l'échoppe, on comprend qu'un garçon ne retire pas grand-chose par jour de cet incessant martelage, amical ou concurrentiel, dans cet espace confiné. Le papier d'argent ainsi obtenu est fragile, s'émiette au moindre contact. Presque dénué d'intérêt en tant que marchandise, il est stocké entre les pages des vieux bouquins.

« Tous les travaux qu'on fait ici ont ce côté abrutissant. Ces garçons ne les font que parce que leurs pères les ont faits avant eux. Ils n'ont probablement jamais mis les pieds hors de leur quartier. Pour se distraire de ce travail sans intérêt, qu'il s'agisse de marteler des feuilles d'argent ou de faire de la broderie ou du brocart, ils écoutent des cassettes de musique de film ou des chansons religieuses à plein volume. Et puis, ils boivent des litres de thé dans des verres, et cela pour une bonne raison. Ça leur coupe l'appétit. Quand ils ont envie de pisser, ils descendent tout simplement pisser dans la rue.

« Tout est tellement rudimentaire. Le niveau d'instruction est très bas, comme les besoins et les techniques. N'étaient les transistors et, à l'occasion, un ventilateur électrique, ils pourraient vivre à une autre époque. Leurs loisirs, je vais vous les décrire. Pour cent roupies, ils louent un téléviseur et trois cassettes vidéo. Ils se mettent à plusieurs pour payer les cent roupies. Et puis ils passent la nuit entière, à quarante ou cinquante, à regarder ces trois films. Il y a une bonne soixantaine de firmes qui louent des téléviseurs et des magnétoscopes dans le quartier et elles font toutes de bonnes affaires. Là aussi, d'ailleurs, il y a un peu d'exploitation. Quelqu'un qui a du liquide retient un téléviseur, pour une certaine tranche horaire de la soirée — le type qui fait ce genre de coup le fera tous les jours —, et puis ensuite il vend cette tranche horaire (et le droit de regarder la télé) en réalisant un bénéfice d'une vingtaine de roupies.

« En mettant les choses au mieux, tout ce que ces gosses auront comme éducation, c'est le Coran. Les femmes, elles, n'ont aucune instruction. Il y a beaucoup d'intermariages. On se marie entre cousins germains. C'est ce qui explique en partie la dégénérescence physique. Les garçons se marient jeunes, à quinze, seize ou dix-sept ans. A quarante ans un homme est grand-père et déjà fini. Ils mangent mal. De la viande et du pain, pas de légumes. Leur hygiène est lamentable. La plupart d'entre eux ne rencontrent jamais un hindou ou un non-musulman de leur vie. Les gens qui vont dans le golfe Persique et gagnent de l'argent reviennent s'installer dans le ghetto. Ils y construisent de grandes maisons, pour pouvoir épater leurs coreligionnaires.

« La plupart d'entre eux sont des chiites. Le point fort de leur année, c'est le *mohurram*. La période de deuil en l'honneur d'Hussein, fils d'Ali, le héros des chiites. Ailleurs, le *mohurram* dure douze jours, ou quarante jours. Ici à Lucknow, il dure deux mois et huit jours. Une des bégums de l'Aoudh avait jadis fait le serment que le *mohurram* durerait deux mois et huit jours dans le royaume, si un certain vœu qu'elle avait émis était exaucé. C'est cette fête qui a donné aux chiites ce sentiment d'identité. Pendant toutes ces journées, il faut pleurer, se frapper la poitrine, se blesser à coups de couteau, gémir. Cela les aide à supporter leurs souffrances, et en plus cela les tient en dehors de chez eux. Cette fête du *mohurram* a créé certaines tensions avec la majorité sunnite. Ce qui a valu à Lucknow une curieuse particularité : elle n'a jamais été le cadre de heurts entre hindous et musulmans, seulement entre chiites et sunnites.

« Il y a un certain nombre de mosquées dans le quartier et l'appel à la prière, par micros et haut-parleurs interposés, résonne régulièrement de toutes parts. Les paroles sont les mêmes pour les sunnites et pour les chiites, mais il y a une légère différence dans les horaires. Si bien qu'on entend dix appels par jour au lieu de cinq.

« Et puis il y a aussi le ramadan qui vous oblige à jeûner toute la journée pendant un mois. Tout au long de ce mois, les restaurants sont fermés le jour et restent ouverts toute la nuit. Ça fait vraiment très casbah. »

Dans un pays purement musulman, les gens auraient peut-être été moins susceptibles, sur le chapitre de la foi religieuse, et les nerfs n'auraient pas été ainsi à vif. Mais ici, on savait que ce qui se trouvait au-delà des allées et des passages du *chowk* était extérieur à la foi et que, de ce monde extérieur, venaient des menaces et des provocations.

Vers la fin de mon séjour à Lucknow, Rashid me précisa quelles avaient été, récemment, les menaces les plus inquiétantes. Un habitant de Bangalore avait présenté une pétition devant la cour de justice, demandant que le Coran soit interdit, dans toutes les langues et les éditions existant actuellement en Inde, sous prétexte qu'il prêchait la sédition. Cette pétition était une espèce de provocation et n'aurait jamais dû être prise au sérieux. Or, me dit Rashid, obéissant à un souci excessif du respect de la loi, le juge, une femme, avait accepté de la prendre en considération. Cette décision avait provoqué une émeute. Un peu plus tard, la pétition avait été rejetée par un autre juge qui avait statué que le Coran, tout comme la Bible, était « un document fondamental » et ne pouvait être sujet à ce type de pétition juridique.

Et puis, il y avait aussi l'affaire d'une mosquée que les hindous avaient transformée en temple, dans la ville d'Ayodhya, à près de cinq cents kilomètres. Pour les hindous, Ayodhya est une cité importante et même sacrée. C'est là, en effet, qu'est né le seigneur Rama, le héros du *Ramayana* ; et certains hindous prétendaient qu'après leur invasion, les musulmans avaient édifié une mosquée sur le lieu même où était né Rama. L'indépendance venue, les hindous avaient voulu récupérer ce site. En 1949, m'expliqua Rashid, la mosquée avait donc été fermée, à cause des risques d'émeutes. Et puis, il y avait de cela quatre ans environ, l'affaire avait pris une nouvelle tournure. Un hindou avait soumis une pétition au juge de la région, réclamant la permission d'aller y prier. Il avait reçu cette autorisation, on avait déverrouillé l'endroit, les hindous en avaient pris possession et ils s'y trouvaient toujours. L'incident avait provoqué des émeutes ; il y avait eu mort d'homme ; la querelle meurtrière se poursuivait.

La troisième menace avait trait à la loi particulière des musulmans. Un riche avocat musulman avait divorcé de sa première épouse et s'était remarié. En guise de dédommagement, il avait donné à cette première femme la somme stipulée dans leur contrat de mariage. Elle avait alors porté l'affaire devant les tribunaux indiens, réclamant de surcroît une pension mensuelle de la part de son mari (c'est ainsi que Rashid m'a rapporté l'affaire). Au bout de vingt ans, l'affaire était arrivée devant la Cour suprême du pays. Le juge avait parlé d'une carence dans la loi particulière des musulmans et accordé à la femme la pension qu'elle réclamait. Les musulmans s'étaient bien sûr récriés devant cette ingérence dans la loi qui faisait partie intégrante de leur religion ; et le gouvernement indien, en réaction à ces protestations, avait voté une loi qui cassait la décision de la Cour suprême.

Parveen vivait dans une maison musulmane à l'ancienne mode, spacieuse et entièrement close, dans le vieux quartier de Lucknow. La pièce de devant faisait office de salon ; les appartements privés donnaient sur l'arrière. Deux ans auparavant, Parveen avait décidé de se lancer dans la politique. Elle avait été en butte à la jalousie des autres femmes, musulmanes ou non, mais elle avait commencé à se faire un nom sur le plan local et, peu de temps auparavant, avait pris la tête d'une délégation de femmes musulmanes auprès du Premier ministre. Il y avait des photographies de l'événement sur les murs ocre de son salon.

C'était une belle femme, au port élégant. Sa famille comptait des avocats, des propriétaires terriens et des hauts fonctionnaires, et elle possédait toute l'assurance de sa classe sociale, qui avait jadis été la classe dirigeante de la région. Elle appartenait à un univers totalement différent de celui des musulmans du *chowk* et des petites silhouettes voilées de noir qu'on apercevait parfois dans les allées. Elle ne portait pas le voile, s'exprimait énergiquement et bien, et pourtant, il y avait aussi chez elle des moments inattendus de réserve féminine, qui venaient vous rappeler qu'elle était issue d'une culture particulière, que cette demeure musulmane, avec ses zones où les femmes vivaient isolées. représentait une partie importante de sa nature.

Elle voulait participer à la politique « séculière », ce qui signifiait qu'elle entendait se mêler en tant que femme et musulmane à la vie politique de l'État. Mais cette ambition ne diluait aucunement sa foi religieuse. Certains aspects de la foi musulmane étaient « la loi », me dit-elle ; on ne les discutait pas. La question des droits de la femme en était un.

Sous la loi de l'Islam, les femmes jouissaient de nombreux droits. Elles n'avaient absolument pas besoin que l'État se chargeât de modifier ces droits — qui de toute façon étaient « la loi ». Les musulmanes avaient, par exemple, le droit d'hériter des biens de leurs parents ; les hindoues n'avaient aucun droit comparable. Tout ce qu'une musulmane recevait de son mari durant le mariage lui était définitivement acquis ; il n'en allait pas ainsi des Occidentales. Quand un mariage était conclu, un musulman s'engageait à payer à sa femme une certaine somme en cas de divorce. Cela suffisait : l'idée de pension alimentaire répugnait à la musulmane. Quand elle se mariait, cela ne signifiait nullement qu'elle devenait la servante de son mari. Après un divorce, le mari redevenait un étranger et il n'était pas question que son ex-femme accepte de l'argent de lui. Les autres pays ou communautés pouvaient, s'ils le voulaient, songer à modifier les droits des gens selon les besoins du moment. Mais le Coran avait précisé la loi que devaient suivre les musulmans de toute éternité.

Ces paroles étaient fortes, mais Parveen les prononça très naturellement, lorsque — en compagnie de Rashid, venu l'aider à s'exprimer en anglais — elle se présenta à mon hôtel pour me parler de son travail politique. Elle défendait sa foi, mais celle-ci — complète, pleinement formulée — ne lui pesait nullement. A son niveau social, elle faisait même partie de sa certitude et de sa force et semblait l'équiper pour la vie publique qu'elle voulait mener.

Elle avait un vrai talent d'organisatrice. Le jour même, elle devait aller voir — officieusement — une jeune femme proposée comme future épouse pour son frère. Elle allait donc se rendre dans une ville éloignée pour visiter une amie et chez cette amie — de façon tout à fait fortuite, en apparence — elle trouverait la jeune femme que son frère souhaitait lui faire rencontrer.

Pour Parveen, la vie s'écoulait. Elle n'avait pas la vision très sombre de Rashid. Ce dernier était célibataire. C'était un homme qui lisait beaucoup, un solitaire. Il remâchait longuement ses pensées ; son humeur changeait facilement. Il adorait son appartement ; il adorait s'y retirer loin de tout.

Quant aux musulmans du bazar — bien entendu, me dit Parveen, ils étaient pris au piège de leur ignorance et il était bien difficile de communiquer avec eux. Mais, même si on parlait de cette ignorance et de cette constriction comme d'un problème spécifiquement musulman, de nombreux autres groupes se trouvaient dans une situation analogue — les gens des zones rurales, les castes intouchables.

Peut-être était-ce cette comparaison qui déprimait Rashid. Les musulmans avaient jadis régné ici, ils y avaient donné le ton. A présent, leurs effectifs avaient été clairsemés par l'émigration des classes moyennes au Pakistan ; et, en dépit de l'estime dont jouissaient de nombreux individus, en tant que groupe, ils ne comptaient plus guère.

Rashid venait d'une vieille famille de musulmans chiites. Vers le milieu du XVIIIe siècle, un de ses ancêtres avait été négociant, propriétaire de sept navires dont le port d'attache était Bombay.

Peut-être n'étaient-ce pas vraiment des navires, m'avoua Rashid ; peut-être ne s'agissait-il que de *dhaws*. En tout cas, cet ancêtre avait bien réussi. Il avait même construit une *imambara*, une réplique d'un des mausolées chiites édifiés en Iran et en Irak pour les descendants du prophète. A cette époque, il était de rigueur pour un chiite devenu riche de faire bâtir une *imambara*, un endroit où l'on pouvait tenir des discours religieux.

Au XIXe siècle, un autre ancêtre avait servi à la cour du dernier nabab de l'Aoudh. Lorsque ce souverain avait été exilé à Calcutta par les Britanniques, l'ancêtre de Rashid y était allé avec lui et il avait vécu à Calcutta jusqu'à sa mort, en 1880. Le père de la mère de Rashid était administrateur de l'un des principaux États princiers. Il pourvoyait aux besoins de toute sa famille ; il écrivait de la poésie ; et il s'habillait en *gentleman* édouardien. Rashid trouvait — uniquement d'après les photographies — que son grand-père avait un petit air de Bertrand Russell.

Le père du père de Rashid, lui, avait été le premier de sa famille à apprendre l'anglais. Il travaillait aux chemins de fer, à la gare de Lucknow, qui était alors toute neuve — et qui est encore un des bâtiments les plus imposants de la ville. Quand il eut atteint sa majorité, il décida d'entrer dans la police. A cette époque, les musulmans des classes supérieures, qui étaient généralement des propriétaires terriens, se lançaient volontiers dans les professions libérales ; ils faisaient du droit et de la médecine. Les gens comme le père de Rashid, quant à eux, entraient dans la police ou la fonction publique. Rashid trouvait son père bel homme. Il mesurait un mètre soixante-quinze, soit trois ou quatre centimètres de plus que son fils. Il avait le visage légèrement marqué par la petite vérole, mais à cette époque cela n'avait rien de rare.

En ce temps-là, il était facile d'entrer dans la police, si l'on venait du même milieu que le père de Rashid. Quelqu'un vous emmenait voir l'officier anglais et proposait votre candidature. Et l'officier disait : « Envoyez-le moi à partir d'après-demain. » C'était ainsi que la chose s'était passée. Il avait débuté dans la police avec le rang de commissaire adjoint — le grade le plus bas pour les officiers de police. Mais il n'avait tenu que trois jours. Les manœuvres lui déplaisaient et il ne supportait pas les insultes dont les instructeurs abreuvaient les recrues. Il n'arrivait pas à se dire que cela faisait simplement partie du jeu, partie du processus d'endurcissement ; il avait voulu arrêter tout de suite.

Après ce faux départ, il avait décidé de se lancer dans les affaires. Son frère et lui avaient ouvert à Lucknow une boutique où ils vendaient des appareils photo et tout l'équipement nécessaire. C'était en 1911, l'année du couronnement du roi George V, qui était aussi empereur des Indes : l'apogée de l'Empire britannique et du Raj britannique aux Indes. Dans cet empire indien, le magasin de photographie avait prospéré. Il était bien adapté à l'endroit, s'était développé en même temps que la photographie et était devenu un des meilleurs établissements du genre. Ils avaient ouvert des succursales dans d'autres villes des Indes, principalement dans les villes de montagne où les gens allaient passer leurs vacances d'été. Le magasin de Lucknow se trouvait dans la grande rue marchande, Hazratgunj. A l'époque impériale, Hazratgunj — qui est aujourd'hui crasseuse et surpeuplée — était lavée à grande eau tous les soirs par une voiture municipale.

Les autres magasins de la ville appartenaient à des Anglais, des Juifs et des Parsis. Rashid se rappelait tout spécialement la boutique d'un Juif du nom de Landau. Landau possédait un immense magasin qui faisait le coin d'une rue et vendait des montres. Le premier étage formait une sorte de toit ou d'auvent au-dessus du trottoir, devant sa boutique. En bas, il y avait des colonnes en fer forgé ; la partie résidentielle du bâtiment se trouvait à l'étage, avec un grand balcon couvert, agrémenté de fines colonnes formant des arcades, pour faire pendant aux colonnes du rez-de-chaussée. Les frères Anderson étaient des tailleurs ; ils avaient fermé boutique après l'indépendance, en 1947. Il y avait aussi un autre tailleur, MacGregor. Lui n'était pas parti en 1947 ; il était resté à Lucknow où il était mort. Il avait compté parmi ses clients des membres de familles royales indiennes et des Anglais, ainsi que des fonctionnaires de l'Indian Civil Service. « On reconnaissait au premier coup d'œil un manteau taillé par "Mac", me déclara Rashid. Les gens les portaient encore trente ans après. »

Rashid, qui était né en 1944, se rappelait que la boutique de son père avait des présentoirs en tek de Birmanie. Ils avaient été fabriqués à Lucknow par des artisans musulmans, travaillant d'après des dessins de son père. Le magasin ressemblait à un club : les gens qui n'étaient pas introduits et les simples badauds avaient peur d'y entrer. « L'argent n'était pas ce qui comptait le plus. Les gens y venaient pour voir mon père et leurs autres amis. »

La maison de famille de Rashid se trouvait dans le vieux quartier de Lucknow. Elle avait des appartements séparés pour les femmes. Les invités ne pouvaient pas entrer dans la maison principale. Ils restaient dans le salon, sur le devant de la maison, qui avait une entrée indépendante. Le mobilier de ce salon était dans le style anglais, fabriqué à Lucknow : d'énormes meubles, très inconfortables. Derrière le salon, il y avait encore quelques pièces et puis la cour de la maison principale. L'été, une fois qu'on avait aspergé la cour d'eau, pour la rafraîchir, toute la famille y dormait. Les serviteurs disposaient les lits de camp les uns à côtés des autres et dressaient des moustiquaires sur des piques en bambou. Il y avait un guéridon où l'on entreposait des brocs d'eau potable, mise à refroidir pour le lendemain. Dans un coin de la cour, il y avait une grande table carrée ; elle était recouverte d'une nappe blanche, au centre de laquelle était posée une autre nappe bariolée. On y servait la nourriture. Le dîner était à neuf heures, car c'était l'heure à laquelle le père de Rashid rentrait du magasin.

A peine Rashid s'était-il habitué à cette vie de famille bourgeoise et rangée que la situation commença à changer. Quand vint l'indépendance, en 1947, son père voulut émigrer au Pakistan. Il avait un neveu qui s'occupait d'une filiale de son magasin dans la ville de Mussoorie, dans les montagnes, et il lui demanda de transférer le stock du magasin de Mussoorie à Karachi, qui se trouvait désormais au Pakistan et où il avait aussi une boutique. Le neveu s'exécuta, mais dans la pagaille qui régnait à l'époque, il parvint à faire mettre la boutique de Karachi à son propre nom.

« Mon père s'est donc retrouvé à sec. Il a abandonné l'idée d'émigrer au Pakistan.

— Qu'est devenu votre cousin ?

— Il a perdu une jambe dans un accident de moto. Son magasin a fait faillite et il en a été réduit à devenir économe de l'école que dirigeait sa femme. On pourrait dire qu'il a été puni. Mais ce n'est pas ça qui a arrangé notre situation. »

Des réfugiés hindous et sikhs, en provenance du Pakistan, étaient arrivés à Lucknow.

« Ils nous paraissaient étranges. Les gens qui habitaient derrière chez nous, sans être riches, étaient une famille de musulmans instruits. En 1947, ils sont partis pour le Pakistan. Leur maison a aussitôt été attribuée à des réfugiés. Un souvenir qui m'est resté est celui de la mère de cette famille apprenant à ses enfants à déféquer sur des morceaux de papier qu'ils jetaient ensuite, pardessus le mur mitoyen, dans notre cour à nous. Nous avons protesté, ils ont compris et ils ont arrêté leur manège. Ils venaient sans doute du Pendjab, mais je ne sais pas.

« Peu à peu, on voyait de nouvelles enseignes apparaître en ville. Les anciens magasins appartenaient à des musulmans. Désormais, sur les nouvelles enseignes, on lisait de nouveaux noms.

Au lieu des boutiques classiques, à l'anglaise, on avait des magasins vulgaires, avec des lumières vives et de la musique. A Aminabad, la vieille ville, les sindhis ont installé des rangées entières de magasins de tissus. Et aussitôt, ils se sont mis à pousser des clameurs pour essayer de vous attirer dans leur boutique : « Entre, ma sœur. Viens voir. » Chez nous, ça n'existait pas. Pas de vitrines chez eux. Rien que des petites boîtes branlantes. Mais à présent, beaucoup des gens qui sont arrivés à ce moment-là ont construit d'énormes magasins, tout en chrome et en verre.

« Ils étaient meilleurs que nous en affaires. Meilleurs vendeurs. Ils vendaient des marchandises de contrebande — nous, nous n'y touchions pas. Ils travaillaient au chiffre d'affaires plutôt que de s'assurer une marge convenable. Et nos stocks ont commencé à être vieux et défraîchis, on en voulait de moins en moins. »

En 1951, le système du *zamindari*, des grands propriétaires fonciers, fut aboli. « La taille des propriétés fut réduite. On retira leurs droits héréditaires à la plupart des gens. Le système du *zamindari* avait été établi par les Britanniques en 1828. Il remplaçait le système mogol du *mansabdari*, selon lequel les gens recevaient des droits sur des terres et devaient en contrepartie fournir un certain nombre de chevaux quand on le leur demandait — dans le système du *mansabdari*, le prestige reposait sur le nombre de chevaux qu'on vous réclamait. Donc, en 1951, un grand nombre des *zamindars* ou gros propriétaires terriens, qui possédaient de superbes demeures à Lucknow — ils n'habitaient pas sur leurs terres — durent s'adapter aux changements. Beaucoup partirent pour le Pakistan. L'abolition du *zamindari* nous priva d'un coup de toute notre clientèle. Brusquement, l'économie se transforma. Les clients anglais disparurent. Notre magasin avait le privilège de servir plusieurs gouverneurs de province — tant il était considéré.

« On cessa de blanchir à la chaux les murs de Hazratgunj. Les rues étaient plus sales. Il y avait beaucoup de petites échoppes sur les trottoirs. On n'arrivait même plus à y marcher. L'atmosphère tout entière changea. »

Cette calamité professionnelle s'était doublée d'une tragédie familiale. La famille possédait à Mussoorie une maison où elle allait passer l'été et ce fut là, un été, que le frère aîné de Rashid se noya. Dans l'ensemble, les années qui avaient immédiatement précédé et suivi l'indépendance n'avaient apporté au père de Rashid qu'une succession de coups durs : les épouvantables émeutes entre hindous et musulmans en 1946, la partition de l'Inde en 1947 avec la perte du magasin de Karachi, l'abolition du système du *zamindari*, et enfin la mort du fils aîné.

Le vieil homme en souffrit davantage que les jeunes. Rashid fréquentait la célèbre école anglo-indienne de Lucknow, La Martinière, où il était très heureux. Cet établissement avait été fondé au XVIIIe siècle par un aventurier français, Claude Martin, qui, ayant décidé de tenter sa chance aux Indes, s'était mis au service des nababs de l'Aoudh. Il avait une ou plusieurs femmes indiennes, et à sa mort il laissa une partie de sa grande fortune pour financer des écoles destinées aux enfants eurasiens. Cent cinquante ans plus tard, à Lucknow, La Martinière se distinguait toujours par son atmosphère mixte et cosmopolite ; et Rashid, pendant cette période de crise familiale, fut néanmoins en mesure de sentir autour de lui une certaine sécurité et même une espèce d'innocence politique.

« L'école accueillait des garçons de toutes les communautés, mais tous issus des classes moyennes. Les familles se connaissaient. Mon univers me paraissait aller de soi. Il était là, ma famille était là, tous nos parents, nos cousins. La religion faisait tout simplement partie de la vie. Ce n'était pas un fardeau. Beaucoup d'éléments ont contribué à cet état de choses — l'école, et les amis qui venaient rendre visite à mon père : ils pratiquaient différentes sortes de religions. On nous faisait lire le Coran avec toute une succession de *moulvis*, mais jamais nous n'avons été plus loin que le premier chapitre.

« Notre père ne nous a jamais obligés à aller à la mosquée et personnellement, je n'y ai jamais mis les pieds. C'était une question de tempérament : pas du tout un souci d'afficher une attitude athée. Nous allions trouver les *majlis*, à l'*imambara* ou chez des amis, ostensiblement pour écouter des discours religieux concernant la bataille de Kerbala et la mort de Hussein, le fils d'Ali. Mais en réalité, c'était une fonction sociale. C'était le côté chiite, par contraste avec la partie purement islamique, de notre éducation. La seule chose sur laquelle mon père était vraiment intraitable, c'était que le dixième jour du *mohurram*, nous devions nous rendre pieds nus à Taalkatora-Karabala, un cimetière avec une *imambara* où l'on enterrait les chiites. C'était aussi une occasion de se recueillir sur les tombes de notre famille. »

Inévitablement, à mesure qu'il mûrissait, Rashid prit conscience de ce que signifiaient l'indépendance et la partition.

« Il était acquis d'avance que ma sœur épouserait un Pakistanais, parce que les musulmans ne connaissaient guère de réussite en Inde et que les Pakistanais, pour leur part, préféraient épouser une jeune fille du vieux pays. Les musulmans avaient tendance à végéter en Inde, parce que, après la partition, il n'y avait plus d'emplois pour eux et généralement plus guère d'ouvertures. Ils devaient supporter le ressentiment de la majeure partie de la communauté. Notez que c'était bien naturel. D'abord, nous nous étions battus pour avoir un pays, et ensuite nous refusions d'y aller.

« C'était aussi une affaire de survie des plus forts. Après la partition, tous les foyers musulmans volèrent en éclats. Pas une seule famille n'en réchappa. Les parents restaient, les fils partaient. Or, ceux qui restaient n'étaient pas prêts à affronter la jungle. Beaucoup d'entre eux étaient des propriétaires et n'avaient aucun esprit de compétition. Mon frère fit des études brillantes, en Inde, puis aux États-Unis. Quand il revint ici, il resta six mois sans pouvoir trouver de travail. Il finit par aller au Pakistan et il fut embauché immédiatement.

« Et puis la langue commença à changer. Les gens par ici apprenaient l'hindi et les parents musulmans n'enseignaient plus l'ourdou à leurs enfants. Il n'y a eu aucune préservation, comme les Arméniens l'ont fait pour leur langue ou les Juifs pour l'hébreu. Après la religion, la langue était ce qu'il y avait de plus cher au cœur des musulmans, parce que c'était l'essence même de leur identité. L'ourdou n'était pas très éloigné de l'hindoustani, parlé par toute l'élite du Nord-Ouest. Mais l'hindoustani se mit à changer lui aussi, il devint plus sanscritisé, il se transforma en hindi. »

En 1971, les parents de Rashid se rendirent au Pakistan pour le mariage du frère qui y avait émigré quelques années auparavant. Ils s'y trouvaient justement quand éclata la seconde guerre indo-pakistanaise, la guerre du Bangladesh. Le père de Rashid, très âgé, mourut au Pakistan, durant ces événements, et sa mère s'installa chez son fils marié.

« C'était un autre fil qui se rompait, dans l'écheveau de mes rapports familiaux. Jusque-là, j'avais été en apprentissage dans le magasin de mon père, mais quand il s'est éteint au Pakistan — et compte tenu du fait que l'affaire périclitait de toute façon — j'ai fermé les portes de l'établissement. »

Celles-ci s'étaient ouvertes soixante ans auparavant, l'année du couronnement de l'empereur-roi George V ; elles furent définitivement closes l'année où l'État du Pakistan se scinda en deux. La vie entière de ce magasin — même si Rashid ne me le fit pas expressément remarquer — s'était déroulée entre ces deux moments historiques.

Pour Rashid commença alors une espèce de dérive. Il partit pour l'Angleterre où il fit toutes sortes de petits boulots. Du porte-à-porte pour vendre des assurances de six mois contre les accidents, moyennant des primes de deux ou cinq livres. Il devait frapper et réciter son petit laïus : « Bonjour, êtes-vous le propriétaire ? Je m'appelle Rashid et je crois que ceci va vous intéresser. » Il détestait frapper aux portes. Un jour — et le souvenir de Landau, qui vendait des montres dans l'énorme magasin qui faisait le coin de la rue à Lucknow, lui était revenu —, un antiquaire juif venu de France lui ouvrit la porte et lui dit, non sans sollicitude, qu'il ne réussirait jamais à vendre des assurances à Londres et qu'il devrait bien retourner en Inde. Rashid trouva alors un emploi dans une crêperie. Il travailla ensuite dans un *Kentucky Fried Chicken*, un fast-food. Il y apprit à couper un poulet en neuf morceaux égaux avec un couteau électrique et à les faire frire pendant onze minutes. Il découpait cent vingt poulets par jour.

Au bout de deux ans, il quitta l'Angleterre et se rendit au Pakistan. Il découvrit qu'il n'y régnait pas de « crise d'identité » ; la religion n'y était pas un trait distinctif. Mais, en revanche, la culture pakistanaise fondée sur l'argent lui déplut, ainsi que l'agressivité professionnelle de gens qui, du temps où ils vivaient à Lucknow, avaient été plus décontractés. Il n'aimait pas leur façon de se vanter de leur argent et de leurs biens ; à Lucknow, c'était une chose qui ne se faisait pas. Il repartit donc pour l'Inde, pour Bombay, où il travailla trois ans dans une compagnie d'import-export.

Il attendait son héritage, dont il espérait pouvoir se servir pour monter une affaire immobilière. Mais il tomba alors sur un fonctionnaire qui faisait de la discrimination à l'encontre des musulmans et s'aperçut que les obstructions se multipliaient sur sa route. Il entama un litige qui se prolongea interminablement. A présent, l'affaire arrivait à son terme et il allait probablement pouvoir toucher ce qui lui revenait de droit ; mais, en attendant, il avait perdu bien des années d'activité.

« Jamais je n'avais eu à faire face à un problème de discrimination auparavant. Les émeutes communautaires étaient de ces choses qui n'arrivaient qu'aux classes inférieures. C'est comme ces troubles raciaux dont il est question au Pakistan. Quand j'en entends parler dans les journaux ou à la radio, je sais que mon frère n'y sera pas mêlé, que sa maison sera loin de la zone en question. Donc, ici, je fréquentais mes amis hindous sans me poser la moindre question — jusqu'au jour où j'ai dû affronter le courroux de ce fonctionnaire. Je dois dire que ça m'a secoué — cette idée qu'un homme, d'un simple trait de stylo, pouvait transformer ma vie à ce point.

« La guerre indo-pakistanaise de 1971 a fait date non seulement dans les vies des musulmans, mais dans les rapports entre musulmans et hindous. Le mythe de la supériorité musulmane était complètement fini. Désormais, c'était l'Inde qui commençait à jouer les premiers rôles sur le sous-continent. Tous les musulmans avaient au fond du cœur une petite tendresse pour le Pakistan, et nous étions donc tous très tristes que l'expérience se soit soldée par un échec au bout de vingt-cinq ans. Le rêve s'était évanoui. Et puis les soldats pakistanais sont restés prisonniers de guerre pendant deux ans. Cet état de choses venait constamment nous rappeler la réalité.

« Je pouvais constater un changement dans mes rapports personnels. Mes amis hindous se mirent à me faire la morale. "A quoi jouent donc les musulmans ?" Ils commencèrent à se vouloir les réformateurs de la foi musulmane et de ce qu'ils considéraient comme nos pratiques archaïques. "Vous allez continuer encore longtemps, vous autres musulmans ? Jusqu'à quand allez-vous rester sous la férule de vos mullahs, de vos *mohallas* ?" Le plus triste, c'était qu'il y avait beaucoup de vrai dans ce qu'ils disaient. Ça me faisait de la peine, mais il fallait bien encaisser. »

Le principal palais du dernier nabab de l'Aoudh, le palais Kaiserbagh à Lucknow, fut presque entièrement détruit par les Britanniques en 1857, durant la révolte des Cipayes. En 1867, alors que la puissance britannique paraissait de nouveau assurée, incontestée, la seule aile du Kaiserbagh qui restait encore debout devint la résidence en ville du rajah de Mahmudabad.

Près de soixante-dix ans plus tard, un descendant du rajah devint trésorier de la Ligue musulmane et fit campagne en faveur d'un État musulman séparé, le Pakistan. Cet État fut créé dix ans plus tard. Alors — un peu comme s'il n'avait pas vraiment réfléchi aux conséquences de la création du Pakistan, Lucknow se trouvant en Inde à des centaines de kilomètres de la frontière — le rajah s'aperçut qu'il s'était lui-même condamné à une vie d'errance. Ce ne fut qu'en 1957 qu'il se rangea définitivement du côté de l'État pour lequel il avait milité. Cette année-là, il devint citoyen pakistanais ; si bien qu'à l'époque de la guerre indo-pakistanaise de 1965, tous ses biens à Lucknow, palais et terres, furent confisqués par le gouvernement indien, en tant que possessions ennemies.

Les biens de la famille étaient toujours considérés comme biens étrangers (plutôt qu'ennemis), mais des pétitions avaient été présentées au gouvernement indien, si bien qu'à présent Amir, le fils du rajah, vivait au palais Kaiserbagh que les Britanniques avaient cédé à son ancêtre cent vingt ans auparavant.

J'avais rencontré Amir dans le salon de Parveen. Il était en tenue de soirée indienne, long manteau, pantalon moulant. C'était un homme de petite taille, au visage délicat, mais au corps robuste, qui avait véritablement des manières de prince. Un célèbre collège anglais et quelques années à Cambridge lui avaient donné le style anglais, mais quand je le revis, dans la bibliothèque de son palais, il me confia que quand il parlait une autre langue, l'ourdou par exemple, et se trouvait avec des gens — musulmans, chiites — susceptibles de voir en lui un prince et un défenseur de la foi, il était tout à fait différent. L'histoire récente lui avait donné de nombreux styles, de nombreuses personnalités, l'avait soumis à des pressions que ses ancêtres n'avaient pas connues.

Amir jouait désormais un rôle dans la vie politique de l'État et, depuis trois ans environ, il était membre de l'Assemblée législative sous les couleurs du Congrès. Son père avait été membre de la Ligue musulmane qui, dans les années 1930 et 1940, avait combattu le Congrès. Mais à présent, en Inde, c'était le Congrès qui servait le mieux les intérêts musulmans et, par une nouvelle ironie du sort, en tant que politicien, Amir utilisait son titre de rajah de Mahmudabad pour établir un lien avec ses ancêtres et donner « un foyer d'identification » à la communauté chiite et musulmane locale.

Les rapports de son père avec le Pakistan auraient pu lui nuire sur le plan politique, mais Amir m'expliqua que les gens de Mahmudabad, qui étaient hindous à 80 %, n'avaient jamais manifesté d'hostilité envers lui-même ou sa famille. Amir vénérait la mémoire de son père. Ce dernier avait été un homme profondément pieux, voire mystique par certains côtés. Il haïssait sa caste, me dit Amir.

« Mon père ne voulait pas être un souverain. Il ne parvenait pas à se faire à l'idée d'être un rajah. Les avantages qu'il en retirait le mettaient affreusement mal à l'aise. Il estimait que les rentes foncières étaient malhonnêtes, car elles n'avaient pas été gagnées par le bénéficiaire à la sueur de son front. »

Le père d'Amir avait nourri cette idée depuis l'enfance. Il la tenait de sa mère, laquelle était issue d'une famille d'érudits musulmans pauvres qui jugeaient le savoir supérieur à la richesse.

« Le père de mon père était maharajah, il avait une forte personnalité, mais il n'était pas socialiste. Il se remaria et les relations entre mon père et lui se firent plus tendues. La chose devint évidente lorsque mon père adopta l'attitude dont je vous ai parlé vis-à-vis de sa caste. L'une des premières phrases que j'aie entendu prononcer par mon père — et qui, à ce que j'ai compris par la suite, était un des enseignements d'Ali — était la suivante : "Impossible de trouver une abondante richesse sans trouver à côté les droits d'un peuple foulés aux pieds." Et aussi celle-ci : "Il ne se mange pas une riche bouchée sans que l'on y trouve la faim de ceux qui ont travaillé pour la créer." »

Je fis remarquer que ces déclarations s'appliquaient aux pays pauvres ou aux régimes féodaux. Elles ne pouvaient s'appliquer à tous les pays.

« Peut-être que les habitants de l'Angleterre sont incapables de comprendre le genre de misère et de souffrance qui existe en Inde », dit Amir.

Bien qu'Amir ne le dît pas ouvertement, c'était peut-être la nature religieuse de son père qui l'avait poussé à faire campagne en faveur d'un État islamique séparé au Pakistan — un État qui ne serait pas seulement une patrie pour les musulmans, mais un État religieux. Le père d'Amir avait commencé très jeune à porter des vêtements tissés à la main. Quand il avait adhéré à la Ligue musulmane en 1936, à l'âge de vingt et un ans, il avait renoncé à la musique, qu'il adorait comme toute sa famille — la musique classique indienne, occidentale, iranienne.

Amir était né en 1943. Quand il eut deux ans, on lui perça les oreilles. Dans les pays musulmans, on avait coutume de percer les oreilles des esclaves et Amir subit cette opération pour indiquer qu'il avait été vendu à l'Imam : il avait ainsi été mis au service de la foi chiite. Ce service débuta très tôt pour lui. Lorsque l'Inde et le Pakistan devinrent indépendants, en 1947, Amir, âgé de quatre ans, commença une vie vagabonde avec son père et sa mère.

« Après la partition, mon père a quitté l'Inde. C'était un homme profondément engagé, mais qui n'avait rien d'un politicien. Juste avant l'indépendance, nous nous trouvions au Baloutchistan, à Quetta, dans ce qui est devenu le Pakistan. Le jour de l'indépendance, nous avons franchi la frontière pour passer en Iran. Nous sommes allés à Zahedan, puis de là, à bord de deux autocars, à

Mashhad, puis à Téhéran. Ensuite nous avons pris l'avion pour l'Irak. Le convoi a suivi par la route. C'était en 1948. »

Bien qu'ils aient été condamnés à mener une existence de nomades, le père d'Amir n'avait pas sorti un sou de l'Inde. Il n'avait emporté avec lui que des livres et des tapis.

« Mon père a été invité à revenir en Inde sous certaines conditions — il ne devait prendre aucune part à la vie publique, il devait désavouer le nizam d'Hyderabad et il devait s'élever publiquement contre l'abattage des vaches. Or, ces conditions lui paraissaient inacceptables. Il a répondu qu'il était prêt à s'engager à ne pas manger personnellement de bœuf, mais qu'il ne pouvait condamner publiquement l'abattage des vaches, car c'était la viande la plus abordable pour les musulmans. »

La famille se rendit donc en Irak, toujours avec ses passeports indiens, et s'installa à Kerbala. C'était le site de la bataille où avait péri Hussein, fils d'Ali ; pour les chiites, c'était un lieu sacré. C'est là que naquit dans l'esprit du père d'Amir l'idée — qu'il avait peut-être toujours eue — de faire de son fils un ayatollah, un théologien chiite. En 1950, le petit Amir, âgé de sept ans, commença donc à fréquenter une école religieuse à Kerbala. Il y resta deux ans. Mais son père — qui avait commencé à gagner sa vie en important du thé et du jute de l'Inde — changea d'avis et décida qu'Amir devait finalement recevoir une éducation laïque. Cela ne voulait pas dire, me précisa Amir, qu'il devait se détourner de l'aspect religieux des choses. Ali en personne avait dit : « La meilleure forme de vénération est la réflexion et la pensée, et aucune forme de vénération n'est meilleure que la réflexion, la pensée et le savoir. » Et, avant Ali, le prophète avait dit : « Acquiers le savoir, même si tu dois aller en Chine. »

« Qu'entendaient-ils par savoir ? demandai-je à Amir.

— Un jour, me répondit-il, on a demandé à Ali : "Qu'est-ce que le savoir ?" Et il a dit : "Il y a deux espèces de savoir. L'un est la connaissance des religions." C'est intéressant, ça — ce pluriel, *des religions*, plutôt que de la religion. "L'autre est la connaissance du monde physique." »

On songea tout d'abord à envoyer Amir dans une école de jésuites en dehors de l'Inde. Puis on décida finalement de le renvoyer à Lucknow avec sa mère ; et à Lucknow, Amir, qui allait à présent sur ses dix ans, fut inscrit à La Martinière, l'école anglo-indienne. Ce fut à cette époque qu'il commença — lui qui m'avait paru si anglais dans le salon de Parveen — à parler anglais ; jusque-là il n'avait parlé que l'ourdou et le persan.

Les cultures se superposaient : l'écolier qui fréquentait La Martinière avait, après son séjour en Irak, l'impression qu'une partie de lui était arabe ou iranienne. Après ses cours à La Martinière, il suivait des cours particuliers d'instruction religieuse chez lui, au palais, dans la pièce même où nous étions assis à présent — fraîche, grâce au briquetage massif de l'ancienne Lucknow, avec un sol en granito et des étagères incorporées aux murs blanchis à la chaux, tachés par l'humidité.

Les fêtes musulmanes et chiites venaient aussi constamment rappeler leur foi aux fidèles. Amir prenait douze jours de congé pour le *mohurram* — « le directeur de La Martinière se montrait très réprobateur » — et quatre jours supplémentaires pour le quarantième jour après le martyre. A la fin du *mohurram*, il y avait encore huit jours de congé, suivis de quatre autres jours pendant le ramadan — le mois de la purification, du martyre d'Ali et du début de la révélation du Coran.

Lorsqu'il était élève à La Martinière, Amir habitait le palais avec sa mère, ses deux tantes, le frère de son père et l'épouse de ce dernier. Pour le protéger de toute influence indésirable, on lui interdisait de rendre visite à ses condisciples et d'avoir le moindre contact avec leurs familles. Il avait son propre tuteur, un homme sans enfant qui vivait au palais jour et nuit. Cet homme — qui avait de l'ourdou et du persan une connaissance qu'Amir estimait remarquable — suivait Amir « comme son ombre », même quand le jeune garçon allait au cinéma ou au restaurant. A La Martinière, il l'attendait dans la voiture ou bien s'installait juste devant l'établissement, sur un tapis étalé à même le sol, pendant tout le temps où Amir suivait ses cours.

« Le résultat, c'est que je suis devenu quelqu'un de très réticent, d'extrêmement réservé. J'avais même du mal à parler. S'il y avait des gens que je ne connaissais pas, je n'arrivais pas à ouvrir la bouche.

« Je portais des phylactères sous ma chemise et mes camarades, à l'école, les sentaient en me touchant et se moquaient de moi. Et je portais aussi des boucles d'oreilles, puisque j'avais les oreilles percées. J'avais une émeraude à l'oreille droite et un rubis à la gauche. C'était vraiment très étrange à voir, et j'avais pris l'habitude de me tordre les oreilles pour cacher les deux pierres derrière les lobes. Je les ai enlevées — on m'a autorisé à les enlever — quand je suis parti pour l'Angleterre, après avoir terminé mes études ici. »

A cette date, le rajah, père d'Amir, vivait en Irak. Mais

finalement, en 1957, dix ans après la création du Pakistan, il fit la démarche qui allait soumettre sa famille à d'assez cruelles épreuves : il partit s'installer au Pakistan et échangea son passeport indien contre un passeport pakistanais.

« Quand elle apprit cette nouvelle, reprit Amir, ma mère tomba gravement malade, ici même. Ma mère est une rani en titre, une femme extrêmement fière. Jamais elle n'a cherché à prendre quoi que ce soit à mon père. Elle aussi était très pieuse. Elle avait perdu son père et sa mère à l'âge de neuf ans. Quand elle apprit que mon père était désormais au Pakistan, elle tomba malade, parce qu'elle pensait que les grandes crises de 1947 étaient terminées — pas une seule voix ne s'était élevée à Mahmudabad contre mon père. Nehru rencontra mon père et lui demanda de réfléchir et de conserver son passeport indien. "Vous avez toujours agi impulsivement, lui dit Nehru. Nous serions tous très heureux si vous acceptiez de revenir et de reprendre votre passeport indien. — On ne peut pas changer de nationalité comme de chemise", lui répondit mon père. »

Mais le Pakistan n'avait pas réussi au rajah. Il avait envisagé de se lancer dans la politique, mais il s'aperçut que cet univers ne lui convenait pas. Il était chiite dans un pays à majorité sunnite ; il ne parlait aucune des langues locales du Pakistan ; bref, il était un *mohajir*, un étranger. Ses idées politiques aussi avaient évolué. Dans les années 1930 et 1940, quand il était encore tout jeune, il avait souhaité que le Pakistan devienne un État religieux. Or, il estimait à présent qu'il vaudrait mieux en faire un État laïc. Mais il ne croyait pas que l'armée pakistanaise supporterait une telle politique. Par conséquent, il quitta le Pakistan et se remit à voyager. Il passa beaucoup de temps dans l'ancienne capitale de l'Empire, à Londres.

On aurait pu croire, d'après ce récit, que lorsqu'il avait fait, jeune homme, de l'agitation en faveur de la création du Pakistan, le rajah s'était montré irresponsable ; se dire qu'il n'avait pas su prévoir les convulsions politiques ni imaginer les conséquences humaines ; estimer que d'autres que lui avaient été obligés de payer à sa place sa piété de chiite et de musulman, alors que lui-même se réservait le droit de choisir jusqu'au dernier moment. L'Irak, le Pakistan, l'Angleterre, l'Inde — autant de pays où, en sa qualité de personnage prestigieux, il avait tout loisir de s'installer.

Les gens, toutefois, ont leur propre vision de leurs problèmes. Amir, évoquant ce nouvel épisode de vagabondage dans la vie de son père, me dit : « Je crois que pour lui, voyez-vous, c'était une espèce de pénitence. J'ai le sentiment qu'il se sentait tenu de subir le même processus de déracinement qu'avaient dû endurer tant d'autres gens en quittant l'Inde pour le Pakistan.

« J'allais le voir tous les ans. Un des livres qu'il me fit lire était *Gandhi : the Last Phase*, de Pearey Lal. Il était profondément ému de savoir qu'à l'époque de l'indépendance, Gandhi avait totalement disparu de la circulation. Il était non pas à Delhi, mais à Calcutta, où il se lamentait et pleurait sur les tragédies de la cité. » C'est-à-dire les tragédies engendrées par les émeutes religieuses de 1946, qui avaient marqué le commencement de la fin pour Calcutta. « Selon la sensibilité chiite, s'il y a deuil et chagrin d'un côté et célébrations de l'autre, le chiite penchera vers le chagrin. »

Après qu'Amir eut terminé ses études à La Martinière, ses parents ne savaient plus que faire de lui, et il perdit un certain temps. Finalement, en 1961, à l'âge de dix-huit ans, son père l'emmena en Angleterre et l'inscrivit dans une *public school*, un collège privé réputé. C'est alors qu'il fut autorisé à ôter ses boucles d'oreilles. En gagnant l'Angleterre, ils firent escale au Liban où le rajah avait beaucoup d'amis ; ensuite, ils parcoururent l'Europe. A Paris, ils se rendirent dans un casino et un night-club : le rajah voulait que son fils sache à quoi ressemblaient ces endroits et apprenne à les connaître en sa compagnie.

A dix-huit ans, Amir était déjà un peu vieux pour une *public school*, mais il y passa néanmoins trois ans, avant de s'en aller à Cambridge faire des études supérieures de mathématiques.

« Je n'ai pas été trop maltraité au collège. J'étais toujours très réservé. J'avais quelques garçons avec qui j'étais ami. Je chérissais ma foi. Pour moi, c'était comme une espèce d'armure. En ce qui me concerne, le fait que quelque chose reste secret, personnel, intériorisé, lui donne une nouvelle dimension, une nouvelle force. Le fait qu'on ne peut ni pratiquer ni exprimer ce qu'on ressent rehausse cette expérience, le pouvoir qu'elle a sur vous. »

Amir devait entrer au Pembroke College de Cambridge en 1965. Avant cela, son père l'emmena faire tout un voyage au Pakistan et au Moyen-Orient. Ils rencontrèrent des théologiens chiites et au Liban ils furent les hôtes de Sayed Musa Sadr.

« Je les ai entendus, mon père et lui, discuter des affaires mondiales dans un langage, un idiome, qui a fait ultérieurement partie de la révolution iranienne et du soulèvement au Liban. Ils parlaient de la présence des puissances occidentales au Liban, du genre de régime qui existait en Irak — oppresseur, anti-religieux. Ils parlaient du shah d'Iran. Du besoin de fomenter une révolution selon les principes d'Ali — ce qui me paraissait totalement utopique ; je l'ai d'ailleurs dit à mon père. »

Après cette exaltation chiite, ces grandes envolées sur la révolution et le règne d'Ali, survint une catastrophe. Jusque-là, les actes et les gestes politiques du rajah n'avaient eu pour lui aucune conséquence personnelle. Brusquement, du jour au lendemain, tout changea. En septembre 1965, quelques semaines avant qu'Amir ne se rende à Cambridge, la guerre éclata entre l'Inde et le Pakistan et tous les biens que possédait le rajah de Mahmudabad en Inde furent confisqués en tant que propriétés ennemies. Le rajah l'avait-il prévu, quand il était devenu citoyen pakistanais en 1957 — ou bien quand il avait commencé, trente ans auparavant, à faire de l'agitation en faveur d'un État musulman séparé ?

« Notre palais à Mahmudabad, le Qila, fut entièrement mis sous scellés — l'endroit où j'avais grandi, tout comme mon père et ses ancêtres. Pas un membre de ma famille n'avait désormais le droit d'y pénétrer. Tous nos revenus furent confisqués par le gouvernement indien, agissant par l'entremise du Gardien des propriétés ennemies. A Cambridge, le trimestre était sur le point de commencer. Je reçus des lettres de ma famille me racontant que la police militaire était venue encercler le Qila et mettre des scellés à toutes les portes. Mais en dépit de ce coup terrible, *jamais* ma famille ne songea à s'installer au Pakistan.

« Le Qila resta un an et demi sous scellés et il y eut, durant cette période, deux très importants cambriolages. Une énorme quantité d'objets précieux fut dérobée. A l'époque, ma mère et mon oncle adressèrent des pétitions au gouvernement, demandant à être autorisés à fêter le *mohurram* dans le Qila — c'était une tradition dans notre famille. On finit par leur accorder cette permission, à la condition qu'ils resteraient confinés dans deux pièces et une salle de bains. Ils acceptèrent cette offre et allèrent vivre sur les balcons couverts. Les *imambaras*, toutefois, étaient ouvertes — c'était là que se déroulaient les cérémonies du *mohurram*.

« Pendant tout ce temps, moi, j'étais à Cambridge. Très malheureux. Mon travail s'en ressentait. Beaucoup de gens ne connaissaient pas les tenants et les aboutissants de la question. J'en parlais avec mon professeur. Pour me consoler, je lisais la vie d'Ali. Et aussi certains chapitres et versets du Coran. »

Je lui demandai quels versets du Coran.

Il me répondit, recomposant le texte de mémoire : « "J'apporte d'heureuses nouvelles à ceux qui ne sont pas faibles, mais qui ont été affaiblis.'' Attendez, que je vous trouve le texte exact. Je le connais bien. Je n'aurai aucun mal à le retrouver. »

Il quitta la table recouverte de blanc autour de laquelle nous étions assis, se rendit dans la pièce voisine et revint avec un petit livre à couverture bleue. Mais il ne parvint pas à retrouver le verset en question. Il se dirigea vers les étagères qui meublaient le mur en face de nous, en descendit un volume plus important et revint s'asseoir à la table. Tout en tournant les pages, il me dit : « Ce verset revient à de multiples reprises dans la révolution irani. » Il disait parfois « irani » pour « iranien ». Il trouva enfin le verset. Il commença par se le lire à lui-même. Je voyais bien qu'il était ému. Puis il me le lut à voix haute.

« ''Nous voulions combler de biens ceux qui étaient opprimés, les élever, et leur donner un héritage. Nous voulions leur assurer une habitation sur la terre et déployer aux yeux de Pharaon, d'Haman, et de leurs armées, les prodiges qu'ils redoutaient.'' » Il fit une pause et dit : « Voilà qui permet de comprendre les chiites à partir du temps de l'imam Ali. Ici, les ''opprimés'' ne sont pas des gens d'une faiblesse inhérente, mais ceux que les circonstances ont affaiblis et qui possèdent en eux, à l'état latent, le pouvoir de la foi et de l'action.

« Je lisais ces mots à Cambridge. C'est une promesse, voyez-vous, une promesse que fait Dieu. Elle concerne en réalité les enfants d'Israël, mais elle a été utilisée à travers toute l'histoire des chiites en tant que promesse de délivrance. »

Amir continua à lire dans son grand livre, parcourant les petits caractères des notes, et il reprit : « C'est une des révélations de la Mecque. Avant la fuite à Médine. Les révélations de la Mecque sont connues pour leur grande poésie.

— A l'époque où le prophète n'était encore qu'un prophète ? demandai-je.

— Voilà qui pourrait laisser penser qu'il a cessé d'être un prophète, dit Amir, et ce serait un blasphème.

— Avant qu'il ne devienne un souverain ? A l'époque où il ne détenait pas encore de pouvoir temporel ?

— Oui, c'est mieux ainsi. » Et il répéta : « Les révélations de la Mecque sont bien connues pour leur qualité poétique. »

Tandis qu'à Cambridge Amir s'efforçait ainsi de se résigner a la perte des biens familiaux, son père était retourné au Pakistan. L'année suivante, cependant, le rajah vint en Angleterre pour travailler à l'Institut islamique, dans Regent's Park ; et il y resta pendant tout le temps où Amir poursuivit ses études. Travaillant en Angleterre, le rajah avait à présent la possibilité de redevenir sujet britannique. L'eût-il fait, il aurait cessé d'être considéré comme un « ennemi » ou un « étranger » par le gouvernement indien qui lui aurait rendu ses propriétés à Lucknow et Mahmudabad. Mais il préféra porter la croix de sa nationalité pakistanaise, même si cela imposait de pénibles épreuves à sa famille.

Les études d'Amir prirent de l'ampleur. Une fois qu'il eut obtenu son diplôme à Cambridge, il s'inscrivit à l'Imperial College à Londres, puis retourna à Cambridge, à l'Institut d'astronomie.

« Les choses se sont calmées. Je m'habituais à la situation de notre famille, j'ai décidé de résoudre certains problèmes. Malheureusement, ces problèmes sont toujours là. Aujourd'hui, le Qila de Mahmudabad est rouvert. Je m'en sers et je l'entretiens, mais il n'est toujours pas redevenu notre propriété. S'il n'y avait pas les investissements de ma mère et ainsi de suite, il serait impossible d'y vivre. »

En 1971, survint la seconde guerre indo-pakistanaise, avec le Bangladesh pour enjeu.

« C'est un coup dont mon père ne se remit jamais. Il mourut deux ans plus tard. Il s'éteignit désespéré — à cause des atrocités incroyables commises par l'armée pakistanaise au Bangladesh et de la bassesse matérialiste de l'État pakistanais proprement dit. Il était désespéré de voir quelle sorte de dirigeants et de classes étaient parvenus au pouvoir. »

Amir avait conduit la dépouille de son père jusqu'au sanctuaire de Mashhad, dans l'est de l'Iran. A l'époque où Amir n'était encore qu'un enfant, le rajah avait espéré que son fils deviendrait un célèbre ayatollah, dans la grande tradition iranienne. Il n'en avait rien été, mais Amir fut néanmoins profondément ému par le voyage jusqu'à Masshad avec le corps de son père.

« Certains des ulémas, les hommes qui enseignent la religion et qui avaient connu mon père, annoncèrent que le corps d'un *alim*, d'un théologien chiite, un serviteur de la foi, était arrivé de Londres. Et mon père fut enseveli juste en dehors du sanctuaire, dans un cimetière où reposent de nombreux éminents théologiens. Ce devait être une inhumation temporaire — l'enterrement définitif devait avoir lieu à Kerbala en Irak. Mais en 1976, j'ai entendu dire par des Iraniens que le shah avait donné l'ordre de transformer le cimetière en parc, si bien que le tombeau de mon père courait le danger de disparaître. Toutefois, quand je suis arrivé à Mashhad, j'ai constaté que grâce à l'intervention de M. Butto » — le Premier ministre du Pakistan, le rajah étant toujours citoyen pakistanais à sa mort — « la dépouille de mon père avait été déplacée jusqu'à l'intérieur du sanctuaire. »

Ainsi donc, dans la mort, le pieux rajah avait trouvé une espèce d'accomplissement. Sa passion politique et religieuse avait permis à son fils de connaître de nombreuses langues, de nombreuses cultures, de nombreux modes de pensée et d'émotion. Il lui avait fait percer les oreilles pour le vouer au service de la foi, et Amir avait en effet hérité d'un peu de la passion de son père. Mais en même temps — les études d'Amir à Cambridge et à Londres avaient porté sur l'astronomie —, il avait conçu certains doutes religieux.

« Ces doutes ont commencé au collège et continué à l'université ; à certains moments, ils étaient intenses. Mais la totalité de mon expérience — qui est d'une nature historique ou culturelle — est si profondément enracinée dans mon être qu'elle est désormais indélébile. C'est une espèce de processus dialectique, au cours duquel la religion et les préoccupations du monde réel déroulent devant moi une voie de façon dialectique. Je bifurque vers la religion en quête de soutien dans les affaires séculières. Et cela me ramène à mes doutes, et de nouveau à la religion. Je fais la navette entre ces deux univers. »

(Il en était arrivé, me semblait-il, à l'idée hindoue des opposés : la vie matérielle et celle de l'esprit : *loukika, vaidhika.* Mais cette idée ne l'intéressait pas.) A Cambridge, il avait été attiré par certains aspects du marxisme. Tout spécialement par la tentative marxiste d'analyser l'histoire de manière scientifique. C'était sa foi chiite, cependant, qui le rendait réceptif à l'idée du marxisme au sens large.

« Il y a un grand nombre d'éléments et de contradictions dans ma façon de penser. L'aspect du marxisme qui m'a séduit était ce souci de créer une société juste et plus équitable, surtout pour les opprimés, les insultés, les malmenés. Mon instinct me poussait vers Trotski et vers Che Guevara, qui n'ont ni l'un ni l'autre réussi, même si leur message leur a survécu. Kerbala, voyez-vous. » Kerbala, où Hussein, fils d'Ali, avait péri. « Donc la vision du monde que m'a donnée le marxisme se mêlait à ma propre vision religieuse. »

C'était ce mélange d'idées historiques et religieuses qui l'avait aidé à se résigner au long déclin musulman ici même, à Lucknow.

« Je trouve une certaine consolation dans l'une et l'autre façon de penser. La méthode historique me permet de voir que la destinée humaine est au-dessus de tout cela — nos souffrances, nos petits problèmes. Cette idée de la destinée humaine me laisse discerner à son tour qu'en dépit de tous les troubles et les explosions, nous sommes en route vers un monde meilleur. La méthode religieuse m'enseigne la patience, la réconciliation avec le plan divin dont elle fait partie, mais avec l'espoir et la foi en un avenir meilleur. Le verset coranique que je vous ai lu a soutenu beaucoup de personnes de par le monde.

« J'ai senti, dans mon propre cas, que le fait d'être chiite m'était d'un grand secours, parce que j'ai été familiarisé dès l'enfance avec un peuple qui s'est battu pour ses idéaux et a été vaincu, selon toute apparence, par un pouvoir temporel, mais qui n'en a pas moins laissé une profonde empreinte sur l'histoire. Je suis fier de me dire que la plupart de mes ancêtres se souciaient moins de la réussite matérielle que de ce en quoi ils croyaient. Je suis très fier de la vie de mon père. » Son père admirait Gandhi. « Le fait que Gandhi eût pour tous biens une paire de lunettes, des sandales, un bâton, quelques vêtements de rechange et des livres le plaçait d'autant plus près de l'idéal d'un souverain chiite, comme Ali. Le lien entre mon père et Gandhi, c'était qu'il se rendait compte que l'on pouvait se servir de la religion pour provoquer un vaste changement dans les consciences — concernant le monde et la place qu'y avaient les gens — et aussi pour pousser les hommes à agir. »

Je lui demandai ce que représentait pour lui le palais du Kaiserbagh.

« J'ai pour lui une espèce d'attachement — tous les changements, tout ce qui s'est passé, tous les ancêtres. C'est presque comme si cette demeure était une chose organique, vivante. »

L'aile dans laquelle il vivait couvrait une superficie de quelque cent trente mètres de long sur trente-cinq mètres de large, sur deux niveaux. Elle était entièrement occupée. Je voulus savoir le nombre des serviteurs.

« Grands dieux, s'exclama-t-il, je n'ai pas compté. Certainement un nombre à trois chiffres pour les suivants et leurs familles. Dans la cuisine de ma mère, à l'étage, on prépare *quotidiennement* les repas d'une quarantaine de personnes, en moyenne. Cela coûte très cher. Parfois, je me demande si ça vaut la peine, mais je sais bien que je ne peux pas renoncer. J'ai un pied-à-terre à Londres, à Hampstead. C'est un refuge. Il n'y a pas un domestique. »

Il était revenu de l'Institut d'astronomie en 1978 et vivait depuis à Lucknow, de façon plus ou moins permanente. Et puis, trois ans plus tôt, il s'était lancé dans la vie politique locale. Après les élections de 1985, il avait écrit à Rajiv Gandhi pour lui rappeler les liens entre leurs deux familles et offrir ses services. On lui suggéra de se présenter aux élections législatives de l'État. Il ne pensait pas que sa candidature serait retenue, car il s'imaginait qu'il devait y avoir une certaine hostilité à son égard, en raison du passé de son père. Il avait pourtant été choisi et la seule hostilité qu'il avait provoquée était celle du candidat qu'il avait délogé.

« Il a grandi ici même au palais. Sa famille était au service de la nôtre depuis trois générations. Je le connaissais très bien. C'est comme un film, comme une situation tirée d'un roman. Avant les élections, il venait ici tous les jours. A présent, il fait tout ce qu'il peut pour me liquider définitivement. Il est devenu immensément riche. »

Amir souriait.

« Vous avez l'air de faire face », dis-je.

Il rit. « Après tout ce dont nous venons de parler — en arriver *là* ! » *Là* : à la rage d'un rival politique.

Cela faisait des heures que nous parlions, assis à une grande table recouverte d'une nappe blanche. Derrière Amir, j'apercevais les étagères creusées dans le mur, qui contenaient une partie de sa bibliothèque. De temps à autre, tout au long de la journée, le tout jeune fils d'Amir, Ali, était apparu, entrant et sortant nonchalamment par diverses portes. Nous avions déjeuné, de sandwiches et de poisson frit qui ne venaient pas de la cuisine à l'étage, mais du restaurant Kwality de Lucknow. (J'appris la chose ultérieurement par Rashid. Il connaissait les serviteurs du palais et les avait vus au Kwality quand ils étaient venus chercher les plats à emporter.)

Il faisait frais dans le salon-bibliothèque du palais. Wajid Ali Shah, dernier nabab de l'Aoudh, avait conçu l'endroit sur le modèle versaillais, disait-on ; mais peut-être entendait-on simplement par là qu'il avait projeté un édifice grandiose. Les murs étaient épais ; ils étaient construits en minces briques de Lucknow avec un mortier spécial de chaux et de pierre pilée. La température était si douce, dans la pièce où nous nous trouvions, que j'avais cessé d'y penser, mais pendant tout ce temps, au-dehors, la chaleur et l'éblouissement avaient persisté et ils se firent sentir dès que nous quittâmes la bibliothèque pour nous retrouver dans la poussière de l'allée.

Il y avait aussi, dehors, certains des serviteurs du palais dont Amir m'avait parlé, des hommes maigres qui se tenaient debout et qui, que l'on parût ou non les remarquer, faisaient de constants saluts et gardaient les yeux fixés sur leur maître : des hommes tout à fait différents des garçons de restaurant ou du personnel des hôtels, ou même de celui du principal club de Lucknow ; des hommes façonnés par la sécurité et l'oisiveté de l'antique étiquette de la vie au palais.

Nous étions en route pour l'Assemblée législative. Amir voulait me faire visiter l'édifice, mais nous fûmes momentanément retardés. Une voiture approcha le long de l'allée. Elle abritait un électeur. Ce dernier bondit à bas de son véhicule ; Amir en fit autant. Les deux hommes se serrèrent la main et Amir expliqua à son électeur qu'il allait revenir d'ici une demi-heure, trois quarts d'heure.

Il me dit qu'il voyait une vingtaine de personnes par jour. Ou qu'en tout cas, une vingtaine de personnes se présentaient pour le voir. Bien souvent, elles venaient demander des choses impossibles, ayant trait à leur emploi, ou à leur licenciement, ou encore concernant l'établissement de tribunaux d'enquête. Elles voulaient même parfois qu'Amir, en sa qualité de représentant élu par elles, se chargeât de verser des pots-de-vin de leur part. Amir n'était pas comme Prakash, le ministre, à Bangalore. Cet aspect de la comédie humaine ne l'amusait pas ; il n'appréciait guère le petit ballet matinal de solliciteurs et de mendiants purs et simples se pressant devant sa porte. Amir n'aimait pas être importuné. Il avait découvert, me confia-t-il, que les gens n'étaient jamais reconnaissants de ce qu'on faisait pour eux ; ils avaient toujours l'impression qu'on aurait pu en faire davantage.

En ce moment, l'assemblée ne siégeait pas. Nous contemplâmes la salle par la porte vitrée. La solennité et le rituel de la Chambre plaisaient à Amir, mais il était exaspéré par le côté mesquin d'une grande partie de la vie politique. La vendetta de l'homme qu'il avait remplacé, même s'il affectait d'en rire, était déprimante sur le plan des émotions, c'était une complication, une source d'irritation dont il se serait volontiers passé.

« La politique coûte très cher et je me sens coupable de gaspiller — si l'on peut dire — de l'argent pour un tel motif. Je ne sais pas si je vais continuer. » Toutefois, pour le descendant d'une lignée telle que la sienne, la vie publique exerçait un attrait particulier. « Ma carrière politique a renouvelé et raffermi le lien entre ma famille et le peuple de Mahmudabad, qui s'était atrophié depuis 1936. C'est l'année où mon père est devenu membre de la Ligue musulmane. » Et sa victoire auprès de l'électorat de Mahmudabad n'était pas un phénomène auquel il pouvait aisément tourner le dos. « L'expérience a été très émouvante, parce que le peuple de Mahmudabad — hindou à 80 % — m'a permis de remporter une victoire écrasante, en dépit des opinions politiques de mon père. J'ai obtenu une majorité sans précédent dans les annales de la circonscription de Lucknow. Ma mère a été très touchée. Elle a dit — le soir des élections, au Qila — qu'elle ne se rappelait pas avoir vu le Qila aussi plein de monde depuis son enfance. »

La fête hindoue du *holi*, célébrée au printemps, avait vidé non seulement les locaux de l'Assemblée législative, mais aussi l'école de La Martinière. L'édifice était célèbre : c'était une folie française ou européenne de la fin du XVIIIe siècle, bâtie dans ces Indes du bout du monde. Le parc était immense ; et, comme il arrive bien souvent dans un pareil décor, on se surprenait à penser avec envie à l'homme qui deux cents ans auparavant avait eu la prévoyance ou la chance d'acheter toutes ces terres. L'école avait beaucoup d'importance pour les gens qui avaient grandi à Lucknow. Elle figurait dans les souvenirs de Rashid et de ses amis. Et aussi dans ceux d'Amir, ainsi que dans un mémoire imprimé qu'avait laissé son père.

C'était toujours un établissement privé et les fonds disponibles ne suffisaient plus à lui assurer un entretien impeccable. Quand on arrivait par-derrière, à travers des broussailles poussiéreuses, et qu'on voyait les mauvaises herbes jaillir de la pierre, prenant racine sur le moindre rebord, on avait l'impression d'un édifice sur le point de tomber en ruine. Par-devant, il était en meilleur état, plus imposant. Et il donnait sur des jardins verdoyants bien arrosés et emplis de couleurs.

Par cette journée paisible, avec la vaste étendue de terrain inondée de soleil et roussie par ses rayons, on avait de nouveau l'impression — comme avec la vue du Gumti depuis la fenêtre de l'hôtel — de se trouver en présence de l'original d'une des gravures réalisées par les Daniell à la fin du XVIIIe siècle. Ces derniers appartenaient d'ailleurs à la même période que le prétendu général Martin ; une période où un soldat de fortune européen pouvait vendre certains des talents de l'Europe à un souverain asiatique pour des sommes colossales.

Des pensées analogues avaient dû traverser l'esprit de Rashid. Ses souvenirs de La Martinière étaient parfaitement heureux, et c'était sa fierté d'ancien élève du collège qui l'avait poussé à m'y amener. Pourtant, la vue du canon de l'Aoudh que le général avait fait fondre et où l'on pouvait toujours lire son nom, en grosses lettres en relief, toutes luisantes d'avoir été polies par la caresse d'innombrables mains — la vue de cet objet sur la vaste terrasse qui s'étendait devant l'école avait éveillé chez lui d'anciennes idées d'impuissance et de défaite musulmanes et indiennes ; et, de façon tout à fait inattendue, Rashid se mit en rage contre les experts européens et américains d'aujourd'hui, les successeurs du général Martin, si occupés à voyager comme des princes parmi les pays pauvres.

Il se laissa emporter par ses sentiments. Restant à l'ombre du péristyle, sur le devant de l'édifice, il m'envoya en plein soleil contempler les noms des anciens élèves gravés dans les larges marches de pierre sur lesquelles donnait la terrasse.

Une autre idée de perte le travaillait et venait s'ajouter à tout ce qui avait été perdu depuis le XVIIIe siècle.

Un peu plus tard, il me dit : « Tous les maîtres ici, à l'exception du professeur d'hindi, étaient des Anglo-Indiens. On avait énormément de respect pour eux. Leurs familles sont parties pour l'Australie. Elles étaient établies à Lucknow depuis des générations. Les Anglo-Indiens travaillaient principalement dans les chemins de fer, l'enseignement et la police. Les chemins de fer surtout leur appartenaient de A à Z. Et leurs colonies, les quartiers qu'ils habitaient, se trouvaient en dehors de la ville — des endroits ravissants, très propres. Après 1947, ils ont pris leurs cliques et leurs claques et ils sont partis. »

Un peu de cette mélancolie s'attachait aussi à Hazratgunj, qui était jadis la principale artère commerçante de Lucknow, où la famille de Rashid avait eu son magasin d'appareils photo et où Landau l'horloger avait occupé le grand magasin qui faisait le coin. Les locaux de Landau appartenaient désormais à Ramlal et Fils, une boutique de tissus et de saris ayant pour slogan : « Notre collection est votre sélection. » Non loin de là se dressait le bâtiment où MacGregor, l'ancien tailleur de Hazratgunj, qui avait habillé des princes, des employés de l'Indian Civil Service et des Anglais du Raj, avait vécu jusqu'à sa mort.

Là, c'était la mélancolie du passé récent. Ailleurs, les souvenirs des défaites survenues cent trente années auparavant, dans les ruines de la Résidence et celles du palais et du pavillon de chasse du nabab. Avant cela, et à présent tout aussi douloureux, il y avait eu le souvenir de la gloire des anciens nababs ; particulièrement le monument connu sous le nom de Grande Imambara, construit pour soulager la famine à la fin du XVIIIe siècle : surchargé d'ornements, faible, mais impressionnant, ne fût-ce que par son échelle. Pas de grande architecture dans la vieille cité princière, mais de multiples jardins, de nombreux lieux de promenade ; en Inde, les villes possédant un tel style n'étaient guère nombreuses. Pourtant, ces promenades attristaient toujours Rashid, comme elles l'attristaient encore cet après-midi, faisant ressortir le côté chiite de sa nature, le côté tragique, celui qui ne se préoccupait que de défaite, de chagrin et d'injustice.

« Lucknow, c'est moi, me dit-il. Ce n'est pas le fleuve, ni les bâtiments, ni quoi que ce soit d'autre. Vous n'aimez pas votre père parce qu'il mesure un mètre quatre-vingt-cinq et qu'il est beau. C'est votre père. Et bien de la même façon, Lucknow, c'est moi. Nous sommes ici depuis des générations, des deux côtés. »

Qu'est-ce que cela représentait que d'être un musulman de Lucknow ?

« C'est comme l'idée bouddhique du "Pas ceci, pas ceci". Je suis indien, mais le temple n'est pas pour moi. Je suis musulman, mais dans ses détails, ma foi ne saurait être la même que celle de l'Afghanistan, de l'Iran ou du Pakistan. Je parle ourdou. Je salue les gens à la façon d'un musulman de Lucknow. Je leur dis "Je vous présente mes respects" plutôt que "La paix soit avec vous". Je tire ma subsistance de Lucknow. Elle me donne le sentiment de mon identité — les bâtiments, les monuments, la culture, les rapports entre les gens. »

Il y avait un nouveau palais blanc que l'on apercevait au-dessus de la verdure depuis de nombreux endroits de la ville. On l'appelait le palais Butler et on racontait qu'il avait été bâti par le père d'Amir en tant que palais de plaisance pour un haut fonctionnaire britannique, sir Harcourt Butler. Il faisait partie des biens confisqués à Amir. Il se trouvait toujours sous la tutelle du Gardien des propriétés étrangères et il avait été loué, pour trente-huit mille roupies par an, au Conseil indien de Recherche philosophique. Le palais, pour autant que certains de ses motifs permettaient d'en juger, était dans le style de Lucknow. Ce n'était pas un édifice particulièrement élégant : les seuls éléments qui lui donnaient un faux air de palais étaient les quatre tours à multiples facettes aux quatre coins.

Dans une de ces tours, on avait installé un ascenseur. A l'étage, il y avait une vaste bibliothèque philosophique ; bon nombre de volumes étaient neufs et paraissaient n'avoir jamais été ouverts. On n'aurait pu trouver, pour cet édifice, une utilisation plus noble ou plus respectueuse. Mais, à en croire Rashid, cela ne consolait aucunement Amir. Celui-ci, me confia Rashid, n'avait plus remis les pieds au palais Butler depuis qu'il avait cessé de lui appartenir.

Je questionnai Rashid ultérieurement — après que nous eûmes fait la tournée de l'ancienne Lucknow, cité des écoles et des palais — sur ses visites au Pakistan. Je voulais qu'il m'en dît un peu plus long. Je voulais des détails plus concrets.

« En Inde, me dit-il, les mendiants demandaient de la menue monnaie. Au Pakistan, ils réclamaient carrément une roupie. Les fonctionnaires des douanes, au Pakistan, étaient plus grands et mieux bâtis que du côté indien de la frontière et c'était la première fois que je voyais un musulman panjabi. Mais alors, je me suis dit — et je ne sais pas si vous allez comprendre — "A quoi cela leur sert-il d'être musulmans, s'ils parlent ce grossier idiome panjabi et non l'ourdou, si chaste ?" Vous voyez, j'associais les musulmans à l'ourdou et à la culture.

« Quand je suis allé à Lahore, l'idée m'est venue que c'était une autre version de Lucknow, en plus réussi : une Lucknow blanchie à la chaux, où tout le monde avait pris un bain et changé de vêtements. C'était fort plaisant à voir. Il y avait un curieux phénomène : du fait qu'ils copiaient les films indiens — les Pakis ne sont pas fichus de faire un film, même si leur vie en dépendait — quand on regardait les affiches des cinémas, on voyait les noms de films connus, mais avec d'autres vedettes, des visages différents. A Lahore, vous avez d'abord l'impression de vous trouver dans une ville de l'Inde, différente des autres et que vous visitez pour la première fois. Mais lentement les différences commencent à apparaître. Vous rencontrez quelqu'un, vous engagez la conversation. Vous vous dites que c'est un Panjabi, grand, bien bâti, parlant l'ourdou avec un grossier accent panjabi. Vous lui demandez d'où est son père et il vous dit Lucknow — et vous restez sidéré, tellement vous êtes différents l'un de l'autre après seulement quarante ans.

« Je suis resté deux mois, mais je savais bien que je ne pourrais jamais m'y sentir chez moi, malgré la richesse. Même les parents que je retrouvais avaient changé. Ils étaient plus avertis des choses de la vie, plus agressifs. Ils ressemblaient aux réfugiés venus à Lucknow du Pendjab et du Sind. J'avais un cousin qui était commerçant. Il était de toutes les combines ; il savait que ce qui comptait, c'était de se démener et de ramasser de l'argent. Deux fois, il s'était retrouvé à la rue, la première fois en 1947, au moment de l'indépendance, et puis une seconde fois en 1971, à

Chittagong au Bangladesh. Les autres valeurs n'avaient plus aucune importance. Il était très différent de l'homme que je me rappelais.

« Une autre chose que j'ai découverte là-bas, c'est qu'on ne pouvait pas y vivre dans le passé, comme nous le faisons ici. Ils avaient une attitude plus saine envers la partition que le musulman de l'Inde. Ce qui était fait, était fait. Ils avaient entamé une nouvelle vie — ils avaient oublié ceux qu'ils avaient laissés derrière eux, même ceux qui se souvenaient toujours d'eux, qui pensaient à eux et leur envoyaient des messages par mon entremise.

« Au bout de deux mois, j'ai été content de partir. Je me suis senti soulagé d'être de retour en Inde, après la claustrophobie d'une société islamique. Quel plaisir de revoir des femmes dans la rue ! La saleté et la crasse de l'Inde n'avaient plus d'importance. Les gens au Pakistan étaient plutôt détendus sur le chapitre de leur religion. Mais il y avait ces satanées lois, qui pesaient sur tout le monde comme un nuage : l'appel à la prière, le *moulvi* qui venait chez mon ami demander pourquoi il ne nous avait pas vus dernièrement à la mosquée. La police des idées. L'Islam motorisé.

« Oui, j'ai été soulagé d'être de retour ici. Ce sentiment d'être chez moi que j'éprouve en Inde, je savais que je ne pourrais le trouver nulle part ailleurs. Pourtant, je sais aussi qu'à présent, je ne pourrai jamais être quelqu'un d'entier. Je ne peux pas oublier la partition. Elle fait partie de moi. J'ai l'impression d'avoir perdu mon gouvernail. S'il n'y avait pas eu de partition, je me serais peut-être marié et j'aurais connu tout l'attirail d'une vie de bourgeois musulman. Mais jusqu'ici j'ai toujours vécu en célibataire, et à présent il est trop tard pour changer. La création et l'existence du Pakistan ont endommagé mon psychisme. Il m'est parfaitement impossible de faire semblant qu'il n'existe pas. De faire semblant que la vie continue et que je suis en mesure d'avoir une vie émotionnelle épanouie et normale, comme si ce qui existait avant se trouvait encore tout autour de moi. »

7

L'ÈRE DE LA FEMME

A quelques semaines de là, ayant quitté l'Inde et me retrouvant chez moi, parmi mes affaires, je mis le nez dans un livre acheté bien des années auparavant, mais que je n'avais jamais lu de manière suivie. Il s'agissait de *Mon journal aux Indes durant l'année 1858-1859*. L'auteur s'appelait William Howard Russell et n'était autre, comme me l'apprit la page de titre, que le correspondant spécial du *Times*. C'était en cette qualité qu'il s'était fait un nom, au cours des années précédentes, à l'occasion de la guerre de Crimée : ses reportages sur les conditions qui régnaient dans les hôpitaux de campagne de la force expéditionnaire britannique avaient été la cause directe du départ de Florence Nightingale pour la Crimée. C'était grâce à ce renom, et sans aucun doute dans l'espoir de renouveler dans une certaine mesure ce succès, que neuf mois après son retour en Angleterre, Russell était reparti pour les Indes et la révolte des Cipayes.

Le train, le bateau et le train de nouveau jusqu'à Paris ; un autre train pour descendre à Marseille ; un bateau à vapeur jusqu'à Malte, puis Alexandrie ; le train pour Le Caire et Suez ; et trois autres semaines de navigation à vapeur jusqu'à Ceylan et Calcutta. Et enfin, le chariot, le rail et le chariot de nouveau pour gagner le front.

Russell avait alors trente-six ans. Il était le seul et unique correspondant dépêché par un journal britannique pour couvrir la révolte « et le soulèvement qui la suivit ». Les « lettres » qu'il envoya au *Times* furent dûment publiées par le quotidien. Puis le journal qu'il avait tenu et d'où il avait tiré ses lettres fut préparé pour l'impression, huit cents pages en tout, accompagnées de lithographies teintées de jaune et d'une carte gravée. L'ouvrage parut en 1860, en deux volumes, édité par la firme Routledge : grâce à l'énergie victorienne, on avait l'impression qu'un effort considérable — un voyage pénible, suivi d'un labeur littéraire soutenu — n'avait demandé aucun mal.

Le Russell de Crimée était assez célèbre pour se frayer un chemin jusque dans les livres d'histoire. J'avais appris son existence à l'école, à Trinidad ; il était le premier correspondant de presse à l'étranger dont la renommée fût parvenue jusqu'à moi. Mais le Russell de la révolte des Cipayes m'était resté inconnu ; jamais je n'avais entendu parler de son livre sur l'Inde avant de voir les deux volumes chez un bouquiniste. A leur parution, il avait dû s'agir de deux beaux livres, inspirant confiance, avec un motif ornemental quelque peu géométrique, imprimé sur les couvertures rigides recouvertes de tissu violet. Cette couleur pourpre avait passé à la lumière du jour, jusqu'à ressembler davantage à un brun clair sur la tranche des deux volumes, ainsi que dans le haut et le bas des couvertures ; le tissu s'était craquelé le long d'une des pliures de la reliure et le haut, très friable, était comme rongé par les ans.

J'eus énormément de mal à lire cet ouvrage. Je trouvai que l'auteur mettait trop longtemps à arriver aux Indes et que ce qui l'arrêtait en chemin ne présentait guère d'intérêt. En feuilletant les pages suivantes, je trouvai les détails concernant la tactique militaire difficiles à suivre. A l'époque où ils avaient été écrits, il s'agissait sans doute de nouvelles arrivant toutes chaudes des Indes, mais à présent, ils n'avaient plus rien pour me river à mon fauteuil. Il y avait d'autres choses aux Indes, en 1858 et 1859, que j'aurais préféré connaître.

Après ce dernier voyage en Inde, cependant, et surtout après mes promenades à Lucknow en compagnie de Rashid, le *Journal* devint soudain un autre livre. Le long voyage vers l'Inde que décrivait Russell était en réalité un voyage jusqu'à la bataille de Lucknow. La carte gravée que l'on dépliait au début de l'ouvrage avait pour titre : « Plan des opérations contre Lucknow, mars 1858. » Et j'y vis beaucoup d'endroits que m'avait indiqués Rashid.

L'armée britannique avait campé dans le jardin de Dilkusha, le jardin du « Délice du Cœur ». Le pavillon de chasse des nababs, qui n'était pas encore en ruine et qui ressemblait, selon Russell, à un château français, servait de quartier général au commandant en chef des forces britanniques. L'édifice était parfois harcelé par un des canons installés par le nabab à La Martinière. Parmi ceux qui tiraient ainsi sur les positions britanniques depuis la célèbre école, se trouvaient certains des eunuques africains du nabab — il était étrange de se dire que ces gens existaient encore aux Indes en 1858. Je me demande ce que Rashid aurait pensé de ce détail, révélé par l'ouvrage de Russell. Peut-être aurait-il été réduit à néant, ce détail, par la rage et le chagrin que lui aurait inspirés la défaite et par le sac ultérieur du palais du Kaiserbagh — dans l'aile restante duquel j'avais rencontré Amir et m'étais entretenu avec lui, Amir dont les ancêtres avaient reçu ce palais des Britanniques neuf ans après le sac.

L'une des lithographies teintées de jaune s'intitulait : « Le pillage du Kaiserbagh. » Elle avait été exécutée ultérieurement, en Angleterre, pour illustrer le texte de Russell : « C'était l'un des spectacles les plus étranges et désolants que l'on pût voir ; mais c'était aussi enivrant... Que l'on s'imagine des cours aussi vastes que les Temple Gardens, à Londres, entourées de tout un ensemble de palais, ou tout au moins de bâtiments recouverts de stuc et d'or, avec des peintures à fresque sur les fenêtres aveugles... Des portails brisés sortent des soldats chargés de butin : des châles, de riches tapisseries, du brocart d'or et d'argent, des cassettes de bijoux, des armes, des robes somptueuses. La furie et la soif d'or ont transformé ces hommes en sauvages, ils sont littéralement ivres de pillage... J'avais souvent entendu l'expression, mais je n'avais jamais auparavant été témoin du phénomène. Ils mettaient en pièces les fusils de chasse et les pistolets, pour s'emparer de l'or et des pierres précieuses sertis dans les montures. Pour essayer d'en récupérer l'or et l'argent, ils jetèrent des brocarts et des châles brodés dans un feu qu'ils avaient allumé au centre de la cour... Oh, la peine de cette dure journée ! Dieu sait s'il était déjà assez horrible de devoir parcourir en trébuchant d'interminables cours, transformées en bains de vapeur, au milieu de cadavres et de visions dignes de l'Enfer... suffoqué par des odeurs assassines de corps en putréfaction, de graisse pourrie ou d'immondes parfums locaux ; mais la foule grouillante de tous les gens qui venaient d'arriver accrochés aux basques de l'armée, au milieu de laquelle nous débouchâmes dans Hazratgunj, était pire encore. Ceux qui la composaient étaient aussi affamés, et presque aussi répugnants, que des vautours... »

Deux jours auparavant, Russell avait mis la main sur « un petit butin de bien peu de valeur » : un portrait du roi de l'Aoudh qu'il avait dû découper pour le sortir de son cadre. Il l'avait pris dans une des pièces du Badshahbagh, « un vaste jardin clos avec une enceinte, dans l'un des plus beaux palais d'été du roi de l'Aoudh ». Un tout petit butin, après toutes les horreurs : le fossé de protection creusé tout autour du Badshahbagh « était rempli de cadavres des Cipayes, que les coolies traînaient hors des bâtiments et jetaient dedans pêle-mêle, sur les ordres des soldats ; raidis par la mort, bras et jambes tendus, se consumant lentement dans leurs tuniques de coton... Nous franchîmes, littéralement, une rampe de cadavres à peine recouverts de terre. » A l'intérieur de l'édifice, on brûlait d'autres cadavres de soldats. « Nous n'avions pas encore pris le petit déjeuner et je ne pus supporter l'odeur. »

Un butin plus conséquent tomba entre les mains de Russell au Kaiserbagh : « un anneau pour le nez, fait de petits rubis et de perles, avec un seul diamant en forme de goutte. » Il eut aussi l'occasion d'acquérir un bracelet d'émeraudes, diamants et perles, mais le soldat qui se l'était approprié en voulait cent roupies en argent liquide, payables comptant, et — « Oh, sort cruel ! » — Russell avait confié tout son argent à son serviteur indien, un chrétien nommé Simon, qui se trouvait au camp. Le journaliste apprit plus tard qu'un joaillier — il ne précise pas si c'était en Angleterre ou aux Indes — avait acheté le bracelet à un officier pour la somme de sept mille cinq cents livres, ce qui en 1860 était un chiffre considérable.

Les ruines de la Résidence avaient toujours la faculté de mettre Rashid en rage ; il aurait eu bien du mal à supporter ce récit du pillage de sa Lucknow bien-aimée. Et plus encore, peut-être, à lire la description que faisait Russell de Lucknow avant sa destruction, « plus vaste que Paris et plus brillante ». Du haut du pavillon de chasse, dans le Dilkusha, on avait la vue que voici : « Une vision de palais, de minarets, de dômes d'azur et d'or, de colonnades, de longues façades aux superbes perspectives de piliers et colonnes, de toits en terrasse — s'élevant tous au milieu d'un océan calme et paisible de verdure du ton le plus vif. Que l'on regarde à des kilomètres et des kilomètres de distance, et l'océan s'étend toujours... Ni Rome, ni Athènes, ni Constantinople, ni aucune des villes que j'ai vues jusqu'à présent ne me parut aussi frappante et belle que celle-ci... »

Du Kaiserbagh, que Russell, même dans cette « sauvage étendue de belle architecture », considérait comme « grandiose... une explosion de dorures, de flèches et de dômes », il ne restait plus aujourd'hui que l'aile où vivaient Amir et sa mère avec leurs suites. Rashid m'avait dit plus d'une fois que, dans le temps, il n'y avait pas de rues autour du palais, rien que des jardins, mais ce ne fut qu'en lisant le livre de Russell que je commençai à comprendre à quel point la Lucknow des souverains de l'Aoudh avait été une cité de palais et de jardins.

De l'autre côté du fleuve, par rapport à mon hôtel — au-delà de la terrasse desséchée qui surplombait le lit du fleuve, cette terrasse où l'on voyait à présent les cabanes du club nautique, les buffles noirs certains matins, les draps et les tissus multicolores étendus par les blanchisseurs pour les faire sécher et où j'avais discerné les profondes perspectives d'une aquatinte des Daniell —, sur cette rive-là du fleuve, donc, s'était élevé jadis le Badshahbagh, le jardin royal.

« Que de forêts d'orangers, de fontaines ruisselantes, de promenades ombragées, de parterres de fleurs, d'allées grandioses, de retraites ténébreuses et de pavillons d'été... dans lesquels quelques-uns des fusiliers gallois faisaient à présent bombance. »

On retrouvait la même élégance — peut-être d'inspiration française — dans les nombreuses cours du Kaiserbagh, le palais principal.

« Des statues, des rangées de réverbères, des fontaines, des orangeraies, des aqueducs et des kiosques aux dômes de métal poli... Des Cipayes morts et mourants gisent au milieu des orangeraies ; et les statues blanches sont rougies de sang. Un soldat britannique qui suffoque, le cou percé d'une balle, est appuyé contre une Vénus souriante... Dans toutes les cours, le spectacle est le même. Ces cours donnent les unes dans les autres par de hautes ouvertures, ornées du double poisson de la famille royale de l'Aoudh, ou bien par des passages en arcade, le long desquels gisent d'autres Cipayes tués, dont les vêtements se consument lentement sur leur peau. »

N'est-il pas ironique de se dire — comme pour la description de la cité de Mexico sur laquelle régnait Montezuma, faite en 1520 par Bernal Diaz del Castillo — que la première description des splendeurs de Lucknow au XIXe siècle est aussi celle de sa destruction ? Ironique, mais non pas inattendu : l'histoire de l'Inde ancienne a été écrite par ses conquérants.

Ce qui peinait Rashid me peinait moi aussi. Impossible de lire avec détachement l'histoire de cette partie de l'Inde. Pendant quelque temps, mes émotions suivirent le même cours que celles de Rashid, mais nous pleurions des choses différentes. Lui pleurait l'intégrité de l'univers de Lucknow où il était né, l'univers d'avant la partition. Cet univers comportait sans doute certains éléments de l'ancienne gloire musulmane : la gloire des rois ou nababs de l'Aoudh et avant eux celle des Mogols. Dans mon passé à moi, cette gloire n'existait pas. Le périple qu'avait accompli Russell, entre Calcutta et Lucknow, s'était déroulé en partie à travers les régions d'où, quelque vingt ou vingt-cinq ans plus tard, mes ancêtres avaient émigré vers Trinidad, pour y travailler dans les plantations.

C'était cette Inde plus modeste que je recherchais dans le livre de Russell. Cette Inde toujours évoquée en passant, toujours tenue pour acquise : l'Inde qui, dans les pages du correspondant anglais, continuait à travailler en ces temps de guerre, à labourer les champs, à construire des fortifications, à faire disparaître les cadavres, à chercher des emplois de domestiques : une Inde occupée, sans même le savoir, à se mater elle-même. Sur la Great Trunk Road, près de Bénarès, de longues files de charrettes paysannes, chargées de coton, se succédaient en grinçant jusqu'à Calcutta : le commerce et les affaires suivaient leur cours dans la cité gérée par les Anglais. Les groupes d'hommes qui avançaient sur la route, indifférents à l'épouvantable conflit, donnaient l'impression d'aller à la foire. Les travailleurs des champs restaient à l'écart de la guerre ; ils ne prenaient aucune part aux luttes des dirigeants.

Le livre de Russell m'apprit que le surnom donné par les Britanniques au Cipaye indien, ce soldat de la Compagnie britannique des Indes orientales, présentement mutiné, était « Pandy ». « Pourquoi Pandy ? notait-il. Eh bien, parce que c'est un nom très commun parmi les Cipayes — comme Smith à Londres... » C'est, en réalité, un nom brahmane de cette partie de l'Inde. Les brahmanes formaient ici une section importante de la population hindoue et l'armée britannique dans le nord de l'Inde était, dans une certaine mesure, une armée brahmane. Les Indiens que l'on avait ensuite recrutés pour mater « Pandy » étaient des Sikhs que les Britanniques avaient vaincus moins de dix ans auparavant.

Accrochée aux basques de cette armée britannique, qui marchait sur Lucknow pour réprimer les mutins, venait une horde de suivants non combattants. Russell précise qu'ils étaient pour la plupart hindous. Les musulmans parmi eux étaient des serviteurs personnels ; les Afghans vendaient des fruits secs. Parmi les hindous qui marchaient sur les traces de l'armée, il y avait des marchands, avec leurs femmes et leurs familles, voyageant avec les tentes qui leur servaient de magasin. Il y avait des bergers qui s'occupaient des moutons, des chèvres et des dindes de l'armée ; et il y avait d'innombrables porteurs, « des régiments entiers de coolies musclés, efflanqués, aux cuisses creuses » chargés de chaises et de tables, « de paniers de bière et de vin, de marchandises de bazar, ou de boîtes suspendues à des piquets de bambou ».

Russell, en sa qualité d'envoyé spécial du *Times*, était rattaché au mess de l'état-major du quartier général britannique et la foule de serviteurs accompagnant l'armée assurait que, même en marche, le dîner serait aussi cérémonieux qu'à l'accoutumée.

« Il était environ dix-sept heures, lorsqu'une multitude de milans et de vautours, s'élevant au-dessus de la poussière et décrivant des cercles dans le ciel, annonça que nous approchions du camp et, très vite, la plaisante vision d'une plaine constellée de tentes vint saluer nos regards... Nos serviteurs s'avancèrent à notre rencontre et je descendis de cheval devant l'entrée de ma tente... En y pénétrant, je constatai que tout était à sa place, exactement comme je l'avais laissé. Notre dîner de mess fut précisément le même qu'à Cawpore ; et il était bien difficile de croire que nous nous trouvions en territoire ennemi. »

Russell note la « vive allégresse » avec laquelle cette horde d'Indiens — qui rendait la vie si confortable à l'armée britannique — « se déversait vers Lucknow, pour aider le Feringhee » — c'est-à-dire l'étranger — « à écraser ses propres frères ». Il y voyait un parallèle avec l'expansion de l'ancienne puissance romaine. Il n'y avait pas jusqu'au sabir mêlé d'anglais, que parlaient ces indigènes, dans lequel il ne vît un symbole de conquête.

Pour moi, rien de tout cela n'était facile à lire. J'avais eu du mal à supporter *Mon journal aux Indes* à ma première tentative et la situation n'avait pas changé. Je m'y repris à trois ou quatre fois et m'aperçus que je rejetais l'œuvre pour des raisons littéraires. Je la trouvais victorienne et verbeuse. Cet écrivain, qui voyageait trop facilement à travers un monde rendu sûr et trouvait ce monde tout naturel, qui s'intéressait presque plus à lui-même et à sa dignité, à son prestige d'envoyé spécial, qu'au pays qu'il avait fait tant de chemin pour voir et aux gens au milieu desquels il se trouvait, m'apparaissait comme un personnage par trop impérial.

Toutefois, ces jugements, auxquels j'étais arrivé par le biais de bribes de lecture, venaient toujours se fracasser contre la qualité de la prose descriptive de Russell. Le problème que me posait son livre s'apparentait à celui que m'avaient posé, du temps où j'étais critique littéraire, les bons livres avec lesquels je n'avais néanmoins aucun atome crochu. Il était bien ardu d'en faire la critique ; ils vous obligeaient à vous débattre et à vous tortiller comme un ver jusqu'à ce que vous eussiez reconnu leur qualité. Il me fallut donc du temps pour céder au livre de Russell, pour parvenir à le prendre à son rythme, à accepter son objectif ; mais alors, je le trouvai excellent. Son but, disait Russell, était « de fournir un compte rendu des opérations militaires » et aussi « de décrire les impressions laissées à mes sens par l'extérieur des choses, sans prétendre dire si j'avais tort ou raison ».

En fait, le problème que me posait ce livre, c'était celui que me posait l'histoire, un problème ayant trait à cet extérieur des choses que Russell décrivait si bien. Il y avait une telle différence entre l'auteur et le peuple du pays sur lequel il écrivait, une telle différence entre le pays de l'auteur et celui où il s'était rendu. Le métier de correspondant du *Times*, le télégraphe de l'armée britannique, par lequel il expédiait ses « lettres » au journal, les mentions de chemins de fer et de bateaux à vapeur — le monde de Russell est déjà tout à fait moderne.

Russell travaillait pour le *Times* depuis 1843, c'est-à-dire depuis ses vingt et un ans ; et la première guerre qu'on l'avait envoyé observer avait été celle du Danemark en 1848. A présent — calme, plein d'expérience, en route pour cette guerre aux Indes —, sur le bateau qui rallie Marseille à Malte, il se trouve parmi des Anglais qui se rendent un peu partout en Asie. « Pour suivre toutes leurs destinations à partir de Malte, il faudrait recouvrir l'Orient d'un éventail de grande envergure. Il y avait des hommes en route pour l'Australie, pour la Chine, pour les territoires du rajah de Sarawak, pour Penang, Singapour, Hong Kong, Java, Lahore, Aden, Bombay, Calcutta, Ceylan, Pondichéry... » Pour tous ces gens, une grande partie du monde était déjà bien organisée et beaucoup d'entre eux étaient, comme Russell lui-même, équipés pour comprendre de nouvelles régions du monde et aller s'y installer.

Cette impression d'une civilisation énergique, occupée à s'étendre, est rehaussée par la modestie soigneusement calculée de Russell, par ce caractère qu'il se donne d'observateur conscient de sa réputation particulière, mais en même temps aussi de ses limites. Il ne veut pas se mesurer aux autres experts ; décrire à son tour ce que d'autres ont décrit. Il refuse donc de pondre la moindre phrase sur les merveilles de l'ancienne Égypte, le plus petit mot sur cette mer Méditerranée « si perturbée ». Jusqu'au moment où il part de Calcutta pour Lucknow, il se cantonne dans l'allusion ; il écrit pour ses égaux ; il est un voyageur impérialiste, se déplaçant à travers un monde quadrillé par les cartographes.

Pourtant, à quelques jours de Calcutta, avançant tout d'abord dans une charrette couverte tirée par des chevaux, il paraît être remonté dans le temps d'un siècle ou deux. A quelques jours à peine du confort de Calcutta, il se trouve parmi des gens à qui le reste de la planète est inconnu ; des gens qui, après des siècles d'invasions étrangères, ne sont toujours pas capables de se protéger ni de se défendre ; des gens qui — Pandy ou Sikh, porteur ou marchand hindou suivant les traces de l'armée — se précipitent avec allégresse pour aider l'étranger à terrasser leurs propres frères. Cette idée de « frères » — idée si simple pour Russell qu'il emploie le mot avec une ironie palpable — est bien éloignée des gens à qui il l'applique. Les musulmans sans doute doivent avoir une certaine idée de l'unité engendrée par leur foi, mais elle sera toujours sujette au despotisme de leurs dirigeants ; en plus de quoi, les musulmans n'ont aucune obligation envers tous ceux qui restent infidèles à l'Islam. Les hindous, eux, n'ont de loyauté qu'envers les membres de leur clan ; ils n'ont aucune idée plus haute d'un quelconque lien humain, aucune idée générale de la responsabilité de l'homme envers autrui. Et, à cause de cette idée globale des liens entre les hommes qui fait défaut, le pays poursuit aveuglément sa tâche et tout le courage, tous les talents de son peuple ne mènent à rien.

Pour un lecteur indien, il est bien difficile de ne pas se sentir humilié par le livre de Russell. Cette humiliation provient en partie de l'ambiguïté de sa réaction, du fait qu'il reconnaît que le système indien qui est en passe d'être aboli est arrivé au bout de ses possibilités, que sa survie ne pourra engendrer qu'une prolongation de la situation existante, que l'Inde qui va naître à l'issue de la période de souveraineté britannique sera mieux éduquée, plus créative et plus riche en possibilités que celle d'un siècle avant ; qu'elle aura une idée plus large des liens entre les hommes et que, de cette idée plus large et aussi de l'humiliation générale de la souveraineté britannique, l'Inde aura acquis des idées de patrie, d'orgueil, d'auto-analyse historique, autant de choses qui paraissent impossibles à atteindre pour l'Inde que traverse Russell.

Gandhi naît neuf ans après la publication du livre de Russell. Vingt et un ans plus tard, en 1890 (Russell devait avoir alors soixante-huit ans et trois autres « mon journal » de guerre à son actif, *Mon journal au Nord et au Sud*, en 1861, sur la guerre de Sécession, un autre sur la guerre austro-prussienne de 1866 et enfin un troisième en 1870 sur la guerre franco-prussienne), en 1890 donc, Gandhi étudiait le droit à Londres, s'accommodant de son mieux de l'ahurissement engendré par un dépaysement culturel à l'opposé du voyage aux Indes de Russell en 1858. Dix ans plus tard, encore, en 1900 (cinq ans après que Russell eut été anobli), Gandhi se trouvait en Afrique du Sud, où il faisait campagne pour les droits des Indiens qui, vingt ou vingt-cinq ans après la révolte des Cipayes, avaient été envoyés, en tant qu'immigrants sous contrat, vers un grand nombre des anciennes colonies esclavagistes de l'Empire britannique, afin d'y travailler dans les plantations. Et puis, en 1914 (sept ans après la mort de Russell : les quatre-vingt-six années de la vie du journaliste ayant donc été entièrement contenues dans la période de gloire impériale), Gandhi se préparait à regagner les Indes, en se demandant comment y prendre un nouveau départ, comment utiliser au mieux les leçons politico-religieuses apprises en Afrique du Sud.

De 1857 à 1914, de la révolte des Cipayes au début de la Grande Guerre — la période n'est pas bien longue et les graines de grands événements sont semées dans l'intervalle. Mais que l'on jette un regard rétrospectif sur les cent années qui ont précédé la révolte : d'un bout à l'autre de cette période se dégage une impression uniforme, celle d'un pays impuissant, foulé aux pieds, qui n'a plus jamais été lui-même depuis les invasions musulmanes, un pays sans cesse pressuré pour lui arracher ses richesses, avec une population asservie toujours au travail, dans les champs ou autour des fortifications qu'il faut bâtir pour des rois qui changent et des royaumes aux frontières fluctuantes qui ne cessent de bouger.

« Jamais je ne renoncerai à la pensée qu'une liberté rationnelle rend les hommes vertueux ; que la vertu les rend heureux : et donc qu'en souhaitant ardemment le bonheur universel, je souhaite la liberté universelle. Mais votre observation concernant les hindous n'est que trop juste : la liberté civile n'est pas à leur portée ; peu d'entre eux en ont même la moindre idée ; et ceux qui en ont une idée ne la souhaitent pas. Ils doivent (tout en déplorant ce mal, j'en sais la nécessité), ils doivent, dis-je, être gouvernés par un pouvoir absolu ; et je sens ma peine grandement soulagée par la conviction que les indigènes eux-mêmes... sont plus heureux sous notre loi qu'ils ne l'étaient ou n'auraient pu l'être sous les sultans de Delhi ou les petits rajahs. »

Ces mots ont été écrits par un grand érudit britannique du XVIIIe siècle, Sir William Jones. Ils sont extraits d'une lettre qu'il adressa en 1786, depuis Calcutta, à un ami américain résidant à l'autre bout du monde, en Virginie. Soixante-quinze ans avant le voyage aux Indes de William Howard Russell, sir William Jones — alors âgé de trente-sept ans — s'était rendu à Calcutta pour y devenir juge de la Cour suprême du Bengale. Il n'y avait à l'époque ni bateaux à vapeur, ni raccourci par l'Égypte ; on gagnait les Indes en doublant le cap de Bonne Espérance et le voyage pouvait durer jusqu'à cinq mois ; une lettre sur trois, circulant entre les Indes et l'Angleterre, était perdue. Sir William Jones voulait faire fortune aux Indes. Pendant cinq ans, il avait intrigué pour y être nommé, en raison des avantages financiers inhérents à ces postes. Une fois sur place, il espérait amasser trente mille livres en six ans ; le chiffre l'obsédait. Telles étaient les sommes que l'on pouvait tirer de la servilité et de la souffrance des Indes — foulées aux pieds, mais poursuivant toujours aveuglément leur tâche.

En parlant ainsi — à son correspondant américain — de liberté et de bonheur, William Jones ne fait pas preuve d'hypocrisie. Il vénérait l'idée de la liberté civile et il était partisan de l'indépendance américaine. Il avait rendu trois fois visite à Benjamin Franklin à Paris ; et, à un moment donné, il avait même songé à partir s'établir à Philadelphie. Il était d'origine bourgeoise plutôt modeste (un de ses grands-pères était un ébéniste fort connu). Bien qu'il fût avocat et professeur à l'université d'Oxford, qu'il jouît d'une grande renommée en tant qu'extraordinaire spécialiste des langues orientales, il avait toujours besoin, en Angleterre, du soutien d'un protecteur aristocratique. C'était pour cette raison qu'il voulait amasser ses trente mille livres aux Indes : pour garantir sa propre liberté. L'homme, au demeurant, sortait de l'ordinaire : il rendit aux Indes autant qu'il leur prit. Au Bengale, tandis qu'il menait à bien son travail important et original sur le droit indien et qu'il envoyait régulièrement son argent en Angleterre pour arrondir son pécule, il se plongeait en outre profondément — non pas pour de l'argent, mais par amour, pour le plaisir de savoir, pour la gloire — dans l'étude du sanscrit et d'autres langues, s'entretenait avec des brahmanes, retrouvait et traduisait des textes anciens. Il apporta aux Indes bien des attitudes chères aux partisans des Lumières du XVIIIe siècle. Dans les ruines culturelles de ce pays si souvent conquis, il se voyait sous les traits d'un homme de la Renaissance au milieu des ruines du monde antique.

Voici un extrait d'une très longue lettre-journal que Jones envoya à son protecteur, le deuxième comte Spencer, en 1787, vers la fin de sa quatrième année au Bengale : « A quoi comparer mes poursuites littéraires aux Indes ? Imaginez un instant que la littérature grecque ne soit connue que dans la Grèce moderne et qu'elle s'y trouve aux mains des prêtres et des philosophes ; et imaginez aussi que ceux-ci aient été conquis successivement par les Goths, les Huns, les Vandales, les Tartares et enfin par les Anglais ; imaginez ensuite qu'une cour de justice ait été établie par le Parlement britannique à Athènes et qu'un Anglais fouineur soit l'un de ses juges ; imaginez qu'il y apprenne le grec, qu'aucun de ses concitoyens ne connaît, et qu'il se mette à lire Homère, Pindare, Platon, dont aucun autre Européen n'a jamais seulement entendu parler. Eh bien, telle est ma situation dans ce pays ; il suffit de substituer le sanscrit au grec, les *Brahmanes* aux prêtres de *Jupiter*... »

William Jones amassa davantage que les trente mille livres qu'il s'était fixées pour but ; il en réunit près de cinquante mille. Il lui fallut pour ce faire presque onze années. L'idée de cet argent dut le réconforter, mais l'argent lui-même ne lui servit à rien. Sa femme regagna l'Angleterre malade. L'année suivante, alors qu'il s'apprêtait à la suivre, il mourut et fut inhumé à Calcutta. Il avait quarante-huit ans.

Ce fut lui, et des gens comme lui, qui donnèrent aux Indiens les premières idées qu'ils nourrirent quant à l'antiquité et à la valeur de leur civilisation. Lesquelles idées prêtèrent leur force au mouvement nationaliste plus de cent ans après. En outre, ces idées voyagèrent très loin. A Trinidad, sous le joug colonial et avant l'indépendance de l'Inde, ces idées concernant notre civilisation étaient presque la seule chose à laquelle nous pussions nous raccrocher : enfants, on nous apprenait, par exemple, ce que Goethe avait dit de *Shakuntala*, la pièce de théâtre en sanscrit que sir William Jones avait traduite en 1789.

Quelle chance que cette petite bribe de savoir fût tombée entre nos mains ! Le sanscrit était considéré comme une langue sacrée ; seuls les prêtres et les brahmanes étaient capables de lire les textes. Pour pouvoir faire cette traduction, William Jones dut s'assurer le concours d'un médecin hindou ; et même au XXe siècle, il arrivait à certaines personnes particulièrement pieuses de défendre avec férocité le caractère sacré de la langue. Près de deux cents ans après que William Jones eut traduit la pièce, un citoyen de l'Inde indépendante demanda à Vinoba Bhave, un Gandhi postiche, en qui certains voyaient une sorte de paratonnerre spirituel du pays, ce qu'il pensait de *Shakuntala*. Et ce bon à rien de répondre avec colère : « Je n'ai jamais lu *Shakuntala* et je ne la lirai jamais.

Je n'apprends pas la langue des dieux pour m'amuser à des bagatelles. »

On se demande d'ailleurs comment cette pièce, avec toute la destruction qu'elle porte en elle, a pu survivre ; comment quelques aperçus de notre passé culturel ont pu parvenir jusqu'à nous. Pour tout Indien, la période britannique aux Indes est bourrée d'ambiguïtés. Pour moi, étant donné mon contexte familial — l'émigration hors de la plaine indo-gangétique surpeuplée, vingt ou vingt-cinq ans après que William Howard Russell l'eut traversée dans un style impérial, digne du correspondant du *Times*, avec ses serviteurs, sa tente, son accès au mess de l'état-major du quartier général ; et l'obscurité qui, consécutivement à cette émigration, avait si longtemps fait obstacle à mon propre passé —, pour moi, il y a des ambiguïtés particulières.

Je sens mes nerfs se hérisser, comme ils l'ont toujours fait, quand j'envisage l'histoire indienne, que je vois (peut-être avec l'exagération d'un dépressif ou celle d'un colonial éloigné) combien nous étions près de la misère culturelle, et que je m'étonne des innombrables accidents qui nous ont menés jusqu'aux concepts — la loi, la liberté, les vastes liens entre les hommes — susceptibles de donner à l'homme une conscience de soi et une force ; ces accidents qui nous ont menés jusqu'au point où nous pouvons, dans une certaine mesure, même en ce qui concerne ces « impressions laissées à mes sens par l'extérieur des choses », rencontrer William Howard Russell non pas sur un pied d'égalité — impossible de tordre le temps de la sorte — mais avec une espèce de lucidité.

Je ne pouvais donc pas accompagner Rashid jusqu'au bout du chemin, dans sa contemplation du passé récent. Je n'avais aucune idée d'un état de gloire à partir duquel il y aurait eu déclin ou rupture ; et je n'avais non plus aucune idée toute faite de l'ennemi. Moi qui avais grandi dans la lointaine Trinidad, je n'avais aucune idée de clan, ni de région, aucun des supports, des certitudes que possédaient les gens de l'Inde. A l'instar de Gandhi parmi les immigrants indiens en Afrique du Sud, et pour des raisons quasi analogues, j'avais acquis à leur place l'idée de la parenté des Indiens, l'idée de la famille indienne. Et, dans ma tentative de m'accommoder de mon histoire, mes critiques, ma perplexité et mon chagrin étaient tournés vers l'intérieur, braqués sur la civilisation et l'organisation sociale qui nous avaient si piètrement protégés.

Or, les gens en Inde n'éprouvaient pas du tout mes sentiments.

Peut-être — du fait qu'ils se trouvaient en Inde et devaient y organiser leur vie quotidienne — leur était-il impossible de sentir les choses ainsi, de se permettre de les sentir ainsi. Mais à Delhi, cette fois-ci, je fis la connaissance d'un éditeur dont le chagrin surpassait le mien. Il s'appelait Vishwa Nath. Il avait passé les soixante-dix ans. Sa famille vivait à Delhi depuis quatre cents ans. On racontait parmi les siens que durant la révolte des Cipayes, au moment du siège des Britanniques, il avait fallu abandonner la maison de famille et aller se réfugier ailleurs. Ce n'était qu'un épisode parmi tant d'autres : les pensées de Vishwa Nath, en tant qu'hindou, remontaient beaucoup plus loin que la révolte, elles remontaient plusieurs siècles en arrière.

« Quand je lis l'histoire de l'Inde, il m'arrive de pleurer », me dit-il.

Il avait quatorze ans à l'époque de la marche du sel de Gandhi, en 1931. Depuis cette date, il avait toujours porté des tissus filés à la main en Inde.

« Gandhi a fait de nous une nation, me dit-il. Nous étions comme des rats. Il a fait de nous des hommes. »

Des rats !

Mais il s'exprimait d'un point de vue presque technique : « L'homme en tant qu'espèce essaie d'éliminer les rats depuis qu'il existe, mais il n'y est jamais parvenu. Pareillement, nous avons été soumis, torturés, conquis — mais personne n'a été fichu de nous éliminer. Voilà quel a été le point fort de notre civilisation. Mais comment vivons-nous ? Exactement comme des rats. »

Il haïssait l'idée des castes : « C'est la grande raison pour laquelle nous sommes des esclaves. » Et il possédait quelque chose que je n'avais jamais eu : une idée nette de son ennemi. L'ennemi, c'était le brahmane — encore une fois et à plus de mille six cents kilomètres de la politique anti-brahmane du Sud.

« Les brahmanes ont trahi le pays, tout au long de ces épouvantables invasions par les mahométans. Tout du long, ils ont continué à psalmodier leurs prières, leurs *havans* : "Dieu nous protégera." »

A ses vêtements tissés à la main et à son nationalisme, à son sens de l'histoire et à sa révérence envers Gandhi, il ajoutait un rejet — apparemment contradictoire — de la religion. Ce mélange débouchait sur une passion bien particulière et la passion de Vishwa Nath s'exprimait dans les magazines qu'il dirigeait et publiait en quatre langues. Ses magazines féminins marchaient particulièrement bien. *Woman's Era* (L'ère de la femme) était un bimensuel en langue anglaise. Lancé quinze ans auparavant, il avait fait pas mal de tort aux publications analogues plus anciennes. A l'heure actuelle, il tirait à environ cent vingt mille exemplaires et il était en tête des ventes de magazines féminins d'expression anglaise. Vishwa Nath pensait pouvoir le faire monter à un demi-million d'exemplaires.

Je ne crois pas que j'aie jamais ouvert un magazine féminin indien. Ils faisaient partie du paysage. J'avais eu conscience de leur existence, je connaissais même certains de leurs noms, mais l'idée ne m'était jamais venue qu'en Inde, ils avaient pu connaître une évolution unique. Dès que j'y eus songé, je compris qu'il n'aurait pu en être autrement, dans une société encore si ritualisée, si encombrée de règles religieuses et de règles de caste, où la plupart des mariages étaient arrangés et où l'occasion et le besoin de connaître des aventures n'étaient pas bien grands.

J'avais entendu parler de *Woman's Era* à Bombay. On y tenait son succès pour un phénomène extraordinaire, mais les gens que je côtoyais n'aimaient guère le produit en soi. On le trouvait illettré et rétrograde — en dépit de ce que je devais apprendre par la suite à Delhi, quant à l'iconoclasme de son directeur et à sa mission de réformateur. Ce magazine était extraordinaire, parce qu'il avait découvert un nouveau type de lectrices parmi les femmes qui travaillaient. On aurait pu croire qu'une lectrice de ce type, qui dépensait ses rares roupies pour un magazine en langue anglaise, avait des ambitions sociales et culturelles. Eh bien, ce n'était pas du tout le cas de la lectrice de *Woman's Era* ; cela faisait d'ailleurs partie de sa bizarrerie. Elle se contentait de son vieil univers claquemuré.

La directrice d'un magazine rival, un de ceux à qui *Woman's Era* avait fait du tort, me dit : « *Woman's Era* est d'une totale naïveté. C'est le premier magazine du pays qui ait ciblé ce nouveau groupe. »

Comment définissait-elle le nouveau groupe ?

« Il a désormais acquis quelque aisance financière, adhéré à la société de consommation. Il a un vernis d'instruction, mais celle-ci a été circonscrite par la façon de penser traditionnelle et par les anciennes croyances familiales — c'est, à vrai dire, une espèce de non-instruction, une espèce d'instruction de perroquet. »

La librairie de l'hôtel à Bombay ne vendait pas *Woman's Era*. La vendeuse me fit clairement comprendre qu'il lui déplaisait même qu'on le lui demandât. J'en achetai un exemplaire à un éventaire installé sur le trottoir. Ma première impression fut que le magazine était terne. Si je ne l'avais pas cherché expressément, j'aurais risqué de ne pas le remarquer sur l'éventaire du trottoir. Il était bien fait, mais sans originalité, avec sur la couverture glacée le visage anodin d'une jeune femme soigneusement maquillée, mais banale, une femme vue par une autre femme. Et si, sans rien savoir de la réputation du magazine, je l'avais feuilleté, je n'en aurais presque rien retenu.

L'article de fond, long de six pages et illustré par des photographies posées, en couleur, traitait de la pratique qui consiste à « inspecter une future épouse ». Il s'agit de la coutume selon laquelle, avant qu'un mariage soit définitivement arrangé, plusieurs membres de la famille du jeune homme se rendent chez les parents de la prétendante, lesquels montrent leur fille aux visiteurs et la font parader. Ashok, le cadre d'une agence de publicité dont j'avais fait la connaissance à Calcutta, s'était senti si humilié par l'expérience qu'il avait décidé de ne jamais la renouveler. Il avait ensuite fait tout seul sa cour et sa demande en mariage et tenu soigneusement sa famille à l'écart. Ashok pouvait se permettre ce genre de choses, étant fort capable de se débrouiller tout seul. Mais parmi les lecteurs de *Woman's Era*, bien peu étaient dans la même situation et l'attitude du magazine à propos de l'habitude d'inspecter une future mariée était fort différente. La plupart des mariages indiens étaient arrangés, expliquait l'auteur de l'article. Tant qu'il en serait ainsi, la coutume en question resterait le meilleur moyen de présenter la jeune fille au jeune homme ; et ce n'était pas aussi avilissant qu'on le prétendait parfois.

L'article regroupait en réalité toutes sortes de conseils à la jeune fille et à sa famille, quant à la meilleure façon d'aborder l'épreuve. Tout d'abord, commençait l'auteur, la jeune fille ne doit pas se sentir rejetée si, après l'avoir vue, un jeune homme se désiste. Il est très possible, en effet, que les « exigences » — les exigences financières bien sûr — de la famille du jeune homme soient tout simplement trop élevées pour celle de la jeune fille. Afin de prévenir ce genre de malentendu, il est important que les parents de la jeune fille se renseignent en détail sur le jeune homme et sa famille avant d'organiser la moindre entrevue. Ils doivent rendre plusieurs visites au jeune homme. L'auteur en profite pour donner un petit truc aux parents de la jeune fille : qu'ils observent, pendant qu'ils seront chez lui, si les domestiques, les enfants et les animaux familiers semblent aimer le jeune homme.

En ce qui concerne l'inspection proprement dite, la jeune fille ne doit pas être trop maquillée ni porter trop de bijoux. Elle ne doit pas se vanter, ni se prétendre capable de faire des choses qu'elle ne sait pas faire. Les parents, quant à eux, ne doivent pas chercher à paraître plus riches qu'ils ne le sont ; certaines familles, dit le journaliste, vont jusqu'à emprunter des meubles pour épater leurs visiteurs. Il y a aussi une question de dignité. Dans ce genre d'affaire, ce sont la jeune fille et sa famille qui sollicitent ; il faut plaire au jeune homme et à sa famille. Toutefois : « Les parents de la jeune fille ne doivent pas se comporter de façon servile et humble à seule fin de plaire. » Facile à dire, mais, étant donné les conditions même d'une telle entrevue, la famille de la jeune fille peut-elle vraiment rester digne ? L'auteur avance une suggestion : « Certaines familles insistent pour que la jeune fille touche les pieds de chacun des garçons et des parents qui viennent l'inspecter. Cette pratique est déplorable, contraire à la dignité humaine fondamentale et doit être évitée à tout prix. »

Néanmoins, le processus tout entier reste parfaitement injuste. « Pourquoi n'est-ce pas le garçon qui se tient dans son salon à lui, bien pomponné et sentant bon la lotion après-rasage, la tête baissée, avec ses diplômes, ses certificats de travail, etc., à la main ? » A cette question indignée d'une jeune fille, que cite l'auteur de l'article, il n'y a aucune réponse. Excepté celle-ci : si une jeune fille ne veut pas partir toute seule à la chasse au mari — « et, croyez-moi, dans notre société, c'est un petit jeu excessivement difficile » — eh bien, elle doit se résigner à être ainsi exhibée. « Si les parents du garçon prennent de grands airs et font les difficiles, on peut le leur pardonner, car c'est le résultat de la tradition et de milliers d'années de comportement social. »

Par la suite, après ma rencontre avec Vishwa Nath à Delhi, je crus reconnaître dans cette dernière phrase un peu de sa passion pour l'iconoclasme. Mais, avant de le connaître, les sentiments exprimés me parurent tout bonnement archaïques, je crus y voir une acceptation des anciennes méthodes pour la seule raison qu'elles étaient anciennes et donc forcément meilleures. Et, cette acceptation ayant été affirmée ou sous-entendue (parfois sur le ton : c'est à prendre ou à laisser), l'article poursuivait son travail qui était de fournir le genre d'instructions qu'aurait pu donner un membre de la famille habitué aux usages du monde. S'habiller discrètement pour l'occasion ; ne pas parler à tort et à travers ; guetter les questions pièges de la part de la famille du garçon ; faire preuve de respect envers les membres plus âgés de la famille du garçon et de gentillesse envers les enfants.

Donner des conseils, des conseils d'une extrême simplicité — voilà ce qui paraissait dicter le ton du magazine. C'était, semblait-il, le besoin auquel il répondait. Les coutumes, comme cette inspection de la future épouse, étaient peut-être séculaires, mais le monde dans lequel on continuait à les pratiquer était nouveau, et dans ce monde nouveau, les lecteurs du magazine paraissaient plus ou moins partir de zéro.

« Hygiène personnelle » était le titre d'un long article dans le même numéro de *Woman's Era.* Il était illustré par la photographie d'une jeune fille penchée sur un évier pour s'asperger le visage et les conseils qu'il proposait étaient des plus élémentaires. Il y avait, tout au début du texte, une minuscule pichenette d'irréligion, mais pour la repérer, il fallait déjà être dans le secret. « De nos jours, bien sûr, le fait de croire ou non à la piété n'est plus aussi grave que celui d'être incapable de choisir et d'adopter pour religion la propreté et l'hygiène personnelle. » Le style était lourd et même imprécis, mais la raison d'être de l'article était la leçon d'hygiène, claire et simple.

« Il n'y a aucun mal à se salir, mais le problème se pose lorsque nous prenons plaisir à rester sales... On ne saurait trop insister sur l'importance qu'il peut y avoir à maintenir notre corps et notre environnement dans un état de propreté et d'ordre. Le résultat direct de ces deux vertus est la bonne santé, la paix spirituelle et le bonheur. » Être propre, être « ordonné », c'était éviter les infections, ce qui se traduisait par une diminution des frais de médecin et de médicaments : c'était donc éviter, dans une certaine mesure, les soucis financiers.

Puis, étape par étape, sans rien prendre pour acquis, l'auteur de l'article pilotait son lecteur à travers les problèmes de l'hygiène personnelle, en Inde. « L'ordre » — un euphémisme. « L'environnement » — le mot était étrange, mais de toute évidence « maison » ou « appartement » ne pouvaient s'appliquer à de nombreux espaces où vivaient les gens. Aussi commence-t-on à comprendre que les conditions dans lesquelles vivent les gens à qui s'adresse cet article ne sont pas toujours bonnes. Certains des lecteurs doivent être à l'extrême limite de la pauvreté, ils doivent tout juste arriver à joindre les deux bouts.

L'eau est importante, explique l'article ; elle doit être disponible en quantité suffisante. L'Inde est un pays chaud où il est nécessaire de prendre un bain ou deux par jour, « durant lequel il convient de se frotter à fond et vigoureusement, mais sans brutalité, en se servant de savon et d'eau tiède ». Après le lavage du corps, celui des vêtements. « Une fois mouillés de transpiration, les vêtements devraient être soigneusement lavés avant d'être remis... La propreté des sous-vêtements est extrêmement importante, puisqu'on les porte à même la peau. Si on les porte continuellement sans en changer, ils risquent fort de provoquer des irritations de la peau ou des maux plus graves. » Face à la dernière page du texte, on peut voir en pleine page une réclame pour un traitement contre les poux. Une fillette étreint sa mère ; toutes deux sourient au photographe. « Elle me confie tous ses problèmes... et moi je ne fais confiance qu'à Mediker pour lutter contre les poux. » (Des poux ! Pas étonnant que la jeune femme de la librairie de l'hôtel eût fait la moue, quand je lui avais demandé *Woman's Era*.)

Des instructions simples — qui ne laissaient pas que d'ennuyer, quand elles ne vous concernaient pas directement. Quant aux récits de fiction — il y en avait cinq dans ce numéro —, ils relevaient de la fable. Une femme obèse part avec son mari, nommé en Corée. Elle a peur de manger à l'hôtel. Elle a l'impression que le mouton est en réalité du chien et que les nouilles sont des vers de terre. Pendant deux mois, elle ne mange que de la salade, du yoghourt et un peu de riz ; elle perd du poids et devient quelqu'un d'autre, quelqu'un de mieux. Autre exemple : un jeune et riche homme d'affaires indien, qui revient au pays prendre femme, est horrifié par la jeune personne vulgaire qu'il était censé épouser ; il choisit à sa place l'humble jeune cousine orpheline dont la famille de la prétendante avait fait une espèce de domestique. Dans une troisième nouvelle, un mari plein d'argent est totalement conquis par la bonté et la simplicité de la tante que sa femme cherche à lui cacher, car elle est pauvre. Bonté et simplicité — ce sont les deux qualités que la plupart des gens se révèlent posséder dans tous ces récits de *Woman's Era*. Le magazine mentionne parfois les femmes qui lisent des romans à l'eau de rose, particulièrement dans la collection anglaise publiée par Mills and Boon. Mais dans les récits qu'il propose, l'amour qui compte est plutôt l'amour familial que l'amour romanesque.

L'amour familial ; des conseils tout simples sur des sujets peu séduisants ; des réclames pour un traitement anti-poux de chez Procter et Gamble, pour des crèmes antiseptiques, pour des chauffe-eau : il n'y avait là rien qui risquât de stimuler l'imagination, d'encourager les envies. Qui eût cru que c'était la formule magique pour arriver en tête des ventes des magazines féminins ?

Gulshan Ewing était l'une des plus célèbres directrices de magazine féminin en Inde. Elle avait pris la direction d'*Eve's*

Weekly en 1966 et l'avait mené à la grande réussite vers la fin des années 1970.

Un soir, lors d'un dîner à Bombay où elle me parlait, tout à fait entre nous, du phénomène *Woman's Era*, avant qu'elle ne sût (et que je ne susse moi-même) que j'allais m'intéresser de plus près au sujet des magazines féminins, Mme Ewing me décrivit le nouveau type de lectrice que les magazines féminins de l'Inde devaient désormais chercher à toucher. Cette lectrice travaillait. Elle se levait tôt, s'occupait de sa famille, expédiait qui à l'école, qui au travail, avant de se mettre en route elle-même, peut-être vers un bureau. A dix-sept heures trente, elle quittait le bureau. En allant prendre son autobus ou son train, elle achetait des légumes pour le repas du soir et les préparait pendant le trajet de retour.

Ce détail, la ménagère coupant ses légumes en petits morceaux durant le trajet en train, me séduisit, mais il ne me fallut qu'un ou deux trajets dans un train de banlieue pour comprendre qu'à Bombay le détail était du pur roman, une vision idyllique, et que les trains de banlieue étaient si bondés que, bien loin de préparer ses légumes dans le train, la pauvre employée de bureau devrait plutôt se battre — férocement — pour monter dedans. Par la suite, je lus d'ailleurs dans *Woman's Era* une nouvelle racontant l'histoire d'une jeune fille séparée de sa sœur au cours d'une mêlée pour monter à bord d'un train de banlieue.

Quand j'allai la voir quelques jours plus tard à son bureau, Mme Ewing reconnut qu'il s'agissait d'une invention. Elle avait seulement voulu, me dit-elle, me décrire la position dans laquelle se trouvait la citadine indienne travaillant à l'extérieur. J'aurais pu croire qu'elle cherchait simplement à faire de l'esprit, mais la vie de la femme qui travaillait ne prêtait guère à rire.

« Nous avons parlé à ces femmes et à leurs amis. Nous avons eu des retombées. Or, ce qui se passe en général, c'est qu'elle — la femme qui travaille — se lève aux aurores, disons vers cinq heures, pour faire la provision d'eau de la journée. En effet, dans la plupart des maisons du pays, il n'y a pas l'eau courante vingt-quatre heures sur vingt-quatre. L'eau est branchée tôt le matin, coupée toute la journée, et rétablie en fin de soirée pour une heure ou un peu plus, mais moins de deux. Cela, pour les zones habitées par les petits bourgeois. Donc quand elle se lève — les baquets, les tonneaux, tout ce qu'elle peut trouver, elle les remplit. Puis elle expédie ses corvées de la matinée, elle prépare les gamelles de son mari et de ses enfants, après leur avoir donné du thé, un petit déjeuner, que sais-je. C'est surtout elle qui s'occupe de tout ça. Après quoi, elle part travailler à son tour. D'habitude, il s'agit d'un très long trajet dans un train surchargé. Elle a rarement la possibilité de s'asseoir.

— Son mari, il fait quoi dans la vie, en général ?

— Employé de bureau, de banque. Un boulot de moyenne envergure dans une usine, avec un salaire de mille à quinze cents roupies. Elle, doit gagner de six cents à mille roupies.

— Ça paraît dur, à vous entendre.

— Très dur. Il n'y a vraiment pas de quoi rire. Elle est loin de ses enfants toute la journée. Elle quitte son bureau à cinq heures et demie ou six heures. Il se peut qu'elle soit obligée de prendre un autobus jusqu'à la gare. Ou — ce qui est encore plus éprouvant — un autobus jusque chez elle. Quelquefois, il y a des queues de plus d'un kilomètre et demi pour les autobus. Quand je passe devant, je me demande souvent à quelle heure ces gens pourront enfin monter dans un véhicule. Avant de prendre l'autobus ou de gagner la gare, elle achète ses légumes ou ce dont elle a besoin. Ses légumes sont là, dans son petit *thela*, son petit sac en plastique.

« Enfin, elle arrive chez elle. Et avant même de prendre sa tasse de thé, elle doit en servir une à son seigneur et maître qui est probablement assis là à ne rien faire, déjà vautré devant la télévision. Car je vous parie à dix contre un qu'en dépit de leurs maigres salaires, ils ont la télévision. Après c'est le dîner, ensuite elle aide un peu les enfants à faire leurs devoirs — si elle en est capable. Donc, sa journée se termine tard. Il faut qu'elle fasse la vaisselle. Et elle ne doit pas oublier de refaire sa provision d'eau.

— Comment tiennent-elles le coup ?

— C'est leur lot, leur destinée. Elles sont persuadées qu'il ne peut rien y avoir d'autre pour elles. Je ne vous décris pas forcément la lectrice d'*Eve's Weekly* ou de *Woman's Era*. Je veux seulement vous faire comprendre à quel point ces femmes peuvent être tristes, avec autant de corvées à remplir dans la vie. »

Les femmes vivant dans de telles conditions avaient besoin de magazines spéciaux. Une simple imitation des revues européennes ou américaines n'aurait pas du tout fait l'affaire. Peut-être même l'idée de la magie de l'existence aurait-elle été une hérésie.

« La seule différence entre la moyenne des lectrices d'*Eve's Weekly* — en majorité des secrétaires peut-être — et les lectrices de *Woman's Era*, c'est la langue. *Woman's Era* utilise une langue plus simpliste et se met au niveau de ses lectrices. On m'a donné l'autre jour une explication fascinante du succès de *Woman's Era*. En réalité, les femmes qui le lisent sont intimidées par les magazines. Elles préfèrent donc acheter des revues comme *Woman's Era* qui les mettent à l'aise. Je reste optimiste, cependant, et je pense que ce type réactionnaire de journalisme féminin est en passe de disparaître. Quand nous » — elle voulait parler d'*Eve's Weekly* — « parlons de l'inspection des futures épouses, nous sommes dans tous nos états. Et nous disons à la femme, à la jeune fille, qu'elle n'est nullement obligée de se soumettre à cette coutume. Mais elle ne peut se révolter que si elle est suffisamment instruite pour avoir son indépendance financière par la suite. »

C'était bien là que le bât blessait : pour une jeune fille ou une jeune femme de ce milieu, ayant reçu ce genre d'instruction, vivant dans cet « environnement », la seule idée d'une révolte relevait du pur fantasme. Or, *Woman's Era* s'adressait à ces femmes. Si bien que ce magazine qui m'avait d'abord paru si mièvre, si ennuyeux, commença à m'en dire plus long, à créer tout un nouvel univers indien, toute une nouvelle section de la société indienne urbaine que j'aurais eu autrement du mal à connaître.

Il n'y avait pas de magazines féminins en Inde avant l'indépendance. Les bourgeoises indiennes lisaient les deux magazines britanniques les plus répandus, *Woman's Weekly* et *Woman's Own*. Quand les Britanniques étaient partis, ces magazines avaient cessé d'être disponibles. Même une femme de la bourgeoisie indienne aurait trouvé trop coûteux de s'y abonner. La chose me fut expliquée par Nandini, une journaliste spécialisée dans les médias et la publicité. Elle me fournit une brève histoire des magazines féminins en Inde.

« Quand le *Times of India*, journal britannique, a été indianisé, sa direction a lancé *Femina*. C'était au début des années cinquante. Les premiers numéros souffraient encore d'un vieux reste de "britannisme". La rédactrice en chef était une dame parsie. A cette époque, le métier de mannequin n'était pas considéré comme une profession sérieuse en Inde, si bien qu'on trouvait, dans *Femina*, des tas de photographies d'étrangères en costume indien. Les rares Indiennes qui acceptaient de poser venaient de familles aisées où l'on n'était pas si tenus de respecter les coutumes et les tabous traditionnels. Et puis, malheureusement, au bout de quelques années, cette première rédactrice en chef s'est suicidée. Personne n'a jamais su pourquoi. Elle devait approcher de la cinquantaine. Et, pour la première fois, la rédaction du magazine a été confiée à un Indien.

« *Femina* souhaitait toucher un public plus vaste. Ils ont donc lancé un concours pour l'élection de Miss Inde. Il y a d'abord eu des éliminatoires dans tout le pays — dans les grandes villes, Bombay, Calcutta, Madras, Delhi — et puis toutes les gagnantes se sont retrouvées pour l'élection de Miss Inde. Ce n'était pas vraiment des bourgeoises — c'était plutôt la haute société qui était en lice : les gens riches, fortunés, influents, qui fréquentaient les grandes réceptions. Le concours satisfaisait une espèce de snobisme. Au début, il n'y avait guère de participantes, parce que, encore une fois, ces demoiselles, même les plus snobs, considéraient qu'un concours de beauté était indigne d'elles — étant donné qu'il n'y a qu'une seule gagnante. J'imagine qu'il y avait la crainte d'être éliminée. En outre, la jeune personne élue Miss Inde devrait participer au concours Miss Univers. Et là, une des épreuves consistait à enfiler un maillot de bain et à parader ainsi vêtue, ce qui pour tous les Indiens aurait été parfaitement choquant. Donc au début, la plupart des Miss Inde ont été des jeunes filles parsies ou chrétiennes. Mais, même si la jeune bourgeoise indienne n'était pas autorisée à participer, elle se mit à viser cet objectif. Pour elle, c'était quelque chose de nouveau — le prestige, l'image de marque. Elle était à la fois choquée et fascinée.

« *Eve's Weekly* a commencé à paraître vers cette époque et eux aussi ont lancé un concours de beauté. Les deux publications devaient alors tirer aux alentours de quinze mille exemplaires. Bien plus tard, ils ont commencé à proposer des articles sur la meilleure façon de draper le sari, de se mettre en valeur. C'est le rédacteur en chef de *Femina*, un homme, qui a commencé. J'imagine qu'il avait l'esprit plus ouvert quant à ce que les femmes attendaient de leurs magazines.

« A l'époque, il n'y avait pas beaucoup de femmes qui travaillaient. Les revues proposaient des reportages dans le genre : "Les expériences d'une veuve de guerre" — ou bien celles de femmes qui avaient perdu leur mari durant la partition de l'Inde.

« La création des magazines féminins indiens a été un processus très étalé — avec un nombre de lectrices croissant et un marché plus vaste, dus aux progrès de l'instruction et à la prise de conscience générale. Vers la fin des années 1970, *Femina* touchait quatre-vingt-dix mille femmes ; *Eve's Weekly* aussi. *Woman's Era*, la revue vedette d'aujourd'hui, a été lancée en 1973. A mesure que ce magazine montait en flèche, *Femina* déclinait — il ne tire plus aujourd'hui qu'à soixante-cinq mille exemplaires. Et puis, il y a à présent un nouveau magazine, *Savvy*, qui est tout le contraire de *Woman's Era*. *Savvy* a trois ans et tire déjà à cinquante mille exemplaires. C'est un mensuel. *Femina* est pour les femmes d'un certain âge. *Savvy* est pour les vraies citadines, de dix-huit à trente ans.

« *Savvy* est un magazine à scandale. On y trouve toujours un reportage qui fait la couverture, un reportage sur une femme, sur sa personnalité. La femme en question devient "la femme du mois". Ou bien c'est une divorcée, ou une femme qui a des liaisons, ou encore elle est battue par son mari, ou elle quitte son mari et ses enfants pour un autre homme, ou elle a à la fois un mari et un amant. Et au bout du compte, c'est quand même elle qui sort victorieuse de l'affaire. Elle arrive à avoir le beurre et l'argent du beurre. Tous les mois. Les femmes de *Savvy* sont relativement célèbres, mais pas toujours. Si j'ai mené une vie de bâton de chaise, si je veux tout oser et tout révéler, *Savvy* fera de moi une héroïne. Ils ont trouvé un marché pour ce genre de reportage : je crois qu'ils ont fait des espèces d'études de marché. Une Indienne n'admettra peut-être pas volontiers qu'elle lit *Savvy*, mais elle le lit quand même. C'est un magazine pour les zones métropolitaines. Dans les petites villes comme Nasik et Nagpur, on trouvera plutôt *Femina* et *Woman's Era*. Il y a environ deux mois, *Savvy* a sorti un dossier sur le viol — avec des photographies — et les organisations féministes ont dit que c'était trop provocateur, alors il y a eu une décision judiciaire et ils ont été obligés de retirer tous les numéros de la vente. »

Nous parlâmes de *Woman's Era*. Je rapportai à Nandini ce que m'avait dit Gulshan Ewing de la femme travaillant au-dehors, que le magazine s'efforçait de toucher.

« C'est une image un peu flatteuse de la lectrice de *Woman's Era*, me répondit Nandini. C'est la voix de l'élite qui parle. » Pour sa part, Nandini n'était éloignée que par une génération ou deux de la vie dans une petite ville. « Tous les jours, je change deux fois d'autobus, puis je prends le train pour venir au bureau. Et je me lève très tôt. Mais je ne lis pas *Woman's Era*. Je fais la cuisine à la maison et je sors travailler et je n'ai pas l'impression de mener une vie d'esclave. Ça, c'est le point de vue des gratte-ciel. La personne qui s'exprime ainsi a probablement des armées de domestiques à sa disposition. »

Nandini n'avait pas l'impression que *Woman's Era* plût aux femmes qui travaillaient. « Ils ciblent sur la ménagère bourgeoise traditionnelle. Et je ne veux pas dire analphabète. C'est le seul magazine qui propose cinq nouvelles, cinq récits de fiction, dans chaque numéro. Sur le thème : et ils vécurent très heureux. Le mari revient à sa femme. *Woman's Era* manifeste un parti pris flagrant en faveur des femmes. La femme n'a jamais tort. C'est toujours un vrai modèle. Il peut s'agir d'une grand-mère, d'une épouse, d'une belle-mère ; mais il s'agit toujours d'une excellente personne. Même quand le mari est alcoolique, dans la nouvelle sa femme, avec son bon caractère, l'aide à renoncer à la bouteille. Le magazine ne cherchera pas à savoir pourquoi le mari s'est mis à lever le coude. Cet aspect-là ne les concerne pas. Les situations sont inspirées de la vie quotidienne. Les lectrices peuvent se replacer dans toutes les situations évoquées. Dans les années 1950, aussi bien dans *Femina* que dans *Eve's Weekly*, les nouvelles n'auraient rien eu à voir avec la vie des lectrices. »

Je lui dis que les nouvelles de *Woman's Era* me faisaient l'effet de véritables fables, qu'il s'agissait à peine de nouvelles.

« Elles sont mal écrites, dit Nandini. Je n'arrive pas à comprendre comment, en dépit de sa présentation et de sa fabrication déplorables, le magazine touche un public aussi vaste. »

N'y avait-il pas un certain élément didactique ? Les femmes se tournaient peut-être vers le magazine pour quelques conseils de base très simples.

« Les nouvelles sont censées *distraire*. La lectrice envisage la situation comme étant susceptible de lui arriver. Des problèmes entre belle-mère et belle-fille. Ou bien le jeune homme qui fait ses études à l'étranger. Il est fiancé à une jeune fille en Inde, ou même marié avec elle, et il a des liaisons à l'étranger, mais finalement il revient à sa femme et ils vivent très heureux. *Woman's Era* ne s'attaque pas aux problèmes sociaux. Il s'intéresse aux situations *personnelles*. La rédaction sait ce qu'elle fait. »

Nous parlâmes de l'article sur « l'inspection de la future épouse ». Il avait offusqué pas mal de gens. Cela dit, on en avait beaucoup parlé et, du point de vue journalistique, il fallait le ranger parmi les succès.

« Personnellement, je suis contre cette coutume, dit Nandini. Mais pas eux. L'article a pour sous-titre : "Une façon positive d'envisager la coutume." Et il est illustré par ce genre de photographie. »

Une photographie en couleur, qui occupait toute la moitié supérieure de la première page du reportage, montrait une jeune fille apportant le thé sur un plateau à un groupe venu l'inspecter.

La pièce représentée était petite et on y était à l'étroit (peut-être une de ces pièces indiennes standard, de trois mètres trente sur trois mètres trente) ; il n'y avait presque pas d'espace entre les différents meubles : un canapé et ses deux fauteuils assortis, une table basse et un guéridon sur lequel étaient posés une grosse lampe et des soucis dans un pot de terre cuite. Quatre des visiteurs avaient pris place sur le canapé ; et deux d'entre eux, des femmes, regardaient fixement la jeune fille, debout avec son plateau, en sari neuf, les cheveux lavés de frais, tournant vers l'objectif un visage que l'on aurait volontiers dit angoissé.

Nandini n'avait pas, comme moi, le regard de quelqu'un du dehors. Elle ne voyait rien d'humoristique dans ce cliché ; ses sentiments étaient entièrement à l'unisson de ceux de la jeune fille.

« C'est ignoble. A la fin de l'article, ils disent qu'une rencontre entre les deux jeunes gens est conseillée — ils ne disent pas indispensable — et ils montrent une photographie d'un garçon et d'une fille assis de part et d'autre d'une table, mais qui ne se regardent même pas et ne se parlent pas. "Soyez respectueuse et gentille", ça c'est un des sous-titres. » Elle lut un passage du texte : « "Les sœurs, nièces et neveux du jeune homme doivent être traités avec une affection amicale." » Cette lecture l'irritait. « Même si un véritable bataillon vient vous voir, reprit-elle, vous n'êtes pas mise en montre. On ne cherche pas à vous acheter. Dans l'article, ils s'efforcent de se montrer libéraux, mais les arguments avancés pour justifier la coutume sont si forts que l'attitude libérale est nulle et non avenue. Ils ne s'adressent pas à la nouvelle femme. Ils s'adressent à la femme traditionaliste.

« Ma sœur est instruite, mais elle a dû subir un mariage arrangé. Elle n'était jamais tombée amoureuse et des gens ont fait une offre. Alors, mes parents lui ont demandé. Il n'y a pas eu cette espèce d'exhibition, cependant. Elle a rencontré le jeune homme, tout simplement. Il est capitaine dans la marine marchande. Ils se sont tout de suite plu.

— Est-ce que les lectrices de *Woman's Era* souffrent, quand elles doivent se soumettre à ce genre d'inspection ?

— Elles sont conditionnées, car elles savent qu'elles devront en passer par là. Pour certaines, c'est effectivement une torture, mais il faut bien l'endurer. Pour instruite et riche que soit une femme, vous finirez toujours par l'entendre dire : "Je veux me marier un jour et avoir des enfants." Mais il y a aussi des femmes qui acceptent *Savvy*. Il y a les deux tendances à présent et ces deux revues sont en train de laisser *Femina* et *Eve's Weekly* très loin derrière.

« Si vous en venez à la publicité, vous trouverez dans *Woman's Era* et *Femina* des réclames pour certains aliments et cosmétiques. Seulement, ce ne sera pas une lotion d'hiver pour la peau, qui coûtera cinquante roupies les deux cents millilitres. Cette réclame-là, vous la trouverez dans *Savvy*. Le marché n'est pas si facile que ça, en Inde. Il faut bien l'étudier. »

De temps à autre, durant mon voyage, j'achetai un numéro de *Woman's Era* et mon respect pour son travail journalistique et social ne fit que croître. Il me semblait que son succès était mérité. J'avais le sentiment que son mérite résidait dans une particularité que m'avait signalée Gulshan Ewing : il n'intimidait pas ses lectrices.

Un thème revenait fréquemment dans les récits de fiction : une jeune femme — d'ordinaire une jeune mariée — s'apercevait qu'elle avait tort d'avoir honte de ses parents pauvres. En effet, *Woman's Era* ne faisait jamais honte à ses lectrices. Dans ses nouvelles, ses recettes, ses photographies d'intérieur (par exemple la pièce exiguë qui illustrait l'article sur l'inspection d'une future épouse), il reconnaissait les conditions dans lesquelles vivaient ses lectrices ; et il n'en sortait jamais. Peut-être le seul fait de reconnaître cela était-il en soi une espèce d'élément magique ; peut-être les femmes de ce groupe n'étaient-elles ainsi reconnues par aucune autre forme médiatique — pas plus le cinéma que la télévision.

Or, il est toujours rassurant d'être reconnu de la sorte. On peut dire que le ton de *Woman's Era* était avant tout rassurant. Dans les nouvelles (dont le thème était généralement lié à l'amour de la famille), les gens finissaient toujours par se révéler meilleurs et plus humains qu'ils n'en avaient l'air. Et les articles remplis d'instructions et de conseils étaient eux aussi rassurants. Leurs auteurs n'estimaient jamais qu'une chose allait de soi. Par exemple, *Woman's Era* vous disait tout sur la façon de rendre visite : n'arrivez pas à l'improviste, ne laissez pas vos enfants toucher à tout, ne les laissez pas sauter avec leurs souliers boueux sur le canapé et les coussins de votre hôte. Dans un autre numéro, *Woman's Era* — prenant, si l'on peut dire, le contrepied de l'article précédent — vous expliquait comment recevoir des visiteurs inattendus : « Ne le faites pas tout de suite après leur arrivée, mais à un moment quelconque de leur visite, éclairez donc leur lanterne en leur disant avec tact : "Si j'avais su que vous veniez me rendre visite, j'aurais pu mieux vous recevoir et adapter notre propre emploi du temps." A moins que vos invités n'aient le cuir particulièrement épais, ils devraient saisir l'allusion. »

Woman's Era vous apprenait aussi à écrire une lettre : n'utilisez pas une feuille de papier froissée ou tachée de gras, n'arrachez pas une feuille du cahier de votre fille, n'employez pas de mots compliqués, ne parlez pas uniquement de vous-même, ne collez pas les timbres à tort et à travers. Le magazine expliquait même comment aller au cinéma : n'apportez pas de quoi manger, ne faites pas de commentaires tout haut, n'emmenez pas votre bébé et ne commencez pas à faire les cent pas dans l'allée quand il se met à pleurer.

Les gens qui n'ont que faire de ce genre de conseils n'ont bien entendu nul besoin de *Woman's Era*. Ceux qu'ils intéressent, en revanche, ne sont jamais morigénés, ni tournés en ridicule. Jamais les défauts, erreurs et travers dont il est question ne sont attribués à la lectrice. Ils sont le fait d'autres personnes, ce sont des défauts ou des erreurs que la lectrice aura peut-être observés ; il y a toujours quelque récit ou quelque fable pour adoucir la morale. *Woman's Era* invite ses lectrices dans un univers particulier qu'ils partagent tous les deux. Le ton de la rédaction reflète l'intérêt, presque l'amour.

Et quand je fis la connaissance du rédacteur en chef, Vishwa Nath, je m'aperçus que ce ton reflétait aussi assez fidèlement son idée de mission.

Il avait soixante-douze ans et contrôlait encore d'assez près son affaire d'imprimerie et d'édition. Il était de taille moyenne, alerte, avec fort peu de graisse ; il avait l'air frais et prêt à tout, avec son pantalon et sa chemisette blancs — tissés à la main en Inde, mais je ne m'en serais pas aperçu s'il ne me l'avait pas dit.

Il donnait l'impression de ne pas avoir l'habitude de parler de lui-même. Il n'avait pas d'anecdotes à rapporter et ne tirait aucune morale de ses expériences. Il était encore engagé à fond dans la vie active ; les idées le gouvernaient toujours ; il était accaparé par son travail, ce qui l'incitait à se tourner vers l'extérieur. Il adorait l'idée même d'un magazine, tout ce qui avait à voir avec l'impression. Il était très fier des nouvelles presses Heidelberg au rez-de-chaussée. Mais en même temps, à cause de cet amour de la chose imprimée, il conservait dans une pièce grillagée, au premier étage, des plateaux et des boîtes de caractères mobiles, hindis et anglais, appartenant à une époque révolue.

C'était en 1911 que sa famille avait pour la première fois établi une imprimerie à Delhi. Donc, il avait, en tant qu'imprimeur, une sorte d'arbre généalogique. Comme pour beaucoup d'autres Indiens en activité dans des domaines différents, ce talent qui avait paru s'épanouir après l'indépendance mûrissait en réalité depuis une génération ou deux. Sa famille habitait Delhi depuis quatre cents ans, mais il ne pouvait pas remonter au-delà de son arrière-grand-père, chez qui il était né en 1916 et chez qui il avait vécu jusqu'en 1934. Cet arrière-grand-père était né juste avant la révolte des Cipayes, peut-être en 1854 ; c'était lui qui avait transmis l'histoire de la famille abandonnant sa maison durant le siège et le sac de Delhi par les Anglais en 1857.

Il y avait des traces encore plus tangibles de ce bisaïeul. A un moment donné, au cours des années 1870, il avait été employé par un lexicographe britannique, le Dr Fallon. Ce dernier préparait un dictionnaire hindi-ourdou-anglais et l'ancêtre de Vishwa Nath avait parcouru le nord de l'Inde avec lui, pour noter tous les mots et les expressions qu'ils pourraient entendre.

Derrière Vishwa, dans son bureau, il y avait une bibliothèque vitrée qui montait jusqu'au plafond. Le *Dictionnaire* du Dr Fallon — relié de neuf — se trouvait sur une étagère de ce meuble. Il comportait mille deux cents pages, presque du format de l'in-quarto, c'est-à-dire vingt-cinq centimètres sur dix-sept et demi : *Nouveau dictionnaire hindoustani-anglais, avec des illustrations tirées de la littérature et des légendes populaires hindoustanies*, par S. W. Fallon, agrégé de philosophie, publié en 1879 par Trubner & Co., Londres, et par E. J. Lazarus & Co., Bénarès. Chaque mot figurait dans les trois langues et les trois graphies ; la prononciation du mot hindi ou ourdou était transcrite en anglais de façon approximative.

Donc, vingt ans tout juste après le voyage de William Howard Russell, il y avait eu cet autre voyage anglais, à travers certaines des mêmes régions, et il y avait eu cet autre ouvrage qui n'avait jamais dû être convenablement rémunéré, car c'était impossible. Et là, dans la préface du Dr Fallon, hommage était rendu à l'érudit bisaïeul de Vishwa Nath : « Munshi Thakur Das de Delhi. »

Or, c'était Thakur Das qui, une trentaine d'années plus tard, avait racheté au Dr Fallon les droits de publication du *Dictionnaire*. Il avait eu l'intention de le rééditer. C'était une des raisons pour lesquelles il avait acquis une presse à imprimer en 1911 — l'année du couronnement du roi-empereur George V, comme me le signala Vishwa Nath : l'année où Calcutta avait cessé d'être la capitale des Indes britanniques et où l'on avait établi les fondations de New Delhi. Mais Thakur Das n'avait pas réédité le *Dictionnaire.* Il était mort juste après avoir acheté sa presse. Le grand-père de Vishwa Nath avait alors dû s'occuper d'établir et de faire fonctionner l'affaire de façon rentable. Le *Dictionnaire* aurait exigé un énorme effort et jamais on n'aurait pu le rentabiliser. « Il aurait fallu composer lettre par lettre chacun des mots en hindi, ourdou et anglais, m'expliqua Vishwa Nath. Alors la presse a servi à publier d'autres ouvrages pour tenir le coup. » Le *Dictionnaire* fut mis en veilleuse et ne survécut dans la famille que sous la forme de cet unique exemplaire, entreposé dans la vitrine du bureau de Vishwa Nath.

« A présent, il est dans le domaine public, me confia ce dernier, et on raconte qu'il en existe une édition en fac-similé. »

Le grand-père de Vishwa Nath était mort lors de l'épidémie de grippe de 1917. A cette date, son père et son grand-oncle avaient repris l'affaire. Leur famille était une famille hindoue orthodoxe. « Une famille élargie, dont tous les membres vivaient et travaillaient ensemble. » Il y avait, toutefois, des frictions. « Il y a eu une scission dans la famille. En 1939, l'affaire d'imprimerie avait presque coulé. Moi, je voulais y travailler, mais je voyais bien que tout le monde se disputait. Alors je suis parti et j'ai obtenu un diplôme d'expert comptable. Mais je n'ai jamais exercé. J'ai monté une nouvelle affaire d'imprimerie, tout seul, sans faire appel au reste de ma famille. J'avais vingt-deux ans. »

Je lui demandai à quoi ressemblait Delhi à cette époque.

« Facile à vivre, avant la guerre. Pendant six mois, la ville dormait. Le gouvernement britannique en Inde partait pour Simla d'avril à septembre — le grand exode de l'été. New Delhi était presque entièrement déserte. Tout le monde se la coulait douce, on dormait dans la journée, on faisait les choses sans se presser. »

Et la politique ? Et Gandhi ?

« J'ai commencé à m'y intéresser en 1930. » A l'âge de quatorze ans. « Je voulais aller en prison, mais j'étais encore mineur. On refusait de m'arrêter. C'était l'époque de la marche du sel. Gandhi était célèbre pour ses coups de bluff. J'appelle ça des coups de bluff. La marche du sel en était un, mais elle était nécessaire. Nous n'avions pas d'armes. Il s'est rendu dans les villages et il a soulevé les masses. La marche du sel a véritablement galvanisé tout le pays. Je me rappelle que le jour où Gandhi est arrivé à

Dandi, au bord de la mer, nous autres, à Delhi, avions préparé du sel extrait d'un puits d'eau saumâtre et nous avons proclamé : "Nous avons enfreint les lois sur le sel." C'est à dater de ce jour du sel que j'ai commencé à porter le *khadi*, le coton tissé à la main. Et je le porte toujours.

« A l'époque de la marche du sel, nous défilions tous les jours. C'était la première fois que les femmes sortaient de chez elles, sortaient du purdah, à Delhi et dans tout le nord de l'Inde. Certains membres de notre famille faisaient véritablement tout pour se faire arrêter. Mon oncle a été emprisonné pendant six mois ; par la suite, il est devenu ministre dans le gouvernement de Nehru. »

C'est à cette époque aussi — « le pays tout entier était en ébullition » — que l'idée de se lancer dans l'édition lui était venue. Il aimait lire ; il dépensait tout son argent de poche en livres et en magazines.

« J'avais pris l'habitude d'aller à l'imprimerie et de composer des textes — pour m'amuser. Mon père adorait l'imprimerie et moi aussi, j'adorais ça. C'est en classe de cinquième, à l'âge de onze ans, que j'ai décidé de publier des magazines. »

Il me semblait avoir trouvé un porte-parole. Dans ma colonie de Trinidad, vers le même âge, j'avais conçu — en grande partie à cause de mon père, journaliste — un véritable amour de l'imprimerie, des formes des lettres, de la diversité des caractères, je ne cessais de m'émerveiller de la façon dont les mots se transformaient quand l'écriture manuscrite devenait typographie. Par amour pour ce même procédé, j'avais décidé, moi, d'être écrivain, avec peut-être une idée moins nette de ce que j'allais écrire que Vishwa Nath n'en avait eu — dans cette Inde en pleine ébullition des années 1930 — des magazines qu'il allait publier.

Nous parlâmes quelques instants d'imprimerie. Je le questionnai sur les caractères hindis. Ils me plaisaient énormément. Ils me paraissaient puissants, élégants, logiques, et en même temps fidèles au texte manuscrit. Je demandai à Vishwa Nath s'il savait qui avait dessiné les premiers caractères d'imprimerie hindis. J'étais persuadé que le dessinateur devait être originaire de l'Inde. Je me trompais, semblait-il.

« Des dessins furent envoyés d'Inde en Angleterre. Les caractères devanagaris » — c'est-à-dire les caractères hindis, dérivés du sanscrit — « ont été fabriqués là-bas. Tous les caractères dont nous nous servions — pour le *Dictionnaire* de Fallon, pour tout — étaient importés d'Angleterre. Nous avons continué à importer des caractères devanagaris jusque dans les années 1920, où on a enfin établi des fonderies en Inde. Le papier que nous utilisions était importé. Les machines aussi. Même l'encre. Ce n'est que quand Gandhi a lancé le mouvement swadeshi — en faveur de l'utilisation de produits indiens — qu'on a cherché à produire des choses en Inde. »

Il y avait néanmoins un aspect de l'impérialisme qu'il fallait bien saluer. « A vrai dire, nous devons énormément aux officiers, soldats et érudits britanniques qui se sont plongés dans notre littérature, pour traduire les textes que les brahmanes ne voulaient pas voir sortir de leur propre coterie. » Ce détail concernant les brahmanes était comme un os que Vishwa Nath refusait de lâcher ; sa blessure était toujours ouverte et le poussait sans cesse à agir. Mais il y avait toujours aussi son côté professionnel et ce fut avec l'enthousiasme d'un imprimeur qu'il me parla des caractères hindis.

« L'écriture sanscrite est essentiellement faite pour être manuscrite. Elle a des pleins, des déliés, les lettres chassent vers la droite ou la gauche et il y a de nombreuses contractions. On peut dire que ç'a été un véritable exploit que de le fabriquer — de fabriquer l'œil — en caractères mobiles. En anglais, nous avons vingt-six lettres et deux casses, majuscule et minuscule. Dans les imprimeries, il y avait littéralement deux casses, une avec les majuscules, une avec les minuscules. Mais quand vous composez en hindi, il vous faut quatre casses. » Pour les contractions, les demi-lettres, les indications de voyelles. Il me dessina un plan sur une feuille de papier et ajouta : « Non, il vous faut cinq à six casses. »

C'était dans une pièce que deux autres seulement séparaient de son bureau — vides à présent, à cette heure de la soirée, sans rien sur les tables, les nombreuses chaises inoccupées — qu'il conservait les casiers de vieux caractères. Il en tira quelques-uns et me les montra : les formes étaient encore composées, les caractères mobiles usés au bord, brillants. D'un balcon intérieur qui courait le long de ce premier étage, on pouvait observer les machines Heidelberg au rez-de-chaussée et les tas de feuilles imprimées. Une odeur d'encre et de papier chaud flottait dans l'air.

Traversant les pièces vides d'un pas alerte, dans ses vêtements de coton blanc tissés à la main, il était — même sans la déférence d'employés pour souligner son rang — le patron, celui qui savait où tout se trouvait parce que c'était lui qui avait ainsi disposé les choses.

Quand nous fûmes de retour dans son grand bureau — l'énorme table, le fauteuil pivotant recouvert de velours marron, la bibliothèque vitrée montant jusqu'au plafond, les livres sur les étagères, les numéros d'archives de ses magazines, la statue noire de Shiva sur le haut de l'armoire, un vieux numéro du magazine américain *Cosmopolitan* : tous les attributs variés de sa personnalité — il me parla d'histoire et de son obsession anti-brahmane.

« Quand j'étais jeune, le mouvement indépendantiste était à son apogée. Cela faisait des siècles que nous étions esclaves, et puis le mouvement pour l'indépendance a démarré et il nous fallait un tonique quelconque — pour savoir que nous n'étions pas aussi nuls que nous le disaient les Britanniques. Afin de recouvrer le respect de nous-mêmes, nous nous sommes mis à nous dire que nous possédions une civilisation extrêmement ancienne — ce qui bien entendu est loin d'être entièrement faux. Mais elle avait aussi ses faiblesses et ce sont elles qui ont fait de nous des esclaves pendant si longtemps.

« Quand j'ai monté ma propre affaire d'imprimerie, en 1939 — et très peu de temps après, j'ai commencé à sortir mes propres magazines — je me suis mis à lire nos écrits anciens. Je voulais découvrir par moi-même dans quelle mesure notre civilisation était vraiment grande ou grandiose. Et en étudiant notre littérature, je me suis aperçu qu'il nous manquait quelque chose de vital. Plus je me plongeais dans les écritures, plus mon esprit était retourné — et c'est alors que tout ça a commencé. » Tout ça, c'était le parti pris réformateur de ses magazines.

« La religion hindoue est un agglomérat de fois, c'est cinq cents religions ou fois. Dès le début, nous avons eu des mouvements réformateurs. A l'aube de la civilisation, nous réclamions déjà des réformes en nous dressant contre l'orthodoxie. Or, ce qui se passe, c'est que chaque mouvement réformateur dégénère en secte — les lingayats, les Arya samajistes, tout le monde. Bouddha s'est rebellé. Mahavir, le fondateur des Jaïns, s'est rebellé. Le gourou Nanak, qui a fondé les Sikhs, s'est rebellé. La liste est interminable. Ils se sont rebellés et ont dégénéré en sectes et sont devenus tout aussi orthodoxes que les orthodoxes d'avant, qu'ils combattaient. Donc, je n'ai pas cru bon d'enfiler une robe couleur safran ni de me mettre à courir les conférences ou à prêcher en public. Moi, j'ai publié mes magazines. »

Son premier magazine, *Caravan*, en langue anglaise, était sorti en 1941. En 1945, il avait lancé *Sarita*, en hindi, pour les femmes. L'un et l'autre tiraient à environ quinze mille exemplaires.

« Ce qui était considérable pour l'époque. Il y a eu un tollé général quand j'ai publié un article déclarant qu'on devrait supprimer les vaches errantes. Les gens sont sortis défiler. Il y avait des affiches dans toute la ville. C'était vers 1950, quelque chose comme ça. »

Mais il n'y avait guère de rébellion dans *Woman's Era*. Les gens le considéraient même comme un magazine conservateur.

« La rébellion, me dit-il, ne se trouve pas dans *Woman's Era*. Elle est dans *Sarita*, notre revue en hindi, qui se vend trois fois plus que *Woman's Era*. *Woman's Era* se penche davantage sur les problèmes sociaux. C'est un magazine éducatif. Qui apprend aux femmes les choses toutes simples dont personne ne se donne la peine de leur parler. »

Son idée des problèmes sociaux différait de celle de Nandini. Elle m'avait dit que le magazine s'intéressait plutôt aux problèmes personnels qu'aux affaires sociales. Ces différentes façons d'utiliser le mot provenaient de façons d'envisager le monde, de prémisses et de niveaux d'instruction qui n'étaient pas les mêmes. D'ailleurs, Vishwa Nath avait une idée bien à lui de la rébellion.

« Dans *Sarita*, nous tirons à boulets rouges, en prêchant contre les dieux et les déesses et même contre Dieu en personne. Le mois dernier, dans *Woman's Era*, nous avons eu un article intitulé "La prière engendre l'égoïsme et l'adulation" ».

Il prit un numéro d'archives dans sa bibliothèque et me montra l'article en question. Je me dis, in petto, qu'il n'y avait que *Woman's Era* pour adopter un titre aussi lourd. C'était, toutefois, une bonne description du contenu de l'article qui se déchaînait contre les prières des fidèles de toutes confessions. L'article était imprégné d'un bout à l'autre de la rage que l'histoire indienne suscitait chez Vishwa Nath. Les gens qui s'avilissaient devant Dieu, disait l'article, étaient tout aussi susceptibles de se prosterner devant un despote. Cette petite touche de jugement historique, cette mention d'un despote paraissaient faire abstraction du décor contemporain et donnaient un cachet d'antiquité à l'article qui, en dépit de sa passion, de son audace et de ses photos tout à fait d'actualité, se révélait curieusement inoffensif, faisait figure d'attaque non pas contre la religion, mais contre des personnes fort sottes qui s'efforçaient d'établir un contact avec Dieu.

Vishwa Nath était-il pieux ? Seul un homme pieux, me semblait-il, pouvait être à ce point obsédé par la religion. Seul un homme possédant un véritable penchant hindou avait pu passer autant de temps à scruter des textes hindous ardus et philosophiques. Le souvenir de Chidananda Das Gupta à Shantiniketan me revint : Chidananda, qui n'était pourtant pas un théiste, avait éprouvé, dans sa semi-retraite, « une envie renouvelée » de relire les Upanishads et — lui qui n'avait que quelques années de moins que Vishwa Nath — y avait trouvé le niveau suprême de la spiritualité et une lecture enrichissante.

« Je ne suis absolument pas pieux ! » m'assura Vishwa Nath. Les Upanishads ? « Un jeu de mots. Les Upanishads ne sont qu'un jeu de mots. *Atman*, Brahma — le but de toute l'histoire est de prouver que l'atman fait partie de Brahma et que Brahma est l'atman. Il y en a qui disent que oui, d'autres qui disent que non, d'autres qui disent que c'est moitié-moitié. Les philosophes hindous passent leur temps à couper les cheveux en quatre. »

Le Shiva dansant qui ornait son bureau y était en tant qu'œuvre d'art et non en tant qu'image pieuse.

« Je crois que la religion est le plus grand fléau de l'humanité. Elle a tué plus de gens, détruit plus de biens que n'importe quoi d'autre. Même aujourd'hui — l'Irlande du Nord, le Moyen-Orient. Les hindous, les musulmans, les Sikhs qui ne cessent pas de se battre en Inde. Le plus vieux métier du monde, ce n'est pas la prostitution, c'est la prêtrise. »

Pourtant, avec cet iconoclasme, il y avait chez Vishwa Nath quelque chose qui ressemblait fort à son contraire : un souci de la famille. En Inde, ce souci s'apparentait au désir de préserver l'ancien ordre social ; et peut-être que, tout comme l'iconoclasme, il était issu de quelque besoin personnel. Cette apparente contradiction se trouvait au cœur même de *Woman's Era*.

« La famille est le pivot de la civilisation, reprit Vishwa Nath. Moi, j'insiste sur le fait que la famille devrait être renforcée et non détruite. Le féminisme est dans une large mesure responsable de la désintégration de la famille. »

Il se considérait comme un homme façonné non seulement par Gandhi et le mouvement en faveur de l'indépendance, mais aussi par son propre passé familial. Peut-être, étant donné ce passé et les histoires qui couraient dans sa famille sur le siège et le sac de Delhi à l'époque de la révolte des Cipayes, étant donné ses lectures sur l'histoire de l'Inde, avec les invasions et les cruautés qui lui faisaient monter les larmes aux yeux, les pillages et les destructions des grands temples hindous du nord de l'Inde par les envahisseurs musulmans — peut-être y avait-il en lui quelque secrète terreur du chaos que les gens plus jeunes, qui ne voyaient en lui qu'un conservateur, n'éprouvaient pas.

Une des raisons pour lesquelles il avait lancé *Woman's Era* — dont le nom même contre-attaquait le féminisme — était son désir de lutter pour préserver le caractère sacré de la famille. Or, il était important de publier ce genre de revue en anglais.

« Il fallait arriver à toucher les femmes qui ne lisent pas l'hindi. Or, dans notre pays, ce sont les gens qui lisent l'anglais et le parlent qui contrôlent tout. Tout le mouvement féministe est mené par des anglophones. On en parle beaucoup moins en hindi ou dans les autres langues indiennes. »

Nandini m'avait dit, à propos de *Woman's Era* : « La rédaction sait ce qu'elle fait. » Ces mots m'avaient laissé penser que, dans la presse professionnelle et concurrente de l'Inde, les gens qui dirigeaient le magazine en question s'étaient livrés à des « études » de marché ou d'autre chose, comparables à celles qu'avait menées, à ce qu'on disait, la direction de *Savvy*. Mais Vishwa Nath, me semblait-il, obéissait à son instinct ; toutes les « études » du monde n'auraient pu le mener à sa formule.

La formule de *Woman's Era* était incopiable, parce que la personnalité du rédacteur en chef, avec ses nombreuses ambiguïtés, l'était aussi : les larmes pour le passé, l'iconoclasme, la peur de voir revenir le chaos, le puissant sentiment nationaliste, le coton tissé à la main, et cet amour tout-puissant de la chose imprimée que lui avait légué l'ancêtre qui, moins de vingt ans après la révolte des Cipayes, avait collaboré au *Dictionnaire* du Dr Fallon, appliquant une nouvelle espèce d'érudition à l'Inde quotidienne qu'il connaissait.

Au début, juste après l'indépendance, les magazines féminins (comme me l'avait dit Nandini) avaient été une idée d'emprunt, qui ne plaisait qu'à une petite élite. A présent, *Woman's Era* était une expression d'un ordre social purement indien, beaucoup plus bas dans la hiérarchie, dispensant aux femmes qui sortaient tout juste de leur coquille, aux femmes dont les vies étaient un tissu de rites et de rapports pré-établis et qui ne voulaient ni se rebeller ni rêver, ses conseils et ses propos rassurants, ainsi qu'une subtile transformation du monde réel et cruel.

La formule ne pouvait pas être copiée, ni d'ailleurs transférée. Vishwa Nath lui-même avait essayé d'appliquer la formule de *Woman's Era* à un magazine d'actualité générale, *Alive*. Or, *Alive* n'avait pas trouvé de public. Tout ce qui avait un sens dans l'univers confiné de la femme donnait dans un magazine d'ordre plus général l'impression d'un style fumeux et insignifiant.

8

L'OMBRE DU GOUROU

S'éveiller à l'histoire, c'est cesser de vivre instinctivement. C'est commencer à se voir, et à voir son propre groupe, avec les yeux du monde extérieur ; et c'est connaître une sorte de rage. L'Inde était désormais toute pleine de cette rage. Il y avait eu un éveil généralisé. Seulement, chacun s'éveillait d'abord à son propre groupe, à sa propre communauté ; chaque groupe se croyait unique dans son éveil ; et chacun s'efforçait de séparer sa rage de celle des autres groupes.

Tous les jours, la presse donnait des comptes rendus officiels et sans fioritures d'événements survenus dans le Pendjab : tant de personnes tuées par des terroristes sikhs ; tant de personnes arrêtées pour avoir caché des terroristes ; tant de terroristes abattus par la police ; tant d'« intrus », venus de l'autre côté de la frontière pakistanaise, tués.

Le long des larges avenues et aux carrefours de New Delhi, certaines choses venaient vous rappeler les troubles dans le nord du pays. La nuit, il y avait des barrages routiers. A différents endroits, sous les arbres, on avait disposé des sacs de sable, des fusils et des policiers. Dans certaines zones, il y avait un policier tous les cent mètres environ. Dans cette ville que Vishwa Nath se rappelait vide et endormie dans son enfance (et où les arbres ne devaient être alors que de petits arbustes : la nouvelle Delhi n'était encore qu'un rêve), le terrorisme avait entraîné la création d'un appareil policier nouveau et efficace.

Les forces britanniques que le correspondant de guerre William Howard Russell avait vues au siège de Lucknow étaient composées en majeure partie de highlanders, venus des hautes terres de l'Écosse, et de Sikhs. Moins de dix ans auparavant, les Sikhs avaient été vaincus par l'armée de Cipayes mise sur pied par les Britanniques. Ensuite, durant la révolte des Cipayes, les Sikhs — qui à l'époque vivaient toujours de façon aussi instinctive que les autres Indiens, qui livraient toujours les guerres intestines des Indes, sans idée ou presque de l'ordre impérial étranger qu'ils servaient — s'étaient retrouvés du côté des Britanniques.

Au cours de l'attaque contre Lucknow se produisit un incident qui écœura Russell, lequel était pourtant un homme coriace et un chantre endurci de la guerre. Un des palais de Lucknow — la « maison jaune » qui donnait sur le champ de courses — subissait l'assaut de soldats sikhs. Ses défenseurs luttaient avec bravoure ; à un moment donné, ils abattirent d'un coup de feu un des officiers britanniques commandant les Sikhs. Lorsqu'il devint évident que les défenseurs du palais avaient l'intention de se battre jusqu'à la mort, on ordonna aux assaillants de se replier, on fit monter l'artillerie et la maison jaune fut criblée de balles et d'obus. Les défenseurs étaient, dit Russell, des hommes courageux qui auraient mérité d'être chantés par les faiseurs de ballades. Mais, à Lucknow, on ne leur témoigna pas la moindre pitié. Ceux qui avaient survécu au bombardement furent aussitôt massacrés par les Sikhs à coups de baïonnettes — tous sauf un. Pour une raison inconnue de Russell, cet homme fut traîné hors du palais par les pieds, reçut plusieurs coups de baïonnettes dans le visage et la poitrine et fut ensuite jeté sur un bûcher. Le malheureux se débattit ; à demi brûlé vif, il parvint à se relever et chercha à s'enfuir, mais les Sikhs le maintinrent dans le feu avec leurs baïonnettes jusqu'à ce qu'il eût succombé. Russell précise, dans une note de bas de page — et c'est une touche tout à fait caractéristique de son style —, qu'il remarqua quelques jours plus tard ses ossements calcinés sur le sol.

Le correspondant du *Times* se laissa dire que, pendant la guerre du Pendjab, les Sikhs avaient mutilé tous les prisonniers qu'ils avaient faits. On pouvait donc penser que cette façon de tuer par la baïonnette et le feu l'homme qui avait — peut-être — abattu leur officier était une de leurs pratiques habituelles. Qu'elle s'inscrivait dans la barbarie du pays ; ou bien dans la barbarie de la guerre. Russell adorait la guerre, mais il ne se faisait aucune illusion à son sujet. « On peut livrer une guerre selon les principes les plus chevaleresques, écrit-il, elle vous aura toujours un petit air de meurtre. »

La férocité des Sikhs à la bataille de Lucknow devait aussi refléter un désir de se venger des « Pandies » qui avaient contribué à leur défaite moins de dix ans auparavant. Et même refléter un désir plus général de régler leur compte aux musulmans. Sur le plan historique, il était juste que les Sikhs aient participé à l'extinction de la puissance musulmane à Lucknow et Delhi, car c'était des souffrances infligées aux hindous par les musulmans qui les persécutaient qu'était issue la religion sikh, en l'an 1500 — c'est-à-dire à la même époque, à peu près, que le dernier voyage de Christophe Colomb vers le Nouveau Monde.

A l'intérieur même de la foi hindoue, les fidèles n'avaient cessé de se rebeller contre l'orthodoxie brahmane, m'avait expliqué Vishwa Nath ; et tous ceux qui s'étaient rebellés avaient créé leur propre secte, fonctionnant elle aussi selon une rigide orthodoxie. Bouddha s'était rebellé, ainsi que le gourou Nanak, le premier gourou des Sikhs. Deux mille ans séparaient ces deux rébellions et leurs causes étaient différentes. La révolte de Bouddha lui avait été soufflée par sa méditation sur la faiblesse de la chair. La révolte du gourou Nanak, ou plutôt sa rupture avec l'orthodoxie, était due aux horreurs engendrées par les invasions musulmanes — les horreurs dont nul ne pouvait, à l'époque, voir la fin.

L'illumination du gourou avait pris la forme quiétiste de l'existence d'une voie médiane : il n'y avait ni hindous ni musulmans, mais il pouvait y avoir une fusion des deux croyances. L'islam, cependant, possédait ses articles de foi, fixés une fois pour toutes, ses règles rigides et omniprésentes — dans lesquelles il n'y avait pas de place pour les hypothèses et les compromis à la Nanak. L'entière « loi » islamique pouvait être affirmée à tout moment ; et cent ans plus tard, à l'époque du cinquième gourou sikh, avaient commencé les persécutions et les martyres des mains des Mogols. Près d'un siècle plus tard, à l'époque du dixième et dernier gourou, la religion réformée avait pris sa forme définitive et les Sikhs avaient adopté leur aspect caractéristique : les cheveux ne devaient pas être coupés, mais enveloppés dans un turban, il fallait porter une espèce de caleçon, un bracelet d'acier et un poignard — de façon à ce que chaque jour, grâce à ces emblèmes intimes, un homme eût continuellement conscience de ce qu'il était.

A mesure que le pouvoir mogol déclinait, durant la première moitié du XVIIIe siècle, la puissance et le nombre des Sikhs s'accrurent. Dans le nord de l'Inde ravagé, on vit s'établir brièvement, lors de la période intermédiaire entre l'effondrement des Mogols et l'arrivée des Britanniques, le royaume sikh de Ranjit Singh. Ce fut ce royaume que les Britanniques vainquirent avec l'aide de « Pandy » en 1849. La défaite, toutefois, ne s'accompagna pas d'une bien grande humiliation ; on pourrait même dire qu'elle propulsa plutôt les Sikhs vers l'avant.

Les Britanniques, alors à l'apogée de leur empire, éprouvaient un mépris général envers tous les Indiens. Même en 1858, alors que la révolte des Cipayes était en cours, Russell remarqua cette attitude dédaigneuse des Britanniques envers les soldats sikhs qui se battaient pour eux. Mais le fait de se trouver ainsi incorporés aux Indes britanniques fut infiniment profitable aux Sikhs. Ils se virent par là même octroyer les bénéfices d'un siècle entier de développement. Sans les liens avec la Grande-Bretagne, le nord-ouest des Indes — en supposant qu'il n'ait plus été le théâtre d'aucune autre guerre régionale ou religieuse — aurait pu n'être rien de plus que l'Iran jusqu'à la découverte du pétrole, ou que l'Afghanistan : une région pauvre, gouvernée par des despotes, désavantagée sur le plan intellectuel, en retard de cinquante ou soixante ans sur le reste du monde.

L'indépendance et la partition de l'Inde, en 1947, avaient nui aux Sikhs ; des millions d'entre eux durent quitter le Pakistan. Mais encore une fois, comme après la défaite infligée par les Britanniques, ils s'en remirent vite. Avec l'économie en pleine expansion d'une Inde indépendante en voie d'industrialisation, avec un vaste pays dans lequel exercer leurs talents, les Sikhs prospérèrent ; jamais ils n'avaient connu une période aussi faste. Parmi les groupes importants, ils devinrent le plus riche ; ils figuraient parmi les chefs de file dans tous les domaines. Et puis, vers la fin des années 1970, leur politique, depuis toujours sectaire, repliée sur elle-même, disputailleuse, en vint à se confondre avec le fondamentalisme sikh prêché par un jeune homme issu d'un milieu villageois très simple, un jeune homme né l'année de la partition. Ce fut alors que se mit en branle un véritable engrenage d'événements qui devait aboutir aux bulletins quotidiens d'actualité terroriste dans les journaux ; et aux policiers vêtus de kaki qui patrouillaient l'arme au poing dans les rues vertes de New Delhi.

Pendant cent cinquante ans ou plus, l'Inde hindoue — réagissant au nouveau savoir arrivé avec les Britanniques — avait connu des mouvements réformateurs. Pendant cent cinquante ans, il y avait eu une remarquable série de dirigeants, de maîtres et de sages, qui n'avait été surpassée dans aucun autre pays d'Asie. Elle avait fait partie de la lente adaptation de l'Inde au monde extérieur ; et elle avait mené à sa vitalité intellectuelle en cette fin du XXe siècle : une presse libre, une Constitution, un respect de la loi et des institutions, des idées de la morale, du bon comportement et de la responsabilité intellectuelle tout à fait séparés des exigences de la religion. Pour un groupe aussi réduit que celui des Sikhs, chez lequel le costume et l'aspect distinctifs avaient beaucoup d'importance, cette vie intérieure, intellectuelle était impossible ; l'idée même d'une telle vie n'était pas pensable. La religion avait atteint sa forme définitive sous le dixième gourou, lequel avait déclaré la lignée des gourous éteinte. Il était impossible de réformer une telle religion ; toute réforme la détruirait. Un nouveau maître ne pourrait que réaffirmer les lois prescrites et tenter de ranimer l'ancienne ferveur. Ce qui explique comment le groupe le plus avancé de l'Inde put être ainsi rappelé par un modeste villageois vers un passé plus simple.

Le nom du jeune prédicateur était Bhindranwale, d'après le nom de son village. Son prénom, Jarnail ; on disait qu'il s'agissait d'une déformation du mot anglais *general.* Lors de sa première apparition, il avait reçu les encouragements des politiciens du Congrès, à Delhi, désireux de se servir de lui pour causer la perte des rivaux qu'ils avaient dans l'État du Pendjab. Ce qui sembla lui donner le goût du pouvoir politique. Le mot utilisé le plus souvent — tant par ses admirateurs que par ses critiques — pour dépeindre Bhindranwale dans cette incarnation était celui de « monstre ». Le saint homme était devenu un monstre. Il partit habiter — en réalité, occuper — le temple d'Or d'Amritsar, le sanctuaire le plus sacré des Sikhs, édifié par le cinquième gourou (plus ou moins contemporain de Shakespeare). Profitant de l'immunité du temple, en tant que lieu sacré, il le fortifia ; et, avec une idée médiévale de l'échelle des choses, avec peut-être l'idée que pouvait se faire un villageois d'une vendetta locale, il déclara la guerre à l'État. Pour servir Bhindranwale et la foi sikh, des hommes se mirent en campagne avec la mission de tuer des hindous. Ils arrêtaient les autocars et exterminaient les passagers. Ou bien ils enfourchaient une moto à deux et celui qui ne pilotait pas fauchait les passants dans la rue avec une arme à feu. Le choc et le chagrin que ces actes suscitèrent durent confirmer les terroristes dans leur idée du pouvoir, dans leur folle hypothèse qu'ils n'avaient qu'à agir et que — comme dans un conte de fées — un mauvais sort s'emparerait de tous les autres hommes et les rendrait passifs.

Pour finir, l'armée indienne monta à l'assaut du temple. Les militaires le trouvèrent mieux fortifié qu'ils ne s'y attendaient.

L'action dura une nuit et un jour et fit de nombreuses victimes parmi les soldats, les défenseurs du temple et les pèlerins. Non seulement les Sikhs, mais aussi les hindous déplorèrent la violation de ce lieu saint ; en effet, les hindous aussi venaient y prier. Les hauts fonctionnaires de la police devaient démontrer par la suite qu'il y aurait eu un autre moyen, plus propre, d'isoler le temple. Mais sur le moment — pour faire face à une situation nouvelle : une insurrection meurtrière, menée depuis le sanctuaire d'un lieu saint — l'intervention de l'armée, en dépit de son manque absolu de finesse, paraissait être le seul moyen.

Le mal était fait. Après quoi, étape par étape, la tragédie se déroula. Pour venger le sacrilège, Mme Gandhi fut assassinée par certains de ses gardes du corps sikhs. Et là encore, on eût dit que les hommes qui avaient ourdi ce meurtre ne comprenaient pas pleinement que leur acte aurait des conséquences, qu'en accomplissant ce qu'ils avaient projeté, ils mettraient toute leur communauté en danger : or il y avait des Sikhs aux quatre coins de l'Inde. Après l'assassinat, il y eut des émeutes. Les plus atroces eurent lieu à Delhi où des centaines de gens moururent. Et ces incidents terroristes dans le Pendjab, sur la frontière pakistanaise, étaient les braises qui restaient du grand incendie de 1984.

Pour la plupart des gens, ce qui s'était passé dans le Pendjab était de la tragédie à l'état pur, ce qui n'était pas facile à comprendre. Vu de l'extérieur, on avait l'impression que les Sikhs avaient été les artisans de leur propre perte, en se fabriquant de toutes pièces des griefs à partir de la grande réussite qu'ils avaient connue dans le cadre de l'Inde indépendante. C'était un peu comme s'il y avait dans leur communauté quelque faille intellectuelle ou émotionnelle, comme si au cours de leur ascension rapide et ininterrompue tout au long du siècle écoulé, un déséquilibre s'était installé entre leur succès matériel et leur vie intérieure, si bien que, tout en étant, sous certains rapports, aventureux et tournés vers l'avant, ils restaient proches de leurs origines tribales et rurales.

Sur la route de Chandigarh, j'eus un problème avec un des pneus de ma voiture de location. Ce n'était pas une simple crevaison. Le pneu, usé jusqu'à la corde et réparé d'innombrables fois, s'était fendu sur une certaine longueur au milieu du flanc. Chandigarh était encore à plus de trois heures et les autres pneus n'auguraient rien de bon. Il n'était pas question de risquer le tout pour le tout ; il fallait faire réparer le pneu abîmé avant de poursuivre notre route. Heureusement, les secours n'étaient pas loin. Une halte prévue pour les camions panjabi se trouvait à peu de distance, sur la route — nous la voyions de là où nous étions arrêtés — et dès que nous eûmes changé le pneu, nous nous y rendîmes.

Cette halte consistait en une cour poussiéreuse, entourée, sur trois côtés, d'appentis en briques. Certains d'entre eux avaient des murs pleins, d'autres non. Des réclames pour les pneus Apollo, clouées à un mur, donnaient à l'endroit un je-ne-sais-quoi de technique qui nous rassura. L'endroit était bordé, sur les trois côtés restants, de champs de blé mûr ; d'un côté courait un fossé rempli d'eau stagnante et noirâtre. Des camionneurs, enturbannés ou non, étaient assis au-dessus de la poussière sur des lits de camp, dans les appentis qui n'avaient pas de murs, et buvaient du thé. Ce breuvage était préparé dans une cuisine, qui n'avait pas non plus de mur, située à l'arrière (beaucoup de fumée bleue au-dessus de foyers en terre noire), et servi par deux jeunes garçons en pantalons et chemises indiennes à longs pans d'une extrême saleté (peut-être désormais impossibles à nettoyer).

Tandis que le chauffeur de ma voiture louée sortait du coffre la roue au pneu fendu, les véhicules continuaient à passer dans un concert de rugissements et de grincements, et les émanations brunâtres de pots d'échappement qui n'avaient rien de silencieux se mêlaient à la poussière de la route. A l'intérieur du pneu fendu, il y avait, surprise ! une chambre à air. Cela faisait des années que je n'en avais pas vu. Mon chauffeur, un Sikh sans turban, s'accroupit alors avec le réparateur autour de cette chambre à air et une fois qu'ils l'eurent regonflée, ils la passèrent dans l'eau que contenait une cuvette en plastique rouge. (Il y avait une autre cuvette en plastique rouge, sur un établi installé devant l'appenti qui faisait office de cuisine, dans laquelle trempaient des verres et de lourdes tasses en porcelaine.) Ils repérèrent l'accroc dans la chambre à air, séchèrent l'endroit, donnèrent un coup de râpe, appliquèrent un peu de liquide adhésif et collèrent dessus une rustine. Ce processus me ramena tout droit à mon enfance, en me rappelant la façon dont nous réparions nos pneus de vélo quand nous avions crevé ; j'avais cru que ce genre de choses était sorti de ma vie à tout jamais.

Descendant de la plate-forme en brique souillée de cambouis où ils avaient traité la chambre à air, le chauffeur et le réparateur choisirent, au milieu d'un petit tas, un pneu si usé qu'il avait fini par être abandonné. Ils y découpèrent deux lanières, l'une dans la partie la plus mince, l'autre dans la plus épaisse, et les fixèrent ensuite à l'intérieur de notre pneu, à l'endroit où il s'était fendu ; puis ils replacèrent dedans la chambre à air réparée ; ensuite, Dieu sait comment, armés d'un marteau et d'un maillet, ils mirent le tout en place, regonflèrent le pneu et le firent rebondir de façon très professionnelle sur la terre noircie par le cambouis. Finalement, tel un homme que cet accident avait plus épanoui qu'irrité, Bhupinder, le chauffeur, pointa le capot de la voiture en direction de Chandigarh et nous ne nous arrêtâmes plus avant d'y être arrivés.

Les véhicules qui circulaient étaient de toutes sortes : des autocars, des camions transportant des monceaux de marchandises, des triporteurs surchargés, des taxi-bus contenant chacun une vingtaine de personnes (j'ai compté), des charrettes tirées par des mules, des tracteurs tirant des remorques sur lesquelles se trouvaient parfois des tas de paille extrêmement larges, dans des sacs en jute, ou bien des bûches rangées en travers, si bien qu'elles prenaient beaucoup plus de place en largeur qu'on ne l'aurait cru de loin. Il ne semblait y avoir aucune limite à toutes ces charges. On estimait que le métal, étant ce qu'il était, serait en mesure de supporter tout ce que l'on pourrait entasser dessus. De nombreuses bicyclettes portaient deux, voire trois personnes : le cycliste lui-même, un passager assis devant lui sur la barre transversale et un autre à l'arrière sur le porte-bagages. Un scooter pouvait transporter une famille de cinq personnes : le père sur la selle, un enfant devant lui, entre ses bras, un autre juste derrière accroché à sa taille, la mère assise en amazone sur le siège du passager, le bébé dans les bras.

Comme toujours en Inde, on avait cette impression de foule, de véhicules et de services publics surchargés jusqu'à l'extrême limite : les trains et les avions qui n'étaient jamais assez fréquents, les routes jamais assez larges, à qui il manquait toujours deux, trois ou quatre voies supplémentaires. Les camions croulant sous le poids des marchandises se serraient souvent d'aussi près que les wagons d'un train ; et quelquefois — cela dépendait, semblait-il, de l'humeur ou des besoins locaux des conducteurs — les voitures et les charrettes arrivaient dans le mauvais sens. Les klaxons des scooters, des voitures, des camions résonnaient en permanence, mais rarement de façon coléreuse. On avait plutôt une impression de célébration, comme s'il s'agissait d'un cortège nuptial.

Lorsque j'avais vu Chandigarh pour la première fois, en 1962, c'était une ville toute neuve. Elle avait été construite pour servir de capitale à ce qui était alors l'État du Pendjab. A cette époque, c'était une cité vide qui paraissait encore artificielle. Elle était remplie de touristes panjabis, qui parcouraient de haut en bas les tours de béton modernes édifiées par Le Corbusier pour loger l'assemblée de l'État, la haute cour de justice et le secrétariat. La ville était désormais pleine de monde et de nouveaux bâtiments. Et les deux États nés de la scission du Pendjab se chamaillaient pour se l'approprier.

Après vingt-sept années de soleil et de moussons du Pendjab, suivis d'hivers sous-himalayens, les tours en béton nu de Le Corbusier paraissaient souillées, malades ; on voyait à présent qu'il s'agissait d'édifices tout à fait banals, sur lesquels avait été plaqué une espèce de clinquant : une architecture de mégalomane, réduisant les gens à un certain nombre d'unités, réservant l'individualité au seul architecte, imposant ses idées de la couleur sur un des bâtiments, dans une prétentieuse fresque à la Miró, et imposant aussi sa propre iconographie avec une main géante incrustée dans une vaste zone plate de pavés en béton, qui devait être insupportable aussi bien en hiver qu'en été et durant la mousson. L'Inde, encore une fois, avait cru bon d'encourager un étranger à venir édifier un monument à sa propre gloire.

L'herbe poussait à présent entre les pavés de béton. Le soir, des policiers armés gardaient les bâtiments et on évacuait les visiteurs. Obéissant à un penchant indien plus naturel, la population de Chandigarh se promenait l'après-midi au bord du lac, loin des affreux édifices publics. La cité que se disputaient deux communautés n'avait ni centre ni cœur.

Mais l'air y était pur. Il y faisait encore frais ; le soir, il y faisait même froid. Le jardin de l'hôtel était rempli de fleurs et les vastes pelouses bien tondues, quotidiennement gorgées d'eau par un tuyau d'arrosage bien gonflé, étaient d'un vert éclatant.

Gurtej Singh était un Sikh, célèbre pour avoir démissionné de l'Indian Administrative Service — la branche la plus élevée de la fonction publique indienne — en raison de son engagement en faveur de la cause sikh. On m'assura qu'il s'agissait d'un homme qui saurait me faire comprendre, dans une certaine mesure, l'aliénation des Sikhs. Plusieurs matins de suite, après avoir accompagné jusqu'à une école de Chandigarh sa fille de seize ans, il vint parler avec moi à mon hôtel. J'ignorais alors qu'il avait personnellement connu Bhindranwale ; qu'après l'attaque contre le temple d'Or, en juin 1984, il avait dû se terrer dans la clandestinité pendant quatre ans ; qu'il avait été accusé de sédition et qu'il était toujours, théoriquement, en liberté surveillée.

Agé de quarante et un ans, il était grand, puisqu'il frisait le mètre quatre-vingts, mince, avec un regard sombre et intense. Il était soigneusement vêtu, dans des couleurs claires. Il y avait dans ses manières, dans tout son physique, une véritable élégance — rien chez lui qui dénotât le Sikh ou le Panjabi gros mangeur. On avait peine à imaginer qu'il était issu d'une famille d'agriculteurs et d'un milieu villageois, qu'il était le premier membre de sa famille à avoir reçu la moindre instruction.

Dès sa première visite, il voulut parler de l'importance de l'eau. Le Pendjab dépendait de l'eau de ses fleuves et n'aimait pas la partager avec d'autres États. Depuis 1947, dit-il, un plus grand nombre de personnes avaient été tuées pour des histoires d'eau que durant les soubresauts de la partition. « Le problème de l'eau est le nœud de l'affaire. »

Mais l'eau, beaucoup de gens pouvaient m'en parler. J'avais, en outre, le sentiment qu'il s'agissait d'une simplification, d'un argument à avancer lors d'une première entrevue. Le fondamentalisme et l'aliénation avaient dû avoir d'autres causes ; et j'étais plus désireux, à l'occasion de cette première rencontre avec Gurtej, de comprendre comment il avait acquis ses idées sur la religion.

Ses premières idées, me dit-il, lui étaient venues de son grand-père. C'était ce même aïeul qui lui avait aussi soufflé l'idée de « savoir-vivre ».

« Nous n'avons pas beaucoup de rites. Mon grand-père m'a appris les prières sous leur forme la plus simple. Il s'agit d'une simple prière pour le bonheur du monde entier. Elle durait entre trente et quarante-cinq minutes. Tous les matins, ma grand-mère se levait pour accomplir ses corvées ménagères — notamment pour baratter le lait du matin — et elle ne cessait de répéter ses prières tout en travaillant. Ce n'était pas une femme instruite et elle ne se rappelait que ce qu'elle avait entendu, les versets les plus simples tirés des Écritures.

« Elle se levait à quatre heures. Une fois qu'elle était debout, je ne pouvais plus dormir et puis, peu à peu, j'ai fini par m'intéresser à ses prières. Mon grand-père priait de façon plus solennelle. Le matin, il faisait sa toilette, puis il s'asseyait, le livre saint à la main. Il en existe une version abrégée, avec les prières quotidiennes, et il l'avait toujours avec lui. La dernière chose, c'étaient les *ardas*, la conclusion de la prière, la supplication.

« Mes parents vivaient dans un autre village, où il n'y avait pas d'école. C'était pour ça qu'ils m'avaient envoyé dans celui de mes grands-parents où l'école était juste à côté de chez eux. Je l'ai fréquentée jusqu'à ce que je sois en âge de partir pour Dehra Dun, en pension. »

J'ai voulu en savoir plus long sur ce que le grand-père entendait par « savoir-vivre ».

Gurtej réfléchit. Il commençait à se rappeler ; son regard intense s'adoucit. « Il s'habillait toujours très convenablement, avec des vêtements propres et un turban blanc. Il avait toujours sa montre avec lui. Il avait conscience du temps qui passait, ce qui n'était pas le cas des autres gens du village. C'était un progressiste. Il a été le premier du village à avoir une radio, le premier à acheter une jeep. Et il tenait un journal. Il était en contact avec une sorte de saint qui lui avait appris à fabriquer un onguent contre les morsures de serpent. Chose qu'il faisait religieusement avant l'arrivée de la saison des pluies, chaque année, et on distribuait cet onguent dans tous les villages voisins. Les gens venaient en chercher chaque fois que quelqu'un avait été mordu.

« Quelquefois, je l'accompagnais sur un chameau jusqu'au bourg voisin, pour le marché. Quand nous passions devant l'endroit où les anciens du village se tenaient assis, il me demandait de les saluer à voix très haute. Et jamais je ne l'ai entendu crier après quiconque. Quand il avait vraiment la pire opinion de quelqu'un, il disait "*Dusht* !" — Vaurien ! — et nous savions alors qu'il était très en colère.

« Il nous donnait de l'argent de poche, à moi et à son fils — qui était mon oncle — car il voulait nous voir nous débrouiller seuls, ne pas compter sur lui. Il venait en aide à tous ceux qui se présentaient. Il était le seul du village à posséder une voiture à cheval et quand les gens en avaient besoin, pour un mariage ou pour aller à l'hôpital — il la leur prêtait. Il était très respecté. C'était un des fermiers les plus cossus. »

Gurtej fut arraché à cette existence protégée quand on l'envoya en pension dans la ville éloignée de Dehra Dun.

« Je me suis retrouvé au milieu d'une culture différente, et je devais avoir au fond du cœur un profond désir de rester en contact avec ma terre, ma culture, mon peuple. Je me suis mis à lire les poèmes de Sohan Singh Seetal. C'est un poète et écrivain. Il vit encore, à Ludhiana. Les livres que je lisais à l'époque étaient des ballades qui racontaient l'histoire des Sikhs durant la période mogole et sous les Britanniques.

« Je me rappelle encore plusieurs poèmes — tout imprégnés des souffrances de mon peuple. L'un d'eux parlait de l'ordre général de massacrer les Sikhs, donné par deux ou trois gouverneurs mogols — décrétant que tous les Sikhs devraient être traqués. Il parlait des mères à qui on arrachait leurs enfants pour les couper en morceaux. Des jeunes garçons qu'on assassinait. Des femmes qu'on emprisonnait, qu'on torturait. Du supplice des compagnons du neuvième gourou — ça, c'était en 1675. Ils ont été tués sous ses yeux. Un d'eux a été brûlé vif. C'était à Delhi, dans le Chandni Chowk. Un autre a été scié tout vif — on l'a enfermé dans un coffre en bois et on l'a coupé en deux. On saisit l'impuissance et l'angoisse des gens de ce temps-là. Ils ne faisaient rien de mal. Ils se contentaient d'obéir à Dieu tel qu'ils le concevaient. »

Ses yeux s'embuèrent. Il avait du mal à supporter les détails de ces souffrances physiques, sur lesquelles il mettait pourtant un point d'honneur à s'attarder. Puis il établit une corrélation entre ce qu'il avait dit — ces souffrances presque mythiques, mais ponctuées de dates réelles, historiques — et les problèmes du moment.

« Consciemment ou inconsciemment, un Sikh s'efforce en permanence d'éviter ce genre de situation. » La persécution religieuse. « Et c'est cela qui m'a poussé à soutenir cette agitation en faveur de la justice au Pendjab. C'était davantage une sorte d'identification émotionnelle avec mon peuple — à l'époque du Panjabi Suba, de 1957 à 1960. » Les Sikhs avaient alors manifesté en faveur d'un État dont la langue officielle serait le panjabi : en 1957, Gurtej avait dix ans. « Les raisons intellectuelles sont venues s'ajouter par la suite. Ce que je me rappelle, c'est que dès qu'un Panjabi Suba a été formé, les hindous ont commencé à manifester contre lui. Ils ont mis le feu à un *gurdwara* » — un temple sikh — « à Karnal. Ils en ont attaqué un autre à Delhi. Il y a eu des lapidations. Et dans toutes les villes du Pendjab, il y a eu toutes sortes de troubles. »

Donc, les souffrances actuelles étaient liées à celles du passé. Ce passé héroïque anoblissait les épreuves du temps présent ou en tout cas leur donnait une qualité différente.

« Le cinquième gourou a été brûlé vif », reprit Gurtej. En 1606, sur ordre de l'empereur Jehangir, fils d'Akbar. Le cinquième gourou, organisateur de la foi, fondateur du temple d'Or. « Le meilleur être humain que je puisse concevoir dans mon esprit est le gourou » — les Sikhs utilisent ce mot au singulier, dans un sens collectif, pour désigner les dix gourous — « et je crois qu'ils ont tous été sincèrement motivés par le bien de leur communauté. Autrement, pourquoi souffrir ainsi ?

— Avez-vous posé la question à votre grand-père ? Lui avez-vous parlé du problème de la souffrance ?

— Je ne me rappelle pas lui avoir posé la question. Je crois que la première fois où j'ai parlé de ces choses, c'était avec le serdar Kapur Singh en 1965-66. »

Cet homme, Kapur Singh, avait beaucoup d'importance pour Gurtej. Il était né en 1911, dans une famille de fermiers. Personnage éminemment doué et singulier, il partit se perfectionner à Cambridge et parvint à accéder à l'Indian Civil Service, ou ICS, qui à l'époque des Britanniques avait été le prédécesseur du prestigieux Indian Administrative Service. Mais au moment de l'indépendance, en 1947, il y avait eu de sombres histoires concernant des sommes d'argent destinées aux réfugiés, ainsi que l'achat de la voiture d'un expatrié, et Kapur Singh avait été révoqué. Il avait proclamé qu'il s'agissait d'un licenciement abusif, et on pourrait dire que pendant tout le restant de sa vie, il s'était acharné à plaider et à replaider sa cause, en entremêlant ce grief à la politique régionale des Sikhs, aux poèmes qu'il écrivait et aussi aux livres rébarbatifs sur la religion sikh dont il était l'auteur. Tel était l'homme qui était devenu le mentor de Gurtej. Il lui avait ouvert les yeux sur la position des Sikhs en Inde.

Je voulus savoir si, avant cette rencontre avec Kapur Singh en 1965 (Gurtej avait dix-huit ans), mon interlocuteur avait remarqué la moindre discrimination envers lui-même en tant que Sikh. Il répondit que oui ; il se souvenait qu'une fois où il faisait la queue pour acheter un billet de train, l'employé du guichet avait été très désagréable avec lui.

« Lors de votre premier entretien, que vous a dit Kapur Singh sur la souffrance ?

— Il m'a dit qu'il y avait une lutte éternelle entre le bien et le mal et que, par leurs souffrances, les gourous ont simplement montré que les gens doivent s'identifier à des causes justes. Il disait toujours qu'on peut évaluer l'homme au sentiment d'engagement personnel dont il fait preuve. C'est la seule chose qui importe chez un homme. Autrement, il mène la même existence qu'une bête. Et il disait aussi que c'était l'unique voie vers le salut, servir l'humanité. Et les paroles du serdar Kapur Singh étaient d'autant plus convaincantes qu'il avait beaucoup souffert et n'avait pas de regrets. »

C'était par ce biais que Gurtej en était arrivé à une certaine idée de la religion sikh : une idée particulière des gourous et aussi du dieu des Sikhs.

Il me dit, à propos du gourou Nanak, le premier gourou, celui qui avait eu l'intuition qu'il n'y avait ni hindous, ni musulmans : « Je l'imagine comme un homme qui a conscience des souffrances de son peuple et qui est animé par un désir intense de changer la situation. » Il ne voyait donc pas seulement Nanak sous les traits d'un simple rebelle de plus contre l'hindouisme. « Ce n'est pas un réformateur, ni un philosophe, ni un poète — même s'il s'est exprimé au moyen de la poésie. C'est un prophète de Dieu. » Cette idée du prophète — idée musulmane, chrétienne, juive — tous les Sikhs n'y croyaient pas, mais Gurtej était ferme dans sa conviction. « Il n'y a aucun doute dans les esprits des Sikhs. Nous considérons tous les gourous comme *un seul* être. » De ce point de vue, au cours des deux cents premières années de leur histoire, les Sikhs avaient eu une lignée de dix prophètes envoyés par Dieu.

Pourquoi cet accent mis sur la souffrance ? Comment un croyant pouvait-il vivre au quotidien avec cette idée de souffrance ?

« Je vais vous expliquer pourquoi on met l'accent sur la souffrance, dit Gurtej. Voilà : pour ceux qui y vivent, le monde est un lieu de malheur et il faut donc éliminer ce malheur. Or, il n'y a que deux méthodes. Ou bien on fait souffrir autrui, ou on souffre soi-même. Et il me semble qu'un homme de Dieu doit souffrir lui-même, plutôt que d'infliger ce mal à autrui. Je me considère comme un homme de Dieu. Je l'ai toujours fait et j'espère pouvoir toujours continuer. L'idée même de parvenir au salut en servant l'humanité est inhabituelle dans notre sous-continent. Dans les autres religions, on insiste sur l'aspect monastique, sur la renonciation, sur un salut individuel. A des moments cruciaux de mon existence, je me suis aperçu que j'aimerais décider d'une chose comme le gourou l'aurait fait. »

Cette idée du prophète sikh allait de pair avec une idée particulière de Dieu. « Pour les Sikhs, il est la source de toutes les vertus, un Dieu vivant qui se manifeste à travers ses prophètes. Parmi tous les prophètes, si vous me demandez lequel est le plus proche du gourou, je vous répondrai Mahomet. Notre idée ne diffère de celle de l'islam que par un seul aspect : l'élément dominant dans notre concept de la divinité est la justice et la bonté. Le dieu islamique me paraît un peu dur — si vous considérez le châtiment qu'ont eu les renégats des mains de Mahomet en personne. Et quand on voit les manifestations du pouvoir souverain dans les États islamiques, il y a un élément de cruauté, un soupçon d'oppression. Nous, nous envisageons Dieu comme un libérateur. Ranjit Singh a gouverné le royaume sikh pendant quarante ans et jamais il n'a condamné quiconque à mort. C'est là, je crois, l'esprit du sikhisme. C'est notre conception de Dieu en tant que la bonté.

— Une telle conception de Dieu n'existe pas dans l'hindouisme, dis-je.

— Dans l'hindouisme, tout n'est que violence. Voyez-vous la Devi avec tous ces crânes attachés autour de son cou ? A mon avis, l'hindouisme est la plus violente de toutes les religions. »

Quelques années plus tôt, en Angleterre, un jour où j'écoutais la radio — à une date où Bhindranwale, son fondamentalisme sikh et la fortification du temple d'Or étaient encore bien loin et où je n'en savais pas grand-chose —, j'avais entendu une interview de Bhindranwale réalisée à l'intérieur du temple d'Or. Le sikhisme, avait-il déclaré, était une religion révélée, les Sikhs étaient un peuple guidé par le Livre. J'avais été frappé alors par cette volonté d'égaler le sikhisme au christianisme ; de le couper de ses aspects philosophiques hindous, voire de son idée directrice, celle du salut en tant qu'union avec Dieu et libération de la transmigration. J'avais cru voir dans cette déclaration de Bhindranwale une tentative, faite par un homme très éloigné sur le plan intellectuel, de rendre sa cause plus acceptable à un auditeur étranger.

Je poussai donc Gurtej dans ses retranchements sur cette idée du prophète.

« Si nous nous laissons enliser dans les idées darwiniennes de l'évolution, reprit-il, et si nous pensons que tout descend de quelque chose d'autre, il nous est impossible d'envisager un produit fini dès le commencement. Or c'est ce que font les prophètes : ils vous présentent un produit fini. »

J'eus aussitôt le sentiment, à l'entendre utiliser ces mots et ces images (« darwiniennes », « produit »), que ses idées avaient été raisonnées et étudiées ; et aussi celui que c'était sans doute son mentor, Kapur Singh, qui l'avait aiguillé vers cette façon de penser.

L'un des pamphlets que me remit Gurtej s'intitulait « Le procès d'un fonctionnaire sikh dans l'Inde laïque ». Il s'agit d'une traduction, en langue anglaise, du récit qu'avait fait Kapur Singh de sa lutte pour obtenir réparation, après avoir été chassé de l'Indian Civil Service, de ses « trente années de persécution par les autorités de l'État sans revenus ni situation ».

L'histoire, telle qu'elle était présentée dans le pamphlet, était fragmentaire et assez difficile à suivre ; la traduction était en outre médiocre, et le document, grossièrement imprimé, regorgeait de coquilles. Il me parut, toutefois, que l'auteur avait été révoqué parce qu'il était accusé d'avoir détourné des fonds gouvernementaux destinés aux réfugiés venus du Pakistan, à l'époque de l'indépendance. Il avait été suspendu de ses fonctions en 1949, puis licencié après une enquête menée par le président de la Cour suprême du Pendjab. Pour sa défense, Kapur Singh avait déclaré avoir remis l'argent en question à des réfugiés, mais avoir estimé, étant donné les conditions qui régnaient au moment de la partition, qu'il n'était « ni possible, ni même sage » de réclamer des reçus à des gens qu'il n'y avait pas moyen d'identifier et qui n'avaient plus d'adresse. C'était le gouvernement lui-même, faisait-il remarquer, qui avait prescrit de ne tenir aucun compte des « formalités compliquées », par exemple l'obtention de reçus, lorsqu'on avait affaire aux réfugiés.

L'un des arguments présentés par le pamphlet était que cette accusation de détournement de fonds n'avait été lancée contre l'auteur que parce qu'il avait protesté contre une directive, adressée en 1947 à tous les commissaires adjoints du Pendjab et précisant que « les Sikhs en général... doivent être traités comme une tribu criminelle. Il faut leur infliger des peines sévères, qui peuvent aller jusqu'à les abattre, de façon à les éveiller aux réalités politiques ». C'était M. Nehru lui-même qui avait été à l'origine de cette directive. (M. Nehru avait aussi été à l'origine d'une autre directive dont Kapur Singh avait entendu parler en 1954 par un commandant sikh de l'armée indienne, ordonnant que les militaires sikhs fussent « constamment menacés, terrorisés, insultés et maintenus dans la soumission ».) M. Nehru avait été monté contre Kapur Singh par « des hindous d'une malveillance irrépressible et des Sikhs à la conscience chargée », qui lui avaient rapporté des propos exagérés quant à la politique sikhiste de Kapur Singh. Résultat : M. Nehru et son ministre de l'Intérieur « attendaient la première occasion de me limoger ».

L'enquête portant sur l'accusation de détournement de fonds avait été menée par le président de la Cour suprême du Pendjab. Il s'agissait d'un Anglais — l'affaire avait eu lieu en 1950, trois ans seulement après l'indépendance. Il avait jugé Kapur Singh coupable. « Le gouvernement britannique fut prié de l'anoblir en remerciement des précieux services rendus au peuple du Pendjab durant son mandat de président de la Cour suprême. Il fut donc anobli par la reine. Or, pendant la majeure partie de son mandat, il avait mené cette enquête sur mon compte. »

Quant à Kapur Singh lui-même : « J'ai été chassé de la fonction publique et ballotté à tous les vents pendant douze longues années. » Il porta son affaire devant la Commission du service public, puis devant la Cour suprême du pays. « Pendant quatre autres années, mes tribulations se prolongèrent... Puis conformément aux paroles enflammées du gourou : "La dernière épreuve de vérité est de mourir en luttant pour elle", j'entamai une importante procédure judiciaire. Je soumis un pourvoi détaillé contre l'arbitraire du gouvernement auprès de la haute cour de Justice de Chandigarh. »

Quelques mois plus tôt, à Bangalore, dans le sud de l'Inde, Prakash, le ministre, m'avait parlé durant notre petit déjeuner d'un de ses solliciteurs. Cet homme, fonctionnaire de village accusé d'avoir détourné une partie des impôts fonciers qu'il était chargé de percevoir, avait été suspendu de ses fonctions, et il avait voyagé toute la nuit en autocar pour venir attendre dès l'aube à la porte de Prakash et supplier le ministre de lui venir en aide. Prakash s'était entretenu avec lui pendant sept minutes, lui avait expliqué que l'enquête départementale devait suivre son cours, et l'homme avait dû alors parcourir plus de trois cents kilomètres en sens inverse pour regagner son village. Cela m'avait paru bien dur, un aussi long voyage pour si peu de chose, mais Prakash, avec beaucoup d'esprit, m'avait expliqué qu'après un jour ou deux de larmes et de frayeur, un homme comme ce fonctionnaire, se voyant dans cette situation, trouverait, si l'on pouvait dire, un second souffle avec l'idée du *karma*, du destin, qu'il deviendrait tout à fait calme et lucide et que, soutenu par cette idée du destin, il consacrerait peut-être le restant de sa vie à des litiges et des procès pour défendre la cause qu'on avait si brutalement faite sienne.

Le soutien religieux de Kapur était d'une autre sorte. « "L'impiété est la cause profonde de tout malheur" : c'est une de nos pensées anciennes », notait-il dans son pamphlet. Et tout au long de son interminable bataille judiciaire, il fut consolé et encouragé par l'exemple des gourous sikhs persécutés par les Mogols. Il commença à percevoir sa propre persécution comme « la destinée d'un Sikh, du fait que le pouvoir est tombé aux mains des hindous ». Lorsque son affaire passa devant la Cour suprême, son avocat lui dit un jour (le récit abonde en ouï-dire de ce genre) : « Tout autour de moi, j'entends répéter qu'il est nécessaire de démoraliser totalement Kapur Singh, afin de contenir les Sikhs, et qu'il faut le limoger en dépit de la loi et des règlements. » A l'époque où son pourvoi fut soumis à la haute cour de Justice de Chandigarh, il se trouva un jour dans un magasin en même temps qu'un des juges et il l'entendit dire au commerçant : « C'est un Sikh dangereux — un serpent venimeux. »

Ses souffrances le liaient aux gourous guerriers persécutés de l'époque mogole, et les tourments qu'ils avaient endurés avaient mené à son actuelle mésaventure politique. Aux XVIIe et XVIIIe siècles, des gouverneurs et généraux mogols « firent emprisonner et exécuter le gourou Arjun après des tortures insupportables, complotèrent pour tuer le gourou Hargobind, tentèrent d'exterminer le gourou Harkrishan, firent décapiter le gourou Teg Bahadur, emmurer vivants les fils du gourou Gobind Singh, qui n'étaient encore que des bambins, infligèrent une blessure mortelle à la personne du dixième Maître, inspirèrent l'Édit impérial décrétant le génocide des Sikhs, furent responsables du massacre de Banda Singh Bahadur et de ses compagnons, ordonnèrent le grand holocauste, et au XIXe siècle ils brandirent l'étendard du Jihad contre le pouvoir politique des Sikhs. Leurs activités aboutirent en dernier ressort à... la formation du Pakistan. » Ainsi la litanie de la douleur religieuse allait de pair avec l'histoire et la politique contemporaine, de même qu'avec la cavalerie personnelle de Kapur Singh. L'identification était complète : « Le souverain mogol, Bahadur Shah, avait ordonné : "Les adeptes de Nanak [doivent être] exécutés à vue." Moi, qui suis un Sikh déclaré, je suis tombé, victime de ce firman mogol. »

On aurait dit que la foi appelait cette identification avec les tourments des gourous ; et que l'identification créait chez le fidèle un sentiment d'injustice et de persécution, peut-être même le désir d'être persécuté.

Ce que je n'aurais jamais deviné, à lire ce pamphlet — ce que j'appris d'un autre livre de Kapur Singh, que Gurtej me donna ultérieurement —, c'était que, malgré cette obsession à défendre sa cause, Kapur Singh avait eu, dans l'Inde indépendante, une longue et fructueuse existence. Il avait écrit des livres ; il avait enseigné la religion dans un établissement sikh de Bombay ; et il avait participé à la vie politique du Pendjab, puisqu'il était à la fois membre de l'assemblée de l'État et du Parlement central à Delhi.

Gurtej et lui avaient fait connaissance en 1965. Kapur Singh, alors âgé de cinquante-quatre ans, était une des personnalités de

Chandigarh. Gurtej avait dix-huit ans et fréquentait l'université de la ville. Les deux hommes devinrent intimes. Kapur Singh commençait ses lettres à Gurtej par les mots « Mon cher fils ». Il lui légua ses livres et ses papiers.

L'un des titres que revendiquait Kapur Singh était celui de « Professeur national décoré de Sikhisme ». Sur sa carte de visite, Gurtej se présentait comme « Professeur de Sikhisme ». Il y avait chez lui, de toute évidence, un désir de rendre hommage à Kapur Singh ; et — après avoir lu le pamphlet écrit par ce dernier, que m'avait remis Gurtej — je me demandai si, en poursuivant sa propre carrière dans l'Indian Administrative Service, Gurtej n'avait pas eu devant les yeux l'exemple du martyre de son mentor dans les mêmes circonstances, trente ans auparavant.

Kapur Singh avait été révoqué, mais il avait en réalité, disait-il, lutté pour défendre un principe, en s'élevant contre une directive hostile aux Sikhs. Gurtej, qui était devenu fonctionnaire de l'Indian Administrative Service en 1970, avait démissionné en 1982, lui aussi pour une affaire de principe. Il s'était inquiété, expliquait-il, de servir la cause de la justice. « On ne peut servir que tant que l'État reste juste. » Or au Pendjab, en 1977, durant l'état d'urgence décrété par Mme Gandhi, ses doutes n'avaient fait que croître. « Je vois les gens de mon peuple ballottés à tous les vents. Ils sont humiliés, même s'ils ne le sentent pas. Ils ont l'impression que c'est normal dans notre pays. »

Ce fut de sa carrière de fonctionnaire que nous parlâmes la deuxième fois qu'il vint me voir à l'hôtel, toujours de très bon matin ; la pelouse bien tondue de l'établissement luisait encore, par plaques, de sa douche au jet d'eau, et les parterres de fleurs étaient toujours à l'ombre.

En 1969, à l'âge de vingt-deux ans, Gurtej s'était marié. Il s'agissait d'un mariage arrangé, avec une jeune fille de la région. L'année suivante, il était entré dans l'Indian Police Service. C'était à l'école — à Dehra Dun, loin de chez lui — qu'il s'était mis à songer à une carrière de ce genre : un changement radical pour un jeune homme issu d'une famille d'agriculteurs. Un de ses camarades était fils d'un membre de l'Indian Administrative Service ; ce fut ainsi que Gurtej eut l'idée de s'orienter dans cette direction. Par la suite, il entendit quelqu'un déclarer que les seules branches valables de la fonction publique étaient l'Indian Administrative Service et l'Indian Police Service. Il avait donc passé l'examen. « Je ne m'y suis pas spécialement préparé. J'ai simplement travaillé dur. Après avoir obtenu une maîtrise d'histoire, j'ai passé le concours d'entrée dans l'Indian Police Service. » Il avait été reçu, or seuls une poignée de candidats étaient admis chaque année.

L'année suivante, il s'était fait transférer dans l'autre branche, l'Indian Administrative Service. Et, malgré tout ce qui s'était passé, il en avait toujours la meilleure opinion. « C'était un excellent service et si j'avais envie d'entrer dans la fonction publique, c'est là que j'irais. »

L'IAS étendait ses activités à l'Inde tout entière et la première affectation de Gurtej avait été dans le Sud, dans l'état d'Andhra. Le désenchantement fut presque immédiat.

« Je pus établir qu'un homme détenu par la police avait succombé à des séances de torture. Or, au lieu d'être puni, l'officier de police responsable fut récompensé — de façon à lui éviter toute sanction. L'homme qu'il avait tué était un petit paysan ; sa femme m'a semblé très pauvre. J'étais magistrat sous-divisionnaire et, en cas de décès d'un citoyen détenu par la police, un tel magistrat doit obligatoirement procéder à une enquête divisionnaire. Mais, on me dit de classer l'affaire — cela faisait trois ans qu'elle attendait d'être jugée. »

Gurtej, cependant, n'avait pu oublier cette affaire et elle continuait à l'obséder. « Dix-huit ans après, je me rappelle encore les noms des personnes en cause. C'était une affaire lamentable. Elle me rendait malade. La femme avait été chassée de la région, de façon à ne pas pouvoir témoigner contre la police. Il y avait eu une querelle entre l'homme — la victime — et un propriétaire du village. L'homme avait sans doute exaspéré le propriétaire. Les gens comme lui ne sont pas assez sûrs d'eux pour s'en prendre à un propriétaire. »

Je demandai à Gurtej pourquoi il était resté fonctionnaire après une telle expérience.

« Je croyais que le temps viendrait où je serais en mesure d'agir. Mais il n'est jamais venu. J'ai fini par comprendre que la corruption s'était installée dans l'appareil administratif et que les gens ne sont en réalité que des pions. Chaque fois que les politiciens s'intéressent à une affaire, chaque fois qu'ils ont un intérêt quelconque, il est impossible de prendre la moindre mesure.

« Cette même année, 1971, toute une famille mourut de faim dans l'Andhra Pradesh. C'était dans l'une des sous-divisions fiscales. Une question fut posée à ce sujet devant le Parlement. On me demanda de faire une enquête. Le magistrat régional me contacta un peu plus tard pour savoir ce que je pensais de l'affaire. Je dis que ces gens étaient morts de faim. Alors ce magistrat, qui était le percepteur des impôts, s'interposa : "Non, non, on ne peut pas écrire ça. Ça fera toute une histoire. Ça va nous faire une très mauvaise réclame dans la presse étrangère." » Et encore une fois, comme cela arrivait souvent avec Gurtej, à la pensée des souffrances endurées, des larmes embuèrent son regard sombre « C'était une famille de gens très pauvres. Le vieux était mort le premier. Ils n'avaient plus aucun moyen de subsistance. Personne ne leur a offert de nourriture. Et puis la femme est morte ; et ensuite les enfants. Des *harijans*, de la caste intouchable. On m'a dessaisi de l'affaire.

— Mais pourtant, vous dites que l'IAS est un excellent service. Vous ne vous rappelez rien de bon ?

— Si, j'ai connu de bonnes choses. J'ai participé au programme en faveur des régions menacées par la sécheresse. Nous nous efforcions d'apporter des secours aux gens vivant dans ces régions. Nous leur fournissions des puits, des sources d'irrigation. C'était très bien. Mais là encore, j'ai eu des ennuis. Avec le *zilla parishad*, le conseil régional. Il s'agit d'un organisme élu et le président voulait que tous les petits travaux d'irrigation fussent confiés à l'un de ses parents. Lequel parent sous-traitait à d'autres firmes et en profitait pour se remplir les poches. Le président était très influent dans les milieux administratifs, mais j'ai refusé de l'aider. Il a voulu m'humilier. Il m'a convoqué à une des réunions du *zilla parishad*. Mais pour une fois, le processus démocratique à fonctionné — ce qui est très inhabituel. Les autres élus m'ont soutenu, moi, et ont adressé un blâme à leur président pour avoir ainsi harcelé un fonctionnaire intègre. »

Pourtant, même cela n'avait pas suffi à réconcilier Gurtej avec l'administration. La politique, cependant, n'est-elle pas l'art du possible ? Et ne pourrait-on pas en dire autant, avec plus de véhémence encore, de la fonction publique ? N'y avait-il pas — en se fondant uniquement sur ce qu'il avait dit — une intention d'améliorer la situation et de servir la population ?

Gurtej ne voyait pas les choses ainsi. Il était entré dans le service public animé par les plus hautes espérances ; lesquelles ne permettaient ni matérialisme, ni compromis. « Je ne suis le courtisan de personne, dit-il. Je sers la loi, la constitution du pays. Pourquoi devrais-je me plier aux caprices d'un homme corrompu ? Si vous ne pouvez agir impartialement en tant que fonctionnaire, votre position n'a plus le moindre sens. Ne serait-ce que par respect de soi-même, il est essentiel d'être convaincu que ce qu'on fait est juste. »

Malgré son éloignement, puisqu'il était dans le sud du pays, il avait gardé le contact avec Kapur Singh. En 1974, il avait fait ses vœux solennels de Sikh, en accomplissant les rites prescrits par le dixième gourou. Il avait pris l'*amrit*, bu le nectar consacré, mélange de sucre et d'eau battu avec une épée à double tranchant. Les Sikhs ne se pliaient pas tous à cette cérémonie, et ne prononçaient pas tous des vœux solennels.

« Jusque-là, je n'étais pas sûr que cette cérémonie soit nécessaire. Le sikhisme est fidèle à des idées ; le rituel n'y a aucune place. J'avais obéi à tous les dogmes de notre religion, mais je n'avais pas officiellement bu l'*amrit*. Le serdar Kapur Singh m'a expliqué que c'était une cérémonie solennelle qu'il fallait accomplir, pour déclarer qu'on était ouvertement engagé. »

La cérémonie proprement dite eut lieu dans le Pendjab, où il était retourné passer un congé de deux mois. Et elle se déroula dans la ville d'Anandpur, où le dixième gourou, le gourou Gobind Singh, avait pour la première fois baptisé des Sikhs en 1699.

« L'*amrit* a été mélangé avec l'épée d'Ali », me précisa Gurtej.

Cette révélation me plongea dans la plus vive perplexité. Voulait-il parler de l'Ali des musulmans chiites, cousin et gendre du prophète Mahomet ?

Lui-même. « Le calife », dit Gurtej.

Comment cette épée avait-elle pu survivre pendant plus de mille ans ? Comment était-elle arrivée entre les mains du gourou Gobind Singh ?

« Elle lui a été offerte par l'empereur mogol Bahadur Shah. »

Donc, encore une fois, cette version de la foi sikh que me proposait Gurtej prenait un tour islamique inattendu, elle comportait un aspect non hindou, non indien, qui la mettait à l'écart de la foi dominante de son pays d'origine.

« Durant mon séjour dans l'Andhra Pradesh, j'ai poursuivi mes études de sikhisme. En 1975, j'ai écrit un article sur le martyre du neuvième gourou. Il avait été décapité à Delhi, par l'empereur Aurangzebe, dans le Chandni Chowk. Et puis j'ai écrit quelques articles pour l'*Encyclopédie du sikhisme*. »

Sa femme, « double diplômée universitaire », l'avait encouragé dans ses études et ses écrits. Ensemble, ils avaient visité d'importants temples sikhs dans le Sud. « Tous les ans nous nous rendions au *gurdwara* établi en souvenir du dixième gourou, près de l'endroit où il a été incinéré. » Le dixième gourou était mort en 1708, assassiné, disait-on, par un de ses adeptes musulmans. Il s'était rendu dans le Sud — l'épisode n'est pas sans ambiguïtés — pour venir en aide au successeur de l'empereur Aurangzebe, dans une guerre dynastique.

En 1977, à l'âge de trente ans et après six années dans le Sud, Gurtej regagna le Pendjab. Son père était malade ; il souffrait de la maladie de Parkinson et allait mourir peu de temps après. L'état d'urgence décrété par Mme Gandhi était toujours en vigueur et le parti politique sikh ne cessait de manifester contre cette mesure. Le lieu d'origine de cette agitation était le temple d'Or.

« L'idée qu'ils n'étaient pas libres continuait à harceler les gens. C'est très bien d'arriver à joindre les deux bouts et de mener une existence animale, mais la vie c'est quand même autre chose. Nous avons, en Inde, deux idées absolument contradictoires du gouvernement et de la politique. L'idée hindoue, c'est que le gouvernement doit avoir tous les droits d'agir à sa guise. C'est ce qui explique que tout le monde tolère le viol de la Constitution. L'idée hindoue, c'est que tout ce que fait le gouvernement fait loi. Elle est plus susceptible d'accepter la dictature. L'idée sikh, c'est que Dieu est le seul véritable souverain et que les gouvernements détiennent un mandat leur permettant de gouverner, à condition de rendre justice. J'étais heureux de voir que mon peuple résistait à la subversion des lois et de la Constitution imposée par l'état d'urgence. »

Gurtej n'était pas retourné dans l'Andhra Pradesh. « En 1979, j'ai été transféré dans le gouvernement du Pendjab — transféré par l'IAS, en tant que délégué — et j'y ai travaillé jusqu'en 1980. L'expérience a été fructueuse. Je connaissais le Premier ministre. Ce n'était pas un malhonnête homme. Nous avons collaboré à un vaste projet de décentralisation de certains pouvoirs. C'était excellent pour la démocratie. »

Ce fut aussi l'époque où il commença à militer sur le plan politique. « Bhindranwale était dans l'air. » Il s'agissait du prédicateur fondamentaliste ou revivaliste qui devait devenir le « monstre » de la politique sikh. « Depuis le 13 avril 1978 » — le 13 avril est une date qui revient périodiquement dans les affaires sikhs : c'est la fête de la moisson et on choisit volontiers ce jour pour les grands événements ; ainsi, c'est le 13 avril que des Sikhs furent baptisés pour la première fois par le dixième gourou — « depuis le 13 avril 1978, il était devenu très rapidement célèbre. C'était un homme encore tout jeune qui avait récemment pris la direction d'un séminaire. » La cause immédiate de cette célébrité de Bhindranwale était une controverse avec une secte sikh, celle des Nirankaris. « Les Nirankaris remontent à l'indépendance. Ils sont issus d'un mouvement réformateur lancé dans le sikhisme à la fin du XIXe siècle. Par la suite, un dénommé Buta Singh prit la tête du mouvement et, avec le soutien du gouvernement, il provoqua un schisme parmi la confrérie des Sikhs. » Son récit ne précisait pas clairement si le gouvernement qui avait encouragé les Nirankaris était le gouvernement britannique aux Indes ou celui de l'Inde indépendante. « Lors d'une manifestation contre les Nirankaris, le 13 avril 1978, treize partisans de Bhindranwale ont été abattus. »

Dans cette atmosphère surexcitée, Gurtej se mit à militer activement. Il commença par seconder Sant Longowal, qui s'attaquait au problème de l'eau dans le Pendjab. Longowal était un autre chef religieux ; il devait être assassiné en 1985, un an après que Bhindranwale et beaucoup d'autres Sikhs eurent été tués dans l'attaque contre le temple d'Or.

Pour expliquer son association avec Sant Longowal, Gurtej me dit : « L'idée sikh est de servir l'humanité. Or, voilà qu'un représentant de mon peuple me demandait de rester à ses côtés durant cette agitation. Tout le monde doit servir son peuple en premier, et, à travers lui, l'humanité. »

Gurtej avait démissionné de l'IAS en 1982. « Ma mission spéciale était terminée et un document que j'avais lu en public, concernant le problème sikh, avait eu des retombées fâcheuses. Il m'a semblé qu'on ne voulait plus de moi dans le service. Je crois que l'administration voyait mes activités religieuses d'un mauvais œil. »

Il m'avait dit, la veille, qu'au pensionnat de Dehra Dun, loin de l'atmosphère familiale, il avait lu des ballades relatant les souffrances de « mon peuple » ; et aussi que Kapur Singh lui avait par la suite parlé de la persécution des Sikhs. Il me semblait pourtant que cela ne suffisait pas à expliquer la façon dont il avait évolué. L'idée me vint de le questionner à nouveau sur son enfance.

Comment sa famille avait-elle entendu parler de ce pensionnat à Dehra Dun ? L'y avait-on envoyé seul, ou bien avec d'autres garçons de son village ?

« Nous étions trois. Un de mes frères, un cousin et moi. Il y avait déjà quelqu'un du village de mon grand-père qui y faisait ses études. L'école était dirigée par des frères irlandais, de l'ordre de Saint-Patrick.

— Vous rentriez souvent chez vous ?

— On ne revenait que pour les vacances — ce qui m'a servi de leçon. Jamais je n'enverrai mes enfants en pension.

— A quelle date vous y a-t-on envoyé ?

— En 1951. De 1951 à 1961.

— Mais en 1951, vous n'aviez que quatre ans.

— Tous les jours, je m'asseyais dans mon lit et je priais pour que le trimestre se termine immédiatement. Nous étions autorisés à rentrer chez nous tous les six mois, pendant environ un mois. »

L'exil de quatre à quatorze ans : donc les souvenirs qu'il avait évoqués la veille, les promenades à dos de chameau avec son grand-père, cet homme qui savait vivre, avec ses vêtements bien propres et son turban blanc, sa montre et sa voiture à cheval, cet homme qui fabriquait de l'onguent contre les morsures de serpent au commencement de la saison des pluies — tous ces souvenirs devaient s'apparenter à ceux d'un paradis perdu, ceux d'une vie bien éloignée de l'Inde à laquelle il avait dû s'éveiller lors de ses dix années à Dehra Dun.

L'idée me vint aussi — mais avec deux ou trois mois de retard — que c'était peut-être dans cette école irlandaise catholique, avec l'exemple des frères sous les yeux pendant dix longues années, durant lesquelles les trimestres scolaires s'étiraient en semestres, et ce à une époque encore toute proche de l'ère coloniale, avant que les hippies et bien d'autres n'eussent découvert une Inde spirituelle et romantique, l'idée me vint que, dans la solitude qu'il avait dû endurer tout au long de ces dix années, Gurtej avait peut-être conçu la notion du sérieux ou de la modernité d'une religion révélée, et le désir d'incorporer à sa propre foi cette magie qui n'avait rien d'indien

Mais cette idée concernant la religion révélée ne me vint que beaucoup plus tard ; il me fut impossible de la soumettre à Gurtej. Sur le moment, j'étais trop obnubilé par la pensée de ce bambin de quatre ans, exilé si loin de chez lui.

Comment cela s'était-il passé ? Pensait-il avoir tiré quoi que ce fût de cette séparation et de sa solitude ?

« Je crois que si je n'étais pas allé en pension, je n'aurais pas été capable d'apprécier la nature fondamentale des choses, et je n'aurais jamais tenté d'analyser pourquoi certaines choses fonctionnent comme elles le font. »

Je lui demandai de me parler des changements survenus dans son village.

« Il y a eu une révolution. Les attitudes ont totalement changé — à l'égard du système de la famille élargie, pour commencer. Les rapports agraires ont changé. Mon grand-père paternel, à une époque, possédait environ quinze cents hectares de terre. Tous les ans, il en achetait un peu. »

Une idée le frappa. Il interrompit le fil de son discours pour ajouter, comme entre parenthèses : « Et pourtant, mon père n'était pas un homme instruit. Il n'a fréquenté l'école que jusqu'à la classe de huitième. Mon grand-père » — l'arbitre du savoir-vivre, qui avait dominé l'enfance de Gurtej — « ne croyait pas à l'instruction. A l'époque où je faisais ma maîtrise, j'ai entendu un jour mon grand-père, mon grand-père paternel, dire à mon père : "Pourquoi ne le retires-tu pas de l'école, ce garçon ?" Il croyait que j'étais toujours au lycée. Et mon père, soucieux de ne pas lui manquer de respect, a répondu : "Que veux-tu que j'y fasse ? Il refuse de m'écouter." » Et, pour la première fois depuis que je le connaissais, Gurtej se mit à rire.

« Mon grand-père était très *contrarié* de me voir lire. Il m'accusait de lire *tout* le temps. J'étais le premier de la famille à ne pas devenir fermier et peut-être même le premier à avoir obtenu un diplôme universitaire. Dans mon village, il y a maintenant seize personnes qui ont fait des maîtrises. Quand je suis né, il n'y avait qu'un seul diplômé — et encore, il n'était que licencié et il était devenu enseignant. A présent les gens se sentent très concernés par ce qui se passe. Il y a une espèce de manie de l'instruction. Les gens sont prêts à payer des prix fous pour envoyer leurs enfants dans les meilleurs établissements. »

Il en revint aux quinze cents hectares de son grand-père maternel. « De nos jours, plus personne ne possède autant de terres. Les propriétés ont été fragmentées. On est passé à la culture intensive, avec des variétés à grand rendement. C'est une révolution. Quelquefois, j'allais voir mon grand-père aux champs, je lui portais son déjeuner et parfois du babeurre — il adorait ça. Les pratiques agricoles que j'ai connues à cette époque n'existent absolument plus aujourd'hui. On fauchait la récolte en avril. Sur la majeure partie des terres, il n'y avait qu'une seule récolte par an. Avril était un mois très chaud. Mon grand-père engageait environ quarante personnes comme ouvriers agricoles ; il leur donnait des faucilles et ces gens s'en allaient dans les champs vers quatre heures du matin, pour éviter la chaleur. Ils fauchaient jusque vers onze heures — toute une longue rangée de gens, assis dans les champs, qui s'activaient avec acharnement, les tiges dans la main gauche, la faucille dans la droite, et qui s'efforçaient de rivaliser avec leur voisin. »

Après Gurtej le théoricien, l'homme plein d'idées concernant la religion et l'histoire, j'avais l'impression de converser avec quelqu'un d'autre.

« C'était comme une espèce de célébration, cette moisson. Les faucheurs se reposaient l'après-midi et retournaient travailler le soir de quatre heures et demie à six heures et demie ou sept heures. A présent, on ne voit plus jamais ça dans un village indien. Personne ne se lève à quatre heures du matin pour aller aux champs. Je crois que l'adoption des machines a transformé les attitudes et la vie. Les gens ont dû acquérir l'instruction nécessaire pour manipuler toutes ces machines compliquées et, dans une certaine mesure, ils sont devenus plus modernes. C'est là, encore une fois, une des causes du problème que connaît le Pendjab et que les hindous des autres régions ne comprennent pas. »

J'objectai que ce qu'il me disait des machines était tout aussi vrai pour d'autres parties de l'Inde, dans les villages et dans les villes. C'était un aspect de la révolution industrielle indienne.

Il parut en convenir, mais il ajouta : « L'agriculteur entre en contact avec plusieurs aspects de l'administration dès le début de son existence. A cause de l'eau, il comprend la hiérarchie des fonctionnaires. A cause des graines, il en vient à connaître les universités. Il comprend comment fonctionne le gouvernement beaucoup mieux que les gens des villes. »

Il repartit sur le sujet du changement. « Nous avions jadis des métayers. C'est fini. On ne dépend plus du tout de la main-d'œuvre dans la même mesure qu'avant. Durant la récolte, le spectacle le plus courant le soir, c'était l'affûtage des faucilles. Le pauvre charpentier y passait sa nuit, parce qu'on devait s'en resservir au petit matin. Aujourd'hui, dans mon village, il y a plusieurs personnes qui fabriquent et réparent le nouveau matériel agricole. Dans les petites villes du Pendjab, on trouve désormais des rangées entières d'ateliers de réparation de chaque côté de la route. »

Il pensa à une autre chose qui avait changé. « A présent, aussi, plus personne au village n'est payé en nature. Et puis, il y a la situation des *harijans*, la caste la plus basse. Tout cela a changé. Un jour, quand j'étais petit, j'ai bu l'eau d'un puits du village. Je ne savais pas que c'était celui des *harijans*. Mon oncle n'a pas voulu me laisser rentrer dans la maison. J'ai dû rester assis devant la porte et on a fait venir le *granthi* du village — celui qui lisait les écritures sikhs — qui m'a donné de l'eau pour me laver de ma faute. Aujourd'hui ce même oncle a des *harijans* qui travaillent dans sa cuisine. Ils lui préparent ses repas.

« Tout cela s'est passé au Pendjab, mais va s'étendre à tout le pays. Les attitudes des gens se transformeront partout et ils vont attendre de plus en plus de choses de leur gouvernement. Or, celui-ci est en train de se détériorer très vite. Il sera bientôt dans l'incapacité de répondre à ce que les gens attendent de lui et je prévois donc une fissure extrêmement profonde dans le pays. Le chaos le plus total. Notre gouvernement est devenu une espèce de maffia — le politicien, le fonctionnaire et le commerçant, pas un des trois ne produit directement quelque chose. Ils vont entrer en conflit avec les producteurs. »

Gurtej me donna des exemplaires de certains des documents qu'il avait rédigés sur la question du Pendjab et des Sikhs. L'un d'entre eux, écrit pour un séminaire universitaire au début de 1982, était peut-être celui qui avait été mal vu par les autorités. Il s'intitulait « Genèse du problème sikh en Inde ». Cela me fit penser aux écrits de Kapur Singh ; un ton érudit, avec de longues phrases et des mots compliqués, et des citations tirées des Écritures sikhs dans les notes de bas de page. Son thème principal était la différence entre les fois et les idéologies sikhs et hindoues ; le thème secondaire était que le Pendjab faisait, sur le plan géographique et culturel, plutôt partie du Moyen-Orient que de l'Inde. Le grand ennemi du sikhisme et de l'empire sikh de Ranjit Singh avait été — encore une fois — le brahmanisme.

« Sans rien de plus tangible qu'une foi sans défaillance dans le gourou, les Sikhs ont bâti un empire sur les fondations que celui-ci avait posées. Ils ont planté le drapeau couleur safran » — le jaune safran était aussi la couleur du Shiv Sena à Bombay, avec des pans de tissu de cette couleur drapés sur les panneaux muraux du conseil municipal de la ville et ornés d'épées entrecroisées — « au cœur même du pays des habituels envahisseurs, ils ont humilié la puissance de la Chine et maté le dieu-roi du Tibet. Ensuite, ils se sont occupés de libérer l'Inde du joug anglais. » Mais ils avaient été frustrés dans cette tentative. « Les forces axées sur le brahmanisme, à l'intérieur et à l'extérieur du Pendjab, ont coopéré pour détruire les Sikhs qui étaient les seuls à offrir à l'Inde la promesse d'une prompte rédemption. »

Ainsi, aux souvenirs pastoraux du village de son grand-père, aux enchantements de la moisson et de ses fêtes, se conjuguait cet autre rêve de gloire, fondé sur l'éphémère royaume de Ranjit Singh au XIXe siècle. C'était une vision partiale des choses, mais il fallait s'y attendre : dans l'Inde tout entière, des gens qui s'éveillaient à l'histoire, et à une connaissance nouvelle de leur place dans l'ordre des choses, refaisaient l'histoire selon leurs besoins.

Ce qui était inattendu dans ce que me disait Gurtej de sa vie et de ses croyances, c'était le grand nombre de choses qui lui paraissaient aller de soi. La Constitution, la loi, les centres d'instruction, la fonction publique, avec l'idée si noble qu'elle se faisait de son rôle, c'est-à-dire garder les droits du peuple et améliorer sa situation, l'investissement dans la transformation industrielle et agricole, étalé sur quatre décennies — dans les propos de Gurtej, tout cela, qui distinguait l'Inde de beaucoup de ses voisins, existait tout simplement. Il n'était pas question de reconnaître que des générations de réformateurs et de sages — refusant de céder aux conditions désespérées — avaient créé toutes les choses qui soutinrent Gurtej dans son ascension hors du village.

Et à côté des souvenirs pastoraux et du rêve de gloire sikh, il y avait aussi l'idée d'une pureté religieuse. Il appliquait cette idée aux affaires des hommes, et rejetait ce qu'il trouvait. De même que Papu, l'agent de change jaïn à Bombay, qui vivait à la périphérie du grand bidonville de Dahravi et qui était tourmenté par l'idée d'un bouleversement social, Gurtej avait la vision d'une apocalypse prochaine. Papu s'était tourné vers les bonnes œuvres, à la façon pénitentielle des Jaïns. Gurtej vers la politique millénariste. Cela s'était déjà passé avec d'autres religions, quand elles avaient versé dans le fondamentalisme ; et cela menaçait d'engendrer le chaos que redoutait Gurtej.

Pour les Sikhs, le baptême consiste à boire du nectar, de l'*amrit*. Le temple d'Or se trouve à Amritsar, la fontaine de nectar. On dit qu'il existait en ce lieu une fontaine que connaissait le premier gourou. Les sites sacrés possèdent généralement une histoire : on disait aussi que l'endroit était mentionné dans une version du Ramayana, et que deux mille ans et plus avant la naissance du gourou Nanak, Bouddha avait reconnu l'atmosphère particulière qui régnait sur le futur site du temple d'Or. L'empereur Akbar, le plus grand des Mogols, avait donné ce site au quatrième gourou et c'était le cinquième gourou qui avait commencé à édifier le premier temple en 1589, soit un an après l'attaque avortée de l'Invincible Armada. Dans la pagaille du XVIIIe siècle, le temple avait beaucoup souffert aux mains des musulmans. Le Sikh Ranjit Singh l'avait rebâti au XIXe siècle. C'était lui qui avait doté le temple central de son dôme, doré à la feuille. Cette feuille d'or, reflétée dans le lac artificiel, produit un effet magique. Même avec les marques des récentes batailles, l'atmosphère du temple reste sereine.

Bhindranwale arriva au sanctuaire du temple d'Or en 1982 et en fit sa forteresse et son domaine. Il avait trente-cinq ans. Quatre ans auparavant, il n'avait été qu'un simple prédicateur qui dirigeait un séminaire sikh ; il était à présent un politicien et un guerrier. Il était aussi un hors-la-loi : il poursuivait une vendetta contre la secte des Nirankaris, qu'il considérait comme des hérétiques, et avait été accusé de meurtre.

Il était le défenseur d'une foi pure ; persécuté, il offrait à ses adeptes un combat au nom de la foi. Il incarnait toutes les vertus sikhs que pouvait posséder un homme. Ses fidèles et lui-même contrôlaient le temple. Les fusils étaient importés en contrebande du Pakistan. Depuis l'enceinte du temple, des massacres étaient mis sur pied, des attentats à la bombe, des attaques contre des banques. Ces méfaits n'étaient pas tous accomplis avec l'accord de Bhindranwale ; il devait y avoir une bonne quantité d'initiatives personnelles : les germes du chaos étaient plantés. Le temple fournissait un sanctuaire ; c'était un repaire sûr. Il n'était pas géographiquement isolé de la cité, puisque la vieille ville arrivait jusqu'à ses murs. Armes et hommes pouvaient aller et venir sans la moindre difficulté.

Dans cette atmosphère, certains des concepts vertueux et poétiques du sikhisme furent déformés. Par exemple l'idée du *seva* ou service. Quand la terreur fut devenue une expression de la foi, l'idée de *seva* se transforma.

Citons le témoignage d'un homme : « Inderjit était un partisan très fidèle de Bhindranwale. Il a été mêlé au meurtre de Sandhu. Inderjit avait l'habitude de venir au Darbar Sahib [temple d'Or] et de demander un *seva* à Bhindranwale, n'importe lequel. Une fois il était venu me trouver, moi aussi, et m'avait offert ses services pour un coup de main, quel qu'il fût. Étant donné que je le connaissais à peine et qu'il était venu me voir tout seul, je ne lui fis aucune confiance. C'était d'ailleurs un individu à l'air très louche. Il s'était lié d'amitié avec [certaines personnes] qui sortaient de l'enceinte du temple d'Or pour se livrer à des actes terroristes. Deux jours après l'assassinat de Sandhu, Inderjit vint à Darbar Sahib. Par son comportement exubérant et ses vantardises, il laissa clairement entendre qu'il avait pris part au meurtre de Sandhu et qu'il en était fier. » Sandhu habitait, en fait, la maison voisine de celle d'Inderjit. Le service ou *seva* rendu par Inderjit avait été de fournir à une équipe de sept tueurs des renseignements sur les mouvements de son voisin. Dans cette conception de la foi, les rapports de bon voisinage n'avaient aucune place.

Le conseiller militaire de Bhindranwale au temple d'Or s'appelait Shabeg Singh. Il avait été général de division dans l'armée indienne et s'était distingué durant la guerre du Bangladesh, en 1971. Après quoi, les choses avaient mal tourné : il avait été mis en disponibilité pour détournement de fonds, mais autorisé à conserver son grade. La vengeance était devenue sa religion ; la cause de Bhindranwale était devenue sa cause.

Le témoin déjà cité plus haut rapporte aussi comment se firent les préparatifs pour s'attaquer à l'État : « Du fait que les événements se déroulaient à un rythme précipité, on comprit que l'entrée de la police dans le temple d'Or était imminente. Il fut décidé que la jeunesse sikh devait être mobilisée... La décision fut prise en mars-avril 1984. Des groupes de jeunes Sikhs comptant trente à cinquante hommes arrivèrent au temple d'Or. Dans le parking du Ram Dass Langar » — il s'agissait d'une des cuisines du temple — « on construisit des parois en bois pour les loger. Dans une des salles, Shabeg Singh donnait des cours de formation théorique sur le maniement des armes à feu. Il faisait parfois des démonstrations et en faisait faire aussi par certains d'entre nous... On soumettait ces groupes à des discours incendiaires... Ils restaient deux ou trois jours. On a dû toucher en tout entre huit et dix mille jeunes Sikhs. »

C'est ainsi que Bhindranwale renforça son pouvoir politique et il aurait pu le rendre encore plus solide s'il en avait eu le temps. Mais les actes terroristes indépendants se poursuivaient et, en juin 1984, l'armée intervint. Ses chefs, toutefois, avaient sous-estimé la force des défenseurs du temple ; une centaine de soldats se firent tuer. Et ce ne fut pas la fin de l'affaire. Des partisans de Bhindranwale et d'autres occupèrent de nouveau le temple et en refirent un repaire de terroristes. En 1986, la police repartit à l'assaut ; après quoi, les terroristes y retournèrent encore une fois. En mai 1988, la police se décida enfin à faire ce qui aurait dû être fait dès le début, elle coupa l'eau et l'électricité et assiégea les terroristes à l'intérieur du temple. Nombre d'entre eux occupaient le sanctuaire central avec son dôme doré à la feuille, situé au milieu du lac. Des tireurs d'élite de la police, installés hors des limites du temple, tiraient sur quiconque essayait de puiser de l'eau dans le lac. Au Pendjab, on était en plein été et il faisait très chaud. Près de deux cents terroristes se rendirent. Durant le siège, le temple central avait été souillé, les terroristes en ayant fait leurs latrines. Ailleurs, dans l'enceinte du temple, on découvrit les cadavres de gens tués par les terroristes avant l'action de la police.

Les hommes qui avaient souillé le temple central n'avaient pas lutté jusqu'à la mort. Un journaliste sikh qui assistait au siège fut scandalisé de les voir se rendre. On lui avait inculqué une autre idée du noble comportement sikh. Cette idée, d'ailleurs, avait déjà été battue en brèche par certains actes commis par les terroristes. Le journaliste avait refusé de croire que des adeptes de sa foi pouvaient tuer des femmes et des enfants ; refusé de croire qu'ils arrêteraient un autobus pour massacrer tous les passagers. Il s'était dit, d'abord, que toutes ces histoires avaient été inventées par les autorités. D'ailleurs, il y avait des gens qui continuaient à croire que les hommes qui s'étaient rendus durant le siège du temple n'étaient absolument pas des Sikhs. Un pamphlet, écrit par un officier de l'armée à la retraite, assurait qu'ils étaient « financés par le gouvernement... des criminels... dotés des attributs et du costume sikhs, à qui l'on avait enseigné une connaissance rudimentaire des traditions sikhs ».

Le besoin d'établir une identité sikh revenait de façon chronique parmi les membres de la secte. La religion était à la base de cette identité ; elle fournissait la charge émotionnelle. Toutefois, cela signifiait aussi que la défense de la cause sikh avait été confiée à des gens qui n'étaient pas représentatifs de la réussite de la secte, qui avaient une bonne génération de retard.

Bhindranwale avait passé la majeure partie de sa vie dans un séminaire d'une petite bourgade provinciale, Mehta Chowk, non loin d'Amritsar.

A l'entrée de la ville, il y avait, de part et d'autre de la route, de petites boutiques dans des cours en terre battue toutes nues. Contre l'une de ces boutiques était fixé un écriteau où l'on pouvait lire textuellement : AJANCE UNIVERSEL POUR L'EMPLOI *Conseiller pour les emplois à l'étranger*. Tout autour, des champs de blé nain bien mûr, prêt à être fauché dans les jours qui venaient. Et aussi des champs de moutarde et d'autres où poussait une plante grasse d'un vert vif, utilisée comme fourrage. Des rangées d'eucalyptus marquaient les limites entre les champs, ponctuant de lignes verticales vertes cette contrée extrêmement plate : les rangées d'eucalyptus qui se succédaient jusqu'à l'horizon laissaient deviner à certains endroits des terrains boisés.

Les champs arrivaient au pied des murs du séminaire. Le terrain plat, qui s'étendait jusqu'à l'horizon sous un ciel très haut, paraissait illimité ; mais chaque pouce de terre agricole était précieux. Le *gurdwara*, ou temple, attenant au séminaire montrait les murs blancs et la coupole de style mogol caractéristiques des temples sikhs, reflétant l'origine de cette foi organisée à l'époque mogole. La coupole semblait faire un effet de style ; elle soulignait la banalité du cube de béton indien sur lequel elle reposait. Sur ce cube blanc, les encadrements des fenêtres se détachaient en bleu. La grande salle du *gurdwara* était très dépouillée, avec au plafond des ventilateurs à larges pales et un balcon intérieur muni d'une large rambarde. Seules les vitres colorées aux portes dénotaient une volonté de faire joli.

Le bâtiment du séminaire était tout aussi nu. A l'étage, dans une pièce en béton entièrement vide à l'exception de deux lits, le principal prédicateur s'entretenait avec les visiteurs. Il n'y avait plus de fusils dans le séminaire, nous assura-t-il ; et de toute façon, ils n'acceptaient plus à présent que des enfants. Certains d'entre eux, des garçons, entrèrent dans la pièce pour nous regarder. Ils portaient des robes bleues de séminaristes, qui leur descendaient à mi-mollet. Dehors il faisait beau et chaud ; les petits garçons silencieux, en robe bleue dans la pièce nue, venus contempler les visiteurs, vous rappelaient l'ennui de l'enfance, l'ennui des longues journées vides. Des idées de sanctuaire et de refuge vous venaient aussi en tête. Beaucoup de ces enfants étaient originaires d'autres États de l'Inde ; certains — des solitaires, des vagabonds — paraissaient avoir été convertis au sikhisme et avoir trouvé au séminaire une fraternité et un abri. Cette idée de bienvenue et de sécurité fut renforcée lorsqu'un grand garçon en robe bleue apporta une cruche de lait chaud qu'il servit aux visiteurs dans des bols en aluminium.

Le prédicateur précisa qu'il était arrivé au séminaire quand il avait à peu près l'âge des garçons qui se trouvaient dans la pièce. Il avait quitté son foyer pour vivre au séminaire, plus de vingt ans auparavant.

C'était à peu près de cette façon que Bhindranwale, lui aussi, était venu au séminaire. A l'âge de quatre ou cinq ans. Vingt-cinq ans plus tard, il en était devenu directeur ; et cinq ans après — une fois qu'il se fut attaqué aux hérétiques parmi les Sikhs — il était parti s'installer au temple d'Or. Et là, deux ans plus tard, il était mort.

Il venait d'une famille d'agriculteurs ; il avait huit frères, et on l'avait envoyé au séminaire parce que ses parents n'avaient pas les moyens de nourrir tous leurs fils. Qu'aurait-il pu savoir du monde ?

Quelle idée pouvait-il avoir des villes, des grands immeubles, de l'État ? Le long de ces routes de campagne, qui couraient entre les champs opulents, il y avait des bâtiments rouges en briques, bas et poussiéreux, auxquels étaient rattachées de grossières annexes dont les murs étaient parfois en terre, les toits en chaume posé sur des branches d'arbres tordues. Sur ces toits séchait de la paille. Les boutiques se dressaient dans des cours en terre battue.

Après ses vingt-cinq années au séminaire, Bhindranwale entreprit de ramener ses coreligionnaires vers la véritable voie, la voie de la pureté. Il sortait prêcher ; il se fit un nom. Un homme l'entendit prêcher en 1977 — un an avant qu'il ne devienne célèbre — dans la ville de Gayanagar, au Rajasthan. Trois mille personnes, cinq mille peut-être, étaient venues écouter le jeune prédicateur de Mehta Chowk, et Bhindranwale leur parla pendant environ trois quarts d'heure. « Il les tint sous le charme, en leur parlant le langage du commun. » Que dit-il ? « Il demanda aux gens de ne plus boire. Il leur dit : ''Boire vous fait du mal et vous vous sentez coupables. Tout le monde veut ressembler à son père. Or, le père de tous les Sikhs est le gourou Gobind Singh. Donc, un Sikh doit porter les cheveux longs et n'avoir aucun vice.'' Il y avait aussi de nombreuses références aux Écritures. »

Selon cette foi, quand les hommes avaient trop de mal à affronter le monde, la religion du dixième gourou, le gourou Gobind Singh, la religion du geste et du symbole, leur venait plus facilement que la philosophie et la poésie du premier gourou. Il était plus aisé de se reporter à la foi baptismale très structurée de Gobind Singh, à toutes ces choses qui séparaient le Sikh pratiquant du reste du monde. La religion devenait une identification aux souffrances et aux persécutions endurées par les derniers gourous : un cri de bataille.

Cette foi avait besoin d'être constamment ranimée et il y avait eu des prédicateurs fondamentalistes ou revivalistes avant Bhindranwale. Par exemple Randhir Singh. Le mouvement qu'il avait lancé dans les années 1920 était encore important, comptait encore des adeptes, pouvait encore les faire partir en guerre contre les hérétiques et les ennemis. Le chef de ce mouvement était à présent Ram Singh, un petit homme noir de peau de soixante-douze ans, qui avait été commandant dans l'aviation indienne.

Il me parla du fondateur du mouvement : « Il a vu la lumière. Sa peau était sombre, mais quand il a vu la lumière, elle s'est mise à briller d'un éclat particulier. Il pouvait lire dans l'avenir et savait aussi tout du passé. Sa peau avait plus d'éclat que celle des Anglais. Il avait les joues roses — la lumière émanait de ses joues. Il a vu la lumière à l'âge de vingt-six ans. Il s'est révolté contre le gouvernement britannique. L'affaire du complot de Lahore, en 1920. Il a été emprisonné à vie.

« Un jour, en prison, un aumônier lui dit : "Vous avez l'air en bonne santé. Vous devez bien manger." Et Sant Randhir Singh lui répondit : "On me donne ce qu'il y a de pire." Le prêtre reprit : "Vous avez l'air heureux. Y a-t-il quelqu'un avec vous ou bien restez-vous seul ?" Le Sant dit : "Je ne suis jamais seul." Le geôlier intervint : "Il ment, dit-il au prêtre. Nous ne mettons jamais deux prisonniers ensemble." Alors, le prêtre redemanda au Sant : "Qui est avec vous ?" Et le Sant dit : "Le Tout-Puissant."

« Quand le Sant sortit de prison, dans les années 1930 — après seize ans d'incarcération — il décida de passer le reste de sa vie à chanter des versets religieux, à lire et à administrer l'*amrit* aux autres.

— Pourquoi l'*amrit* est-il nécessaire ? demandai-je au commandant Ram Singh.

— Dieu est caché à l'intérieur de nous, répondit-il. Il n'est qu'un nom — à l'intérieur de chaque être humain. Quand vous prenez l'*amrit*, et alors seulement, vous en avez conscience — ce nom vous vient automatiquement aux lèvres. »

Il se lança dans un discours sur l'*amrit*. « C'est un mélange d'eau pure et de sucre blanc. Ce sucre est composé en réalité de sucre blanc et de bicarbonate de soude. On le chauffe pour le faire monter et écumer et, en se solidifiant, il forme des pains de sucre. On le mélange alors à l'eau dans des récipients en fer et on agite dans le mélange, d'avant en arrière, une épée en fer à double tranchant. Cette pratique remonte au dixième gourou, au gourou Gobind Singh. On donne l'*amrit* pour rendre celui qui le reçoit immortel. Le fer est un métal magnétique. Dans le récipient de fer où on mélange l'*amrit*, vous avez la plus grande concentration de lignes de forces magnétiques. Or, quand un élément conducteur passe à travers la ligne de forces magnétiques, cela donne une force électro-magnétique. Cela aimante les pains de sucre et l'eau et, dans une faible mesure, dissout du fer dans le mélange. C'est donc aussi un petit tonique au fer. »

Notre entretien se déroulait dans son salon. Il y avait un tapis sur le sol, une nappe sur la table au centre de la pièce et des bibelots sur des étagères suspendues : une pendulette, une statuette représentant un cheval en train de se cabrer, un pot en porcelaine, la photographie en couleur d'un enfant, un petit plateau d'argent (souvenir de Londres) et quelques petits tableaux de fleurs.

Le commandant Ram Singh était né en 1916. Son père, agriculteur, s'était donné du mal pour le faire instruire. Ram Singh était entré dans l'aviation du temps des Britanniques, en 1939. En 1957, il avait pris l'*amrit*.

Pourquoi avait-il éprouvé ce besoin ? Traversait-il quelque crise personnelle ? Il répondit que non. Il avait lu des livres écrits par le Sant Randhir Singh et avait découvert que sans l'*amrit*, il était impossible d'atteindre Dieu.

Il parlait clairement. J'avais le sentiment qu'il voulait être amical. Son ton et ses manières étaient ceux d'un homme raisonnable, d'un homme en paix avec lui-même. Il portait un complet marron clair avec un cardigan couleur de chocolat au lait. Sa tête était ceinte de ce qui me parut être un bandeau plutôt qu'un véritable turban, couleur safran. Le couteau, un des cinq emblèmes du sikhisme, pendait dans une gaine noire au bout d'une large bandoulière en cuir noir, ce qui lui donnait moins l'air d'un guerrier que d'un receveur d'autobus. Sa barbe était d'un gris jaunâtre.

Son mouvement avait pour objectif de créer des Sikhs parfaitement purs, et l'*amrit* était indispensable. « Une fois que vous avez pris l'*amrit*, vous ne mangez plus d'aliments qui n'aient été cuisinés par des *amritdharis*. » C'est-à-dire des gens ayant eux aussi pris l'*amrit*. « Cela vous aide à maîtriser les cinq vices : la luxure, la colère, la convoitise, l'ego, les attachements familiaux. »

Cela devait aussi créer une idée de fraternité. Était-ce pour cette raison que certains membres du mouvement étaient devenus suspects aux yeux des autorités ?

Il m'expliqua qu'ils avaient eu des problèmes avec un groupe de Sikhs réformateurs qui croyaient aux gourous vivants : c'est-à-dire qu'ils croyaient que la lignée des gourous ne s'était pas éteinte à la mort du dixième gourou, en 1708. Il s'agissait d'un petit groupe, mais qui ne cessait de leur causer des problèmes considérables et exaspérants. En 1978, un membre de son mouvement avait été tué par des adeptes de ce groupe et plusieurs autres membres étaient passés dans la clandestinité.

Pourtant, il me parlait comme un homme pour qui la violence est une réalité très éloignée. Sa vie entière était consumée par sa foi. Il se levait — pour commencer sa journée — à minuit. Il prenait un bain et disait ses prières jusqu'à quatre heures. De quatre heures à cinq heures et demie, il lisait les Écritures sikhs. Puis il dormait jusqu'à huit heures et demie. Telle était sa vie. La vie qui lui était venue avec la foi pure vers laquelle il s'était tourné à l'âge de quarante et un ans. De toute évidence, elle lui avait apporté la paix.

Juste avant que nous sortiions, son fils entra dans la pièce. C'était un beau garçon au teint clair. Il avait guéri de la poliomyélite et était devenu médecin. Il avait l'air très gentil ; une grande douceur émanait de toute sa personne ; il possédait la même sérénité que son père. Il était fonctionnaire du gouvernement et ajouta, avec un sourire, qu'ils étaient actuellement en grève. C'était lui qui avait rapporté le petit plateau d'argent sur les étagères, d'un voyage en Angleterre.

Les terroristes ne vivaient plus à présent que pour le meurtre, pour l'idée de l'ennemi et du traître, pour la rancœur et les récriminations, tout cela étant devenu une espèce d'expression totale de leur foi. On pouvait prédire pour la plupart d'entre eux des morts violentes, la police n'étant ni oisive ni maladroite. Toutefois, tant qu'ils étaient libres, ils menaient des existences frénétiques, ponctuées par d'incessantes sorties pour aller tuer. Tous les jours, il y avait sept ou huit meurtres, dont la plupart n'étaient que de simples alinéas dans un rapport officiel publié deux jours plus tard. Seuls les événements exceptionnels étaient rapportés en détail.

Comme par exemple l'assassinat de six membres d'une même famille, dans un village distant d'une grande quinzaine de kilomètres de Mehta Chowk, tués par une bande de terroristes en l'espace d'une demi-heure. Les deux fils aînés de la famille avaient été abattus ; leur père et leur mère ; leur grand-mère et un cousin. Les six victimes étaient des Sikhs dévots, tous *amritdharis*. Le fils aîné, principale cible des assassins, avait été un adepte de Bhindranwale, mais un billet laissé par les agresseurs dans la pièce où quatre personnes avaient péri — billet taché de sang quand on l'avait trouvé — précisait que l'acte était revendiqué par « La force des tigres de Bhindranwale ».

Dans le nord de l'Inde, les villages ne sont souvent qu'un enchevêtrement d'étroites allées anguleuses, entre des murs de maison aveugles ou percés d'ouvertures. Le village de Jaspal, où avait eu lieu la tuerie, était plus ouvert, bâti selon un plan plus simple, de part et d'autre d'une rue ou allée principale toute droite. C'était un village de quatre-vingts maisons, qui n'était en réalité qu'une espèce de déversoir d'un bourg voisin plus important. Huit ans auparavant, certains des habitants les plus aisés de ce bourg avaient commencé à se faire construire des fermes à Jaspal, sur de grands terrains rectangulaires de chaque côté de la route principale.

Quand nous arrivâmes, en milieu d'après-midi, les gens qui travaillaient à l'entrée du village se montrèrent méfiants. Nous aurions pu — nous, c'est-à-dire des étrangers arrivant dans une voiture de location ordinaire — être n'importe qui, des policiers ou des terroristes : des ennuis d'espèces différentes, mais des ennuis quand même. Ils continuèrent à travailler, l'air un peu plus renfrogné, en faisant presque semblant de ne pas nous voir. Il était étrange de ne trouver dans le village ni policier, ni fonctionnaire — moins de quarante-huit heures après la tuerie, l'endroit était de nouveau livré à lui-même.

La chaussée centrale était large, pavée de briques et surmontée de lignes électriques. De part et d'autre, les murs de ferme étaient plats et bas, certains avec la brique apparente, d'autres enduits de plâtre et badigeonnés de rose ou de jaune. Dans un espace ouvert, sous un grand arbre, on pouvait voir de courts poteaux ou pieux pour attacher les buffles et il y avait un gros tas de fumier de buffle, soigneusement ramassé et séché. A plusieurs endroits, le long de la rue — un peu comme si celle-ci servait aussi aux villageois d'enclos à buffles —, on apercevait des charrettes plates et vides, munies de pneus de caoutchouc, appuyées aux murs, ainsi que des buffles, des auges et des tas ou pyramides de pains de fumier qui servaient de combustible. Le village se terminait abruptement en même temps que la chaussée pavée. Au-delà de cette chaussée — déjà à demi plongée dans l'ombre et poussiéreuse aux endroits où elle n'était pas constellée de fumier frais — partait un sentier en terre battue plus étroit, cuit par le soleil, cheminant entre des champs de moutarde et de blé mûr d'un jaune aveuglant, d'où surgissaient de grands eucalyptus aux feuilles tombantes vert pâle et des poteaux électriques plantés de travers.

Nous n'eûmes pas besoin de demander quelle était la maison où le drame avait eu lieu. Une quinzaine de femmes, la tête couverte, étaient assises sur une espèce de bâche, devant un large portail ouvert. Ce portail était peint en vert menthe, avec des losanges de différentes couleurs le long des piliers. Les deux vantaux à armature de métal étaient grands ouverts : dans le haut un motif en fer forgé, dans le bas des plaques de tôle ondulée assujetties aux croisillons de l'armature de métal, les triangles qui en résultaient peints en jaune, blanc et bleu, soulignés de rouge. A l'autre bout de la cour — où les feuilles verticales de jeunes eucalyptus ne projetaient presque aucune ombre — les hommes étaient assis dehors, à même le sol, portant pour la plupart des turbans blancs, les chaussures qu'ils avaient enlevées éparpillées autour d'eux, à côté d'un lit de camp. Les buffles étaient dans leur box, contre le mur bas en briques par-dessus lequel avait sauté la bande de terroristes deux nuits auparavant. Un devant très bien protégé, avec le métal et la tôle ondulée ; et, du côté des champs, un arrière grand ouvert.

On nous emmena dans la ferme voisine. L'endroit paraissait beaucoup plus cossu. La cour n'était pas en terre battue, mais pavée de briques, comme la rue. C'était l'une des rares maisons de Jaspal à posséder un étage. Celui-ci se trouvait au-dessus de l'entrée. Il était décoré d'un motif en quinconces de carreaux noirs, blancs, verts et jaunes, avec au coin, par souci d'élégance, un dessin régulier de briques en relief. La remorque stationnée dans la cour devait être rattachée à un tracteur : on pouvait y voir les mots mystérieux et incantatoires qui figurent à l'arrière de tous les camions indiens : OK TATA. Et, dans un coin de la cour, il y avait une espèce de parterre fleuri : des tournesols, des bougainvillées, des capucines, des plantes aimant le soleil.

Nous nous assîmes sur des lits de camp, dans la pièce ouverte et ensoleillée située à la gauche de l'entrée. Le plafond en brique, qui était en même temps le sol de la pièce du dessus, reposait sur deux poutres en bois fixées à des traverses d'acier. Les piliers de béton étaient cannelés, avec des bandes de décorations moulurées ou sculptées, peintes de toutes les couleurs — on retrouvait ici un écho des piliers des temples hindous, avant les invasions musulmanes. Tout, dans cette cour, dénotait le plaisir que la demeure procurait à son propriétaire.

Des gens s'approchèrent de nous. Ils se mirent eux aussi sur les lits de camp, tournant le dos à la lumière, ou s'adossèrent aux piliers multicolores. Le costume panjabi — élégant à Delhi et ailleurs — n'était encore ici qu'une tenue de paysan, la tenue souillée et crasseuse de gens dont la vie était liée à celle de leurs troupeaux. Une femme robuste, entre trente et quarante ans, dans un ensemble fleuri gris-vert, sale autour des chevilles, vint avec un enfant sur la hanche s'asseoir sur le lit de camp. Elle avait les yeux si gonflés d'avoir pleuré qu'elle pouvait à peine les ouvrir.

L'enfant, assis là sur ses genoux et qui se cramponnait à elle, était le fils du frère aîné assassiné ; il avait sept ans. Il se trouvait dans la pièce quand son père avait été tué ; il n'avait été sauvé de la rafale de l'AK-47 que parce qu'un autre frère s'était caché avec lui sous un lit. Le petit était encore hébété, mais capable de s'intéresser par moments aux nouveaux venus ; parfois, tandis que les adultes conversaient, des larmes lui venaient aux yeux. On l'avait habillé d'un costume marron clair tout propre et on avait ramassé ses cheveux en chignon sur le dessus de la tête.

L'oncle qui l'avait sauvé était un beau jeune homme élancé de vingt-trois ans. Il s'était vêtu avec soin pour l'occasion, pour recevoir tous les visiteurs qui se présentaient : turban bleu, élégante chemise à carreaux noirs et gris. Il raconta l'événement ; pendant qu'il parlait, une jeune cousine s'approcha et, sans affectation, posa sa tête sur l'épaule du jeune homme.

Les travaux agricoles de la journée se poursuivaient. Les buffles rentraient des champs, par le portail de devant. Les lourdes chaînes qu'ils traînaient résonnaient sourdement sur le sol de briques, et leurs sabots faisaient un bruit creux de tambour. On n'oubliait pas les politesses de village : on apporta aux visiteurs de l'eau, puis du thé.

L'homme à la chemise à carreaux noirs et gris s'appelait Joga. Un des journalistes que j'accompagnais me traduisit son récit qui fut amplifié le lendemain par Avinash Singh, correspondant de l'*Hindustan Times*.

La famille venait de dîner, dit Joga, et un certain nombre de ses membres se trouvaient dans la pièce donnant sur la cour, du côté habitation. (Le côté opposé étant réservé au bétail ou aux buffles.) Certains d'entre eux « buvaient du thé ». Un peu après neuf heures, il y eut tout un remue-ménage dans la cour et quelqu'un qui s'y trouvait cria : « Celui qui est venu de Jodhpur et qui se fait passer pour un homme pieux — il faut qu'il sorte. »

Joga crut d'abord que c'étaient des gens du village qui criaient, mais presque aussitôt le ton de ces voix le convainquit qu'il s'agissait des « gars », des « Singhs ». « Les Singhs » : le mot n'était pas simplement ici un homonyme de « Sikhs ». Il désignait au départ les Sikhs fidèles à leurs vœux de baptême ; et dans ces villages, on en était venu à l'appliquer aux hommes appartenant à l'une ou l'autre des bandes de terroristes. « Les Singhs » était le mot dont Joga se servait le plus souvent lorsqu'il parlait des hommes qui étaient venus ce soir-là. L'autre mot utilisé était *atwadi*, « les terroristes ». Une seule fois, il dit *munde*, « les gars ».

Joga tenait le fils de Buta sur ses genoux. Dès qu'il comprit que les hommes qui venaient d'arriver étaient des Singhs, il se cacha avec l'enfant sous le lit.

Buta, le frère aîné, s'avança jusqu'à la porte de la pièce. Les hommes qui se trouvaient dehors avaient réclamé celui qui était « venu de Jodhpur ». Jodhpur avait un sens : Buta, avec deux ou trois cents autres personnes, avait été détenu au fort de Jodhpur pendant plus de quatre ans, de juin 1984 à septembre 1988 — à peine huit mois auparavant —, soupçonné de terrorisme. Il avait été incarcéré parce qu'il se trouvait au temple d'Or à l'époque où l'armée l'avait attaqué et qu'on savait qu'il était un fidèle de Bhindranwale sur le plan religieux. Buta le reconnaissait d'ailleurs, mais il niait être un terroriste. S'il se trouvait dans le temple d'Or ce jour-là, expliqua-t-il, c'était parce qu'il avait apporté une offrande de lait pour l'anniversaire du martyre du sixième gourou, exécuté sur l'ordre de l'empereur Jehangir en 1606.

Tel était l'homme, âgé de trente-deux ans seulement, mais ayant déjà derrière lui bien des années de souffrance, une vie déjà corrompue, qui vint s'encadrer dans le chambranle de la porte pour contempler les hommes soigneusement emmitouflés qui avaient envahi la cour de sa maison.

« Qui est Buta Singh ? demanda le chef.

— C'est moi.

— Viens avec nous. Nous te voulons. Nous sommes venus te chercher. » Et l'homme qui avait pris la parole dit à l'un de ses Singhs : « Attache-lui les mains. »

Certains des agresseurs firent mine de l'empoigner par les bras. Buta s'écria : « Non, non, je ne veux pas. » Il y eut une bousculade et deux des Singhs firent feu. Une balle frappa Buta juste au-dessous des côtes, du côté droit, et il tomba à la renverse dans la pièce. Sa mère se jeta sur lui, en criant aux hommes : « Ne le tuez pas, je vous en prie. » Le frère de Buta, Jarnail, et la femme de Buta, Balwinder, se jetèrent aussi sur lui. Les Singhs tirèrent Balwinder à l'écart par les cheveux et ils lâchèrent une nouvelle rafale d'AK-47. Buta n'était pas encore mort, mais cette nouvelle rafale le tua, ainsi que sa mère et son frère. Sa grand-mère fut blessée — elle devait mourir quelques jours plus tard.

Le père de Buta sortit en courant de sa chambre sur le devant de la cour, côté rue. Il traversa la cour jusqu'à l'endroit où se trouvaient les assassins et tenta de s'emparer d'une de leurs armes. Il fut abattu d'une balle dans la tête.

Ensuite, les Singhs — ils étaient huit ou neuf — sortirent dans la rue principale du village par le portail. En face, légèrement sur la droite, se trouvait la maison de Natha Singh, l'oncle de Buta, cousin germain de son père. Ils voulaient Natha Singh. Voyant qu'on refusait, chez Natha Singh, de leur ouvrir le portail de devant, ils firent le tour par-derrière, sautèrent par-dessus le muret et l'appelèrent. Natha avait cinq enfants dont l'aîné était une fille de quatorze ans, frappée de poliomyélite.

Natha sortit à leur appel. Les hommes l'entraînèrent dans la rue et lui ordonnèrent de les emmener avec son tracteur jusqu'à la maison de Baldev dont ils désiraient aussi vivement s'emparer. Il avait des comptes à leur rendre : Baldev, dirent-ils, était un Sikh *amritdhari* qui avait trahi ses vœux et qui avait des accointances avec le prêtre d'un temple dans la ville de Jalandhar. Lorsqu'ils arrivèrent chez Baldev, dont la maison se trouvait juste au bout de la rue principale, jouxtant les champs, ils ne le trouvèrent pas. En effet, en entendant les fusillades, il s'était enfui, car il avait déjà reçu des lettres de menace s'en prenant à ses pratiques religieuses. Les hommes repartirent donc avec Natha sur son tracteur et dans la rue, devant chez lui, ils l'abattirent.

Les Singhs n'avaient passé au village qu'une demi-heure, pas plus. Et puis ils étaient repartis. Ce n'est que huit heures plus tard, vers cinq heures trente du matin, qu'un membre de la famille ramassa le billet que les terroristes avaient laissé — à présent taché de sang et difficile à déchiffrer. Il précisait que Buta Singh et Natha Singh avaient été tués parce qu'ils étaient responsables de la mort de deux terroristes, abattus à cinq cents mètres du village, à peine deux mois plus tôt. La tête d'un de ces deux hommes avait été mise à prix pour trente mille roupies.

La police dit que la bande en question voulait que Buta se joignît à eux, car il avait été proche de Bhindranwale jusqu'en 1984 et aurait donné un peu de « crédibilité » à leur groupe.

Les villageois avaient aussi une autre histoire à raconter. Peu après avoir été libéré de Jodhpur, Buta — qui, durant son incarcération, avait poursuivi des études et obtenu une licence — avait sollicité un permis de conduire un minibus, démarche qui s'insérait dans le projet gouvernemental pour la réhabilitation d'hommes tels que lui. Or, un jour, Buta dut se rendre à Jalandhar pour son permis. Il ne rentra pas chez lui à l'heure dite. Les gens du village se renseignèrent et apprirent qu'il avait été arrêté par la force de Police centrale de réserve à Jalandhar. Il resta détenu neuf jours.

Buta ne révéla jamais à quiconque pourquoi on l'avait arrêté, ni ce qui s'était passé durant ces neuf jours de détention. Tout ce qu'on savait, c'était qu'à son retour, il avait affreusement peur et ne voulait jamais quitter le village — pour aller jusqu'au puits ou au marché local — sans être accompagné. (D'aucuns assuraient que Buta avait peur de retomber aux mains de la police, mais cela ne paraissait pas très logique, car la police aurait pu le ramasser à sa guise, qu'il fût seul ou avec quelqu'un. En revanche, la présence d'un compagnon aurait peut-être dissuadé un assassin d'agir.)

Nous allâmes enfin dans la maison voisine, la maison des meurtres, en contournant le groupe de femmes assises dans l'encadrement du portail. Elles avaient cessé de se lamenter ; elles restaient là, aussi silencieuses que les hommes dans la cour inondée de soleil. Les feuilles verticales des eucalyptus n'y faisaient pas un pouce d'ombre ; au contraire même, en frappant ces feuilles, le soleil de l'après-midi semblait lancer une sorte de reflet étincelant. Le mur enduit de plâtre de la zone d'habitation était peint en rose ; au-dessus des portes et des fenêtres, les blocs de béton, percés pour la ventilation, étaient d'un vert menthe, comme les murs extérieurs : des couleurs méditerranéennes. Les portes, les fenêtres et les barres de fer verticales au-dessus des fenêtres étaient d'un vert plus sombre.

Les chambres se trouvaient sur le devant du bâtiment, de part et d'autre du portail. Les portes ouvraient sur la cour, et le mur du fond (percé de fenêtres munies de barreaux) était mitoyen avec la rue. Il y avait deux pièces sur la gauche. Outre leur fonction de chambres à coucher, m'expliqua Avinash, ces pièces devaient aussi servir de resserres où l'on entreposait le blé et le riz dans des sacs de jute. Le père de Buta Singh dormait dans la pièce qui faisait le coin de la cour ; c'était de là qu'il était sorti en courant.

La chambre située à droite du portail était la pièce principale de la ferme. C'était là que dormaient Buta Singh et sa femme et elle servait aussi de salle de séjour. A présent, il n'y avait plus une seule chaise. Les chaises et la table centrale, m'expliqua Avinash, avaient été enlevées, parce qu'on savait qu'après les meurtres, il y aurait des visiteurs. Il y avait deux lits, côte à côte, dont les draps et les couvertures étaient restés en désordre. Il y avait aussi un troisième lit dans la pièce, ainsi que des cantines et des coffres de fer. Sur une étagère, un souvenir du temple d'Or et au mur des calendriers religieux sikhs. Dans l'art populaire sikh, on représente toujours les gourous avec les yeux à demi révulsés, procédé qui suggère une idée de cécité et de lumière intérieure. Dans cette pièce, toutes ces images étaient particulièrement impressionnantes.

Il y avait une photographie du beau-père de Buta et une autre de Buta lui-même : un jeune homme à lunettes, à la physionomie studieuse. Cette physionomie et ces lunettes étaient d'ailleurs surprenantes, dans le cadre de la ferme et du village. Peut-être Buta avait-il soigné cette apparence d'intellectuel ; il était très certainement le premier membre de sa famille à avoir fait des études supérieures. Sa femme, Balwinder, était la seule diplômée universitaire du village, et c'était sans nul doute son exemple qui avait incité Buta à décrocher une licence durant ses années de détention à Jodhpur.

Deux ou trois générations — non seulement de travail, mais aussi d'encouragement et de sécurité politique, de développement agricole, de croissance de l'économie nationale — avaient amené la famille de Buta à sa présente situation. Deux ou trois générations avaient engendré chez Buta Singh les débuts d'un penchant intellectuel. S'éveillant ainsi à la connaissance, il avait dû avoir conscience, avec une lucidité particulière, du milieu dont il sortait. Des idées d'injustice et de torts subis avaient dû lui venir plus aisément que celles de l'avance régulière des générations ; et le fondamentalisme d'un homme tel que Bhindranwale avait dû lui sembler répondre à tous ses besoins émotionnels, avait dû lui apparaître comme un programme : anoblissant les griefs et l'idée de persécution, proposant l'histoire comme l'idée d'une gloire trahie et offrant, pour le présent, les thèmes jumeaux de l'ennemi et de la rédemption. Cette idée l'avait pris au piège et balayé.

La police prétendait qu'il avait été tué parce qu'il avait refusé de se joindre à la bande de terroristes. Le billet qu'avaient laissé les Singhs l'accusait d'avoir été responsable de la mort, sous les balles de la police, de deux membres importants de leur groupe. Peut-être y avait-il du vrai dans l'une et l'autre affirmation. Tout cela faisait partie de cette lamentable situation où les hommes ne pouvaient adhérer à la cause qu'en versant le sang et une fois le sang versé ne pouvaient plus s'en détourner. Buta avait dû souffrir. Tout le monde s'accordait à dire qu'il était très pieux. Il avait acheté des manuels religieux pour ses deux jeunes fils ; il se rendait deux fois par jour au *gurdwara* pour prier. Quelle dévotion ! Au début, cette habitude avait dû assouvir un besoin émotionnel et intellectuel ; plus tard, peut-être, les prières n'avaient plus servi qu'à implorer une protection.

Tout s'était terminé pour lui dans la pièce voisine. Elle se trouvait sur le côté de la cour et donnait au sud. La porte était ouverte, mais contre l'éclat blanchâtre de la cour, sous sa croûte de fumier, l'intérieur paraissait très sombre. Dedans, dans l'ombre, des pots de laiton et d'acier luisaient sur des étagères. Il y avait des éraflures sur le sol, à l'endroit où Buta et sa famille étaient tombés. Il ne s'était pas écoulé plus de quarante-deux heures depuis cet événement, mais peut-être ces marques avaient-elles été faites par les gens qui étaient venus voir. Quand on l'avait découvert, le billet laissé par les tueurs était imprégné de sang. A présent le sol était noir de mouches qui remuaient à peine.

Trois jours seulement avant la tuerie, m'apprit Avinash par la suite, la femme de Buta Singh, la diplômée de l'université, avait ouvert une école en langue anglaise dans un village voisin. C'était une chose qu'elle avait envie de faire depuis longtemps. « Je croyais que mon rêve s'était réalisé, confia-t-elle à Avinash. Je ne savais pas que le retour de mon mari, libéré de Jodhpur, plongerait toute la famille dans le malheur. »

De l'autre côté de la rue se dressait la maison de Natha Singh, l'oncle de Buta. Sa femme ne savait pas lire. Elle avait cinq enfants, dont l'aînée était infirme. « Je ne sais pas quoi faire, dit-elle à Avinash. Pour moi, tout est fini. »

C'est en souvenir de Natha Singh qu'éclata un nouveau spasme de chagrin et de deuil, quand nous ressortîmes. A la droite de l'entrée vert menthe, avec son décor de losanges multicolores, des femmes tantôt restaient assises, tantôt se jetaient sur le sol à l'endroit où Natha avait été abattu — en revenant, aux commandes de son tracteur, de la demeure de Baldev. Des deux côtés de la rue constellée de crottin, les activités agricoles se poursuivaient : les buffles baissaient la tête vers leurs auges, sur le côté de l'allée, contre les murs des maisons. Emmener paître les bêtes, les ramener, les traire ou les débarrasser de leur joug, les nourrir, les rentrer à l'étable et préparer leur litière — tout cela donnait à chaque jour son rythme et sa valeur et on suivait cet emploi du temps comme une religion.

Deux autres hommes du village avaient été emprisonnés à Jodhpur. Tandis que les femmes gémissaient et que les buffles mangeaient, un des deux, Ranjit, nous raconta son histoire. Le jour même où il avait été libéré de Jodhpur, son frère avait été tué. Il ne nous dit pas qui l'avait tué, ce qui laissait supposer que le frère avait été abattu par « les gars ». Le cadavre avait été retrouvé à vingt kilomètres d'Amritsar — pas très loin de là où nous étions. Et il arriva donc que le jour où Ranjit rentra chez lui, après quatre ans et demi à Jodhpur, la dépouille de son frère y revint aussi. Cela s'était passé juste un mois auparavant.

Comment parvenaient-ils à parler si calmement de leur chagrin ? Ils y avaient, dans une certaine mesure, été préparés par leur foi ;

mais s'ils pouvaient s'exprimer ainsi, c'était parce que des centaines de gens avaient souffert comme eux. Avinash me dit que lui-même et les autres journalistes avaient déjà vu plus de cinquante meurtres en série, tels que ceux dont nous avions entendu parler cet après-midi-là. Un an et une semaine plus tôt, jour pour jour, dix-huit membres d'un clan rajasthani, dont la moitié étaient des Sikhs, avaient été massacrés. L'AK-47 est une arme faite pour le meurtre. Elle peut cracher un chargeur de trente-deux balles en deux secondes et demie ; les balles s'éparpillent tous azimuts et peuvent donc tuer toutes les personnes qui se trouvent dans une pièce. En une seule nuit, dans un quartier d'Amritsar, vingt-six personnes avaient été tuées, y compris une petite fille de trente jours et un patriarche de quatre-vingt-onze ans.

Nous regagnâmes Amritsar en empruntant des petits chemins de campagne et de village, au milieu de terres riches et bien cultivées. C'était la fin de l'après-midi, le soleil brillait, on se sentait encore en sécurité. Au bout d'un certain temps, nous eûmes l'impression d'être perdus. Nous nous trouvions sur une route en terre battue entre des champs irrigués. Nous aperçûmes deux hommes sur un vélo, l'un qui pédalait, l'autre assis sur le porte-bagages. Ce dernier se tenait élégamment, en amazone, les pieds serrés l'un contre l'autre, au lieu de les laisser pendre n'importe comment. Ses deux souliers étaient joints et relevés, comme pour éviter la poussière. Quand nous nous arrêtâmes pour demander notre chemin, il se laissa glisser à terre d'un mouvement exercé, et proposa de nous accompagner pour nous mettre sur la route d'Amritsar.

Il était aussi bel homme que l'avait laissé deviner sa façon de se tenir sur la bicyclette. C'était un Sikh, dont la barbe était taillée. Ce détail avait sa signification : il voulait dire qu'il n'avait pas pris l'*amrit*. Il avait entendu parler de la mort de Buta Singh et des autres meurtres et trouvait l'affaire épouvantable. Lui-même n'appartenait à aucun des groupes politiques purement sikhs. Il était dans les affaires, à un niveau fort modeste, et estimait avoir bien réussi. Cette réussite l'emplissait de joie. Il avait fait bâtir une maison, nous dit-il, avec toilettes, chasse d'eau et tout le confort. Elle lui avait coûté quatre lakhs de roupies, soit seize mille livres. Mais, à présent, il se demandait s'il n'allait pas être obligé de renoncer à sa maison et de quitter la région. En effet, il n'avait pas pris l'*amrit* et n'avait aucune intention de le prendre. Il ne pensait pas être capable de vivre selon le code très strict des *amritdharis* et il ne voulait surtout pas avoir des ennuis avec « les gars », comme cela était arrivé à tant d'autres personnes.

Dans le catalogue des tourments et martyres sikhs subis par les gourous fondateurs, le sort des deux fils du dixième gourou, emmurés vivants, occupe une place à part. Cette histoire — éveillant chez un Anglais de vagues échos du *Roi Jean* ou de *Richard III* — a quelque chose d'un mythe.

L'homme qui ordonne l'exécution de ces enfants — deux garçons de neuf et dix ans — est le gouverneur mogol de la ville de Sirhind. Une seule personne s'élève contre une telle cruauté : il s'agit d'un noble musulman d'origine afghane, le nabab de Malerkotla. Une fois le forfait accompli, il supplie que l'on brûle honorablement les petits cadavres : les musulmans sont ensevelis, mais les Sikhs et les Hindous sont incinérés. Le gouverneur répond : « Fort bien. Nous t'accordons un site pour le bûcher funéraire, mais la parcelle ne dépassera pas la taille de ce que tu pourras recouvrir de pièces d'or. » Le nabab accepte. Il répand sur le sol une partie de son trésor et les deux petits corps y sont brûlés. Ainsi sont créés deux lieux sacrés : celui où les enfants ont été emmurés et celui où ils ont été incinérés. Et l'anniversaire de leur martyre est marqué par une procession rituelle de l'un à l'autre.

Là où n'existe aucun sens de l'histoire, le mythe peut naître dans une zone située juste au-delà de la mémoire de nos pères ou grands-pères, juste au-delà des témoins encore en vie. Ce récit des enfants emmurés aurait pu survenir aussi bien voici deux mille ans que voici deux cents ou cent ans. Mais, dans la réalité, ces événements ont une date. C'est en 1699 que le dixième gourou a donné l'*amrit*, baptisé les premiers Sikhs et établi l'ordre martial des Sikhs, dans la ville d'Anandpur. Deux ans plus tard, il a été assiégé dans cette même ville par les forces mogoles. Le siège a duré trois ans. Le gourou est parvenu à s'échapper avec deux de ses fils ; mais sa propre mère et ses deux autres fils ont été capturés. On les a emmenés à Sirhind. En 1710, Sirhind est tombée aux mains des Sikhs.

Des événements qu'on peut dater, analyser, remettre en perspective par rapport au présent, peuvent aussi à un moment donné commencer à paraître lointains ; ils peuvent s'estomper. Les mythes, eux, restent actuels ; jamais ils ne perdent leur force. Alors qu'à Malerkotla, en 1762, les Sikhs avaient été massacrés par une armée d'envahisseurs afghans, dans cette même ville en 1947, à l'époque de la partition de l'Inde et des échanges de population entre l'Inde et le Pakistan — la fuite des musulmans vers le Pakistan et des Sikhs et des hindous hors de ses frontières — à Malerkotla, donc, en 1947, à cause de ce noble afghan qui avait couvert le sol de pièces d'or pour obtenir un site où seraient incinérés les deux fils du dixième gourou, aucun musulman ne subit la moindre violence. Dans les années 1960, le parti politique sikh, l'Akali Dal, choisit comme candidat le nabab de Malerkotla, lequel obtint les votes des Sikhs au cours de trois élections.

C'est Amarinder Singh qui me raconta tout cela. Amarinder était le chef de la maison de Patiala. Officieusement — du fait que les titres de prince avaient été abolis et les princes eux-mêmes « désaccrédités » —, il était maharajah de Patiala. Tous les Sikhs s'appellent « Singh » ; dans ce patronyme commun, toutes les différences de caste et de rang sont censées disparaître. L'idéal reste, mais, presque dès la naissance de la secte, on vit s'élever des chefs sikhs, et Patiala était l'un des plus grands. Après que Sirhind — où les deux enfants avaient été emmurés — eut été incorporée au territoire de Patiala, cela devint une tradition familiale que de marquer le martyre des fils du gourou par une procession rituelle.

« Sirhind était le siège du gouverneur mogol. Quand les Sikhs finirent par s'emparer de la place forte, il n'y avait plus rien sur place. Aucun emblème sikh n'avait survécu. Les Mogols les avaient tous détruits. Les sites se trouvaient là où le supplice avait eu lieu et où on avait bâti le premier *gurdwara*. Il fut ultérieurement reconstruit. Par mon père, au début des années 1950. La tradition voulait qu'à chaque anniversaire, le gourou Granth Sahib fût transporté sur un brancard du site du supplice à celui de l'incinération. » Il s'agissait donc d'un simulacre de cortège funèbre, au cours duquel les Écritures sikhs — telles que les avait finalement établies le dixième gourou — représentaient les deux fils du gourou. « Cela a duré jusque dans les années 1960, où le parti Akali a pris le contrôle du *gurdwara* et s'est chargé d'organiser la cérémonie. »

La famille avait des obligations spéciales envers la foi. « Nous sommes la seule famille qui ait été bénie deux fois par le gourou. » Amarinder utilisait la forme collective du mot « gourou », comme font souvent les Sikhs. La première bénédiction avait été donnée par le sixième gourou, Hargobind (1606-1644), qui avait réconforté par ces mots le fils éploré de la famille : « Pourquoi pleure-t-il ? Ses chevaux iront s'abreuver au fleuve Jamuna. » C'est ainsi que le gourou prédit que le territoire de Patiala s'étendrait un jour jusqu'au fleuve en question.

Plus tard, un autre ancêtre avait été baptisé par le dixième gourou. C'était à lui que le gourou avait écrit pour demander de l'aide, à la bataille de Chamkaur, peu de temps après le désastre d'Anandpur.

« Le gourou était encerclé dans sa place forte par les armées mogoles, mais il parvint à envoyer un message. Dans la lettre, il disait : "Ma maison est la vôtre. Et je suis en danger. Venez." Mais le temps que mon ancêtre arrive, la bataille était terminée. » Au cours de ce combat, les deux autres fils du gourou avaient péri. « C'était la première génération des Khalsa. » Plus tard, alors que le gourou était en route vers le sud, où il mourut en 1708 (deux ans avant que les Sikhs ne parviennent à prendre Sirhind), il fit une prophétie concernant la famille de Patiala et la taille qu'aurait un jour son État.

Cette lettre envoyée par le gourou depuis Chamkaur était particulièrement précieuse pour la famille. C'était d'elle que le père ou le grand-père d'Amarinder avait tiré l'actuelle devise des Patiala : « Ma maison est la vôtre. » La devise précédente avait été : « La lumière du ciel nous guide » ; elle figurait encore sur la vaisselle ancienne de la famille.

Sur le toit du palais se dressait un *gurdwara*. Pour les Sikhs, le seul objet digne de vénération est leur livre saint, réuni au fil des ans par les divers gourous et finalement élevé lui-même au rang de gourou. Toutefois, dans le *gurdwara* en question, se trouvaient aussi diverses reliques du dixième gourou. Une fois que je me fus lavé les mains et couvert la tête, on me fit voir certaines d'entre elles : une épée du gourou, dans son fourreau recouvert de velours ; quelques lances ; une lettre, dont la rédaction proprement dite avait dû être l'œuvre d'un secrétaire ou d'un scribe.

Sur le toit du palais, d'anciens objets de piété : les événements historiques survenus trois siècles auparavant et absorbés par la religion (le dixième gourou était mort deux ans avant la naissance de Benjamin Franklin). Le palais lui-même reflétait des transformations plus récentes. C'était un édifice neuf, construit dans les années 1950, somptueux certes, mais sans ces motifs orientalisants dont l'architecte européen du maharajah de Mysore avait constellé le palais de Mysore en 1912. Ce nouveau palais des Patiala ressemblait à quelque grande demeure européenne, évoquant une atmosphère internationale ou neutre, bâtie pour le confort, tirant un excellent parti du climat indien qu'elle transformait en un avantage supplémentaire. Dans ses diverses salles de réception, on pouvait voir des photographies dédicacées, comme on en voit quand on visite les grandes demeures ouvertes au public dans d'autres pays. Ici, cependant, ces photographies — de souverains et de dirigeants — représentaient un monde en pleine métamorphose, une vision changeante, une Inde sortant de sa chrysalide : le Kaiser, Victor-Emmanuel, la famille royale de Belgique, Tito, Nehru, Indira Gandhi.

Je vis de nombreux tableaux, la plupart, me sembla-t-il, achetés en Europe ; mais bien peu d'œuvres de valeur. Il y avait eu une école de peinture sikh, qui s'était développée juste avant l'arrivée des Britanniques. Ses œuvres étaient de petite taille, sur papier ; il s'agissait d'un art de cour, servant dans la plupart des cas à fixer les traits de visages, les feuilles étant ensuite rassemblées en albums ou réunies en liasses et conservées dans les bibliothèques princières. Ni leur goût, ni leur jugement n'avaient porté les Patiala vers l'art européen, vers une peinture plus ample, à l'huile, faite pour être exposée sur les murs et pour jouer un rôle qui, pour eux, n'aurait pas toujours été très clair. Donc, en dépit de tout l'argent disponible, le père et le grand-père d'Amarinder n'avaient acheté ni tableaux de maîtres anciens, ni aucun des grands noms du siècle.

Le tableau le plus saisissant était un portrait en pied, plus grand que nature, du père d'Amarinder. Les maharajahs de Patiala étaient renommés pour leur haute stature. Le rajah que William Howard Russell avait rencontré à Patiala, en 1858, mesurait plus d'un mètre quatre-vingts et était bâti en force. Dans le tableau, la taille du père d'Amarinder, rehaussée par son maintien royal, était exagérée jusqu'à le rendre monumental, à couper le souffle. Accroché au-dessus du vaste escalier, un grand tableau, dans le style des œuvres de salon, lui faisait pendant ; il représentait la cérémonie en l'honneur du jubilé d'argent du roi-empereur George V, à Londres, en 1935, avec le grand-père d'Amarinder et d'autres princes indiens, notamment ceux du Cachemire et du Bikaner, aux côtés du prince de Galles et du futur George VI, flanqué de son épouse et de ses filles, Elizabeth et Margaret.

« Mon grand-père était un autocrate invétéré, dit Amarinder. Il est monté sur le trône à l'âge de neuf ans. Il a commencé à exercer les pleins pouvoirs à dix-huit ans, en 1907. Il a fait du Patiala un État dont il fallait tenir compte. Il a choisi, pour administrer l'État, une équipe très capable. Il protégeait les sports et la musique. Mais c'était un autocrate. »

Son idée de ce qu'il se devait à lui-même transparaissait dans le palais où il avait vécu : le vieux palais de Patiala, de l'autre côté de la ville.

« Il y avait mille pièces et un parc de deux cents hectares. Aujourd'hui c'est un centre de formation sportive. De la chambre de mon père à la mienne, il y avait plus d'un kilomètre. Nous avons bel et bien mesuré la distance un jour, en tenant compte de toutes les marches. C'était beaucoup trop grand. Alors mon père a fait bâtir ce palais-ci dans les années 1950. Il est déjà énorme, mais à l'époque, arrivant du vieux palais, la famille avait l'impression d'être un peu à l'étroit. »

Et avant le vieux palais — qui était tout à fait le genre d'édifice ayant servi à asseoir l'idée de la richesse démesurée des maharajahs à l'époque du Raj britannique — il y avait eu le fort de Patiala.

« On se servait du vieux fort quand il fallait se battre. Il y a une tour d'où on pouvait tirer sur les gens qui se trouvaient en bas. »

La construction du fort avait commencé en 1714, sur le site de l'ermitage d'un fakir ou saint homme musulman. Le feu du fakir avait été introduit dans le fort bâti à cette époque et, depuis, on ne l'avait jamais laissé s'éteindre.

C'est dans ce fort qu'en 1858, le maharajah (ou rajah) de Patiala et ses courtisans, tous parés de leurs plus somptueux atours et bijoux, avaient reçu en grande cérémonie William Howard Russell, soucieux d'honorer un important représentant du pouvoir suprême et désormais triomphant. Il est peu probable que le rajah de Patiala ait compris quel était le métier de Russell, mais il devait savoir que son opinion comptait et il s'efforça donc de faire bonne impression. Il était sorti à la rencontre du journaliste, sur un éléphant richement caparaçonné, lui avait offert un éléphant et lui avait tendu cérémonieusement la main — tout ce rituel de courtoisie et de bienvenue se déroulant plus ou moins sans paroles.

Le fort était à présent à moitié en ruine. Il se dressait, dans la ville de Patiala, au milieu du quartier du bazar, où des rues entières, ou en tout cas d'importants tronçons de rues étaient consacrés à la vente de chaussures, ou de certains plats cuisinés, ou de vêtements brodés — qui étaient autant de spécialités de Patiala. La première cour, dans laquelle Russell avait pénétré sur son éléphant, servait aujourd'hui de vespasienne à bon nombre de gens. Une maison construite ultérieurement pour les visiteurs importants, ornée de colonnes dans le style classique, était en passe de s'écrouler. Des squatters s'y étaient installés et quelqu'un avait écrit grossièrement, à la craie, DANGER.

A l'intérieur, le fort devenait très rapidement un labyrinthe de petites cours, de couloirs, d'escaliers. Il y avait un jardin de taille modeste, dans le style mogol, reposant après la brique et le plâtre, même dans son état de semi-décrépitude. A la fin du XIXe siècle et au début du XXᵉ, Patiala avait puisé ses idées d'élégance en Grande-Bretagne et en Europe. Au XVIIIᵉ siècle, les modèles dans ce domaine avaient été les Mogols. Toutefois, les emprunts faits au XVIIIᵉ siècle par les Sikhs à leur ennemi mogol ne sont pas dépourvus d'ironie : aujourd'hui, longtemps après la disparition du pouvoir mogol, la coupole mogole décorée du XVIIIᵉ siècle survit sur le *gurdwara* sikh, le lieu du culte sikh, dont elle est au moins autant l'emblème que la flèche peut l'être d'une cathédrale chrétienne.

A l'exception de ce seul jardin, le fort était bâti en pierre, entièrement pavé, sans aucune terre apparente. Les couloirs, les cours, les terrasses, les toits, tout était en brique et en plâtre qui s'effritaient, plus périssables que le bois. Çà et là, des petites pièces obscures, oppressantes, surchargées de décorations, avec des miroirs sombres sur les murs et des plafonds à moulures. Par endroits, un plafond s'était effondré et on pouvait remarquer que la façon dont les villageois construisaient un plafond en brique, comme j'avais pu le voir dans les fermes du village de Jaspal — les briques posées droites sur des poutres de bois — avait aussi été celle des hommes qui avaient travaillé pour les rajahs et les souverains. Impossible de restaurer ou de préserver le vieux fort : il était dans la nature même de cette brique de s'effriter. Un palais comme celui-là ne pouvait durer que tant qu'il était habité. De loin en loin, de timides tentatives de restauration — du rapiéçage de béton, un badigeon au lait de chaux — ne faisaient qu'ajouter à l'impression que le fort avait été plusieurs fois reconstruit, s'était agrandi pièce par pièce, espace par espace, jusqu'à l'extrême limite, et puis avait été finalement abandonné.

Dans certaines des pièces situées tout en haut du fort, malgré le délabrement des lieux, les rites religieux liés à la fondation de la ville et du fort de Patiala — amalgamant les piétés musulmane, hindoue et sikh — se poursuivaient. A cet endroit, il fallait retirer ses chaussures, car le site était encore consacré. Le feu du fakir musulman, introduit dans le fort d'origine en 1714, y était maintenu en vie : c'était une des merveilles de Patiala. Pour ce feu, on ne brûlait que du chêne et la cendre était offerte pour tracer une marque sacrée (rite hindou). Des images hindoues de Krishna et Kali étaient vénérées dans une pièce attenante. Dans une autre pièce, qui ouvrait sur un petit jardin suspendu, un lecteur au teint sombre psalmodiait des extraits des Écritures sikhs, tandis qu'un acolyte aux pieds nus agitait un éventail au-dessus des livres saints recouverts d'étoffes de soie extrêmement fines. Ainsi, tout en haut du fort abandonné, on retrouvait, comme en haut du palais contemporain, un rappel de l'origine des biens du clan ou de la famille.

Au début du XVIIIe siècle, le pouvoir des Patiala avait dû être très précaire, mais la puissance mogole avait décliné : les invasions et les incursions des Afghans avaient cessé ; les Sikhs s'étaient imposés. Vers la fin, l'État du Patiala occupait un territoire de quelque onze mille kilomètres carrés, dont une bonne partie acquise au début du XIXe siècle.

« Dans les années 1830, les Gurkhas ont décidé de s'emparer de toute la chaîne de montagnes. En 1830, ils se sont mis en marche et ont attaqué nos collines. Tous les rajahs des montagnes se sont réunis pour demander de l'aide et nous avons envoyé nos troupes. La guerre a duré six mois. Les Gurkhas ont été vaincus. La tête du général népalais est restée fichée sur la grille de Patiala jusqu'à ce qu'elle tombe en poussière. »

Patiala n'avait jamais fait bon ménage avec le grand souverain sikh, Ranjit Singh. « Quand Ranjit Singh est devenu menaçant, Patiala a conclu un traité avec les Britanniques. Durant les guerres anglo-sikhs, Patiala est resté neutre. » Dès avant la défaite des Sikhs, en 1849, deux bataillons de soldats sikhs irréguliers avaient été recrutés par les Britanniques à Patiala. Lorsque la révolte des Cipayes éclata huit ans plus tard, le maharajah respecta loyalement son traité avec les Britanniques. Ce soutien se révéla crucial ; sans lui, ces derniers auraient peut-être été vaincus dans le nord de l'Inde.

« Dans nos archives de famille figure une lettre du dernier empereur mogol, Bahadur Shah. Nous n'avons conservé que les documents personnels des souverains ; les autres ont été remis à l'État. Au palais, nous avons un bibliothécaire qui s'occupe de nos archives. Les Cipayes insurgés avaient persuadé Bahadur Shah de devenir leur souverain en titre et il avait écrit à tous les États indiens pour réclamer leur soutien. Mais à cette époque, son domaine ne s'étendait même pas jusqu'à Delhi. Il se réduisait littéralement, en tout et pour tout, au Fort Rouge. La lettre était écrite en anglais, dans un style très fleuri, probablement rédigée par un scribe. C'est un parchemin de soixante centimètres de long. Mais nous avions un pacte de défense mutuelle avec les Britanniques et c'était cette alliance-là que nous devions honorer. »

En juin 1858, alors que la révolte avait déjà été plus ou moins réprimée, William Howard Russell était allé « avec quelques compagnons » voir l'empereur vaincu au Fort Rouge, à Delhi.

L'édifice était occupé par des soldats britanniques et des Gurkhas (recrutés en cette occasion, comme les Sikhs, pour remplacer les soldats mutinés des autres communautés indiennes). L'empereur était accroupi dans un couloir vide qui menait à un petit jardin suspendu. C'était un petit homme desséché de quatre-vingt-deux ans, pieds nus, vêtu d'une tunique de mousseline sale et coiffé d'une calotte de fine batiste. Il était en train de vomir dans un récipient en laiton ; Russell ne s'enquit pas de la raison de ce malaise. Le vieillard était mentalement bien éloigné de ces gens qui étaient venus le contempler. Il s'adonnait à la poésie, et Russell précise même qu'un jour ou deux plus tôt, il avait composé un poème, inscrivant « quelques vers, fort proprement écrits, sur le mur de sa prison à l'aide d'un bout de bois calciné ». Rien de tout cela n'éveilla l'étonnement ni la compassion du journaliste anglais, uniquement ses railleries. Il ne songea même pas à découvrir ce que signifiaient les vers en question.

A cette époque, les autorités britanniques aux Indes parlaient de faire sauter le Jama Masjid à Delhi, de même qu'auparavant il s'était trouvé quelqu'un pour suggérer de détruire le Taj Mahal et d'en vendre le marbre. Le rajah de Patiala lui-même était devenu suspect aux yeux des Britanniques, et Russell entendit des hauts fonctionnaires l'accuser d'avoir été en communication avec l'empereur Bahadur Shah.

A en croire Amarinder, il y avait, semblait-il, un fond de vérité dans ces accusations. « Un frère du maharajah, me dit-il, avait beaucoup de sympathie pour Bahadur Shah, parce que c'était un poète. Il est donc allé lui offrir son aide. Après la Révolte, il est revenu à Patiala et les Britanniques ont demandé qu'il leur soit remis. Patiala a refusé et les Britanniques se sont trouvés dans l'impossibilité d'insister, étant donné que les souverains encore loyaux à leur cause étaient bien rares.

« On est donc arrivé à un compromis. Le frère du maharajah a quitté Patiala. Ultérieurement, il a renoncé au monde et est allé vivre d'abord à Rishikesh dans l'Himalaya, l'un des centres d'érudition et de pèlerinage hindous ; puis, au début de notre siècle, il est allé s'établir dans le Sud, à Bangalore. » Bangalore se trouvait dans l'État princier de Mysore, à peu près à l'abri de la juridiction britannique. « C'est là qu'il est mort, dans les années 1950, à nettement plus de cent ans. Il s'était mis à enseigner et était devenu une espèce de sadhu. Sa femme a continué à vivre dans le vieux fort de Patiala. Ils s'étaient mariés encore enfants. Elle était venue au fort toute petite et elle avait neuf ans quand son mari l'avait quittée. A cette époque, le purdah était très strict. Elle n'avait jamais vu ni une voiture, ni un train, ni les gens qui vivaient hors du palais, ni une forêt, ni un champ. Mon grand-père voulait l'emmener se promener en voiture. Il est revenu à la charge à d'innombrables reprises et puis un jour — ce devait être au début des années 1930 ou à la fin des années 1920 — il a fini par l'emmener de force en voiture pour lui montrer tout ce qu'elle n'avait jamais vu. Tant qu'elle a vécu dans le fort, elle a refusé de laisser qui que ce soit tirer de l'eau du puits pour elle. Cela, parce qu'elle voulait connaître la pénible existence que devait, à ce qu'elle pensait, endurer son mari. »

Cette histoire était difficile à croire. Car enfin, en supposant que le frère du rajah de Patiala n'eût été âgé que de seize ans quand il s'en était allé offrir son aide à Bahadur Shah, cela le faisait quand même naître vers 1840 ou 1841. Or, s'il était mort dans les années 1950, il devait avoir plus de cent dix ans. Et la petite fille qu'il avait épousée serait morte pour sa part aux environs de quatre-vingt-dix ans. Néanmoins, cette histoire, telle que la relatait Amarinder, retraçait plusieurs des grandes transformations qu'avait subies l'Inde entre la révolte des Cipayes et l'indépendance. Du vivant de tous ces gens, non seulement le commun des Sikhs s'était métamorphosé, les bandits de la frontière devenant qui agriculteur, qui homme d'affaires, mais leurs souverains étaient eux aussi passés de l'état de chefs guerriers à celui de maharajahs dans le style cher au Raj britannique.

En agitant la main, Amarinder continua : « Mon grand-père aurait été incapable de *comprendre* tout ceci. » Et par « ceci », il entendait l'indépendance, le Parlement, le suffrage universel. « Figurez-vous que mon grand-père paternel a jeté mon grand-père maternel en prison et a interdit à la famille d'entrer à Amritsar pendant neuf ans, simplement parce qu'il était membre du Praja Mandal. C'était ainsi que les gens impliqués dans la lutte pour la liberté appelaient le Congrès, dans les États princiers. Mon grand-père maternel avait, lui aussi, une forte personnalité. Il a refusé de céder. Les biens confisqués à sa famille n'ont été rendus que quand mes parents se sont mariés. »

Il y avait deux générations entre le souverain paré de joyaux qu'avait vu William Howard Russell au fort de Patiala, en 1858, et le maharajah qui avait exercé le pouvoir absolu dans son palais de Motibagh, le palais aux mille pièces, de 1907 à 1938. Un rôle découlait de l'autre : le lien avec les Britanniques rehaussait la gloire du souverain. Pour le père d'Amarinder, tout était radicalement différent.

« Mon père a eu une vie difficile. Il a succédé à son père en 1938. Il avait vingt-cinq ans. En 1939, la guerre a éclaté et puis à partir de 1945, il y a eu le mouvement en faveur de l'indépendance. Mon père était chancelier de la Chambre des princes. Il vivait donc dans l'instabilité. L'indépendance venue, il a été le premier à signer le document d'adhésion, et Patiala s'est fondu dans l'ensemble des États du Pendjab. Pour mon père, cette fusion a marqué un déclin personnel. De souverain, il était devenu simple gouverneur d'un État. On envisageait de faire de Patiala la capitale du Pendjab indien, mais le Premier ministre de l'époque a mis le hola. Il craignait que Patiala n'ait trop d'influence dans les affaires de l'État, et il a eu l'idée de bâtir une ville entièrement neuve à Chandigarh. Et puis en 1958, l'Union des États du Pendjab a fusionné avec le Pendjab et mon père est devenu un *rien du tout*. » Il fut candidat à l'assemblée du Pendjab, mais il n'aimait pas la politique. Il devint ensuite ambassadeur, mais cela n'apaisa pas son chagrin. « C'était un homme introverti. Il gardait tous ses problèmes pour lui. Quand il mourut, en 1974 — il n'avait que soixante et un ans — les médecins dirent qu'il avait le cœur d'un homme de quatre-vingt-cinq ans. »

Amarinder, quant à lui, n'avait eu aucune difficulté pour s'adapter. Né en 1942, il avait cinq ans à l'époque de l'indépendance. « J'ai été élevé dans un environnement moderne. » Il avait grandi au palais : une nounou anglaise, un précepteur allemand, puis l'étude sous « un grand maître » des Écritures, légendes et traditions populaires sikhs. Il y avait aussi eu des études poussées en dehors du palais, dans des écoles primaires à Simla et Kasauli, puis dans un célèbre collège privé indien, et enfin à l'Académie militaire indienne à Dehra Dun. Il était entré dans l'armée, dans le plus ancien régiment sikh qui descendait directement des deux bataillons levés à Patiala en 1846. Il adorait la vie militaire et aurait aimé faire carrière dans l'armée, mais il avait dû la quitter pour reprendre en main les affaires de sa famille. Par la suite, il « s'était fait à la politique » — exerçant peut-être un peu les mêmes talents que ses ancêtres du XVIIIe siècle, aux premiers temps de l'État du Patiala.

Et puis le prédicateur Bhindranwale était apparu. Il y avait eu une crise terroriste et l'armée, qu'Amarinder aimait tant, avait reçu l'ordre de prendre d'assaut un temple qu'il considérait comme sacré.

« Quand je me suis retrouvé au pied du mur, il m'a été impossible d'oublier trois cents ans d'histoire. Ce sont les Sikhs qui ont fait Patiala. Les deux gourous nous ont bénis. Je me suis senti tenu de prendre le parti de notre peuple. »

De retour à Chandigarh, je revis Gurtej. C'est alors qu'il me dit — ce que personne n'ignorait, j'imagine — qu'après l'Opération Bluestar, qui était le nom de code de l'attaque de l'armée contre le temple d'Or, il était resté plus de quatre années dans la clandestinité. Pour la première fois, il me fit un portrait assez détaillé de Bhindranwale. Kapur Singh, le haut fonctionnaire révoqué de l'ICS, avait été son premier héros et son mentor ; Bhindranwale était le second.

« Il a toujours été quelqu'un de très pieux. Jusqu'à son dernier instant. Il était le fils d'un petit agriculteur de la région de Faridkot. Le nom vient de Farid, un saint musulman, un soufi, du XIIIe siècle ; il y a des versets de lui dans nos Écritures. Bhindranwale est né en 1947. Il avait huit frères. Il est né d'un second mariage. Son père avait eu sept fils de sa première femme et il en a eu deux de la seconde. Il ne pouvait pas les nourrir tous, alors à un âge très tendre, quatre ou cinq ans, il a envoyé Bhindranwale au séminaire. »

Gurtej aussi était né en 1947 et avait été envoyé en pension à l'âge de quatre ou cinq ans. Et lui aussi venait d'une famille d'agriculteurs, mais son grand-père avait été riche et possédait quinze cents hectares.

« Le père n'avait guère de terre et à cette époque il n'y avait pas encore d'agriculture intensive. Un des fils est entré dans l'armée ; il est à la retraite à présent, avec le grade de capitaine. Un autre est parti pour Dubaï, mais il est revenu au pays avec pas mal d'argent et s'est remis à l'agriculture. Et les autres sont fermiers.

« Bhindranwale a passé toute sa jeunesse au séminaire et n'a pas fait parler de lui avant 1976. A cette date, il était marié et père de deux fils. Sa femme avait dû rester au village ; c'était un mariage arrangé. On connaissait Bhindranwale comme un homme contemplatif, totalement détaché du monde qui l'entourait. Quelquefois, il allait travailler dans les champs de sa famille et on savait qu'il travaillait très dur. La moisson commence le 13 avril, c'est-à-dire durant une période de canicule, où le soleil est accablant. Bhindranwale se mettait à faucher au petit matin et continuait jusqu'au soir, sans manger ni boire. C'était un homme très résolu. C'est un de ses frères qui m'a raconté tout ça. »

Ce n'était pas la première fois qu'en me parlant ainsi de la vie au village, de la vie aux champs, Gurtej versait — très facilement — dans le lyrisme.

« En 1977, le directeur du séminaire mourut, après avoir fait savoir qu'il voulait Bhindranwale pour successeur. Il mourut durant la controverse avec les Nirankaris. » Les Nirankaris étaient des Sikhs que les uns considéraient comme des réformateurs, les autres comme des hérétiques. « Il légua à Bhindranwale le devoir de poursuivre la lutte. »

L'année suivante, au printemps, le jour de la fête de la moisson, date importante du calendrier sikh, il y eut un violent affrontement entre les deux groupes à Amritsar et un certain nombre de partisans de Bhindranwale furent tués. Cet événement fit de Bhindranwale une personnalité en vue.

« J'ai fait sa connaissance en 1980. Le grand prêtre qui m'avait donné l'*amrit* en 1974 venait de mourir et je m'étais rendu dans son village pour assister aux derniers rites. C'est là que j'ai rencontré Bhindranwale. C'était un homme qui disait toujours la vérité, un homme de parole. Jamais il ne revenait sur ce qu'il avait dit. C'était un homme de Dieu. Il avait en Dieu une foi sans limites. Quand il prenait des décisions, il ne consultait que sa conscience. Il menait une existence de mendiant.

« En 1980, le chef des Nirankaris fut tué chez lui, à Delhi — exactement comme Indira Gandhi plus tard — et on dit qu'il avait été assassiné par quelqu'un qui avait été employé dans la capitale comme menuisier. La presse arya samajie prétendit que le Sant Bhindranwale était responsable de ce meurtre et elle réclama son arrestation. Peu après, le directeur de la presse arya samajie fut tué près de Jalandhar, et c'est pour cette affaire qu'on lança des mandats d'amener contre le Sant.

« Les Arya samajis contrôlent toute la presse hindoue du Pendjab. L'histoire du Pendjab au cours de notre siècle regorge de querelles entre Arya samajis et Sikhs, le nœud du problème étant que les Arya samajis contestaient l'identité séparée des Sikhs. Au début du siècle, les Arya samajis reconvertirent publiquement à l'hindouisme quelques Sikhs *chamar* » — intouchables — « à Jalandhar. On leur coupa les cheveux et on en fit une grosse natte qui fut vendue aux enchères dans une vente publique. C'était pour ridiculiser le sikhisme et les Sikhs.

« A l'époque où on lança les mandats d'amener contre le Sant, il prêchait dans un village du Haryana. C'est là qu'il apprit ce qui se passait, peut-être par l'administration du Haryana, qui ne voulait pas d'ennuis dans sa juridiction. Le détachement de policiers du Pendjab arriva après le départ du Sant et cela les mit dans une telle colère qu'ils brûlèrent ses autocars et détruisirent ses livres saints. Après cet épisode, ils vinrent l'arrêter à Mehta Chowk, au séminaire. Le jour de son arrestation, une foule importante se réunit. Après avoir été interpellé par la police, il demanda aux gens de rester calmes. La police finit quand même par laisser parler les armes — dans la ville même — et il y eut trente-quatre victimes. Les policiers prétendirent qu'on les avait attaqués avec des épées.

« Ces trois choses bouleversèrent Bhindranwale : la destruction de ses véhicules et de ses livres saints, le fait d'être accusé de complot et le massacre de ses partisans. Il resta plusieurs mois en prison et puis il fut remis en liberté inconditionnelle. En 1982, il se rendit au temple d'Or dans les circonstances que voici : deux de ses partisans au moins avaient été arrêtés. Ensuite, les hommes qu'il avait envoyés pour superviser la défense juridique de ces partisans furent arrêtés à leur tour. Il décida donc de lancer un mouvement d'agitation.

« C'était un homme de haute taille, un mètre quatre-vingt-trois, aussi grand que moi, et très mince. Un homme très direct, aussi, avec son franc-parler. Il avait des habitudes d'une grande simplicité. Il mangeait très peu. En quoi, il était tout à fait différent du serdar Kapur Singh qui appréciait la bonne chère. Il avait un esprit incisif. On pouvait discuter avec lui. Il savait, par exemple, que je mangeais de la viande, mais cela lui était égal. Jamais il ne me demanda d'y renoncer. J'eus avec lui une longue discussion pour savoir si le fait de manger de la viande était ou non conforme aux principes du sikhisme. C'était en janvier 1983, à l'Akal Takht, dans le temple d'Or. Le débat dura deux heures. Il ne cessait pas de me répéter, avec beaucoup de bonne humeur : "Prouve-moi donc qu'il est conforme aux principes du sikhisme de manger de la viande et je t'en dévore trois livres en un clin d'œil."

« Il nous appelait souvent pour engager des discussions, parfois simplement pour l'interprétation de passages des Écritures. Le séminaire soutenait l'interprétation traditionnelle. Celle-ci est plus proche de la façon dont les hindous comprennent les Écritures, et elle est entièrement exprimée dans la terminologie hindoue. La plupart des exemples sont tirés de la mythologie hindoue. Moi, j'étais en faveur de l'interprétation scientifique, plus récente, puisque établie vers 1960. »

Je demandai des précisions sur cette interprétation scientifique.

« C'est celle de Sahib Singh — l'interprétation des Écritures selon la grammaire de la langue. C'était un saint homme, un enseignant. »

Cette explication — que je notai sans la comprendre pleinement et ne pris en considération que de nombreuses semaines plus tard — jetait un peu de lumière sur une phrase obscure que j'avais relevée en première page du pamphlet de Kapur Singh, « Le procès d'un fonctionnaire sikh dans l'Inde laïque » : « Les fondements de la grammaire et de la langue sont certains postulats métaphysiques, certains schémas culturels et certaines propensions humaines, dont la démonstration logique n'est peut-être pas réalisable, mais sans l'acceptation desquels ni la langue, ni la grammaire ne peuvent être convenablement étudiées ni comprises... »

Et je me demandai si, dans ces discussions religieuses au temple d'Or, les idées de Kapur Singh n'avaient pas filtré jusqu'à Bhindranwale, par le truchement de Gurtej, et si ce n'étaient pas elles qui l'avaient encouragé à prendre le contre-pied de sa formation de séminariste et à déclarer au correspondant de la BBC, à l'époque où la crise du temple d'Or s'envenimait, que les Sikhs ne ressemblaient pas aux hindous, mais plutôt aux Juifs, aux musulmans et aux chrétiens, car ils étaient le peuple d'un prophète et d'un livre.

Dans cette interview pour la radio anglaise, Bhindranwale avait aussi déclaré — en anglais, d'une voix étouffée par la passion — que les Sikhs étaient soumis à de telles persécutions en Inde qu'il leur fallait donner « une tasse de sang » pour obtenir une tasse d'eau. Ce genre d'exagération, dans la bouche d'un chef religieux, m'avait laissé perplexe, mais à l'époque je n'avais pas encore commencé à pénétrer les notions sikhs du tourment et de la souffrance des gourous.

Ce que Gurtej me disait à présent me donnait une certaine idée de l'état d'esprit de Bhindranwale dans l'atmosphère suffocante, carcérale du temple d'Or, au cours de ces ultimes journées.

« C'était de la personnalité et des sacrifices du gourou Gobind Singh qu'il était le plus épris, me confia Gurtej. Il se rappelait par cœur toute l'histoire des derniers jours du gourou. Il vivait réellement tous ces événements. Si vous le rencontriez un certain jour de décembre, il vous disait : "A la date d'aujourd'hui, le gourou faisait telle et telle chose." C'était extraordinaire. Il regardait sa montre et il disait : "Dans deux heures, le gourou aurait commencé à préparer ses fils pour la bataille." Et ainsi de suite. Les souffrances du gourou avaient commencé au mois de décembre, parce que c'était le mois où il avait quitté son fort d'Anandpur Sahib. » Anandpur : la ville où la mère du gourou et ses deux tout jeunes fils — ensuite emmurés vivants — avaient été faits prisonniers par les Mogols.

Enfermé dans le temple d'Or, Bhindranwale avait dû commencer à s'imaginer sous les traits du dixième gourou, assiégé à Anandpur.

« Les gens n'allaient pas le voir pour parler de l'histoire ou des Écritures, dit Gurtej. Sa famille lui rendait rarement visite. Quand ils venaient, c'était en tant que fidèles. Durant cette période, il n'avait pas un instant à leur consacrer.

« J'allais le voir au temple tous les mois. Jamais pour moins de deux heures. Il existait entre nous un certain degré de compréhension mutuelle. Un jour, il me dit : "Tu devrais venir me voir plus souvent. — Je dois m'occuper de ma famille, répondis-je. — Combien d'enfants as-tu ? demanda-t-il. — Deux. — Moi aussi, j'ai deux enfants, dit-il. Dieu s'occupe des enfants." Et il cita un passage des Écritures sur les oiseaux migrateurs qui abandonnent leur progéniture derrière eux. "Ils parcourent des milliers de kilomètres en volant, dit-il, et Dieu les soutient." »

Je questionnai Gurtej au sujet des assassinats perpétrés au nom de Bhindranwale et de ceux qu'il avait, disait-on, ordonnés.

« C'était inventé de toutes pièces. On voulait le salir. »

Après l'Opération Bluestar — la prise d'assaut du temple d'Or par l'armée, au cours de laquelle Bhindranwale et beaucoup de ses partisans avaient péri, ainsi que de nombreux soldats — on avait officiellement fait savoir que Gurtej figurait parmi les victimes. Ce qui l'avait mis en alerte. « Consécutivement à la publication d'un fascicule sur les droits des Sikhs, on avait lancé des poursuites contre moi, pour sédition. Le fait d'annoncer ainsi ma mort revenait à dire que l'on avait enjoint aux forces de l'ordre de m'éliminer. » Gurtej était donc entré dans la clandestinité et il était resté caché plus de quatre ans.

« Un petit article nécrologique me concernant parut dans l'*Indian Express*. Dans l'ensemble flatteur. On y disait, toutefois, que je refusais de manger avec les musulmans — ce qui est faux, totalement faux. J'écrivis à l'*Indian Express* une lettre disant : "Qu'un musulman prépare un savoureux repas végétarien et m'invite." » Ce n'était pas le régime végétarien qui était en cause. D'ailleurs, Gurtej n'était pas végétarien. « Mais je ne mange pas la viande d'animaux tués selon le rite musulman ou juif. C'est un des commandements du dixième gourou, quand on prend l'*amrit*. Ces tabous religieux ont souvent une signification plus profonde. »

Ce que cherchait sans doute à souligner l'article nécrologique de l'*Indian Express*, c'était que Gurtej adhérait de façon très stricte à ses vœux sikhs. Kapur Singh avait écrit un gros volume sur l'importance de ces vœux ; Gurtej m'en avait donné un exemplaire. Et ensuite — laissant de côté la question de sa vie dans la clandestinité après Bluestar — il me raconta une petite histoire pour m'expliquer l'injonction du dixième gourou à ses adeptes, leur interdisant d'avoir des rapports avec les femmes musulmanes.

« Dans un de nos textes sikhs, *Données fondamentales du sikhisme* de Sewa Dass, on trouve une histoire concernant un homme converti de force à l'islam au début du XVIIIe siècle. Il s'en alla trouver le gourou qui présidait aux destinées de la congrégation, et lui dit : "J'ai été converti de force. — Comment as-tu été converti ? — On m'a obligé à manger de la viande de vache. — Cela ne fait pas de toi un musulman. — J'ai été circoncis. — Cela ne peut faire de quiconque un musulman. — On m'a obligé à répéter le Kalma. — C'est le nom de Dieu. Cela ne fait toujours pas de toi un musulman." Un des membres de la congrégation s'étonna. Il demanda au gourou : "Comment alors devient-on musulman ? — En épousant une musulmane, répondit le gourou, ou en ayant avec elle des relations intimes." Il ressort de cela que le mariage est un acte volontaire. "Quiconque *accepte* cela est un musulman, ce n'est que dans ce cas que l'on devient musulman." Voici comment le gourou réconforta cet homme. »

Tout autant que les innombrables histoires de martyres, ce récit emprunté aux ultimes années du dernier gourou retrace les persécutions, les affres, les violences d'où naquit la confrérie militaire des Sikhs. Ce n'était pourtant pas à cela que voulait en venir Gurtej : le sikhisme, dans son interprétation, était une religion de prophétie et de révélation.

Quand je lui demandai ce qui l'avait soutenu, durant ses années de clandestinité, il répondit : « J'ai pensé que je souffrais avec mon peuple. Il y avait une autre consolation : c'est la période au cours de laquelle je me suis le plus tourné vers les Écritures. Le thème principal de nos Écritures est que l'on vit dans le monde d'une telle façon que l'on devient acceptable à Dieu. Et il me semblait que c'était ce qui m'arrivait. J'ai énormément lu et écrit. Mes années de clandestinité ont donc été instructives. J'avais la possibilité de contempler la nature des choses.

— C'est déjà ce que vous m'avez dit au sujet de votre pensionnat catholique, de votre enfance loin de chez vous. Donc votre période de clandestinité a été comme une répétition de votre enfance ?

— Je ne sais pas si notre caractère est notre destinée, dit Gurtej, ou si notre destinée possède son existence propre. Mais les choses évoluent de telle façon qu'on finit par se trouver dans des situations qui obligent à évoluer dans une direction bien définie. »

Un des chagrins qu'il avait dû endurer, durant ces quatre années, fut la mort de Kapur Singh, à l'âge de soixante-quinze ans. Cela faisait vingt ans que Gurtej connaissait et aimait Kapur Singh. Son caractère acariâtre, qui l'avait irrité lors de leur toute première rencontre, était un trait dont à présent il souriait, tout comme le faisaient sourire d'autres bizarreries du personnage : son goût pour la bonne cuisine, par exemple, ou sa passion pour la glace ; il pouvait en manger un demi-litre d'un coup. Il disait souvent à Gurtej : « Il faut manger de la glace. C'est excellent pour le foie. »

« C'était un homme assez corpulent, pas très grand, avec des lunettes à grosse monture. Il avait toujours un stylo ou deux sur lui et avait tout de l'intellectuel, jamais sans un livre ou un magazine sous le bras. »

Après avoir été limogé de l'ICS pour détournement de fonds, Kapur Singh avait nourri son grief pendant près de quarante ans ; il n'avait cessé de le maintenir en vie. Gurtej ne s'était jamais lassé de ce grief, n'avait jamais conçu le moindre doute à son sujet. « L'idée de l'injustice est là, chez tous les Sikhs », disait-il. Et il était toujours prêt à défendre cet aspect-là de la cause de son mentor. Gurtej faisait désormais presque partie de la famille de Kapur Singh ; il avait été très malheureux de ne pouvoir être à ses côtés lors de ses derniers moments.

« Finalement, je suis parvenu à obtenir une espèce de protection de la part de la haute cour. Je m'étais pourvu devant elle, en faisant valoir que l'accusation de sédition portée contre moi était fausse et que le gouvernement avait l'intention de me harceler et de s'en prendre à ma personne physique. La haute cour m'a accordé sept jours pour comparaître devant une cour inférieure, signer ma pétition et demander ma mise en liberté sous caution. Ce que j'ai fait. Théoriquement, je suis toujours en liberté surveillée. »

C'est grâce à cette démarche que Gurtej avait pu, quelques mois plus tôt, rendre visite au frère de Kapur Singh, lui aussi mourant. La famille appartenait à une secte de Sikhs qui, depuis l'époque du premier gourou, devenaient traditionnellement des mendiants et des enseignants — ce qui était peut-être un des facteurs de l'admiration de Gurtej pour Kapur Singh.

« Son père était un petit propriétaire — il possédait une dizaine d'hectares. L'autre fils n'a pas reçu la moindre espèce d'instruction. Il est resté agriculteur toute sa vie — alors que Kapur Singh a fréquenté l'université de Cambridge. A titre de compensation, le fils cadet a reçu cinq hectares de terre en plus. Quand j'ai fait sa connaissance, l'année dernière, ce frère cadet était sur son lit de mort et il se plaignait du fait que la famille de Kapur Singh essayait de lui arracher ces cinq malheureux hectares. »

Gurtej, Kapur Singh, Bhindranwale : trois hommes issus de familles de fermiers. Ils avaient été appelés à participer à de grands événements, mais au-dessous de toutes les passions — concernant la foi et la pureté — il y avait des choses élémentaires qui ramenaient les hommes beaucoup plus loin en arrière : à l'angoisse d'un moribond pour cinq hectares de terre.

Un jour de février 1984, Sanjeev Gaur, le correspondant à Amritsar de l'*Indian Express*, avait été attaqué à coups de poignard, juste devant le temple d'Or.

« Il y avait un vieux pickpocket d'Amritsar qui était devenu militant politique, d'abord en faveur du Congrès d'Indira et ensuite en tant que membre de la Fédération panindienne des étudiants sikhs. J'ai écrit dans l'*Express* un article sur ce pickpocket. Le jour où il a paru, je me suis rendu au temple d'Or et il m'a regardé d'un sale œil. La personne dont je tenais mes renseignements m'a conseillé d'être prudent.

« Quinze jours plus tard, j'ai été frappé à coups de couteau par deux jeunes garçons, dont un portait un turban safran. Ils m'ont d'abord demandé mon nom et puis ils se sont mis à me frapper. Ils m'ont donné cinq coups de couteau dans la cuisse. Et puis j'ai entendu une autre voix qui disait : "Traînez-le à l'intérieur." J'ai cru que ma dernière heure était venue, parce que depuis un mois environ je faisais un reportage sur la découverte, dans les caniveaux du temple d'Or, de cinq cadavres, enveloppés dans des sacs de jute — des gens tués par les terroristes réfugiés à l'intérieur du temple. Les victimes étaient des Sikhs pour la plupart — soupçonnés par les tueurs d'être des indicateurs de police.

« Mes deux agresseurs se sont éclipsés. Je suis parti à pied pour la clinique la plus proche. Tout le monde me regardait. Le sang suintait de mon pantalon. Les gens qui me voyaient passer ne pouvaient rien faire. S'ils m'avaient aidé, ils se seraient attiré le courroux des terroristes. Et puis j'ai demandé à un conducteur de tricycle — il y en a plein par là, devant le temple d'Or — de m'emmener jusque chez un médecin et alors, deux Sikhs m'ont aidé. J'ai appris ensuite que ces deux hommes étaient des communistes.

« Je dois préciser toutefois que Bhindranwale s'est élevé contre cette agression. Il a dit à des journalistes qu'il ne croyait pas aux poignards — il préférait les pistolets. Et deux de ses principaux assistants m'ont téléphoné chez moi pour m'exprimer leurs regrets. Ils m'ont assuré qu'ils n'étaient pour rien dans cet attentat.

« Ensuite, mon journal m'a envoyé dans l'Est, mais par des voies détournées, pour ma propre sécurité. »

Dalip, un autre journaliste, me raconta ce qui s'était passé quand Bhindranwale avait occupé le temple d'Or.

« Les fidèles cessèrent d'aller au temple. Ainsi, mes deux voisins arrêtèrent de s'y rendre, alors qu'ils auraient voulu continuer. Les gens étaient furieux de ce qui se passait au temple, mais le parti politique sikh n'a jamais ouvertement condamné la profanation du temple par Bhindranwale et ses fusils. Le parti sikh était de mèche avec lui, pour faire de l'agitation depuis le temple d'Or, et ses membres avaient peur de lui. C'était un tueur. Il ne cherchait pas à savoir si vous étiez hindou ou sikh — du moment que vous vous dressiez contre lui, vous figuriez sur sa liste noire.

« J'ai été témoin d'un assassinat qu'il avait ordonné. J'étais assis dans la chambre 47, au troisième étage du Niwas du gourou Nanak. C'était un des lieux de repos du temple, où il avait l'habitude d'aller s'installer avec ses partisans. Il y avait des hommes armés assis dans tous les coins, huit ou dix hommes. C'était vers le milieu de 1983. Brusquement, un type entra. C'était un Sikh d'un certain âge, en chemise et pyjama, et il avait l'air sinistre. Il avait les cheveux coupés n'importe comment et la barbe aussi. Il s'adressa à Bhindranwale : "Santji, regarde ce que m'a fait Bichu Ram, un inspecteur de police. Il m'a traîné au commissariat et m'a outragé. Il m'a coupé les cheveux et la barbe."

« Aussitôt, Bhindranwale demanda à l'un de ses adjoints de noter tous les détails. Une quinzaine de jours plus tard, ce même Bichu Ram, qui dirigeait un des commissariats de la ville, a été abattu.

« La seconde manière de procéder, d'ordonner des assassinats, c'était de proclamer depuis une tribune publique les noms de ceux qu'il voulait voir liquidés. Bhindranwale a utilisé cette méthode du 19 juillet 1982 jusqu'en juin 1984. Il faisait un discours. Toujours contre Mme Gandhi, Giani Zail Singh [le président de l'Inde] et Darbara Singh, le Premier ministre du Pendjab. Il disait qu'on devrait bien leur donner une bonne leçon pour avoir maltraité les Sikhs. Ensuite, il s'en prenait à des officiers de la police locale et bon nombre de ceux dont il prononçait alors les noms étaient ultérieurement abattus. Bachan Singh, un haut fonctionnaire de la police, à Amritsar, a été tué, avec sa femme et sa fille.

« Je discutais souvent avec des Sikhs, mais, dans l'ensemble, jamais ils ne se sont élevés ouvertement pour condamner ce qui se passait au temple d'Or. Ils imputaient le blâme à New Delhi — tout était de la faute de New Delhi. Jamais ils ne formulaient la moindre critique contre Bhindranwale et ses hommes. Chaque fois que des terroristes étaient tués, les Sikhs étaient dans tous leurs états — ils parlaient de coups montés. En revanche, quand les terroristes massacraient des innocents, je n'ai jamais entendu mes voisins exprimer le moindre regret. »

Dalip avait des liens avec les Sikhs ; ce qui expliquait en partie sa passion.

« Quelqu'un qui connaît bien les Sikhs, dis-je, m'a dit qu'il y avait quelque chose d'anormal dans l'aspect de Bhindranwale et de ses partisans. Qu'ils avaient des regards de détraqués. Pensez-vous qu'il s'agissait d'une espèce de folie collective ?

— C'est la peur de la minorité, le complexe de la persécution, le désir de mort. C'est une nouvelle religion. Elle a produit de grands généraux et de grands sportifs, mais elle n'a pas engendré de grands penseurs religieux pour renforcer la doctrine. Depuis que le gourou Gobind Singh a fondé les Khalsa, en 1699, il ne s'est plus rien passé. Après cette date, il n'y a pas eu un seul grand penseur.

« C'est de la folie, du fanatisme. On ne peut pas vraiment l'expliquer. La tragédie de la religion sikh, c'est que, dans l'Inde d'après l'indépendance, un homme comme Bhindranwale en est venu à être accepté comme le plus important dirigeant sikh depuis le gourou Gobind Singh. De son vivant, beaucoup de Sikhs l'appelaient le onzième gourou. Or, il était en fait un pur produit de Mme Gandhi. C'est elle qui l'a soutenu pour lutter contre le parti sikh, les Akalis.

— Pourquoi des gens instruits ont-ils accordé leur soutien à Bhindranwale ?

— Par frustration.

— Quand l'avez-vous vu pour la première fois ?

— Le 24 juillet 1982. Au temple d'Or. Dans cette fameuse chambre 47. Son garde du corps m'a fouillé. C'est en 1982 qu'on a vu pour la première fois des armes à feu au temple d'Or, ce qui est une véritable perversion de la religion.

« Il est arrivé au temple le 20 juillet 1982. Il en est ressorti, mort, le 6 juin 1984. C'est lui qui a fait le plus de mal aux Sikhs, à la religion sikh. Il a fait du mal au Pendjab et du mal à l'Inde.

« Ses adjoints m'ont questionné et quand je leur ai dit que j'étais journaliste, ils ont souri ; ils étaient ravis et ils m'ont aussitôt escorté à l'intérieur.

« Je l'ai salué. Il était assis sur un lit de camp, vêtu avec beaucoup de soin ; il portait la longue robe de coton blanc, qui lui descendait jusqu'aux genoux, et le turban bleu. Et son revolver était accroché à une ceinture autour de sa taille. Il avait un regard plein de colère — vous m'avez parlé de leurs regards. Il avait l'air maigre et affamé, l'air d'un homme dangereux. "Qui es-tu ?" m'a-t-il demandé. Un vrai dictateur. "Je suis journaliste", ai-je répondu. Je lui ai donné le nom de l'hebdomadaire pour lequel je travaillais et j'ai ajouté que j'étais aussi le correspondant en Inde d'un journal canadien. "Tu veux m'interviewer ? — Non, je suis simplement venu pour votre *darshan*." »

Le *darshan*, c'est ce qu'offre un saint homme quand il se montre en public : le fidèle reçoit sa bénédiction à la seule vue, au *darshan*, du saint homme.

« Il a été très flatté. Il a souri et même ri tout haut. A mon entrée, il était très grave.

« J'ai vu une vieille femme qui lui remettait des liasses de billets de banque et elle a aussi enlevé une ou deux de ses bagues en or pour les lui donner. Un vieil homme se tenait juste à côté de cette femme et j'ai appris plus tard que c'était le général Shabeg Singh. » Le général de division Shabeg Singh : mis en disponibilité vers cinquante-cinq ans, pour détournement de fonds, il était devenu le conseiller militaire de Bhindranwale.

« Shabeg était maigre et efflanqué, de taille moyenne, la peau très claire, portant des lunettes, une longue barbe, toute blanche, un pyjama et un kurta blancs. Il souriait. Nous nous sommes serré la main. Il m'a dit : "Je suis le général Shabeg Singh. J'étais à la tête du Mukti Bahini durant la guerre du Bangladesh. — Mon général, vous êtes militaire de carrière. Comment vous êtes-vous fixé auprès de Bhindranwale ?" ai-je demandé. J'avais besoin de détails pour un article d'actualité — ma première journée à

Amritsar. Il m'a répondu : "Je lis la spiritualité dans ses yeux. Il ressemble au gourou Gobind Singh."

« Je suis ressorti du temple d'Or bien triste, inquiet sur le sort de toute la communauté, dérouté par la réponse du général qui avait comparé Bhindranwale au gourou Gobind Singh. J'étais tout à fait navré, en m'installant devant ma machine à écrire. Parce que moi, je n'avais pas été favorablement impressionné par Bhindranwale. Je savais bien qu'il n'avait rien du gourou Gobind Singh. Je savais que le Congrès d'Indira se servait de lui, tout simplement, pour faire du tort au parti rival, au parti akali, au Pendjab. C'était un homme tout à fait ordinaire, à qui l'on avait fait endosser une grandeur factice. Pourquoi donc la communauté l'acceptait-elle ? Pourquoi le général Shabeg Singh ne le jugeait-il pas en tant qu'homme ? Pourquoi les gens se laissaient-ils impressionner par ses airs furieux et par les hommes armés qui l'entouraient ? Ce n'était pas un intellectuel, ni un penseur, et ce n'était même pas un homme pieux. »

Dalip entendait par là, j'imagine, que Bhindranwale n'était pas vraiment un homme de Dieu. Mais quels étaient les aspects religieux visibles de l'homme ? Il devait y en avoir un certain nombre.

« Il était végétarien et aussi mélomane. Tous les matins à trois heures, il se rendait au réservoir d'eau du temple d'Or, pour écouter la musique que jouaient les musiciens aveugles à l'intérieur du sanctuaire principal. Ils jouent de l'harmonium et récitent les Écritures. C'est une musique apaisante, divine — et je lui accorde un bon point pour avoir éprouvé le désir d'en profiter. Quand cette musique résonne dans le silence et qu'il n'y a personne autour de vous, vous sentez la présence de Dieu. Il observait ce rite tous les matins, pendant une heure. Et il ne s'intéressait pas aux femmes. »

Végétarien, mélomane, lève-tôt, chaste : dans ce portrait, toute ces qualités étaient juxtaposées pour donner une idée de l'austérité du personnage, laquelle avait tant frappé les gens au début de son aventure, quand il partait prêcher sur les routes et exhortait ses coreligionnaires à ressembler à leur père, le gourou.

« Il s'est volontairement transformé en monstre », déclara Dalip. Monstre : c'était un mot qu'on appliquait souvent à l'homme des dernières années. « Il a commencé à croire qu'il allait gouverner le pays ou en tout cas le Khalistan. Il voulait gouverner quelque chose. Quand on lui disait qu'il ressemblait au gourou Gobind Singh, il acceptait volontiers le compliment. Inconsciemment,

Bhindranwale s'est mis à croire qu'il était le gourou — une réincarnation du dixième gourou.

« Je vais vous livrer deux autres images de lui. La première date du milieu de 1983. Un de mes collègues, envoyé par un grand quotidien indien, a écrit un article important pour expliquer que les naxalites étaient entrés dans le camp de Bhindranwale. J'ai vérifié ses dires : ayant constaté qu'il avait dit vrai, j'ai approfondi la question en me renseignant auprès de mes propres sources. L'article du quotidien avait fortement déplu à Bhindranwale, mais je ne l'appris que plus tard. Le lendemain de la parution de mon propre article, je suis allé voir Bhindranwale. C'était une habitude que j'avais prise, d'aller le voir quand j'avais écrit des articles le concernant.

« Toujours cette même chambre, dans l'enceinte du temple. La chambre 47. A présent, je suis en mesure d'ouvrir la porte et d'entrer sans plus de façons — tout le monde me connaît. J'ai amené avec moi un ami, un étudiant en médecine. Dès l'instant où j'ai ouvert la porte de la chambre 47, j'ai discerné, dans les yeux injectés de sang de Bhindranwale, une lueur de fureur absolue. Quand il était en colère, ce qui arrivait souvent, ses yeux devenaient rouges. Et aussitôt, j'ai reçu le message. Il y avait dans la pièce huit ou neuf de ses admirateurs armés et deux journalistes étaient en train de l'interviewer.

« Il s'est mis à hurler contre moi, d'une voix de stentor, dans le panjabi le plus grossier : "Comment oses-tu me comparer aux voleurs, aux crapules, aux lumpens ?" Pour lui, les naxalites, c'était ça. Et il a continué à hurler ainsi pendant trois bonnes minutes, puis il a ordonné à un de ses hommes d'apporter le numéro du magazine où figurait mon article. Et moi, l'envoyé du magazine, j'ai dû rester debout devant lui comme un petit écolier qui a encouru la colère du maître. Je n'arrivais pas à articuler un mot — tellement j'avais peur : je voyais des pistolets dans tous les coins et je savais parfaitement qu'il pouvait me tuer s'il en avait envie.

« Le magazine est arrivé. Il me l'a tendu. Il s'était un peu calmé, mais il était encore très fâché. Il m'a demandé de traduire ce que j'avais écrit en panjabi. J'ai répondu que je n'étais pas très calé pour traduire l'anglais en panjabi. Il s'est encore un peu radouci. Et alors, à ma stupéfaction — et j'ai compris à quel point il était malin —, il m'a fait signe, toujours assis sur son lit de camp — je n'étais pas à plus d'un mètre vingt — il m'a fait signe de m'approcher.

« Il voulait que je vienne plus près de lui et quand je me suis avancé juste à côté du lit, il m'a tiré vers lui pour me chuchoter à l'oreille : "Tu es pour moi comme un jeune frère, m'a-t-il dit toujours en panjabi, et pourtant tu écris contre moi."

« La réunion a pris fin et je suis ressorti de la pièce avec mon ami, l'étudiant en médecine. Il avait eu envie de voir Bhindranwale et m'avait demandé de l'emmener, parce qu'en ma qualité de journaliste, j'avais mes entrées dans la chambre 47. Je l'ai prié de m'excuser pour le traitement de choc.

« Après cette scène, je n'ai pas revu Bhindranwale pendant un jour ou deux. Je me sentais très mal à l'aise. Je ne savais pas comment parler de lui. Je sentais bien qu'il fallait se montrer critique, mais, quand on se trouvait à Amritsar, il était très difficile de s'en prendre à lui. Pendant plusieurs mois, je me suis tenu tranquille.

« Seulement, le magazine voulait des articles et, en octobre 1983, j'en ai écrit un expliquant que la popularité de Bhindranwale était sur le déclin, qu'il n'y avait plus guère de gens qui venaient le voir. Le magazine a monté mon reportage en épingle : "Le Sant est isolé", deux pleines pages avec une énorme photo du grand homme en robe de coton blanc, à mi-chemin entre le sourire et la moue. Et comme d'habitude, après la sortie de mon article, je suis allé le voir.

« Il était en train de se promener sur la terrasse du lieu de repos, le Niwas du gourou Nanak. Il n'y avait pas beaucoup de monde — quarante ou cinquante personnes, des partisans à lui pour la plupart. Il s'est mis à marcher avec moi. De toute évidence, il n'avait pas encore vu l'article. C'est la dernière fois que j'ai pu bavarder amicalement avec lui. Le lendemain, je suis retourné le voir, j'accompagnais une équipe de la télévision canadienne en qualité d'interprète. Depuis la veille, on l'avait mis au courant de l'article et devant tout le monde, sur cette même terrasse du Niwas du gourou Nanak où nous nous étions promenés seuls tous les deux la veille, il m'a dit que si je n'arrêtais pas d'écrire des articles contre lui, je ne vivrais pas longtemps. Il m'a dit ça en panjabi, à mots couverts. *Sannu uppar charana anda hai.* "Nous savons comment nous occuper de toi."

« Après cela, j'ai cessé d'aller voir Bhindranwale. Je n'ai plus rien écrit sur lui. Je n'ai plus fait aucun reportage hostile à sa cause. J'avais peur. Le 23 décembre 1983, il a quitté le Niwas du gourou Nanak pour aller s'installer dans l'Akal Takht ; il est donc passé du lieu de repos à un édifice sacré. Je suis allé le voir avec plusieurs journalistes locaux. Il était assis sur le sol — avec cinquante ou soixante personnes. Il y avait quelques fruits et friandises à portée de sa main. Il m'a donné une sucrerie et une banane et m'a lancé une remarque moqueuse que j'ai oubliée. De toute évidence, je ne lui étais plus du tout sympathique. Quelques semaines plus tard, un de mes collègues a été frappé à coups de couteau juste devant le temple. L'affaire n'avait rien à voir avec Bhindranwale, mais il régnait une telle atmosphère de peur que personne n'a secouru le blessé. Tout le monde est resté là, à le regarder saigner. J'ai demandé à mon journal de m'envoyer ailleurs. »

De même que Gurtej versait dans une espèce de lyrisme quand il parlait des champs et de la moisson, j'ai eu le sentiment qu'en évoquant la musique matinale au temple d'Or, Dalip s'était exprimé avec une révérence particulière pour la nature sacrée de l'ancien site. Je lui demandai à quel point l'Opération Bluestar, l'attaque de l'armée contre le temple, l'avait bouleversé.

« L'opération proprement dite ne m'a pas bouleversé. Ce qui m'a profondément choqué, c'est la façon dont elle a été exécutée. Toute l'affaire a été déplorable. Il me semblait que Bhindranwale et ses hommes auraient pu être capturés facilement, sans effusion de sang. J'ai beaucoup plaint les quatre-vingt-treize soldats qui y ont laissé leur peau. On a choisi un très mauvais jour pour s'emparer de Bhindranwale. Et finalement, on ne l'a même pas pris. »

Il avait été tué le 6 juin, et le général Shabeg avec lui. Un grand nombre de ses compagnons s'étaient débrouillés pour quitter le temple avant l'attaque de l'armée. Ils avaient survécu.

Kuldip faisait partie de ceux qui étaient restés avec Bhindranwale jusqu'à la dernière extrémité, mais il avait, Dieu sait comment, survécu. Cela faisait cinq ans qu'il se cachait. « C'est une vie très dure, une vie d'ascèse, passée à se déplacer d'un lieu à l'autre. La police finit toujours par retrouver votre trace et alors il faut décamper. » Il avait milité dans la Fédération panindienne des étudiants sikhs : un nom incongru, le groupe étant connu pour ses penchants à la violence, et ses dirigeants les plus réputés n'étant plus vraiment jeunes, et ne pouvant être considérés comme des étudiants qu'au sens le plus large du terme.

Kuldip avait une cinquantaine d'années, mais il paraissait plus âgé. Il avait le visage plissé et ridé, creusé par un réseau supplémentaire de fines rides dues à l'inquiétude, à des tensions internes, ajoutées au stress causé par son existence de fugitif. Il était vêtu des couleurs les plus pâles — même son turban était d'un marron délavé — comme s'il voulait surtout éviter d'attirer l'attention. Ces tons éteints, son visage ridé et ses petits yeux tranquilles laissaient deviner une réserve plus profonde.

Il arriva une heure plus tôt que convenu et il monta directement jusqu'à ma chambre d'hôtel. Il dut attendre pendant que je terminais un long entretien téléphonique. L'attente ne sembla pas le contrarier. Il resta assis dans son fauteuil, sans bouger, et j'avais beaucoup de mal à croire que cet homme discrètement vêtu, installé dans ma chambre d'hôtel, était l'« activiste » dont on m'avait parlé. L'idée me vint même qu'il était peut-être de la police. Quand nous commençâmes à parler, je le questionnai sur son existence de fugitif.

« Tant de gens qui étaient avec moi ont été torturés à mort et tués. Des centaines ont été tués dans des coups montés. Ils meurent pour la liberté de la race humaine. »

La liberté de la race humaine ?

Il parlait sincèrement. L'actuel mouvement sikh visait « à remédier à l'injustice politique et sociale du monde ». Son objectif était « un pouvoir politique guidé par les principes religieux sikhs et la force religieuse sikh ». Le but suprême était « un système religieux universel, un système spirituel universel, des valeurs humaines universelles ».

« L'expérience tentée au Pendjab ne concerne qu'un microcosme. Nous avons déjà eu, ici même, une expérience analogue, à l'époque du royaume de Ranjit Singh. Nous aimerions retrouver le système sikh de cette époque, le système sikh du XIXe siècle, avant l'annexion du Pendjab par les Anglais. Et nous voulons appliquer ce système au monde entier. »

Je n'étais pas préparé à entendre un tel langage. Peut-être, alors, était-il ou avait-il été un étudiant exposé à la dialectique et aux opinions de quelqu'un comme Kapur Singh.

Comment définissait-il le système sikh du XIXe siècle ?

« Un système séculier, socialiste aussi, un système sikh socialiste. L'important, c'est d'avoir la religion et le régime politique sikhs en même temps que le socialisme. La religion et la spiritualité sont intrinsèquement des éléments inséparables de la personnalité humaine. De même, le besoin de dominer, de détenir le pouvoir politique, fait aussi partie de la personnalité de l'homme. Il en va ainsi des animaux, et aussi des oiseaux. Alors pourquoi pas des hommes ? Les animaux ont leurs chefs, les oiseaux ont les leurs.

Semblablement, les Khalsa [la fraternité sikh, telle que l'avait établie le gourou Gobind Singh en 1699] aspirent à être les chefs du monde entier, car ils possèdent dans leur nature même les éléments inséparables de cette autorité. »

Kuldip pensait que l'objectif serait atteint d'ici dix ou quinze ans. Pour le moment, la lutte n'était pas en bonne voie. « Il n'y a pas de discipline. Il n'y a pas d'autorité centrale. Nous avons perdu le contrôle et, pour le moment, l'affaire tourne à la faveur du gouvernement. Certains de ces éléments anti-sociaux sont des gens à demi religieux qu'attire l'aspect émotionnel du mouvement. Ils n'ont pas beaucoup lu et ils n'ont aucune considération pour ceux qui ont beaucoup lu et qui sont très instruits, parce que ces érudits ne croient pas à l'idée de tuer à tort et à travers. Sans aucun doute, il y a aussi des agents du gouvernement dans le coup et on s'arrange pour faire retomber le blâme sur les Sikhs. Mais, comparé à d'autres, notre groupe » — la Fédération des étudiants sikhs — « ne contient pas trop d'éléments nuisibles. »

Il était né dans une partie du Pendjab qui avait été attribuée au Pakistan en 1947, au moment de la partition. « Mes arrière-grands-pères étaient généraux dans l'armée de Ranjit Singh. Mes ancêtres ont combattu lors des guerres anglo-sikhs de 1843 et 1849. L'un et l'autre commandaient trois cents hommes. Vers 1900, la moitié de la famille se convertit à l'islam. Ils tombèrent amoureux d'une jeune musulmane et ils se convertirent. Nos parents en furent très contrariés. » En 1947, la branche sikh de la famille s'installa en Inde, dans une partie du Pendjab indien qui fut ensuite incorporée à l'État du Haryana. Elle y possédait une quarantaine d'hectares. « Un dixième de ce que nous possédions au Pakistan. Tel était le prix de notre sacrifice pour la liberté. »

Je lui demandai s'il s'agissait de terres irriguées. L'eau était un tel sujet de discussion au Pendjab : on y manifestait (en dépit des champs verdoyants et riches de la région) un tel ressentiment à l'idée que l'eau des fleuves du Pendjab partait vers d'autres États.

« Irriguées, mais pas si riches que ça. » Un de ses frères cultivait les terres de la famille ; un autre était devenu enseignant et un troisième voulait être avocat. C'était le modèle sikh : tous les bourgeois sikhs que j'avais rencontrés avaient encore des liens avec la terre et beaucoup étaient en mesure de réendosser sans effort les vieilles passions paysannes. « A présent, nous nous sommes habitués au Haryana, dit Kuldip. Mais nous ne sommes pas bien riches. Nous vivons au jour le jour. »

Je l'interrogeai sur sa carrière.

« Tout jeune homme, je voulais devenir ingénieur, par pur amour de ce mot, "ingénieur". Mais je n'étais pas assez fort en mathématiques. Alors j'ai voulu devenir professeur de chimie ou de physique. La vie d'un professeur universitaire me paraissait très aisée, très paisible. »

Je compris ce qu'il voulait dire. Ses paroles me ramenèrent à ma propre jeunesse, à mes incertitudes, à l'époque où la vie universitaire me paraissait, en effet (à moi qui n'étais que le second de toute ma famille à faire des études supérieures), paisible et protégée, et où j'aurais voulu prolonger mon séjour dans ce lieu privilégié.

« Mais là aussi, j'ai échoué. J'ai obtenu de mauvaises notes. A l'époque, j'avais déjà vingt-cinq ans. J'enseignais les sciences pratiques dans un collège. Et puis j'ai voulu devenir avocat, mais le métier m'a déplu. Ensuite, j'ai été attiré par la littérature anglaise. J'avais trente ans. Ces études littéraires me fascinaient. J'ai fait une maîtrise de littérature anglaise à l'université. Ça m'a pris deux ans. J'ai obtenu un poste de professeur d'anglais dans une université.

— De quoi viviez-vous, pendant que vous faisiez toutes ces études ?

— Au début, mes parents me donnaient de l'argent. » Il devait s'agir d'une partie de ce que rapportait la terre. « Et puis j'ai commencé à me débrouiller seul et pendant un certain temps, j'ai même subvenu aux besoins de mon frère qui était plus jeune que moi. »

Depuis plusieurs années, depuis l'âge de vingt-cinq ans, il était en contact avec un saint homme bien connu qu'il considérait comme son « père vénéré ». « J'allais l'écouter parler. Il y avait aussi d'autres personnes autour de lui. C'était dans la ville de Sirsa. J'ai eu envie d'étudier la religion, mais j'aimais encore mieux me pencher sur la littérature. Les lettres, c'est quelque chose de réel. La religion est obscure. Les gourous sikhs ont rendu l'étude de la religion semblable à celle de la littérature. » Je crus comprendre qu'à son avis, les Écritures sikhs s'apparentaient à la littérature : les gourous importants étaient aussi des poètes.

A l'approche de la quarantaine, il avait trouvé un poste de chercheur subventionné, dans un département universitaire. C'est à cette époque qu'il a été happé d'abord par des activités politiques, puis par le mouvement de Bhindranwale. « Il me promit d'assumer tous les frais du quotidien en langue anglaise que nous projetions de lancer à Chandigarh. »

Quand j'avais demandé à Dalip ce qui, selon lui, entraînait les gens vers Bhindranwale, il m'avait répondu : « La frustration. » Je n'avais pas tout à fait compris ce qu'il voulait dire. Mais à présent, en écoutant Kuldip me décrire sa carrière vagabonde, en dents de scie, qui semblait rester toujours en suspens, j'eus l'impression de commencer à comprendre un peu mieux ces hommes issus de communautés rurales, qui avaient été coupés d'un mode de vie et n'avaient ni convictions, ni vocation dans le nouveau monde où ils évoluaient.

« Qu'est-ce qui vous a poussé vers Bhindranwale ?

— Sa personnalité magnétique.

— Trouviez-vous son regard plein de colère ?

— Non, c'était un regard empreint de spiritualité. Bien sûr, il avait la colère d'un lion — quand il se fâchait. Jusqu'à l'Opération Bluestar, son mouvement était parfaitement contrôlé et c'était bien ce qui inquiétait le gouvernement.

— Était-ce un tyran ? Voulait-il absolument gouverner ?

— Ce n'était pas un tyran. Il suivait les principes du gourou. En cas de bataille, les gourous donnaient l'ordre de tuer l'ennemi, mais, à vrai dire, je ne devrais pas exprimer la chose ainsi. Les gourous n'avaient pas d'ennemis : on leur a imposé l'hostilité. De même, on l'a imposée à cet homme. »

Mais enfin, toutes ces armes entreposées dans le temple d'Or ? N'était-ce pas contraire à la religion ?

« Dans le sikhisme, rien n'interdit d'avoir des armes à feu dans les *gurdwaras*, pourvu qu'elles ne soient pas utilisées pour une cause injuste. Parfois, le gourou Gobind Singh personnifie Dieu tout-puissant en lui appliquant les noms mystiques des armes. Il y a beaucoup de versets où il fait l'éloge de la force des armes, en même temps qu'il glorifie Dieu tout-puissant.

— On m'a dit que Bhindranwale avait fini par se prendre pour le gourou Gobind Singh.

— Quelquefois, devant la congrégation, il aimait à évoquer le souvenir des actes du gourou. Il était très proche de lui par l'esprit. Dans la religion sikh, on a coutume de dire que quiconque suit les décrets du gourou devient si proche de lui qu'il devient le gourou et que le gourou devient la personne en question. »

Il me parla des derniers jours de Bhindranwale.

« J'ai vécu avec lui au temple du 29 mars 1984 jusqu'au 6 juin de la même année. La dernière fois que je l'ai vu, c'était le 5 juin. Le soir. Nous avons discuté de la situation. Il était très ferme. Il m'a inspiré par son courage. Nous tous, à l'intérieur, étions prêts à tout. Le général Shabeg se tenait au-dehors. C'est lui qui m'a envoyé auprès du Santji.

« Je me rappelle les dernières paroles de Shabeg : "Le meilleur endroit pour mourir est le haut lieu de votre religion et un site ayant des rapports avec vos ancêtres." Et il a ajouté : "L'endroit où nous nous tenons possède ces deux qualités au plus haut degré. Donc, mieux vaut mourir ici." Nous étions dans l'Akal Takht. » Le siège du conseil du temple d'Or, si on peut dire : le chapitre de l'endroit. « Il était très difficile d'apporter de la nourriture depuis le *langar* » — la cuisine collective du temple : cette cuisine collective, dans un lieu de vénération, est une importante idée sikh — « très difficile. Alors, des gens nous apportaient à manger par-dessus le mur du temple, en passant par les toits des maisons attenantes. Cela n'a duré qu'un seul jour. Nous avions des *channa* en quantité » — des pois chiches — « et on nous les a distribués. L'eau était stockée dans des seaux.

« Quatre d'entre nous se tenaient derrière les deux drapeaux du premier étage. Personne n'était inquiet. Nous étions tous heureux. Le *kirtan* était en cours. » Il s'agissait des cantiques que l'on chantait dans le temple central, au milieu de l'étang, couronné de sa coupole d'or. « Et ils chantaient justement le distique : "Personne ne peut tuer celui dont le Dieu est tout-puissant." *Jisda sahib dada hué usnu marna koi*. Cela nous a inspirés.

— Vous étiez au courant des cadavres entassés dans les égouts ?

— Moi non.

— Cela ne vous gêne-t-il pas à présent ?

— Non. En amour et à la guerre, tous les coups sont permis. »

Brusquement, il commença à s'agiter et me dit qu'il devait partir. Il m'assura qu'il me téléphonerait à Delhi, d'ici quelques jours. Je descendis l'escalier avec lui. Il évita de passer devant le bureau de la réception. Après un brusque crochet, il longea le parterre de fleurs de la pelouse de devant, enjamba une haie basse pour gagner l'allée, et il sortit par le portail de l'hôtel.

Un jour ou deux plus tard, la police annonça qu'une campagne terroriste d'attentats à la bombe risquait de commencer à Delhi. Voilà qui donnait un tour nouveau à ce que Kuldip m'avait dit de ses mouvements, même si j'avais toujours autant de mal à associer à des actes de violence l'homme au visage ridé et au regard soumis que j'avais vu et qui était resté si tranquillement assis dans ma chambre.

Au début de mon séjour à Chandigarh, quand j'avais demandé à Gurtej pourquoi le sikhisme insistait tant sur la souffrance, il m'avait répondu : « Ce monde est pour beaucoup un lieu de malheur et il faut donc l'éliminer [le malheur]. Il n'y a que deux méthodes. Ou bien on fait souffrir autrui, ou on souffre soi-même. »

Le jour qu'avait mentionné Kuldip, le standardiste de l'hôtel de Delhi m'appela dans ma chambre pour me dire : « J'ai un homme au bout du fil qui veut vous parler, mais qui refuse de dire son nom. » Avant que j'aie pu me décider à répondre, mon correspondant avait raccroché. Il n'y eut pas d'autre appel du même genre ; jamais plus je n'eus de nouvelles de Kuldip. D'un certain côté, j'en étais soulagé, car l'information concernant la campagne d'attentats à la bombe m'avait mis — comme les habitants du village de Jaspal et d'autres villages — dans une situation très délicate.

9

LA MAISON DU LAC

Retour en Inde

L'Inde regorgeait de visiteurs ; leur nombre s'élevait d'année en année. Dans toutes les grandes villes où j'allai — à l'exception d'Amritsar et de Lucknow — les hôtels étaient bondés : une foire commerciale suivait l'autre, les cérémonies publiques et les jours fériés se succédaient, les délégations étrangères de toutes sortes se bousculaient à la frontière.

L'Inde où j'étais allé en 1962 me paraissait un autre pays. Ce n'était pas encore, à l'époque, un endroit où l'on voyageait pour affaires. Ce n'était pas non plus un haut lieu du tourisme. Les hôtels de n'importe quelle catégorie étaient plutôt rares. Loin des grands centres, les voyages se compliquaient considérablement. Dans certains endroits, on était obligé de passer la nuit dans une des salles de la gare ; dans d'autres, si l'on parvenait à obtenir l'autorisation officielle nécessaire, on pouvait descendre dans un « dak bungalow », un relais de poste. Le nom était délicieux, évoquant des idées de voyage à l'ancienne, de prévenances désormais révolues. Mais quand on arrivait devant le bungalow colonial écrasé de soleil, envahi par les moisissures, avec peut-être, dans le jardin sablonneux, quelques zinnias, ou quelques roses aux tiges maigrichonnes, ou encore des arbustes difficiles à identifier, il fallait appeler le gardien à grands cris ; finalement, un pauvre type pieds nus, en haillons, faisait son apparition et proposait de préparer, dans sa propre maison, le genre de repas qu'il cuisinait pour lui-même et qui, quand il arrivait, était tout imprégné de l'odeur du feu de bois ou des petites galettes de bouse de vache qui avaient servi de combustible. Dans la chambre chichement meublée, les « draps » de toile épaisse sentaient l'eau savonneuse saumâtre ou sale dans laquelle ils avaient été lavés ; le sol sablonneux crissait sous le pied ; la moustiquaire était déchirée dans tous les coins ; les trous ménagés pour la ventilation dans le haut du mur vous donnaient le sentiment d'être exposé. La nuit pouvait être longue.

L'Inde où j'étais arrivé en 1962 m'avait fait l'effet d'un pays très lointain, d'un pays qui méritait un aussi long voyage. En effet — presque comme William Howard Russell, un siècle auparavant — j'avais emprunté le train puis le bateau depuis Londres ; le chemin de fer jusqu'à Venise ; le bateau jusqu'à Athènes ; un autre navire jusqu'à Alexandrie ; et enfin un troisième pour Karachi et Bombay. Douze ans avant ce périple, j'avais quitté l'île de Trinidad pour Londres. C'est aux Antilles que, petit-fils et arrière-petit-fils de paysans immigrés venus des Indes, j'avais grandi avec mes propres idées quant à la distance qui me séparait du berceau de ma famille. J'étais assez loin de l'Inde pour cesser d'en faire partie. Je connaissais ses rites, mais j'étais incapable d'y prendre part ; j'entendais les gens parler, mais je ne captais que les mots les plus simples. J'étais pourtant suffisamment proche encore pour en comprendre les passions ; et aussi pour sentir que mon propre destin était lié à celui du peuple de ce pays. L'Inde de mon imagination et de mon cœur était quelque chose de perdu et d'irrécupérable.

Le pays existait physiquement. Je pouvais m'y rendre ; j'en avais toujours eu envie. Mais lors de cette première visite, j'étais un voyageur bien craintif.

J'avais projeté de passer une année entière en Inde ; et — sans avoir une idée bien claire du livre à venir — j'espérais parvenir, pendant une partie de cette année, à m'installer quelque part pour écrire. Je débarquai à Bombay dans le courant du mois de février. Au début d'avril, je partis vers le nord, en direction du Cachemire : le train jusqu'à Delhi ; un autre train, de nuit, jusqu'à Pathanko ; et puis une journée entière plus une matinée d'autocar (avec une halte pour la nuit : clair de lune sur les rizières en terrasses de Banihal), passées à escalader les montagnes avant de redescendre vers la vallée du Cachemire.

Je m'étais installé dans un hôtel sinistre et moisi en pleine ville, dont les chambres ne donnaient aucune idée du décor naturel, aucune vue sur le lac, ni sur les montagnes, avec leur neige toute fraîche ; on n'avait droit qu'à une vue urbaine, sur une cour de derrière encombrée d'objets. Je ne me voyais pas y séjourner trois ou quatre mois. Sur le lac, certes, il y avait les houseboats, reliques du Raj britannique, mais ceux qui étaient bien aménagés — dont les coques blanches, sur l'eau, faisaient écho à la neige fraîchement tombée sur les montagnes sombres qui nous entouraient — étaient trop chers pour moi. C'étaient ceux où l'on trouvait de la belle porcelaine, de vieux meubles sculptés à la main, des menus en anglais à l'ancienne mode (avec toujours, ici et là, les photographies et parfois les recommandations d'Anglais invités quelque trente ans plus tôt — avant l'indépendance, avant la guerre). Les houseboats plus petits étaient en mauvais état. Cela dit, même si j'avais eu les moyens de me payer les plus luxueuses de ces embarcations, il me semblait que j'aurais été incapable d'écrire et de vivre dans une seule pièce. Si je n'avais pas pu sortir me promener chaque fois que l'envie m'en prenait, je me serais senti à l'étroit ; j'aurais eu l'impression d'une espèce d'incarcération.

Tout laissait donc supposer qu'après ce long trajet vers le nord, le Cachemire allait être un fiasco complet. Et puis, le deuxième ou troisième jour, à l'affût constant d'un agréable lieu de séjour, je m'étais laissé entraîner par un petit bonhomme perdu dans une grande veste bleue et coiffé d'un bonnet de fourrure noire, jusqu'à ce qu'il m'avait décrit comme un hôtel, au milieu du lac, avec son propre jardin.

La chose était difficile à croire, mais Ali Mohammed, l'homme au bonnet de fourrure noire, n'avait pourtant dit que la stricte vérité. Je finis par très bien le connaître. Pendant des semaines, je le vis, matin et après-midi, quitter sa base à l'hôtel, prendre place, avec sa grosse bicyclette, dans un des bateaux qui sillonnaient le lac, pour se faire transporter jusqu'au boulevard du lac, puis pédaler jusqu'à la gare routière ou au Centre d'accueil touristique ou à tout autre endroit où il était susceptible de séduire un visiteur, comme il m'avait séduit, moi. Sans être pour autant ni importun ni bavard, car c'était en réalité un garçon timide et discret, qui n'aimait rien tant que de tirer quelques bouffées de narguilé avec ses amis, dans la cuisine de l'hôtel au bout du jardin.

L'hôtel ressemblait à une petite maison. Il s'appelait hôtel Liward [1] — telle était alors l'orthographe officielle et c'était

---

1. L'orthographe correcte est en réalité *Leeward*, qui veut dire « sous le vent ». (NdT)

toujours ainsi que je pensais à l'établissement. Pourvu d'un étage et d'un toit en pente, en tôle ondulée, il se dressait dans son propre jardin, au milieu du lac, non pas un de ces jardins flottants qui n'étaient que d'épais tapis d'herbes aquatiques et de terre que l'on pouvait déplacer en les faisant remorquer par un bateau, mais un bout de terrain. Je louai une chambre à l'étage, à une extrémité de la maison. Cette section de l'édifice venait tout juste d'être bâtie pour la nouvelle saison — le Liward s'agrandissait tous les cinq ou six ans — et, tels que les lieux étaient conçus, ma chambre n'était contiguë à aucune autre. Elle avait des fenêtres sur deux côtés, avec vue sur le lac, les montagnes et la neige. Elle possédait sa propre salle de bains, flambant neuve. Dans les deux pièces flottait l'odeur agréable du bois neuf et du ciment frais. Le petit salon de l'hôtel jouxtait mon domaine ; je décidai de le louer aussi, si bien que je pouvais presque me vanter d'occuper ma propre petite aile du Liward.

Pour moi, ce fut un coup de chance extraordinaire. Le Liward et mon séjour au Cachemire constituèrent une plage de repos au milieu de mon année en Inde, au milieu de mes déplacements incessants et préoccupants ; peut-être même me permirent-ils de surmonter l'épreuve de cette aventure indienne. Je m'étais, en effet, déraciné de Londres et j'avais investi jusqu'à mon dernier sou dans ce voyage ; si l'affaire avait mal tourné, si je n'avais pas tenu le coup, je me serais retrouvé dans une situation fort épineuse.

Je passai plus de quatre mois au Liward. Je finis par y connaître tout le monde, tous ceux qui travaillaient et fumaient dans la cabane qui faisait office de cuisine, au bout du jardin. Ali Mohammed — si important tout au début — fut bientôt repoussé à l'arrière-plan. L'hôtel appartenait à M. Butt, mais l'anglais était au-dessus de ses moyens ; nous ne communiquions que par sourires et par gestes. Le bras droit de M. Butt était Abdul Aziz. Il ne savait ni lire ni écrire, mais il était doué d'un instinct social aigu et déchiffrait à merveille les visages et les situations ; il possédait, en outre, une mémoire prodigieuse et parlait un anglais idiomatique, appris complètement d'oreille. C'est donc à Aziz que j'eus affaire, durant ces quatre mois au Liward. C'est avec lui que je fis mes excursions dans les vallées les plus élevées. Aziz et M. Butt préparèrent mon expédition à la grotte d'Amarnath, à l'époque du grand pèlerinage du mois d'août, et Aziz m'accompagna, pour exercer un certain contrôle sur la suite qu'on avait engagée à mon intention.

Et j'écrivis mon livre. Ce qui n'avait été qu'une simple idée, un brusque élan, une série de suggestions, ce qui, en début de rédaction, m'avait semblé irréel, commença à prendre vie et à faire sentir sa puissance dans la chambre aux deux points de vue. Cela aussi fit partie du bien-être et du réconfort de cette saison au Cachemire, ce sentiment d'un livre qui chaque jour s'étoffait. Aziz et M. Butt m'avaient bricolé une table où je pouvais écrire et m'avaient même fourni une lampe de bureau.

L'année suivante, dans un appartement de location étouffant, dans le sud de Londres, j'entrepris d'écrire mon livre sur l'Inde. J'avais eu l'intention de le faire sur place, mais après les premières semaines, j'avais renoncé à cette idée. Les récits de voyage étaient nouveaux pour moi, et je ne voyais pas quelle forme donner à un livre sur l'Inde : j'étais trop bouleversé par la souffrance que je voyais. Je n'avais pas tenu de journal et n'avais guère pris de notes cohérentes, mais j'avais dépensé de l'argent et il fallait écrire le livre. Deux ou trois bons mois après mon retour, je me mis au travail. Pendant cette rédaction, l'épisode du Cachemire devint ce qu'il avait justement été l'année précédente en Inde : une plage de repos. En évoquant les événements, jour après jour, je finis par découvrir un fil narrateur là où j'avais cru qu'il n'y en avait pas.

Une fois le livre terminé — les souvenirs mis en ordre, la forme trouvée, les émotions indiennes affrontées et couchées sur le papier — les détails commencèrent à s'estomper. Le moment vint où je ne pus pas me relire. Le Cachemire et l'hôtel Liward — ainsi que M. Butt et Aziz — n'étaient plus qu'une lueur, le souvenir d'une saison où tout s'était passé au mieux. J'avais la possibilité de retourner au Cachemire à tout moment. Les voyages aériens avaient simplifié le monde, simplifié nos façons d'aborder des pans entiers de notre passé. Quelquefois, on m'écrivait à propos de cet hôtel ; quelqu'un m'envoyait une photographie pour me montrer les changements survenus dans la construction. Mais jamais je n'avais éprouvé le besoin d'y retourner.

Or, cette fois-ci, j'y retournai. Je pris l'avion. Je vis ainsi l'aéroport que je n'avais pas vu, ni même approché, vingt-sept ans auparavant. Étant donné la situation au Pendjab, il y eut à l'aéroport de Delhi des contrôles de sécurité draconiens. Il y en eut d'autres à Srinagar : la vallée du Cachemire était agitée. En 1962 aussi, il y avait eu des troubles. Mais à présent, dans l'Inde entière, les gens vivaient davantage sur les nerfs et faisaient preuve d'une attitude différente envers les autorités.

On était en train d'aménager la route qui menait à la ville. Elle passait désormais devant de nombreuses et vastes maisons neuves ; je n'avais jamais vu ce genre d'opulence chez de simples particuliers en 1962. Le centre-ville était tel que je me le rappelais : couleur de boue et d'aspect médiéval, un peu comme si les couleurs du Cachemire, individuellement aussi vives que peuvent l'être celles d'une boîte de peinture, s'étaient amalgamées pour créer un effet de saleté et de boue. Les briques et les solives des vieilles bâtisses — ou en tout cas de bâtisses qui avaient l'air vieilles — montraient toutes cette nuance boueuse. C'était aussi la teinte des rues, la nuance qui dominait dans les vêtements pourtant bariolés des passants ; et boueuses aussi — avec çà et là une tache ou une croûte d'algues vertes — étaient les eaux gonflées du fleuve qui traversait la ville entre ses rives abruptes. Un bras ou canal de ce fleuve était engorgé par de petits houseboats en bois brut, rangés les uns à côté des autres : et là, ces embarcations étaient clairement identifiables comme un véritable bidonville, comme autant de petites maisons flottantes amarrées à la rive une fois pour toutes, chacune avec sa petite annexe sur la rive.

Un vague souvenir me revint en mémoire, à la vue du gris-brun de ces houseboats ; mais l'impression de foule et d'encombrement était nouvelle. Il me semblait aussi avoir entendu dire, en 1962, qu'à l'époque des Britanniques (bien que le Cachemire fût un État princier, gouverné par son propre souverain), les Indiens n'avaient pas le droit d'emprunter le Bund, la principale artère de la ville. Tout cela appartenait à un passé révolu depuis longtemps. La ville cachemirienne et indienne avait explosé hors de ses limites pour s'étaler le long du boulevard du lac, presque à perte de vue. Ce nouveau quartier n'était pas couleur de boue. C'était un bazar indien en pleine activité, fait de béton, de verre et de peinture fraîche, d'hôtels, de boutiques et d'enseignes. Et lui faisant face, sur une partie du lac où il n'y avait, en 1962, que de l'eau, s'allongeait une immense rangée de houseboats pour touristes, avec chacun son enseigne : on aurait dit que les Cachemiriens et les visiteurs étaient alignés les uns en face des autres, comme deux équipes de sportifs ; les visiteurs handicapés dans leurs embarcations, privés de mouvement et de maniabilité, les Cachemiriens agiles sur la rive, prêts à affronter toutes les tentatives de débarquement, avec leurs soldats irréguliers qui pagayaient sur le lac, sortant de nulle part, dans leurs bateaux bas et peu profonds capables de s'insinuer dans les plus minces ouvertures. Tout le long de cette section du boulevard du lac, on entendait un rugissement de voix humaines, comme dans un marché ou un bazar.

Tout à fait au bout du boulevard, un peu au-delà du nouveau quartier, se dressait le Palace Hotel, dans un vaste parc privé. Cette fois-ci, c'est là que j'étais descendu. L'hôtel était naguère le palais d'été du maharajah du Cachemire. C'était un édifice des années 1930, important mais plutôt banal, bas et large, construit nettement à l'écart du lac et de son boulevard. Les vergers de pommiers plantés par l'avant-dernier maharajah étaient en fleur ; les amandiers aussi. Après les tons boueux de la ville, tout ici était du vert le plus frais et le plus printanier.

J'avais connu le palais à l'époque où il était encore un palais. En 1962, Karan Singh, le maharajah, y avait résidé ; sa position officielle au Cachemire était celle de gouverneur, ou *sadr-i-riyasat*, et j'avais été invité plus d'une fois à dîner. Un soir, je m'y étais rendu en tonga, une espèce de charrette tirée par un cheval. La pauvre bête avait eu beaucoup de mal à nous hisser, en dérapant, le long de la pente interminable et raide de l'allée. J'aurais été plus vite à pied. Je me sentais ridicule, assis dans ce tonga, mais je ne savais que faire. En tout cas, l'affaire avait paru manquer totalement de dignité aux fonctionnaires du palais qui me regardaient arriver, et qui étaient finalement venus à mon secours au volant d'une jeep.

Je n'avais gardé aucun souvenir ni de l'entrée du palais, ni des pièces à l'intérieur. Dans le couloir du rez-de-chaussée, le tapis était usé. A l'étage, de chaudes odeurs de cuisine me parvenaient par la fenêtre de ma chambre, et j'avais un tout petit aperçu, à travers un écran de béton, des locaux du personnel. Ma chambre était vaste, avec un mobilier qui donnait l'impression d'être insuffisant ; le tapis, grossièrement tissé, était d'un vert éclatant. La pièce ne dégageait aucun sentiment de gloire, de confort, de vacances : elle évoquait seulement, dans l'air humide du printemps, l'idée d'un vaste édifice en perdition, dans lequel il y avait à présent trop de choses à réparer, un édifice trop grand pour les rares personnes qui s'y trouvaient, un édifice que l'on venait tout juste d'ouvrir pour la nouvelle saison et qui avait besoin de l'été et de l'invasion d'une horde de vacanciers que, en raison de l'agitation religieuse et politique qui régnait actuellement dans la vallée, il n'aurait peut-être pas.

Les jardins sur lesquels donnaient mes fenêtres étaient bien entretenus, cependant. L'herbe avait été tondue à ras, les deux grands arbres étêtés de fraîche date ; quant aux parterres, ils resplendissaient de ces couleurs qu'on voit sur les paquets de bulbes et de graines. Deux jeunes Japonaises en jeans, l'appareil au poing, posaient l'une pour l'autre, accroupies devant les tulipes rouges, et poussaient de petites exclamations cristallines. Au-delà et plus bas, entr'aperçu à travers la végétation printanière, à travers les nouveaux feuillages des peupliers et les frondaisons des saules, d'un vert jaune très doux, s'étendait le lac. Les lointaines montagnes étaient couronnées de neige. C'était une vue de privilégié, un panorama digne d'un palais : de ma fenêtre, on ne distinguait pas la moindre trace du nouveau bâtiment construit au bord du lac, sur la droite, ni des cultures en espaliers qui occupaient les pentes inférieures des montagnes ; et on ne voyait pas non plus, sur la gauche, la rangée de houseboats.

Quelque part là-bas, vers la gauche, se dressait l'hôtel Liward. Et c'est vers lui que, très vite, je me mis en route, peu désireux de différer l'instant des retrouvailles. Je pris un des taxis de l'hôtel. Il y avait un tarif minimum, pour lequel j'aurais pu couvrir une distance deux ou trois fois plus grande ; j'aurais d'ailleurs pu aller à pied. Les vieilles irritations du Cachemire commencèrent à refaire surface, télescopant les années.

Trompé par la foule que j'apercevais devant moi sur le boulevard, incapable de juger, au milieu du grouillement de nouveautés qui encombraient le lac, où pouvait bien se situer le Liward, je descendis trop tôt du véhicule, au mauvais embarcadère, et me retrouvai en train de marchander avec le batelier le prix de la course jusqu'au Liward. L'homme était de la taille d'un enfant et, sous sa robe brune, il en avait aussi la corpulence. Une peau pâle et vérolée, décolorée par endroits ; un petit visage cadavérique sur un cou maigre ; des cheveux de couleur claire, des yeux brillants. Tout son aspect proclamait sa famine hivernale, mais ses yeux, tout comme sa voix qui discutait âprement, étaient pleins de rage. Je n'avais jamais rien vu de pareil sur les embarcadères en 1962, mais il n'y avait pas non plus à cette époque une telle foule, ni ce rugissement humain.

Nous finîmes par nous mettre d'accord sur vingt-cinq roupies, c'est-à-dire une livre, pour la traversée jusqu'au Liward : c'était beaucoup trop, le quintuple du prix normal.

L'eau du lac, glissant entre mes doigts, était fraîche. Et malgré tout le remue-ménage, le lac gardait encore sa limpidité printanière. Il était plein de petits poissons qui offraient un spectacle enchanteur, et les fougères qui poussaient au fond de l'eau ondulaient lentement avec le courant. (Plus tard, au plus fort de l'été, l'eau se troublerait.) Là où il n'y avait en 1962 que de grands espaces vides, s'alignait à présent une longue rangée de houseboats, chacun avec son enseigne et son escalier ; certains paraissaient même reliés les uns aux autres par une passerelle de bois munie de rambardes et soutenue par des pilotis.

Nous continuâmes vers une sorte d'allée lacustre, bordée de bateaux qui faisaient office de magasins. Très vite — à l'issue d'une traversée qui ne méritait en aucun cas vingt-cinq roupies — nous arrivâmes au Leeward, avec son orthographe rectifiée, si on en croyait l'énorme enseigne. Ce n'étaient plus la modeste chaumière et le petit jardin flottant où j'avais vécu, mais un établissement qui dominait les lieux, même au milieu de tout le nouveau fouillis commercial : massif, avec ses murs de béton, ses multiples ailes et ses innombrables pignons.

La photographie du Leeward qu'on m'avait envoyée plusieurs années auparavant montrait un bâtiment à un seul étage. J'eus le sentiment que le toit avait été surélevé pour permettre l'adjonction d'un deuxième étage. Les pignons étaient curieusement évasés dans le bas, plus épais, avec des courbes qui évoquaient presque des crosses de hockey. Sous la pente raide des toits, l'effet produit était tibétain ou japonais.

Je me souvenais de feuilles de lotus bien plates à la surface du lac, à côté du jardin du Leeward. Il y en avait encore quelques-unes, mais on les remarquait moins que les hautes herbes, véritables pièges à détritus, qui poussaient tout autour de l'embarcadère. L'hôtel se dressait alors à l'intersection de deux voies d'eau, mais à présent on avait l'impression d'une zone résidentielle transformée en zone commerciale. De tous les côtés, des bateaux-boutiques, amarrés aux îlots noirs, des échoppes en bois brut et en tôle ondulée, montées sur pilotis, et des magasins d'artisanat faisaient face au Leeward. L'hôtel possédait même sa propre petite épicerie, dans un coin, avec un grand panneau publicitaire ; et, juste à côté, il y avait une espèce de bazar où on vendait du cuir et des objets en bois du Cachemire.

Depuis le débarcadère, un petit sentier bordé de rambardes courait entre deux rectangles de jardin. Cela ressemblait vaguement (en dehors de la baignoire transformée en jardinière dans un coin) au jardin que j'avais connu, mais il était impossible de reconstituer le site, de déterminer où avait dû se trouver mon petit salon ainsi que la chambre au double point de vue. L'île sur laquelle était construit l'hôtel, le petit morceau de terre proprement dit, avait dû, elle aussi, être agrandie.

A un bout du bâtiment, en face des magasins de l'hôtel, se trouvait la réception, une petite pièce aux murs blancs avec de grandes baies vitrées. Un haut comptoir ; un tableau marron pour accrocher les clefs ; un calendrier au mur ; des dépliants touristiques sur le Cachemire grands ouverts. Il y avait aussi des affiches représentant La Mecque : la pierre noire de la Kaaba et une coupole. Il n'y avait pas, dans le Leeward d'autrefois, de ces décorations à tendance religieuse. De toute évidence, quelqu'un avait fait le pèlerinage à La Mecque, ou souhaitait manifester son allégeance.

Personne à la réception. Un petit garçon qui traînait dehors semblait appartenir à l'hôtel. Je l'envoyai à la recherche d'Aziz ou de M. Butt. C'est ce dernier qui arriva. J'avais à peine attendu. Après vingt-sept ans d'absence, c'était aussi simple que ça. M. Butt avait aujourd'hui un collier de barbe blanche, la barbe d'un homme qui avait accompli son pèlerinage. Peut-être au milieu d'une foule ne l'aurais-je pas repéré, mais ici, dans son propre décor, il était immédiatement identifiable : le bonnet de fourrure, les couleurs sombres qu'il affectionnait, les lunettes à verres épais, la silhouette gracile.

Il se comporta en homme que rien n'étonne. Nous ressemblions d'ailleurs à deux acteurs ayant déjà répété la scène qu'ils étaient en train de jouer. En 1962, me dit-il, l'hôtel comptait neuf chambres ; à présent, il y en avait quarante-cinq. Le tarif était désormais de cent vingt-cinq roupies la nuit, soit cinq livres ou huit dollars, draps propres et eau chaude compris. Il savait exactement combien de temps j'étais resté dans son établissement en 1962. Je n'eus pas besoin de le lui demander ; ce fut lui qui me le rappela. J'y avais passé quatre mois et quinze jours. De même que, pour moi, écrire, mettre en ordre les événements et les émotions, m'aidait à contrôler la situation, à faire en quelque sorte table rase, pour M. Butt c'était, semblait-il, le fait de chiffrer les choses et de trouver les chiffres exacts qui lui permettait de tout enregistrer et de former un schéma cohérent.

Après les nouvelles concernant l'hôtel, qu'il me donna très rapidement, il avait une chose plus importante à me dire : il avait fait son pèlerinage à La Mecque. Il y avait aussi sa santé. « Mais je vais bien, monsieur. » Et, comme pour le prouver, il m'empoigna le bras et serra fort.

Je lui demandai quel âge il avait. Il eut du mal à traduire les chiffres. Il commença par me dire quatre-vingt-six ans, puis soixante-seize, puis enfin soixante-six. Peut-être avait-il en effet soixante-six ans ; ce qui lui en aurait fait trente-neuf en 1962, à un an seulement de la quarantaine — à l'époque j'aurais trouvé ça vieux.

Il me parla des autres. Ali Mohammed, qui m'avait amené chez lui en ce jour béni, était parti. Le *khansamah*, le cuisinier, personnage torturé et caractériel qui s'ingéniait à créer lui-même toutes sortes de crises dans sa cuisine au bout du jardin, était mort. Mais Aziz était toujours là, fidèle au poste. Pour le moment, il était chez lui, mais il serait de retour à l'hôtel dans l'après-midi.

Je lui dis que je reviendrais vers quatre heures pour voir Aziz. La langue — ou plutôt l'absence d'une langue commune — se dressait entre M. Butt et moi, comme elle l'avait toujours fait. Étant arrivés au bout du peu de mots que nous avions en commun, nous étions aussi, pour le moment, à court de choses à nous dire. Je repris donc mon bateau jusqu'à l'embarcadère où m'attendait le petit homme aux yeux pleins de rage.

Sur la rive s'élevait une colline appelée Shankaracharya Hill, en haut de laquelle on avait édifié un temple hindou ; en 1962, c'était Karan Singh qui subventionnait le brahmane officiant en ces lieux. J'avais escaladé cette colline plus d'une fois, l'après-midi, et j'avais lié connaissance avec le brahmane. C'était un ermite jovial, coiffé d'un bonnet de laine. Quand il pleuvait ou que le temps était brumeux ou froid, il se tenait chaud à la façon cachemirienne, en serrant contre lui, sous une couverture, un petit brasero d'argile, rempli de charbon de bois brûlant. J'avais eu tant de nouveautés à assimiler que ce n'est qu'à ce moment-là — en remontant les marches de l'embarcadère, à travers les échos de ce vacarme de bazar qui émanait du lac et du boulevard — que je remarquai l'immense émetteur de télévision se dressant sur la petite colline voisine de Shankaracharya ; je me demandai ce qu'étaient devenus le temple et le brahmane.

Je retournai au Leeward aux alentours de quatre heures. Nouveau trajet en taxi depuis le Palace Hôtel ; puis en bateau à rames à vingt-cinq roupies depuis l'embarcadère. Un beau jeune homme, de petite taille, m'attendait à la réception. Il portait un gilet molletonné en tissu synthétique, qui, à l'instar de sa coiffure, était à la dernière mode. Il m'annonça qu'il était le fils d'« Aziza » — il dit distinctement « Aziza » : je me souvins que c'était le diminutif affectueux d'Aziz.

Le fils d'Aziz ! Il avait dix-huit ans et était étudiant dans une école de Srinagar. Il faisait des études de comptabilité. De comptabilité ! Mais oui, bien sûr, avec toute l'activité qui régnait désormais autour du lac et dans la ville, il y avait besoin de comptables.

Enfin, Aziz parut, débouchant du couloir par lequel était arrivé M. Butt le matin même. M. Butt était resté mince ; Aziz, lui, avait pris de l'ampleur et du ventre et son visage s'était arrondi. Il portait plusieurs couches de vêtements superposées : un pantalon vague, une chemise à pans, un chandail tendu à craquer sur sa panse rebondie, une espèce de gilet sans boutons (où il y avait beaucoup plus de dos que de devant) et une redingote en tissu léger. Curieusement, sa corpulence ne faisait guère de différence : il restait celui que j'avais connu. Il n'avait rien perdu de son énergie, de la légèreté de sa démarche, de son expression indéchiffrable, de son intelligence analytique, de sa manie de cligner des yeux, comme s'il était myope.

Quoi de neuf ? Eh bien, me dit-il, le petit — il voulait parler du beau garçon qui m'avait accueilli — avait voulu devenir médecin. Mais ils avaient réussi à l'en dissuader. Rien ne valait l'hôtellerie. Et M. Butt, qui s'était joint à nous, gloussa de rire et répéta, après Aziz, que rien ne valait l'hôtellerie.

Je questionnai Aziz sur le bonnet de fourrure de M. Butt. J'avais dans mon précédent livre décrit l'effet d'une forte pluie sur ce couvre-chef : ayant trouvé ces mots et ne les ayant jamais oubliés depuis, j'avais gardé présent à l'esprit le souvenir du bonnet de fourrure. Je me demandais à présent si ce bonnet, de même que la barbe blanche qui ornait le menton de M. Butt, avait une signification religieuse ; ou bien si ces attributs signalaient qu'il appartenait à un clan précis.

« Ce bonnet pourrait vous coûter jusqu'à mille roupies », déclara Aziz.

C'était, semblait-il, tout ce qu'il avait à en dire. Ce ne fut qu'alors que je remarquai qu'Aziz portait lui aussi un bonnet de fourrure : aussitôt ma mémoire — au moyen d'une douzaine d'images frappantes — me rappela qu'Aziz avait toujours été coiffé d'un de ces couvre-chefs, que celui-ci faisait partie intégrante de son aspect physique et que je ne l'avais vu qu'une seule fois nu-tête — après une séance de cabrioles, dans la cuisine, qui l'avaient précipité hilare et échevelé au milieu du jardin. Mais je n'avais pas eu à trouver de mots pour décrire son bonnet ; il n'avait à mes yeux aucune importance.

Je mis Aziz au courant de mes déboires à l'embarcadère et du tarif exorbitant de vingt-cinq roupies. Le batelier m'attendait dans son esquif pour me ramener. Aziz fit un geste pour l'appeler.

J'eus l'impression que cela déplaisait à l'homme qui fit semblant de n'avoir rien vu.

Aziz parut à son tour oublier le batelier. Il sortit une boîte remplie de photographies et M. Butt et lui se mirent à chercher les plus anciennes. Ils en trouvèrent une de l'hôtel en 1962, où l'on pouvait voir le jardin et mon salon. Puis ils en trouvèrent une autre, surexposée, du personnel de l'époque. M. Butt y figurait, ainsi qu'Aziz ; et aussi Ali Mohammed qui était parti depuis, avec ses traits taillés à la serpe et son air sérieux ; et le défunt *khansamah*. Ce dernier était grand et vraiment bel homme, avec un visage plus tourmenté que je ne me le rappelais. Peut-être ses crises de rage n'étaient-elles pas dues uniquement à son caractère ; peut-être avait-il été parfois malade et souffrant.

Il n'y avait pas plus de cinq ou six personnes sur ce vieux cliché. A présent, l'hôtel en employait vingt et il y avait même un directeur.

Et Aziz, que faisait-il, alors ?

Le fils d'Aziz intervint : « C'est le commandant en chef. » Et M. Butt comprit et sourit.

Je questionnai Aziz sur la santé de M. Butt. Ce dernier avait laissé entendre, le matin même, qu'il n'allait pas parfaitement bien. Aziz m'expliqua que son patron n'aurait pas dû fumer, mais qu'il taquinait quand même le narguilé en secret : il était incapable d'y renoncer. Et M. Butt, qui ne souriait plus, fit un geste grave d'impuissance.

Je rappelai à Aziz mon problème du batelier et de la traversée à vingt-cinq roupies.

« Vous avez payé *vingt-cinq* roupies ce matin ? » s'enquit-il.

Et quand je dis que oui, il prit l'air grave d'un médecin qui vient de tomber sur un symptôme sérieux et inattendu. Mais aussitôt, toujours comme un médecin, il se montra prêt à faire son possible. Il héla une nouvelle fois le batelier et, cette fois-ci, celui-ci obéit. Aziz et M. Butt lui parlèrent. Aziz me confia par la suite qu'il avait expliqué à l'homme que j'étais un vieil ami de l'hôtel et non pas un « touriste de trois jours ». Et plus d'une fois, durant cette conversation avec le batelier, M. Butt répéta « quatre mois et quinze jours ». Pour finir, le batelier sourit et Aziz me dit que je n'aurais qu'à payer la somme que je voulais. Cette précision ne me suffisait pas et Aziz le savait. Il me suggéra de payer quinze roupies.

Ma mémoire m'avait restitué cette image d'un Aziz espiègle, tête nue, dans le jardin du Leeward d'antan — espièglerie rare à l'époque et à présent bien difficile à imaginer chez l'homme digne et épanoui que j'avais devant moi. Quel âge avait-il en 1962 ? A l'époque, il m'avait fait l'effet d'un homme mûr et sans âge.

« Quel âge avez-vous, Aziz ?

— Quarante-huit, cinquante ans. »

C'était beaucoup trop jeune, mais il ne paraissait pas en avoir conscience et peut-être que, ne sachant ni lire ni écrire, ne pouvant compter que sur sa mémoire, sa capacité de lier les événements de sa propre vie à ceux du dehors, il n'avait aucun moyen d'estimer vraiment son âge.

Nous parlâmes du pèlerinage himalayen jusqu'à la grotte d'Amarnath, qu'ils avaient organisé pour moi, avec des muletiers, un dresseur de tente, un cuisinier et Aziz au commandement des opérations. A présent, on allait à Amarnath en hélicoptère, m'apprit Aziz ; et les pèlerins affluaient en nombre incalculable, quatre ou cinq lakhs, quatre ou cinq cent mille.

« Vous vous rappelez le *ghora-wallah* ? » me demanda Aziz.

Il s'agissait d'un des muletiers de notre équipe. J'avais sûrement écrit quelque chose à son sujet ; tous les détails devaient se trouver dans mon livre ; mais je n'avais pas gardé le souvenir de l'homme lui-même, ni des événements liés à sa présence. Aziz, lui, s'en souvenait et l'image me revint d'un muletier qui nous avait abandonnés tout en haut d'un col de montagne ; un homme par la faute de qui déjà, auparavant, une partie de nos bagages avait roulé en bas d'une pente — c'était Aziz qui avait dû aller les récupérer.

En 1962, après le voyage à Amarnath, j'aurais bien aimé m'attarder quelques jours dans les hauteurs himalayennes, avec la petite équipe du Leeward et son équipement, mais Aziz n'avait rien voulu savoir. Il m'avait fait redescendre précipitamment à Srinagar pour une autre grande occasion religieuse — musulmane. Dans la mosquée de Hazratbal, à l'autre extrémité du lac, se trouvait une célèbre relique, un poil de la barbe du prophète. On l'exposait une fois par an et Aziz voulait à tout prix être présent.

Il aimait les grandes fêtes religieuses, mélange de piété, de foire et de vacances ; et il m'annonça soudain que, tout comme M. Butt, il avait fait le pèlerinage à La Mecque. Deux fois. C'était une affaire de trois mois. Le gouvernement indien organisait tout. On se rendait, pour commencer, à Djeddah et de là on partait en taxi et en autocar pour La Mecque. Il y avait des toilettes partout, entre Djeddah et La Mecque. Rien à voir avec Amarnath. A La Mecque, tout était propre. Il parlait en véritable croyant, et aussi en homme qui n'est pas sans savoir une chose ou deux sur les hôtels et le confort.

Deux pèlerinages à La Mecque : voilà qui sous-entendait de l'argent et des loisirs, une réussite d'une certaine importance. Ce n'était pourtant pas ce que j'aurais prédit pour Aziz en 1962. Et, à vrai dire, il était extraordinaire qu'Aziz et M. Butt, avec leurs talents et leurs natures si différents, eussent travaillé ainsi, de la même façon, pendant toutes ces années. Ils s'étaient soutenus l'un l'autre ; M. Butt avait laissé à Aziz toute latitude de s'épanouir ; et leur affaire avait pris une ampleur qu'ils n'auraient jamais imaginée.

Je questionnai Aziz au sujet des pignons un peu chichiteux de l'hôtel.

« C'est un style, un style, s'écria-t-il. Vous devriez voir les nouveaux bâtiments qu'il y a par ici. »

Il avait une histoire à me raconter à propos de mon livre. Après sa parution, le Service du tourisme avait téléphoné à l'hôtel pour dire que sa direction n'avait guère apprécié ce qu'elle avait lu sur le Leeward. Ils avaient appris que les clients de l'hôtel faisaient sécher leur linge sur les balcons. Or, c'était le genre de pratique qui déplaisait fort au Service du tourisme. Aziz m'expliqua qu'il avait dû se montrer très ferme avec le fonctionnaire : « Vous ne *comprenez* pas ce livre », lui avait-il dit. La querelle était à présent ancienne, mais elle avait manifestement été rude : Aziz me répéta deux fois l'histoire.

La réussite, oui ; mais le lac était plein de monde. L'Inde entière était bondée, me dit Aziz, comme si c'était une nouveauté à laquelle les gens avaient dû s'habituer. Voici quarante ans, on pouvait boire l'eau du lac (et même en 1962, je me rappelais que les passagers des bateaux en excursion s'en servaient pour faire le thé si particulier du Cachemire). A présent, poursuivit Aziz, et M. Butt secoua la tête pour marquer son assentiment, les chasses d'eau installées sur certains houseboats se vidaient directement dans le lac.

Et puis, brusquement — comme pour expliquer le calme, voire la platitude de nos retrouvailles et le manque d'hospitalité —, Aziz me dit que c'était le ramadan. Ils n'étaient pas censés parler beaucoup. Ils pourraient rompre leur jeûne à sept heures dix du soir.

Le fils d'Aziz, Nazir, me raccompagna jusqu'au boulevard dans le bateau que j'avais loué. M. Butt, me dit-il, avait souvent raconté, à lui et à d'autres personnes, qu'un jour j'étais allé m'asseoir dans le jardin avec tous les gens de l'hôtel pour fumer le narguilé. Je m'en souvenais parfaitement. La fumée du tabac cachemirien grossièrement coupé, dont l'odeur était si agréable, si attrayante, s'était révélée redoutable et m'avait pris à la gorge et aux poumons, plus âprement que tous les tabacs que j'avais jamais goûtés, d'autant plus que cette fumée brûlante, parfumée au charbon de bois et au tabac, était à peine rafraîchie par l'eau que contenait le bol du narguilé.

Plus personne, au Leeward, ne devait avoir de temps pour ce genre de plaisanteries. Il régnait un climat différent. Les bords du lac était trop construits, trop occupés.

Montant du lac, du boulevard, des embarcadères, on discernait un rugissement de fin d'après-midi. Une voix amplifiée, chevrotante, qui vous vrillait les nerfs, faisait partie du vacarme ambiant. C'était la voix d'un mollah de la mosquée du boulevard, retransmise par des haut-parleurs ; cette mosquée, petit édifice banal du quartier neuf dont les nombreuses rangées de maisons bordaient le boulevard, au-delà de Shankaracharya Hill, était pour moi une nouveauté. La banalité même du lieu saint paraissait traduire le besoin pressant de la foule qui s'entassait au bord du lac.

Aziz m'avait dit, après s'être entretenu avec le batelier, que je n'aurais qu'à payer quinze roupies pour la traversée. L'homme avait d'ailleurs souri et paru tout à fait d'accord avec ce qui avait été décidé. Seulement, ce n'était pas lui que je devais payer. C'était le petit bonhomme aux yeux et à la voix pleins de colère de l'embarcadère, et il n'était pas question de lui donner autre chose que vingt-cinq roupies. Nazir, qui m'avait accompagné en partie pour me protéger contre une telle exigence, était tout honteux. Je remarquai, toutefois, qu'il ne discuta pas, il se contenta de proposer de régler la différence de sa poche. Le lac possédait de toute évidence ses règlements, ses divers territoires et sphères d'influence. Ici, l'autorité du Leeward et celle d'Aziz n'existaient pas. Je payai ce qu'on me réclamait. Après quoi, plein de sollicitude, Nazir me mit dans un taxi et me renvoya au Palace Hotel.

Il y avait encore plus d'une heure à attendre avant la tombée de la nuit. La vue du lac, depuis le jardin de l'hôtel, m'incita à ressortir. Je descendis jusqu'à l'embarcadère de l'établissement et je louai un bateau pour une demi-heure. A peine avions-nous quitté le bord que deux tout petits enfants, dans leur propre embarcation, vinrent se ranger à côté de nous et jeter des fleurs de moutarde dans mon bateau. Le geste me surprit. Je souris et les petits me rendirent mon sourire avant de demander un bakchich.

C'étaient deux petits mendiants parfaitement au point : sourire, pleurnicher, agresser.

Ensuite, ce fut le tour des vendeurs. Ils vinrent, un par un, assiéger mon bateau. Un homme me dit : « Nous allons venir les uns après les autres. » Je crus qu'il plaisantait, qu'il y allait de son petit commentaire sur ma situation, mais il parlait tout à fait sérieusement. Et ils restèrent autour de moi, deux d'un côté, trois de l'autre, si bien que je me trouvai au centre d'un petit dessin de fleur, de marguerite, composé de bateaux du lac. Ils me montraient leurs marchandises, en détail : du safran, des pierres, des bijoux bon marché et toutes sortes d'objets inutiles en papier mâché. Dans les bateaux des vendeurs, les rames étaient maniées par de petits enfants. Les vendeurs, pour leur part, étaient étendus sur des oreillers et des coussins, et donnaient l'impression de se livrer à l'une des occupations les plus luxueuses du lac. Un ou deux d'entre eux étaient emmitouflés jusqu'au cou dans des couvertures sous lesquelles ils avaient dû placer de petits braseros remplis de charbon de bois.

Nazir m'emmena faire le tour du lac. A peine venions-nous de quitter l'embarcadère du Leeward — nous étions d'ailleurs encore devant l'hôtel — que les petits mendiants firent leur apparition, pagayant à toute allure, jetant des fleurs de moutarde dans notre bateau et réclamant dans un chuchotis sifflant, à la fois timide et pénétrant : « Bakchich, bakchich ! » Nazir leur donna une ou deux roupies à chacun. « Si on ne leur donne rien, ils refusent de s'en aller. » Il fut tout aussi gentil avec les vendeurs, et leur permit de retarder notre bateau juste assez pour n'offenser personne, ni les vendeurs ni moi.

Une fois dépassée la longue rangée de houseboats, nous arrivâmes au large et plus personne ne s'approcha. Nous passâmes devant ce qui, si ma mémoire est bonne, devait être le pavillon du maharajah au bord du lac. Le souvenir me revint d'une digue bordée de peupliers, entre le boulevard du lac et le pavillon : elle n'existait plus.

En 1962, j'avais un jour pris le thé dans le pavillon en compagnie de Karan Singh et de sa femme. Karan Singh avait un vif appétit pour la pensée hindoue et, ce jour-là, il avait parlé du philosophe hindou du IXe siècle Shankaracharya qui, né dans le sud de l'Inde, avait, au cours de ses trente-deux brèves années d'existence, parcouru à pied les quatre coins du pays (à l'époque où celui-ci était encore lui-même, avant l'irruption des mahométans), prêchant et établissant des fondations religieuses qui existaient toujours. La colline, proche du lac où nous nous trouvions, portait son nom ; Karan Singh s'intéressait particulièrement au temple bâti au sommet de cette hauteur.

Le décor était spectaculaire : le pavillon, le lac tout autour, les montagnes, la digue bordée de peupliers, la longue allée qui s'élevait à travers les vergers et les jardins jusqu'au palais. J'avais demandé qui avait conçu tout cela. Je m'attendais à entendre le nom d'un architecte. Promenant son regard autour de lui, Karan Singh avait répondu simplement : « Papa. »

Cette réponse avait fixé le moment à tout jamais dans ma mémoire. Mais à présent, il n'y avait plus de digue royale, plus de hauts peupliers, rien qu'une vaste étendue d'eau, une brise qui prenait de la force en traversant l'eau et poussait notre bateau contre les poteaux rugueux et les fils de fer barbelés lâches et rouillés entourant l'île du pavillon, où les bâtiments paraissaient humides et fermés, en attendant l'été et la foule.

A eux deux, Nazir et le petit batelier firent contourner l'île du pavillon à notre embarcation, à grands renforts de perche et de rames. La surface du lac était encore agitée, mais elle devenait plus calme au-delà d'une digue construite à côté d'une énorme canalisation noire qui desservait la ville en eau potable. Au loin se dressait la mosquée de Hazratbal. Elle possédait un dôme et un minaret blancs, et cette blancheur se détachait sur les groupes brun-noir de maisons à un et deux étages.

Le dôme et le minaret étaient nouveaux. Hazratbal était jadis une mosquée très simple. Une année, il y avait eu des émeutes à Srinagar, quand la célèbre relique d'Hazratbal, le poil de la barbe du prophète, avait disparu. Je questionnai Nazir.

« On l'a retrouvé à Srinagar, chez des particuliers », me dit-il. (Quelqu'un d'autre me révéla ultérieurement qu'une femme possédant d'excellentes relations était tombée malade et avait exprimé le vœu de contempler la relique ; on la lui avait donc apportée.)

Nazir, bavardant de tout et de rien, me confia qu'il correspondait avec une jeune Anglaise qui avait séjourné au Leeward. Ils s'écrivaient une fois par mois.

Il ajouta, avec une gravité inattendue et sans que je lui eusse soufflé cette idée : « Quant à savoir si je vais épouser une jeune fille cachemirienne ou étrangère, c'est dans la main de Dieu. Dieu seul connaît l'avenir. » Et c'était sérieux, pas une façon de parler. Les jeunes filles du Cachemire, dit-il, étaient charmantes, mais les étrangères étaient plus « expérimentées » — je ne demandai pas ce qu'il entendait par là.

Je le questionnai sur la religion. Il me dit qu'il allait à la mosquée tous les jours. Il s'y rendait seul, pendant une trentaine de minutes, afin de prier pour « tout le monde ». Le vendredi, il y passait deux heures et demie, pour prier avec ses coreligionnaires. Il était très pieux depuis l'âge de dix ans.

Nous vîmes des pêcheurs, éparpillés, immobiles, quasi emblématiques contre la vaste étendue d'eau scintillante, debout ou couchés dans leurs embarcations très basses. Nous avancions lentement vers eux, glissant sur l'eau calme à chaque coup de pagaie : merveilleux moment de tranquillité à quelques minutes à peine du tumulte qui environnait les houseboats et les embarcadères du boulevard.

Un des pêcheurs jeta un petit filet où il avait préalablement disposé des appâts — une simple boîte de conserve marquait l'endroit. L'homme, ayant jeté son filet, agita un long bâton fourchu, qu'il tenait à l'intérieur du filet, pour déloger les poissons cachés dans les roseaux et les fougères. En remontant à la surface, les poissons étaient pris au piège dans le filet lesté, lequel était alors hissé dans le bateau ; les prises étaient entreposées dans une section couverte et remplie d'eau de la coque. Deux autres hommes pêchaient au harpon : brandissant leur outil, chacun légèrement penché par-dessus le bord de son embarcation à fond plat, la tête couverte d'une étoffe noire pour mieux distinguer, à travers l'eau, les poissons qui mangeaient sous la surface. Ils restaient ainsi accroupis pendant plusieurs minutes, comme de petits paquets immobiles sur le bord du bateau, jusqu'au moment où ils tentaient de harponner une proie, ne bougeant leur harpon qu'au moment de l'attaque.

Quittant l'eau libre, nous arrivâmes aux jardins, fixes ou flottants. Au bord de l'eau, les jardins fixes étaient plantés de saules dont les racines formaient comme une cage qui empêchait le sol de se désagréger. A quelques centaines de mètres du lac hanté par les touristes, on trouvait, commc si aucun stadc intermédiaire n'était possible, cette vie agricole à l'ancienne mode des habitants du lac : des herbes et des fougères que l'on arrachait à leurs racines, au fond de l'eau, au moyen d'un bâton recourbé, et que l'on remontait toutes dégoulinantes, mélangées à la boue noire du lac, dans les bateaux à fond plat ; elles serviraient à fertiliser les jardins que l'on parsemait d'un amalgame d'herbes, de boue et d'eau avec de grandes pelles en bois.

Des femmes accroupies travaillaient dans les plantations d'épinards, aidées par des enfants, car les enfants s'activaient en compagnie des adultes partout sur le lac, aussi bien dans les jardins que dans les bateaux. Entre les bandes de jardins, les allées d'eau couvertes d'algues étaient bordées de saules qui les frôlaient. Les maisons étaient en bois et en brique rouge pâle. Les gens se lavaient d'un côté d'un étroit morceau de terrain, et de l'autre des jeunes filles venaient faire leur vaisselle dans l'eau. Quelques hommes, réunis au milieu des roseaux, bavardaient, installés dans leurs bateaux, comme ils auraient pu le faire dans la rue. D'autres hommes et des jeunes garçons pêchaient à la ligne. Un bateau passa, transportant un marchand de fromage blanc. Lentement — les femmes et les jeunes filles pagayant dans leurs propres bateaux, plus visibles ici, parmi les jardins — nous regagnâmes les voies principales, plus fréquentées, du lac, derrière les houseboats.

Nous longeâmes, parmi les saules, une zone habitée, parsemée de grossières maisons de briques rouges poussiéreuses. Dans une espèce de boutique-échoppe, avec une terrasse à un mètre au-dessus de l'eau, on pouvait voir un grand portrait de l'ayatollah Khomeiny (dont ses ennemis, en Iran, disaient qu'il était en réalité indien, et plus particulièrement originaire du Cachemire).

Nazir me chuchota, avec une espèce d'effroi, de frayeur, de distance, comme s'il me parlait d'êtres étranges : « Tout cet endroit est chiite. »

Aziz m'avait parlé de la même façon des chiites en 1962. On aurait dit qu'il parlait d'une race différente de la sienne ; une fois, il avait même prétendu que les chiites n'étaient pas des musulmans. J'avais eu du mal à comprendre ce qu'il entendait par là. Un après-midi, sans savoir très bien ce qu'on m'emmenait voir, sinon qu'il s'agissait d'une fête chiite, je m'étais rendu en bateau, avec d'autres personnes de l'hôtel, jusqu'à la vieille ville, pour regarder la procession du *mohurram*. J'en avais gardé le souvenir d'une série d'images médiévales : je me rappelais surtout les visages pâles, à demi cachés, des femmes recluses qui s'encadraient dans les petites fenêtres en bois en haut des maisons, baissant les yeux vers le sanglant spectacle d'auto-flagellation au-dessous d'elles.

Sortant, comme je le faisais, du mol univers lacustre, avec ses voies d'eau ombragées par des saules, ses lotus et ses potagers, j'avais eu beaucoup de peine à croire ce que j'avais sous les yeux : des corps ensanglantés, des vêtements imprégnés de sang, des chaînes, des fouets dont les extrémités étaient garnies de couteaux et de lames de rasoir, les visages exaltés et débiles des participants et leur comportement presque arrogant, lorsqu'ils écartaient avec brusquerie les gens de leur chemin. J'étais prêt à croire ce qu'on m'avait assuré à l'époque, à savoir qu'une grande partie du sang exhibé était en fait le sang d'animaux. Je n'avais pas compris les sentiments religieux et historiques dont l'atmosphère était chargée, le chagrin éternel que ces gens cherchaient à exprimer. L'affaire tout entière m'avait passablement alarmé et j'avais été enchanté de m'en éloigner, ravi de retourner vers moi-même et ce que je connaissais.

Nazir, à ce qu'il me dit, avait entendu raconter par son père que je m'étais plaint du bruit que faisaient les tambours chiites durant le *mohurram*. Il me semblait à présent que la distance avec laquelle Nazir (et son père avant lui) m'avait parlé des chiites comportait une certaine part d'étonnement à l'idée que les habitants apparemment paisibles du bord du lac, devant lesquels nous passions en pagayant, possédaient cet autre côté extatique.

Le ciel s'était couvert. Des nuages descendaient des montagnes d'un côté du lac. Une brise violente se mit à souffler, au moment même où nous débouchions d'une des voies d'eau pour traverser l'étendue dégagée derrière les houseboats et l'hôtel Leeward. Cette brise commença à nous repousser et décrocha le taud de notre bateau. Elle souleva aussi le dessous rouge sombre ou couleur de rouille des feuilles de lotus, révélant l'endroit où — parmi les roseaux et l'herbe haute, parmi aussi les détritus qui environnaient les houseboats et les bateaux de service — poussaient les lotus. Je les avais cherchés, justement. Leurs fleurs roses s'épanouissaient en juin et juillet ; je m'en souvenais comme d'un des ravissements du lac. Mais ici, le lotus était aussi une récolte : malgré la brise qui soufflait, on pouvait voir un homme dans un bateau occupé à cueillir les racines à l'aide d'une gaule ou d'un outil spécial qui lui permettait de les briser sous l'eau et de les ramener dans son embarcation — elle n'en finissait jamais, cette nécessité de remplir et de vider les bateaux.

Soudain encalminés, handicapés par notre taud récalcitrant, nous fûmes « abordés » par deux petits mendiants, qui nous jetèrent des fleurs de moutarde, en maintenant leur bateau collé au nôtre et en nous réclamant un bakchich.

Nazir les chassa. C'était la première fois que je l'entendais élever la voix, et visiblement cette voix inspirait le respect. « C'est une mauvaise famille », m'expliqua-t-il.

Peut-être avaient-ils, d'une façon quelconque, contrevenu au code en vigueur autour du lac. Ils étaient très chétifs, avec des visages maigres, véritables petits crève-la-faim de l'endroit (comme tant d'autres), mais avec néanmoins un je-ne-sais-quoi de prédateur et de troublant dans les moulinets frénétiques de leurs bras décharnés, qui leur avaient permis, indifférents au vent et à la pluie, de pagayer vers nous dès qu'ils nous eurent repérés.

La longue rangée de gros houseboats réservés aux touristes nous servit de rempart. Nous nous abritâmes derrière eux, à côté de la passerelle en bois qui paraissait les réunir les uns aux autres. Et puis, le vent étant tombé, nous bifurquâmes vers la principale voie d'eau du lac, regagnant l'encombrement des boutiques et des cahutes montées sur pilotis ou murets de pierre, des bateaux de service avec leurs parois de vieille tôle ondulée, des constructions en bois et tôle ondulée se dressant sur des morceaux de terre noirâtre et presque nue, gorgée d'eau : J & K Unique Stores, Manufacture d'artisanat d'art du Cachemire ; une épicerie ; un étal de boucher avec des caisses de boissons non alcoolisées sur la plate-forme en bois qui se trouvait devant ; le New Pandit Shawl House et le Mir Arts Emporium, face à la propre boutique d'objets artisanaux du Leeward et à son épicerie qui faisait le coin ; et côte à côte, sur un étroit bateau de service, amarré à sa propre petite île, un magasin de fourrures et de vêtements de cuir, une épicerie et le salon de coiffure Beau Soleil.

Dans ce secteur du lac, ce que l'on entendait dès que la pluie s'arrêtait, ce que l'on remarquait alors, c'était le brouhaha de voix humaines provenant de toutes les directions, comme dans un marché couvert, percé à intervalles réguliers par des cris d'enfants.

On disait qu'il y avait à présent deux mille houseboats sur le lac. Chacun avait besoin d'un bateau de service ou d'un jardin attenant. Et on disait que le lac, au bord duquel vivaient tous les habitants de la campagne et de la ville, le lac qui attirait les touristes et qui était loin d'être gigantesque, le lac était en train de rétrécir.

L'après-midi, la pluie revint. Des nuages dissimulèrent les montagnes et le lac s'embruma. Le Palace Hotel donnait l'impression d'un endroit étouffant et désolé. Il n'y avait guère de visiteurs ; la saison touristique s'annonçait mal. Le personnel de l'hôtel, en grand uniforme, plus nombreux que les clients, paraissait éteint ; leurs uniformes ne faisaient qu'ajouter à l'ambiance lugubre. Le bar Arlequin était vide ; il ne servait pas d'alcool. Le lieu était vaste et il n'y avait pas de foule, en cette saison, pour cacher son état déplorable : la moquette, ou le revêtement agrafé sur le devant du comptoir, était par endroits usée jusqu'à la corde.

Un groupe de musulmans sécessionnistes avait fait exploser des bombes dans divers lieux publics de la ville. Il avait aussi émis un certain nombre de requêtes. Il exigeait qu'on interdise complètement l'alcool dans l'État ; que le jour de repos soit le vendredi et non le dimanche ; et que les résidents qui n'étaient pas originaires du Cachemire soient expulsés. En attendant que les autorités prennent des mesures, les membres de l'industrie hôtelière s'étaient réunis et avaient décidé d'éviter d'aller au-devant des ennuis. C'était pour cette raison que le bar Arlequin du Palace Hotel ne servait pas d'alcool, et pour cette raison aussi — jusqu'à ce que des touristes japonais en réclament avec insistance — qu'on ne servait même pas de bière aux repas dans la salle à manger.

L'après-midi, en pleine averse, un saint homme musulman, un *pir*, arriva à l'hôtel, ce qui eut pour effet de réveiller l'endroit. Le *pir* était un tout petit homme, très maigre, au teint basané, coiffé plus ou moins en brosse. Il avait passé la soixantaine. Il portait une robe gris foncé qui arrivait à quelques centimètres au-dessus de ses frêles chevilles et il était nu-pieds. Il arriva à l'hôtel à bord d'un tricycle motorisé dont il sortit en brandissant un parapluie pliant automatique. Six voitures, bourrées de monde, suivaient son véhicule. Le *pir* paraissait être au comble de la rage. A peine eut-il gagné le comptoir de la réception qu'il se mit à hurler. Glapissant, agitant son parapluie, empoignant par le bras une touriste étrangère qu'il lâcha presque aussitôt, il enfila le couloir, dans un élan de colère, faisant tomber les objets ou les frappant sur son passage.

Le personnel n'éleva aucune objection. La malédiction du saint homme était quelque chose de redoutable. Il fallait au contraire tenter de lui soutirer sa bénédiction. S'il se comportait ainsi, c'était parce qu'il était saint et parce que, comme me l'expliqua quelqu'un, il était « en ligne directe » avec Dieu. Impossible, donc, de prédire ses mouvements ou ses humeurs ; mais, de toute évidence, à ce moment précis, durant cette incroyable visite au Palace Hotel, il était dans un état d'inspiration aiguë. C'était pour cela que six voitures le suivaient. Malgré tous les risques que cela comportait, beaucoup de gens étaient désireux de se trouver sur sa route. Un serveur m'assura que si on avait l'occasion, ou plutôt la chance d'être assis en face du *pir*, on n'avait pas besoin de lui préciser son problème. Il savait aussitôt tout ce qu'il y avait à savoir ; et — toujours pour qui avait de la chance — il commençait de lui-même à en parler.

Ensuite le saint homme repartit comme il était venu, avec sa robe et son parapluie, sans oublier son tricycle, et les six voitures démarrèrent à ses trousses, laissant le personnel de l'hôtel revenir à ses moutons.

A sept heures et onze minutes — soit une minute plus tard que la veille — l'appel des mollahs résonna depuis les mosquées bâties tout autour du lac, annonçant que le soleil était couché et que les croyants pouvaient rompre la journée de jeûne que leur imposait le ramadan.

La religion, la foi : elles semblaient sans fin, leurs exigences paraissaient intarissables. On aurait dit qu'elles faisaient partie du système nerveux de cette vallée surpeuplée.

Tant que les maharajahs avaient régné, le sentiment hindou avait été protégé dans la vallée. Tuer une vache, par exemple, était un acte criminel, passible d'un « emprisonnement rigoureux ». Les portraits des maharajahs, ancêtres de Karan Singh, ornaient toujours l'escalier principal de l'hôtel, au-delà de la grande salle à manger.

Certains des tapis élimés de l'établissement avaient été ceux du palais en 1962. Ils avaient été tissés spécialement ; nous en avions parlé un soir. Un autre soir, l'extrémité encore allumée de la cigarette d'un invité était tombée sur un de ces fameux tapis et avait laissé une trace. Karan Singh n'avait pas bronché, n'avait pas montré par la moindre hésitation dans sa parole, ni par le moindre coup d'œil, qu'il s'en souciait ou qu'il l'avait seulement remarqué.

Sa famille avait régné ici pendant plus d'un siècle ; ses manières de prince étaient instinctives. Il était également intéressant pour moi de voir comment les dirigeants tels que lui affrontaient les banalités de la vie quotidienne. Un soir, nous étions allés au cinéma à Srinagar. Nous étions arrivés en retard et partis en avance, avant qu'on eût rallumé les lumières ; et nous avions regagné le palais en quatrième vitesse. J'ai demandé un jour à la femme de Karan Singh s'il leur arrivait de s'arrêter à de petites échoppes où l'on vendait à manger, par exemple des épis grillés à la saison du maïs. Elle m'avait dit que oui ; et qu'ils avaient l'habitude de payer plus qu'on ne leur réclamait — je me demande encore si, avec une pareille tradition, on réclamait au souverain moins qu'à son sujet, ou davantage.

Je voulais acheter un châle et je priai Aziz et M. Butt de m'aider. Un matin, je me rendis au Leeward et, pour la forme

— avec Nazir planté à mes côtés —, j'examinai tous ceux que la boutique de l'hôtel avait en stock. Il n'y avait rien qui me fît envie, aussi — pour attendre le véritable marchand de châles de M. Butt — Nazir m'emmena-t-il dans le salon de l'hôtel. Tout le monde avait voulu me faire voir ce salon ; ils en étaient très fiers. C'était une vaste pièce au premier étage, décorée dans des couleurs vives ; elle était éclairée par de hautes fenêtres coulissantes et donnait sur les voies d'eau très animées qui passaient devant l'établissement. Il y avait une photographie du temple d'Or — peut-être s'agissait-il d'une espèce de geste politique de la part de quelqu'un. Il y avait aussi une photo pâlie d'une jeune fille cachemirienne. Il s'agissait d'une célèbre héroïne de légende, me dit Nazir, une pauvre petite paysanne qui par ses chants avait su conquérir le cœur d'un roi.

Aziz monta au salon. Il commanda du thé et en but une tasse avec moi. Dans certaines circonstances, le thé était toléré pendant le ramadan : M. Butt, par exemple, qui n'était pas en bonne santé, pouvait en boire. Aziz avait apporté quelques photographies de lui-même à La Mecque : allègre, savourant pleinement sa pieuse aventure. Quelle joie de vivre était la sienne !

« Aziz, demandai-je, vous rappelez-vous combien de fois je suis allé voir le maharajah en 1962 ? »

Vingt-sept ans plus tard, il s'en souvenait précisément. « Vous y êtes allé trois fois pour dîner. Et une fois vous êtes allé prendre le thé. »

Après quoi, j'eus l'idée de lui demander ce dont je ne m'étais jamais inquiété tout au long des mois que nous avions passés ensemble. Où était-il né ? Ici même, au bord du lac, me dit-il. Son père était du Cachemire et son grand-père aussi ; il était cachemirien pur sang. Son père avait été dans les affaires. Un petit magasin. Il y a encore quinze ans, d'après lui, les habitants du Cachemire étaient pauvres. A présent, ils étaient plus à l'aise ; à présent ils étaient « bien », alors qu'ils étaient — Nazir et lui en convenaient tous les deux — plus nombreux. Mais cela, déclara Aziz, avec l'autorité d'un homme qui a voyagé, c'était aussi le problème de Bombay, de Calcutta, de Delhi.

Je me demandais pourquoi en 1962 j'avais si peu questionné Aziz sur lui-même. Par timidité, peut-être ; par souci de ne pas faire preuve de sans-gêne ; mais cela tenait peut-être aussi à l'idée de l'écrivain dont j'avais hérité : l'idée que l'écrivain était un homme nourri par une vie intérieure, un homme qui tirait tout de ses propres entrailles, capable de lire comme par magie sous l'apparence des choses.

Aziz redescendit et, presque aussitôt, je vis le bateau du marchand de châles s'arrêter devant l'embarcadère du Leeward. Le marchand monta, seul. Son vaste pantalon bouffant était enfoncé dans d'épaisses chaussettes de laine tirées très haut. C'était un homme d'âge mûr, mince, aux traits pointus, qui faisait impression. Avec son bonnet de fourrure noire bouclée (comme celui de M. Butt), ses chaussures noires et sa veste noire à l'indienne, c'est-à-dire agrémentée d'une longue basque et fermée en haut par des crochets (celui du haut était visible), il paraissait plutôt originaire d'Asie centrale que du Cachemire. Il s'appelait Sharif.

Deux jeunes garçons du lac montèrent sa petite malle en fer, qu'ils portaient comme un palanquin. Il ôta ses chaussures, étala un drap sur le tapis du salon du Leeward, sous les hautes baies coulissantes, s'agenouilla, tira de la malle quelques tuniques brodées qu'il mit de côté, puis, d'un geste plein de révérence, il sortit son petit ballot de châles de qualité, enveloppé dans un linge en coton blanc. J'avais une foi absolue dans la façon dont M. Butt avait mené toute cette affaire et la révérence de M. Sharif envers ses marchandises ne faisait que confirmer mon sentiment. Les articles qu'il me fit voir étaient beaux, fins, légers, très chauds, laissant deviner, sous certains angles, comme une espèce d'ondulation dans le tissage. Il retira son bonnet, me montra les aiguilles fichées dans la calotte et dit — en indiquant ses yeux qui paraissaient rougis par une légère inflammation — qu'il était plus qu'un simple vendeur. C'était lui qui fabriquait les châles.

Il voulait huit mille six cents roupies. Je demandai un prix plus clément. Il baissa de cent roupies et il resta ferme. Je priai Nazir d'aller chercher M. Butt. Nazir, obéissant, descendit l'escalier. Sur le palier (qui donnait sur la même partie du lac que ma chambre d'antan : stagnante, à présent, avec tous les nouveaux bâtiments et les nouveaux bateaux, si bien qu'elle attirait les bouteilles vides, les emballages et autres détritus) il s'arrêta et m'appela. Il voulait connaître mon état d'esprit — étais-je vraiment sérieux ? Il me précisa que M. Butt connaissait très bien M. Sharif, qu'il lui avait demandé de me montrer de beaux articles et de me faire un prix intéressant.

Aziz reparut. Nous laissâmes M. Sharif au premier étage et nous descendîmes au bureau. Nazir apporta le châle qui m'avait plu. Aziz le tâta et me dit qu'il le garantissait pendant deux ans : c'était ce que m'avait dit M. Sharif. M. Butt nous rejoignit, arrivant du jardin de devant. Ensuite, M. Sharif en personne descendit l'escalier. Il y eut donc une rencontre au sommet dans le bureau autour du châle couleur chocolat au lait.

Aziz dit que le prix de huit mille cinq cents roupies était trop élevé. M. Sharif protesta. Aziz rétorqua que je n'étais pas un de ces touristes qui viennent passer trois jours. Sans répondre, M. Sharif quitta le bureau et longea la véranda ouverte, pavée de marbre, jusqu'à la boutique de l'hôtel. Je crus que quelque chose l'avait offensé.

Mais Nazir dit : « Il va prier. »

M. Sharif prit un petit tapis dans la boutique, le posa sur le sol de marbre blanc juste devant le bureau et, tandis que la pluie commençait à tomber, il se prosterna et se mit à prier. Dans le bureau, nous continuâmes à discuter.

M. Butt m'assura que M. Sharif était un honnête homme. Ils étaient allés ensemble à La Mecque. Nazir précisa que c'était M. Sharif qui dirigeait les prières à la mosquée. C'était non seulement un homme d'une certaine autorité, mais aussi un homme de parole.

Pendant ce temps, M. Sharif se prosternait et priait, tandis que la pluie tambourinait sur le marbre blanc à quelques centimètres de lui.

« Offrez sept mille cinq cents, » me conseilla Aziz.

Et l'affaire fut ainsi réglée. L'offre, semble-t-il, fut faite et acceptée sans que je sois davantage consulté. M. Sharif termina ses dévotions, roula son petit tapis, le rapporta à la boutique, regagna le bureau, ramassa un journal en ourdou vieux de deux semaines et se mit à en lire des passages à M. Butt (dont les verres de lunettes étaient désormais très épais). Lentement, après avoir fini de lire, il replia le châle, assez fin pour passer dans un anneau ; puis, toujours avec des gestes aussi délibérés, il enveloppa le châle ainsi plié dans une page du journal ourdou qu'il venait de lire.

Pendant ce temps, Aziz me montrait une troisième photographie de son voyage à La Mecque et je demandai à M. Butt ce que je n'avais jamais songé à lui demander au cours des quatre mois passés chez lui en 1962. Qu'avait-il fait avant d'ouvrir le Leeward ? Il me dit qu'il était entrepreneur du bâtiment ; il avait lancé l'hôtel en 1959, avec cinq chambres. Trente ans plus tard, il y en avait quarante-cinq.

L'argent était arrivé dans la vallée en quantité considérable ;

beaucoup de gens s'étaient élevés dans la vie ; toute une nouvelle génération avait fait des études. Mais une grande partie de cette amélioration avait été avalée par la croissance de la population.

La nouvelle richesse se voyait dans les édifices bourgeois tout neufs, sur la rive nord du lac et sur les pentes inférieures de la colline que couronnait le fort de Hari Parbat. En même temps, derrière les houseboats, l'ancienne existence lacustre abrutissante continuait (pittoresque sous le soleil, beaucoup moins dans l'humidité et le froid qui suivaient la pluie) ; et le lac était à présent plus populeux. Les jeunes garçons étaient plus nombreux que jamais à hurler et à se disputer la clientèle aux embarcadères. L'effet général, même si le décor était différent, rappelait le ghetto musulman du vieux quartier du bazar à Lucknow.

Un mode de vie encore plus ancien paraissait subsister au centre de la vieille ville, où des petits bateaux couverts engorgeaient les canaux, où les boutiques en brique et en bois étaient telles que je me les rappelais et où, très vite, après la pluie, les rues redevenaient poussiéreuses — la poussière était de la boue séchée. A la périphérie de cette vieille ville, cependant, se dressaient plusieurs nouveaux bâtiments d'aspect imposant, parmi lesquels l'université et un édifice gouvernemental lié à l'élevage des animaux. Plus loin, dans les villages on retrouvait, comme s'il s'agissait de deux modes de vie tout à fait distincts, l'univers immémorial des rizières.

Dans de petits champs inondés, des gens travaillaient uniquement de leurs mains ou à l'aide de charrues en bois. Les maisons étaient rudimentaires, en briques rouges tirant sur le brun avec des poutres verticales en bois, s'élevant sur deux niveaux ou plus. Les toits pointus, en tôle ondulée, étaient ouverts aux deux pignons, et dans cet espace (ainsi parfois que par une lucarne ménagée dans le toit) on stockait les bûches pour le feu, la paille et le fourrage, ou encore le grain. L'eau ruisselait le long des pentes des collines en innombrables filets ; des saules et des peupliers jetaient des ombres froides ; et de gros rochers ou des branches d'arbre formaient des clôtures grossières et bancales dans les cours détrempées. Et ici, comme ailleurs, le bois, les briques et jusqu'aux vêtements des habitants étaient couleur de boue.

Même au milieu du spectacle misérable qu'offrait cette existence villageoise — avec des gens assis sur le plancher surélevé des boutiques, enveloppés dans des couvertures qui n'étaient ni grises ni marron, ou dans des sacs de jute — on discernait les traces de travaux publics, comme s'il y avait besoin d'un gros effort pour maintenir fût-ce ce piètre niveau de vie, pour fournir l'électricité, pour construire une route, pour proposer une forme quelconque de transport. Et toujours, les enfants : tout petits, par groupes souriants, nettement plus nombreux que les adultes. Le souvenir qui restait était celui des enfants.

Au-dessus d'une certaine altitude, on aurait dit que les gens vivaient dans la boue, une boue dépourvue d'arbres. Il y avait, autour de maisons basses en pierre ou en bois, de petites parcelles labourées de terre gorgée d'eau, avec des gens assis ou accroupis au bord de la boue. Bien à l'abri au-dessus de la boue et de l'eau, de la paille était pendue par bottes sur les branches ou les fourches d'arbres morts ou mourants. Et même là, il y avait des enfants, vêtus de robes vagues grises ou brunes qui les faisaient ressembler à des adultes en miniature, si bien que de loin on avait du mal à se rendre compte de leur taille.

Je vis tout cela en roulant jusqu'à Sonamarg avec Nazir. Sonamarg se trouvait sur la route du Ladakh, au nord-est. L'endroit était nouveau pour moi ; peut-être qu'en 1962 la route était mauvaise ou n'était pas ouverte aux visiteurs. Elle était fermée l'hiver et venait tout juste d'ouvrir pour la saison. Dès qu'on s'élevait, elle courait entre deux parois de neige — celles-ci fondaient par en dessous, formant de petites grottes et des avancées de neige ; et la surface goudronnée qu'on venait de dégager était érodée et creusée par des coulées de neige en train de fondre.

A Sonamarg, nous fûmes environnés par une nuée de gamins maigres qui hurlaient pour nous inciter à descendre en luge les pentes couvertes de neige. « Trente roupies, trente roupies. » Ils portaient des bonnets et leurs visages étaient marbrés. A en croire les panneaux routiers, Sonamarg paraissait marquer une espèce de frontière entre le Cachemire et le Ladakh. Ce n'était guère qu'un ramassis de cabanes gouvernementales, de pavillons pour touristes et de boutiques. Il n'y avait ni champs ni maisons d'habitation ; les garçons devaient venir d'un village situé à une certaine distance.

Nazir aurait bien aimé que je fasse un tour en luge, pour faire comme les vacanciers et pour donner un peu de travail aux gamins. Le père de Nazir était un homme qui avait réussi. Lui-même, avec sa coupe de cheveux à la mode, ses jeans et ses tennis, son anorak bleu foncé (je l'avais questionné là-dessus : il venait de Taiwan et avait coûté cinq cents roupies, soit vingt-cinq livres), était la vivante image d'un jeune garçon des classes moyennes. Mais ici, comme au bord du lac, il se sentait solidaire des enfants du Cachemire.

En redescendant vers la vallée plus douce, ce qui donnait une idée de sa taille comparativement réduite, en retournant à vive allure vers les foules et les espaces confinés (dans les environs de Srinagar, Nazir m'indiqua un petit verger qui appartenait à M. Butt, mais ne s'arrêta pas), j'eus de nouveau le sentiment, déjà éprouvé devant certains des embarcadères, que même dans ce décor de montagnes et de rivières alimentées par les neiges, les gens étaient désormais aussi à l'étroit et entassés que dans les allées étriquées du ghetto de Lucknow.

Le lendemain, au Leeward, en fin d'après-midi, une heure et demie environ avant qu'on ne rompe le jeûne de cette journée du ramadan, je fis mes adieux à tout le monde : au revoir à M. Butt, à Aziz, à l'homme qui tenait la boutique de l'hôtel (à qui je n'avais rien acheté) et au mince jeune homme qui remplissait la fonction de directeur de l'établissement. Ils étaient tous réunis dans le petit bureau blanc, au rez-de-chaussée, avec ses parois en verre, le tableau pour les clefs, le calendrier et les deux affiches de La Mecque où on pouvait admirer la Kaaba et un dôme doré. Et juste avant mon départ, on me demanda, par pure courtoisie, si je voulais du thé.

La dernière nouvelle de M. Butt — celle qu'il voulait me voir emporter pour m'en souvenir — c'était qu'il avait fait le pèlerinage de La Mecque. Il n'en parlait pas comme d'une pénitence, mais comme d'une joie et d'un épanouissement qui le faisaient rire et plaisanter au moment des adieux.

Avec Aziz, nous parlâmes d'argent. Son fils Nazir avait passé beaucoup de temps avec moi et, lors de nos excursions, avait plus d'une fois mis la main à la poche. Que pouvais-je lui offrir en retour ? Il n'était pas question de le payer, me dit Aziz. Un bakchich, c'était une autre histoire : il pouvait aller d'une roupie, soit 4 pence, à un lakh, ou 4 000 livres. Ces propos ne m'étaient d'aucune utilité, mais Aziz n'alla pas plus loin. Quand j'avançais un chiffre, son visage restait impénétrable — et c'est ainsi que je l'ai quitté.

Dans le bateau qui me ramenait au boulevard, où on sentait peser la fin de cette journée du ramadan, je fis ma petite offrande à Nazir. Il prit ce que je lui donnai, mais il fut tout de suite évident qu'il n'acceptait que par pure courtoisie. Son visage changea d'expression, il détourna les yeux. J'ai la conviction de m'y être très mal pris : peut-être Nazir, même s'il avait fait avec moi ce que l'on avait coutume de faire avec les touristes, m'avait-il traité en ami. Je ressentis encore une fois, mais de façon plus aiguë à présent, ce que j'avais ressenti dès le début : que mes rapports avec Nazır, ce jeune homme d'une beauté inattendue, possédant des idées bien arrêtées de l'élégance et de sa propre personnalité, devaient forcément être plus compliqués que ceux que j'avais avec son père.

Je cherchai à sauver la situation. Je lui dis que le geste que je venais de faire était un sincère témoignage d'amitié envers lui, Aziz et M. Butt. Je le dis deux fois. Son visage s'adoucit ; il parut se rendre compte qu'il devait lui aussi faire un petit effort pour sauver la situation — si près de s'achever, à l'embarcadère, avant même que l'appel annonçant le coucher du soleil ne nous parvienne des mosquées.

Sa raideur le quitta. Et, tandis que nous glissions le long de la voie d'eau encombrée, passant devant le petit houseboat qui faisait boutique de cuir et de fourrure, épicerie et salon de coiffure, nous parlâmes de ses études. Dans quelques mois, il allait obtenir son diplôme de fin d'études. Ensuite, pendant deux ans, il suivrait les cours d'une école de commerce — se préparant à sa carrière de comptable et, comme l'espéraient son père et M. Butt, à sa vie dans l'industrie hôtelière —, après quoi il fréquenterait l'université.

De la petite boutique de son grand-père, au bord du lac, jusqu'à ses propres perspectives d'étudiant et de comptable, en passant par la réussite hôtelière de son père — il y avait eu une constante progression vers le haut. Cela durerait-il ?

Nazir n'était jamais sorti du Cachemire. Pour le moment, la vallée (et les montagnes qui l'entouraient) constituait le seul univers qu'il connaissait. Il en faisait toujours partie. Vingt-sept ans après notre première rencontre, Aziz était resté plus ou moins le même. Il n'en serait pas ainsi de Nazir. Déjà, il avait eu un aperçu du monde extérieur. Déjà, par le biais de cet échange de lettres mensuel avec une jeune étrangère, lui était venue l'idée qu'il pourrait contracter — si Allah le voulait bien, évidemment — un mariage étranger. Dans vingt-sept ans — et j'avais bien du mal à présent, approchant de la soixantaine, à imaginer une telle étendue de temps, une telle frontière dans les ténèbres — Nazir ne serait plus le même. De nouvelles façons de voir et de sentir allaient parvenir jusqu'à lui, et il ne ferait plus partie de la vallée comme il pouvait le faire à l'heure actuelle.

En vingt-sept années, j'avais réussi à faire une espèce de voyage de retour, à me débarrasser de ma nervosité indienne, à abolir l'obscurité qui me séparait de mon passé ancestral. William Howard Russell, en 1858, avait décrit (avec force commentaires) un vaste pays, physiquement en ruine, même loin des combats de la révolte des Cipayes. Vingt-cinq ans plus tard, environ, venant d'une partie de ce pays que Russell avait traversé (en empruntant les transports disponibles), mes ancêtres avaient quitté l'Inde en qualité de serviteurs sous contrat à destination des plantations de canne à sucre de la Guyane et de Trinidad. J'avais été imprégné jusqu'à la moelle de cette idée d'abjection, de défaite, de honte. C'était l'idée que j'avais emportée jusqu'en Inde, lors de ce long voyage par le rail et le bateau en 1962 ; c'était la source de ma nervosité. (Et c'était l'idée qui, à ma grande surprise, avait refait surface lors de la rédaction du présent ouvrage, lorsque j'avais tenté pour la première fois de lire le *Journal* de William Howard Russell et que je m'étais retrouvé en train de rejeter instinctivement le livre, l'homme, et même son grand talent descriptif.)

Ce que je n'avais pas compris, en 1962, ou qui m'avait paru, à tort, aller de soi, c'était la mesure dans laquelle le pays avait été reconstruit ; et même la mesure dans laquelle l'Inde avait été rendue à elle-même, après son équivalent de la période d'obscurantisme — après les invasions musulmanes et la destruction détaillée, réitérée du Nord, le glissement des empires, les guerres, l'anarchie du XVIIIe siècle. Il avait fallu du temps pour que l'Inde fût rendue à elle-même, au XXe siècle ; on pouvait même y voir une espèce de chance. Il en avait fallu beaucoup pour créer un réformateur bengali tel que Ram Mohun Roy (né en 1772) ; beaucoup également pour créer Gandhi (né en 1869). On pouvait aussi considérer la paix concédée par les Britanniques, après la révolte des Cipayes, en 1857, comme un coup de chance. C'était une époque de recrutement intellectuel. L'Inde avait été mise sur la voie d'une nouvelle sorte de vie intellectuelle ; elle avait reçu de nouvelles idées sur son histoire et sa civilisation. Le mouvement indépendantiste reflétait tout cela et était devenu la forme la plus réelle de libération.

Dans les cent trente et quelques années écoulées depuis la révolte des Cipayes — les quatre-vingt-dix dernières années du Raj britannique et les quarante premières années de l'indépendance donnent de plus en plus l'impression de faire partie d'une même période historique —, l'idée de la liberté s'est propagée partout en Inde. Ce sont des gens situés plus au moins au sommet de la hiérarchie qui ont œuvré en faveur de l'indépendance ; la liberté que celle-ci a engendrée s'est progressivement diffusée vers le bas. Partout, à présent, les gens ont des idées sur leur identité et sur ce qu'ils se doivent à eux-mêmes. Le processus s'est accéléré avec le développement économique survenu après l'indépendance ; ce qui était caché en 1962, ou en tout cas difficile à percevoir, ce qui peut-être n'était encore qu'en devenir, est désormais plus clair. La libération de l'esprit, qui s'est emparée de l'Inde, ne pouvait se manifester uniquement sous forme de soulagement. Dans un tel pays, avec ses innombrables couches de misère et de cruauté superposées, elle devait fatalement se manifester aussi sous forme de troubles. Sous forme de rage et de rébellions. L'Inde est désormais le pays d'un million de petites révoltes.

Un million de révoltes, soutenues par vingt espèces différentes d'excès collectifs, d'excès sectaires, d'excès religieux, d'excès régionaux : les prémices de la conscience de soi, les prémices d'une vie intellectuelle étant, semblerait-il, d'ores et déjà niées par l'anarchie et le désordre d'antan. Toutefois, une chose existe désormais en Inde qui n'y existait pas deux cents ans auparavant : une volonté centralisée, un intellect centralisé, une idée nationale. L'Union indienne est plus grande que la somme de ses parties ; et nombre de ces mouvements extrémistes renforcent l'État indien en le définissant comme la source de la loi, du civisme et de la raison. L'Union indienne donne aux gens une deuxième chance, les arrache aux excès avec lesquels, en un autre siècle ou en d'autres circonstances (comme le montrent des pays voisins), ils auraient peut-être été obligés de vivre : le chauvinisme destructeur du Shiv Sena, la tyrannie de nombreux types de fondamentalismes religieux (en Inde, les gens sont toujours prêts à laisser la religion porter le fardeau de leurs souffrances), la corruption cinématographique et la politique raciste du Sud, la pieuse oisiveté marxiste et la nullité du Bengale.

A présent, en Inde, les excès sont ressentis comme tels. Ce que les révoltes aident aussi à définir, c'est la force de la vie intellectuelle générale, l'intégrité et l'humanisme des valeurs auxquelles tous les Indiens ont désormais le sentiment de pouvoir faire appel. Et — étrange ironie du sort — ces révoltes, il ne faut pas souhaiter les voir disparaître. Elles font partie du commencement d'une voie nouvelle pour des millions de gens, partie de la croissance de l'Inde, partie de sa restauration.

De retour à Bombay, je fis signe à Paritosh, le scénariste. Il travaillait pour le cinéma commercial et avait la passion de la forme cinématographique : c'était sa vocation, presque sa foi. Mais il n'avait guère de sympathie pour les gens qui faisaient du cinéma en Inde. Ceux-ci le faisaient souffrir ; ils le mettaient en rage ; et il avait eu ses hauts et ses bas.

Quand je l'avais rencontré, cinq mois auparavant, il sortait tout juste d'une mauvaise passe, pendant laquelle il avait tourné le dos à Bombay et à ses films pour regagner Calcutta, sa ville natale, se reposer et se remettre. Mais alors — ayant profité de cet épisode pour se marier — son sentiment de rejet l'avait quitté et il était revenu à Bombay pour prendre un nouveau départ. Il vivait au centre-ville, dans un appartement nu d'une seule pièce. « Voici la seule pièce que je possède sous le soleil », m'avait-il dit en levant les bras au ciel, les yeux fixés au plafond, donnant l'impression que la pièce était minuscule. Mais il avait des projets en vue : il était revenu à Bombay pour collaborer à un film avec un producteur dont il avait fait la connaissance et qui avait eu, naguère, le vent en poupe. De temps à autre, les deux hommes se rencontraient dans un hôtel du voisinage pour parler de leur scénario.

Cette fois-ci, Paritosh était bien décidé à tenir le coup et à réussir. Il sentait, m'avait-il confié, qu'il allait gagner beaucoup d'argent. Mais son cousin, qui m'avait emmené le voir et qui était resté assis dans la pièce avec nous, était moins optimiste. Le caractère de Paritosh risquait de lui mettre des bâtons dans les roues ; il se disputerait avec quelqu'un ou il se passerait quelque chose ; et Paritosh se retrouverait là où il avait toujours été. En regagnant la gare de banlieue à travers les rues bondées, tout près d'un marché, j'avais écouté discourir le cousin ; et je m'étais senti démoralisé, en repensant à ce bel homme qu'était le scénariste, seul dans sa pièce nue. A présent, cinq mois ayant passé, je voulais savoir ce qu'il était devenu.

Je n'eus pas besoin de me déplacer pour revoir Paritosh — pas de train de banlieue surchargé, pas de trajet étouffant à bord d'un taxi, à travers la brume brunâtre des rues de Bombay. Il vint prendre le café à mon hôtel. Il était très occupé ; il avait des tas de choses à faire. Son visage était désormais tout inondé du plaisir que lui inspirait cette débauche d'activité ; sa rage avait été en partie apaisée.

Il avait écrit son scénario et le producteur avait trouvé un commanditaire. Ils avaient pu commencer le tournage et montrer les rushes des premières scènes aux distributeurs. Ces derniers avaient acheté le projet. Le commanditaire était rentré presque instantanément dans ses fonds et il avait avancé de l'argent pour un deuxième film — Paritosh débordait d'idées. Il avait déjà touché pour le premier film ses honoraires de scénariste, lesquels étaient substantiels ; il avait donc acheté un appartement plus grand dans un quartier plus agréable. En cinq mois, sa vie avait complètement changé ; ce genre de chose était possible dans la ville à la fois riche, énergique et sordide qu'était Bombay ; c'était pour cette raison qu'elle attirait les gens comme un aimant.

Paritosh avait obtenu des droits plus importants pour le deuxième film. Celui-là, me dit-il, serait davantage à son goût. Le premier, celui qui lui avait permis d'acquérir son appartement, était commercial, populaire — mais il n'entendait pas se servir de ces mots pour critiquer son œuvre : il cherchait simplement à décrire un genre de film particulier.

De quoi parlait-il, ce film ? Quel type d'histoire et de personnages avait donc meublé son esprit à l'époque où je l'avais vu dans sa petite pièce ? Sur quel genre de matériau avait-il compté ? Le film avait pour décor un bidonville de Bombay, un des nombreux amas de taudis de la grande cité. Le héros était un jeune habitant du bidonville, un garçon plein de promesses, mais corrompu par un gangster. Film commercial, donc, mais d'actualité et possédant une force authentique. (Et aussi, comme il arrive souvent pour une œuvre de fiction, faisant inconsciemment écho aux épreuves personnelles de son créateur.)

Pour faire le film, dit Paritosh, ils avaient dû bâtir leur propre bidonville, car, pour des raisons juridiques, ils n'avaient pas le droit de se servir d'un lieu réel. Ils avaient donc pris des photographies de divers endroits et avaient créé une sorte de bidonville composite. Pendant le tournage, toute l'équipe avait vécu dans les cahutes du décor. La veille, très exactement, me dit-il, on avait commencé à démanteler le bidonville factice où ils avaient vécu plusieurs semaines. Ça lui avait fait quelque chose.

Décembre 1988-février 1990.

REMERCIEMENTS

Quand on voyage pour écrire un livre tel que celui-ci, bien souvent on ne sait pas ce qu'on cherche avant de l'avoir trouvé. On a donc besoin d'être énormément aidé en cours de route. Tout au long de ce périple, beaucoup de gens m'ont aidé. Ils ont partagé leurs connaissances ; ils m'ont fourni des noms et des recommandations. Trois hommes, tous trois rédacteurs en chef de la presse écrite, m'ont particulièrement épaulé du début à la fin : Nikhil Lakshman, Vinod Mehta, Rahul Singh. Les deux derniers ont l'un et l'autre accompli à mes côtés une partie du voyage, mais je tiens à préciser que je suis seul responsable de ce que j'ai écrit. Il y a un certain nombre d'autres personnes dont j'aimerais évoquer ici le souvenir. A Bombay : Charu Deshpande ; Ajit Pillai. A Bangalore : T. J. S. George. A Madras : K. P. Sunil. A Calcutta : Shakhar Bhatia ; Vir Sanghvi ; Sunanda Datta Ray ; Satyabrata Bose. A Delhi : Rakha Khanna Mehta. A Chandigarh : Kanwar Sandhu. D'autres personnes qui m'ont aidé sont mentionnées dans le cours du texte ; quelquefois, pour des raisons évidentes, j'ai changé leur nom et leur situation.

TABLE

Composition réalisée par Nord-Compo
Achevé d'imprimer en octobre 2001
sur presse Cameron
par ***Bussière Camedan Imprimeries***
à Saint-Amand-Montrond (Cher)

N° d'Édition : 12163. N° d'Impression : 014690/1.
Dépôt légal : août 1992.

Imprimé en France